完全マスター

紫微斗数占い

東海林秀樹

Zi Wei Dou Shu

The series of Perfect Master

説話社

はじめに

紫微斗数の本はこれで4冊目となります。1番最初に出版したのはかれこれ15年位前です。

私が台湾に出入りするようになって、36年以上経つでしょうか。割合、中国語を解した母親と台湾に行ったのがそもそものきっかけです。

当時、四柱推命を習い始めた頃とほぼ一致します。紫微斗数はある教室に通っていましたが、正直なところ「まあ、こんなものかなあ」と感じていました。

その後、鮑黎明先生が物凄くぶ厚い専門書を出されました。それ以前に鑑定などで数回面会しておりました。私が勉強していた紫微斗数とはやや違い、星に対する鋭さと奥深さに驚きました。そのうち鮑先生から連絡があり、「今度、『中華星相学会』という会を立ち上げたので入会しませんか」というお誘いがあったのです。もちろん、即入会したのは、言うまでもありません。しばらくして講演会をされたので出席しました。

ただし、今は笑い話ですが、鮑先生はとても頭が良く記憶力も抜群ですので、わからない人のことがわからないのです。例えば紫微斗数の場合、チャート、つまり専門的には命盤という一種の占星盤を作成します。星を配付する場合、必ず反時計回りに、紫微の次は天機が入り、一つ宮を飛ばして太陽が入るという一定の法則があるのです。これを何と手の中に十二支を設定し、掌中作盤法をいきなり話し始めたのです。これには当時の私は度肝を抜かれました。

当時、ある高級ホテルの講演会場にはかなりの人数の方たちが居たように記憶していますが、ほとんどの方がこれにはあっけにとられ驚いていたのが、昨日のことのように思い浮かびます。予測通り、私を含め生徒はかなり減っていきました。私はずうずうしくも、当時、板橋にあった鮑先生のご自宅に伺いました。

先生はご機嫌が良い時は、教室では言わないような内容を、時として話してくれました。その一端を書くと、紫微斗数盤全体を易の小成卦、つまり八卦に配置し、病気を含めさまざまな現象を読み取っていく技法です。

これに関していえば、後にある飛星派の一派の資料を手に入れた時、資料名はたしか「紫微斗数金貴要略」とかいう題名の資料だったと思います。たぶん、この題名は漢方の古典名から拝借したものでしょう。この資料に自分や他の人の命盤全体を人体とし、それを星や易の小成卦、つまり八卦に直して病症として判断していくテクニックが紹介されていました。

残念ながら、その後移転を多くしましたので、他の貴重な資料を含めて散逸したか、他の方に貸すかして手元から紛失してしまいました。つくづく大切な本はあまり貸さない方がよいかなと痛感しています。

その後、台北郊外の板橋に居らした潘子漁先生に紫微斗数の手ほどきを受けに行きました。中国語では正式には「老師」といい、先生直筆の文章と、『紫微斗数看人生』と『紫微斗数看四化二』が中心となった講義でした。

私は本書では、特に「六度空間」という盤を活盤してさまざまな事象を読み取っていくテクニック、元命盤、つまり宿命の部分、そこから四化星を飛星させる方法、大限、流年、斗君（月運）などから飛星させる法、「１４４訣」と呼んでいる人生を先天的に起こりえる凶現象を事前に知り、なるべくそれを避ける法、「棋譜」と呼んでいる飛星派独特な四化を活用する最高奥義まで、なるべく書けるだけ出していこうと決心しています。

後は雑占ですが、何か困ったことが偶発的に起きた時に活用する紫微斗数占機法、あくまで正式な陰宅（日本では墓相に該当）ではありませんが、ある程度、紫微斗数を応用して判断可能です。また、急に病気になった時の良医の求め方、その他、さまざまな飛星派独特のテクニックを紹介していくので楽しみにしていてください。

その後の台湾における紫微斗数の私の勉強過程やいろいろな人々との出会いなどは、はじめにのご挨拶では長くなり、本題からはずれ煩雑になりますからこのくらいにします。一部の方には雑談で話したりしましたが、また皆さまとお会いできる機会がありましたらお話ししましょう。

今回、説話社から出版の話をいただき、感謝に堪えません。紫微斗数の書籍は、本書を私なりの全まとめとし、最後の書籍といたします。ただし、以前から数人で互いの研究を持ち寄ってまとめる予定の書籍はまた別です。

本書を書くのに当たって、東西の占術に精通した占術家である照葉桜子先生には、私のわかりにくい文章を整えてもらい、説話社の代表取締役社長である酒井文人さま、出版部部長の高木利幸さまには大変なご苦労をかけたことをここに深く謝意を表します。

本書によって皆さまが吉に赴いてくだされば、筆者として大変喜びとなります。

東海林　秀樹

二〇一六年十二月吉日

目次

第2章 紫微斗数各論 27

第4章 命宮に入る星 53

第6章 紫微斗数飛星奥儀、棋譜 129

第1章 紫微斗数総論

1　紫微斗数とは

（1）紫微斗数と四柱推命の違い

紫微斗数は命理占（めいりせん）、つまり生年月日時を元に数十星の星を算出し、きめ細かくさまざまな事柄を判断していく占術です。この占術と双璧するものに四柱推命（しちゅうすいめい）が存在します。彼の地では「八字（パーツー）」とか「子平（しへい）」とか呼ばれています。

私はよく多くの方から「どちらが優れているか」と問われます。答えとしては「どちらも優れている」と答えています。

「何、その返事は」と思われるかもしれませんが、つまり人間というものを考察する場合、見る角度により違いがあります。

例えば象という動物がいます。耳を触れると「ああ、平べったいな」と感じ、鼻を触ると「長いんだな」と感じたり、足を触ると「何と太い」などと感じたり、見たりします。しかし象は象です。

両占術はこの考え方を推察すると、どちらも大変優れた命理占だといえます。長い中華の地の歴史の中で、現在まで生き残ってきている占術は、それなりの存在価値があると思います。他の占術も同様でしょう。

それでは、この両占術命理の違いを少し説明していきます。

四柱推命は用神（ようじん）、つまり喜忌（きき）がきちっと選択できた場合の吉凶の鋭さは抜群です。ただし、少しく細かさと象意の解釈に甘さがあるように感じます。

では紫微斗数はどうでしょうか。まず「十二宮」という、ホロスコープとは違うようですが、各ハウスというカテゴリーを元に判断していく占術です。さらに「活盤（かつばん）」といわれているあらゆる事象を細かく読み取っていくテクニック、紫微斗数における最高に奥義的テクニックである、四化飛星活用法をフルに使用する場合、驚くほど細かく判断していくことが可能です。

両占術を比較した時に、私は目線が少し違うような気がします。四柱推命は目線が高いでしょう。例えばあまり適した説明ではありませんが、中世期に書かれたといわれている『金瓶梅（きんぺいばい）』という小説があります。これは一種のポルノ小説です。明の時代の小説ですが、当時の宮廷内の権力闘争や権謀術数に桃花（とうか）、つまり色事を織り交ぜた書籍なのです。そんなことはどうでもよいのですが、その中に、さまざまな占術の話が時として出てくるのです。「この頃、あいつの人相がどうだ」とか、「八字、つまり、四柱が良いから悪いからどうだ」とかが会話の中に登場してくるのです。ただし、当時、紫微斗数は既に成立していたと思われますが、私の記憶が正しければ、紫微斗数は当場してこないのです。

明の時代に『四庫全書（しこぜんしょ）』という中国の文物の粋を集めた書籍を、乾隆帝（けんりゅうてい）という名君が編纂（へんさん）されたといわれている全集があるそうですが、そこにはやはり紫微斗数は出てきていないそうで、これはどうしてなのかは私なりに類推してみました。

紫微斗数は、目線が四柱推命と少し違い、やや低いのです。ここで誤解のないようにしなければなりませんが、占いとして不適格という意味ではありません。つまり、四柱推命は権力者が活用した感じがします。これは『滴天髄』やその他の四柱推命の古典をわからないながらも読んでいくと、あまり庶民階級が登場してこないのです。つまり、目線が高いのです。あまり日常の細かい占いに使用することも少ないのです。

では紫微斗数はどうかというと、実に我々が経験する雑多な事柄に対してはよく当るのです。話は少し逸れますが、若い時、紫微斗数の初歩的手ほどきをしていただいた鮑黎明先生が「いつ頃、現金書留が来るかな」とか、「今日はこんな感じの1日かな」とか話していたことが懐かしく思います。また、それがかなり適確ですから驚きです。もちろん、私はいまだその腕まえの境地になっているかは疑問ですが、先に述べた四柱推命と紫微斗数の占術における違いに、故田宮規雄先生も同じような感想を言っていたのも思い出します。

くどくどと書きましたが、紫微斗数はそのような特徴がある占術だということです。

2　紫微斗数の歴史と現在までの流れ

（1）謎に包まれた紫微斗数の歴史

この説明は少し難しい部分があります。特に、紫微斗数が成立した当初の歴史的考察については、かなりの謎と伝説に包まれています。

近代から現在までの推移については、私も数十回台湾に出入りしていくうちにおぼろげながら、自分なりに流れは説明可能です。

まず、紫微斗数が成立したと思われる時期から類推して見ます。この部分には鮑黎明先生著『飛星紫微斗数闡秘』（東洋書院）を少しく参考にさせていただきました。

宋の頃に陳希夷先生という方が創始したといわれています。または唐の時代かもしれません。陳先生は道教の道士で『紫微斗数全書』という古典書が原典とされています。西暦に直すと８６７年頃から９８４年頃まで生きた人とされています。計算すると１１８歳まで生きたことになります。彼は「仙道」と呼ばれている修業法を駆使していたのでかなり長命だと思われますが、さすがにそれは大げさでしょう。

私も完全に古典籍を散見したわけではありませんが、『紫微斗数全書』と『紫微斗数全集』、『十八飛星策天紫微斗数』の３冊があったそうで、現在私たちが実際に手にして見ることが可能な書は『紫微斗数全書』と『十八飛星策天紫微斗数』の2冊です。ただし、実際に初めて文章として出たのは明の後期あたりと思われます。

ここに少し問題があります。当時の印刷は木版ですので、写本から写本というかたちにどうしてもなりやすく、そのプロセスにおいて間違いが起きやすかったと容易に想像できます。途中でそれからの書がいつのまにか混ざってしまったのが、現在我々が見ることが可能な『紫微斗数全書』です。この話は台湾の術士の方からだいぶ以前に聞いた記憶があります。

話を戻しますが、以上の理由から紫微斗数という占術は、陳希夷先生が突然閃いたのではなく、あくまでも私の憶測ですが、複数の人々の手により発展してきた術ではないでしょうか。

（2）日本における紫微斗数の普及

ここで少し時計を現代に戻します。まず我が国における私の知り得た紫微斗数の歴史の流れを説明していきます。

ある書籍では、昭和30年代に京都在住の故阿部泰山先生が出版したとされていますが、実際は少し事情が違います。阿部先生は戦前から戦中の一部にかけて大阪で講習したと思われます。昭和17年か18年に印刷された物を実際に私は見ています。これには私も驚きました。

その後、京都書院から出版された『天文紫微斗数運命学』とは明らかに内容に差異が感じられます。内容云々ではなく、当時あのような講習をしていたのに驚きを感じるのです。原本の『紫微斗数全書』の直訳に近く、やや内容に古色蒼然で一部間違いがあったりしますが、前記の歴史上の推移等のことも鑑み、しかたがないと思うのです。我が国において果敢に挑戦したことは認めてもよいでしょう。

では、さらにその後を考察してみます。たしか昭和40年代と思われますが、台湾から来日した張明澄氏が紫微斗数を公開しています。「紫微斗数」についての流派の差異は後ほど簡便に私の知る範囲で説明しますが、氏の我が国に紹介した術は、他の台湾における紫微斗数とはかなり違いが見受けられます。

まず命盤、つまりチャートの作成の方法です。最初に旧暦変換はほぼ同様ですが、その後、大限、つまり10年間の運気の推移を見ていく技法がありますが、この算出を、局数を採用せずに八字法、つまり干支を起点として、その数を天地人の三という数を元に立運を出して行く方法です。

流派のところで再度説明しますが、星の名称も他の紫微斗数とは一部違いがあります。例えば「禄存」を「天存」としたり、「天馬」を「駅馬」としたりです。あと宮に十干を基本的に入れないようです。星不同、宮不同です。私の把握した範囲では、星の象意、つまり意味合いはかなりしっかりとした感じがします。

あとこの方法ですと、斗君、つまり月運を見ていくことができにくいのですが、このあたりについては明澄派の考え方としては、占卜（せんぼく）を活用することを提唱しています。

30年ほど以前になりますが、漢方と占術（「仙術」または「密法」と張先生はいっていました）の講習に出席した時、厚かましくもこのことをご本人に聞いてみました。そうしましたら「月運なりを見る場合、スパンの短かさやあまりにも雑多な偶発する出来事を見る場合、占卜の方が適確な判断ができる」とのご意見でした。

私はこれはこれできちっとした考え方だと思いました。一つの占術に対する考え方だと思うのです。

私の考え方としては紫微斗数では月運なり、日運なりを条件さえ揃えば、かなり詳しく見ていくことが可能だと思います。しかし、単に月運や日運に相当する宮の星を見ていくのみでは非常に単純な判断で終わってしまいます。本書で説く宮の活盤法や四化飛星法を駆使していけば、かなり細かい鑑定ができるのです。

私も月運や日運を断易や六壬易（りくじんえき）等の卜占で見る場合も多いですが、紫微斗数と併用すると、時として私がいうのも変ですが、驚くべき的中率を示すことも多々経験します。

話が逸れましたが、現代における紫微斗数事情の続きです。先に書いた通り、我が国における紫微斗数は『紫微斗数全書』を和訳し出版された阿部泰山先生、張明澄先生がその後の広がりに影響を与えたのは言うまでもありません。ではその後はどうでしょうか。やはり鮑黎明先生の存在を抜きに我が国における紫微斗数を語れません。

私が20代前半のはるか以前の出来事です。先生が最初に書かれた『紫微斗数推命術（しびとすうすいめいじゅつ）』（ごま書房）で見つけて購入したのが鮑先生とのご縁をつくるきっかけとなりました。すぐに貪るように読みました。初歩的内容ながら何と現代的で洗練された本だなと感じたものです。私は巻末のプロフィールに記載されていた連絡先に電話をして、鑑定と面会を申し込んだのです。東京の広尾の喫茶店で待ち合わせ、その驚くような内容は先に書いた通りです。

（3）台湾における紫微斗数

我が国における紫微斗数についてはこのくらいにして、さて、舞台を私が幾度となく出かけた台湾を中心にして、少し話していきましょう。私は香港や中国本土には出入りしたことがありませんので詳しくはありませんが、中国については知人等からの話では、八字、つまり四柱推命はかなり現存し残っているようで、私の知り合いの四柱の先生も福建省出身の方です。その先生は四柱推命と断易、七政占星術を駆使して占いますが、全く紫微斗数に関しては言及しません。

香港については中洲派を名乗る王亭之（おうていし）先生等がおられるようです。別名でチベット密教や呪術についても研究されています。

では話を台湾に移すことにしますと、私が20代から30代初頭は、今ほど高度なテクニックが書籍等で多く公開されていた感じはありませんでした。まだまだ書店での紫微斗数の本の数は、四柱推命を中心とした他の占術も含めて比べた場合、決して多くはなかったと記憶しています。

詳しい比率はわかりませんが、四柱推命が70%、紫微斗数が30%という感じでしょうか。ただしこの比較は、両占術のみを比べた場合であって、他の占術を含みません。

（4）紫微斗数の流派

当時から今に至るまでの私なりの紫微斗数の流れと流派による違いを述べてみます。今から30年以上前の紫微斗数についての感想です。

初めて現地を訪れた時、購入した紫微斗数の書籍は記憶違いでなければ観雲主人著『斗数宣微（とすうせんび）』と、書名は忘れましたが曽坤章（そこんしょう）という方の本を買ったのです。

決して内容の悪い本ではありません。しかし何となく現代的ではなく古い感じがしたのです。十二宮にたしか十干が記入されていませんでした。現状の紫微斗数では考えられません。

その後は、一般的に資料や書籍で公開された四化飛星法や活盤、または動盤法というテクニックが当時はまだまだ発展途上だったような気がします。もちろん、一部出ていたようですが、当時簡単に理解できるわけではありません。

最初手ほどきを現地で受けた潘子漁先生からいきなりテキストとして「看四化（みるしか）」と「看人生（みるじんせい）」、そして手書きの資料を貰いましたが、内容はというと、いきなり「六度空間」という活盤の技法や四化を飛ばすのです。もともと頭脳明敏ではありませんので、即理解できるはずがありません。筆記したノートや書籍を日本に帰って繰り返し読んだのも今となっては懐かしく思います。

次に、紫微斗数の流派の立ち位置を説明しておきます。決して優劣を論じるつもりはありません。単に私が感じた区別けです。

三合派

まず基本的に飛星（後に詳しく解説）や活盤（後に解説）はありません。特徴として星が多いです。流派により差異はありますが、少ない方で50星前後、多い場合には70星以上の星を命盤（チャート）に書き入れます。

私の知る限り台湾在住の占験派の天乙上人先生、書籍のみですが香港の中州派の王亭之先生が印象的です。

総合派

これは私が勝手につけた名称です。つまり本書の主軸であり、次に紹介する飛星派の一部を取り込んだ内容です。星は個人差によりさまざまですが、飛星派よりも多い感じです。この総合派に関しては横帳がとても広く、一人一派のようでひとくくりでは論じられません。

私が最初に学んだ紫微斗数もこの範囲に入ると思われます。

飛星派

本書で紹介するテクニックを持つ流派です。使用する星は多くない傾向です。特徴として四化飛星法、活盤法等を駆使していき、その判断の鋭さは、流派の追従を許さない部分があります。

また特徴として流年を判断する場合、小限法をあまり採用せず太歳法を使うことが多いです。

以上の区分けはあくまでもざっくりとした分類です。個人の先生方によりさまざまな技法が使われており、まさに百花繚乱の状態です。

3　紫微斗数の特徴

(1) 紫微斗数では何がわかるのか

これはかなり難しい題です。紫微斗数は基本的に命理占です。宿命における傾向性が第一です。

次に10年間における運勢の吉凶、「流年」と呼ばれている1年間における運勢の吉凶、さらに細かくいえば月運や日運まで考察が可能です。

では、その他どのような占い方を応用できるか、順次解説していきます。

命理（宿命）

それぞれの生年月日時から命盤を作成し、さまざまな事柄を見ていくもので、概ね次のようなことを読み取ることができます。

十二宮、つまり室に分かれています。

①命宮

その人が本来先天的に持っている性質や行動様式、全体的な人生傾向、この宮は非常に重要で、財帛宮・官禄宮・遷移宮の必ず三合と対面宮になり、命宮を中心としてこれら四宮の状態により人生における幸と不幸がかなり決定されます。

②兄弟宮

兄弟姉妹、同僚、友人、知人等との吉凶を見ていきます。

③夫妻宮

配偶者との吉凶を見ていきます。

④子女宮

子供との縁の厚薄や関係、泌尿器、時として生殖器管の状態が見られます。また、性的な個人的趣味を示す場合もあります。

⑤財帛宮

命宮と三合宮というトライアングルとなり、とても重要な宮位です。我々が生きていくためには大切な宮となるでしょう。財運です。お金における吉凶や管理能力を見ていきます。

⑥疾厄宮

基本的に健康運を見ていきますが、人災、天災を含めて他動的トラブルやアクシデントを見ていきます。

⑦遷移宮（せんいきゅう）
命宮と対面となり、とても重要な宮位です。対外的な運気や移動における吉凶を見ていきますが、厳密にいうと、一歩外に出たらこの遷移宮の影響を受けるといっても過言ではありません。外での人脈作り等も見ていきます。

⑧奴僕宮（ぬぼくきゅう）
部下運、友達運、対人関係の吉凶を見ていきます。

⑨官禄宮（かんろくきゅう）
命宮と三合宮というトライアングルとなり、とても重要な宮位です。仕事運全体、適職のスタイル、地位等を考察する宮ですが、独立自営の方はどちらかというと財帛宮を重視した方がよいでしょう。また、難易度の高い試験等も考察の範囲となります。

⑩田宅宮（でんたくきゅう）
不動産、居住環境、家庭内、一部財の蓄積状態を見ていきます。

⑪福徳宮（ふくとくきゅう）
精神的安定度、人生においての享受、一部ストレスの関連性から寿命にも影響します。

⑫父母宮（ふぼきゅう）
父母との関係、目上運、文章上の問題等も見ていきます。

次に説明する宮位は少し特異ですので、少し詳しく解説します。

⑬身宮（しんきゅう）
13番目の宮とも呼ばれています。紫微斗数においては甲級主星十四星が判断の中心となります。時としてこの十四星が入らない場合があります。その時に対面に遷移宮がありこの星を拝借しますが、身宮に入る星も副次的に判断していくのです。運命学の用語に初年期、中年期、晩年期という概念がよく出てきます。紫微斗数には大限という10年間における運勢の吉凶を判断していくテクニックがありますが、身宮は中年期から晩年期にかけてそこに入っている星の意味合いが、命宮の星に付随して強く表れます。命宮と同時に人生傾向、行動様式、物事に対する考え方や対処法に微妙に変化し、人生に影響を及ぼしてくるのです。

占卜（占機法）

私は、西洋占星術は門外ですが、そのテクニックに「ホラリー」というものが存在します。ロンドンのウイリアム・リリーという人が活用したといわれています。

鑑定依頼者が占者に対して、悩みを問うた時のホロスコープを作成し、事の推移を見ていくというテクニックです。いつ頃できたかは正確にわかりませんが、紫微斗数の中にも同様の方法が存在します。優位な点は十二宮というそれぞれの占う目的別にセクションが比較的分かれており、一例を挙げると財の問題が生じたら財帛宮を中心に見ていくとか、移転や旅行等の吉凶を見ようと思ったら遷移宮を見たりするような方法です。一つの事柄に一占ですが、特に生年月日時が不明の方の鑑定には便利です。

陽宅・陰宅

風水です。理気（りき）、つまり方向や巒頭（らんとう）（※）周囲の環境を見るものです。私的ですが私はこの方法で陰宅、つまり我が国でいうところの墓相として応用しています。

紫微斗数八卦法

十二宮を八卦に区分けし、さまざまな事柄を見ていく方法です。私はよく健康運を見る場合に活用します。「紫微金貴要略（しびきんきようりゃく）」と呼んでいます。

※地形や目で見てわかるもの

4　陰陽五行論

（1）一極二元論

この論は物事の分類をいいます。かなり感覚的な考察で、陰的・陽的な物に区分けしていくものです。その根底には「一極二元論」という理論で成り立っています。

陰陽は分離した考え方ではなく、葉の表裏と同様に必ず結びつける存在があるのです。陽が男で陰が女、陽が高とすると陰が低、陽が昼とすると陰が夜、陽を暖とすると陰が寒、陽を夏とすると陰は冬等です。

陽と陰を結びつける共通項を「大極」といいます。答えとして男女は人間、昼夜は一日、寒暖は温度、夏冬は季節というような概念です。

五行論については、本書で活用する範囲で簡潔に解説していきます。

まず五行の相性関係です。

相生（そうせい）	
木生火（もくしょうか）	木が燃料となって火が燃えます。
火生土（かしょうど）	火が燃えて燃えかすが残り土となります。
土生金（どしょうごん）	土中から鉱物資源は産出されます。
金生水（ごんしょうすい）	古代中国人は金属器が冷えると、表面から水滴が生じるさまから連想しました。自然を観察して、河川の水源は岩の間から水が出る様子を見て金生水とした説があります。
水生木（すいしょうもく）	水は植物を育てます。

☆相生は気が一体化します。

相剋（そうこく）	
木剋土（もっこくど）	木は土中に根を張り養分を取ってしまいます。
土剋水（どこくすい）	土は水を堰き止め汚濁します。
水剋火（すいこくか）	水は火を消してしまいます。
火剋金（かこくごん）	火は金属を溶かします。
金剋木（ごんこくもく）	金は木を傷つけます。

☆相剋は気が一体化しないことです。

比和（ひわ）
木と木、火と火、土と土、金と金、水と水の様に同五行です。互いに強め合う作用として紫微斗数では活用します。

5　十干十二支

（1）空間を表す十干

　十干は空間を表す符合です。これにも10種類存在します。陰陽も記しておきます。

甲（きのえ）・陽・木	乙（きのと）・陰・木
丙（ひのえ）・陽・火	丁（ひのと）・陰・火
戊（つちのえ）・陽・土	己（つちのと）・陰・土
庚（かのえ）・陽・金	辛（かのと）・陰・金
壬（みずのえ）・陽・水	癸（みずのと）・陰・水

☆陽の兄（え）と陰の弟（と）で「えと」となり、厳密にいうと生まれた年のことを指すわけではありません。

（2）時間の推移を表す十二支

　十二支は時間の推移を表す符合です。陰陽、五行も記しておきます。

子（ね）・陽・水	丑（うし）・陰・土
寅（とら）・陽・木	卯（う）・陰・木
辰（たつ）・陽・土	巳（み）・陰・火
午（うま）・陽・火	未（ひつじ）・陰・土
申（さる）・陽・金	酉（とり）・陰・金
戌（いぬ）・陽・土	亥（い）・陰・水

第2章 紫微斗数各論

中国暦活用について

新暦（グレゴリオ暦）から旧暦に変換する方法を説明します。

巻末にある暦のスタートの１９２６年の例として解説してみます。仮に新暦の２月22日生まれとします。１７２ページの表をよく見てください。

「陽暦」と書いてあるのがそれに該当する部分です。陽暦の月日は上下に書いてありますから、慣れると割合簡単だと思います。

陽暦から２月22日を探し、次にその表の左を見ると「正月」とあります。つまり旧暦１月ということです。農暦（のうれき）と書いてある部分が旧暦を示します。「初十」と書いてありますね。この例の場合、新暦、つまり陽暦の２月22日生まれは、農暦、つまり旧暦の１月10日生まれの人となるのです。

その他の算出は、これを元に巻末資料の表を参照して、星なりその他を見ていけばよいのです。みなさまがお持ちの万年暦も、旧暦の算出に書き方の差異があっても他は全く同様です。本書は日本の万年暦の活用法に準拠して書いておりますが、結果は同様です。本書は台湾で活用している方法の暦を付録としています。両方の解説をしております。

１　十二宮

十二宮については前述した通りです。紫微斗数は、命宮を中心として、占う目的が区分けされていますので判断がしやすいです。

① 命宮（めいきゅう）
② 兄弟宮（けいていきゅう）
③ 夫妻宮（ふさいきゅう）
④ 子女宮（しじょきゅう）
⑤ 財帛宮（ざいはくきゅう）
⑥ 疾厄宮（しつやくきゅう）
⑦ 遷移宮（せんいきゅう）
⑧ 奴僕宮（ぬぼくきゅう）
⑨ 官禄宮（かんろくきゅう）
⑩ 田宅宮（でんたくきゅう）
⑪ 福徳宮（ふくとくきゅう）
⑫ 父母宮（ふぼきゅう）

2　星の説明

飛星派の特徴として星をあまり多用しません。吉凶は四化星という星を判断の主とします。

では、順次紹介します。

（1）甲級主星十四星

紫微星のトップの星から破軍星までの十四星です。紫微斗数における星の判断では要となる星です。

（2）甲級副星十五星

ランク等級は低くなります。しかし命盤に与える影響は高く、とても判断上重要です。

（3）乙級星八星

さらに等級は低くなります。ただし私の経験上、天空星と地却星は甲級副星に劣らない力量を感じます。

（4）その他の乙級星

飛星派で活用する星はさほど多くありません。以下に述べる星は元命、つまり運気の部分であり、先天運にはさほど強く作用しません。

ただし、天馬星は私は命宮に入る場合、作用を感じますので、例外として扱います。移動や何となく落ち着かない人が多いようです。

例えば、私は天喜星と紅鸞星が命宮に絡んでいますが、良い男でもないしさほどモテた経験もありません。

他の星は主に大限や流年、斗君、つまり月運等に作用します。

3　甲級主星解説

（1）紫微星（しびせい）

北斗主星、陰の土。北斗星の代表です。帝王の星、すべての禍根（かこん）を制します。実業、貴と尊さを司ります。

指導者、長命、部下としての吉星と同宮して、加会するのを喜びます。

（2）天機星（てんきせい）

南斗星、陰の木。計画を細密に立てる人が多いです。悪いかたちで出ると策略家となり、裏知恵を働かせます。

芸術、宗教、心霊、占術等に強く引かれる人が多いです。手先の器用な人が見られ、技術職に適しています。学者になるのも悪くありません。

根は善人でしょう。トップに立つより補佐に適しています。

（3）太陽星（たいようせい）

中天星、陽の火。行動的でおおらかですが、少し自分勝手な人も見られます。政治、財と名声、男性全般、父親、夫、流動財、つまり動産を司ります。

（4）武曲星（ぶごくせい）

北斗星、陰の金。行動的で即決を好みます。女性にはやや強すぎるかもしれません。ただし現代ではキャリアウーマンや女性社長等悪くありません。

権と財を司ります。富を意味し実業に能力を発揮します。

軍人（現在では自衛隊が当てはまります）、警察、警備という意味もあります。

（5）天同星（てんどうせい）

南斗星、陽の水。禄分（ろくぶん）と福分（ふくぶん）、女性は優しく品位のある星です。楽しみや遊びも意味します。また、子供、恋愛も司ります。

（6）廉貞星（れんていせい）

北斗星、陰の木または火。負けず嫌いで時として一発勝負に出る人も見られます。同宮する星によっては桃花（とうか）、つまり色事の星も意味します。精神的なことより現実的で実利的なことを重んじます。

仕事の星、商売、時として芸能や芸事の意味を持つこともあります。

（7）天府星（てんぷせい）

南斗星、陽の土。南斗星の代表です。自分の才能を発揮し、女性は良妻賢母の星、男性も才はありますが人によって財務管理の下手な人も時として見られます。

度量の広さ、繁栄と尊を意味します。不動産、トップの星です。

（8）太陰星（たいいんせい）

中天星、陰の水。精神性の星、芸術、不動産も意味します。女性、妻、母という意味もあります。精神的なことに憧れます。

（9）貪狼星（どんろうせい）

北斗星、陽の水または木。欲望、桃花、つまり色事を司ります。仕事の星、商売、投資、賭け事、芸能、欲望は比較的強く社交的。

（10）巨門星（こもんせい）

北斗星、陰の水。是非（ごたごた）口才、状態が悪いと口災、割と変わった思考を持つ。口という意味から営業、司会者等に適しています。人に教える、弁護士、研究熱心で率直に表現します。

（11）天相星（てんそうせい）

南斗星、陽の水。補佐の星です。トップに立つと崩れやすいです。文章、医療に適しています。仕事は勤勉です。温和、良い部下。

（12）天梁星（てんりょうせい）

南斗星、陽の土。比較的長寿の星、官吏の星、保護という意味があります。実務的、老成しています。精神的安定、医療、心の広さ、宗教家、物事を統率する等の意味があります。

（13）七殺星（しちさつせい）

南斗星、陰の火または金。権威、果敢、てきぱきとした仕事、外科医、軍人や警察、移動を司ります。

特に紫微星と同宮すると良い部下となります。独断専行をしやすいです。

(14) 破軍星(はぐんせい)

北斗星、陰の水。変動が多い。アウトロー、軍人、警察、重工業等の意味があります。七殺星より単独行動を多く好む。冒険心、進取の気性。

4 甲級副星解説

(1) 文昌星(もんしょうせい)

南斗星、陽の金。文章、学問、芸術や芸能、研究、試験、文才や文芸を司ります。

(2) 文曲星(もんごくせい)

北斗星、陰の水。文章、学問、芸術や芸能、研究、試験、文才や文芸を司ります。

(3) 左輔星(さほせい)

北斗星、陽の土。扶助を意味します。貴人の助け、良き補佐役です。何か創始する時の後押しとなります。
甲級主星十四星と同宮すると、それらを助けます。

(4) 右弼星(うひつせい)

北斗星、陰の土。扶助を意味します。貴人の助け、良き補佐役です。何か創始する時の後押しとなります。
甲級主星十四星と同宮すると、それらを助けます。

(5) 天魁星（てんかいせい）

南斗星、陽の火。才智と扶助の星、貴人の助け、頭の良さ試験運の良さ、立場を安定させます。

(6) 天鉞星（てんえつせい）

南斗星、陰の火。才智と扶助の星、貴人の助け、頭の良さ、試験運の良さ、立場を安定させます。

(7) 禄存星（ろくぞんせい）

北斗星、陰の土。精神より物質を示します。禄、貴、寿を意味し、秀れていることを表します。悪さを解厄、凶を吉に化します。聡明、財、不動産、どちらにせよ良い作用を及ぼします。

ただし、命宮に入ると、父母宮と兄弟宮に擎羊星と陀羅星が入りますので身内運に影響します。

(8) 擎羊星（けいようせい）

北斗星、陰の金。精神より物質を示します。争い、トラブル、破財、疾病、怪我等も意味します。

(9) 陀羅星（だらせい）

北斗星、陰の金。物事に固執しやすい。同宮する星によって、粗暴な人も見られます。ごたごた、破財、剛強な質、疾病、怪我等も意味します。

(10) 火星（かせい）

南斗星、陽の火。行動的で外向性が強いです。性質も剛強な傾向です。

(11) 鈴星（れいせい）

南斗星、陰の火。行動的で外向性強いです。性質も剛強な傾向です。

5　四化星

飛星派の紫微斗数において、とても大切な概念で、判断上要となる星たちは「四化星（しかせい）」と呼ばれているものです。これらの星は単独で入ることはありません。必ず他の星に付随します。

各四化星には基本的な象意、つまり意味合いがあります。ただし、四化星はどの星につくかによって新たな意味合いがさまざまに出てくるのです。

一例を挙げて見ると貪狼星という星がありますが、貪狼星には欲望という意味合いが存在します。ここで誤解のないようにしなければなりませんが、欲望は決して悪いことではありません。欲望というエネルギーは、ほどほどであれば世の中を活性化するものです。

貪狼星に化禄星がついたとします。化禄星には物質とか、一部には桃花、つまり色事という意味が存在します。人によってその欲望がさまざまなかたちで出てくるので断定はできません。

では、貪狼星に化権星がついた場合はどうでしょうか。化権星は立場を強くしようとして、自己の力を周囲に及ぼしたい人が多いです。貪狼星には化科星はつきませんが、では化忌星はどうでしょうか。欲望に対して諦め気味の人か、またはなかなか自己の持つ欲望が充足しないので、心が苦しむ人と両極端な感じです。

四化星の全部を細分化するのはなかなか難しいのですが、化科星は知恵の星です。天機星に化科星がつくと、何か専門的な技術や知識を求めようとするかも知れません。太陰星でしたら精神世界の知識を強く求める人も見られます。

(1) 化禄星（かろくせい）

南斗星または北斗星、陰の土。財、物質、人生における享楽、人との良い縁や財禄を誘引します。

(2) 化権星（かけんせい）

南斗星または北斗星、陽の木。権威、自分の権力を広げたがる。立場、良い働きをする。強引で苦労する。

(3) 化科星（かかせい）

南斗星または北斗星、陽の水。学問、知識、名声、文章、凶を除く、風流で優雅な星。

（4）化忌星（かきせい）

南斗星または北斗星、陽の水。破壊と停滞、困難、苦労、すべてに対しての災い、ごたごた、トラブル、争いを表します。

※化忌星については私なりの考え方を少し述べたいと思います。水二局の生まれの人は化忌星の作用はかなり弱まると書いてある書籍を数冊見受けました。しかし、自分自身の紫微盤判断ですが、大限と流年で同時に重なり、大限飛星化忌星と流年飛星化忌星が元命盤の遷移宮に入り、結果、命宮を忌沖（きちゅう）（対宮に入ること）した時期に人生においてとてもエポッキングなことが連続して起きたのです。一番悪いのは突然の病気でした。しばらく立ち直るのに相当な時間を要しました。比較的順調だった収入も下がり、化忌星が巡った52歳からの数年間は病も含めてかなり苦しい時期を過ごしました。他の方を鑑定していても水二局だから、即化忌星の作用を受けないという論旨はあまり当てはまらないような気がします。これは今後の研究課題とします。

6　乙級星

次は乙級星について解説します。

ただしここで少し補足しなければなりません。乙級星の中で天空星と地劫星の両星については、現在の私は乙級星に分類されていますが、私なりに甲級副星に負けないくらいの作用の強さを感じます。ですから、活用する場合には意識的に重要視しています。

本書で使う他の乙級星である天姚星、天刑星、天馬星、陰煞星、紅鸞星、天喜星各星についてはどうでしょうか。これらの星については行運、つまり10年間を考察する大限、1年間を考察する流年法、毎月の運気を見ていく斗君法等を見る場合、多く活用しています。ただし、力量は天空星や地劫星ほどではありませんが、天馬星については宿命である程度参考にしています。

では各星について解説します。

（1）天空星（てんくうせい）

北斗星または南斗星、陰の火。精神の虚、災の星、少し時としてとりとめの無い人も見られます。財的損失。

(2) 地劫星（ちごうせい）

北斗星または南斗星、陽の火。失敗、現実の虚、離れる損失。

(3) 天姚星（てんようせい）

北斗星または南斗星、陰の水。風流、桃花（色事）、艶福家。

(4) 天刑星（てんけいせい）

北斗星または南斗星、陽の火。トラブル、争い、外科、法律を意味する。

(5) 天馬星（てんまぜい）

北斗星または南斗星、陽の火。移動、落ち着かない。旅行、転動、吉星と同宮すると動くことで吉を誘引する。

(6) 紅鸞星（こうらんせい）

南斗星または北斗星、陽の水。結婚や恋愛を司る。吉星同宮すると吉を誘因し、凶星と同宮すると結婚や色事のことでもめたりします。

(7) 天喜星（てんきせい）

ほぼ紅鸞星と同様。

(8) 陰煞星（いんさつせい）

基本は取るに足らない人間の邪魔や心霊的災い。田宅宮に入るとよくない建物や土地の影響。大限や流年に遭遇すると、人の邪魔や妬み、裏の画策という意味。よくない場所には近づかないこと。また、よくない宗教に騙されやすい。

> ☆星の区分けについては、北斗星、南斗星、中天星の三つに分けられ、大限・流年・斗君を考察する場合、北斗星は前半に作用し、南斗星は後半に作用します。中天星は全期間に作用と影響力を持ちます。

第3章

紫微斗数実践編

1　紫微斗数命盤解説

既に説明しましたが十二宮と呼ばれる、つまり一種の室に区分けされた命宮から父母宮までに分かれて、そしてさらに大限という10年間を見ていく場合、流年という1年間を見ていく場合、斗君という月運を考察する場合、さらに細かく見ると日運を見ていく場合等に分けられます。

なお、十二宮の役割については前述した通りです。

2　命盤作成方法

命盤つまり、チャートの作成について説明していきます。さまざまな実例が私のところにありますが、鑑定例は架空の生年月日時では、何となく気が入らないような気がしたので、あえて生年月日時のはっきりしている私の命盤を公開します（作成した命盤は45ページにあります）。

出生年月日時は昭和32年2月9日で時間は午後3時5分の東京生まれです。西暦ですと１９５７年となります。

ここで一つ注意しなければなりません。午後3時5分というのは日本においては東経１３５度にある兵庫県の明石市を基準としています。東京生まれですとだいたいプラス19分くらいとなります。

時差表を見て一番近いあたりで命盤とは、ホロスコープにおけるチャート、四柱推命においては命式と同様と考えてよいでしょう。本書には付録として命盤のフォーマットを３２５ページに入れておきますが、自分で工夫するのも楽しいかもしれません。

では昭和32年（１９５７年）新暦2月9日の午後3時5分で算出していきます。まず、３０７ページを見てください。東京で時差も19分プラスするとだいたい午後3時24分、つまり時支表ですと申時となります。

以下、煩雑ですが、わかりやすくするため順番に説明していきます。

（１）生年月日を旧暦に変換する

生年月日を旧暦に変換します。我々が現在活用しているカレンダーは西洋より明治5年から導入されたグレゴリオ暦と呼ばれているものです。紫微斗数においては生年月日時を旧暦に変換しなければなりません。

その前に十干と十二支を、前述した通りまずは確認します。３１０ページの十二宮十干配置表を見てください。紫微斗数において特に飛星を駆使する段階においては、この十干と十二支、五行がとても大切ですから何回も読んでください。

実際に現在我々が利用している西洋暦または元号暦から紫微斗数で使う旧暦に変換する方法を説明します。

昭和32年、つまり１９５７年2月9日午後3時5分の東京生まれを現在の暦から旧暦にしてみます。巻末の「旧暦万年暦」からまず昭和32年（１９５７年）の記載されているところ（２０３ページ）を見ると、丁酉（ひのととり）年となっています。次に陽暦から月が2月のところと、日が9日のところを見ると、旧暦では1月10日となるのです。

ここで注意する点があります。年干支はすべて旧暦の１月１日より変化すると思ってください。四柱推命や九星気学で使う２月４日前後の立春ではありません。よく世間ではこの干支暦を旧暦と勘違いする方がいるので気をつけてください。

（２）閏月の定義

紫微斗数は旧暦を使用するため、何年かに一度閏月をもうけて調節します。閏月についての考え方を説明します。

①閏月に生まれて旧暦の15日までに生まれていたら**前月生まれ**とします。

②閏月に生まれて旧暦の16日以降に生まれていたら**翌月の生まれ**とします。

平成26年（２０１４年）10月25日生まれの人がいたとします。この人は閏月の9月2日になりますが、新暦の9月24日も旧暦の9月1日となり、9月が二度続きます。

①と②の原則通り、閏月の旧暦9月2日ですから①の閏月に生まれて旧暦の15日までに生まれていたら前月生まれとするので、旧暦9月2日でよいわけです。

（3）生時を十二支に変換する

次は生まれた時間について説明します。先ほどの例題で生時を十二支に変換してみます。例題の人は昭和32年（１９５７年）２月９日（旧暦は１月10日）の午後３時５分生まれでした。

３０７ページの時支表を見てください。午後３時から午後５時までは申時になっています。ですからこの例題の人は申時の生まれということになります。

なお、時差については前述した通りです。

ここで日の変り目について説明します。通常、我々が使用しているカレンダーは１日の変わり目を夜の０時としていますが、紫微斗数では、夜の23時を変わり目とします。ですので、夜の23時以降に生まれたら翌日の生まれとして扱います。

（4）命盤を作成する

さていよいよ命盤の作成に入ります。

> **例題**
> 昭和32年（1957年）2月9日午後3時5分（プラス19分）
> 東京生まれの男性（旧暦では丁酉年1月10日）

命宮と身宮を算出する

３０８ページの命宮・身宮算出表より、例題の人は旧暦１月生まれで生時は申ですから午が命宮となり、戌が身宮となります。

十二宮の位置と順番について

紫微斗数は少し変わった占術です。普通は時計回りが常ですが、十二宮の配膳付は反時計回りとなります。命宮から兄弟宮、夫妻宮、子女宮、財帛宮、疾厄宮、遷移宮、奴僕宮、官禄宮、田宅宮、福徳宮、父母宮と各宮を配置していきます。

十干を配置する

３０９ページの十二宮配付表を見て、寅の位置をスタートとして各十二宮に十干を入れます。例題の人の場合、生まれた年の十干は丁です。３１０ページの十二宮十干配置表を見ると、丁の生まれ年は寅に壬が入ります。次の卯は癸、辰は甲と順次時計回りに配付していきます。

完成形は45ページの例題の完成命盤（チャート）を参考にしてください。

五行局を導く

五行局は星を入れていくとても大切な部分ですから、慎重に間違えずに配付記入してください。３１１ページの五行局算出表を用いて、命宮の十干と十二支から五行局を導き出します。

例題の場合、午が命宮となり、命宮の干は丙でしたから、命宮の干支は丙午となり、五行局算出表を見ると命宮干支は丙で命宮支は午でした。ですので、水二局となります。

紫微星を導く

さていよいよ星を算出します。最初に出される星ですので、その位置がとても大切です。間違わないようにしてください。３１２ページの紫微星算出表を用います。

例題の場合、五行局が水二局で、旧暦の生日が10日ですから、水の行と10の列が交差するところを見ると紫微星＝午となります。命盤の午の宮に紫微星と書き入れます。

紫微星系主星を導く

次に残りの甲級主星十四星を導き出します。これらの星は紫微星を中心にした七星と、天府星を中心にした八星に区分されます。最初に紫微星を中心とした七つの星を算出します。これらは先に算出した紫微星の命盤上の位置で決定されます。

例題では、３１３ページの紫微星系主星算出表より次の配置となります。

紫微星＝**午**
天機星＝巳
太陽星＝卯
武曲星＝寅
天同星＝丑
廉貞星＝戌
天府星＝戌

最初に算出

これらを命盤に書き入れます。

天府星系主星を導く

さて例題を使って、天府星を中心として八つの星を算出します。これらの星は先に導き出した天府星の命盤上の位置に着目します。紫微星系星算出表によると、天府星の位置は命盤上の戌の宮に入りました。ここを中心起点に、他の天府星系主星を算出します。

３１４ページの天府星系主星算出表により、次のような配置となります。

天府星系主星算出表より

天府星＝戌
太陰星＝亥
貪狼星＝子
巨門星＝丑
天相星＝寅
天梁星＝卯
七殺星＝辰
破軍星＝申

これらを命盤に書き入れます。

月系星を導く

３１５ページの月系星算出表より月系星を算出します。旧暦生月より出されたものを命盤に書き入れます。

年干系星を導く

３１６ページの年干系星算出表より年干系星を算出します。例題の人は、丁年生まれですので、次のようになります。

禄存星＝午
擎羊星＝未
陀羅星＝巳
天魁星＝亥
天鉞星＝酉

これらを命盤に書き入れます。以下の四化星は直接配置されず、それぞれ定められた星につくのです。

化禄星＝太陰星につく
化権星＝天同星につく
化科星＝天機星につく
化忌星＝巨門星につく

これらを命盤に書き入れます。

時系星を導く

３１７ページの時系星算出表より時系星を算出します。

例題の場合、生まれた年の十二支は酉で生まれた時間の十二支は申ですから次のようになります。

文昌星＝寅
文曲星＝子
天空星＝卯
地劫星＝未

▶以上は生時のみで算出します。

火星＝亥
鈴星＝午

▶以上は生年の十二支と生時支から算出します。

これらを命盤に書き入れます。

年支系星を導く

これらは簡単です。生まれた年の十二支から算出します。

３１８ページの年支系主星算出表で年支系星を導き出します。

例題の人は生まれた年の十二支は酉です。

天馬星＝亥
紅鸞星＝午
天喜星＝子

星の光度について

甲級主星十四星、甲級副星その他の乙級星についても星に対する光力の違いが存在するとされていました。私もかなり以前はこれを判断の一助にしてまいりました。

私は大陸や香港には足を向けたことがありません。大陸は個人的心情があり、なかなか行けずに現在に至っています。ですので、星の光度についてはあくまで頻繁に出かける台湾の情報しかわかりません。

紫微斗数に限ってトップレベルの術士の方の話を聞くと、星の象意のみで判断する人は年々少なくなってきており、一部の三合派の術士の人のみでしょう。ただし、決して三合派を否定しているのではありません。
星の意味合いなど非常に詳しく洗練されている方もおります。香港の王亭之先生や台湾在住の天乙上人先生等が代表と思われます。
では本題に戻りましょう。例えば丑に天相星が入った命宮としますと、丑は五行で土となります。天相星は五行では水です。宮の丑土から剋されて停滞するという論理となります。もしくは、擎羊星と同宮するとします。擎羊星は金の星です。天相星の水を生じて助けるかたちとなってしまいます。しかし実際に現象として見ると、通常、この組み合わせは悪くありません。宮との関係のみの五行を見てしまうと随所に矛盾が出てきます。最後の要はやはり四化の飛星です。
私が現在若干活用しているのは、太陽星と太陰星の2星のみです。太陽星は原則として申酉戌亥子丑の宮に入る場合、光度が弱くなります。
太陰星は逆に光度が強くなります。太陰星は原則として寅卯辰巳午未の宮に入る場合、光度が弱くなります。太陽星は逆に光度が強くなります。
命盤の仕組みを見ていただければ一目瞭然ですが、太陽星と太陰星が同宮する丑と未は別として、他は、例えば太陽星の光度が弱いと、太陰星の光度も弱くなるのです。逆に太陽星の光度が強いと、太陰星も強くなるのです。
319ページの太陽星・太陰星光度表を参照してください。

（5）大限を導く

自己や他の人の考察を問わず、大きく現在や未来の運勢の吉凶を判断していく技法です。判断については後に詳しく解説します。
ではその算出法ですが、例題でもって算出してみます。まず陽男、陽女、陰女、陰男を「十干表」で見てみます。例題は水二局陰男ですから、次のように10年を一区切りとして運命の吉凶が推移してまいります。

命　宮＝2歳から11歳まで
兄弟宮＝12歳から21歳まで
夫婦宮＝22歳から31歳まで
子女宮＝32歳から41歳まで
財帛宮＝42歳から51歳まで
疾厄宮＝52歳から61歳まで

それぞれ以上のように推移してまいります。
320ページの大限早見表を参考にして命盤に書き入れます。

【著者実例／完成命盤】

<table>
<tr>
<td>天機（化科）
陀羅

乙 巳　12～
兄弟 宮</td>
<td>紫微
鈴星
禄存
紅鸞

丙 午　大限2～
命 宮</td>
<td>擎羊
地劫

丁 未
父母 宮</td>
<td>破軍

戊 申
福徳 宮</td>
</tr>
<tr>
<td>七殺
左輔

甲 辰　22～
夫妻 宮</td>
<td colspan="2" rowspan="2">名前：東海林秀樹　年齢（数え）：60歳
生年月日：1957年2月9日
出生時間：午後3時5分
出生地：東京都　時差：+19分
修正出生時間：午後3時24分

生年干支：丁酉年
旧暦月日：1月10日
生時支：申時
陰陽男女：陰男
五行局：水二局
子年斗君：申

鑑定日：2016年11月1日</td>
<td>天刑
天鉞

己 酉
田宅 宮</td>
</tr>
<tr>
<td>太陽
天梁
天空

癸 卯　32～
子女 宮</td>
<td>廉貞
天府
右弼
身宮

庚 戌　82～
官禄 宮</td>
</tr>
<tr>
<td>武曲
天相
陰煞
文昌

壬 寅　42～
財帛 宮</td>
<td>天同（化権）
巨門（化忌）
天姚
大限命宮

癸 丑　52～
疾厄 宮</td>
<td>貪狼
文曲
天喜

壬 子　62～
遷移 宮</td>
<td>太陰（化禄）
火星
天魁
天馬

辛 亥　72～
奴僕 宮</td>
</tr>
</table>

ここで一言つけ加えておくことがあります。東洋占術はすべて数え年で考えます。数え年とは生まれた年を1歳と数えて、旧暦の1月1日を迎えるごとに1歳ずつ加算していくのです。誕生日は関係ありません。あくまでも旧暦の1月1日を迎えると1歳ずつ加算していきます。

（6）太歳運を導く

太歳とは、飛星派が常用する1年間における吉凶を詳しく見ていくテクニックです。

この算出法は簡単です。まずその年の十二支を調べます。例えば平成27年ですと未年です。自己や他を問わず、命盤を見て未の宮をただ見ればよいのです。その宮が1年間の吉凶を示すのです。

後に解説する各星の持つ性質や飛星派独特の四化飛星法を活用して判断していきます。

（7）斗君（月運）

旧暦における毎月の運気の吉凶を見ていく方法です。

手順として、現行で使用している西暦のカレンダーで鑑定したい月を探します。それが旧暦の何月に当たるかを調べます。

例として旧暦の未年の1月の斗君を調べるとします。生月は旧暦の1月です。生まれた時間は申時ですので321ページの子年斗君表より子年斗君は申とわかります。そこに子を置きます。そこから未年の地支まで順に数えていけば、その年の旧暦の1月がどこの宮位に当たるかがわかります。

子	丑	寅	卯	辰	巳	午	未
申	酉	戌	亥	子	丑	寅	卯

子年斗君は申

見たい年の十二支で未年の旧暦1月を示します

（8）専門用語について

三合宮

命宮を例にすると前後五宮となり、命宮を中心として財帛宮（前五宮）、官禄宮（後五宮）となるのです。

45ページの例題の命盤を見てください。命宮は午の宮です。

命宮を基点として前五官の寅が財帛宮となり、命宮を基点として後五宮が官禄宮となるのです。この関係は十二支に直すと必ず三合となります。例の場合は寅の財帛宮午の一番判断上重要な命宮、戌の官禄宮となるのです。ここでは寅・午・戌の三合です。

　他の宮位も補足的ですが同様に考察していきます。ここで注意すべき点があります。星を多く活用する流派では、この三合宮を含めて本宮に対する影響度を重要視します。しかし、この方法はややもすると星の象意と吉凶が入り乱れてしまい、時として判断に迷いが出てきます。そこで飛星派では四化という星を活用し吉凶の決め手にします。

　三合の十二支は次の４種類です。

亥－卯－未
寅－午－戌
巳－酉－丑
申－子－辰

対宮

これは命宮を例に取ると、その対面に当たる遷移宮が対宮となります。

　飛星派では、例えば化忌星が本宮に入るのも注意することはもちろんですが、本宮に対して対面に入る方が強く影響する場合が多いです。

　対宮の十二支は次の六種類です。

子と午
丑と未
寅と申
卯と酉
辰と戌
巳と亥

四化星

四化星とは、化禄星、化権星、化科星、化忌星の四星です。飛星紫微斗数において重要な概念となり、時として判断の中心となります。

　特に化忌星は、人生の弱点や避けるべき事柄を事前に知り、災いを軽減させることも可能な星となり、このテクニックを本書では駆使していきます。

他の四化星は目的に応じて活用していきます。

①**生年四化**＝生まれた年の十干から算出し生涯にわたって強く作用します。

②**十二宮四化**＝命宮を中心としますが、目的に応じて他の宮からも活用します。それぞれ具備している宮干（宮につく十干）を使用し、他宮へ飛星させます。

☆この判断は主に宿命内の考察に使用します。

③**行運四化**＝10年間における運勢の吉凶を見る場合、それを大限法といいます。その大限の宮の十干から四化を飛星させ、その10年間の吉凶禍福を鋭く見ていくテクニックです。算出法は詳しく後述しますが、他に1年間を見る流年法、毎月を見る斗君法、日運を見る流日法等がありますが、スパンの違いのみで判断法はほぼ同様です。

六吉星または七吉星

文曲星、文昌星は双星です。左輔星、右弼星、天魁星、天鉞星も同様です。

同宮すると基本的に吉を誘引します。ただし、さまざまな例外もあります。夫妻宮に左輔星、右弼星はあまり良くありません。命宮破軍に文昌星が時として悪影響しやすいとかありますが詳細は各十二宮のところで解説します。また、禄存を加えると七吉星になります。

六凶星

擎羊星と陀羅星、火星と鈴星、乙級星ですが作用の強い天空星と地劫星を六凶星と呼んでいます。

通常の紫微斗数では、凶星として区別されているこれらの星を宮の十二支と星の具備している五行とを対比し、その力関係を廟旺落陥（びょうおうらっかん）なら力を発揮しにくく、時として悪さが出てくると解釈している人たちが多いようですが、本書では単に人生の波乱や波風が多いと考えます。ですので、即凶とは判断していません。

別途解説としての化忌星

飛星派の紫微斗数では、とりわけこの化忌星の働きや動きを重視します。台湾等では「棋譜（きふ）」と呼んでいるようで、一種の将棋のコマのような独特な動きをします。

本書では、実際の鑑定において私の独断で確率の高い技法を選んで紹介します。

同宮

これは単に一つの宮に複数の星が入っていることをいいます。

3　命盤解読の手順

ステップ1　命宮を見る

まずは宿命、つまり先天的な部分を見ていきます。自分自身の要となる命宮を考察していくのが定説です。

命宮は自分のことはもちろん、財帛宮から見たら官禄宮、官禄宮から見たら財帛宮で密接な関係となり、私が台湾で手ほどきを受けた潘子漁先生は「六度空間」または「活盤」と読んでおりました。

紫微斗数はさまざまなテクニックを駆使すると、実に驚くべき詳細な判断が可能です。この判定法は後に解説します。私はこのテクニックを「人盤(じんばん)」と呼んでいます。

もう一例を挙げてみます。兄弟宮は通常、同僚や兄弟姉妹、ライバル等を考察する宮位ですが、時として財を蓄積できるかどうかを見ることもできます。

まず45ページの例題の命盤を見てください。命宮は午です。反時計回りに命宮、兄弟宮、夫婦宮、子女宮、財帛宮となります。この十二宮の順番は不変で、他の命盤も命宮位置の違いはありますが同様となります。

本来の田宅宮は、命宮から見て命宮、父母宮、福徳宮、田宅宮となります。これは時計回りです。田宅宮は通常、不動産や家庭環境等を考察していく官位なのですが、財の蓄積に関しては、何故、兄弟宮かというと、財帛宮を命宮とすると丁度、田宅宮となるのです。単に星だけを飛星派は見ませんので、さらに複雑な働きや考察を鑑定においてはしていきます。

今の段階ではこの程度にとどめますが、必要に応じて他の官位もこのテクニックを活用していきます。他には、先に算出法を紹介した大限法、流年法等でも使用します。

話はだいぶ脱線しましたが、まず命宮の星の判断をします。単に甲級主星十四星のみでしたら12種類、さらに鏡の裏表の様に対面の十二支まで考慮すると6種類となり、それではあまり単純すぎるので他の甲級副星や一部乙級星の星を加えて判断していきます。

本書で紹介する飛星法では、鋭く星の意味合いを読み取りますが、それがすべてではありません。特に化忌星を活用し、命宮の十干から飛星させ、何処に人生上の弱点が示されるかとても重要な判断の要素となります。

例題の命盤ですと命宮の十干は丙です。３１６ページの年干系算出表を参照すると、廉貞星に化忌星がつくとわかります。十二宮の中で廉貞星の入っている宮を探してください。官禄宮に入っています。官禄宮は仕事全般、勤め運、地位や昇進時として試験運等も考察していきます。

この例題の人は星の組み合わせが割合良好なので、最悪の事態にはなりませんが、民間や公的機関を問わず、それらの世界で自己の立場、つまり地位等を人生の目的とするとなかなか上手くいかずに苦労を伴いそうです。それだけならまだよいのですが、職を追われたり、職を転々としたりすることもあるかもしれません。

ステップ2　財帛宮と官禄宮を見る

古典的な紫微斗数では男命と女命で鑑定における重要度に差異が見られるようですが、私はこの方法に少し異論を感じます。

紫微斗数が成立した当時は、言い方は少し悪いのですが、男尊女卑の封建的な社会背景が色濃く支配していた時代であり、その考え方と技法を、そのまま現代に当てはめるのは少々無理があるのではないでしょうか。

それでは、どのように鑑定をしていけばよいのでしょうか。

私は、その人個人における立場や人生のスタイル、人生の目的によって、見ていく順序を変化させるべきだと考えています。ただし、その人自身の問題は別としてまず命宮を見るべきでしょう。命宮はその人そのものであり命宮には人生観、性質、行動におけるパターン、またこの宮は人生の先天運が投影されるといわれています。

命宮の後は、基本的に命運の三合宮に当たる財帛宮と官禄宮を見ていきます。人生を首尾良く生きるには、ある程度の財は必要ですし、仕事も安定しなければなりません。

ステップ3　遷移宮を見る

次は命宮の対面に仕置きする遷移宮を見ます。

この宮は対外的な事柄一切を含みます。極端なことをいうと、一歩外に出たらすべて遷移宮が影響を与えるのです。家を出た瞬間、車に轢(ひ)かれるかもしれません。これも一種の遷移宮の作用です。

外出、旅行、出張、転勤、人との出会い、人脈の良し悪し、移転、特に営業の方には大きく作用します。

以上が特に自分自身を示す命宮に対する三合宮や対宮となりますから、優先順位が高くなるのは当然と思われます。

ステップ4　その他の宮を見る

ではその次に重要な宮はどこでしょうか。

昔ならさしずめ女性にとっては夫婦宮でしょうか。以前なら夫選びの選択が一生の幸不幸をほぼ決定したからです。

では現代はどうでしょうか。私の鑑定経験では、時として結婚願望が強烈ではない女性に出会います。もちろん、その逆の方も多くいます。要は個人の多様化が進んでいるということです。

例えば男女を問わず、結婚に主眼を置く人は、やはり夫婦宮の吉凶は強く作用するでしょう。

後はその人それぞれの価値観で、それぞれ見ていく宮位を選びます。精神的安定を第一と考える人は命宮や福徳宮や、時として疾厄宮を見ていくとよいでしょう。

古い紫微斗数では、女性はこの福徳宮を重視しています。紫微斗数を見ていく場合、漢方薬の百味タンスではありませんが、用途に応じて見るべきタンスの引き出しを開けるのです。例えば、友人や知人、兄弟ともつき合いは必要ない、仲良くしたくない、孤独が大好きというう稀な人ならば兄弟宮、奴僕宮も大して必要ないかもしれません。または、人生は金銭のみで通帳の残高を見てウッシシとしている人なら命宮や財帛宮はとても大切な宮位となるでしょう。

このように書いていったらキリがありませんが、そのような要領で見ていけばよいのです。

命盤解読のまとめ

最後にとても大切な概念があります。

紫微斗数は有利な宮を活用し、不利な宮はなるべくその宮の意味する思考や行動を取らないようにして、大難は小難に、小難は無難にするのが運命学の目的です。単に会得しても活用しなければ絵に描いた餅になってしまいます。

すべて極端ですが、このように人生上活用していただきたいものです。

阿部泰山先生が、「最善を尽くして天命を知り最善を尽くすは達人なり」と何かに書いておられました。たぶんこのような言葉であったと思います。私はこれを肝に銘じております。

第4章 命宮に入る星

1　四化星の働きに重点を置く

命盤作成が終わり、ある程度の予備知識を会得したら、いよいよ命宮を中心に判断に入ります。

飛星派においては単に星のみの判断ではありません。逆に星のみの判断では軽くいなす方がよいかもしれません。このようなことを書くと大変誤解を受けて、生意気なやつと思われるでしょう。それを覚悟でいうと、最終判断の詰は四化星の働きに重点を置きます。

特に、化忌星の動きは大切な判断の要となります。星を読み取るに当たっては、あまりその意味合いにこだわらず、一つの傾向性としてとらえてください。

2　紫微星

（1）紫微星独主

子と午で独主します。午の宮の方がやや有利です。その理由として、午の命宮の場合、太陽星が卯で太陰星が亥となり輝きます。子の命宮は太陽星と太陰星は輝きません。十四主星と同宮しないのは子と午の紫微星のみです。この両宮を狐君といって部下のいない王様です。ですから自然と性質に孤独性が出てくるのです。しかし、やはり紫微星ですから、その解厄する力は強いのです。

根は善なるものがありますが、プライドは案外高く、やや放漫な部分があるのです。主見がなく、人の意見に作用されます。

では他の甲級副星との関係はどうでしょう。

文昌星、文曲星、左輔星、右弼星、天魁星、天鉞星、化科星が同宮するのは、さらに良好さを増すでしょう。

火星、鈴星、擎羊星、陀羅星、天空星、地劫星が同宮してもさほどの凶意がありません。特に鈴星と同宮するのは良いとされています。逆に行動力が出てくるのです。

紫微星に化忌星はつきません。ただし、同宮する甲級副星に化忌星がつく場合があります。この時はやや事情が異なります。もちろん、つく星によりその現象も違いますが、基本的に心が過敏になり、人により屈折したプライドを持ちやすいです。

（２）紫微星＋破軍星

丑か未で同宮します。行動力に富む破軍星とプライドの高い紫微星が同宮すると、自由を好み束縛を嫌います。やはり紫微星単独で入る子と午のところで説明した通り、太陽星と太陰星の関係で、未宮の方が丑宮の命宮よりやや有利です。

では他の甲級副星や一部乙級星との関係はどうでしょうか。文昌星、文曲星、左輔星、右弼星、天魁星、天鉞星、禄存星、化権星、化科星と同宮または対宮に入る場合、一芸に秀でる人となります。また、その方が人生が安定します。

擎羊星、陀羅星、火星（鈴星に関してはさほど問題ありません）、天空星、地劫星、化忌星は、紫微星と破軍星にはつきませんが他の星につき、同宮または対宮に入る場合、紫微星には厄災を解く力がありますが、本人の性質はやはり気性のきついものとなります。ただし最悪のことは免れます。

（３）紫微星＋天府星

寅か申で同宮します。北斗星の代表が紫微星で南斗星の代表が天府星です。天府星は比較的聡明な人が多く、この両星が同宮すると多くの才能に恵まれるでしょう。ただし長所ばかりではありません。金銭管理は私的な面では得意とはいえません。

仕事の面では割合上手にこなします。プライドが高いので、人を見下すような態度を取る人も多いです。

では他の甲級副星や一部乙級星との関係はどうでしょうか。文昌星、文曲星、左輔星、右弼星、天魁星、天鉞星、禄存星、化権星、化科星と同宮または対宮に入ると紫微星の良さが倍加します。擎羊星と陀羅星、火星、天空星、地劫星または化忌星がつく星と同宮すると、一時的な困難に遭遇しても最悪の事態は免れるでしょう。

寅と申では太陽星と太陰星の関係で、申宮の命宮の方がやや有利となります。

（４）紫微星＋貪狼星

卯か酉で同宮します。貪狼星はどちらかというと自由を好み自己の欲望に割合忠実なところがありますが、単に欲が深いのとは意味が違います。例えば化禄星がつけば物質欲、金銭欲、または異性を求めたい、好かれたいという欲かもしれません。化権星がつくと、自己の立場を得たい、支配する部分を広げたい、掌握したいという欲もあるでしょう。

では化忌星はどうでしょうか。それが性格に現象が出る場合や自己の欲する物が手に入りにくいという葛藤に苦しむ人もいるでしょう。これは何も貪狼星に限らず、すべての星を単純に考えて表面上の判断では真に人を理解したとはいえないでしょう。私もいまだ研究中です。男女共に何となく色気があり、人を引きつける人も多いです。

紫微星は欲望を現実として、快適な環境を整えようとそれを行動に移すのです。この両星の人は人を引きつけやすいので、結果、仕事では人脈が広がり、有利な展開に持ち込むことが可能です。

では他の甲級副星や一部乙級星との関係はどうでしょうか。文昌星、文曲星、左輔星、右弼星、天魁星、天鉞星、禄存星、化禄星、化権星、化科星が同宮または対宮に入ると、人生危険な場面に出合っても、何となく上手く乗り越えることができるのです。

擎羊星、陀羅星、火星、天空星、地劫星、化忌星のいずれかと同宮または対宮に入ると、才能には恵まれますが、時として周囲と摩擦を生じやすくなり、人生に波乱が多いようです。特に異性問題が起こりやすいでしょう。

卯と酉では太陽星と太陰星の関係から、酉の宮の方がやや有利です。

(5) 紫微星＋天相星

辰か戌で同宮します。紫微星も天相星も、割合良好な組み合わせのため、条件にもよりますが、それなりの人生、相応の立場を確保可能です。

紫微星は本来プライドの高い部分を所存していますが、天相星と同宮するとそこに温厚さが加わります。また、天相星は働き者が多いです。ただし対宮に破軍星が入るので、やや束縛を嫌う傾向も見られます。

では他の甲級副星や一部乙級星との関係はどうでしょうか。文昌星、文曲星、左輔星、右弼星、天魁星、天鉞星、禄存星、化禄星、化権星、化科星が同宮または対宮にすると、人生上多くの貴人の助けを得やすくなります。

擎羊星と陀羅星、火星、天空星、地劫星、化忌星がつく星が同宮する、または対宮に入ると、かなり苦労しても必ずピンチを乗り切れることでしょう。

辰と戌の宮位では、やはり太陽星と太陰星の関係上、戌より辰の宮の方がやや有利です。

(6) 紫微星＋七殺星

巳か亥で同宮します。やや今までの紫微星の解説とやや異なります。この組み合わせは忍耐力もありますが、人により気性が荒い面が出るでしょう。

他に紫微星＋破軍星という組み合わせがあります。紫微星は七殺星をよく部下として使いこなせますが、破軍星の方が気性的には、コントロールがやや難しいでしょう。そのような面を考えると、七殺星との組み合わせの方が良好といえるでしょう。

紫微星と七殺星の場合、地位や権力を強く求める人にさせますが、悪いことばかりではありません。目的に向かって辛抱強く努力を重ねることが可能です。独立性も強く、条件が良いとリーダーシップもある人も多いので、起業にも向くでしょう。

では女性の場合はどうでしょうか。やや気が強すぎることがマイナスに出やすいようです。それが結婚生活に出る人も見られます。また、自由を好む人が多いので、あまり管理されたスタイルや職業では息苦しさを覚えるでしょう。

男女共に一芸に秀でる技術を身につけることで、大きく伸びます。

では他の甲級副星や一部乙級星との関係はどうでしょうか。文昌星、文曲星、左輔星、右弼星、天魁星、天鉞星、禄存星、化禄星、化権星、化科星が同宮または対宮に入ると、何事も積極的に行うことができるでしょう。時として強引になりすぎて、周囲と争いやトラブルを起こすことがあります。

擎羊星と陀羅星、火星、天空星、地劫星、化忌星がつく星と同宮または対宮に入ると、さらに化権星のいずれかが同宮した場合、これは壬年生まれの人です。プライドの高さが災いし、周囲の反感を買いやすいので注意が必要です。

巳と亥の宮位の場合、やはり太陽星と太陰の関係から巳の宮の方がやや有利です。

3　天機星

（1）天機星独主

巳か亥、子か午、丑か未で単独で入ります。基本的に善良ですが、人のトップに立つより補佐役で輝きます。奉仕的な精神も強いです。

頭も良く物事の処理能力も高く、弁舌にも優れていますが、時として空想を好んで、一つのことに夢中になる場面も見られます。これはやや相反しますが、自己の利益のために知恵を操る面も見られ、一度に多くの計画をしすぎることも特徴です。

神経質で些細なことを気にしやすいため、トップより補佐役がよいでしょう。器用ですから技術の世界も悪くありません。占術、哲学、宗教の世界の方も多いです。

では他の甲級副星や一部乙級星との関係はどうでしょうか。

文昌星、文曲星、左輔星、右弼星、天魁星、天鉞星、禄存星、化禄星、化権星、化科星が同宮または対宮に入ると、人の助けが得やすく、文系の才能によっても地位や名声を手にすることもあるでしょう。乙年生まれの人は天機星に化禄星がつき、財に恵まれることは十分に考えられます。丙年生まれの人は、天機星に化権星がつき、天機星の処理能力と権威がプラスされ、中小の組織では良きリーダーとなるでしょう。丁年生まれの人には天機星に化科星がつきますから、昇進や名声を才能によって得られるチャンスも多いでしょう。吉星が同宮または対宮に入ると文系、理系を問わず、その才を如何なく発揮します。

擎羊星、陀羅星、火星、鈴星、天空星、地劫星、化忌星が同宮または対宮に入ると、人生に何らかの苦労が伴いやすく、天機星に化忌星がつく場合には、アクシデントに見舞われて、後悔の原因を自ら作るような行動を取りやすくなります。

やはり太陽星と太陰星の関係から巳、午、未の命宮はやや有利です。

（2）天機星＋太陰星

寅か申で同宮します。男性は繊細な人が多く、女性は割合、容姿端麗な人が多いです。天機星と太陰星は意外に積極性がある「動星」なのです。この両星は頭も良く、設計や企画に冴えを見せます。占術、宗教、哲学、神秘学に傾倒する人も多いです。

性質は温和で、男性は感性に優れている人が多く、女性も同様ですが、条件が悪い場合、神経は過敏となりノイローゼには注意が必要でしょう。

表現力も豊かですから、時として異性にモテますが、条件の悪い場合は、異性問題が生じやすくなります。

話は少し逸れますが、この命宮の場合、財帛宮と官禄宮には必ず天同星と天梁星が入ります。仕事のスタイルにおいて物事の処理能力が高くなるので、事務職や公務員等には適しているでしょう。

では他の甲級副星や一部乙級星との関係はどうでしょうか。

左輔星、右弼星、禄存星が同宮または対宮に入ると、割合精神性高くなり、物事を的確に緻密に処理を行うことが可能です。ですので、特に国家公務員になればよい働きをし、地位も恵まれる傾向です。それ以外にも天魁星、天鉞星が同宮または対宮に入ると、思考に偏りが少なく、バランスが取れた人格を形成するのです。

化禄星、化権星、化科星が同宮または対宮すると、たとえ災いに遭っても大事に至ることはないでしょう。

文昌星、文曲星が同宮または対宮に入ると、なかなか策士的な人も見られます。寅の命宮で乙年生まれの場合、頭は良い人ですが、太陰星に化忌星がつき、さらに陀羅星が同宮します。やや自己中心で時として利益のみ追求する人も見られます。

火星、鈴星もややそれに準じます。

太陽星と太陰星の関係から、申宮の方がやや有利です。この両星は特に化忌星を喜びません。感情の起伏が激しく、逆に策を錬りすぎるとそれが原因で失敗を招きます。

（３）天機星＋巨門星

卯か酉で同宮します。この組み合わせの特徴として若い時期に苦労しやすく、人によっては中年期まで苦労が続く人も見られます。しかし一度、何かのきっかけをつかむと成功に結びつく人もいるのです。

巨門星は研究熱心で、物事を割合率直に言葉にするので、時として失敗があるので注意です。天機星と同宮すると、人生は安定しにくく、大小のトラブルを経験しやすくなり、女性の場合、心理的過敏さと感情の起伏の激しさから家庭生活に問題を生じさせやすくなりがちです。しかし中年期を迎えるあたりから運気が安定気味となり伸びも期待できるでしょう。男女共に弁舌が冴えます。

天機星は神経が繊細で、つまらないことや些細なことにとらわれる人が多いので、心理的に自己を追い込む人もいるので注意です。ただしそれを研究や一業の専門分野等に生かせば収入の安定につながります。

占術、宗教、哲学、心霊研究等に才能を発揮する人も多いです。

他の甲級副星や一部乙級星と同宮または対宮に入った時の関係はどうでしょうか。

文昌星、文曲星、左輔星、右弼星、天魁星、天鉞星、禄存星、化禄星、化権星、化科星が同宮または対宮に入ると、多くを学び、それを才能発揮に活用することができます。

擎羊星と陀羅星、火星、鈴星、天空星、地劫星、化忌星が同宮または対宮すると、人生において困難を人生のどこかで経験します。人生を安定させる鍵は、大きく手を広げず逆に狭い範囲の中で専念することです。

太陽星と太陰星の関係から、卯の宮の方がやや有利です。

（4）天機星＋天梁星

辰か戌で同宮します。才能は比較的豊かで温和な人が多いです。

少し話は逸れますが、夫妻宮に巨門星が入りますから、互いの結婚生活は舌禍に注意です。

天梁星は統率力に優れています。天機星と同宮すると頭の良さと機敏な部分が出て、さらに分析力が優れています。財帛宮に天同星と太陰星が同宮します。「機月同梁（きげつどうりょう）」と呼んで即吉という人もおりますが、子宮は有利で午宮はやや福分が減退します。基本的に人間性も悪くないでしょう。

仕事のスタイルとしては弁舌も冴え、分析力も所有しているので的確な評論をします。女性も企画力にも才能がありますが、秘書、接客、何かを教える、公務員等にも向いています。

夫婦宮に巨門星が入りますから言葉の言い方から互いにトラブルに注意です。理性がだんだん働くようになりますから晩婚の方が安全です。

他の甲級副星と、一部乙級星との関係はどうでしょうか。

左輔星、右弼星、天魁星、天鉞星か同宮または対宮すると、社交的で表現力が優れ、自然に人脈が広がります。時として大きなチャンスもつかみます。

文昌星、文曲星、化禄星、化権星、禄存星が同宮または対宮に入ると、社会的にも金銭的にも有利な人が多いです。

擎羊星、陀羅星が同宮または対宮すると神仏関係、占術、心霊研究等に向いています。女性の場合、擎羊星と陀羅星、火星、鈴星、天空星、地劫星、化忌星が同宮または対宮すると、周囲と軋轢（あつれき）を生じやすく、結婚生活にも問題が出やすいです。

太陽星と太陰星の関係から、辰の宮の方がやや有利です。

４　太陽星

(1) 太陽星独主

子と午、辰と戌、亥と巳で単独で入ります。
太陽星は入る宮位により判断に大きく違いが生じます。

子の命宮

夜中を表します。基本的に輝きません。そのため人生にはどうしても苦労が伴いやすいです。

健康面では眼、心臓、血圧等に注意です。

擎羊星と陀羅星、火星、鈴星、天空星、地劫星、化忌星が同宮する場合、太陽星は父親、兄弟、目上の男性という意味があり、幼年期や若い時期にそれらの人々と衝突したりしやすいです。女性の場合は意外に内向性が強く、成人前に心理的な挫折を味わう人も見られます。早く結婚すると、夫により身心のダメージをもたらされることもあるでしょう。晩婚の時には割合、平穏な生活を送れます。

男女共に、文昌星、文曲星、左輔星、右弼星、天魁星、天鉞星、禄存星、化禄星、化権星、化科星が同宮または対宮に入ると、忠義に厚く、財と立場を得られます。さらに化権星、化禄星は子の命宮でも割合良好です。

午の命宮

昼頃を表します。その輝きは最高です。ただし単純に吉とは限りません。少し陽の気が強く、やや自己中心的になりやすく、それが原因で周囲と孤独になるので注意が必要です。

行動力があるので無理がたたり、健康面に問題が出やすくなります。

擎羊星と陀羅星、火星、鈴星、天空星、地劫星、化忌星が同宮または対宮すると、強すぎる太陽星が中和されますが、子と同様、眼、強度の近視、心臓、血圧等には注意です。これらの星が同宮または対宮しない場合には「財官双美（ざいかんそうび）」と呼び、金銭と地位が手に入りやすくなります。

庚年か辛年生まれの人は聡明で、表現力がある人が多いのですが、やや自分勝手で直情的な行動を取る人が見られます。

辰の命宮

辰の太陽星も朝を意味し輝きます。対宮の戌にはやはり輝く太陰星が入ります。その性質は自然に行動的で、自己をアピールする力も備わるでしょう。条件によりますが、比較的若い時から志が高く、正道を歩み、仕事や学業でも活躍します。

女性は気が強くなりやすく、それが時として災いし、結婚において家庭に収まることができにくい人が多いです。専業主婦より外に仕事に出る方が、バランスが取れて安定します。
文昌星、文曲星、左輔星、右弼星、天魁星、天鉞星が同宮または対宮に入ると、高い地位を得やすく、それに付随して経済力も伴います。
化科星、化禄星、化権星、禄存星が同宮または対宮に入ると、さらに人生が安定します。
擎羊星、陀羅星、火星、鈴星、天空星、地劫星、化忌星が同宮または対宮に入ると、安定した仕事に従事する方が安全です。吉凶条件が混濁しても同様です。逆に弁護士、検察官、警察官等も悪くありません。
文昌星、文曲星も同宮は人に教える。つまり文教、文化的方面も適しています。女性は才能ありますが、家庭でのトラブルに注意です。条件があまり良くない命宮の場合は、特にその傾向が強くなります。

戌の命宮

太陽星は夜の19時～21時を意味します。すでに輝きはなく、さらに対宮の辰の太陰星も輝きません。
父母との縁が薄くなりやすいです。特に化忌星が命宮に入ると、幼い時期に家庭運が悪く、父母に関して苦労を経験することも多いようです。
太陽星に化忌星がつく場合には、何事も苦労が伴いやすく、眼、心臓、頭部の疾患に注意です。
文昌星、文曲星、左輔星、右弼星、天魁星、天鉞星、禄存星、化禄星、化科星が同宮または対宮に入ると、苦労があっても経済的に何とかなるのです。
禄存星、化禄星はなおさらその傾向は強まります。
特に庚年、癸年生まれの人は吉の恩恵を受けるでしょう。

亥の命宮

全くこの時間は輝きません。さらに卯の太陰星も輝きません。
幼年期に父親または目上の男性との関係で苦労を経験しやすく、健康面では眼、心臓、血圧、頭部の病気に注意です。
亥の命宮は基本的に輝きませんが、禄存星、化禄星が同宮または対宮に入る場合には、それほど悪さが現れないようです。
太陽星に化権星がつくと立場も安定しやすくなります。
化忌星がつくと、やや反抗心が生じやすく目上や父親、上司の男性との間でトラブルや摩擦を生む原因となり、若い時期はとかく問題を抱えやすくなります。女性では人生の波が多く、結婚生活にも不満や問題が発生しやすいのです。対宮に化忌星がつく星が入っても同様です。吉星同宮または対宮に入る場合には問題は少ないです。

巳の命宮

太陽星は輝きます。性格は割合若い頃から高い目的を持つ人が多いです。対宮の巨門星の影響を受けて、時として自信過剰になり、舌禍で人間関係に問題が出やすいです。また、若い時期は進取の気性に富みますが、人生が中盤に来ると、物事を投げ出すとか、根気がなくなる場合もあります。ただし、これは条件にもよるといえます。

何となく結婚生活に不満を持ちやすく、時として夫婦間の軋轢も少なくないでしょう。不思議と中年期を過ぎたあたりから安定してきます。条件のあまり良くない星が同宮または対宮になく、良い条件の星が同宮または対宮にあれば、幸せな結婚をして子供にも恵まれます。衣食住に不自由せず、経済も安定します。

特に文昌星、文曲星、天魁星、天鉞星が同宮または対宮に入ると、地位や財的にも恵まれ、人生の波も穏やかでしょう。職業的には、教員、記者、ライター、娯楽関連がよいでしょう。

（２）太陽星＋太陰星

丑か未で同宮します。この組み合わせは大変矛盾を抱えた関係となります。その理由として太陽星が丑宮の場合、輝きませんが、同宮する太陰星は輝くのです。未宮の場合、全く逆になるのです。

何故、矛盾を持つかというと、太陽星は昼に輝き、夜に太陰星は輝きます。相反する性質を一つの宮に持つためなのです。

例えば情熱的かと思えば突然冷淡になったり、行動的な部分とが極端になったりするのです。金銭的部分でも散財型と締まり屋さんタイプに分かれるようです。また、交互にそういうふうになる人もいます。

太陽星も太陰星も変動を伴う星なので、意外にじっとしていることを嫌う人が多く、デスクワークより動きのある仕事やライフスタイルに向くでしょう。どちらにせよ、この両宮が命宮の人は大きな矛盾を持っているのです。性格が大きく二面性を持つ人も見られます。

（３）太陽星＋巨門星

寅か申で同宮します。太陽星は昼に輝きますから寅の方が有利です。寅はちょうど日の出あたりの時刻です。申は日没となります。太陽星の五行は火で、巨門星は水です。太陽星の光を遮る雨、雲を意味します。

ちなみに私は、現在、若干星同士の関係は見ますが、宮における光度、つまり廟旺落陥は太陽星と太陰星以外は参考にしていません。幾度となく訪れる台湾で購入した飛星派の資料を読んでも、術友等と話しても、全く同様の意見です。ある紫微斗数の現地の先生に話を伺う機会があった時、日本の紫微斗数の現状を話しましたら「数百年遅れている」といわれ、大変なカルチャーショックを受けたのを覚えています。私が手ほどきを受けた潘子漁先生ではありませんが、かなり過去の話なので記憶が曖昧なのですが、たしか、紫雲先生という方の師匠に当たる方だと思います。「自分は書籍を出していないので」といわれて本をいただきました。

話は逸れてしまいましたが、太陽星に巨門星が同宮すると意外に善良ですが、剛情な部分があり、個性も強く好きなことや得意な分野や事柄に対しても夢中になり、強気に出たりします。物事の視野はそれほど広くはありません。

また競争やライバルを意味するため、他の人を意識しやすく、何かにつけて周囲を気にする傾向です。

擎羊星、陀羅星、火星、鈴星、天空星、地劫星、化忌星が同宮すると、父親と縁が薄いか父母が苦労する人も見られます。五行関係は別として、申宮より寅宮の方が有利です。寅宮は比較的温厚ですが、巨門星には口という意味があり一言多いでしょう。時として対人面に問題が出るのです。申宮より寅宮の方が理想の高い人が多く、現実とのギャップに苦しむ人もいます。知識欲が旺盛な人も多く、研究、外交、法律、人に教えることも適職です。

庚、辛年生まれの人は化禄星、化権星、文昌星が命宮にあると、表現力に力を発揮します。芸能、芸術関係もよいでしょう。

癸年の人は巨門星に化権星がつきます。交渉や文教関係も悪くありません。ただし、やや持続性に欠けたり忍耐力に欠けたりしやすいのが難点です。

申宮は少し考察が違います。全くおとなしいか、またはよくしゃべるかのどちらかです。少し神経が過敏で小さなことを気にかける傾向です。仕事や他の人生全般に対して中途半端になりやすいので注意です。女性は時々結婚が数回になる人もいるようです。

（4）太陽星＋天梁星

卯か酉で同宮します。卯宮は酉宮より有利です。酉は日没の太陽星だからです。どちらにせよ根は善良で、人に対しても気配りを見せますが、環境の変化に弱い人が見られます。酉宮の方がその傾向は強いでしょう。

卯の命宮は、太陽星は輝き、天梁星はメリハリを好みます。物事を急ぎ、冒険心に富むものです。行動性と積極性が出るので仕事に対しても旺盛です。

文昌星、禄存星が同宮または対宮に入ると、「陽梁昌禄」となり表現力も高く、社交性も上手な人です。

条件の良い星が同宮または対宮に入ると「日照雷門」と呼びます。

特に文昌星、文曲星、天魁星、天鉞星、左輔星、右弼星が同宮または対宮に入ると「出将入相（しゅっしょうにゅうしょう）」といい、さらによさが増して健康、財、人生の安定を得られやすく、比較的高い立場も夢ではありません。商社、貿易、政治、建設等で成功しやすいです。若い時苦労しても中年期以後に徐々に安定します。

では酉宮はどうでしょうか。日没の太陽星です。光量は少ないです。たしかに才能ある人は多く見られますが、人生の目標設定が特に高すぎる人は、かえって苦労するのです。その対策としては、人生を七合目位に設定すると楽になります。人生の小さなことを楽しむことも大切だといえます。

私も財帛宮が自化忌星（別途解説）ですので、人生を小さく楽しむ訓練をしています。

文昌星、文曲星、左輔星、右弼星、天魁星、天鉞星、禄存星、化禄星、化科星が同宮または対宮に入ると、宗教、占術、文芸等の世界で活躍が可能でしょう。特に文昌星と禄存星または化禄星が共に同宮する場合、酉宮でも一応「陽梁昌禄」になりますから、不思議と試験運が良い人が多く、資格取得も可能でしょう。

酉宮は晩年孤独な人が見られます。芸術や学問の世界に没頭すると心が安定します。酉宮は一時的に成功しても持続性がないのが欠点です。

5　武曲星

（1）武曲星独主

辰か戌で独主します。冒険をせず、実直に働くことでこつこつと大きく財を積み上げることが可能です。武曲星は四柱推命でいうと正財に該当します。この場合、一発勝負的な投機的手法により獲得するのではなく、労働対価による財を意味します。

しかしここに面白い現象があります。対宮に貪狼星が入りますが、貪狼星はどちらかというとやや一発屋的側面があり、時として誘惑に乗り、火傷をする人も見られますから注意が必要です。しかし逆にいうと、財を取得する能力も高いわけです。どちらにせよ、地道にこつこつと働くことが財運上昇の鍵となるでしょう。

性質は決断力に富み、実直ですが、意外に経済的にはしっかりしています。辛抱強く努力する人は中年以降に発展するでしょう。

文昌星、文曲星、左輔星、右弼星、天魁星、天鉞星、化権星が同宮または対宮に入ると、若い時は苦労しがちですが、大器晩成で成功する可能性が高いです。

擎羊星、陀羅星、火星、鈴星、天空星、地劫星、化忌星がなく、禄存星、化権星、化科星が同宮または対宮すると、割合若い時代から発展しやすいです。女性は条件の悪い星が同宮または対宮すると、幼年時代から苦労を経験する人も見られます。また、時として独身を通す人も多いです。

庚年生まれの人は、化科星が財帛宮の廉貞星に化禄星がそれぞれ入り、高い能力を発揮します。これは男女を問いません。条件良い星が同宮または対宮すれば、能力はさらに高見につくことも可能です。

乙年生まれは、擎羊星が命宮に入るので運気の乱高下はありますが、かなりの成果を出す可能性も出てきます。ただし、その手法にやや強引なところが見られます。

庚年は化権星が命宮に入り権威を好みます。条件が良いと警察、自衛隊等の武職で活躍も悪くありません。

太陽星と太陰星の関係から、戌宮より辰宮の方がやや有利です。

（2）武曲星＋天府星

子か午で同宮します。武曲星は剛強な星で、天府星は温厚で聡明です。陽と陰でバランスは取れています。結果として表現力、企画力、管理能力に優れています。

ただしこの命宮ですと、夫婦宮に破軍星が入るので、夫婦生活はやや波乱気味になりやすいです。太陽星と太陰星から男性にとっては子の命宮、女性にとっては午の命宮の方が異性縁には有利です。対社会的な問題は別の話です。つまり異性としての男女運ということです。

文昌星、文曲星、左輔星、右弼星、天魁星、天鉞星、禄存星、化禄星、化科星が同宮または対宮に入ると、チャレンジ精神があり、目的に向かって果敢に行動するのです。財帛宮も条件が良いと自然所得も多く、どうような職業でもそれなりの成功をする可能性が高いのです。

武曲星に化権星が入ると、負けず嫌いで気が強いのであまりそれを前面に出しすぎると周囲と軋轢を生じやすいので注意です。しかし仕事はできます。

以上のような条件の良い星が入っても、擎羊星、陀羅星、火星、鈴星、天空星、地劫星、化忌星が同宮または対宮に入ると、人生がやや波乱気味で人生も不安定になりやすいので、独立するよりも組織に入った方が安全でしょう。

多く条件の悪い星が同宮または対宮すると、親や先祖からの財は失いやすく、もしくは自分の代で失うことになりやすいです。人や親をあてにせず、独力で人生を切り開くのがよいでしょう。子の命宮で、左輔星、右弼星、禄存星が同宮する場合、「尊居万乗（そんきょばんじょう）」といって、かなりの財をつかむことができるといわれています。

天魁星、天鉞星が同宮すると地位も得られるでしょう。

午の命宮で己年生まれの人は、命宮に禄存星が入り、武曲星に化禄星がつくので「集禄交馳（しゅうろくこうそう）」となり、富貴双全（ふきそうぜん）になる人も見られます。
太陽星と太陰星の関係から、午宮より子宮の方がやや有利です。

（3）武曲星＋貪狼星

丑か未で同宮します。「武貪格」とも呼ばれ、若い時は苦労しがちですが、中年期からの成功につながる人も多いのです。発展のコツは息切れせず頑張れるかどうかです。

貪狼星は自由を好み束縛を嫌います。また、自己の衝動や欲望に割合忠実なところがあり、剛気な武曲星と組み合わさる場合、周囲との環境との折り合いや言いたいことに対してダイレクトすぎて軋轢も多く経験します。

理性が強く働く中年期くらいから結果を出せることもあります。ただし若い時に苦労をあまり経験しない人は、逆に中年期に入ると、どすんと運気が落ち込みやすいのです。

この組み合わせは自由人で、本来は親から代々続いた仕事を受け継ぐことを好みませんし、また新たに人生を切り開いて行く方が人生を発展させるのです。時として酒色に溺れやすいので注意してください。

化禄星、化権星、化科星が命宮か対宮する場合、性格はやや剛強ですが、表現力に恵まれた人も多いので文芸方面で活躍する人も見られ、文昌星、文曲星が命宮か対宮すると、「出将入相」といって財と地位も得られる可能性が高いです。どちらにせよ、たとえ高い地位を得られなくとも、金銭的には安定するでしょう。

擎羊星、陀羅星、火星、鈴星、天空星、地劫星、化忌星が同宮または対宮に入ると、やや福分に欠けて家庭、経済面に問題が出る人がいます。何か技術を身につけるのもよいでしょう。

火星や鈴星同宮は「貪鈴格」、火星同宮は「貪火格」となり、財と立場を手に入れることも可能です。ただし単なる擎羊星、陀羅星、同宮は他に条件の良い星がないと浪費をしやすく、酒に溺れて身を持ち崩すこともあるので注意です。

甲年、戊年、庚年生まれの人は、天魁星、天鉞星が命宮と遷移宮に入り、「座貴向貴」と呼んで50歳前後に周囲の引立てや抜粋によって地位を得る人も見られます。

太陽星と太陰星の関係から、丑の宮位がやや有利です。

（4）武曲星＋天相星

寅か申で同宮します。移動と変動の多い人生の人がたくさん見られます。不思議と副業を持って成功しやすいのです。

天相星は温和で勤勉で、武曲星は行動性の強い星ですから、頭も良く働き者です。ただし寅も申も「天馬地」と呼ばれ、常に移動やじっとしていられない人が多いです。対宮には破軍星が入るので正義感の強い人ですが、それをつらぬきすぎて周囲とぶつかりやすい人は、人生に波乱は避けられないでしょう。

人生のスタイルや仕事では同時に複数のことをこなせます。ですので、副業がよいでしょう。

文昌星、文曲星、左輔星、右弼星、天魁星、天鉞星、禄存星が同宮または対宮に入ると、行動力に富み、それが人生や仕事の成功につながるのです。対宮が破軍星ですので、擎羊星、陀羅星、火星、鈴星、天空星、地劫星、化忌星が同宮または対宮に入ると、人に対して支配的な部分が現れやすく、周囲とトラブルを起こしやすくなるでしょう。

武曲星に化禄星がついて、さらに化忌星が同宮（自化忌星も含む）すると、少し特異な現象が出て来る場合があります。剛気な面が悪い意味で増してマイナス作用となり、つまり性質がやや屈折し、時として頑なところが出てくる人がいます。

条件の良い星が同宮して化忌星がつくとどうでしょうか。さらに火星や鈴星同宮すると成功することもありますが、大限で悪い時期に当たる時、失敗を大きく経験する危険性が高まります。

甲年、庚年生まれの人は、化科星、化権星が絡むので、さらに禄存星が入ります。「禄馬交馳」と呼んで、生地を離れて遠方で成功して、財を生みやすいです。

壬年生まれの人は武曲星に化忌星で対人関係の問題か、表現方法にやや誤解を招く人もいるので技術職の方が有利です。女性は文昌星や文曲星同宮すると、金融、会計、証券、保険等の金銭を扱う仕事に適しています。

さらに男女共に、左輔星、右弼星のいずれかと、化科星、化禄星、化権星のいくつかが同宮または対宮に入ると、「三奇加会」といって、早い時期から何らかのかたちで頭角を現すことが可能です。ただし火星、鈴星が同宮しますと、健康に問題が出る人がいますので注意が必要です。

太陽星と太陰星の関係から、亥宮の方がやや有利です。

（5）武曲星＋七殺星

卯か酉で同宮します。優しいところもありますが、少し言葉がきついため損もします。つまり誤解を招くのです。

七殺星は武曲星よりさらに人生の波は荒い傾向です。武曲星は実直な傾向です。女性でも意外にさっぱりとして男性的な人が多いです。意志強く行動的ですが、注意しないと独断専行しやすいですから、男女を問わず注意が必要です。

その一方、人に優しく思いやりを持ちます。人生のスタイルや仕事に対しても企画力が高いです。

左輔星、右弼星、文昌星、文曲星が同宮または対宮に入ると、やや剛強な部分が緩和されます。擎羊星、陀羅星が同宮または対宮に入ると、強引なところがさらに強くなり、周囲とトラブルが生じやすく、化禄星、禄存星が同宮または対宮に入ると、比較的穏やかな部分が出てきます。

条件の良い星がなく、擎羊星、陀羅星、火星、鈴星、天空星、地劫星、化忌星が同宮または対宮に入ると策を錬る人もいます。ただし、それが成功するかどうかは別の問題です。特に火星と化忌星が絡む時には、感情家で冷静さを欠いて物事の失敗、財の損失、人生上の意外な災いに注意です。擎羊星と絡むと金銭のトラブル、争いを招きやすいようです。女性は条件の良くない星が同宮または対宮に入ると、家族、特に子供との問題、結婚生活上の波乱、健康に問題を抱えたりしやすいです。ただし条件の良い星と混濁する場合には、かなり安定基調となるでしょう。

男女を問わず乙年生まれの人は、条件の良い星が同宮または対宮すると、地位、仕事での成功も考えられます。たとえ条件の悪い星がある時も、化禄星、禄存星が絡むとあまり心配におよびません。

太陽星と太陰星の関係から、卯の命宮の方がやや有利です。

（６）武曲星＋破軍星

巳と亥で同宮します。冒険心の強い行動的な人が多いようです。あまり考えないで投機に走り、時として大きな失敗をすることもあります。

破軍星は衝動性が強く、男性的な武曲星と同宮すると、頭は良いのですが無計画に事を進めてしまい、それが大限や流年でかんばしくない時期に当ると、取り返しのつかない結果を招いてしまいます。ですので、若い時期は大きな失敗や損失を経験します。

ただしさまざまなことに出会い、中年期頃から波乱が静まり、条件によりますが、だんだんと人生が安定して発展していきます。人生のスタイルや仕事においても、競争が求められる職場で能力を発揮しますが、自らトラブルを招きやすいので注意が必要です。

禄存星、化禄星、文昌星、文曲星が同宮または対宮に入ると、財務的知識を身につけることで、将来の成功に大きく発展します。左輔星、右弼星、天魁星、天鉞星、化禄星、化権星、化科星の同宮は、技術、理工、財務と縁が強く、仕事にも生かせます。また、大学講師さらには教授にまで上る人も見られます。

この組み合わせは官禄宮に紫微星と貪狼星が入ります。もともと成功のチャンスに恵まれやすい傾向となります。官禄宮に化禄星、化権星、化科星のいずれかと火星、鈴星が同宮すると、チャンスはかなり確実となるのです（紫微星は割合火星、鈴星を善化します）。

擎羊星、陀羅星、火星、鈴星、天空星、地劫星、化忌星が

同宮または対宮すると、強い衝動性が増し、人生上多くの挫折や苦労を経験するでしょう。特に擎羊星、陀羅星が絡む場合は、怪我や病気には最大の注意です。火星、鈴星はとかく公的機関とのトラブルを起こしやすいので気をつけてください。

条件の悪い星と多く絡む場合、仕事、恋愛に対して変化が大きく、人生定まりにくくなり、財的にも不安定になりやすいです。仕事に関しても専門的技術を身につけ、結婚も経済的観念をしっかりしなければなりません。

太陽星と太陰星の関係から、巳位の命宮の方がやや有利です。

6 天同星

(1) 天同星独主

卯と酉、辰と戌、巳と亥で独主します。天同星は比較的温厚な星です。ですから自然と競争には不向きです。

基本的に吉を招きやすく、星の絡みが良い場合、性質も良く、健康な人が多いです。ただし弱点もあります。急な環境が変化したり、追い込まれたりすると、周囲も驚くような激しさを見せたりします。

どの宮もそうですが、普段温厚でも、男女問題が絡んだりすると、取り乱したりして、やはり周囲をびっくりさせたりするのです。卯と酉の命宮は対宮に優しさと愛情面の豊かな太陰星が入るので、何となく異性を引きつけるのです。

擎羊星、陀羅星、火星、鈴星、天空星、地劫星、化忌星が同宮すると、心理面での不安定さを招きやすいでしょう。特に擎羊星同宮はその傾向が強く、身心の傾向に悩む場合があります。

文昌星、文曲星、天魁星、天鉞星が対宮にある人は、風流で文化的なことを愛します。天同星に化禄星がつくと、財的に安定します。化権星がつくと、仕事運も良好です。化科星がつくと、金銭運には大金は別として、名声や立場、つまり地位も期待可能です。女性の場合、魅力的な人も多いようです。

太陽星と太陰星の関係から、卯の宮位の方がやや有利です。

次は辰と戌の天同星です。対宮には巨門星が入り、一種の丑と未の天同星＋巨門星と類似しています。本来、天同星は温厚な星ですが、巨門星は口を意味します。条件にもよりますが、失言で損をしやすい人も見られますので、話し上手な面を意識的に生かすことが人生上成功のコツとなるのです。人の縁も良く、学習することも嫌いではありません。

戌の場合、条件にもよりますが、割合早い時期に親と離れるか、縁が薄くなりやすく、天空星と同宮すると人生が定まりにくくなります。化禄星、禄存星が同宮または対宮する人は表現力高く、事業や商売を始めても成功しやすいでしょう。外交、貿易、設計等にも才を発揮します。辰と戌を問わず、文昌星、文曲星、左輔星、右弼星、天魁星、天鉞星、禄存星、化禄星、化科星が同宮または対宮すると、立場や財も安定し福分も厚いです。どちらにせよトップを目指すより二番手、三番手を目指す方が天同星の良さを発揮します。

天同星は金銭を人生の目的とした時は人生に波乱を招きやすくなるのです。その理由として、どうしてもそこに競争原理が働いてしまうからです。それはある程度立場を得ると、ほどほど人生に困らない金銭は入ります。文化、教育、学問、政治家の補佐に適しています。

発生まれの人は、対宮の巨門星に化権星がつくので吉が増すでしょう。

擎羊星、陀羅星、火星、鈴星、天空星、地劫星、化忌星が同宮または対宮すると、人生の起伏が大きくなり、成功と失敗を繰り返す人がいます。また、不思議と視力の弱い人が時として見られます。

太陽星と太陰星の関係から、辰の宮位の方がやや有利です。

巳と亥の天同星は、対宮に天梁星が入ります。天同星は割合温和な星で、天梁星はメリハリのあるやや短気な面を持っています。何となく人生が定まりにくくなるのです。女性は容姿の美しい人が比較的多いですが、あまり深く考えない軽率な恋愛を繰り返すなど、異性問題でごたごたしやすいです。

文昌星、文曲星、左輔星、右弼星、天魁星、天鉞星が同宮する場合、亥の命宮の人は吉を何となく誘引します。巳の場合の人は大成功とまでなかなかいきませんが、人生や仕事において安定基調となります。天同星に化禄星が絡めれば立場と金銭的安定を手中に出来るでしょう。

巳と亥どちらも、官公庁または比較的民間でも大きな組織で、それなりの地位を確保します。時として表現力豊かな人がおり、芸術方面も悪くありません。

擎羊星、陀羅星、火星、鈴星、天空星、地劫星、化忌星が同宮または対宮に入ると、残念ですが、財を獲得する能力は少し低めの傾向です。世の中には労働対価という言葉があります。それに見合わない金銭で働く人も少なくありません。さらに天同星に化忌星の人はそれが顕著に現れます。ではそれに対してどうすればよいかというと、公的資格の取得です。または手に職、つまり専門職や知識、技能を身につけてスペシャリストとして人生を渡るのもわるくありません。

他の同宮する星や対宮する星や対宮に入る星に化忌星がついて天空星、地劫星が絡む場合、とにかく身内、他人を問わず、迷惑をかけられたり、健康に問題が出たり、孤独になったりしがちです。

天同星は文芸を愛する人が多いので、読書にいそしむと、心や精神が豊かに過ごせるでしょう。

太陽星と太陰星の関係から、亥の宮位の方がやや有利です。

(2) 天同星+太陰星

命宮に天同星と太陰星が同宮する時、命宮は決まって子か午の宮位にあります。子と午の宮では、太陰が強さを発揮する子の宮の方がやや有利です。

もし、子の宮の時に、文昌星、文曲星、左輔星、右弼星、天魁星、天鉞星、禄存星、化禄星、化科星等が同宮するか加会すると、一生富貴に恵まれて過ごすことも夢ではありません。周りの人たちの協力や後押しが得られるので、どの職業でも成功しやすいでしょう。両星とも平穏な星ですから、他の人を蹴落とすような仕事のスタイルには向きません。自営であっても勤め人であっても、あまり現実の利を追わずに、精神的に充足したスタイルを人生の目的とするべきです。

擎羊星、陀羅星、火星、鈴星、天空星、地劫星、化忌星等が同宮するか加会すると、精神的なストレスが大きくなる傾向がありますので、普段からリラックスすることを心がけるのが大切です。

気質的な問題から健康を害しやすいので注意が必要でしょう。

(3) 天同星+巨門星

丑と未で同宮します。基本的に頭は良い傾向です。条件によりますが、社交性も備えているので、それらを生かせば吉を招くでしょう。ただし巨門星は物事をとらえる視野はさほど広くありません。何事に対しても研究や探求心も旺盛です。

どちらかというと、天同星は情緒的な星ですので、両星が組み合わさると、物事にこだわりやすく、内向的な面も強くなります。逆に、時としてうるさいくらい多弁な人も見られます。余計な一言で人を傷つけて、誤解を招くので注意が必要です。天同星の社交性と巨門星の聡明さを生かした、仕事なりライフスタイルを構築できれば、福は舞い込むのです。

天魁星、天鉞星、文昌星、文曲星、左輔星、右弼星が同宮と対宮に絡んで入ると「座貴向貴」といって吉を招きやすい命盤となります。若い時期には苦労はありますが、中年から晩年に運勢が大きく開け財的にも安定します。この組み合わせの人は、公務的仕事、教育、団体職等どちらかというと公的機関や、それに準じるような仕事に良さを発揮します。

また編集、宣伝、広報、企画等に才能を使うと、比較的人生は安定します。その原因として高い表現力の持ち主が多いからです。

擎羊星、陀羅星、火星、鈴星、天空星、地劫星、化忌星が同宮または対宮に入ると（特にこの組み合わせは同宮において）、幼少期の環境が悪く、多くの人が苦労を経験します。しかし、自己努力をすることにより、人生の目的なり願望を成就させることは可能です。条件の良い星が命宮にもない場合は、人生上の波乱は避けにくくなるでしょう。

巨門星に化忌星がつく人は、人に騙されやすいので気をつけてください。特に悪徳商法には注意です。また、自ら知らぬ間に加担してしまうこともあるのでこれも注意です。

太陽星と太陰星の関係から、丑の宮位がやや有利です。

（4）天同星＋天梁星

寅か申で同宮します。条件の良い星同士です。比較的良い立場を得られやすい組み合わせです。天同星は情感の星、天梁星は統率力の星です。この組み合わせを「機月同梁」といって、吉を招きやすいのです。

寅、申宮共に、基本的に頭は良く温厚で、友人や知人も多い傾向です。条件が良い場合、人生上の何事においても才を発揮し、名誉や立場も安定します。

文昌星、文曲星、左輔星、右弼星、天魁星、天鉞星が同宮または対宮に入ると、特に仕事運が上昇します。文昌星、文曲星が同宮した場合、文芸に関係する才能を備えて文筆業で活躍する人も見られます。他にも技術、警察、法律等の仕事にも適しています。

擎羊星、陀羅星、火星、鈴星、天空星、地劫星、化忌星が同宮する場合（この組み合わせは、化忌星以外は対宮をさほど恐れません）、人生が何となく定まらず、一時的に地位や名声を得ても心は空しいか、永続性のないかのどちらかです。

以上の条件の悪い星が多く命宮に絡む場合、特に金銭を人生の目的とした場合、それが度を越しすぎると人生そのものが破綻（はたん）しやすくなるので、十分な注意が必要です。投資、投機、不動産に大きな欲を持たない方が得策です。

甲年生まれは寅の命宮に禄存星、丁年生まれは天同星に化権星、己年生まれは天梁星に化科星がつくので、吉の力が強力です。

さらに命宮自体に文昌星、文曲星、左輔星、右弼星、天魁星、天鉞星の各星どれかがあると、公務的仕事、教育、出版等で成功しやすいです。

太陽星と太陰星の関係から、寅の命宮の方がやや有利です。

7　廉貞星

（1）廉貞星独主

寅か申で同宮します。割合勤勉ですが、やや性急なところがあるので要注意でしょう。

負けず嫌いな廉貞星です。統率力に富み対宮に欲望の強い貪狼星が入ります。ですから、性急に事を進めて失敗することもあるので注意が必要です。

文昌星、文曲星、左輔星、右弼星、天魁星、天鉞星、禄存星、化禄星、化科星が同宮または対宮すると、アクが強く癖はありますが、内面には意外に優しさを持っています。苦労多くとも結果を出すものです。

特に命宮に条件の悪い星がなく、禄存星、化禄星が入る人は、美的センス鋭く、美術、文芸の分野で活躍できる人が多いです。条件の悪い星が同宮する場合、人生は何かと波乱が多くありますが不思議と天空星、地劫星が同宮または対宮すると、逆に勤勉さと役目を果たす人が見られます。

卯時か酉の時刻に生まれた人で、天空星または地劫星が同宮する人は、宗教、哲学、占術、霊学、漢方、伝統医学（ハーブ、アーユルベーダー等）に適性が見られ、それらの研究を人生の目的にするのも吉です。

甲年生まれの人は廉貞星に化禄星がつき、さらに寅の場合、禄存星が入り、社会的な地位を得やすく、財的に安定します。ただし寅と申に限らず、陀羅星が同宮すると、血液、膿を伴う疾病に注意です。

しかし己年生まれの人は、官禄宮に化禄星、遷移宮に化権星が入るので、仕事では能力を発揮します。

太陽星と太陰星の関係から、申の命宮がやや有利です。

（2）廉貞星＋天相星

子と午で同宮します。一見、柔らかい印象を持たれます。心の中には意外に人にもよりますが、権威、つまり地位を求め、また手中にする人も多いです。

廉貞星は礼儀に無頓着で、天相星は温厚な傾向の星です。上下関係もわきまえます。この命宮の人は、廉貞星の威厳さや俊敏さもありますから、いつかは地位を手にする人もいるのです。

文昌星、文曲星、左輔星、右弼星、天魁星、天鉞星、禄存星、化禄星、化科星が同宮または対宮に入ると、社会的立場、金銭的恩恵を、比較的スムーズに得ることが可能です。安定した公務員が職としてはよいでしょう。特に禄存星、化禄星が同宮する人は、人生そのものが安定し指導力も発揮します。ただし、改革心にやや欠けやすいのです。

擎羊星、陀羅星、火星、鈴星、天空星、地劫星、化忌星が

同宮する人は、何事も始めは良いですが、物事に他の邪魔が入るなど、もう一歩のところで駄目になったり、他から迷惑をかけられたり、裁判に巻き込まれたりしやすいので注意です。特に大きな仕事を抱えたりする人は十分配慮してください。

化忌星はもともとあまり良くない作用をしがちですが、廉貞星は特に化忌星を嫌います。この場合は、人生の中で一度や二度は仕事での挫折、破財、健康を害することでしょう。時として酒色に溺れます。また、擎羊星との同宮も注意です。とかく人生上において波乱が多く、怪我、人間関係でのつまずき、大病をしやすいのです。もう一つ気をつけなければならないことは、人との共同事業です。まずごたごたするでしょう。

逆に公的資格を必要とする仕事や、意外ですが飲食関係も悪くありません。子の命宮の人で条件良い星が同宮すると、立場の安定、金銭的安定が確保できるでしょう。

火星、鈴星が対宮に入ると、破軍星と同宮します。健康面に問題が出やすいので注意が必要です。

太陽星と太陰星の関係から、子の宮位の方がやや有利です。

（3）廉貞星＋七殺星

未と丑で同宮します。割合激しい組み合わせです。冒険心と開拓心がありますが、動乱と波乱が多い人生の人が多く見られます。時として表面はソフトな感じの人もいます。

負けず嫌いの星の廉貞星と、立場、支配欲、掌握したいという気持ちが強いので、波乱になりますが、それを好む人もいるのです。行動的で冒険心と開拓心に富みますが、常にリスクを背負う危険があるのです。

対宮には割合温厚な天府星が入るので、やや廉貞星と七殺星の激しさを緩和します。しかし物事を成し遂げるまで苦労は経験するでしょう。天府星の影響か、精神性も持ち合わせ音楽や文芸を愛します。しかし根底には現実に立脚しているのです。

財の運用や金儲けに優れた才能を見せる人もいます。運気を上げるこつとして、早く親元を離れて独立するのも悪くありません。文昌星や文曲星が同宮すると、クリエイティブな仕事にも適しています。プランナー、クリエイターとしても成功しやすいです。

擎羊星、陀羅星、火星、鈴星、天空星、地劫星、化忌星が同宮または対宮する場合、悪に手を染めやすい人々と近づきやすいので、人間関係上の選択には注意してください。急病、事故、怪我にも注意です。

いずれにせよ、条件の悪い星と多く同宮または対宮に入ると、ライフスタイルの激しい変化、仕事運や財的方面での不安定さを呼ぶのです。手に職をつける、手堅い職場を手に入れるのが大切です。

丑の命宮の人は廉貞星に化禄星、さらにこれに文昌星、文曲星、禄存星が同宮または対宮に入ると、必ず辛苦の後は成功の可能性が高くなります。ただし、条件の悪い星が多く絡まないのが条件です。

未の場合、条件の良い星が同宮して化忌星がなければ、立場と経済は安定傾向です。

太陽星と太陰星の関係から、丑の宮位がやや有利です。

(4) 廉貞星+破軍星

卯と酉で同宮します。破軍星は七殺星よりもさらにアウトロー的な星です。行動力は旺盛で、自立心も強いです。自然と好奇心も高く、常に新規のことに果敢に挑戦していきます。

この命宮の人は、父母宮に甲級主星が入らないため、父母との縁が薄くなる傾向があります。ですので、なおさらに自立心を育てるのです。逆に親の仕事を継承しないか、しない方が運の伸びが見られます。

ただしこの組み合わせは、周囲や組織に対する順応性に問題のある人も見られます。束縛の強い環境の組織では息苦しさを感じるのです。

長期に渡って行動力と根気よく努力が可能な人です。自分に対する自由度と明確な目標や目的があると、才能を最大限に発揮します。人生や仕事を安定させるには、専門技術を身につけるか磨くことです。警察関係やスポーツ方面も悪くありません。

文昌星、文曲星、左輔星、右弼星、天魁星、天鉞星、禄存星、化禄星、化科星が同宮または対宮に入ると、頭の回転が良い人でしょう。大限が良い時であれば、良い立場を得て、財的にも安定します。特に禄存星、化禄星が命宮にある人は、かなり良い立場で、経済も安定します。

擎羊星、陀羅星、火星、鈴星、天空星、地劫星、化忌星が同宮または対宮に入ると、周囲と軋轢を起こしやすく、とかく協調性に欠けて、人生や仕事に不利になりやすいです。条件の良くない星が同宮または対宮せず、文昌星が命宮に入ると、当初は苦労しますが、後に成功しやすいです。

命宮に擎羊星が同宮する場合は、何かと人生ごたごたしやすく、揉め事が多く発生し、命宮に火星や鈴星が同宮する人は、まれに反するような行動を取りやすいので最大の注意が必要です。

また、擎羊星が官禄宮にあると法律問題で訴訟に巻き込まれやすく、遷移宮にあれば、外で事故、怪我、病気に注意です。

擎羊星または陀羅星が命宮にあり、さらに文昌星か文曲星が同宮する人は、人生破乱になりやすいですが、逆に技術職、外科医等にはうってつけです。

太陽星と太陰星の関係から、酉の宮の方がやや有利です。

（5）廉貞星＋天府星

辰と戌で同宮します。この組み合わせは責任感が強いけど、内面は優しいところがあるのです。この両星が同宮すると、廉貞星の持つ剛気な部分は完全に消えなくとも、性格は温厚で、意外に優しい人を作ります。また、物事に対する工夫も上手いです。

忍耐強いので、周囲から中傷、いじめ、誤解を受けてもがまんする人が多いでしょう。ストレスを溜めやすいので、それの軽減する方法を工夫するのが人生上のこつとなるのです。

辰と戌は少し特殊な十二支の場所となり、「天羅（てんら）」や「地網（ちもう）」との別名となり、特徴として苦労と辛苦を伴いやすい宮といわれています。ただし、条件の良い文昌星、文曲星、左輔星、右弼星、天魁星、天鉞星、禄存星、化禄星、化科星が同宮または対宮に入る人は、割合物事がスムーズに進みやすく、確実に結果を出します。化禄星は特に良好です。文昌星、文曲星が絡む場合、教育、学問、学術の分野で活躍可能です。

条件の良い星が絡まないと苦労多く、独立するより安定した勤めの方が安全です。行政、金融関連もよいでしょう。

擎羊星、陀羅星、火星、鈴星、天空星、地劫星、化忌星が同宮または対宮に入ると、人から足を引っ張られたり、立場を得ても何かのきっかけで失ったり、また時として破財をしやすいので金銭管理には十分な注意を払うべきでしょう。

この命宮は対宮に七殺星が入ります。行動的で積極性の強い星です。逆に天府星の温和性と合い交って、割合早い時から才能を発揮するでしょう。

太陽星と太陰星の関係から、戌の宮の方がやや有利です。

（6）廉貞星＋貪狼星

巳と亥で同宮します。両星共に激しい星です。安定より自由を好みます。また、悪い意味ではなく、自己の欲望に従う人が多いです。廉貞星は新しいことにチャレンジをする人が多く、貪狼星は享楽的です。この命宮の人は基本的に自由を好みますので、自然と人生の安定を得にくいです。また、異性縁も多くなりがちです。

条件の悪い星が絡んだり、大限や流年が良好でない時期に入ったりすると、人によっては異性問題でごたごたする傾向があります。人生に起伏が多くなるのです。

文昌星、文曲星、左輔星、右弼星、天魁星、天鉞星、禄存星、化禄星、化科星が同宮または対宮すると、多少の問題があったとしても、自己の努力いかんによって立場や財的にも安定します。やや忍耐力に欠けるのと、物事の持続性に欠けるため、一度上手く行きかけたら逃がさないようにすることです。

文昌星または文曲星と化禄星が同宮すると、表現力も豊かです。ただし欠点は意外に主見なく、人の意見や受け売りをしやすい人もいるのです。貪狼星に化禄星がつく人は、生活に困る人はあまりいませんが、金銭的には乱高下しやすいでしょう。

擎羊星、陀羅星、火星、鈴星、天空星、地劫星、化忌星が同宮または対宮すると、異性問題が発生した場合は要注意です。何かとごたごたしたり、健康問題に悩まされたりしがちです。化忌星がつくと、器以上の欲にかられて、人生の安定を欠く人も見られます。

火星、鈴星同宮は空虚な気持ちを描く人がおり、その結果、異性に対して執着となってしまう人もいるのです。設計、映像、工芸、書、茶道、その他技術を生かした才能を発揮できることができます。

条件の悪い星が入り、化禄星、禄存星が同宮する場合、欲望のままに行動すると、一時的に成功しても永続性がなく、破財、体を壊したりしやすいので、注意が必要です。

太陽星と太陰星の関係から、亥の宮の方がやや有利です。

8　天府星

（1）天府星独主

丑と未、卯と酉、巳と亥で同宮します。天府星は基本的に頭が良く、吉を誘因しやすいです。何といっても南斗星の代表ですから、天府星を単独で判断した場合、堅実で安定を好みます。また、多才な面を持っており、比較的健康な人が多いです。

しかし長所ばかりではありません。保守的な部分があるので、人生のチャンスを逃がす場面もあるでしょう。女性の場合、キャリアウーマンでも主婦業でもそれなりにこなします。上手に両方やれる人も多いでしょう。

丑と未宮共に、対宮に廉貞星と七殺星が入ります。この両星はどちらも行動的な星です。この行動性は未の命宮の方が能力を発揮しやすいです。その理由として、太陽星が午で、太陰星が申に入るからです。その関係から、丑の命宮は逆になるのです。命盤を解読する場合、この太陽星と太陰星の位置関係は一つのバロメーターとなります。

どちらにせよ、天府星は能力を高く発揮しやすい星です。ただし弱点もあります。財を自己から生み出せず力はやや弱い部分があるので、財を生じるためには、他の吉星と絡む必要があるのです。

対宮の廉貞星に化禄星がつくと、財を誘引する力が強まります。それ以外では文昌星、文曲星、左輔星、右弼星、天魁星、天鉞星、禄存星、化禄星、化科星が同宮または対宮するのも悪くありません。もちろん他の要素にも良好にさせます。これらの条件の人には、資格を取得することで人生を有利に持っていくことが可能となります。

条件の良い星が絡まない時には、財的に誘引する力も弱いのですが、人生そのものが竜頭蛇尾に終わりやすい傾向です。

擎羊星、陀羅星、火星、鈴星、天空星、地劫星、化忌星が同宮または対宮すると、本来天府星が持つ堅実さが減少し、人生が破乱気味となるのです。

太陽星と太陰星の関係から、未の宮の方がやや有利です。

次は卯から酉の天府星です。対宮には武曲星と七殺星が入ります。七殺星は行動的で、武曲星は金銭や物質の星です。根底にはそれを満たすため行動力を発揮するのです。

文曲星、左輔星、右弼星、天魁星、天鉞星、禄存星が同宮または対宮すると、未の命宮と同様、財運が安定します。化科星の場合、試験やテストに抜群の能力を発揮しやすくなります。

擎羊星、陀羅星、火星、鈴星、天空星、地劫星、化忌星が同宮または対宮に入ると、少々性格に変わった面か、時として人づき合いが上手くないことがあります。人を妬（ねた）んだり、恨んだりしてやや屈折したりする人も見られます。

条件の悪い星が多く同宮するか対宮に絡む場合、人生に対しての破壊性がある人もいるので注意が必要です。

太陽星と太陰星の関係から、酉の宮がやや有利です。

次は巳と亥の命宮です。対宮には紫微星と七殺星が入ります。この両星はプライドの高い紫微星と、やや激しい七殺星と絡み、命宮の天府星と混ざり強く立場を得たい、人を掌握したい、支配したいと思う人が見られます。ただし巳と亥では若干違いがあるのです。

巳の場合、女性全体を意味する太陰星が輝かない午にあり、男性全体を意味する太陽星が輝かない申にあります。どちらかというと、やや亥の命宮の方が人生上有利です。どちらにせよ、特にこの二宮の命宮の人は、天魁星、天鉞星が同宮するか対宮にあると、目上の助けを得られやすいのです。

文昌星、文曲星、左輔星、右弼星、禄存星が同様の場合は金銭的に安定します。

擎羊星、陀羅星、火星、鈴星、天空星、地劫星、化忌星が同宮または対宮に入ると、人から妨害を受けやすく、孤独を経験しやすいです。

9　太陰星

（1）太陰星独主

辰、戌、巳、亥、卯、酉で独主します。この星は基本的に感性が豊かです。男性でも少し女性的な部分があるでしょう。優しい面を持ち合わせていますが、やや孤独性を持つ人が多いでしょう。

太陰星は太陽星のところでも説明しましたが、入る十二支によって、力の発揮具合に大きく差位が出てきます。

頭の良い人が多く、争いをあまり好みません。時として精神性を強く求める人も見られます。神経質でしょう。

親元を比較的早く離れやすいです。芸術的な才能も開花しやすいのが特徴です。

辰と戌の太陰星では、辰は昼間を表して輝きません。しかし条件の良い左輔星、右弼星、文昌星、文曲星、天魁星、天鉞星が同宮するか対宮すると、人生は良好な傾向です。さらに化禄星、化権星、化科星がつくと、表現力が豊かで、それが仕事上やライフスタイルにも有利に働き、時として人を指導することも可能です。

擎羊星、陀羅星、火星、鈴星、天空星、地劫星が同宮または対宮に入ると、異性問題や、時として酒を飲んで体を壊すこともあります。

太陰星に化忌星がつく場合、結婚においてごたごたしやすく、健康面でも一度発病するとなかなか治癒しづらい病気に注意です。特に恋愛や結婚については、男性より女性にその傾向が強く出やすいです。

女性の場合、命宮ですので男性を表す太陽星は対宮の戌に入り、昼を表す辰と異なり戌は夜を表すため、女性にとって男性はあまり頼りない存在になりがちです。以上のような理由により、さまざまな問題が生じやすいのです。

詳しく説明しますと、対宮に入る太陽星は外で出会う男性を意味し、あまり良くない男性と遭遇しやすく、女性は命宮の太陰星も輝かないので恋愛や結婚に問題が生じやすいということです。また、対宮の太陽星は、誤解のないようにいいますと、女性にとってあまり良くないか、もしくは力のない男性と浮気をしてしまう可能性も示しており、くれぐれも注意してください。

戌の命宮はどうでしょうか。自分自身を表す太陰星は輝きます。特に女性は小さい頃から頭が良い人が多く、割合太陰星でも活発です。男性は内向的ですが頭は良い人が多いです。男女を問わず、ライフスタイルや仕事においても収入より、理想や夢を重視しがちです。

左輔星、右弼星、文昌星、文曲星、天魁星、天鉞星が同宮するか対宮に入ると、理想を追求することと仕事が一致しやすくなります。

擎羊星、陀羅星、火星、鈴星、天空星、地劫星、化忌星が同宮または対宮に入ると、何かにつけて邪魔が入ったり、人から妨害されたりしやすくなります。

戌の命宮の人は異性を引きつける人が多く、割合早く結婚する人も多いのです。

次は巳と亥の命宮です。巳の場合、太陰星は輝きません。太陰星は女性を表します。ですから、女性は幼少時代から苦労を伴います。早く親から離れ、何か技術的なことを身につけることによって、人生を安定させることが可能です。

条件の良い星が同宮または対宮すると、感性を生かすような仕事に従事するのも悪くないでしょう。

擎羊星、陀羅星、火星、鈴星、天空星、地劫星、化忌星が同宮または対宮に入ると、女性はどちらかというと、晩婚傾向で、またその方が安定します。男性はやや弱い部分がありますので、人から迷惑をかけられやすいです。

亥の場合、太陰星は輝きます。これを「月朗天門（げつろうてんもん）」といって、割合吉運が高い人が多いです。頭も良く、物事の発想力やヒラメキにも優れている人で、物事の立案、企画等に才を発揮しやすいです。

文昌星、文曲星が同宮すると、表現力が高いので文芸、芸術分野での才能を発揮するでしょう。条件の良い星が同宮し、他の条件の良くない星が同宮または対宮しなければ、金銭的安定と立場を手に入れやすくなります。

次は卯と酉の命宮です。女性にとって条件の良い星が同宮または対宮すると、容姿が美しく、頭も良くて温和な傾向です。

酉の命宮の人は、条件の悪い星が絡まなければ、学問や技術を学び身につけることで人生そのものが安定し、地位、立場、名声を得ることが可能です。ただし、学ぶことを怠らないことが条件です。学ぶことを好む人も多いです。財帛宮に輝く太陽星が入り、これを「日月並明（にちげつへいめい）」といって、早い時期から努力を重ねると、後半生で安定します。

卯の命宮は太陰星と太陽星の両星はあまり輝きません。酉の命宮は太陰星と太陽星の両星は輝くのです。全体的に運勢上有利です。しかし性格面では卯の命宮は太陰星の弱い分、力が内存し、神経質さが柔らかくなり、少々おおらかになります。

10　貪狼星

（1）貪狼星独主

子と午、辰と戌、寅と申で独主します。貪狼星は、一般書では欲望と享楽の星といわれていますが、少しニュアンスが違うのです。欲は決して悪いことではありません。欲望があるから向上心も生まれるのです。現実性も強い傾向です。何かを得たい、学びたい、何かを取得したい、それらに対して非常に貪欲な人が多く見られます。

貪狼星は自由を好み束縛を嫌い、割合社交的です。では単に欲とは何でしょうか。それは多岐に渡っています。特に飛星派においては、そのような単純な判断はしません。

一例を説明しますと、貪狼星に化禄星がつくとします。化禄星には物質、人縁、時として異性縁という意味があります。ある人は金銭や物質に対する欲望かもしれません。ある人は異性縁に対する欲望かもしれません。ある人は何かを拾得したいと思う欲望かもしれません。それは人によってさまざまなのです。

化権星がつくとどうでしょうか。化権星には物事を成就したい。立場を得たい、自己の権限を強めたい、極端になると人や周囲を支配したい欲望かもしれません。貪狼星には化科星はつきません。

化忌星はどうでしょうか。動乱、変動、ごたごた、神経過敏、軋轢、人の妨害という意味合いがあります。なかなか自己の持つ願望や欲望が手中に入らないので、そのジレンマに苦しんだり、焦ったり、イライラしたりしやすいのです。ですから星というものを判断する場合、単独、つまり固定した意味合いのみで判断するとそこで止まってしまうので、縦横に広げるようにしてください。

条件は別として、基本的に貪狼星は行動的で、家にこもっているより外に出ることを好みます。感情の起伏も激しく喜怒哀楽も強い傾向です。多くの才能に恵まれ、異性を引きつける引力も強いですが、人によってはやや押しが強いかもしれません。

子と午の命宮の人は、対宮に紫微星が入ります。他の組み合わせより精神性の高い人が多く、風流な傾向でプライドも強いです。子の命宮の人で化禄星、化権星、天魁星、天鉞星が同宮するか対宮に入ると、貪狼星が基本的に持つ欲望がさらに強くなるのです。自己の環境を整えようとする対宮の紫微星の影響です。

文昌星、文曲星、禄存星が同宮する人は色事に注意です。特に男性の場合、紫微星と貪狼星の組み合わせのようになりますので、異性問題のごたごた、金銭的破財、立場を失うことが起きやすく、女性の場合にはそれが性質方面に現れ、時として嫉妬心が強い人が見られます。

男女を問わず、天空星、地劫星が同宮する人は「過路(かろ)の財」といって、突然、財を入手しても長く保つことは難しいです。天空星、地劫星、化忌星が同宮すると、異性が原因で家庭にひびが入る危険が出てくる人がいます。

他に条件の悪い星がなく、火星、鈴星が同宮すると、「貪火格」、または「貪鈴格」と呼んで、突然の成功を得る人もいます。

午の命宮の人は、太陽星も太陰星も輝きません。この両星の力が弱く、このパワーを十分に受け取りにくいので、逆に擎羊星、陀羅星、火星、鈴星のような、少し言葉は悪いですが、アクの強くやや強引な星が同宮する方が刺激を受け、行動力が増し発奮し才能も出てきて、アピールする力も高まるのです。

なお午の命宮の人は、保守的な人が多いので、独立自営より、民間や公的を問わず勤める方が安全です。

次は辰と戌の命宮です。対宮には武曲星が入ります。貪狼星は自由で割合物質欲が強い傾向で、武曲星は財を意味する星ですから、自然と物や財に対して欲望は強い人になる傾向です。この辰と戌は前に説明した通り、「天羅」または「地網」といって、ごたごたしやすく、特に貪狼星命宮の場合、異性問題が起きやすいので注意です。辰と戌と化忌星は、本来、条件のあまり良くない星の一つです。しかし辰と戌の場合、過度な欲に対してのブレーキをかけるような現象を多く見るのです。

火星、鈴星と同宮すると、財運を高める傾向があります。化禄星、化権星が同宮または対宮に入ると、財と仕事は順調な傾向です。辰の命宮は太陽星と太陰星の力量の関係から、人生の目的や方向性がやや定まりにくく、戌の場合は、比較的人生は穏やかです。

次は寅と申の命宮です。対宮には多分に勝負師的な星の廉貞星が入ります。条件が良い場合は、人生の目的や方針が定まるとそれに向かって果敢に進んでいくことが可能です。大限が良好ですと、早い時期から成功する人も多いです。ただし良さばかりではありません。行動性と欲望も強い人が多いので、多くの事柄に手を出し、つまり広げすぎてそれが原因となり、人生そのものを不安定にさせ、動乱を招いてしまいがちです。

一見、現実的ですが、文学、芸術、宗教、哲学、占術、霊学等に才能を発揮して、強く興味を持つ人もいます。

寅の命宮の人は、火星、鈴星が同宮すると、技術や芸術関連で才能を伸ばし、禄存星が同宮または対宮に入る場合、財的に安定しやすいでしょう。

寅と申に限らず、なかなか風流で情緒的ですが、なかなか心中落ち着かず、条件悪いと人生そのものが漂流し定まりにくいです。その現象は申の方が強く出る傾向です。

※丑と未の太陽星と太陰星が命盤上同宮する盤はやや特殊で、詳細は太陽星と太陰星同宮の項（63ページ）を参照してください。

11　巨門星

（1）巨門星独主

子と午、辰と戌、巳と亥で独主します。巨門星は基本的に処理能力に優れ、自分の意志をストレートに表現します。また、研究熱心な人が多いです。記憶力も高く、条件が良いと割合処理するのも敏速です。

表現方法は悪く出ると、言葉で相手を傷つけてしまいやすいですが、良い方向にそれを出せる場合、社交や会話により人間関係が広がるでしょう。

では子と午の巨門星命宮から説明していきます。対宮には天機星が入ります。この命盤を「石中隠玉（せきちゅうおんぎょく）」と呼び、命宮または対宮に条件の悪い星が入らなければ、巨門星の持つ良い面、つまり長所が発揮されやすく、金銭的安定と立場を得れるでしょう。表現力も豊かで教師、外交、弁護士等の言葉を活用する職業で成功しやすいです。

擎羊星、陀羅星、火星、鈴星、天空星、地劫星、化忌星が同宮または対宮に入り、条件の良い星が同宮または対宮に入らない場合、あまり身の丈を超えた過度な成功や金銭の追求をしすぎると、大きな挫折を経験するでしょう。精神面の充実を図ることで破乱を最小限にすることが可能です。

子の命宮は、官禄宮に輝く太陽星が入り、条件の良い星が同宮せず、条件の悪い星も絡まなければほどほどの才と能力を発揮するでしょう。さらに命宮に化権星、化禄星が入ると、社会的に名声を得て地位を確立することも可能です。

午の命宮は、官禄宮に輝く太陽星は入りません。ですので、命宮の巨門星が本来持つ「暗」の部分が現象として出てきやすくなります。ただし、化禄星、化権星、禄存星が入ると、その限りではありません。むしろ金銭的にも仕事も安定します。化忌星がつくと、巨門星は何かと自らトラブルを招くような行動をしがちで、その結果、問題を生じてしまうのです。巨門星の特徴として、大限や流年に天空星や地劫星が巡ると、財的損失を招くので十分な注意が必要です。

次は辰と戌を考察します。対宮には天同星が入ります。どちらかというと、天同星は温厚な星です。ただし、こと異性問題に関しては、時として、感情的になる人が見られます。特に辰と戌は天羅、地網といって巨門星が入ると、男女間でトラブルが発生しやすいのです。男性、女性に関係なく妨害を受けたり、人の嫉妬を買ったりして、結婚や恋愛においては揉め事も何かと多くなります。化忌星がつき、条件の良くない星が多く絡むと、ますますその傾向は強まります。

文昌星、文曲星が同宮すると、不思議な現象が時として生じます。何となく吉象が作用しづらくなるという特徴があり、特に結婚や恋愛で精神的に情緒や感情が不安定になりやすく、問題を発生させることがまま見られます。

ただし左輔星、右弼星が同宮すると、かなり災いを解消するので問題は減少します。命宮に条件の悪い星が同宮または対宮する場合、成功したとしても長続きしない傾向ですから、保守することが大切です。

次は巳と亥の命宮です。対宮に太陽星が入ります。巳の命宮では太陽星は輝きません。しかし、亥の命宮では太陽星は輝きます。結果、巳の命宮の場合、巨門星の持つ「暗」の部分が表面化しやすいのです。やや人生は不安定となります。特徴として、現実や自己の置かれている現状を直視せず物事を進めたり、行動したりしやすいので注意が必要です。ただし左輔星、右弼星、天魁星、天鉞星が同宮または対宮すると、穏やかな人生傾向となります。

先の辰と戌の命宮では文昌星、文曲星の同宮を喜びませんでしたが、巳と亥の場合、文昌星、文曲星の同宮を歓迎します。亥の場合は早い時期に苦労を経験する人は、逆に成長後苦労から解放されるでしょう。また、この命宮の女性は感情や情緒の起伏が激しい人も多いですが、良い条件の星が多く、同宮または対宮する人は、比較的穏やかで、仕事も金銭も安定し、表現力を生かすようにすれば人生が有利な方向へ進むでしょう。

12　天相星

（1）天相星独主

丑と未、卯と酉、巳と亥で独主します。温和で穏やかな人が多いです。真面目な感じです。ただし働き者の人が多いのですが、やや重量感に欠けるかも知れません。トップに立つよりも、良い補佐役で活躍する方が才を発揮できます。目の前のことには真剣に取り組みますが、物事をマクロ的に対処するのは、やや苦手かもしれません。木を見て森を見ずで、幹より枝葉に目がいってしまうようです。

次は丑と未の命宮です。対宮には紫微星と破軍星が入ります。破軍星はどちらかというと孤独性を持ち、紫微星はプライドの高い星です。命宮天相星で、対宮に紫微星と破軍星です。どのような感じになるのでしょうか。外部的にトップや上の立場の人を補佐する良き幕僚的な役目に打ってつけの人です。

ここで四化星について少し解説します。天相星には不思議と化禄星、化権星、化科星、化忌星がつきません。しかし文昌星、文曲星、左輔星、右弼星には化科星がつきます。これらの条件で同宮する場合、頭も比較的良く、立場や社会的地位も安定するでしょう。

もし文昌星、文曲星が同宮し、化忌星がつくと、人生は何かと苦労を伴いやすくなります。対宮に左輔星や右弼星が入る人は、対外的に人の助けを得られ、人脈も広がります。

擎羊星、陀羅星、火星、鈴星、天空星、地劫星、化忌星が同宮または対宮に入る人は、少し考え方が変わった人が見られ、やや突飛な思考行動を取り、常識から外れた行動を取る人もいます。それを個性と取るかどうかは周囲の環境との兼ね合いでしょう。特に擎羊星、陀羅星が絡むと、その傾向が強まるのです。

丑の命宮は、辰と戌の太陽星と太陰星も輝きます。田宅宮と子女宮です。この二宮は対面となるのです。未の命宮の場合、この二宮は輝きません。このような理由から、丑の方が人生は安定傾向です。どちらにせよ、火星や鈴星が対宮に入る人は、精神や心が不安定になりやすいです。

天空星や地劫星が対宮に入ると、財的に不安定になりやすいので、独立自営より安全な勤め人の方が人生が安定します。

卯と酉の天相星を見てみます。対宮には廉貞星が入ります。どちらかというと、両星共に、割合行動性の強い星です。特に廉貞星はその傾向が強いです。人間関係において好き嫌いが激しく、孤独を好む人が多く、結果、プライベートや仕事場を問わず、人間関係で苦労しやすいでしょう。また、結婚や恋愛でもごたごたしがちです。

夫婦宮には武曲星と貪狼星が入りますので、自分かあるいは配偶者が感情的になること多いでしょう。対宮の廉貞星と破軍星の影響か、仕事においても行動面や感情の起伏が激しいので、何か事が起きると冷静に対処しづらくなり、周囲とトラブルになりやすいです。条件の良くない星が同宮または対宮に入ると、時として不正な財に手を出す人もいますので注意してください。

次は巳と亥の命宮です。対宮には武曲星と破軍星が入ります。天相星は比較的穏やかな傾向ですが、武曲星と破軍星は両星共に行動的で激しさを持っている星です。物事を新しく立ち上げたり、改革したりと果敢に挑戦する人が多いでしょう。忍耐強いのも特徴です。

夫婦宮には紫微星と貪狼星が入ります。男女を問わず、配偶者になる人は個性も強いですが、才能も豊かでしょう。女性の場合、命宮は天相星ですから、本人自身は、割合良妻賢母的な人が多いです。ただし、相手は時として遊び人の男性かもしれません。

天魁星、天鉞星、左輔星、右弼星が命宮に入ると、行動的で積極的な傾向ですので、人生を力強く開拓するでしょう。条件の悪い星が同宮または対宮に絡む場合、不思議な現象として、財や物質に対する欲が強くなる人が時々見られます。あまり強く執着すると身を壊しかねないので注意が必要です。何か手に職をつけて、専門的な技術を身につけることで、財的にも人生上も安定させることができます。

天相星は独主の場合、すべてその傾向なのですが、天空星や地劫星と同宮することを特に嫌います。さらに財帛宮に条件の良くない星が入る場合、金銭的損失を招き、もし官禄宮がそのような状態となると、仕事の安定に問題が出ます。

13　天梁星

（1）天梁星独主

丑と未、子と午、亥と巳で独主します。

天梁星と他の星の組み合わせについては既に解説しておりますのでそちらを参照してください。

天梁星はメリハリのある星です。正義感が強く、決断力もあります。福分も強く、災いを軽減する力も持ち合わせています。

子と午、丑と未、巳と亥で独主します。何か事におよんで処理する場合も、的確にテキパキと行える人が多いです。条件にもよりますが、性質は意外にさっぱりとしている人が多く、周囲に対して、自己のことより気を遣う人がいます。また、条件が良いと面倒見の良い人となりますので、人生の岐路に立たされても人の救いの手が入る福分があるわけです。

では子と午から解説します。対宮には太陽星が入ります。子の命宮ですと、対宮の太陽星が入ります。子の命宮ですと、対宮の太陽星は輝きます。このような人は活動的で１か所にとどまっているのは苦手な人が多く、自分から行動し、物事を打開しようとするので、平穏な生活を好まないかもしれません。

午の命宮ですと対宮の太陽星は輝きません。少し福分が減少するか、活動力が落ちるかもしれません。どちらにせよ、文昌星、文曲星、左輔星、右弼星、天魁星、天鉞星、禄存星、化禄星、化科星が同宮または対宮に入ると落ち着きなく、多忙な傾向ですが、成功するのも夢ではありません。

化科星または文昌星が同宮する人は、何かを学ぶことを好みます。また不思議と試験運の良い人が見られ、仕事も順調です。禄存星が対宮に入ると、ますますその傾向は強まるでしょう。

擎羊星、陀羅星、火星、鈴星、天空星、地劫星、化忌星が同宮または対宮すると、本来、天梁星自体の吉が大きいため、大打撃とはなりませんが、金銭的に苦労する割には実入りが少ない傾向があります。

対宮の太陽星に化忌星がつく人は、やや孤独性を持つでしょう。

次は丑と未の天梁星です。物を成すのに細心の注意を払うことが可能で、頭も良いでしょう。ただし体力は頑強な方ではありません。医療関連、貿易、その他公的機関等に適しています。

丑の命宮で文昌星、左輔星、右弼星、天魁星、天鉞星、禄存星、化禄星、化科星が同宮するか、または対宮に入り、条件のあまり良好でない擎羊星、陀羅星、火星、鈴星、天空星、地劫星、化忌星が同宮または対宮に入らなければ、人生において金銭面でも安定し、一定の立場を築くものです。

酉の財帛宮に輝く太陰星が入ります。巳の官禄宮にやはり輝く太陽星が入りますので、財と官で成功へのきっかけをもともと備えているのです。

未の命宮はどうでしょうか。条件の良い星が同宮または対宮に入る人は、波が穏やかで福分も厚い傾向です。特に左輔星、右弼星、文昌星、文曲星が同宮または対宮に入る場合、うんと背伸びしなければ人生は安定します。一般的な公務員、警察、自衛隊も悪くありません。

次は巳と亥の場合です。天梁星独主では、1か所にとどまる人は少ないです。また、それを嫌う人がいます。何となく家に居ない人が見られます。ただし条件にもよります。人生という道路を小さくとらえず、きちっと見つめて目標を定めないと、試行錯誤をしてしまうのです。

文昌星、文曲星、左輔星、右弼星、天魁星、天鉞星が同宮または対宮に入ると、落ち着きがあり、対宮に太陰星が入るので、比較的人の助けが得られるでしょう。逆に移動が多い中での仕事はよいかもしれません。

巳の命宮の人は、太陰星が輝くので、昼の仕事や紳士用品を扱う仕事に有利です。

14　七殺星

（1）七殺星独主

子と午、寅と申、辰と戌で独主します。独立心旺盛で、権威を好む人が多いです。基本的に意志も強く才も高いでしょう。自由を好み束縛を嫌います。アウトロー的な部分を持ち合わせており、喜怒哀楽も激しいので、周囲となかなか和せない人となります。結果、人生が波乱気味となりやすいですが、むしろ人生に対して、ゲームのように楽しむ人もいるのです。自分の目標や願望に対して、活動的な行動が可能です。ある程度組織でも自分の裁量を発揮するならば、それなりの能力を出せるでしょう。そして、起業や独立自営をする人も多いです。

では子と午の命宮です。やはり行動的で、自分の意見をしっかりと主張して個性が強いでしょう。禄存星、左輔星、右弼星、天魁星、天鉞星が同宮または対宮に入ると、社会においてかなり良い立場、つまり地位を得られます。

擎羊星が同宮した場合、通常はあまり良い判断となりませんが、七殺星が子と午で同宮する時は、不思議と成功のチャンスをつかむ人も多いのです。何かが起爆剤となりバウンドするようです。ただし、条件の良い星が同宮または対宮することが必要です。

子の命宮で、火星、鈴星が同宮または対宮すると、表現力に少し問題が出やすいです。つまり自分の伝えたいことやアピールが下手な人なのです。それが原因で運勢上マイナスとなることがあるのです。

午の命宮の場合は、文昌星、文曲星が同宮すると、企画やマネジメントに関して能力を出せるでしょう。左輔星、右弼星が同宮すると、やや立場や地位を欲して、権力を手中にしようとする人も見られます。しかし人を指導する力と統率力には優れます。

子と午を問わず、官禄宮に破軍星が入り、子の命宮は辰に、午の命宮は戌となると、この両地は天羅、地網の地と呼ばれ、何かと人生が破乱となりやすく、トラブルの比較的起きやすい宮とされます。仕事に対しての現象が特に出やすいようです。

次は寅と申の命宮です。対宮に北斗星と南斗星の代表の紫微星と天府星が入ります。さらに文昌星、文曲星、左輔星、右弼星、天魁星、天鉞星が同宮または対宮に入ると、何か事が発生しても、何となく人や周囲の助けを得られるという福分を持っているのです。外部的に紫微星と天府星が入るためか、表現力が備わり自己をアピールする才能がある人も多いので、周囲の協力と後援者を得るでしょう。企画力、創作能力、物事の分析力が優れているので、それを仕事に生かすと成功へのチャンスとなりうるのです。禄存星が同宮する人は、物質運、つまり金銭的にも安定します。
　擎羊星、陀羅星、火星、鈴星、天空星、地劫星、化忌星が同宮または対宮に入ると、どういうわけか、絶えず何となく敵を作りやすくなり、人からの妨害に遭う苦労が多くなります。寅と申宮を問わず、女性の場合、行動力がありエネルギーも強い人が多く見られますから、基本的に専業主婦には不向きな傾向です。結婚後もキャリアウーマンの方が逆に安定します。補足として、化忌星が同宮する人は男女を問わず、技術職や専門職に適しています。
　次は辰と戌の命宮です。対宮に廉貞星と天府星が入ります。行動力がある廉貞星と才智豊かな天府星が入り、対宮に化禄星、文昌星、文曲星が同宮する人は、仕事では特にスペシャリストとして、学問、芸術方面での活躍も期待できるでしょう。
　左輔星、右弼星、文昌星、文曲星が同宮または対宮に入ると、やや破乱傾向とはなりがちですが、チャンスを逃さないように留意すれば、あながち成功も夢ではありません。
　対宮にある廉貞星は化忌星がつくと、やや偏屈になるか、感情の起伏が激しいか、時として陰鬱(いんうつ)な感情に悩む人も見られます。
　擎羊星か火星が同宮か対宮に入ると、揉め事に巻き込まれ、訴訟に注意です。鈴星が同宮か対宮に入ると、何となく今一歩のところで発展しにくい傾向があります。擎羊星、火星、鈴星の中で、二つ同宮すると、怪我、病気、仕事のトラブルに注意です。

15　破軍星

（1）破軍星独主

甲級主星十四星のラストです。

子と午、寅と申、辰と戌で独主します。破軍星は七殺星よりさらにアウトロー的な星です。冒険心や好奇心が旺盛で行動的です。また、人により変化を好む人が見られます。時としてリスクを恐れず、勝負師的な面を持つ人も多いですが、判断や行動は、即断即決な人で性急すぎて、成功か失敗かの極端に分かれる傾向です。一度物事を始めたらくじけず初志貫徹することと、計画性を持つことが人生上大切です。

では子と午の破軍星から解説します。命宮に左輔星、右弼星が同宮する人は、経済的にも比較的恵まれ、立場も安定しやすいです。この条件の女性は才能高く、キャリアウーマンでも十分やっていけるでしょう。もちろん、夫や子供とも上手く折り合いをつけます。

擎羊星、天空星、地劫星が同宮すると、あまり無理をしてしまうと、人生が疾走してしまいかねないので注意が必要です。

ここで少し変わった意味合いの組み合わせが存在します。通常は、文昌星と文曲星は大抵良い条件としますが、子と午の破軍星はあまり好みません。同宮すると、人生が何となく不安定となりやすく、感情面や精神面でも起伏が大きい傾向です。

擎羊星、陀羅星、火星、鈴星、天空星、地劫星、化忌星が同宮または対宮に入らず、左輔星、右弼星、天魁星、天鉞星が命宮に入る人は、「英星入格（えいせいにゅうかく）」といって、さまざまな分野で力を発揮します。この場合、財帛宮にはやや激しい七殺星が入り、定期的収入ではなかなか満足できず、時に投機的手法で財をつかむ可能性がありますが、大きな成功を生むこともあっても、大きな損失を生むこともあるのです。どちらにせよ、一定を保つのが難しいのです。

天空星か地劫星が同宮、または化忌星が他の星について同宮すると、無謀な冒険心や行動性が、さまざまな争いや金銭トラブルを招きやすく注意です。

次は寅と申です。対宮には武曲星と天相星が入ります。武曲星は行動的で決断力に優れており、天相星は勤勉で礼儀正しいところがあります。これらの星がそれぞれ影響し合って、寅と申の破軍星の人は割と善良で正義感が強く率直な人でしょう。

ただし寅も申も天馬の地の命宮で、何となく落ち着きのない性質や人生となりやすいのです。父母宮に甲級主星が入らないので、親との縁が薄い傾向です。ですから、親に逆に頼らず早く親元から離れ、人生を自分から切り開いていくことが後の発展につながるのです。

文昌星、文曲星、左輔星、右弼星、天魁星、天鉞星が同宮または対宮に入ると、人生上において何かと人からのチャンスに恵まれることが多いです。

擎羊星、陀羅星、火星、鈴星、天空星、地劫星、化忌星が同宮または対宮に入ると、人生がさらに落ち着かず波乱気味となります。

次は最後の辰と戌の命宮です。辰と戌は前にも説明した通り、天羅と地網の地で、もともと動乱を好む傾向があり、活動的で冒険心の強い、破軍星の質が交ざり合い、かなり衝動性のある性質を作り上げます。自由を好み、束縛を嫌い、人に従うことが苦手な人が多いので、組織に適応しにくいでしょう。

禄存星、化禄星が同宮または対宮に入ると、割合理想的な人生を手に入れる人も見られます。左輔星、右弼星が同宮する人は、立場や地位を確立し、収入も悪くないでしょう。

擎羊星、陀羅星、天空星、地劫星が同宮すると、身の丈以上のことをして失敗するので、無理な目標を目指すよりも、地道に歩むことを人生のスタイルにする方が安全です。

庚年生まれ、丁年生まれ、甲年生まれ、癸年生まれの人は、人生の安定度と幸福度は比較的高いでしょう。

第5章 飛星紫微斗数派の技法

1　命宮や他の十二宮における飛星紫微斗数派の考え方とその方法

天地人盤という概念が、飛星紫微斗数派には必ず出てきます。流派によりこの天地人盤のとらえ方が若干違いますが、本書では以下のように解説します。

① 地盤

これは通常の星を意味します。過去の我が国における紫微斗数は現在と異なり、ほとんどこの星のみの解説に終始しておりました。これではあまりにも単純すぎて細かい判断には無理があるように思われ、また判断を固定化してしまうきらいがあります。ただしあまり飛星に走りすぎて、星の意味合いを無視してしまうのもいただけません。飛星法というテクニックは、この星の象意、つまり意味合いに膨らみを持たせる役目もあるのです。

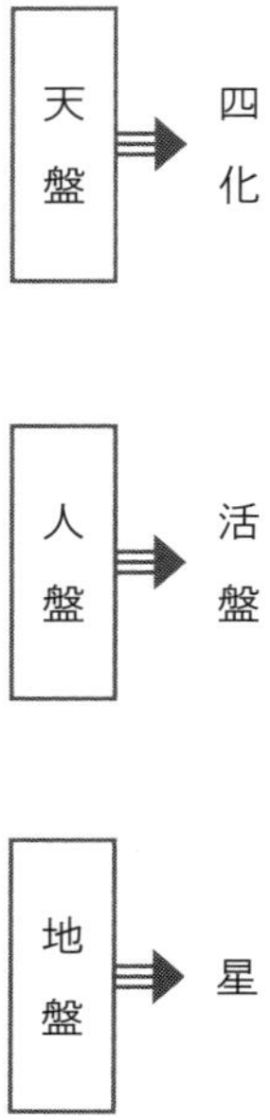

② 人盤

これも主に飛星紫微斗数派が活用するテクニックです。私が20代の頃、手ほどきを受けた台北在住の潘子漁先生は、「空間占技（くうかんせんぎ）」という言葉を使っておられました。占技（せんぎ）とは占い上におけるテクニックという意味です。前にも一部説明しましたが、命宮は官禄宮から見た財帛宮、財帛宮から見た官禄宮となるのです。すべてこのように縦横に活用していくのです。

③ 天盤

このテクニックが本書の主軸となる重要な技法です。この活用法は多岐に渡っており、生年化忌、これはごく通常に判断される化忌星考察法です。十二宮から飛星させる飛星法、これは特に命宮の十干から四化星を飛星させて何処の宮へ入るかを考察します。

本書では特に重要と思われる命宮飛星化忌、財帛宮飛星化忌、官禄宮飛星化忌、遷移宮飛星化忌、以上は、宿命内を吉凶鋭く判断していきます。

その他に10年間の吉凶を判断していく大限飛星四化、1年間の吉凶を判断していく流年飛星四化を説明します。

飛星紫微斗数派が最も重視していく技法で本邦初公開です。

一種の将棋の駒のような動きをし、私は四化星（特に化忌星）を活用した格局ととらえています。ある流派では「棋譜（きふ）」と呼んでいます。これは別枠を設けて解説します。

2　命宮化忌星飛星秘技

（1）人生において何が不利かを知る

これまでの解説では、命宮に入る甲級主星十四星と、それに付随するその他の星との兼ね合いから、運勢傾向からさまざまな意味合いを読み取ってきました。これから説明するテクニックは命宮からの十干を使い、化忌星を飛星させ、人生における何が不利かを考察します。

このようなことを書くと悪いことばかりで不吉な感じを覚えるかもしれませんが、決してそうではありません。負の部分は十分に気を配るか、または手を出さないことが大切です。そうすることにより、人生上のマイナスをかなり軽減することが可能となるのです。

（2）導き方

①命盤（チャート）を用意する

②命宮の十干を調べ四化星表から化忌星を飛星させ、どの宮に入るかを見る。

例題の命盤を練習として活用します。

例題の命宮の十干は丙です。丙の化忌星は廉貞星につきます。では廉貞星はどこにあるのでしょうか、官禄宮にあります。正式には命宮飛星化忌星が官禄宮に入ると考えます。

解説の官禄宮に命宮化忌星が入る文章を参照すればよいのです。

【例題】

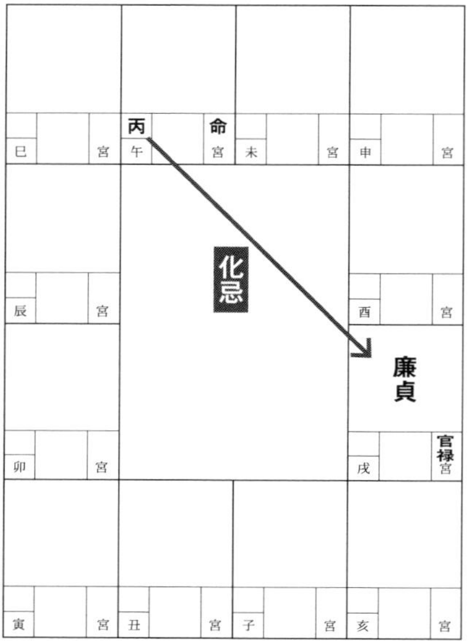

(3) 命宮に命宮化忌星（自化忌星）

これは特殊な型で、他宮に飛星しないでとどまります。この人は思考法、行動様式が非常に個性的です。つまり変わり者です。星の配置にもよりますが、時として、通常の枠を超えた人も見られます。何となく、自己の中に矛盾を持つ人が多いといえます。ただし、なかなか他の人からは、それがわかりにくいのが特徴です。何かごたごたや問題が発生した場合には、自己の思考や行動、他との関係に問題がないか自分を振り返るとよいのです。ただし悪さばかりではありません。何かに一業専念するのは悪くないでしょう。

(4) 兄弟宮に命宮化忌星

兄弟姉妹、友人、同僚等と何か事が起きても、あまり助けを得られにくい傾向です。特に金銭の貸し借りはやめた方が無難です。兄弟姉妹に関しては、数も少ない人が多いです。

(5) 夫妻宮に命宮化忌星

何となく結婚生活にトラブルが多くなりがちです。その本質的な原因は、自分は気づかなくとも、配偶者に対しての配慮不足が考えられます。あまり早く結婚すると、その傾向がいっそう強まります。晩婚の場合、その凶の意味がかなり軽減しそうです。

（6）子女宮に命宮化忌星

子供がなかなかできにくい人が見られます。ただしこの確率は50％くらいでしょう。何故かというと、相手の夫妻宮なり、命宮を考察しないと断定しにくいからです。また、数も少ない傾向です。ただし現在、我が国は少子化ですから、常識で判断しなければなりません。対面は田宅宮です。家庭を表すので影響を与えます。家の中も何となく落ち着かず外出がちでしょう。

（7）財帛宮に命宮化忌星

金銭は人生上としても重要です。何となく働く割には、得る財は少ない傾向です。つまり労働対価が合わないのです。金銭の多少ではありません。浪費家か、ケチ気味かどちらかでしょう。どちらにせよ、財を残すのは難しいです。時として財に対する意欲に欠ける人も見られます。

（8）疾厄宮に命宮化忌星

何となく病気がちか、持病ある人が見られます。突然のアクシデントや急病、怪我、他動的トラブルに注意です。

※疾厄は病気以外に他動的という意味もあるのです。

（9）遷移宮に命宮化忌星

一歩外に出たら、遷移宮が作用します。外部で遭遇する他動的な出会いやその他を考察していく宮位です。他との人間関係も順調に行きづらいです。何かと足を引っ張られたり、ちょっとしたことで誤解をされたりしがちです。人を当てにせず自力で進んだ方が安全です。外出した時の事故や怪我も注意です。

（10）奴僕宮に命宮化忌星

部下、友人、知人、目下等との縁が薄くなりがちです。あまりこれらの人々に対して多くの期待をしない方がよいかもしれません。対宮にある兄弟宮は友人、兄弟姉妹、同僚という意味で奴僕宮とほぼ同様ですが、互いに影響し合うため、それらの人々との揉め事や失言にも注意です。

（11）官禄宮に命宮化忌星

仕事、組織、試験（特に公的資格）等に不利な感じです。また、仕事に対して不利な状況が生じやすく、勤めや自営を問わず、苦労を伴う割にはなかなか結果が得られにくい傾向です。対宮の夫妻宮にも影響するので、結婚生活も何となく不安定となりますから、早婚より晩婚の方が安全です。

(12) 田宅宮に命宮化忌星

親からの相続する権利がたとえあっても、何らかの事情で相続ができないか、相続しても財や不動産を保つことは難しいでしょう。また、不思議と家の中が乱雑な人が多いです。

(13) 福徳宮に命宮化忌星

精神的に不安定になりやすいです。また、本人自身もストレスを溜めやすいでしょう。対宮は財帛宮です。蓄財はあまり上手ではなく、あまり金銭的に過度な負担のかからない趣味を持つとよいでしょう。

(14) 父母宮に命宮化忌星

親または上司といった、自分より立場の上の人々をすべて父母宮は含みます。全部ではありませんが、互いに理解しにくいとか、縁が薄くなります。また、それらの関係と生死別するか、助けも得にくいでしょう。

天地人の人盤で見ると、夫妻宮を命宮とすると、父母宮は夫妻宮から見ると田宅宮となります。夫の実家とは何となくしっくりいかない人が多いです。

3 兄弟宮について

ここで一言お断りをしたいと思います。

我が国で公開されている紫微斗数においては、兄弟宮に限らず、何の星が入っているから云々というような説明が多かったと思いますが、私が独断と偏見で、重要宮と思われる宮以外は新しい考え方を披露し、私が現代社会、とりわけ我が国で生きていくのに最も活用すべき宮位については、シンプルな星の解釈、人盤を使った活盤法、四化星（特に化忌星）を説明していきます。

兄弟宮で考察可能な範囲は、兄弟の数（我が国は少子化で確率はやや低い）、兄弟と自分の感情的な吉凶、ここに面白

①陽の十干年生まれの人は、父母宮を父親とする。兄弟宮は母親とする。

②陰の十干年生まれの人は、父母宮を母親とする。兄弟宮は父親とする。

いテクニックを公開したいと思います。

私も現在検証中ですが、みなさんも活用してみてください。兄弟宮は財帛宮から見ると田宅宮となり、財庫（ざいこ）となるのです。預金や蓄積を見ていくことが可能です。基本的に星については、文昌星、左輔星、右弼星、天魁星、天鉞星、禄存星、化禄星、化科星が入っていると、割合関係性もスムーズな傾向でしょう。

甲級主星ですと、紫微星、天機星、太陽星（男の子が多い、また輝くかどうかが重要）、武曲星、天同星、天府星、太陰星（女の子が多い、また輝くかどうかが重要）、天相星、天梁星が比較的スムーズな傾向です。

擎羊星、陀羅星、火星、鈴星、天空星、地劫星が入っていると、関係性に問題多いです。甲級主星ですと、廉貞星、貪狼星、巨門星、七殺星、破軍星がやはりやや関係性に問題が多いです。

化権星については中間あたりでしょうか。

4　夫妻宮について

これはとても大切な宮位として私はとらえています。何故かというと、人生において配偶者の選択は、その後の人生を渡る上で吉凶禍福に大きく影響すると思うからです。生涯独身を貫くなら話は別ですが、相手をあまり観察せず衝動的に結婚して、大変な苦労をしている方々をたくさん見てきたからにほかなりません。

では、夫妻宮を考察していくさまざまな意味合いから説明していきます。

自分と配偶者との心情、配偶者の雰囲気、良縁となりやすいか、悪縁となりやすいか、ここに不思議なテクニックが飛星派にはあるのです。夫妻宮を仮の命宮とすると、自分なりの父母宮は、夫妻宮から見ると田宅宮となります。つまり、配偶者の実家の状態が何となく醸し出されてくるわけです。

少しオカルトっぽくなりますが、結婚に限らず男女の縁というものは前世の因果が関係しているのかもしれません。

ちなみにフランスでは、婚姻せず子供を持っている人々が数十%いるといいます。我が国もだんだんと価値観の変化が出てくるでしょう。紫微斗数もしだいに現代風に解釈していかなければならないと考えているこの頃です。

次に、夫妻宮に入る星を単称で解説します。

(1) 紫微星

配偶者は能力が高く、晩婚の傾向です。天相星同宮または破軍星同宮は、長上の妻となりやすく、天府星同宮は互いの感情も悪くありません。文昌星、文曲星、左輔星、右弼星、天魁星、天鉞星、禄存星は配偶者の助けを得られます。

(2) 天機星

男の人は早婚の傾向です。妻は割合個性が強く、条件が悪いと争いやごたごたが多くなります。太陰星同宮は美しい人が多いです。天梁星同宮は、自分の方が年上としての立場になるでしょう。巨門星同宮は、互いになかなか相容れない感じで、天空星、地劫星、擎羊星、陀羅星同宮の場合、晩婚の傾向となります。結婚後、何となく家が衰微がちとなります。天魁星、天鉞星、文昌星、文曲星が入ると、男性は美しい妻を持つ傾向です。

(3) 太陽星

男性で夫妻宮に輝く太陽星が入ると、やや強いですが、賢い妻を持つでしょう。火星、鈴星、天空星、地劫星と同宮すると、トラブルや互いに争いを招きます。女性で輝く太陽星の場合、さらに天魁星、天鉞星、禄存星、左輔星、右弼星が同宮すると、良き夫はもちろんのこと、財的にも安定させてくれるのです。女性で夫妻宮に火星や鈴星同宮する場合、その夫は時として粗暴で、常に人生も破乱気味の人が多いです。天魁星、天鉞星、文昌星、文曲星が入る男性は、多く美しい妻の傾向です。

(4) 武曲星

男性の場合、善悪は別として強烈な個性の妻になりやすく、やや物事を急ぎ、短慮な面があるでしょう。女性の場合、性格の強い男性を持ちやすく、一番恐れるのは、化権星、擎羊星、陀羅星同宮です。結婚は破乱に満ちて、常に変動を伴い落ち着きません。地劫星（天空星は入らない）同宮は、破財の危険があります。吉星が入ると、配偶者は富を生むきっかけとなるでしょう。破軍星と同宮すると、配偶者は仕事も破乱気味となり苦労します。また、配偶者は生地にとどまらず、あまりよいかたちでなく離郷するでしょう。さらに条件の悪い星と同宮すると、悪い道に入る人も見られます。

(5) 天同星

晩婚がよいでしょう。男性は割合年の若い妻を持つ傾向です。女性は年長の人がよいです。配偶者は才能豊かな人が多く、もし条件の悪い星が同宮すると、結婚を繰り返す人も見られます。天同星の夫妻宮は男女共に容姿の良い人が多いです。

（6）廉貞星

夫妻間であまり強調性があるとはいえません。条件が悪いと、性格は強烈ですが才能は高い人多いです。廉貞星に天相星、破軍星、貪狼星同宮となると、配偶者の容姿は良い人が多いでしょう。擎羊星または陀羅星が同宮すると桃花、つまり色事の問題が出やすく、意外に化禄星と化忌星も常にその問題が出やすいでしょう。また、化禄星は不思議と禍根となりにくく、化忌星は割合ごたごたが絡みます。天府星と同宮すると、配偶者となる人は気質の良い傾向で、品位もあるでしょう。

（7）天府星

才があり賢い配偶者です。同時に金銭の管理もきちっとしています。男性は温和な妻の傾向です。容姿も美しく、女性は晩婚の方が良好です。かなり年上の人との結婚も見られます。天府星は南斗星の大吉星ですから、条件の悪い星をあまり恐れません。

（8）太陰星

配偶者は情緒豊かで心は善の傾向です。夫妻間の感情も悪くないでしょう。入る宮位にもよりますが、輝きが落ちると仕事に対しての内助は少ないです。何となく感情もしっくりしません。あるいは三角関係もありえます。擎羊星、陀羅星が同宮すると、結婚生活が破乱になるか、悲恋となります。

（9）貪狼星

恋愛に対しては多感で、言葉は悪いですが面白い星です。惚れやすく、また、惚れられやすいのです。擎羊星、陀羅星、化忌星、化禄星（一種の桃花星）が同宮または対宮に入ると、離合集散となり、多くは紛糾を伴います。歪つな情態を招きやすく、互いに争いになったり、突然離れたりします。文昌星、文曲星は化忌星がつかなければ、問題が少ない傾向ですが、左輔星、右弼星は時として、互いに浮気をしたり、されたりしやすいです。吉星ですが、夫妻宮に限っては吉となりにくい場面が出てきます。女性で貪狼星の場合、夫は家庭に収まりにくい人も見られ、条件の悪い星が同宮すると、晩婚の方が安全です。または年上の夫がよいでしょう。

(10) 巨門星

配偶者は個性が強く、感情の起伏が激しい傾向です。時として、心の中は嫉妬深い人がいます。互いにトラブル、人生上のアクシデントが発生しやすく、配偶者は口うるさい人か多弁な人が多いでしょう。不思議と男の人は相手の容姿を重んじる人が見られ、女の人は相手の財務状況を重んじる人が見られます。時として立場を気にする人もいます。男女を問わず、年齢差がある人と結婚しやすく、男性は神経がやや過敏な妻です。化忌星や条件の悪い星と同宮すると、生別と死別しやすいです。または別居も考えられます。巨門星が陀羅星と同宮する人は、配偶者は外で他の異性と出会う可能性が高いでしょう。巨門星と天馬星が禄存星と巳または亥で同宮すると、妻は何らかのかたちで財を得やすいです。

(11) 天相星

配偶者になる人は自己の身内、学友、友人等と仲が良い傾向です。夫妻間も和合し、男性は多く賢く容姿の良い妻と一緒になりやすく、性質は、内面はしっかりしていても、表面はソフトな人が多いです。恐れるのは擎羊星、陀羅星、火星、鈴星、化忌星が同宮することです。ただし化忌星は天相星につきませんから、化忌星がつく星が入り、同宮するということです。出会いも恋愛が比較的多いですが、何かとごたごたしやすく、女性は七殺星命宮の人は子と午で夫妻宮が天相星となり、このようなタイプの女性の多くは、経済的に夫を助ける人が見られます。

(12) 天梁星

男性は年長の妻をもらいやすく、とても妻を大切にするでしょう。互いに精神および物質面でも一致します。禄存星同宮はさらに良さが増します。陀羅星と同宮すると、離婚の危機もあるのです。

(13) 七殺星

宮位にかかわらず、良くも悪くも個性の強い配偶者の影響を受けます。丑と未の廉貞星と同宮すると、男女を問わず物事を急ぎ、やや短慮な配偶者です。夫妻の意見もなかなか合わず、時として不和の原因となります。寅と申の夫妻宮、辰と戌も単独ではほぼ同様です。女性の場合、文昌星、文曲星と同宮すると、多くは風流な夫を持つ傾向です。男性の場合、相手の浮気には注意してください。寅と申の夫妻宮は、命宮は武曲星となり、女性にとっては最も不利となります。自己も性格が強く、夫妻宮は七殺星で配偶者も強くなりがちで、互いに衝突しがちです。条件の良い星が夫妻宮に入ると、配偶者の能力も高いでしょう。ただし晩婚がよいでしょう。命宮に擎羊星、陀羅星が入り、夫妻宮に七殺星が入る人は、男女を問わず不利となり、年を取るまで結婚生活を維持するのは難しいです。また、同床異夢といって、人生の目的、価値観も大きく異なり、別居する人も多いです。夫妻宮の七殺星が恐れるのは、擎羊星と陀羅星、鈴星です（火星は含まれません）。生別、死別または相手から酷い扱いを受ける場合もあるのです。また、配偶者が病弱とか、意外な事故で相手を亡くす人も見られます。

（14）破軍星

恋愛や結婚におけるプロセスに変化多く、なかなか一筋縄ではいかない傾向です。互いの感情も多く、挫折を経験するでしょう。条件が良い場合には、当初は難ありですが、後にまとまるでしょう。ただし条件は別として、別居しやすい傾向が破軍星にはあるのです。擎羊星、陀羅星、鈴星（火星は含まれません）が同宮すると、最後は結婚生活は破滅しやすいので注意が必要です。

次は完全な確定要素ではありませんが、少し面白いテクニックがあるので紹介してみましょう。

夫妻宮に南斗星の火星、鈴星が入る人は、交際していて、少しく結婚においてごたごたしたりしやすく、大限で火星、鈴星ですと、やはり同様の現象が起き、その大限中の前半に結婚しやすいです。

夫妻宮に北斗星の擎羊星、陀羅星が入る人は、交際していて少しく結婚においてごたごたしやすく、大限で擎羊星、陀羅星ですと、やはり同様の現象が起き、その大限中の後半に結婚しやすいです。

第二大限に天喜星、紅鸞星、天姚星が入る人は早く結婚する人がいます。時として天魁星、天鉞星も同様です。

流年に男性は太陰星、女性は太陽星が入るか、対宮に入る時期は出会い結婚も考えられます。天喜星、紅鸞星、天姚星も吉凶は別として恋愛のチャンスです。

（15）相生について

ここに少し相生について誤解があるようなので、一言説明しておきます。

相生イコール幸福とは限りません。各自の命宮、仕事、財、健康等に差異があります。結婚してもそれらについて大きくそれぞれ問題が起きたら、決して幸福な結婚生活は維持できないことでしょう。

では、本書で説く相生の定義とは何でしょうか。

何か事が起きたり、互いに困難にぶつかったりした時に、理性で越えられる間柄という定義を私は持論としてとらえています。

以上を踏まえて、いくつかの紫微斗数飛星派の中のテクニックを解説してみます。

夫婦宮に入る星が比較的激しいとされる廉貞星、貪狼星、巨門星（激しいという通り、ごたごたまたはうるさい配偶者）、七殺星、破軍星、その他条件が比較的良くないといわれている星、擎羊星、陀羅星、火星、鈴星、化権星（悪いというより支配的という意味）、化忌星（大いに問題）、天空星と地劫星（この両星は激しさは軽い）が入った場合、逆にそのタイプの相手を選ばないことです。

命宮は夫妻宮を仮の相手の福徳宮になります。互いに命宮の吉凶というのは結婚生活においての精神的状態を、ある程度考察可能です。

【例題】

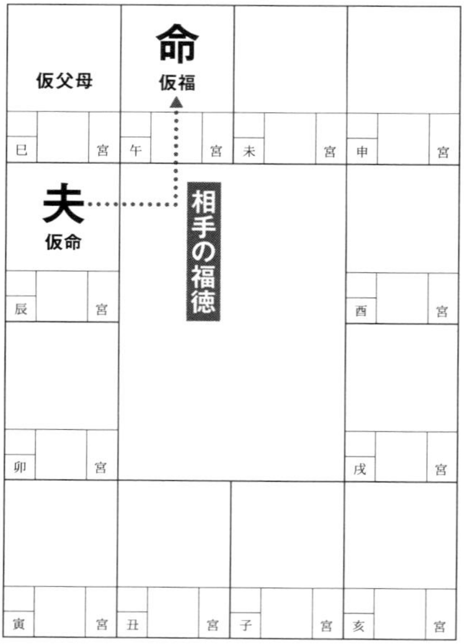

互いの命宮の十二支を調べます。一つの相生を見る上のテクニックとして支合の関係があるかどうかを考察するのです。次の6種類です。互いの命宮の十二支同士を見ていけばよいのです。

子－丑　寅－亥

辰－酉　巳－申

午－未　戌－卯

以上の関係となります。この関係はなかなか離れないと見ます。先ほど述べた通り、幸不幸とは何ら関係ありません。

(16) 紫微斗数玄空飛星法による相生法

【例題】

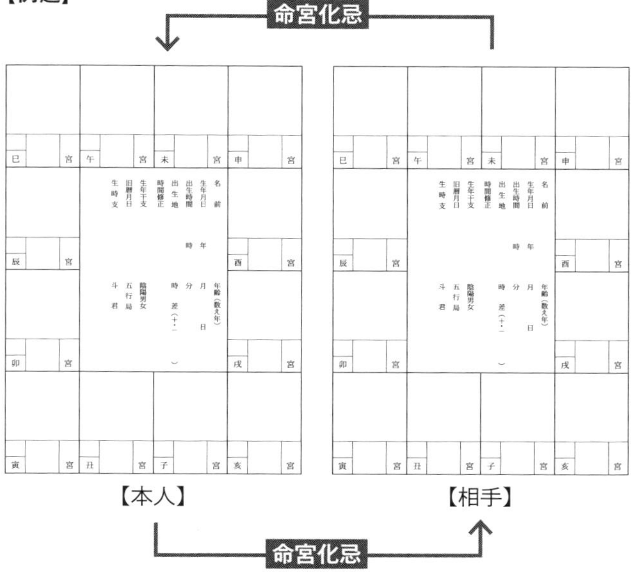

まず互いの命宮の十干に着目します。その十干から化忌星を相手の命盤に飛星させるのです。そこで相手の命宮または対宮に当たる遷移宮に化忌星が入る場合、こちら側は相手に対して不利益になるか、圧迫感を与えるか、結婚生活を続けていくうちに人生の目的に対して、相手に違和感が出てくるとかの現象が出てきやすいのです。相手からのテクニックも全く同様で、判断も同じようにやればよいのです。

> 互いの命宮の星が、互いの命宮、対宮、三合宮で無関係ですと、気の合わない部分が出てくるか、縁ができにくいと多くの資料や書籍で紹介されていますが、いまだ私は確固たるデータを出すだけの結論に至っておりません。今後の研究とします。

(17) 結論として

相生の良い悪いはさまざまな占術で議論されてきましたが、たとえ悪いと答えが出ても、私は少し工夫することで結果に違いが出てくると思うのです。本項のまとめとして、そのいくつかを私なりに提案してみます。

1　衝動婚をしないこと。

2　即婚姻をしないこと。つまり互いに通い合うか、お試し同居をするのです。

3　年齢差をつける。これはどちらかが理性が働く場合が多いです。

4　外国人との結婚。このパターンはどちらかが相手の価値観に寄り添うことで乗り切れるパターンを見ています。

5　愛は物質を越えない。最低限の経済的な拠り所がないといずれ無理が来ます。私は鑑定においてこのようなケースを数多く経験しています。

※鮑黎明先生が書かれた、『紫微斗数精義』（ビイングネットプレス）にコンパクトにまとめられた相生法が載っています。興味のある方はお読みください。

5　子女宮について

子女宮とはどのような事柄を考察することができるのでしょうか。子女の数という見方もありますが、我が国では少子化が話題になっています。ですから数については星で云々では確率低い傾向です。子女の健康状態、将来発展するかなどですが、これらは参考にとどめるのがよいでしょう。

もちろん、子供の生年月日時から個別の命盤を作成して判断していくのが一番得策です。あとは、子供全体と自分との関係の良し悪しは割合出るようです。どちらにせよ七殺星、巨門星、貪狼星、廉貞星、破軍星、擎羊星、陀羅星、火星、鈴星、化忌星が入ると、関係性において軋轢が多いか、子供自体に問題が出るなどで、育てるのに苦労が多いでしょう。

天空星や地劫星は子供の中に体力のない子がいるか、もしくは精神的に問題があるか、互いに意思疎通ができにくいかの傾向です。

紫微星、太陽星（輝く場合）、天梁星、武曲星、天相星、天同星、太陰星（輝く場合）、天府星、天機星（やや神経質な傾向）、左輔星、右弼星、天魁星、天鉞星、禄存星、化禄星、化権星、化科は比較的条件にもよりますが良好でしょう。

次に、紫微斗数においての子女宮について私の切り札を公開します。

1　子女宮は父母宮を仮の命宮にすると、財帛宮となり、ある程度、父母の財務状態が把握可能です。

2　奴僕宮を仮の命宮にすると、官禄宮となり、ある程度、目下や部下の働き具合が把握可能です。

3　理論的背景は別として、再婚者は新しい出会いが比較的、子女宮に投影されます。

4　太陽星と太陰星は男女を見分ける一つの目安となるのです。太陽星が輝き陽の十二支に入る場合、先に男の子が生まれるか、または男の子が多い傾向です。昼生まれで太陰星が輝かない場合、男女共ですが、特に男の子はできにくいか、なかなか育てにくい傾向です。

6　財帛宮について

現代社会を生きる上で、財はとても大切なものです。命の源といえるかもしれません。個人の財の管理能力、その大小、人生における財的状況等を考察していく官位です。

財帛宮を見ていく場合のこつとしては、命宮を中心として官禄宮も参考にします。自分自身や仕事、そして財と密接に関連してきます。これを「命格(めいかく)」と読んでいます。この三宮が安定していると割合財は安定します。後に財帛宮に入る星を考察していくのです。

最後に解説する財帛宮飛星化忌星法は、財務を中心として人生上、何に対して注意するかを知ることにより、金銭上のトラブルを最小限に押さえることが可能となるのです。

福徳宮は財帛宮の対面に当たる官位です。財を取得する上での辛苦、または楽かどうかを見ていきます。福徳宮は金銭を誘因しやすいか、条件の良い星か、またあまり条件の良好でない星かなどで、金銭の大小や、端的な言い方をすると、儲かるか、またはそうではないかなども財帛宮に対して補足的に見ていきます。条件が良くないと財を取得するのに苦労が多いか、少ない傾向です。条件が良いと、もちろん、その逆となるのです。

また、時として財に対する精神的な影響も参考にします。後に説明しますが、私は財帛宮は自化忌星で、福徳宮は損耗の星の破軍星ですから、入ると何に使おうかなどと考えてしまいます。多くは書籍に消えてしまいます。本屋さんには近寄らない方が無難といえます。これは冗談ですが、そのような感じで見ていくのです。

これは割合顕著な傾向ですが、福徳宮の条件が良く、財帛宮はあまり条件が良くない場合には、儲けようと思って一時的なチャンスが到来したとしても、実際は虚財となりやすいのです。

一番良いのは、この二宮が良好であるのが一番良いのです。では、私のように両宮共にあまり良好でない場合はどうすればよいのでしょうか。答えとしては、身の丈に合った財と生活をしている限りは安全ということです。

四柱推命で命式を見た場合、身旺財弱（みおうざいじゃく）で、やはり同じような判断となります。

田宅宮についても少し考察してみます。この宮位は財を取得して不動産として蓄えたり、運用したりする場合の吉凶を判断します。例えばアパート経営をしたとします。この宮が良好でないと、何かとごたごたしがちです。田宅宮があまり良好でないと、金銭は最後に残りにくいのです。田宅宮が良好ですと最後に余禄（よろく）が残るのです。

もちろん、命宮、財帛宮、福徳宮、田宅宮を総合的に見ていくことが必要です。

では少し簡単に各星について説明します。

（1）紫微星

独主で入ると、自営や勤め人を問わず生活上の金銭に困ることはまずありません。ただし散財しやすいです。桃花、つまり異性と絡むと財がその方面に多く浪費しがちです。天魁星、天鉞星、左輔星、右弼星と同宮する人は、理財も上手い人がいます。

条件のあまり良くない星と同宮すると、財は小財にとどまるでしょう。

※他の甲級主星との関係はそれぞれを読んで加味してください。

（2）天機星

意外に競争を伴う財が多く、苦労が多い財でしょう。投資とか変動性の財を好む人は時として、財をつかむこともあり、または失うことも激しいです。同宮する星の条件が良いと何もないところから財を築いたりします。

どちらかというと、技術や芸術方面、つまり手に職の財に適しています。

（3）太陽星

この星は寅から未までの場合、比較的財は良好な傾向で、申から丑までの場合、あまり良好ではないといえます。良好でない場合、一時的に地位や財を手に入れても永続性はありません。不思議と夜に浪費する人が多いです。

これは一部の人に見られるのみですが、不正な財に手を染める人がいるので注意です。

（4）武曲星

財の取得方法は現金決済が多く、禄存星、天魁星、天鉞星、天府星と同宮する人は金融関連で成功している人が見られます。

条件の良くない星と同宮すると金銭的に苦労が多いです。

（5）天同星

金融、会計、公的機関等に勤めて財を得るのは悪くありません。物の売り買いは良くありません。

大限で天同星に化禄星ですと、あまり労せず財を得る場合もありえます。天同星に陀羅星が同宮する人は、物の修理やリフォーム業等で財を得るのもよいでしょう。

（6）廉貞星

生地を離れた所で財を得やすいのです。電気や電子関係に適しています。さしずめ現代ならば通信、またはＩＴ関連でしょうか。

廉貞星の財は流動の財です。なかなか財を守るのが難しい傾向です。

条件の悪い星と同宮する人は、人に騙されるなどのさまざまなトラブルに遭遇しやすく、特に化忌星がつくと、財的に問題が起きて紛糾します。ただし、化禄星同宮では被害は軽微です。化忌と化禄は凶となる説もあります。

（7）天府星

この星は「財庫」とも呼ばれています。財帛宮に入るのを喜びます。衣食に困ることはほぼありません。

（8）太陰星

輝く場合、不動産運も悪くないでしょう。財も立場も安定します。女性からの助けも多い傾向です。

輝かず条件の悪い星が同宮すると財は入っても去ってしまいます。

天空星、地劫星同宮も良くありません。

(9) 貪狼星

商売も悪くないです。芸術、飲食の財もよいでしょう。

(10) 巨門星

口才、つまり表現を活用して財を得るのもよいのです。宣伝や広告、プレゼンテーション、何かを講義するなどです。法律家に適しています。

条件が良いと何もないところから財を起こす人も見られます。

条件の良くない星や化忌星がつくと、財は多く絶えずごたごたが伴います。あまり財源は豊かとはいえません。教師は安全ですが、公務員は汚職事件に巻き込まれないように注意してください。

(11) 天相星

割合固定的財です。こつこつとしたスタイルの財に適しています。経理や秘書等の、縁の下の力持ち的な仕事がよいでしょう。財は散財しがちです。

条件の悪い星と同宮すると、文書上の問題や契約で騙されないように注意が必要です。

(12) 天梁星

蔭（かげ）の財という意味があります。時として、投機や一発的な財を得る人もいます。地道にやると、長く保つことが可能です。

禄存星同宮するとその財は小さくありません。

(13) 七殺星

同宮する星が良好ですと、突然の財も期待できます。どちらにせよ先に苦労し後に成功しやすいです。

寅、申、巳、亥の四馬地で禄存星が入る人は、移動、変化、遠方地での財の方が良好です。

条件が悪いと財的に安定せず、成敗も激しく不安定でしょう。

(14) 破軍星

条件の良い星と同宮するか、禄存星同宮する人は七殺星同様に、突然の財も期待可能です。ただし、やはり先に苦しく後に楽になる傾向です。

条件が良いと、子と午、辰と戌の人は富む人多いです。

条件が悪く特に天空星、地劫星、陀羅星同宮の人は、先祖から受け継いでも、結果としては失ってしまうでしょう。自己のみではなく人に対して施しも忘れてはなりません。

（15）禄存星

単独で財帛宮に入る場合、まあまあの財ですが、大財ではありません。天馬星または化禄星と同宮すると割合大きな財です。天空星、地劫星同宮は最も嫌います。

（16）左輔星、右弼星

悪くありません。人の助けも期待できます。

（17）天魁星、天鉞星

人の助けの財です。条件悪い星が同宮すると、一時的に人の助けが入り、財が入っても、結果、散じてしまうでしょう。

（18）文昌星、文曲星

基本的に悪くありません。ただし条件の悪い星や化忌星が同宮すると、文章上のトラブル、契約上の不備で金銭を損したり、人の保証人になると酷い目に遭ったりしやすいので注意です。

（19）火星、鈴星

時として突然の財に恵まれます。ただし心労や辛苦を伴う財です。

火星は火の星です。金の星と同宮すると破財をするでしょう。鈴星もやや同様です。鈴星と天府星、禄存星、武曲星同宮は固定財ではなく不労所得の財も考えられます。

（20）擎羊星

一時的に発財したとしても、なくしやすい財です。ごたごたが多いのです。

（21）陀羅星

財は入っても、去る傾向です。ごたごたも多いでしょう。他に条件の悪い星同宮すると、人生財的に安定しづらいので、あまり冒険しない方が得策です。

（22）天空星、地劫星

財帛宮に入るのを好みません。天空星は他に条件が悪い星入ると、破産の憂いがあります。
金銭管理は厳重に、地劫星も同様です。両星は商売には不向きでしょう。

7　財帛宮飛星化忌星

（1）財帛宮自化忌星

自ら収入を得て、自ら散じてしまいます。金銭を儲けることも用意ではありません。多くは破財します。

（2）財帛宮の化忌星が命宮に入る

金銭を手中にするのは容易ではありません。財を守るために入口より出口を小さくすることです。

（3）財帛宮の化忌星が兄弟宮に入る

兄弟や友人等と金銭を絡めてはなりません。損財となるのです。

（4）財帛宮の化忌星が夫妻宮に入る

配偶者の存在が自己の金銭的不利になるか、配偶者に金銭を握られてしまいがちです。

(5) 財帛宮の化忌星が子女宮に入る

子供と財務的な関連を持たせなければあまり問題ないでしょう。

(6) 財帛宮の化忌星が疾厄宮に入る

お金を儲けることと身体の持続が比例します。つまり財の器と健康がシーソーするのです。

(7) 財帛宮の化忌星が遷移宮に入る

外部で財的にごたごたしやすいです。投資は良くありません。

(8) 財帛宮の化忌星が奴僕宮に入る

人との共同事業は不利です。時として連帯保証人になると酷い目に遭うので注意しましょう。

友人、知人はまず財的に力にならないと思った方がよいでしょう。

(9) 財帛宮の化忌星が官禄宮に入る

金銭が入る時と、全く入りにくい時の差が激しいです。投資は不向きです。

対面が夫妻宮です。結婚は何となく不満足になりやすいでしょう。

(10) 財帛宮の化忌星が田宅宮に入る

財を保守することは難しいでしょう。出費を少なくすべきです。投資は控え、住居を買う時も身の丈に合った物件を購入すべきです。

(11) 財帛宮の化忌星が福徳宮に入る

財に対しての煩悩が多くなります。入っても心配で満足せず、入らないと精神的に煩悶します。

ごたごたも多く、時として日々の生活に困窮する人も見られます。その原因として、福徳宮は財帛宮の対面になるからです。

（12）財帛宮の化忌星が父母宮に入る

父母宮には文章とか契約という意味合いも存在します。自己で経営するとそれらのことでごたごたしやすく、父母と仕事を絡めない方が無難です。

巽	離	坤
震		兌
艮	坎	乾

8　疾厄宮について

（1）後天八卦の使い方

本書では全く新しい観点から疾厄宮を考察してみたいと思います。

本来、紫微斗数の成立年代から考えてみても、現代的な病気の概念と相当な隔たりがあるでしょう。私の漢方に対する知識はほぼ初歩的です。紫微斗数における何の星が入っているから喘息になりやすいとか、巨門星は空洞を意味するから胃腸消化器、血液、心臓等といった感じです。これらの解説や記載が、あまりにも私の過去に出版させていただいた書籍や他の類書も同様に大同小異の感はいなめません。

本書では命盤全体を宮にこだわらず、一つの人体としてとらえて考察していくテクニックを公開してみます。その寄り所として後天八卦を活用します。順次解説していきます。

1　命盤の十二支を後天八卦に置き換える（上図を参照）。

2　生年化忌星の入った宮が示す八卦の部位がその人の弱い部分や、一度疾患にかかるとなかなか治りにくい部分または致命的な部位を示すこと多いです。命宮化忌星のところで解説した自化忌星も同様です。
作盤のところで活用した命盤を見てください。
丑宮に生年化忌星、寅宮に自化忌星が存在します。
これは八卦で解釈すると、艮です。艮は腸、腰、関節、ヒジの痛み、リュウマチ、肩、鼻、背中、肺の表面、消化不良、半身、左足、骨折、胃垂、マヒ、ヘルニア、アキレス、痔、十二指腸等です。即これらの病気になるという意味ではありません。これらの意味する部位に関して罹患すると危険性が高く、治りにくいということです。
残りの乾、坎、震、巽、離、坤、兌は別途解説します。

3　擎羊星、陀羅星、火星、鈴星、天空星、地劫星の入っている宮位の八卦の場所も化忌星ほどではありませんが要注意の部位です。
※天空星、地劫星は時として精神的方面に影響を与えます。つまり機能障害より、気質障害に出ること多いです。

4　全体的に等一に考察し、等二に命宮と疾厄宮、または精神的な方面はプラス福徳宮を補足的に考察します。

（２）病気に対する注意

占術はあくまで一指針であり絶対的なものではありません。世の中には怪しい食事療法、サプリ、その他のさまざまな治療法がありますが、病気になったら速やかに西洋、東洋を問わず良医に行くべきです。

乾　扁桃腺、心臓、右足、血圧、頭部、左肺、背中、めまい、腫（むく）み、皮膚、ヒステリー、神経過敏。

坎　腎臓、糖尿、尿道、ノイローゼ、肛門、冷え、痔疾、下痢、性病、ウミ、鼻、膀胱、おでき、婦人病、陰部、耳、背中。

震　肝臓、逆上、ヒステリー、咳、打身、咽、精神疾患、喘息（ぜいめいの部分）、舌、痙攣（けいれん）、手、リュウマチ、神経痛。

巽　風邪（インフルエンザ）、左手、呼吸器（先天は兌）、気管支、十二指腸、小腸、大腸、筋、胆のう、胆石、毛、首。

離 心臓、発熱、頭痛、脳溢血、眼、顔面神経痛、耳の痛み、頭の怪我、乳の病気、血圧（高目）、火傷、不眠、精神の錯乱、赤血球、扁桃腺。

坤 胃潰瘍、胃全体、脾臓、下痢、消化器、胃痙攣、右手、腸、血液。

兌 右肺、右腹、口、打撲、歯、怪我、メスが入る、胸部、血行不順、ノイローゼ、性病。

※五黄については、日本の九星を活用する術士の方は非常に恐れ、病症としては、癌という意味を持たせている方が多いようですが、もともと、中宮定位の星ですが、私は坤と艮に包括されていると考えています。

9 遷移宮について

一歩外に出たら遷移宮の考察範囲です。極端なことをいうと、玄関を出たらバイクに接触するかもしれません。転ぶかもしれません。

また移動に関する一切の事が考察可能と思われます。旅行の吉凶、移転、外で出会う人々との関係、つまり人脈も入ります。

1 遷移宮内に紫微星、天機星、輝く太陽星、天梁星、武曲星、天相星、天同星、輝く太陰星、天府星、左輔星、右弼星、天魁星、天鉞星、禄存星、化禄星、化権星、化科星が入りましたら、先程解説した項目に対して、比較的物事がスムーズにいきやすく、人の助けもえられやすい傾向です。文昌星、文曲星も同様です。

2 遷移宮に七殺星、巨門星、貪狼星、廉貞、破軍星、擎羊星、陀羅星、火星、天空星、地劫星、化忌星（特に悪い）が入りましたら、先程解説した項に対して、成功や不成功は別として、外部でさまざまな苦労を経験し、人との出会いも玉石混合です。

3　条件の良い星と、条件の比較的悪い星が同時に入った場合には、吉凶はさまざまです。良い人と出会うこともあれば、自己の意にそぐわない人との出会いもあるでしょう。また、時には損害を被る場面も考えられます。

10　遷移宮飛星化忌星

(1)　遷移宮自化忌星

あまり外出を好まない人が見られます。良い人縁もできにくいです。

(2)　遷移宮の化忌星が命宮に入る

外部での人間関係は良好となりにくく、意外な災いも多く、交通事故にも注意です。

(3)　遷移宮の化忌星が兄弟宮に入る

外部的にはさまざまです。友人、兄弟の助けもありません。

(4)　遷移宮の化忌星が夫妻宮に入る

外での仕事は順調でない傾向です。夫妻宮は遷移宮を命宮にした場合の官禄宮となります。忙しい割には実は伴いません。

夫妻で互いの人脈に入るのは避けるべきです。

（5）遷移宮の化忌星が子女宮に入る

緊急の時意外は疎遠になりやすいです。

（6）遷移宮の化忌星が財帛宮に入る

外に出ると財的損失があります。人間関係にも差が出ます。配偶者の運はあまり良好ではない傾向です。何故なら、夫妻宮から見た財帛宮となるからです。

（7）遷移宮の化忌星が疾厄宮に入る

生地を早く離郷しやすいです。
外での疾患、怪我、事故等に注意です。

（8）遷移宮の化忌星が奴僕宮に入る

外で出会う人々を部下にすると、中にはとても迷惑をかける人がいます。
友人や知人も選ばないとトラブルが起きやすいです。

（9）遷移宮の化忌星が官禄宮に入る

仕事は不利になりがちです。自己経営の人は他動的な損失に注意です。勤めの方が安全です。

（10）遷移宮の化忌星が田宅宮に入る

多く変動するでしょう。転居も多い傾向です。交通事故にも注意です。
家運もふるわない傾向です。

（11）遷移宮の化忌星が福徳宮に入る

労する割には得るものが少ないです。体外的に不満足なことが多く、外部での損失に注意すべきです。

（12）遷移宮の化忌星が父母宮に入る

一緒にいると息苦しく、離れると気になる変な関係です。
時として、父母と外で一緒に出ると事故に遭いやすい人も見られます。

11　奴僕宮について

この宮位は友人、兄弟宮との絡みから同僚、部下等との関係を考察していく宮位です。仕事先の目上との関係も若干見ていくことも可能です。その理由として官禄宮を命宮とすると父母宮になるのです。

少し特徴を列挙してみます。

1　命宮の条件が悪く、奴僕宮の条件が吉であってもあまり有利とはなりません。やはり命宮は一番大切な宮位です。

2　命宮と奴僕宮が共に良好な人は、自己の能力も発揮しやすいので、目上からの助けまたは、抜擢を受けやすいです。

3　奴僕宮の条件が悪く、命宮の条件は良い人は、友人や知人その他も平凡です。自己の能力は高い傾向です。

4　奴僕宮も命宮も吉凶が混ざっている場合は、自己も友人や知人も平凡な感じです。

5　奴僕宮内の星は、条件が悪い星が比較的多く、特に七殺星、破軍星、火星、鈴星、擎羊星、陀羅星ではあまり良い人々とのつき合いとはいえません。単に酒食の友人か、時として良くない人々と縁ができやすいので注意が必要です。迷惑をかけられがちで、無益です。

6　奴僕宮の化忌星が遷移宮、財帛宮、疾厄宮、田宅宮に入る場合、友人や知人は一見、助けてくれるように見えても、結果としては害を受けることが多いです。

7　紫微星、天機星、輝く太陽星、武曲星、天同星、天府星、輝く太陰星、天相星、天梁星、禄存星、天魁星、天鉞星、左輔星、右弼星、文昌星、文曲星は比較的安全です。破軍星、七殺星、廉貞星、貪狼星、巨門星、火星、鈴星、擎羊星、陀羅星、天空星、地劫星は問題が発生しやすく、友人知人は選んで交際すべきです。特に化忌星は凶意が強いです。

※友人もいらない、孤独で結構というような人は、この宮位の考察範囲は低くなるでしょう。

12　官禄宮について

官禄宮は、その人の個人の仕事に対する才能や考え方、立場を表し、また仕事における運気、職業におけるスタイル（命宮も考察する必要がありますが）などを見ることが可能です。

以下のポイントで判断していってください。

ステップ1
まず、命宮の状況の吉凶を見ていきます。

ステップ2
大限の状況を見ていき、活躍期に良い条件か、そうでないかを判断します。

ステップ3
官禄宮の宮干の化忌星がどこへ飛星するかを調べ、不利な条件は何かを前もって把握します。

次に、星の説明を踏まえて、飛星化忌星を解説します。飛星はとても大切な判断の様素となります。

（1）紫微星

基本的に悪くありません。割合、重要な仕事や立場を得るでしょう。あまり条件の良くない星と同宮すると、小さな経営か勤め人の場合はそこそこでしょう。

独主、つまり紫微星単独の人は、自己創業しやすいでしょう。天魁星、天鉞星、文昌星、文曲星と同宮する人は公務員に適しています。禄存星同宮は財的にも好ましいです。

（2）天機星

技術や芸術方面も悪くありません。また、設計もよいです。巨門星と同宮あるいは天梁星同宮の場合、薬学や建築にも適しています。計画や策を錬る役目もよいです。

（3）太陽星

輝く太陽星は権威もあり、外地での発展も期待できます。政治方面も悪くないです。

輝かない太陽星は、なかなか成功のチャンスをつかめない人が多いでしょう。時として不正なことに手を出し、それが露見しやすいので注意が必要です。

(4) 天同星

安定性の高い職業が適しています。左輔星、右弼星、文曲星との同宮は、不思議議と異性の助けが得られます。

(5) 武曲星

どちらかというと、労働対価の星です。金属、金融、軍や警察関連も悪くありません。条件が良ければ商売もよいでしょう。

(6) 廉貞星

小人、つまり取るに足らない人々の妨害などに悩まされがちです。職業を問わず、一つのところに長くとどまるのは難しい傾向です。

行政、コンピューター、通信関連等は悪くないです。

意外ですが、占術や道術（道教や行者のイメージ）もよいです。

(7) 天府星

何に対しても能力は高いでしょう。管理業務にも才を発揮します。会計、仲介も悪くありません。財務もよいです。

廉貞星と天府星同宮は人の管理も上手です。

武曲星と同宮すると、銀行界にも適しています。

(8) 太陰星

輝きにもよりますが、割合、夜の勤務が適しています。あまり多く動かない仕事のスタイルに適しており、芸術方面にも眼力が高いでしょう。

人の助手、娯楽、設計、美容、化粧、不動産も悪くありません。

丑と未は太陽星と同宮します。太陽星が輝いていたら昼の仕事、太陰星が輝いていたら夜の仕事も悪くありません。

(9) 貪狼星

条件の良い星と同宮すると、飲食、教育、五術つまり占術、漢方や鍼灸、宗教、哲学等に適しています。

条件の悪い星と同宮すると、桃花、つまり色事のごたごたには注意が必要です。

(10) 巨門星

取るに足らない人々の妨害に悩まされがちです。巨門星は本来、猜疑心の強い星ですが、仕事上で逆に騙されたりしやすくなります。
　口の才能を生かすのも悪くありません。
　医薬、飲食、法律等もよいです。

（11）天相星

　条件が良い星と同宮すると、ほどほどの要職に就くでしょう。管理能力も高いです。一般職、政府機関、政界もよいです。ただしトップを狙うべきではありません。人の助けも多いでしょう。

（12）天梁星

　宗教関係、学術に対しての適性と発展があります。深く考え行動しますが、遠慮がちのところがあります。割合、温厚なスタイルの仕事に適しています。

（13）七殺星

　権威を好む人が多いです。人に対しても結果を求めます。合理的で仕事のスタイルも情に流されにくいです。
　条件の良い星が同宮する人は、重工業や軽工業に従事するのもよいです。あるいは軍、警察も悪くないです。
　条件の悪い星と同宮すると、ごたごたや波乱も多いでしょう。

（14）破軍星

　良くも悪くも権威を好むでしょう。言葉に出したことは必ず実行する人が多いです。仕事のスタイルは決して情的とはいえません。
　子と午の場合、文章に関することで成功しやすく、条件が悪いと、人によっては狡猾で無情に仕事をする場合があります。裏の仕事に手を出す人も、時々ですが見られます。
　紫微星と同宮し、条件が悪いと仕事関係で桃花、つまり色事の問題を起こす人もいます。
　管理や財務方面では能力を発揮しやすいです。市場関連もよいでしょう。

（15）火星、鈴星

　事に対して性急なところがあります。機敏で行動力はあるでしょう。しかし何となく始めてしまい、終わりはないような感じとなりやすいので注意です。
　工業、軍関係、電気等に適しています。

(16) 文昌星、文曲星

文章、文学、公務員に適性があります。文系、つまり理系ではないかもしれません。
美術、設計、図書関連も悪くありません。

(17) 左輔星、右弼星

文武両道です。仕事に対して情義的部分が存在します。条件の悪い星同宮すると、起伏があり不安定となりやすいです。

(18) 禄存星

基本的に財を誘因しやすく、時として、人を助けることを好む人もいます。不思議と副業が良好な人が多いです。

(19) 擎羊星、陀羅星

行動的ですが、なかなか謀略家の人も見られます。結果を性急に求めすぎる人もいます。ただし仕事に対しては情的ではないでしょう。変化も多く経験するでしょう。
男性は工業や武職、つまり軍関連、警察、警備等も適しています。何となく仕事運も落ち着かない傾向です。
時々ですがあまり世間的に良くない仕事に手を出し、犯罪に手を染めてしまうこともあるので注意です。
小型の加工業も悪くありません。
武曲星と同宮し鈴星が入る場合、外科医はよいです。
文昌星と同宮すると娯楽関連も適しています。

(20) 天空星、地劫星

自由業的なスタイルの仕事に向いています。宗教関係も良いです。
通常の商売ですと辛苦を伴います。

(21) 天魁星、天鉞星

どのような業であっても人の助けが入るでしょう。

13　官禄宮飛星化忌星

（1）官禄宮飛星自化忌星

仕事は人の妨害が入りやすいです。また、儲けることもなかなか難しいです。

（2）官禄宮の飛星化忌星が命宮に入る

環境が常に変化しやすく、身心共に苦労するでしょう。威厳も持ちにくいです。儲けも小さいでしょう。

（3）官禄宮の飛星化忌星が兄弟宮に入る

友人、兄弟等と共同事業はやめるべきです。また、良いアルバイトも受けられません。

（4）官禄宮の飛星化忌星が夫妻宮に入る

自分の仕事に対して配偶者は助けになりません。逆に干渉してきて良いチャンスを失いやすいです。

（5）官禄宮の飛星化忌星が子女宮に入る

子供と共同事業は良くありません。仕事も変動しやすいです。

子女は力がないか、助けになりません。

不思議と仲介業には向いていいます。

（6）官禄宮の飛星化忌星が財帛宮に入る

仕事の財は多くありません。資金不足となりやすく、なかなか回収しにくいです。

（7）官禄宮の飛星化忌星が疾厄宮に入る

責任感が重すぎて心と体を傷つけやすいです。働く割に結果は少ないです。事業も不順な傾向です。

（8）官禄宮の飛星化忌星が遷移宮に入る

常に移動や変化が多いでしょう。忙しい割には報われません。運気も不順です。安定した勤め人の方がよいでしょう。

（9）官禄宮の飛星化忌星が奴僕宮に入る

意見が合わなくなるでしょう。紛争を招きやすいです。事業は一人でやる方が好ましいです。

（10）官禄宮の飛星化忌星が田宅宮に入る

現金の仕事が向いています。家運は不順です。仕事場と住居は分けた方がよいです。

（11）官禄宮の飛星化忌星が福徳宮に入る

資金が欠け気味となりやすいです。負債が増える傾向です。対面は夫妻宮となり互いの感情も良くないでしょう。

（12）官禄宮の飛星化忌星が父母宮に入る

仕事において損失が多くなりがちです。また、せっかくのチャンスが来たとしてもそれを逃がす人が多いです。取るに足らない人のごたごたが多いでしょう。文章上の過失も注意です。

対面が疾厄宮ですので身体も弱い人が多いです。
父母との縁も何となく薄いです。

14　田宅宮について

田宅宮は不動産運、居住環境、付近の風水的状態、財の蓄積（財帛宮から見た田宅宮は、本来の兄弟宮となり、こちらも参考をするとよいでしょう）を表します。

また田宅宮の対面は子女宮となり、ある程度は父母の財運を見ることも可能です。

重要宮は命宮、財帛宮、官禄宮です。あとは、配偶者選びは人生上大切な概念ですので、夫妻宮も重要だと私は思います。

風水上の問題は、ある程度調節可能ですので、軽く参考にとどめます。田宅宮内の星をざっくりとお伝えします。

紫微星、天機星、輝く太陽星、武曲星、天同星、天府星、輝く太陰星、天相星、天梁星、文昌星、文曲星、左輔星、右弼星、天魁星、天鉞星、禄存星が入る場合には、比較的問題が少ない傾向です。

廉貞星、貪狼星、巨門星、七殺星、破軍星、擎羊星、陀羅星、火星、鈴星、天空星、地劫星（不思議と土地や家宅の霊的影響を受けやすいのです）、化忌星は悪さが重く出る場合が多く、破財、口舌、ごたごたが起きやすく、条件の悪い星が入ると問題発生しやすいです。

(1) 田宅宮の秘伝

1 田宅宮を命宮とすると、活盤疾厄宮はトイレとなります。つまり、もともとの夫妻宮となります。

2 田宅宮を命宮とすると、活盤田宅宮は寝室となります。つまり、もともとの遷移宮となります。

3 田宅宮を命宮とすると、活盤夫妻宮はキッチンとなります。つまり、もともとの父母宮となります。

4 田宅宮を命宮とすると、活盤官禄宮は仕事場所または応接間となります。つまり、もともとの疾厄宮となります。

5 田宅宮を命宮とすると、活盤遷移宮は門の吉凶となります。または玄関です。つまり、もともとの子女宮となります。

これらの考察法はあくまで便法です。よろしく活用してみてください。

15 福徳宮について

人間は不幸と感じるか、幸福と感じるかは、その個人の主観的な問題です。福徳宮はそのような考察と、福分、晩年における本人が感じる精神的満足などを見ていく宮位です。ですので、寿命にも若干影響します。

また、財帛宮の対面ですから財の方向性がわかるのです。配偶者の仕事運も、多少は見ていくことが可能です。

紫微星、天機星、輝く太陽星、武曲星、天同星、天府星、輝く太陰星、天相星、天梁星、禄存星、左輔星、右弼星、天魁星、天鉞星、文昌星、文曲星、化禄星、化科星の条件の良い星が入る人は割合、精神的満足度が高いです。

※化権星については実地に照らして吉凶が分かれます。廉貞星、貪狼星、巨門星、七殺星、破軍星、火星、鈴星、擎羊星、陀羅星、天空星、地劫星、化忌星が入ると、何となく精神的に落ち着かず、ストレスも溜め込みやすい傾向です。財帛宮の対面となりますから財の管理も問題のある人も多いです。ストレスの負荷もあるので、若干、寿命にも影響します。

16　父母宮について

父母宮は成人する前に特に作用します。その吉凶によって育つ段階の幸不幸に影響します。父母との関係、生死別するか、幼年期の家庭の環境は田宅宮も補助的に参考にします。

田宅宮は父母宮を命宮にすると、父母宮から見たら福徳宮となり、ある程度父母の心情的な問題も少しく垣間見ることが可能です。

対面は疾厄宮となり、幼年期の身心の状態にも力を及ぼします。

父母宮の特徴としては、配偶者の実家の状況、子女から見た官禄宮となり、目下、友人、知人の財務を考察し類推することもあります。

星の傾向として、紫微星、天機星、輝く太陽星、武曲星、天同星、天府星、輝く太陰星、天相星、天梁星、禄存星、文昌星、文曲星、天魁星、天鉞星、左輔星、右弼星、化禄星、化権星（少し威圧感があります）、化科星が入りますと、比較的問題は少なく、また、関係性も良い場合が多いでしょう。

廉貞星、貪狼星、巨門星、七殺星、破軍星、火星、鈴星、擎羊星、陀羅星、天空星、地劫星、化忌星（特に悪さが強く出ます）が入りますと、比較的問題が多くなり、関係性も良くない場合が多いでしょう。

第6章 紫微斗数飛星奥儀、棋譜

1　四化活用法

この四化の活用法は、主に原命盤（げんめいばん）、つまり宿命の部分で判断していきます。飛星派の中でも活用法には若干の解釈に違いが見られます。

基本的には十数種類の活用法ですが、私の使用しているものの中で比較的確率の高いテクニックを紹介していきます。

（1）四馬忌（しばき）

定義

生まれ年から記入したもともとの化忌星が寅、申、巳、亥の宮に入るか、またはその宮位が自化忌星の場合のいずれかです。

現象

何かの分離という意味があります。例題ですと財帛宮が自化忌星です。一見、武曲星と天相星と文昌星で良さそうに見えますが、確かにある程度は入りますが、花銭（ファーチエン）といって、財は離れていく傾向となっています。他宮についても分離という意味合いを活用して推理していくのです。

【例題／四馬忌】

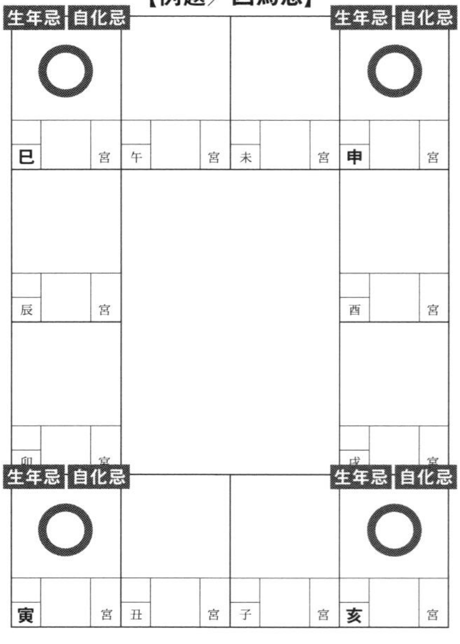

（2）入庫忌（にゅうこき）

定義
生まれ年から記入したもともとの化忌星が丑、未、辰、戌の宮に入るか、またはその宮位が自化忌星の場合のいずれかです。

現象
何かに欠けるか、逆に分けるかのどちらかです。分ける場合、凶意は少ないです。

【例題／入庫忌】

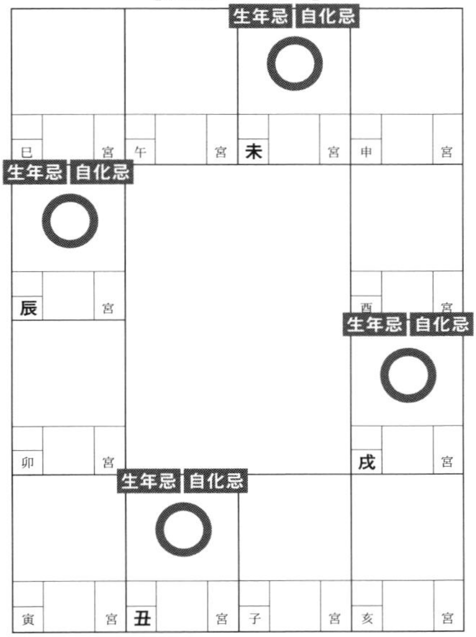

（3）水命忌（すいめいき）

定義
ある宮の化忌星が対宮に入る場合です。

現象
これはほとんど凶的で吉になりません。まず忌出（きしゅつ）した宮のエネルギーが削がれます。私は兄弟宮化忌星が対宮の奴僕宮に入ります。兄弟からの助けは減少します。もちろん、奴僕宮にも良くない影響を与えます。

【例題／水命忌】

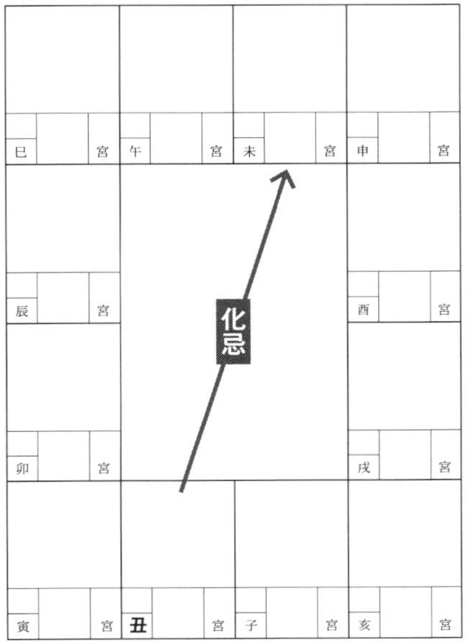

(4) 回水忌（かいすいき）

定義 ある宮の化忌星が対宮に入り、その対宮に生年化忌星がある場合です。

現象 飛星した化忌星が戻り、凶としての作用はなくなります。

【例題／回水忌】

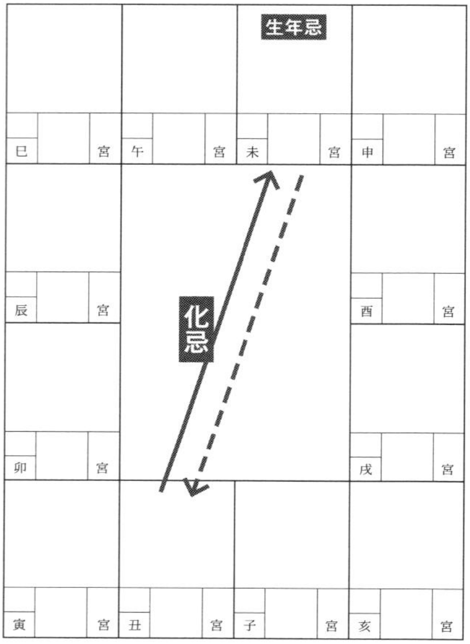

(5) 絶命忌（ぜつめいき）

定義 Aという宮があるとします。このAの宮から化出（かしゅつ）した飛星化忌星が、生年化忌星の入っている宮位の対面の宮に入り、他の宮の化忌星が生年化忌星の宮位に飛星した場合です。

現象 生年化忌星の入っている宮位の意味合いに凶現象が強く現れます。例えば財帛宮がそれに該当したら、財帛宮の災いが発生しやすいということです。

※生年化忌星の対面に化忌星がつく星がない場合、この条件は成り立ちません。化忌星のつく星は十八星のみです。

【例題／絶命忌】

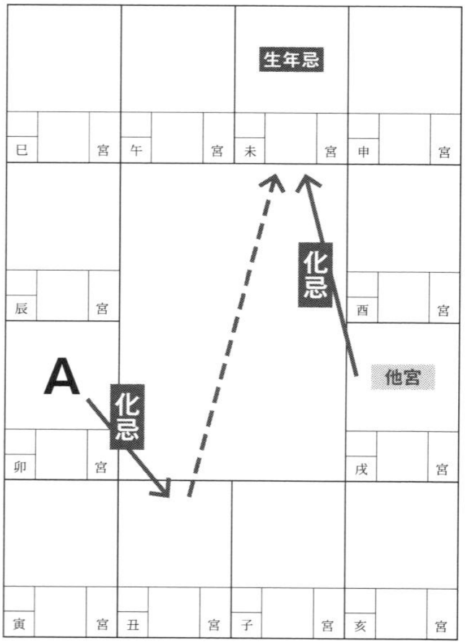

（6）返力忌（へんりきき）

定義　財帛宮と官禄が必ず絡みます。つまり三合宮です。財帛宮の化忌星が官禄宮の対面に入り、官禄宮の化忌星が財帛宮の対面に入る場合です。

現象　財的方面と仕事面で苦労が多いでしょう。もちろん、入る星にも若干左右されますが、人生上かなりの問題です。

【例題／返力忌】

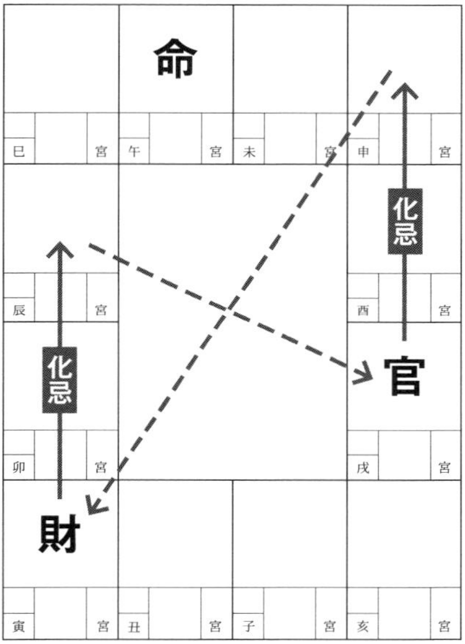

（7）進馬忌（しんばき）

定義　これは子と寅、丑と卯の関係のみ成立します。何故かというと、この位置は十二支の十干ですから、この宮位は同じ十干が重なります。例えば例題の場合、子宮の遷移宮は壬です。壬は武曲星に化忌星がつきます。寅宮の財帛宮に飛星します。ただし財帛宮は自化忌星です。自化忌星がある時にはこの遷移宮からの飛星した化忌星は、何ら吉凶はありません。ですので現象もありません。

現象　ナシ

【例題／進馬忌】

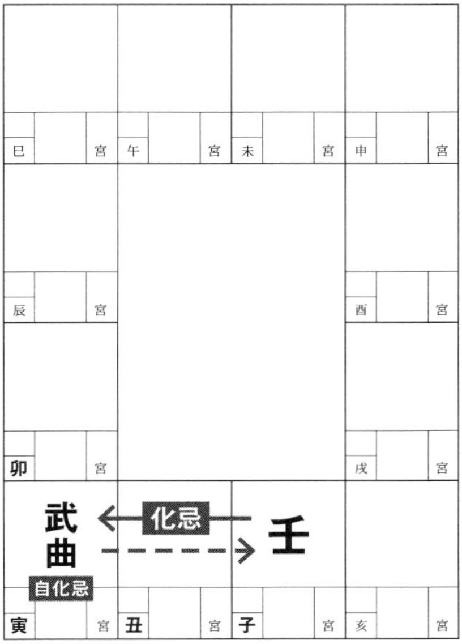

（8）退馬忌（たいばき）

定義 これは子と寅、丑と卯の関係のみ成立します。これは進馬忌と逆に、卯から丑、寅から子と逆に作用します。卯宮から丑へ化忌星を飛宮させ、丑に自化忌星がある場合、寅から子へ化忌星を飛星させ、丑に自化忌星がある場合、先の進馬忌と同様に影響がなくなるというのですが、私の実際鑑定で、時として実地で作用がほとんど感じられず、今後の研究課題とさせていただきます。

現象 ナシ（今後の研究課題）

【例題／退馬忌】

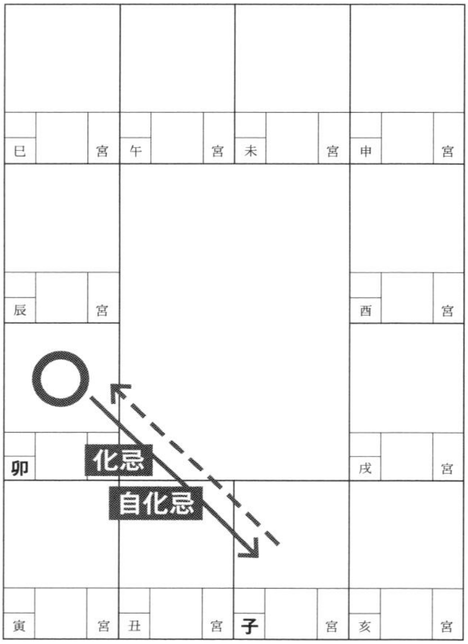

（9）是非忌（ぜひき）

定義 Aという宮があるとします。そのA宮からの化禄星がBという宮に入るとして、その反対にB宮からの化忌星がA宮から入るような図式です。主に人事宮同士で作用します。

現象 何となく相互の人間関係に、不平等な感じを醸し出します。

※飛星派の中で、若干違う解釈をしているところもありますが、本書では人を現す人事宮のみに活用します。

【例題／是非忌】

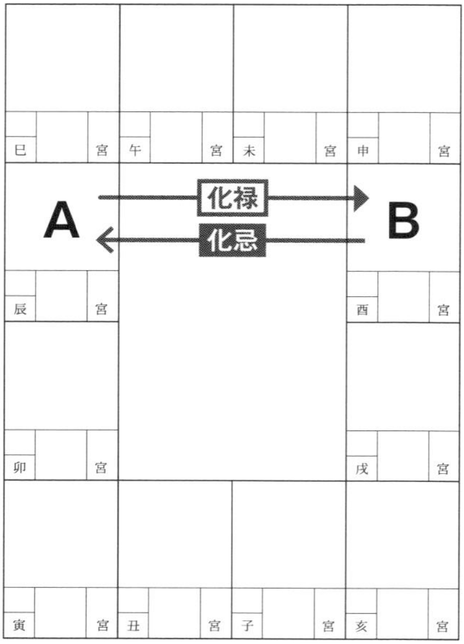

（10）循環忌

定義 A宮から飛星させた化忌星がB宮に入り、B宮から飛星させた化忌星がA宮に入るかたちです。人事宮のみで考察します。

現象 互いに良い関係になりにくいです。時としてトラブルに注意です。

※飛星派の中で、若干違う解釈をしているところもありますが、本書では人を現す人事宮のみに活用します。

【例題／循環忌】

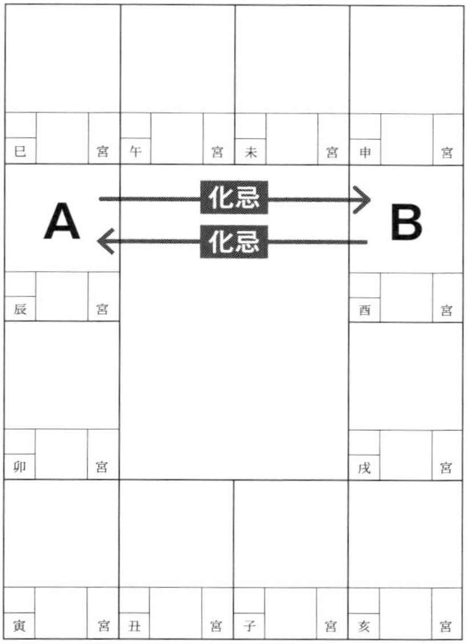

2　行運判断

行運とは10年間の吉凶を主にする大限法、1年間の吉凶を主にする流年法、1か月の吉凶を主にする斗君法、1日の吉凶を主にする日運法がありますが、私の考えでは、1日に起きる出来事は偶然が織り成す吉凶の範囲と思います。

出生の生年月日時に刻印されるというよりは、命占よりト占の範囲ととらえています。私は断易や周易を活用しています。極端にいうと、タロットの1枚引きでもよいでしょう。

以上の理由により、本書では月運までの活用法を解説していきます。すべて説明するのは難しいですが、運気の推移を少しでもわかると、人生の心の安定度には良い影響を与えてくれることでしょう。

（1）大限法（10年間）

算出方法は命盤作成のページ（44ページ）で解説してありますので、そちらを参照してください。

（2）流年運（1年間）

算出法は特に難しくありません。例えば、申年でしたら申宮がその1年間の吉凶を示します。ただし旧暦の1月1日から次の年の旧暦の1月1日の前日までを見ていきます。
気学や四柱推命は2月4日前後が年の変わり目ですが、紫微斗数はあくまで旧暦を利用します。

（3）斗君（月運）

算出法は命盤作成で解説してありますので、そちらを参照してください。すべて旧暦における1か月間の吉凶を主とします。

（4）判断法

大限も流年または月運も同様ですが、それぞれ期間の違いはありますが、判断についてはほぼ同一です。
北斗星、南斗星、中天星によって作用の期間が異なります。

1 **北斗星**…大限は原則前5年、流年は前半年、月運ですと月の前半に強く作用します。

2 **南斗星**…大限は原則後5年、流年は後半年、月運ですと月の後半に強く作用します。

3 **中天星**…大限は全10年、流年は全1年、月運ですと全1か月に強く作用します。

4 **例外の星**…文昌星、文曲星、左輔星、右弼星、天魁星、天鉞星、擎羊星、陀羅星、火星、鈴星に関しては、同宮する星によって期間が入れ替わるという説が存在します。本書もそれに準拠します。

5 **四化星**…化禄星、化科星、化権星、化忌星については、どの星につくかで作用期間に違いが出ます。

（5）鑑定の方法①

大限、流年、斗君（月運）に該当する宮位に、比較的条件が良いといわれている紫微星、天機星、太陽星（輝く場合）、武曲星、天同星、天府星、太陰星（輝く場合）、天相星、天梁星等の甲級主星が入って、文昌星、文曲星、左輔星、右弼星、天魁星、天鉞星、禄存星、化禄星、化権星（若干軋轢があり）、化科星が入ると、その時期は、割合、運気が良好で仕事や健康も落ち着く傾向となり、もし病気になっても何らかのかたちで良い治療を受けられるでしょう。

（6）鑑定の方法②

大限、流年、斗君（月運）に該当する宮位に比較的条件が悪いといわれている廉貞星、貪狼星、巨門星、七殺星、破軍星、擎羊星、陀羅星、火星、鈴星、天空星、地劫星、化忌星が入ると、その時期は、割合、運気が不良で仕事や健康、金銭面でも出費が多く、落ち着かない傾向となり、もし健康を害し病気になったりすると、なかなか治療しづらいか、時として危険な局面に遭遇するかもしれませんので、注意が必要です。

（7）鑑定の方法③

大限、流年、斗君（月運）に該当する宮位に条件の良い星と、条件の悪い星がまざって入ることが多いです。

私自身の考えですが、多くの方が「今年は吉ですか」と聞いてきますが、実際は良い時もあれば、そうでもない時もあるのです。もちろん、吉凶が比較的鮮明な時期もあります。まず基本的な考え方として条件の良い星が多いか、条件のあまり良くない星が多いかによって最終的判断とします。ただし本書では、四化星を判断の要とします。

（8）鑑定の方法④

過去、紫微斗数はさまざまな段階や変遷において、活用するテクニックも変化してきています。

天姚星、天刑星、陰煞星、紅鸞星、天喜星については宿命より、どちらかというと、大限、流年、斗君（月運）に影響が強く作用するように思われます。私の鑑定経験上、その中で天馬星に関してですが、実地鑑定において命宮に天馬星が入る人は、何となく落ち着かないケースが多く見られました。

それでは、以下に個別解説していきます。

天姚星…恋愛や未婚者には出会いのチャンスです。ここで注意です。条件の良くない星が同宮すると、時には酷い目に遭うでしょう。

天刑星…病気や怪我、人との争いなどには注意です。寅、卯、酉、戌の宮は、他の条件が良い場合、作用は軽くなるようです。

陰煞星…決定的な人生に及ぼすことはまずありません。影で小さな邪魔されたり陰口をいわれたり、妬まれたりします。また、この星には霊的という意味もあるので怪しい霊能者や宗教家、土地等には近づかないようにしてください。

紅鸞星、天喜星…これらの二星が大限、流年、斗君（月運）に入ると、必ず対面の宮にもう一星が入ります。この両星は桃花、つまり色事の星といわれています。未婚の人には恋愛のチャンスです。ただし同宮する星によって良い出会いかそうでない場合があります。

3　活盤の応用

紫微斗数の中で少し高度な秘伝を紹介したいと思います。

本書では特に大限、流年で運気を判断する場合、その威力を発揮します。大限なり流年において、その時期に限定して仮の命宮と見なし、その対面を遷移宮とし、その大限なり流年から見た三合宮、つまり後五宮を仮の官禄宮、前五宮を仮の財帛宮として判断の補助に活用していきます。

本書の例題として提供した私の命盤で解説します。

私は平成28年（２０１６年）で数え年60才です。命盤を見ると、52才からの10年間を判断するには、丑の宮がそれに該当します。本来の疾厄宮です。この宮を52才からの仮の命宮とします。

基本的に天同星に化権星、巨門星に化忌星、天姚星が入っています。これが判断の基本バージョンとなります。

巨門星化忌星は北斗星ですので、数え年の52才から57才まで健康問題で苦労しました。少し落ち着いてきたのは後５年の天同星化権星に入ってきてからです。活盤においては本来の父母宮が仮の遷移宮となります。

大限から見て前五宮が仮の財帛宮となり、酉の本来の田宅宮がそれに該当し、後五宮が仮の官禄宮となります。巳の本来の兄弟宮がそれに該当します。

少し難しいかもしれませんが、このように本来の盤をスライドさせて活盤していくのです。何回も練習してぜひ自分のものとしてください。

【著者実例／紫微斗数命盤】

天機(化科) 陀羅 乙 巳 12～ 兄弟宮	紫微 鈴星 禄存 紅鸞 丙 午 大限2～ 命宮	擎羊 地劫 丁 未 父母宮	破軍 戊 申 福徳宮
七殺 左輔 甲 辰 22～ 夫妻宮	名前：東海林秀樹　年齢（数え）：60歳 生年月日：1957年2月9日 出生時間：午後3時5分 出生地：東京都　時差：+19分 修正出生時間：午後3時24分 生年干支：丁酉年 旧暦月日：1月10日 生時支：申時 陰陽男女：陰男 五行局：水二局 子年斗君：申 鑑定日：2016年11月1日		天刑 天鉞 己 酉 田宅宮
太陽 天梁 天空 癸 卯 32～ 子女宮			廉貞 天府 右弼 身宮 庚 戌 82～ 官禄宮
武曲 天相 陰煞 文昌 壬 寅 42～ 財帛宮	天同(化権) 巨門(化忌) 天姚 大限命宮 癸 丑 52～ 疾厄宮	貪狼 文曲 天喜 壬 子 62～ 遷移宮	太陰(化禄) 火星 天魁 天馬 辛 亥 72～ 奴僕宮

4　飛星紫微斗数最高秘伝、四化飛星法

宿命編では命宮、財帛宮、官禄宮の主要宮から宮干化忌星を飛星させて、人生上の災いを回避するするための技法を紹介しました。

宿命的には、自分の持っている弱点を前もって知ることによって、起きやすい災いを最小限に食い止めるのが目的です。今度は大限、流年における四化の飛星を紹介します。つまり行運に対するテクニックです。

はじめに、大限や流年における四化の簡単な意味合いを一言で表現してみます。

(1) 大限や流年における化禄星の意味

物質、金銭、(直接ではない) 人縁、時として恋愛や桃花、つまり色事も入ります。

(2) 大限や流年における化忌星の意味

さまざまな意味が存在しますが、どの星につくかで事象は千変万化します。本書では活用しやすいように、シンプルにまとめてみます。

基本的にごたごたや動揺、健康を害する、凶を誘因するなど、あまり良い意味はありません。これは宿命での判断では、多くの資料では田宅宮に入る場合、時として財や不動産を所有する人がいると説明されていますが、今後の研究課題です。

※私は、化禄星と化忌星は四柱推命における喜神、忌神のようなとらえ方をしています。ですから大限や流年ではとても大切な判断材料となります。

(3) 大限や流年における化権星の意味

立場、(主に地位) 成就、自己の権力範囲を広げたいなどの意味が存在します。大限や流年でその宮そのものや対宮に入ります。先に解説した活盤の財帛宮や官禄宮に入ると、もちろん入る星の条件にもよりますが、時として立場の向上が見られます。

活用法は実例で化忌星のところで解説します。テクニックは同様です。

(4) 大限や流年における化科星の意味

人の助け、学問、財の取得に関してはそれほどではありません。また資格試験という意味があります。大限や流年でその宮そのものや対宮に入ります。先に解説した活盤の財帛

宮や官禄宮に入ると、もちろん入る星の条件にもよりますが、時として知識欲に目覚めて、資格取得を目指すことがあります。

活用法は実例で化忌星のところで解説します。テクニックは同様です。

（5）化禄星と化忌星についての活用例

これは私を例題として説明します。他の方においてもほぼ同様のテクニックです。

私は現在、52才からの大限です。

星は天同星化権星、巨門星化忌星です。この解説は後回しにして概略を述べます。北斗星である巨門星化忌星の時期にある52才に入って間もなく、とても重い病気に罹り、倒れました。何とその年の流年も同宮の丑年でした。自分のことですから真剣につぶさに考察したのはいうまでもありません。

その一つの例として、巨門星に化忌星がついていますが、自化権星です。本来化権星は、既に解説した通りの意味合いがありますが、一応吉星ですから、巨門星化忌星を、若干緩和してくれる役目は果たします。

もう一つ大きな理由があります。例外的活盤ですが、丑の大限を仮の命宮とした場合、活盤疾厄宮は申の本来の福徳宮となり、そこに入っている星は損耗の星の破軍星です。これも北斗星ですから、巨門星化忌星と同様に、前半に鋭く作用します。

一瞬、「これはまずいな」と思いました。しかしよく見ますと、大限である丑の宮干癸から化禄星を飛星させると、活盤疾厄宮である申の仮の疾厄宮破軍星に入りました。これは辛うじて助かると思いました。

【自己命盤（数え年52歳からの5年間）】

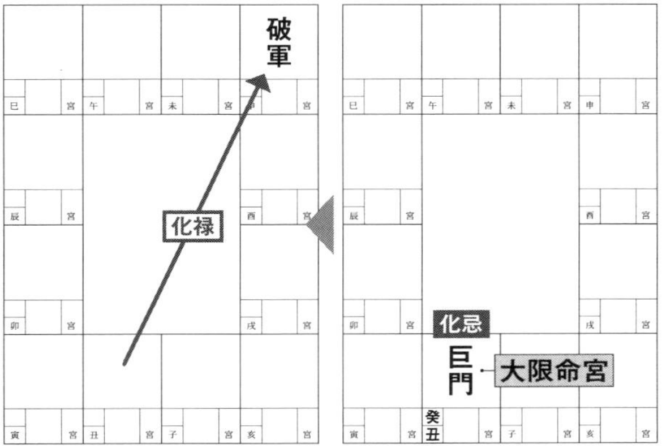

5　飛星派についての考察と問題提起

私の考察と観察はあくまで台湾での流派を中心にしています。

大限については矛盾や問題はないのですが、問題は流年です。

飛星派の中でも大きく二つに分かれます。一つは太歳、つまり丑年なら丑年を見て、そこについている宮干から主に化忌星を飛星させて判断していく方法です。

もう一つは、例えば平成27年なら年干支は乙未です。この乙から主に化忌星を飛星させて判断していく方法です。

本来の飛星派は、丑年なら丑年を見て、そこについている宮干から飛星させる方法が主流です。

飛星派の中には小限法という数え年の宮で流年を見ていく術士の方もいるとつけ加えておきます。

（1）一葉知秋術（いちようちしゅうじゅつ）

これは私が20代の一時期に紫微斗数の手ほどきを受けた潘（はん）子漁（しぎょ）先生が提唱したテクニックの一つです。

通常の紫微斗数の原典にはない方法です。潘先生が長い鑑定歴の中で構築してきたものと思われます。もちろん、先生にも師匠からの術の伝達があったと思われるのは、当然のことでしょう。ただし先生は、本人からも、また著作の中でも一部触れられておられますが、まとめてあった資料の大部分を失くしてしまったとのことでした。

先生から手ほどきを受けたその一部と、私が著作から理解できたテクニックを、特徴あるものを中心として列挙してみたいと思います。

命宮未男性で桃花星が入る場合

1　他人の話や意見に左右されやすい。
2　性生活に少し不正常な部分がある。
3　他の人の意見に左右されやすいが、意外に人の忠告に耳を貸さない。
4　男性は女性好きで、そのために身の丈に合わない出費が多い。
5　男性は勝手に片思いをしやすい。

さらに各宮干からの四化（特に化忌星）大限から四化、流年からの四化をプラスして千変万化の判断をしていくのです。
もう少し例題を挙げて紹介します。

命宮未女性で桃花星が入る場合

1　結婚は二度以上する人が多い。
2　流産その他で子供を失いやすい傾向（絶対的ではありません）。
3　これは女性の場合が主となりますが、１に関しては、男性もややその傾向があります。

命宮を中心として見ていきますと、壬年生まれの人は禄存星が亥に入り、旧暦４月で午時に生まれの人は、命宮は必ず亥になり、禄存星もおのずと命宮に入ります。なお壬年ですと水二局となります。

水二局で旧暦18日に生まれの人は、紫微星が戌に入ります。天梁星は命宮の亥に入り、天梁星に化禄星がつき、このような判断から、基本的には良い命式、つまり宿命だと四柱法と異なり、宿命内に配置した星が、そのまま行運である大限や年運の判断に影響してくるのです。

結論として、宿命のチャートの良好な人は、比較的大限や年運も良好となりやすく、宿命のチャートのあまり良好でない人は、比較的大限や年運も苦労を多く経験しやすいのです。

【例題／女性・丙年生まれ】

天同 巳　財帛宮	午　宮	太陰　太陽 未　夫妻宮	文昌 化忌 申　兄弟宮
辰　宮			巨門　天機 ↑ 自化忌 丁 酉　命宮
卯　宮			戌　宮
廉貞 化忌 寅　奴僕宮	丑　宮	子　宮	亥　宮

女命とします。命宮は酉の天機星と巨門星です。夫妻宮は輝く太陽星と太陰星です。仮にＡさんという女性だとします。このＡさんは再婚しやすいといえます。

財帛宮は巳の天同星です。しかしどちらかというと、Ａさんはやや財的には貧乏と判断できます。これは何故でしょうか。

一葉知秋術では個人差があり、一様に同じではありません。命宮干は丁だとしますと、丁は巨門星に化忌星がつき、自化忌星となります。この場合、財帛宮天同星は、遊びに金銭を使うことが好きな人が多いのです。もちろん人にもよりますが、結果として収入の入口と出口のつじつまが合わなくなるのです。

ただし、これは悪いことばかりではありません。これも人にもよりますが、静かな環境で何かを学んだり研究したりすることを好んだり、あるいは何か趣味や嗜好に没頭する人もいます。

もし、Ａさんが丙年は奴僕宮の廉貞星に化忌星が入り、辛年は申に文昌星がある場合、兄弟宮の文昌星に化忌星が入ることになります。このような人は口舌が多くなり、何かにつけて順調にいきにくい人生の局面も経験することもあります。

結論としては、単に星のみの判断であまりにも単純に答えを導き出してはいけないということです。

最後に、各十二支別の命宮の特徴を、もう一度整理してみましょう。

これも一葉知秋術の一端です。命宮が子、午、卯、酉の人は、四正（しせい）の地です。本来、桃花の地です。

男性は英雄色を好むわけではありませんが、割合、酒色に溺れる人も見られます。女性は頭が良く怜悧（れいり）な傾向ですが、やはり時として桃花、つまり色事に溺れる人がいます。

命宮が寅、申、巳、亥の人は、四生の地です。本来は四馬（しば）の地です。男女を問わず、何となく人生が落ち着かず、中には多くの苦労を経験する人も多いでしょう。

命宮が戌、丑、辰、未の人は、四墓（しぼ）の地です。または四庫（しこ）地とも呼ばれています。時として孤独な人が見られます。

一葉知秋術はまだ他にも多々ありますが、紫微斗数判断は枝葉ではなく、全体的に判断するということを忘れないでください。

第7章 紫微斗数風水

1　陰宅における紫微斗数活用法

本稿では風水の中でも陰宅、つまり墓の見方で紫微斗数を活用した方法を紹介します。

先にいくつかの定義を書いてみます。少し難しいですが、紫微斗数の一つのテクニックと思って、軽い気持ちで読んでください。

四化の中で化禄星、化権星、化科星、化忌星に着目します。化禄星は物質全体、化権星は立場、化科星は頭脳活動、化忌星は避けるべきものという意味を使います。

本項でも私の命盤を例題として説明していきます。

【著者実例／紫微斗数命盤】

<table>
<tr>
<td>天機（化科）
陀羅

乙 巳　12～
兄弟宮</td>
<td>紫微
鈴星
禄存
紅鸞

丙 午　大限2～
命宮</td>
<td>擎羊
地劫

丁 未
父母宮</td>
<td>破軍

戊 申
福徳宮</td>
</tr>
<tr>
<td>七殺
左輔

甲 辰　22～
夫妻宮</td>
<td colspan="2" rowspan="2">名前：東海林秀樹　年齢（数え）：60 歳
生年月日：1957 年 2 月 9 日
出生時間：午後 3 時 5 分
出生地：東京都　時差：+19 分
修正出生時間：午後 3 時 24 分

生年干支：丁酉年
旧暦月日：1 月 10 日
生時支：申時
陰陽男女：陰男
五行局：水二局
子年斗君：申

鑑定日：2016 年 11 月 1 日</td>
<td>天刑
天鉞

己 酉
田宅宮</td>
</tr>
<tr>
<td>太陽
天梁
天空

癸 卯　32～
子女宮</td>
<td>廉貞
天府
右弼
身宮

庚 戌　82～
官禄宮</td>
</tr>
<tr>
<td>武曲
天相
陰煞
文昌

壬 寅　42～
財帛宮</td>
<td>天同（化権）
巨門（化忌）
天姚
大限命宮

癸 丑　52～
疾厄宮</td>
<td>貪狼
文曲
天喜

壬 子　62～
遷移宮</td>
<td>太陰（化禄）
火星
天魁
天馬

辛 亥　72～
奴僕宮</td>
</tr>
</table>

手順

❶福徳宮を見ます。私の場合ですと、福徳宮を見ると宮の十干は戊です。この戊から各四化を飛星させます。すると化禄星は子の貪狼星に入り、化権星は亥の太陰星に入り、化科星は戊の右弼星に入り、化忌星は巳の天機星にそれぞれ入ります。その中で巳の天機星に入る化忌星は凶的要素強いので省きます。当時、私は生活の安定が第一でしたから、子の貪狼星に入る化禄星を選択しました。

❷子の貪狼星は方角に直すと真北です。墓石の向きを北に合わせます。紫微斗数においては物質運の安定に若干つながるのです。本来、日本の墓相では北向きは「絶家墓(ぜっきぼ)」といって避ける人が多いようですが、私は子供がいませんから、特に関係ないと判断しました。

子北

❸買う方角は、建墓する人がはじめに購入する時、福徳宮の十二支の方角を使います。申ですから西よりの西南になります。当時住んでいた場所より丁度その方角を探しました。

❹陰宅、つまり墓は血縁関係者のみに作用します。

❺先祖の影響は四代前までが濃厚に作用します。それ以前はあまり心配いりません。

2　紫微斗数測局法

これは個人を見るものではありません。世の中の流れ考察していくものです。

本来、太乙神数（たいおつしんすう）や他の専門的な占術を活用すべきですが、紫微斗数でも活用可能です。

マクロ的に見ていく方法と大別していく方法の2種類あります。本書では、比較的判断のしやすい1年ごとに見ていく方法を紹介します。

手順はそれほど難しくありません。その年の旧暦の1月1日の子時で作盤します。

ここで二つほど注意しなければならないことがあります。まず一つ目は、毎年配置が同じになる星は最初から記入しません。もう一つは、毎年命宮は同様に寅になりますが、これは作盤上のプロセスに必要なので算出しますが、我が国を考察する場合は、卯を命宮とします。また、寅宮も参考にします。

平成28年を例に挙げて解説していきます（１５３ページの命盤参照）。

まず日本の命宮卯宮には天機星に化権星で巨門星同宮です。化権星が入っていますから、対外的にも国内においてもやや強気です。

遷移宮は外交を示します。天鉞星が入って、一見、良さそうですが、そのようなことはありません。遷移宮の十干は丁です。丁は巨門星に化忌星です。つまり日本の命宮である巨門星に飛星します。これは二つの側面が推理できます。対外的に無理難題を迫られるか、政府のトップの人々が余計な発言をしてしまう可能性ありです。

次に疾厄宮です。測局の場合、もちろん病気をある程度見ることもありますが、天変地変や事故、他動的災いを中心に考察します。破軍星と鈴星が入っています。破軍星は損耗の星で、鈴星との組み合わせは特に良くありません。疾厄宮の十干は戊です。やはり日本の命宮となる天機星に化忌星が入ります。これもいけません。

平成28年もさらに動乱の1年間となりそうです。天変地変も多発しそうですし、天候も不順でしょう。災害も平成27年より大きくなりそうです。もしかしたら東京にも大きな地震も考えられますが、日本の命宮に化権星がつくので、まずは大丈夫と思います。日本の命宮干が辛で、巨門星が自化禄星となるので、まず首都は逃れそうです。

その他、気になる部分を述べてみます。

奴僕宮は一般庶民を現します。廉貞星が入り、化忌星がつき、宮干が丙ですから自化忌星となり、我々庶民にとっては何かと苦しい1年になりそうです。

財帛宮は意外に悪くありません。貧乏なのは我々だけで一部の金持ちや国は豊かなのかもしれません。我が国は債務もありますが債権も多いですから、たぶんギリシャとは違うでしょう。
官禄宮は官僚を意味します。甲級主星は入りませんから、対宮の太陽星と太陰星を使用します。丑の太陽星で、一見、輝きませんが、太陽星は宮の十干の辛から自化権星となり、かなり我々に対して強気で出てくるかもしれません。
紫微斗数を使った測局はこのようなものです。
ちなみにマクロ的な判断は新憲法開始日の昭和22年（１９４７年）５月３日午時で作成します。この場合、女命として判断します。「母国母船」といいますので。

【例題／平成28年測局／仮宮（算出のため）】

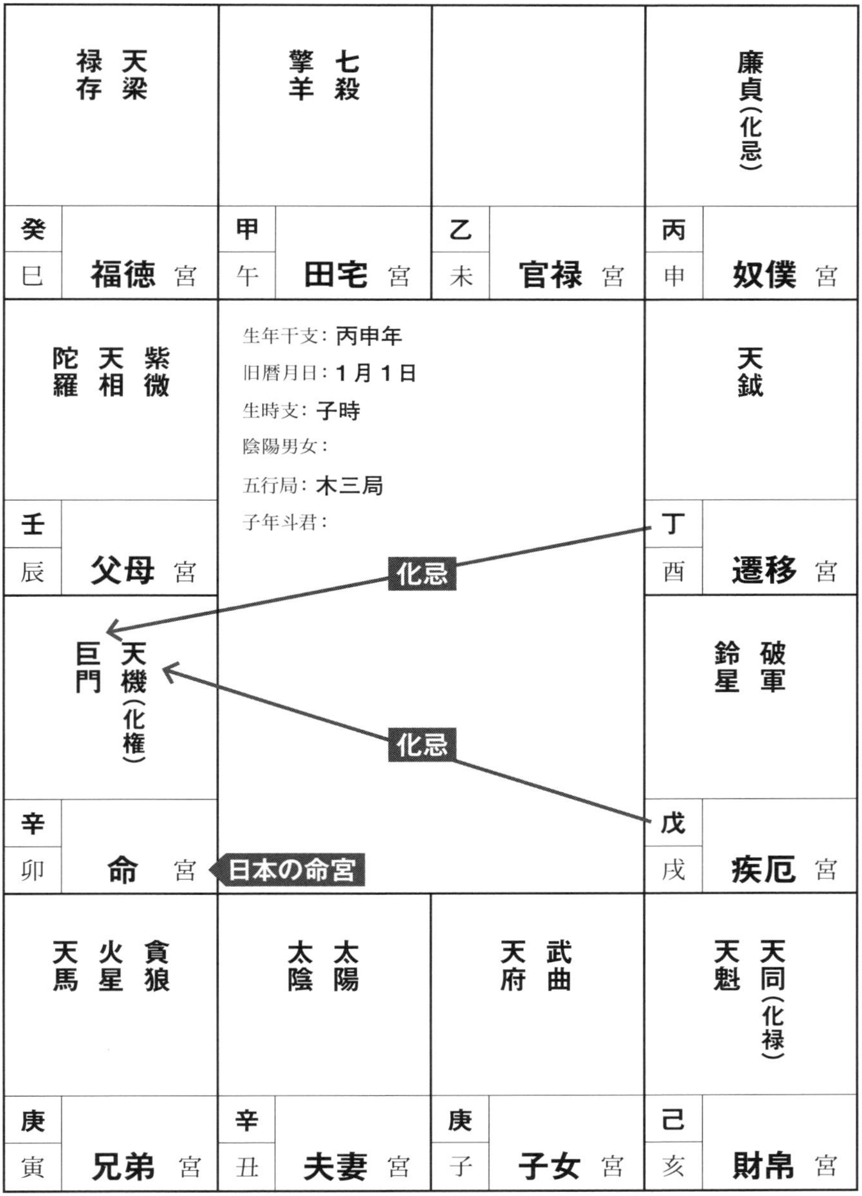

3　紫微斗数占卜または占機法

これは一種の卜占です。西洋占星術におけるホラリーだと思ってください。

知人が胃癌といわれ手術の予定ですので、上手くいくかどうかを占います。

この場合、命宮と疾厄宮を中心に述べます。後は付帯条件として他宮を見ることもあります。

まず鑑定を依頼されて、作盤可能な時を起点として判断します。

それでは盤を見ながら解説してみます。

判断上必要な星のみ書き入れてありますので、注意してください。

どの占的であっても、まずは命宮を見ます。天機星に化禄星がつき、天刑同宮です。まずまずといえます。

では主眼の疾厄宮はというと、天相星、左輔星、右弼星です。これもますまずです。また、命宮の十干壬から疾厄宮に化科星が入り、良医と出合う可能性高いです。

飛星派において気になる判断を少し加えてみます。

財帛宮の戊から化忌星を飛星させると、命宮の天機星に入ります。化禄星が命宮に入っていますからまず大丈夫ですが、少し経済的な心配をしているかもしれません。また、遷移宮の戊から化忌星が命宮に入り、流出忌（りゅうしゅつき）となります。おそろく本人が手術に対する恐れを持っているのではないでしょうか。ですが、化科星が入りますから、これも心配はいらないと思われます。

※病気の判断は常識を持って活用を願います。怪しい民間治療やまじない、宗教に頼って、現代医学を無視するような行動は避けてください。

【例題／紫微斗数占機法／仮宮（算出のため）】

文昌 天馬 辛 巳　**兄弟**宮	天機（化禄） 天刑 壬 午　**命**宮	紫微（化科） 破軍 天空 癸 未　**父母**宮	天鉞 甲 申　**福徳**宮
太陽 擎羊 地劫 庚 辰　**夫妻**宮	生年干支：乙未年 旧暦月日：10 月 10 日 生時支：巳時 新暦月日：11 月 21 日 陰陽男女： 五行局：木三局 子年斗君：		天府 文曲 乙 酉　**田宅**宮
武曲 鈴星 七星 禄存 己 卯　**子女**宮			太陰（化忌） 丙 戌　**官禄**宮
天同 天梁（化権） 陀羅 火星 戊 寅　**財帛**宮	天相 左輔 右弼 中心 己 丑　**疾厄**宮	巨門 天魁 戊 子　**遷移**宮	廉貞 貪狼 丁 亥　**奴僕**宮

巻末資料

【紫微斗数における簡易用語解説】

甲級主星十四星…紫微星から破軍星までの判断上最も主となる星です。

甲級副星…本書では文昌星、文曲星、左輔星、右弼星、天魁星、天鉞星、禄存星、擎羊星、陀羅星、火星、鈴星の十星を、甲級主星の次に重要な判断となる星です。

四化星…化禄星、化権星、化科星、化忌星の各星です。単独で入ることはなく、必ずいずれかの星につきます。特に化禄星と化忌星を私は重視します。

乙級星…本書では天空星、地劫星は宿命にも、天姚星、天刑星、天馬星、陰煞星、紅鸞星、天喜星については宿命より行運に強く作用します。

対宮…命宮はもちろんですが、他の宮においても対面の宮位のことをいいます。飛星派においては重要な判断の要となります。

本宮…命宮なり夫妻宮なりそのものの宮位を、本宮といいます。

三合宮…命宮なり他宮も同様ですが、その宮を入れて、残りの二宮を含めて三合の関係になる宮をいいます。三合は次の4種類です。❶申と子と辰、❷寅と午と戌、❸亥と卯と未、❹巳と酉と丑です。互いに強く影響し合うといわれています。ただし私は、前述の対宮を比較的重視しています。

命宮飛星四化…本書では主に命宮干から化忌星がどこの宮に入るかを考察します。解説は命宮のところを参考にしてください。

他宮からの飛星四化…本書では主に財帛宮、官禄宮をそれぞれの干から化忌星がどこの宮に入るかを考察します。

大限からの飛星四化…主に10年間における運気の盛衰をその大限干から化忌星がどこの宮に入るかを考察します。

流年からの飛星四化…主に1年間における運気の盛衰をその流年干から化忌星がどこの宮に入るかを考察します。

命盤解読

命盤の解説をしていきます。本文の中で触れたように、こちらの命盤は私自身のチャートです。当ってもたとえ外れても自分自身のことですから冷静に検証可能だと考えたにすぎません。

では、肩の力を抜いてなるべく平易に書いていきます。

【著者実例／紫微斗数命盤】

<table>
<tr>
<td>天機(化科)　陀羅
乙 巳　12～
兄弟宮</td>
<td>紫微　鈴星　禄存　紅鸞
丙 午　大限2～
命宮</td>
<td>擎羊　地劫
丁 未
父母宮</td>
<td>破軍
戊 申
福徳宮</td>
</tr>
<tr>
<td>七殺　左輔
甲 辰　22～
夫妻宮</td>
<td colspan="2" rowspan="2">名前：東海林秀樹　年齢(数え)：60歳
生年月日：1957年2月9日
出生時間：午後3時5分
出生地：東京都　時差：+19分
修正出生時間：午後3時24分

生年干支：丁酉年
旧暦月日：1月10日
生時支：申時
陰陽男女：陰男
五行局：水二局
子年斗君：申

鑑定日：2016年11月1日</td>
<td>天刑　天鉞
己 酉
田宅宮</td>
</tr>
<tr>
<td>太陽　天梁　天空
癸 卯　32～
子女宮</td>
<td>廉貞　天府　右弼
身宮
庚 戌　82～
官禄宮</td>
</tr>
<tr>
<td>武曲　天相　陰煞　文昌
壬 寅　42～
財帛宮</td>
<td>天同(化権)　巨門(化忌)　天姚
大限命宮
癸 丑　52～
疾厄宮</td>
<td>貪狼　文曲　天喜
壬 子　62～
遷移宮</td>
<td>太陰(化禄)　火星　天魁　天馬
辛 亥　72～
奴僕宮</td>
</tr>
</table>

まずはお決まりの命宮を考察してみます。午で甲級主星は紫微星が入っています。独主、つまり紫微星が単独で入るのは、子か午の地のみです。

自分を誉めるつもりはありませんが、子地より午の方がやや有利です。その理由として、午地の紫微星は、太陽星が卯で輝き太陰星もやはり亥に入り輝きます。これが子地の紫微星の場合、太陽星は日没の西、太陰星は昼間の巳に入り、両星とも輝きません。

しかし午の命宮だからといって、良いことばかりとはかぎりません。副星として禄存星と鈴星は入りますが、子と午の紫微星が命宮の人は弧君（こくん）といって、大臣級の部下のいない王様なのです。鈴星は通常あまり良くいわれませんが、紫微星と同宮するのは決して悪くありません。ただし、部下といっても中央官庁のお役人です。

では禄存星はどうでしょうか。禄存星が命宮に入り、大限や流年で入る人は、何となく明日の米に困らない人が多いのです。

私は家が二十代で没落し、相次いで両親を失っています。しかし不思議と、明日の食事に事欠くということは経験していません。ただし、問題がないわけではありません。

禄存星が入る場合、必ず両宮の父母宮と兄弟宮に擎羊星と陀羅星が入ります。もちろん、同宮する星にもよりますが、基本的に身内運が悪くなりがちです。命宮に禄存星入る人は、何となく孤独を感じる人が多いです。父母宮は親という意味もありますが、目上という意味もあります。親しくしていても、何となく打ち解けないのです。

これは冗談ですが、私も日本や台湾でさまざまな占術を中心とした師匠につきましたが、しばらくすると、先生方が体調を崩すか亡くなったりしてしまうのです。一時私は「師匠殺し」という嫌なあだ名をつけられた経験があります。何故だろう思いましたが、紫微斗数では命宮の禄存星のせいかなとか、四柱推命では印星が忌神だからとかいろいろと考えましたが、何ということはありません。比較的、私がついた先生方は高齢な人が多かったのも、そのような現象に関係していたのにしかすぎないでしょう。

話を戻して、主要宮を中心に解説していきます。子と午の紫微星は周囲の環境に影響されやすいという特徴があります。物事のとらえ方や思考が、時として変化しやすい傾向があるのです。

私は、若い頃はわかりもしない東洋哲学に凝ったりしましたが、ほどなく飽きてしまいました。その後は、呪術やその他のことに一時期夢中になったりもしたものです。現在はというと、占術は生活の手段ですから当然として、ここ数年は神道や陰陽道にやや意識が向いています。ただし将来はわかりません。割合続いているのは、下手なクラシックカメラと、これまた理解できているかどうか怪しい仏教研究くらいでしょうか。
ではテクニックの話を進めます。
命宮の十干は丙です。人生でなるべく避けるべき命宮化忌星はどこの宮へ飛星するでしょうか。丙は廉貞星の入る官禄宮に飛星します。忙しい割に結果を得にくい、商売には基本的に不向き、子供がもしいたら病弱だろうなどと判断します。また、官禄宮は夫妻宮の対宮となり、早く結婚すると離れやすいのです。子女宮を命宮すると、官禄宮は子女宮の疾厄宮となります。人生は金銭だけがすべてではありませんが、生活をしていく上で大切な要素です。

財帛宮の十干を見ると、壬です。壬から化忌星を出すと、武曲星そのものにつきます。このような型を「自化忌」といいます。

この場合の判断としては、ある程度の収入は入りますが、花銭(ファーチエン)といって、とかく散財しがちなのでです。

私は本屋さんに行くと、取りあえず興味のある本はつい購入してしまうので、最近はなるべく自粛しています。それでも何とかやっていけるのは、番外的な技法ですが、命宮の化科星が財帛宮の文昌星に飛星し、財帛宮の化権星が命宮に飛星するのが若干の救いとなるからです。

次に大切な宮位として遷移宮があります。基本的な星のみですと貪狼星、文曲星となり、天喜星はどちらかというと、年運や大限において作用します。

この判断としてはさまざまありますが、とにかく人脈が頼りです。今まで何とかやってこられたのは、お客様はもちろん、生徒さん、周囲の方々の助けがあったからと痛感しています。

それでは、遷移宮の化忌星が財帛宮の文昌星に飛星する現象は、どのように解釈するのでしょうか。本来の判断では、それなりの答えを導き出すのですが、この場合は、遷移宮からの飛星化忌星の現象については作用が帳消しになるのです。

本文の忌神の説明をもう一度思い出してください。子宮から飛星させた化忌星が寅に入った場合は、そこの宮が自化忌星の時は、「進馬忌(しんばき)」といって、その飛星の現象に限り無作用となりがちなのです。ただし財帛宮における自化忌星は「四馬忌(しばき)」といって、その作用はしっかりと残ります。遷移宮からの飛星化忌星の作用が出なくなったということです。二重に苦しむよりは少しましなのかもしれません。

次の主要宮の解説をしていきます。

独身主義や結婚した私などとは少し話は別ですが、夫妻宮はどうでしょうか。

夫妻宮の主星は七殺星です。この星は「殺破狼(さっぱろう)」といって破乱含みの星です。その傾向として、早く結婚すると割合ごたごたしたり、時として離婚したりしやすいのです。

本文では詳細に触れてはいませんが、夫妻宮の化忌星が子女宮の太陽星に飛星すると現象として、もし子供がいたら意見の食い違いや、極端な場合は、育児や教育を投げ出すこともありえるということです。
私には、幸い子供がおりませんので、その悩みは逃れています。つまりは、全員同様な現象が出るわけではありません。
続いて、私の人生のエポックメイキングなことが起きた時期を中心に説明をしていきます。数え年の12歳からの10年間を見てみます。生活や日常はともかく、絶えず病気、つまり健康を脅かすことが多くありました。最初の治療のアプローチが悪く、喘息を誘発してしまい、現在でも若干苦しんでいます。その原因を紫微斗数において分析可能なところまで考察してみたいと思います。
まず巳宮の宮内の星があまりかんばしくありません。天機星と陀羅星です。陀羅星は健康を害すると、割合慢性化しやすい傾向です。後、この宮の十干は乙です。飛星させると対宮の太陰星に入り、この現象を「流出忌（りゅうしゅっき）」といってあまり良い状態とは飛星派の紫微斗数においては判断しません。しかし何とか助かったのは、乙の天機星に化科星がついているからです。あまりにも難しく複雑になってしまいますから、本文では触れていませんでしたが、高度な判断はこのような活用法もあると思っていただければよいでしょう。
ちょうど、丑年に本当に具合が悪くなり、つまり本来の疾厄宮に当たり、天同星と巨門星の年回りでした。この年は一番凶意が強く働きます。この年の宮干は癸です。癸は貪狼星に化忌星が飛星し、遷移宮に入ります。本来の命宮の対面です。飛星派においては前述した通り、対宮を重んじます。その影響はとても強いのです。
結果、その年は、40日ほど入院をしてしまうことになってしまいました。おまけに膀胱炎から軽い腎臓炎まで患ってしまったのです。
ここで活盤をしてみます。この大限の巳宮を仮の命宮とすると、仮の疾厄宮は子宮となり、疾厄宮の子を八卦に分類すると坎です。
坎は東洋医学では腎となり、腎は呼吸器も示します。また、蛇足ですが、貪狼は「腎虚（じんきょ）」といって、腎機能の低下を意味するのです。この10年間は健康問題も含めて、他のことも破乱気味でした。
次の数え年の22歳からの10年間ではどうかというと、七殺星が強く影響します。
吉凶は別として、殺破狼と呼ぶ三合宮に必ず七殺星、破軍星、貪狼星が入り、何となく落ち着きがない状態です。七殺星は南斗星ですから、どちらかというと後半に作用しがちです。実際、27歳を過ぎ、つまり26歳頃から相次いで親を亡くしています。
それではまたここで活盤をしてみます。辰の大限を仮の命宮とすると、本来の巳宮の兄弟宮が、仮のこの時期の父母宮となります。もともとの宮内の星の配置もあまり良くなく、さらに宮干は乙で、対面の奴僕宮の太陰星に化忌星が飛星します。これを「流出忌」といって、化出した巳宮のエネルギーが消耗しやすいのです。

この時期は特に目上や親のことで大変苦労しました。

ここで太陽星と太陰星の活用法をお話しします。どこの宮であっても太陽星は女性であれば、男性、夫を意味します。また、男女共に父親を示します。

どこの宮であっても太陰星は男性であれば、女性、妻を意味します。また、男女共に母親を示します。

私の場合、太陽星は卯で、太陰星は亥で化禄星がついています。母親は大いに問題がありましたが、何か事が起きて人生まずいかなと思う場面になると、不思議と女性からの助けが入りました。

私の人生において猛烈に働いてインパクトが強かったのは、42歳からの大限です。武曲星に天相星で文昌星です。たしかにそれなりですが、収入はありました。

しかし、既に説明した通り、この宮はもともとの財帛宮となり、自化忌、つまり四馬忌でほとんど残りません。花銭、つまりは散財してしまうか、予定外の出費が多いと判断します。

52歳からの大限は現在進行中です。前文で説明しましたから割愛しますが、他の宮については文を読んで類推してみてください。

中国暦活用について

新暦（グレゴリオ暦）から旧暦に変換する方法を説明します。

巻末にある暦のスタートの１９２６年の例として解説してみます。仮に新暦の2月22日生まれとします。１７２ページの表をよく見てください。

「陽暦」と書いてあるのがそれに該当する部分です。陽暦の月日は上下に書いてありますから、慣れると割合簡単だと思います。

陽暦から2月22日を探し、次にその表の左を見ると「正月」とあります。つまり旧暦1月ということです。農暦（のうれき）と書いてある部分が旧暦を示します。「初十」と書いてありますね。この例の場合、新暦、つまり陽暦の2月22日生まれは、農暦、つまり旧暦の１月10日生まれの人となるのです。

その他の算出は、これを元に巻末資料の表を参照して、星なりその他を見ていけばよいのです。みなさまがお持ちの万年暦も、旧暦の算出に書き方の差異があっても他は全く同様です。本書は日本の万年暦の活用法に準拠して書いておりますが、結果は同様です。本書は台湾で活用している方法の暦を付録としています。本両方の解説をしております。

巻末付録

「活盤秘伝　六度空間（飛宮転移）」

最後に別途、「六度空間」というテクニックを紹介したいと思います。

この活用法は、私が若い頃、手ほどきを受けた故潘子漁先生に教えていただいた技法の一つです。「一葉知秋術」と呼ばれている星の雑多な組み合わせ、各宮の十二支別の判断、独得な四化活用法（本書では特徴のあるものは書いています）です。

最初の一例のみ図示します。他は理論的に同様です。

例えば、命宮を兄弟宮の父母宮とします。

兄弟の容姿、物事の処理能力、インテリジェンスの度合いなどを考察します。ただし、親についての兄弟は複数の場合があるので、若干、無理が存在します。また、兄弟については、一番身近かな兄弟か、あるいは、縁の深い兄弟の部分が出やすいです。

他宮の場合

①命宮は夫妻宮の福徳宮となる

配偶者にとって精神的は部分を中心とした縁分が、比較的出ます。

②命宮は子女宮の田宅宮となる

子女の生長期の環境が、比較的出ます。

③命宮は財帛宮の官禄宮となる

仕事において財を誘引する力、理財能力が、比較的出ます。

④命宮は疾厄宮の奴僕宮となる

健康と心理的対人関係によるストレスが、比較的出ます。

⑤命宮は遷移宮の遷移宮となる
社会的な立ち位置が、比較的出ます。

⑥命宮は奴僕宮の疾厄宮となる
友人や知人、部下と自分の互いの態度が、比較的出ます。

⑦命宮は官禄宮の財帛宮となる
仕事上の理財、勤め人は給料の多いか少ないか、チャンスと発展性が、比較的出ます。

⑧命宮は田宅宮の子女宮となる
子女の育つ家の状態が、比較的出ます。

⑨命宮は福徳宮の夫妻宮となる
互いの体感覚における心の持ちよう、結婚生活上の特に本人が感じる雰囲気が、比較的出ます。

※他の十二宮についてですが、私が主に重要と思われる宮位を中心として解説していきます。

夫妻宮

一生独身主義でしたら影響度はあまり重要でないかもしれませんが、夫妻宮単独の判断なら別ですが、このテクニックのような他の宮位と縦横に見ていく場合には、その限りではありません。
では解説していきます。

①夫妻宮は命宮の夫妻宮となる
配偶者のこと、配偶者と自分との感情的な関係、自分と配偶者と助け合えるか、異性関係（桃花ともいう）が、比較的出ます。

②夫婦宮は兄弟宮の兄弟宮となる
兄弟間の関係が、比較的出ます。

③夫妻宮は子女宮の父母宮となる
子女の角度から見ると、夫妻宮は命宮となるので意外に互いの関係が、比較的出ます。

④夫妻宮は夫妻宮の命宮となる
結婚の互いの動きや動静、縁分が、比較的出ます。

⑤夫妻宮は財帛宮の福徳宮となる
理財における観念、金銭におけるチャンスが、比較的出ます。

⑥夫妻宮は疾厄宮の田宅宮となる
健康の状態、時として寿命が、比較的出ます。

⑦夫妻宮は遷移宮の官禄宮となる
災いと突発的自体が、比較的出ます。

⑧夫妻宮は奴僕宮の奴僕宮となる
対外的な人脈、時として桃花いわゆる異性問題、知人と配偶者との関係が、比較的出ます。

⑨夫妻宮は官禄宮の遷移宮となる
仕事の発展する方向、人脈の位置が、比較的出ます。

⑩夫妻宮は田宅宮の疾厄宮となる
家庭住居内の環境、風水的気場、台所、トイレなどの吉凶が、比較的出ます。

⑪夫妻宮は福徳宮の財帛宮となる
人生を楽しめるか、金銭の使用の状態、幸福の新しい方向性を探るきっかけが、比較的出ます。

⑫夫婦宮は父母宮の子女宮となる
父母と自分の考え方、結婚の付随した環境、父母と自己の精神的関係などが、比較的出ます。

財帛宮

①財帛宮は命宮の財帛宮となる
金銭の流れ、仕事上の損失が、比較的出ます。

②財帛宮は兄弟宮の子女宮となる
時として甥や姪をみることもある。また、兄弟姉妹の桃花、つまり色事も関係します。無論間接的に自己の桃花も比較的出ます。

③財帛宮は夫妻宮の夫妻宮となる
判断として互いの立場、特に財的な関連性が、比較的出ます。

④財帛宮は子女宮の兄弟宮となる
特に共同事業などの財力、子女の能力が、比較的出ます。

⑤財帛宮は疾厄宮の父母宮となる
例えば、病気をして後の身体回復能力が、比較的出ます。
※父母を医師と考える場合もあります。

⑥財帛宮は遷移宮の福徳宮となる
対外的チャンス金銭を儲けるチャンスと福分が、比較的出ます。

⑦財帛宮は奴僕宮の田宅宮となる
友人、知人などの家を示します。これは人脈とも関連し、財源も、比較的出ます。

⑧財帛宮は官禄宮の官禄宮となる
事業における財を誘引する力、営業成績が、比較的出ます。

⑨財帛宮は田宅宮の奴僕宮となる
知人、友人などの社会的どちらかというと、大まかに環境が出やすく、時としてそれらの人々の居住状態が、比較的出ます。

⑩財帛宮は福徳宮の遷移宮となる
外での活動する財源、外で楽しめるか、楽しむための消費の状況が、比較的出ます。

⑪遷移宮は父母宮の疾厄宮となる
父母の健康、自分と上司の関係における重要度、全体的な会社の状況が、比較的出ます。

次は比較的重要宮である遷移宮の活盤を解説します。

遷移宮

①遷移宮は命宮の遷移となる
外で他の人に見せる個性、外での人脈、外で遭遇する人々に感じるものが、比較的出ます。

②遷移宮は兄弟の疾厄となる
兄弟のざっくりとした健康状況、または個性が、比較的出ます。

③遷移宮は夫妻宮の財帛宮となる

結婚縁または活盤で大限、流年で同じように見ると、時機的選択が、ある程度出ます。

④遷移宮は子女宮の子女宮となる

比較的子女の能力、特に物事の学習能力が、考察可能です。

⑤遷移宮は疾厄宮の兄弟宮となる

本人の物事に対する心身の耐久度が、比較的出ます。

⑥遷移宮は財帛宮の夫妻宮となる

自分にとって、金銭の流れが、比較的出ます。

⑦遷移宮は奴僕宮の父母宮となる

友人や知人、部下のいずれかの家の状態、社会的立場、人の助けがあるかが、比較的出ます。

⑧遷移宮は官禄宮の福徳宮となる

チャンスを嗅ぎ取る感覚、計画性、営業による金銭の大小が、比較的出ます。

⑧遷移宮は田宅宮の田宅宮となる

財がどれだけ成就するか、寝室の状態が、比較的出ます。

⑨遷移宮は福徳宮の官禄宮となる

仕事における精神状態、仕事がやりやすいか、計画性、営業による金銭の大小が、比較的出ます。

⑩遷移宮は福徳宮の官禄宮となる

どれだけ仕事をして結果人生が楽しめる過度のスタイルが、比較的出ます。

⑪遷移宮は父母宮の奴僕宮となる

父母の対外的な雰囲気として父母の人脈が、比較的出ます。

次は比較的重要な官禄宮の活盤を致します。

官禄宮

①官禄宮は命宮の官禄宮となる

仕事や事業の状態とそれに対する自分のスタイル、行動様式が、比較的出ます。

②官禄宮は兄弟宮の奴僕宮となる

兄弟の人間関係その縁分が、比較的出ます。

③官禄宮は夫妻宮の遷移宮となり

配偶者の外での顔、表現方法、配偶者が自己の対外的に与える影響が、比較的出ます。

④官禄宮は子女宮の疾厄宮となる

子女の健康が、比較的出ます。

⑤官禄宮は財帛宮の財帛宮となる

現金の運用状況、商売のチャンス、利息が、比較的出ます。

⑥官禄宮は疾厄宮の子女宮となる

実地に照らしてあまり影響がないため省略します。

⑦官禄宮は遷移宮の夫妻宮となる

配偶者と対外者の相互の状況が、比較的出ます。

⑦官宮禄は奴僕宮の兄弟宮となる

人間関係と自分との相互の状況が、比較的出ます。

⑧官禄宮は奴僕宮の兄弟宮となる

友人、知人、部下のいずれかの能力と仕事が、比較的出ます。

⑨官禄宮は田宅宮の父母宮となる

寝室の一部に星の影響によって吉凶が、比較的出やすいです。ただし、あまり重要ではないかもしれません。

⑩官禄宮は福徳宮の福徳宮となる

福分の源、精神的安定させる方法が、比較的出ます。

⑪官禄宮は父母宮の田宅宮となる

父母の家の中の状況が、比較的出ます。

旧暦万年暦・命盤作成用資料

1926年【丙寅】

月別	月柱	紫白	農暦		初一	初二	初三	初四	初五	初六	初七	初八	初九	初十	十一	十二	十三	十四	十五	十六	十七	十八	十九	二十	廿一	廿二	廿三	廿四	廿五	廿六	廿七	廿八	廿九	三十
正月	庚寅	二黒	日柱		癸酉	甲戌	乙亥	丙子	丁丑	戊寅	己卯	庚辰	辛巳	壬午	癸未	甲申	乙酉	丙戌	丁亥	戊子	己丑	庚寅	辛卯	壬辰	癸巳	甲午	乙未	丙申	丁酉	戊戌	己亥	庚子	辛丑	
			陽暦	月	2	2	2	2	2	2	2	2	2	2	2	2	2	2	2	2	3	3	3	3	3	3	3	3	3	3	3	3	3	
				日	13	14	15	16	17	18	19	20	21	22	23	24	25	26	27	28	1	2	3	4	5	6	7	8	9	10	11	12	13	
二月	辛卯	一白	日柱		壬寅	癸卯	甲辰	乙巳	丙午	丁未	戊申	己酉	庚戌	辛亥	壬子	癸丑	甲寅	乙卯	丙辰	丁巳	戊午	己未	庚申	辛酉	壬戌	癸亥	甲子	乙丑	丙寅	丁卯	戊辰	己巳	庚午	
			陽暦	月	3	3	3	3	3	3	3	3	3	3	3	3	3	3	3	3	3	3	4	4	4	4	4	4	4	4	4	4	4	
				日	14	15	16	17	18	19	20	21	22	23	24	25	26	27	28	29	30	31	1	2	3	4	5	6	7	8	9	10	11	
三月	壬辰	九紫	日柱		辛未	壬申	癸酉	甲戌	乙亥	丙子	丁丑	戊寅	己卯	庚辰	辛巳	壬午	癸未	甲申	乙酉	丙戌	丁亥	戊子	己丑	庚寅	辛卯	壬辰	癸巳	甲午	乙未	丙申	丁酉	戊戌	己亥	庚子
			陽暦	月	4	4	4	4	4	4	4	4	4	4	4	4	4	4	4	4	4	4	4	5	5	5	5	5	5	5	5	5	5	5
				日	12	13	14	15	16	17	18	19	20	21	22	23	24	25	26	27	28	29	30	1	2	3	4	5	6	7	8	9	10	11
四月	癸巳	八白	日柱		辛丑	壬寅	癸卯	甲辰	乙巳	丙午	丁未	戊申	己酉	庚戌	辛亥	壬子	癸丑	甲寅	乙卯	丙辰	丁巳	戊午	己未	庚申	辛酉	壬戌	癸亥	甲子	乙丑	丙寅	丁卯	戊辰	己巳	
			陽暦	月	5	5	5	5	5	5	5	5	5	5	5	5	5	5	5	5	5	5	5	5	6	6	6	6	6	6	6	6	6	
				日	12	13	14	15	16	17	18	19	20	21	22	23	24	25	26	27	28	29	30	31	1	2	3	4	5	6	7	8	9	
五月	甲午	七赤	日柱		庚午	辛未	壬申	癸酉	甲戌	乙亥	丙子	丁丑	戊寅	己卯	庚辰	辛巳	壬午	癸未	甲申	乙酉	丙戌	丁亥	戊子	己丑	庚寅	辛卯	壬辰	癸巳	甲午	乙未	丙申	丁酉	戊戌	己亥
			陽暦	月	6	6	6	6	6	6	6	6	6	6	6	6	6	6	6	6	6	6	6	6	6	7	7	7	7	7	7	7	7	7
				日	10	11	12	13	14	15	16	17	18	19	20	21	22	23	24	25	26	27	28	29	30	1	2	3	4	5	6	7	8	9
六月	乙未	六白	日柱		庚子	辛丑	壬寅	癸卯	甲辰	乙巳	丙午	丁未	戊申	己酉	庚戌	辛亥	壬子	癸丑	甲寅	乙卯	丙辰	丁巳	戊午	己未	庚申	辛酉	壬戌	癸亥	甲子	乙丑	丙寅	丁卯	戊辰	
			陽暦	月	7	7	7	7	7	7	7	7	7	7	7	7	7	7	7	7	7	7	7	7	7	7	8	8	8	8	8	8	8	
				日	10	11	12	13	14	15	16	17	18	19	20	21	22	23	24	25	26	27	28	29	30	31	1	2	3	4	5	6	7	
七月	丙申	五黄	日柱		己巳	庚午	辛未	壬申	癸酉	甲戌	乙亥	丙子	丁丑	戊寅	己卯	庚辰	辛巳	壬午	癸未	甲申	乙酉	丙戌	丁亥	戊子	己丑	庚寅	辛卯	壬辰	癸巳	甲午	乙未	丙申	丁酉	戊戌
			陽暦	月	8	8	8	8	8	8	8	8	8	8	8	8	8	8	8	8	8	8	8	8	8	8	8	8	9	9	9	9	9	9
				日	8	9	10	11	12	13	14	15	16	17	18	19	20	21	22	23	24	25	26	27	28	29	30	31	1	2	3	4	5	6
八月	丁酉	四緑	日柱		己亥	庚子	辛丑	壬寅	癸卯	甲辰	乙巳	丙午	丁未	戊申	己酉	庚戌	辛亥	壬子	癸丑	甲寅	乙卯	丙辰	丁巳	戊午	己未	庚申	辛酉	壬戌	癸亥	甲子	乙丑	丙寅	丁卯	戊辰
			陽暦	月	9	9	9	9	9	9	9	9	9	9	9	9	9	9	9	9	9	9	9	9	9	9	9	9	10	10	10	10	10	10
				日	7	8	9	10	11	12	13	14	15	16	17	18	19	20	21	22	23	24	25	26	27	28	29	30	1	2	3	4	5	6
九月	戊戌	三碧	日柱		己巳	庚午	辛未	壬申	癸酉	甲戌	乙亥	丙子	丁丑	戊寅	己卯	庚辰	辛巳	壬午	癸未	甲申	乙酉	丙戌	丁亥	戊子	己丑	庚寅	辛卯	壬辰	癸巳	甲午	乙未	丙申	丁酉	
			陽暦	月	10	10	10	10	10	10	10	10	10	10	10	10	10	10	10	10	10	10	10	10	10	10	10	10	10	11	11	11	11	
				日	7	8	9	10	11	12	13	14	15	16	17	18	19	20	21	22	23	24	25	26	27	28	29	30	31	1	2	3	4	
十月	己亥	二黒	日柱		戊戌	己亥	庚子	辛丑	壬寅	癸卯	甲辰	乙巳	丙午	丁未	戊申	己酉	庚戌	辛亥	壬子	癸丑	甲寅	乙卯	丙辰	丁巳	戊午	己未	庚申	辛酉	壬戌	癸亥	甲子	乙丑	丙寅	丁卯
			陽暦	月	11	11	11	11	11	11	11	11	11	11	11	11	11	11	11	11	11	11	11	11	11	11	11	11	11	11	12	12	12	12
				日	5	6	7	8	9	10	11	12	13	14	15	16	17	18	19	20	21	22	23	24	25	26	27	28	29	30	1	2	3	4
十一月	庚子	一白	日柱		戊辰	己巳	庚午	辛未	壬申	癸酉	甲戌	乙亥	丙子	丁丑	戊寅	己卯	庚辰	辛巳	壬午	癸未	甲申	乙酉	丙戌	丁亥	戊子	己丑	庚寅	辛卯	壬辰	癸巳	甲午	乙未	丙申	丁酉
			陽暦	月	12	12	12	12	12	12	12	12	12	12	12	12	12	12	12	12	12	12	12	12	12	12	12	12	12	12	12	1	1	1
				日	5	6	7	8	9	10	11	12	13	14	15	16	17	18	19	20	21	22	23	24	25	26	27	28	29	30	31	1	2	3
十二月	辛丑	九紫	日柱		戊戌	己亥	庚子	辛丑	壬寅	癸卯	甲辰	乙巳	丙午	丁未	戊申	己酉	庚戌	辛亥	壬子	癸丑	甲寅	乙卯	丙辰	丁巳	戊午	己未	庚申	辛酉	壬戌	癸亥	甲子	乙丑	丙寅	
			陽暦	月	1	1	1	1	1	1	1	1	1	1	1	1	1	1	1	1	1	1	1	1	1	1	1	1	1	1	1	1	2	
				日	4	5	6	7	8	9	10	11	12	13	14	15	16	17	18	19	20	21	22	23	24	25	26	27	28	29	30	31	1	

1927年【丁卯】

月別	月柱	紫白	農暦		初一	初二	初三	初四	初五	初六	初七	初八	初九	初十	十一	十二	十三	十四	十五	十六	十七	十八	十九	二十	廿一	廿二	廿三	廿四	廿五	廿六	廿七	廿八	廿九	三十
正月	壬寅	八白	日柱		丁卯	戊辰	己巳	庚午	辛未	壬申	癸酉	甲戌	乙亥	丙子	丁丑	戊寅	己卯	庚辰	辛巳	壬午	癸未	甲申	乙酉	丙戌	丁亥	戊子	己丑	庚寅	辛卯	壬辰	癸巳	甲午	乙未	丙申
			陽暦	月	2	2	2	2	2	2	2	2	2	2	2	2	2	2	2	2	2	2	2	2	2	2	2	2	2	2	2	3	3	3
				日	2	3	4	5	6	7	8	9	10	11	12	13	14	15	16	17	18	19	20	21	22	23	24	25	26	27	28	1	2	3
二月	癸卯	七赤	日柱		丁酉	戊戌	己亥	庚子	辛丑	壬寅	癸卯	甲辰	乙巳	丙午	丁未	戊申	己酉	庚戌	辛亥	壬子	癸丑	甲寅	乙卯	丙辰	丁巳	戊午	己未	庚申	辛酉	壬戌	癸亥	甲子	乙丑	
			陽暦	月	3	3	3	3	3	3	3	3	3	3	3	3	3	3	3	3	3	3	3	3	3	3	3	3	3	3	3	3	4	
				日	4	5	6	7	8	9	10	11	12	13	14	15	16	17	18	19	20	21	22	23	24	25	26	27	28	29	30	31	1	
三月	甲辰	六白	日柱		丙寅	丁卯	戊辰	己巳	庚午	辛未	壬申	癸酉	甲戌	乙亥	丙子	丁丑	戊寅	己卯	庚辰	辛巳	壬午	癸未	甲申	乙酉	丙戌	丁亥	戊子	己丑	庚寅	辛卯	壬辰	癸巳	甲午	
			陽暦	月	4	4	4	4	4	4	4	4	4	4	4	4	4	4	4	4	4	4	4	4	4	4	4	4	4	4	4	4	4	
				日	2	3	4	5	6	7	8	9	10	11	12	13	14	15	16	17	18	19	20	21	22	23	24	25	26	27	28	29	30	
四月	乙巳	五黄	日柱		乙未	丙申	丁酉	戊戌	己亥	庚子	辛丑	壬寅	癸卯	甲辰	乙巳	丙午	丁未	戊申	己酉	庚戌	辛亥	壬子	癸丑	甲寅	乙卯	丙辰	丁巳	戊午	己未	庚申	辛酉	壬戌	癸亥	甲子
			陽暦	月	5	5	5	5	5	5	5	5	5	5	5	5	5	5	5	5	5	5	5	5	5	5	5	5	5	5	5	5	5	5
				日	1	2	3	4	5	6	7	8	9	10	11	12	13	14	15	16	17	18	19	20	21	22	23	24	25	26	27	28	29	30
五月	丙午	四緑	日柱		乙丑	丙寅	丁卯	戊辰	己巳	庚午	辛未	壬申	癸酉	甲戌	乙亥	丙子	丁丑	戊寅	己卯	庚辰	辛巳	壬午	癸未	甲申	乙酉	丙戌	丁亥	戊子	己丑	庚寅	辛卯	壬辰	癸巳	
			陽暦	月	5	6	6	6	6	6	6	6	6	6	6	6	6	6	6	6	6	6	6	6	6	6	6	6	6	6	6	6	6	
				日	31	1	2	3	4	5	6	7	8	9	10	11	12	13	14	15	16	17	18	19	20	21	22	23	24	25	26	27	28	
六月	丁未	三碧	日柱		甲午	乙未	丙申	丁酉	戊戌	己亥	庚子	辛丑	壬寅	癸卯	甲辰	乙巳	丙午	丁未	戊申	己酉	庚戌	辛亥	壬子	癸丑	甲寅	乙卯	丙辰	丁巳	戊午	己未	庚申	辛酉	壬戌	癸亥
			陽暦	月	6	6	7	7	7	7	7	7	7	7	7	7	7	7	7	7	7	7	7	7	7	7	7	7	7	7	7	7	7	7
				日	29	30	1	2	3	4	5	6	7	8	9	10	11	12	13	14	15	16	17	18	19	20	21	22	23	24	25	26	27	28
七月	戊申	二黒	日柱		甲子	乙丑	丙寅	丁卯	戊辰	己巳	庚午	辛未	壬申	癸酉	甲戌	乙亥	丙子	丁丑	戊寅	己卯	庚辰	辛巳	壬午	癸未	甲申	乙酉	丙戌	丁亥	戊子	己丑	庚寅	辛卯	壬辰	
			陽暦	月	7	7	7	8	8	8	8	8	8	8	8	8	8	8	8	8	8	8	8	8	8	8	8	8	8	8	8	8	8	
				日	29	30	31	1	2	3	4	5	6	7	8	9	10	11	12	13	14	15	16	17	18	19	20	21	22	23	24	25	26	
八月	己酉	一白	日柱		癸巳	甲午	乙未	丙申	丁酉	戊戌	己亥	庚子	辛丑	壬寅	癸卯	甲辰	乙巳	丙午	丁未	戊申	己酉	庚戌	辛亥	壬子	癸丑	甲寅	乙卯	丙辰	丁巳	戊午	己未	庚申	辛酉	壬戌
			陽暦	月	8	8	8	8	8	9	9	9	9	9	9	9	9	9	9	9	9	9	9	9	9	9	9	9	9	9	9	9	9	9
				日	27	28	29	30	31	1	2	3	4	5	6	7	8	9	10	11	12	13	14	15	16	17	18	19	20	21	22	23	24	25
九月	庚戌	九紫	日柱		癸亥	甲子	乙丑	丙寅	丁卯	戊辰	己巳	庚午	辛未	壬申	癸酉	甲戌	乙亥	丙子	丁丑	戊寅	己卯	庚辰	辛巳	壬午	癸未	甲申	乙酉	丙戌	丁亥	戊子	己丑	庚寅	辛卯	
			陽暦	月	9	9	9	9	9	10	10	10	10	10	10	10	10	10	10	10	10	10	10	10	10	10	10	10	10	10	10	10	10	
				日	26	27	28	29	30	1	2	3	4	5	6	7	8	9	10	11	12	13	14	15	16	17	18	19	20	21	22	23	24	
十月	辛亥	八白	日柱		壬辰	癸巳	甲午	乙未	丙申	丁酉	戊戌	己亥	庚子	辛丑	壬寅	癸卯	甲辰	乙巳	丙午	丁未	戊申	己酉	庚戌	辛亥	壬子	癸丑	甲寅	乙卯	丙辰	丁巳	戊午	己未	庚申	辛酉
			陽暦	月	10	10	10	10	10	10	10	11	11	11	11	11	11	11	11	11	11	11	11	11	11	11	11	11	11	11	11	11	11	11
				日	25	26	27	28	29	30	31	1	2	3	4	5	6	7	8	9	10	11	12	13	14	15	16	17	18	19	20	21	22	23
十一月	壬子	七赤	日柱		壬戌	癸亥	甲子	乙丑	丙寅	丁卯	戊辰	己巳	庚午	辛未	壬申	癸酉	甲戌	乙亥	丙子	丁丑	戊寅	己卯	庚辰	辛巳	壬午	癸未	甲申	乙酉	丙戌	丁亥	戊子	己丑	庚寅	辛卯
			陽暦	月	11	11	11	11	11	11	11	12	12	12	12	12	12	12	12	12	12	12	12	12	12	12	12	12	12	12	12	12	12	12
				日	24	25	26	27	28	29	30	1	2	3	4	5	6	7	8	9	10	11	12	13	14	15	16	17	18	19	20	21	22	23
十二月	癸丑	六白	日柱		壬辰	癸巳	甲午	乙未	丙申	丁酉	戊戌	己亥	庚子	辛丑	壬寅	癸卯	甲辰	乙巳	丙午	丁未	戊申	己酉	庚戌	辛亥	壬子	癸丑	甲寅	乙卯	丙辰	丁巳	戊午	己未	庚申	辛酉
			陽暦	月	12	12	12	12	12	12	12	12	1	1	1	1	1	1	1	1	1	1	1	1	1	1	1	1	1	1	1	1	1	1
				日	24	25	26	27	28	29	30	31	1	2	3	4	5	6	7	8	9	10	11	12	13	14	15	16	17	18	19	20	21	22

1928年【戊辰】

月別	月柱	紫白	農暦		初一	初二	初三	初四	初五	初六	初七	初八	初九	初十	十一	十二	十三	十四	十五	十六	十七	十八	十九	二十	廿一	廿二	廿三	廿四	廿五	廿六	廿七	廿八	廿九	三十
正月	甲寅	五黄	日柱		壬戌	癸亥	甲子	乙丑	丙寅	丁卯	戊辰	己巳	庚午	辛未	壬申	癸酉	甲戌	乙亥	丙子	丁丑	戊寅	己卯	庚辰	辛巳	壬午	癸未	甲申	乙酉	丙戌	丁亥	戊子	己丑	庚寅	
			陽暦	月	1	1	1	1	1	1	1	1	1	2	2	2	2	2	2	2	2	2	2	2	2	2	2	2	2	2	2	2	2	
			陽暦	日	23	24	25	26	27	28	29	30	31	1	2	3	4	5	6	7	8	9	10	11	12	13	14	15	16	17	18	19	20	
二月	乙卯	四緑	日柱		辛卯	壬辰	癸巳	甲午	乙未	丙申	丁酉	戊戌	己亥	庚子	辛丑	壬寅	癸卯	甲辰	乙巳	丙午	丁未	戊申	己酉	庚戌	辛亥	壬子	癸丑	甲寅	乙卯	丙辰	丁巳	戊午	己未	庚申
			陽暦	月	2	2	2	2	2	2	2	2	2	3	3	3	3	3	3	3	3	3	3	3	3	3	3	3	3	3	3	3	3	3
			陽暦	日	21	22	23	24	25	26	27	28	29	1	2	3	4	5	6	7	8	9	10	11	12	13	14	15	16	17	18	19	20	21
閏二月			日柱		辛酉	壬戌	癸亥	甲子	乙丑	丙寅	丁卯	戊辰	己巳	庚午	辛未	壬申	癸酉	甲戌	乙亥	丙子	丁丑	戊寅	己卯	庚辰	辛巳	壬午	癸未	甲申	乙酉	丙戌	丁亥	戊子	己丑	
			陽暦	月	3	3	3	3	3	3	3	3	3	3	4	4	4	4	4	4	4	4	4	4	4	4	4	4	4	4	4	4	4	
			陽暦	日	22	23	24	25	26	27	28	29	30	31	1	2	3	4	5	6	7	8	9	10	11	12	13	14	15	16	17	18	19	
三月	丙辰	三碧	日柱		庚寅	辛卯	壬辰	癸巳	甲午	乙未	丙申	丁酉	戊戌	己亥	庚子	辛丑	壬寅	癸卯	甲辰	乙巳	丙午	丁未	戊申	己酉	庚戌	辛亥	壬子	癸丑	甲寅	乙卯	丙辰	丁巳	戊午	
			陽暦	月	4	4	4	4	4	4	4	4	4	4	4	5	5	5	5	5	5	5	5	5	5	5	5	5	5	5	5	5	5	
			陽暦	日	20	21	22	23	24	25	26	27	28	29	30	1	2	3	4	5	6	7	8	9	10	11	12	13	14	15	16	17	18	
四月	丁巳	二黒	日柱		己未	庚申	辛酉	壬戌	癸亥	甲子	乙丑	丙寅	丁卯	戊辰	己巳	庚午	辛未	壬申	癸酉	甲戌	乙亥	丙子	丁丑	戊寅	己卯	庚辰	辛巳	壬午	癸未	甲申	乙酉	丙戌	丁亥	戊子
			陽暦	月	5	5	5	5	5	5	5	5	5	5	5	5	5	6	6	6	6	6	6	6	6	6	6	6	6	6	6	6	6	6
			陽暦	日	19	20	21	22	23	24	25	26	27	28	29	30	31	1	2	3	4	5	6	7	8	9	10	11	12	13	14	15	16	17
五月	戊午	一白	日柱		己丑	庚寅	辛卯	壬辰	癸巳	甲午	乙未	丙申	丁酉	戊戌	己亥	庚子	辛丑	壬寅	癸卯	甲辰	乙巳	丙午	丁未	戊申	己酉	庚戌	辛亥	壬子	癸丑	甲寅	乙卯	丙辰	丁巳	
			陽暦	月	6	6	6	6	6	6	6	6	6	6	6	6	6	7	7	7	7	7	7	7	7	7	7	7	7	7	7	7	7	
			陽暦	日	18	19	20	21	22	23	24	25	26	27	28	29	30	1	2	3	4	5	6	7	8	9	10	11	12	13	14	15	16	
六月	己未	九紫	日柱		戊午	己未	庚申	辛酉	壬戌	癸亥	甲子	乙丑	丙寅	丁卯	戊辰	己巳	庚午	辛未	壬申	癸酉	甲戌	乙亥	丙子	丁丑	戊寅	己卯	庚辰	辛巳	壬午	癸未	甲申	乙酉	丙戌	
			陽暦	月	7	7	7	7	7	7	7	7	7	7	7	7	7	7	7	8	8	8	8	8	8	8	8	8	8	8	8	8	8	
			陽暦	日	17	18	19	20	21	22	23	24	25	26	27	28	29	30	31	1	2	3	4	5	6	7	8	9	10	11	12	13	14	
七月	庚申	八白	日柱		丁亥	戊子	己丑	庚寅	辛卯	壬辰	癸巳	甲午	乙未	丙申	丁酉	戊戌	己亥	庚子	辛丑	壬寅	癸卯	甲辰	乙巳	丙午	丁未	戊申	己酉	庚戌	辛亥	壬子	癸丑	甲寅	乙卯	丙辰
			陽暦	月	8	8	8	8	8	8	8	8	8	8	8	8	8	8	8	8	8	9	9	9	9	9	9	9	9	9	9	9	9	9
			陽暦	日	15	16	17	18	19	20	21	22	23	24	25	26	27	28	29	30	31	1	2	3	4	5	6	7	8	9	10	11	12	13
八月	辛酉	七赤	日柱		丁巳	戊午	己未	庚申	辛酉	壬戌	癸亥	甲子	乙丑	丙寅	丁卯	戊辰	己巳	庚午	辛未	壬申	癸酉	甲戌	乙亥	丙子	丁丑	戊寅	己卯	庚辰	辛巳	壬午	癸未	甲申	乙酉	
			陽暦	月	9	9	9	9	9	9	9	9	9	9	9	9	9	9	9	9	9	10	10	10	10	10	10	10	10	10	10	10	10	
			陽暦	日	14	15	16	17	18	19	20	21	22	23	24	25	26	27	28	29	30	1	2	3	4	5	6	7	8	9	10	11	12	
九月	壬戌	六白	日柱		丙戌	丁亥	戊子	己丑	庚寅	辛卯	壬辰	癸巳	甲午	乙未	丙申	丁酉	戊戌	己亥	庚子	辛丑	壬寅	癸卯	甲辰	乙巳	丙午	丁未	戊申	己酉	庚戌	辛亥	壬子	癸丑	甲寅	乙卯
			陽暦	月	10	10	10	10	10	10	10	10	10	10	10	10	10	10	10	10	10	10	10	11	11	11	11	11	11	11	11	11	11	11
			陽暦	日	13	14	15	16	17	18	19	20	21	22	23	24	25	26	27	28	29	30	31	1	2	3	4	5	6	7	8	9	10	11
十月	癸亥	五黄	日柱		丙辰	丁巳	戊午	己未	庚申	辛酉	壬戌	癸亥	甲子	乙丑	丙寅	丁卯	戊辰	己巳	庚午	辛未	壬申	癸酉	甲戌	乙亥	丙子	丁丑	戊寅	己卯	庚辰	辛巳	壬午	癸未	甲申	乙酉
			陽暦	月	11	11	11	11	11	11	11	11	11	11	11	11	11	11	11	11	11	11	11	12	12	12	12	12	12	12	12	12	12	12
			陽暦	日	12	13	14	15	16	17	18	19	20	21	22	23	24	25	26	27	28	29	30	1	2	3	4	5	6	7	8	9	10	11
十一月	甲子	四緑	日柱		丙戌	丁亥	戊子	己丑	庚寅	辛卯	壬辰	癸巳	甲午	乙未	丙申	丁酉	戊戌	己亥	庚子	辛丑	壬寅	癸卯	甲辰	乙巳	丙午	丁未	戊申	己酉	庚戌	辛亥	壬子	癸丑	甲寅	乙卯
			陽暦	月	12	12	12	12	12	12	12	12	12	12	12	12	12	12	12	12	12	12	12	12	1	1	1	1	1	1	1	1	1	1
			陽暦	日	12	13	14	15	16	17	18	19	20	21	22	23	24	25	26	27	28	29	30	31	1	2	3	4	5	6	7	8	9	10
十二月	乙丑	三碧	日柱		丙辰	丁巳	戊午	己未	庚申	辛酉	壬戌	癸亥	甲子	乙丑	丙寅	丁卯	戊辰	己巳	庚午	辛未	壬申	癸酉	甲戌	乙亥	丙子	丁丑	戊寅	己卯	庚辰	辛巳	壬午	癸未	甲申	乙酉
			陽暦	月	1	1	1	1	1	1	1	1	1	1	1	1	1	1	1	1	1	1	1	1	1	2	2	2	2	2	2	2	2	2
			陽暦	日	11	12	13	14	15	16	17	18	19	20	21	22	23	24	25	26	27	28	29	30	31	1	2	3	4	5	6	7	8	9

1929年【己巳】

月別	月柱	紫白	農暦		初一	初二	初三	初四	初五	初六	初七	初八	初九	初十	十一	十二	十三	十四	十五	十六	十七	十八	十九	二十	廿一	廿二	廿三	廿四	廿五	廿六	廿七	廿八	廿九	三十
正月	丙寅	二黒	日柱		丙戌	丁亥	戊子	己丑	庚寅	辛卯	壬辰	癸巳	甲午	乙未	丙申	丁酉	戊戌	己亥	庚子	辛丑	壬寅	癸卯	甲辰	乙巳	丙午	丁未	戊申	己酉	庚戌	辛亥	壬子	癸丑	甲寅	
			陽暦	月	2	2	2	2	2	2	2	2	2	2	2	2	2	2	2	2	2	2	2	3	3	3	3	3	3	3	3	3	3	
				日	10	11	12	13	14	15	16	17	18	19	20	21	22	23	24	25	26	27	28	1	2	3	4	5	6	7	8	9	10	
二月	丁卯	一白	日柱		乙卯	丙辰	丁巳	戊午	己未	庚申	辛酉	壬戌	癸亥	甲子	乙丑	丙寅	丁卯	戊辰	己巳	庚午	辛未	壬申	癸酉	甲戌	乙亥	丙子	丁丑	戊寅	己卯	庚辰	辛巳	壬午	癸未	甲申
			陽暦	月	3	3	3	3	3	3	3	3	3	3	3	3	3	3	3	3	3	3	3	3	3	4	4	4	4	4	4	4	4	4
				日	11	12	13	14	15	16	17	18	19	20	21	22	23	24	25	26	27	28	29	30	31	1	2	3	4	5	6	7	8	9
三月	戊辰	九紫	日柱		乙酉	丙戌	丁亥	戊子	己丑	庚寅	辛卯	壬辰	癸巳	甲午	乙未	丙申	丁酉	戊戌	己亥	庚子	辛丑	壬寅	癸卯	甲辰	乙巳	丙午	丁未	戊申	己酉	庚戌	辛亥	壬子	癸丑	
			陽暦	月	4	4	4	4	4	4	4	4	4	4	4	4	4	4	4	4	4	4	4	4	4	5	5	5	5	5	5	5	5	
				日	10	11	12	13	14	15	16	17	18	19	20	21	22	23	24	25	26	27	28	29	30	1	2	3	4	5	6	7	8	
四月	己巳	八白	日柱		甲寅	乙卯	丙辰	丁巳	戊午	己未	庚申	辛酉	壬戌	癸亥	甲子	乙丑	丙寅	丁卯	戊辰	己巳	庚午	辛未	壬申	癸酉	甲戌	乙亥	丙子	丁丑	戊寅	己卯	庚辰	辛巳	壬午	
			陽暦	月	5	5	5	5	5	5	5	5	5	5	5	5	5	5	5	5	5	5	5	5	5	5	5	6	6	6	6	6	6	
				日	9	10	11	12	13	14	15	16	17	18	19	20	21	22	23	24	25	26	27	28	29	30	31	1	2	3	4	5	6	
五月	庚午	七赤	日柱		癸未	甲申	乙酉	丙戌	丁亥	戊子	己丑	庚寅	辛卯	壬辰	癸巳	甲午	乙未	丙申	丁酉	戊戌	己亥	庚子	辛丑	壬寅	癸卯	甲辰	乙巳	丙午	丁未	戊申	己酉	庚戌	辛亥	壬子
			陽暦	月	6	6	6	6	6	6	6	6	6	6	6	6	6	6	6	6	6	6	6	6	6	6	6	6	7	7	7	7	7	7
				日	7	8	9	10	11	12	13	14	15	16	17	18	19	20	21	22	23	24	25	26	27	28	29	30	1	2	3	4	5	6
六月	辛未	六白	日柱		癸丑	甲寅	乙卯	丙辰	丁巳	戊午	己未	庚申	辛酉	壬戌	癸亥	甲子	乙丑	丙寅	丁卯	戊辰	己巳	庚午	辛未	壬申	癸酉	甲戌	乙亥	丙子	丁丑	戊寅	己卯	庚辰	辛巳	
			陽暦	月	7	7	7	7	7	7	7	7	7	7	7	7	7	7	7	7	7	7	7	7	7	7	7	7	7	8	8	8	8	
				日	7	8	9	10	11	12	13	14	15	16	17	18	19	20	21	22	23	24	25	26	27	28	29	30	31	1	2	3	4	
七月	壬申	五黄	日柱		壬午	癸未	甲申	乙酉	丙戌	丁亥	戊子	己丑	庚寅	辛卯	壬辰	癸巳	甲午	乙未	丙申	丁酉	戊戌	己亥	庚子	辛丑	壬寅	癸卯	甲辰	乙巳	丙午	丁未	戊申	己酉	庚戌	
			陽暦	月	8	8	8	8	8	8	8	8	8	8	8	8	8	8	8	8	8	8	8	8	8	8	8	8	8	8	8	9	9	
				日	5	6	7	8	9	10	11	12	13	14	15	16	17	18	19	20	21	22	23	24	25	26	27	28	29	30	31	1	2	
八月	癸酉	四緑	日柱		辛亥	壬子	癸丑	甲寅	乙卯	丙辰	丁巳	戊午	己未	庚申	辛酉	壬戌	癸亥	甲子	乙丑	丙寅	丁卯	戊辰	己巳	庚午	辛未	壬申	癸酉	甲戌	乙亥	丙子	丁丑	戊寅	己卯	庚辰
			陽暦	月	9	9	9	9	9	9	9	9	9	9	9	9	9	9	9	9	9	9	9	9	9	9	9	9	9	9	9	9	10	10
				日	3	4	5	6	7	8	9	10	11	12	13	14	15	16	17	18	19	20	21	22	23	24	25	26	27	28	29	30	1	2
九月	甲戌	三碧	日柱		辛巳	壬午	癸未	甲申	乙酉	丙戌	丁亥	戊子	己丑	庚寅	辛卯	壬辰	癸巳	甲午	乙未	丙申	丁酉	戊戌	己亥	庚子	辛丑	壬寅	癸卯	甲辰	乙巳	丙午	丁未	戊申	己酉	
			陽暦	月	10	10	10	10	10	10	10	10	10	10	10	10	10	10	10	10	10	10	10	10	10	10	10	10	10	10	10	10	10	
				日	3	4	5	6	7	8	9	10	11	12	13	14	15	16	17	18	19	20	21	22	23	24	25	26	27	28	29	30	31	
十月	乙亥	二黒	日柱		庚戌	辛亥	壬子	癸丑	甲寅	乙卯	丙辰	丁巳	戊午	己未	庚申	辛酉	壬戌	癸亥	甲子	乙丑	丙寅	丁卯	戊辰	己巳	庚午	辛未	壬申	癸酉	甲戌	乙亥	丙子	丁丑	戊寅	己卯
			陽暦	月	11	11	11	11	11	11	11	11	11	11	11	11	11	11	11	11	11	11	11	11	11	11	11	11	11	11	11	11	11	11
				日	1	2	3	4	5	6	7	8	9	10	11	12	13	14	15	16	17	18	19	20	21	22	23	24	25	26	27	28	29	30
十一月	丙子	一白	日柱		庚辰	辛巳	壬午	癸未	甲申	乙酉	丙戌	丁亥	戊子	己丑	庚寅	辛卯	壬辰	癸巳	甲午	乙未	丙申	丁酉	戊戌	己亥	庚子	辛丑	壬寅	癸卯	甲辰	乙巳	丙午	丁未	戊申	己酉
			陽暦	月	12	12	12	12	12	12	12	12	12	12	12	12	12	12	12	12	12	12	12	12	12	12	12	12	12	12	12	12	12	12
				日	1	2	3	4	5	6	7	8	9	10	11	12	13	14	15	16	17	18	19	20	21	22	23	24	25	26	27	28	29	30
十二月	丁丑	九紫	日柱		庚戌	辛亥	壬子	癸丑	甲寅	乙卯	丙辰	丁巳	戊午	己未	庚申	辛酉	壬戌	癸亥	甲子	乙丑	丙寅	丁卯	戊辰	己巳	庚午	辛未	壬申	癸酉	甲戌	乙亥	丙子	丁丑	戊寅	己卯
			陽暦	月	12	1	1	1	1	1	1	1	1	1	1	1	1	1	1	1	1	1	1	1	1	1	1	1	1	1	1	1	1	1
				日	31	1	2	3	4	5	6	7	8	9	10	11	12	13	14	15	16	17	18	19	20	21	22	23	24	25	26	27	28	29

1930年【庚午】

月別	月柱	紫白	農暦		初一	初二	初三	初四	初五	初六	初七	初八	初九	初十	十一	十二	十三	十四	十五	十六	十七	十八	十九	二十	廿一	廿二	廿三	廿四	廿五	廿六	廿七	廿八	廿九	三十
正月	戊寅	八白	日柱		庚辰	辛巳	壬午	癸未	甲申	乙酉	丙戌	丁亥	戊子	己丑	庚寅	辛卯	壬辰	癸巳	甲午	乙未	丙申	丁酉	戊戌	己亥	庚子	辛丑	壬寅	癸卯	甲辰	乙巳	丙午	丁未	戊申	
			陽暦	月	1	1	2	2	2	2	2	2	2	2	2	2	2	2	2	2	2	2	2	2	2	2	2	2	2	2	2	2	2	
				日	30	31	1	2	3	4	5	6	7	8	9	10	11	12	13	14	15	16	17	18	19	20	21	22	23	24	25	26	27	
二月	己卯	七赤	日柱		己酉	庚戌	辛亥	壬子	癸丑	甲寅	乙卯	丙辰	丁巳	戊午	己未	庚申	辛酉	壬戌	癸亥	甲子	乙丑	丙寅	丁卯	戊辰	己巳	庚午	辛未	壬申	癸酉	甲戌	乙亥	丙子	丁丑	戊寅
			陽暦	月	2	3	3	3	3	3	3	3	3	3	3	3	3	3	3	3	3	3	3	3	3	3	3	3	3	3	3	3	3	3
				日	28	1	2	3	4	5	6	7	8	9	10	11	12	13	14	15	16	17	18	19	20	21	22	23	24	25	26	27	28	29
三月	庚辰	六白	日柱		己卯	庚辰	辛巳	壬午	癸未	甲申	乙酉	丙戌	丁亥	戊子	己丑	庚寅	辛卯	壬辰	癸巳	甲午	乙未	丙申	丁酉	戊戌	己亥	庚子	辛丑	壬寅	癸卯	甲辰	乙巳	丙午	丁未	戊申
			陽暦	月	3	3	4	4	4	4	4	4	4	4	4	4	4	4	4	4	4	4	4	4	4	4	4	4	4	4	4	4	4	4
				日	30	31	1	2	3	4	5	6	7	8	9	10	11	12	13	14	15	16	17	18	19	20	21	22	23	24	25	26	27	28
四月	辛巳	五黄	日柱		己酉	庚戌	辛亥	壬子	癸丑	甲寅	乙卯	丙辰	丁巳	戊午	己未	庚申	辛酉	壬戌	癸亥	甲子	乙丑	丙寅	丁卯	戊辰	己巳	庚午	辛未	壬申	癸酉	甲戌	乙亥	丙子	丁丑	
			陽暦	月	4	4	5	5	5	5	5	5	5	5	5	5	5	5	5	5	5	5	5	5	5	5	5	5	5	5	5	5	5	
				日	29	30	1	2	3	4	5	6	7	8	9	10	11	12	13	14	15	16	17	18	19	20	21	22	23	24	25	26	27	
五月	壬午	四緑	日柱		戊寅	己卯	庚辰	辛巳	壬午	癸未	甲申	乙酉	丙戌	丁亥	戊子	己丑	庚寅	辛卯	壬辰	癸巳	甲午	乙未	丙申	丁酉	戊戌	己亥	庚子	辛丑	壬寅	癸卯	甲辰	乙巳	丙午	
			陽暦	月	5	5	5	5	6	6	6	6	6	6	6	6	6	6	6	6	6	6	6	6	6	6	6	6	6	6	6	6	6	
				日	28	29	30	31	1	2	3	4	5	6	7	8	9	10	11	12	13	14	15	16	17	18	19	20	21	22	23	24	25	
六月	癸未	三碧	日柱		丁未	戊申	己酉	庚戌	辛亥	壬子	癸丑	甲寅	乙卯	丙辰	丁巳	戊午	己未	庚申	辛酉	壬戌	癸亥	甲子	乙丑	丙寅	丁卯	戊辰	己巳	庚午	辛未	壬申	癸酉	甲戌	乙亥	丙子
			陽暦	月	6	6	6	6	6	7	7	7	7	7	7	7	7	7	7	7	7	7	7	7	7	7	7	7	7	7	7	7	7	7
				日	26	27	28	29	30	1	2	3	4	5	6	7	8	9	10	11	12	13	14	15	16	17	18	19	20	21	22	23	24	25
閏六月			日柱		丁丑	戊寅	己卯	庚辰	辛巳	壬午	癸未	甲申	乙酉	丙戌	丁亥	戊子	己丑	庚寅	辛卯	壬辰	癸巳	甲午	乙未	丙申	丁酉	戊戌	己亥	庚子	辛丑	壬寅	癸卯	甲辰	乙巳	
			陽暦	月	7	7	7	7	7	7	8	8	8	8	8	8	8	8	8	8	8	8	8	8	8	8	8	8	8	8	8	8	8	
				日	26	27	28	29	30	31	1	2	3	4	5	6	7	8	9	10	11	12	13	14	15	16	17	18	19	20	21	22	23	
七月	甲申	二黒	日柱		丙午	丁未	戊申	己酉	庚戌	辛亥	壬子	癸丑	甲寅	乙卯	丙辰	丁巳	戊午	己未	庚申	辛酉	壬戌	癸亥	甲子	乙丑	丙寅	丁卯	戊辰	己巳	庚午	辛未	壬申	癸酉	甲戌	
			陽暦	月	8	8	8	8	8	8	8	8	9	9	9	9	9	9	9	9	9	9	9	9	9	9	9	9	9	9	9	9	9	
				日	24	25	26	27	28	29	30	31	1	2	3	4	5	6	7	8	9	10	11	12	13	14	15	16	17	18	19	20	21	
八月	乙酉	一白	日柱		乙亥	丙子	丁丑	戊寅	己卯	庚辰	辛巳	壬午	癸未	甲申	乙酉	丙戌	丁亥	戊子	己丑	庚寅	辛卯	壬辰	癸巳	甲午	乙未	丙申	丁酉	戊戌	己亥	庚子	辛丑	壬寅	癸卯	甲辰
			陽暦	月	9	9	9	9	9	9	9	9	9	10	10	10	10	10	10	10	10	10	10	10	10	10	10	10	10	10	10	10	10	10
				日	22	23	24	25	26	27	28	29	30	1	2	3	4	5	6	7	8	9	10	11	12	13	14	15	16	17	18	19	20	21
九月	丙戌	九紫	日柱		乙巳	丙午	丁未	戊申	己酉	庚戌	辛亥	壬子	癸丑	甲寅	乙卯	丙辰	丁巳	戊午	己未	庚申	辛酉	壬戌	癸亥	甲子	乙丑	丙寅	丁卯	戊辰	己巳	庚午	辛未	壬申	癸酉	
			陽暦	月	10	10	10	10	10	10	10	10	10	10	11	11	11	11	11	11	11	11	11	11	11	11	11	11	11	11	11	11	11	
				日	22	23	24	25	26	27	28	29	30	31	1	2	3	4	5	6	7	8	9	10	11	12	13	14	15	16	17	18	19	
十月	丁亥	八白	日柱		甲戌	乙亥	丙子	丁丑	戊寅	己卯	庚辰	辛巳	壬午	癸未	甲申	乙酉	丙戌	丁亥	戊子	己丑	庚寅	辛卯	壬辰	癸巳	甲午	乙未	丙申	丁酉	戊戌	己亥	庚子	辛丑	壬寅	癸卯
			陽暦	月	11	11	11	11	11	11	11	11	11	11	11	12	12	12	12	12	12	12	12	12	12	12	12	12	12	12	12	12	12	12
				日	20	21	22	23	24	25	26	27	28	29	30	1	2	3	4	5	6	7	8	9	10	11	12	13	14	15	16	17	18	19
十一月	戊子	七赤	日柱		甲辰	乙巳	丙午	丁未	戊申	己酉	庚戌	辛亥	壬子	癸丑	甲寅	乙卯	丙辰	丁巳	戊午	己未	庚申	辛酉	壬戌	癸亥	甲子	乙丑	丙寅	丁卯	戊辰	己巳	庚午	辛未	壬申	癸酉
			陽暦	月	12	12	12	12	12	12	12	12	12	12	12	12	1	1	1	1	1	1	1	1	1	1	1	1	1	1	1	1	1	1
				日	20	21	22	23	24	25	26	27	28	29	30	31	1	2	3	4	5	6	7	8	9	10	11	12	13	14	15	16	17	18
十二月	己丑	六白	日柱		甲戌	乙亥	丙子	丁丑	戊寅	己卯	庚辰	辛巳	壬午	癸未	甲申	乙酉	丙戌	丁亥	戊子	己丑	庚寅	辛卯	壬辰	癸巳	甲午	乙未	丙申	丁酉	戊戌	己亥	庚子	辛丑	壬寅	
			陽暦	月	1	1	1	1	1	1	1	1	1	1	1	1	1	2	2	2	2	2	2	2	2	2	2	2	2	2	2	2	2	
				日	19	20	21	22	23	24	25	26	27	28	29	30	31	1	2	3	4	5	6	7	8	9	10	11	12	13	14	15	16	

1931年【辛未】

月別	月柱	紫白	農暦		初一	初二	初三	初四	初五	初六	初七	初八	初九	初十	十一	十二	十三	十四	十五	十六	十七	十八	十九	二十	廿一	廿二	廿三	廿四	廿五	廿六	廿七	廿八	廿九	三十
正月	庚寅	五黄	日柱		癸卯	甲辰	乙巳	丙午	丁未	戊申	己酉	庚戌	辛亥	壬子	癸丑	甲寅	乙卯	丙辰	丁巳	戊午	己未	庚申	辛酉	壬戌	癸亥	甲子	乙丑	丙寅	丁卯	戊辰	己巳	庚午	辛未	壬申
			陽暦	月	2	2	2	2	2	2	2	2	2	2	2	2	3	3	3	3	3	3	3	3	3	3	3	3	3	3	3	3	3	3
				日	17	18	19	20	21	22	23	24	25	26	27	28	1	2	3	4	5	6	7	8	9	10	11	12	13	14	15	16	17	18
二月	辛卯	四緑	日柱		癸酉	甲戌	乙亥	丙子	丁丑	戊寅	己卯	庚辰	辛巳	壬午	癸未	甲申	乙酉	丙戌	丁亥	戊子	己丑	庚寅	辛卯	壬辰	癸巳	甲午	乙未	丙申	丁酉	戊戌	己亥	庚子	辛丑	壬寅
			陽暦	月	3	3	3	3	3	3	3	3	3	3	3	3	3	4	4	4	4	4	4	4	4	4	4	4	4	4	4	4	4	4
				日	19	20	21	22	23	24	25	26	27	28	29	30	31	1	2	3	4	5	6	7	8	9	10	11	12	13	14	15	16	17
三月	壬辰	三碧	日柱		癸卯	甲辰	乙巳	丙午	丁未	戊申	己酉	庚戌	辛亥	壬子	癸丑	甲寅	乙卯	丙辰	丁巳	戊午	己未	庚申	辛酉	壬戌	癸亥	甲子	乙丑	丙寅	丁卯	戊辰	己巳	庚午	辛未	
			陽暦	月	4	4	4	4	4	4	4	4	4	4	4	4	4	5	5	5	5	5	5	5	5	5	5	5	5	5	5	5	5	
				日	18	19	20	21	22	23	24	25	26	27	28	29	30	1	2	3	4	5	6	7	8	9	10	11	12	13	14	15	16	
四月	癸巳	二黒	日柱		壬申	癸酉	甲戌	乙亥	丙子	丁丑	戊寅	己卯	庚辰	辛巳	壬午	癸未	甲申	乙酉	丙戌	丁亥	戊子	己丑	庚寅	辛卯	壬辰	癸巳	甲午	乙未	丙申	丁酉	戊戌	己亥	庚子	辛丑
			陽暦	月	5	5	5	5	5	5	5	5	5	5	5	5	5	5	5	6	6	6	6	6	6	6	6	6	6	6	6	6	6	6
				日	17	18	19	20	21	22	23	24	25	26	27	28	29	30	31	1	2	3	4	5	6	7	8	9	10	11	12	13	14	15
五月	甲午	一白	日柱		壬寅	癸卯	甲辰	乙巳	丙午	丁未	戊申	己酉	庚戌	辛亥	壬子	癸丑	甲寅	乙卯	丙辰	丁巳	戊午	己未	庚申	辛酉	壬戌	癸亥	甲子	乙丑	丙寅	丁卯	戊辰	己巳	庚午	
			陽暦	月	6	6	6	6	6	6	6	6	6	6	6	6	6	6	6	7	7	7	7	7	7	7	7	7	7	7	7	7	7	
				日	16	17	18	19	20	21	22	23	24	25	26	27	28	29	30	1	2	3	4	5	6	7	8	9	10	11	12	13	14	
六月	乙未	九紫	日柱		辛未	壬申	癸酉	甲戌	乙亥	丙子	丁丑	戊寅	己卯	庚辰	辛巳	壬午	癸未	甲申	乙酉	丙戌	丁亥	戊子	己丑	庚寅	辛卯	壬辰	癸巳	甲午	乙未	丙申	丁酉	戊戌	己亥	庚子
			陽暦	月	7	7	7	7	7	7	7	7	7	7	7	7	7	7	7	7	7	8	8	8	8	8	8	8	8	8	8	8	8	8
				日	15	16	17	18	19	20	21	22	23	24	25	26	27	28	29	30	31	1	2	3	4	5	6	7	8	9	10	11	12	13
七月	丙申	八白	日柱		辛丑	壬寅	癸卯	甲辰	乙巳	丙午	丁未	戊申	己酉	庚戌	辛亥	壬子	癸丑	甲寅	乙卯	丙辰	丁巳	戊午	己未	庚申	辛酉	壬戌	癸亥	甲子	乙丑	丙寅	丁卯	戊辰	己巳	
			陽暦	月	8	8	8	8	8	8	8	8	8	8	8	8	8	8	8	8	8	8	9	9	9	9	9	9	9	9	9	9	9	
				日	14	15	16	17	18	19	20	21	22	23	24	25	26	27	28	29	30	31	1	2	3	4	5	6	7	8	9	10	11	
八月	丁酉	七赤	日柱		庚午	辛未	壬申	癸酉	甲戌	乙亥	丙子	丁丑	戊寅	己卯	庚辰	辛巳	壬午	癸未	甲申	乙酉	丙戌	丁亥	戊子	己丑	庚寅	辛卯	壬辰	癸巳	甲午	乙未	丙申	丁酉	戊戌	
			陽暦	月	9	9	9	9	9	9	9	9	9	9	9	9	9	9	9	9	9	9	9	10	10	10	10	10	10	10	10	10	10	
				日	12	13	14	15	16	17	18	19	20	21	22	23	24	25	26	27	28	29	30	1	2	3	4	5	6	7	8	9	10	
九月	戊戌	六白	日柱		己亥	庚子	辛丑	壬寅	癸卯	甲辰	乙巳	丙午	丁未	戊申	己酉	庚戌	辛亥	壬子	癸丑	甲寅	乙卯	丙辰	丁巳	戊午	己未	庚申	辛酉	壬戌	癸亥	甲子	乙丑	丙寅	丁卯	戊辰
			陽暦	月	10	10	10	10	10	10	10	10	10	10	10	10	10	10	10	10	10	10	10	10	10	11	11	11	11	11	11	11	11	11
				日	11	12	13	14	15	16	17	18	19	20	21	22	23	24	25	26	27	28	29	30	31	1	2	3	4	5	6	7	8	9
十月	己亥	五黄	日柱		己巳	庚午	辛未	壬申	癸酉	甲戌	乙亥	丙子	丁丑	戊寅	己卯	庚辰	辛巳	壬午	癸未	甲申	乙酉	丙戌	丁亥	戊子	己丑	庚寅	辛卯	壬辰	癸巳	甲午	乙未	丙申	丁酉	
			陽暦	月	11	11	11	11	11	11	11	11	11	11	11	11	11	11	11	11	11	11	11	11	11	12	12	12	12	12	12	12	12	
				日	10	11	12	13	14	15	16	17	18	19	20	21	22	23	24	25	26	27	28	29	30	1	2	3	4	5	6	7	8	
十一月	庚子	四緑	日柱		戊戌	己亥	庚子	辛丑	壬寅	癸卯	甲辰	乙巳	丙午	丁未	戊申	己酉	庚戌	辛亥	壬子	癸丑	甲寅	乙卯	丙辰	丁巳	戊午	己未	庚申	辛酉	壬戌	癸亥	甲子	乙丑	丙寅	丁卯
			陽暦	月	12	12	12	12	12	12	12	12	12	12	12	12	12	12	12	12	12	12	12	12	12	12	12	1	1	1	1	1	1	1
				日	9	10	11	12	13	14	15	16	17	18	19	20	21	22	23	24	25	26	27	28	29	30	31	1	2	3	4	5	6	7
十二月	辛丑	三碧	日柱		戊辰	己巳	庚午	辛未	壬申	癸酉	甲戌	乙亥	丙子	丁丑	戊寅	己卯	庚辰	辛巳	壬午	癸未	甲申	乙酉	丙戌	丁亥	戊子	己丑	庚寅	辛卯	壬辰	癸巳	甲午	乙未	丙申	
			陽暦	月	1	1	1	1	1	1	1	1	1	1	1	1	1	1	1	1	1	1	1	1	1	1	1	1	2	2	2	2	2	
				日	8	9	10	11	12	13	14	15	16	17	18	19	20	21	22	23	24	25	26	27	28	29	30	31	1	2	3	4	5	

1932年【壬申】

月別	月柱	紫白	農暦		初一	初二	初三	初四	初五	初六	初七	初八	初九	初十	十一	十二	十三	十四	十五	十六	十七	十八	十九	二十	廿一	廿二	廿三	廿四	廿五	廿六	廿七	廿八	廿九	三十
正月	壬寅	二黒	日柱		丁酉	戊戌	己亥	庚子	辛丑	壬寅	癸卯	甲辰	乙巳	丙午	丁未	戊申	己酉	庚戌	辛亥	壬子	癸丑	甲寅	乙卯	丙辰	丁巳	戊午	己未	庚申	辛酉	壬戌	癸亥	甲子	乙丑	丙寅
			陽暦	月	2	2	2	2	2	2	2	2	2	2	2	2	2	2	2	2	2	2	2	2	2	2	2	2	3	3	3	3	3	3
				日	6	7	8	9	10	11	12	13	14	15	16	17	18	19	20	21	22	23	24	25	26	27	28	29	1	2	3	4	5	6
二月	癸卯	一白	日柱		丁卯	戊辰	己巳	庚午	辛未	壬申	癸酉	甲戌	乙亥	丙子	丁丑	戊寅	己卯	庚辰	辛巳	壬午	癸未	甲申	乙酉	丙戌	丁亥	戊子	己丑	庚寅	辛卯	壬辰	癸巳	甲午	乙未	丙申
			陽暦	月	3	3	3	3	3	3	3	3	3	3	3	3	3	3	3	3	3	3	3	3	3	3	3	3	3	4	4	4	4	4
				日	7	8	9	10	11	12	13	14	15	16	17	18	19	20	21	22	23	24	25	26	27	28	29	30	31	1	2	3	4	5
三月	甲辰	九紫	日柱		丁酉	戊戌	己亥	庚子	辛丑	壬寅	癸卯	甲辰	乙巳	丙午	丁未	戊申	己酉	庚戌	辛亥	壬子	癸丑	甲寅	乙卯	丙辰	丁巳	戊午	己未	庚申	辛酉	壬戌	癸亥	甲子	乙丑	丙寅
			陽暦	月	4	4	4	4	4	4	4	4	4	4	4	4	4	4	4	4	4	4	4	4	4	4	4	4	4	5	5	5	5	5
				日	6	7	8	9	10	11	12	13	14	15	16	17	18	19	20	21	22	23	24	25	26	27	28	29	30	1	2	3	4	5
四月	乙巳	八白	日柱		丁卯	戊辰	己巳	庚午	辛未	壬申	癸酉	甲戌	乙亥	丙子	丁丑	戊寅	己卯	庚辰	辛巳	壬午	癸未	甲申	乙酉	丙戌	丁亥	戊子	己丑	庚寅	辛卯	壬辰	癸巳	甲午	乙未	
			陽暦	月	5	5	5	5	5	5	5	5	5	5	5	5	5	5	5	5	5	5	5	5	5	5	5	5	5	5	6	6	6	
				日	6	7	8	9	10	11	12	13	14	15	16	17	18	19	20	21	22	23	24	25	26	27	28	29	30	31	1	2	3	
五月	丙午	七赤	日柱		丙申	丁酉	戊戌	己亥	庚子	辛丑	壬寅	癸卯	甲辰	乙巳	丙午	丁未	戊申	己酉	庚戌	辛亥	壬子	癸丑	甲寅	乙卯	丙辰	丁巳	戊午	己未	庚申	辛酉	壬戌	癸亥	甲子	乙丑
			陽暦	月	6	6	6	6	6	6	6	6	6	6	6	6	6	6	6	6	6	6	6	6	6	6	6	6	6	6	6	7	7	7
				日	4	5	6	7	8	9	10	11	12	13	14	15	16	17	18	19	20	21	22	23	24	25	26	27	28	29	30	1	2	3
六月	丁未	六白	日柱		丙寅	丁卯	戊辰	己巳	庚午	辛未	壬申	癸酉	甲戌	乙亥	丙子	丁丑	戊寅	己卯	庚辰	辛巳	壬午	癸未	甲申	乙酉	丙戌	丁亥	戊子	己丑	庚寅	辛卯	壬辰	癸巳	甲午	
			陽暦	月	7	7	7	7	7	7	7	7	7	7	7	7	7	7	7	7	7	7	7	7	7	7	7	7	7	7	7	7	8	
				日	4	5	6	7	8	9	10	11	12	13	14	15	16	17	18	19	20	21	22	23	24	25	26	27	28	29	30	31	1	
七月	戊申	五黄	日柱		乙未	丙申	丁酉	戊戌	己亥	庚子	辛丑	壬寅	癸卯	甲辰	乙巳	丙午	丁未	戊申	己酉	庚戌	辛亥	壬子	癸丑	甲寅	乙卯	丙辰	丁巳	戊午	己未	庚申	辛酉	壬戌	癸亥	甲子
			陽暦	月	8	8	8	8	8	8	8	8	8	8	8	8	8	8	8	8	8	8	8	8	8	8	8	8	8	8	8	8	8	8
				日	2	3	4	5	6	7	8	9	10	11	12	13	14	15	16	17	18	19	20	21	22	23	24	25	26	27	28	29	30	31
八月	己酉	四緑	日柱		乙丑	丙寅	丁卯	戊辰	己巳	庚午	辛未	壬申	癸酉	甲戌	乙亥	丙子	丁丑	戊寅	己卯	庚辰	辛巳	壬午	癸未	甲申	乙酉	丙戌	丁亥	戊子	己丑	庚寅	辛卯	壬辰	癸巳	
			陽暦	月	8	8	8	8	9	9	9	9	9	9	9	9	9	9	9	9	9	9	9	9	9	9	9	9	9	9	9	9	9	
				日	1	2	3	4	5	6	7	8	9	10	11	12	13	14	15	16	17	18	19	20	21	22	23	24	25	26	27	28	29	
九月	庚戌	三碧	日柱		甲午	乙未	丙申	丁酉	戊戌	己亥	庚子	辛丑	壬寅	癸卯	甲辰	乙巳	丙午	丁未	戊申	己酉	庚戌	辛亥	壬子	癸丑	甲寅	乙卯	丙辰	丁巳	戊午	己未	庚申	辛酉	壬戌	
			陽暦	月	9	10	10	10	10	10	10	10	10	10	10	10	10	10	10	10	10	10	10	10	10	10	10	10	10	10	10	10	10	
				日	30	1	2	3	4	5	6	7	8	9	10	11	12	13	14	15	16	17	18	19	20	21	22	23	24	25	26	27	28	
十月	辛亥	二黒	日柱		癸亥	甲子	乙丑	丙寅	丁卯	戊辰	己巳	庚午	辛未	壬申	癸酉	甲戌	乙亥	丙子	丁丑	戊寅	己卯	庚辰	辛巳	壬午	癸未	甲申	乙酉	丙戌	丁亥	戊子	己丑	庚寅	辛卯	壬辰
			陽暦	月	10	10	10	11	11	11	11	11	11	11	11	11	11	11	11	11	11	11	11	11	11	11	11	11	11	11	11	11	11	11
				日	29	30	31	1	2	3	4	5	6	7	8	9	10	11	12	13	14	15	16	17	18	19	20	21	22	23	24	25	26	27
十一月	壬子	一白	日柱		癸巳	甲午	乙未	丙申	丁酉	戊戌	己亥	庚子	辛丑	壬寅	癸卯	甲辰	乙巳	丙午	丁未	戊申	己酉	庚戌	辛亥	壬子	癸丑	甲寅	乙卯	丙辰	丁巳	戊午	己未	庚申	辛酉	
			陽暦	月	11	11	11	12	12	12	12	12	12	12	12	12	12	12	12	12	12	12	12	12	12	12	12	12	12	12	12	12	12	
				日	28	29	30	1	2	3	4	5	6	7	8	9	10	11	12	13	14	15	16	17	18	19	20	21	22	23	24	25	26	
十二月	癸丑	九紫	日柱		壬戌	癸亥	甲子	乙丑	丙寅	丁卯	戊辰	己巳	庚午	辛未	壬申	癸酉	甲戌	乙亥	丙子	丁丑	戊寅	己卯	庚辰	辛巳	壬午	癸未	甲申	乙酉	丙戌	丁亥	戊子	己丑	庚寅	辛卯
			陽暦	月	12	12	12	12	12	1	1	1	1	1	1	1	1	1	1	1	1	1	1	1	1	1	1	1	1	1	1	1	1	1
				日	27	28	29	30	31	1	2	3	4	5	6	7	8	9	10	11	12	13	14	15	16	17	18	19	20	21	22	23	24	25

1933年【癸酉】

月別	月柱	紫白	農暦		初一	初二	初三	初四	初五	初六	初七	初八	初九	初十	十一	十二	十三	十四	十五	十六	十七	十八	十九	二十	廿一	廿二	廿三	廿四	廿五	廿六	廿七	廿八	廿九	三十
正月	甲寅	八白	日柱		壬辰	癸巳	甲午	乙未	丙申	丁酉	戊戌	己亥	庚子	辛丑	壬寅	癸卯	甲辰	乙巳	丙午	丁未	戊申	己酉	庚戌	辛亥	壬子	癸丑	甲寅	乙卯	丙辰	丁巳	戊午	己未	庚申	
			陽暦	月	1	1	1	1	1	1	2	2	2	2	2	2	2	2	2	2	2	2	2	2	2	2	2	2	2	2	2	2	2	
				日	26	27	28	29	30	31	1	2	3	4	5	6	7	8	9	10	11	12	13	14	15	16	17	18	19	20	21	22	23	
二月	乙卯	七赤	日柱		辛酉	壬戌	癸亥	甲子	乙丑	丙寅	丁卯	戊辰	己巳	庚午	辛未	壬申	癸酉	甲戌	乙亥	丙子	丁丑	戊寅	己卯	庚辰	辛巳	壬午	癸未	甲申	乙酉	丙戌	丁亥	戊子	己丑	庚寅
			陽暦	月	2	2	2	2	2	3	3	3	3	3	3	3	3	3	3	3	3	3	3	3	3	3	3	3	3	3	3	3	3	3
				日	24	25	26	27	28	1	2	3	4	5	6	7	8	9	10	11	12	13	14	15	16	17	18	19	20	21	22	23	24	25
三月	丙辰	六白	日柱		辛卯	壬辰	癸巳	甲午	乙未	丙申	丁酉	戊戌	己亥	庚子	辛丑	壬寅	癸卯	甲辰	乙巳	丙午	丁未	戊申	己酉	庚戌	辛亥	壬子	癸丑	甲寅	乙卯	丙辰	丁巳	戊午	己未	庚申
			陽暦	月	3	3	3	3	3	3	4	4	4	4	4	4	4	4	4	4	4	4	4	4	4	4	4	4	4	4	4	4	4	4
				日	26	27	28	29	30	31	1	2	3	4	5	6	7	8	9	10	11	12	13	14	15	16	17	18	19	20	21	22	23	24
四月	丁巳	五黄	日柱		辛酉	壬戌	癸亥	甲子	乙丑	丙寅	丁卯	戊辰	己巳	庚午	辛未	壬申	癸酉	甲戌	乙亥	丙子	丁丑	戊寅	己卯	庚辰	辛巳	壬午	癸未	甲申	乙酉	丙戌	丁亥	戊子	己丑	
			陽暦	月	4	4	4	4	4	4	5	5	5	5	5	5	5	5	5	5	5	5	5	5	5	5	5	5	5	5	5	5	5	
				日	25	26	27	28	29	30	1	2	3	4	5	6	7	8	9	10	11	12	13	14	15	16	17	18	19	20	21	22	23	
五月	戊午	四緑	日柱		庚寅	辛卯	壬辰	癸巳	甲午	乙未	丙申	丁酉	戊戌	己亥	庚子	辛丑	壬寅	癸卯	甲辰	乙巳	丙午	丁未	戊申	己酉	庚戌	辛亥	壬子	癸丑	甲寅	乙卯	丙辰	丁巳	戊午	己未
			陽暦	月	5	5	5	5	5	5	5	5	6	6	6	6	6	6	6	6	6	6	6	6	6	6	6	6	6	6	6	6	6	6
				日	24	25	26	27	28	29	30	31	1	2	3	4	5	6	7	8	9	10	11	12	13	14	15	16	17	18	19	20	21	22
閏五月			日柱		庚申	辛酉	壬戌	癸亥	甲子	乙丑	丙寅	丁卯	戊辰	己巳	庚午	辛未	壬申	癸酉	甲戌	乙亥	丙子	丁丑	戊寅	己卯	庚辰	辛巳	壬午	癸未	甲申	乙酉	丙戌	丁亥	戊子	己丑
			陽暦	月	6	6	6	6	6	6	6	6	7	7	7	7	7	7	7	7	7	7	7	7	7	7	7	7	7	7	7	7	7	7
				日	23	24	25	26	27	28	29	30	1	2	3	4	5	6	7	8	9	10	11	12	13	14	15	16	17	18	19	20	21	22
六月	己未	三碧	日柱		庚寅	辛卯	壬辰	癸巳	甲午	乙未	丙申	丁酉	戊戌	己亥	庚子	辛丑	壬寅	癸卯	甲辰	乙巳	丙午	丁未	戊申	己酉	庚戌	辛亥	壬子	癸丑	甲寅	乙卯	丙辰	丁巳	戊午	
			陽暦	月	7	7	7	7	7	7	7	7	7	8	8	8	8	8	8	8	8	8	8	8	8	8	8	8	8	8	8	8	8	
				日	23	24	25	26	27	28	29	30	31	1	2	3	4	5	6	7	8	9	10	11	12	13	14	15	16	17	18	19	20	
七月	庚申	二黒	日柱		己未	庚申	辛酉	壬戌	癸亥	甲子	乙丑	丙寅	丁卯	戊辰	己巳	庚午	辛未	壬申	癸酉	甲戌	乙亥	丙子	丁丑	戊寅	己卯	庚辰	辛巳	壬午	癸未	甲申	乙酉	丙戌	丁亥	戊子
			陽暦	月	8	8	8	8	8	8	8	8	8	8	8	9	9	9	9	9	9	9	9	9	9	9	9	9	9	9	9	9	9	9
				日	21	22	23	24	25	26	27	28	29	30	31	1	2	3	4	5	6	7	8	9	10	11	12	13	14	15	16	17	18	19
八月	辛酉	一白	日柱		己丑	庚寅	辛卯	壬辰	癸巳	甲午	乙未	丙申	丁酉	戊戌	己亥	庚子	辛丑	壬寅	癸卯	甲辰	乙巳	丙午	丁未	戊申	己酉	庚戌	辛亥	壬子	癸丑	甲寅	乙卯	丙辰	丁巳	
			陽暦	月	9	9	9	9	9	9	9	9	9	9	9	10	10	10	10	10	10	10	10	10	10	10	10	10	10	10	10	10	10	
				日	20	21	22	23	24	25	26	27	28	29	30	1	2	3	4	5	6	7	8	9	10	11	12	13	14	15	16	17	18	
九月	壬戌	九紫	日柱		戊午	己未	庚申	辛酉	壬戌	癸亥	甲子	乙丑	丙寅	丁卯	戊辰	己巳	庚午	辛未	壬申	癸酉	甲戌	乙亥	丙子	丁丑	戊寅	己卯	庚辰	辛巳	壬午	癸未	甲申	乙酉	丙戌	丁亥
			陽暦	月	10	10	10	10	10	10	10	10	10	10	10	10	10	11	11	11	11	11	11	11	11	11	11	11	11	11	11	11	11	11
				日	19	20	21	22	23	24	25	26	27	28	29	30	31	1	2	3	4	5	6	7	8	9	10	11	12	13	14	15	16	17
十月	癸亥	八白	日柱		戊子	己丑	庚寅	辛卯	壬辰	癸巳	甲午	乙未	丙申	丁酉	戊戌	己亥	庚子	辛丑	壬寅	癸卯	甲辰	乙巳	丙午	丁未	戊申	己酉	庚戌	辛亥	壬子	癸丑	甲寅	乙卯	丙辰	
			陽暦	月	11	11	11	11	11	11	11	11	11	11	11	11	11	12	12	12	12	12	12	12	12	12	12	12	12	12	12	12	12	
				日	18	19	20	21	22	23	24	25	26	27	28	29	30	1	2	3	4	5	6	7	8	9	10	11	12	13	14	15	16	
十一月	甲子	七赤	日柱		丁巳	戊午	己未	庚申	辛酉	壬戌	癸亥	甲子	乙丑	丙寅	丁卯	戊辰	己巳	庚午	辛未	壬申	癸酉	甲戌	乙亥	丙子	丁丑	戊寅	己卯	庚辰	辛巳	壬午	癸未	甲申	乙酉	
			陽暦	月	12	12	12	12	12	12	12	12	12	12	12	12	12	12	12	1	1	1	1	1	1	1	1	1	1	1	1	1	1	
				日	17	18	19	20	21	22	23	24	25	26	27	28	29	30	31	1	2	3	4	5	6	7	8	9	10	11	12	13	14	
十二月	乙丑	六白	日柱		丙戌	丁亥	戊子	己丑	庚寅	辛卯	壬辰	癸巳	甲午	乙未	丙申	丁酉	戊戌	己亥	庚子	辛丑	壬寅	癸卯	甲辰	乙巳	丙午	丁未	戊申	己酉	庚戌	辛亥	壬子	癸丑	甲寅	乙卯
			陽暦	月	1	1	1	1	1	1	1	1	1	1	1	1	1	1	1	1	1	2	2	2	2	2	2	2	2	2	2	2	2	2
				日	15	16	17	18	19	20	21	22	23	24	25	26	27	28	29	30	31	1	2	3	4	5	6	7	8	9	10	11	12	13

1934年【甲戌】

月別	月柱	紫白	農暦		初一	初二	初三	初四	初五	初六	初七	初八	初九	初十	十一	十二	十三	十四	十五	十六	十七	十八	十九	二十	廿一	廿二	廿三	廿四	廿五	廿六	廿七	廿八	廿九	三十
正月	丙寅	五黄	日柱		丙辰	丁巳	戊午	己未	庚申	辛酉	壬戌	癸亥	甲子	乙丑	丙寅	丁卯	戊辰	己巳	庚午	辛未	壬申	癸酉	甲戌	乙亥	丙子	丁丑	戊寅	己卯	庚辰	辛巳	壬午	癸未	甲申	
			陽暦	月	2	2	2	2	2	2	2	2	2	2	2	2	2	2	2	3	3	3	3	3	3	3	3	3	3	3	3	3	3	
				日	14	15	16	17	18	19	20	21	22	23	24	25	26	27	28	1	2	3	4	5	6	7	8	9	10	11	12	13	14	
二月	丁卯	四緑	日柱		乙酉	丙戌	丁亥	戊子	己丑	庚寅	辛卯	壬辰	癸巳	甲午	乙未	丙申	丁酉	戊戌	己亥	庚子	辛丑	壬寅	癸卯	甲辰	乙巳	丙午	丁未	戊申	己酉	庚戌	辛亥	壬子	癸丑	甲寅
			陽暦	月	3	3	3	3	3	3	3	3	3	3	3	3	3	3	3	3	3	4	4	4	4	4	4	4	4	4	4	4	4	4
				日	15	16	17	18	19	20	21	22	23	24	25	26	27	28	29	30	31	1	2	3	4	5	6	7	8	9	10	11	12	13
三月	戊辰	三碧	日柱		乙卯	丙辰	丁巳	戊午	己未	庚申	辛酉	壬戌	癸亥	甲子	乙丑	丙寅	丁卯	戊辰	己巳	庚午	辛未	壬申	癸酉	甲戌	乙亥	丙子	丁丑	戊寅	己卯	庚辰	辛巳	壬午	癸未	
			陽暦	月	4	4	4	4	4	4	4	4	4	4	4	4	4	4	4	4	4	5	5	5	5	5	5	5	5	5	5	5	5	
				日	14	15	16	17	18	19	20	21	22	23	24	25	26	27	28	29	30	1	2	3	4	5	6	7	8	9	10	11	12	
四月	己巳	二黒	日柱		甲申	乙酉	丙戌	丁亥	戊子	己丑	庚寅	辛卯	壬辰	癸巳	甲午	乙未	丙申	丁酉	戊戌	己亥	庚子	辛丑	壬寅	癸卯	甲辰	乙巳	丙午	丁未	戊申	己酉	庚戌	辛亥	壬子	癸丑
			陽暦	月	5	5	5	5	5	5	5	5	5	5	5	5	5	5	5	5	5	5	5	6	6	6	6	6	6	6	6	6	6	6
				日	13	14	15	16	17	18	19	20	21	22	23	24	25	26	27	28	29	30	31	1	2	3	4	5	6	7	8	9	10	11
五月	庚午	一白	日柱		甲寅	乙卯	丙辰	丁巳	戊午	己未	庚申	辛酉	壬戌	癸亥	甲子	乙丑	丙寅	丁卯	戊辰	己巳	庚午	辛未	壬申	癸酉	甲戌	乙亥	丙子	丁丑	戊寅	己卯	庚辰	辛巳	壬午	癸未
			陽暦	月	6	6	6	6	6	6	6	6	6	6	6	6	6	6	6	6	6	6	6	7	7	7	7	7	7	7	7	7	7	7
				日	12	13	14	15	16	17	18	19	20	21	22	23	24	25	26	27	28	29	30	1	2	3	4	5	6	7	8	9	10	11
六月	辛未	九紫	日柱		甲申	乙酉	丙戌	丁亥	戊子	己丑	庚寅	辛卯	壬辰	癸巳	甲午	乙未	丙申	丁酉	戊戌	己亥	庚子	辛丑	壬寅	癸卯	甲辰	乙巳	丙午	丁未	戊申	己酉	庚戌	辛亥	壬子	
			陽暦	月	7	7	7	7	7	7	7	7	7	7	7	7	7	7	7	7	7	7	7	7	8	8	8	8	8	8	8	8	8	
				日	12	13	14	15	16	17	18	19	20	21	22	23	24	25	26	27	28	29	30	31	1	2	3	4	5	6	7	8	9	
七月	壬申	八白	日柱		癸丑	甲寅	乙卯	丙辰	丁巳	戊午	己未	庚申	辛酉	壬戌	癸亥	甲子	乙丑	丙寅	丁卯	戊辰	己巳	庚午	辛未	壬申	癸酉	甲戌	乙亥	丙子	丁丑	戊寅	己卯	庚辰	辛巳	壬午
			陽暦	月	8	8	8	8	8	8	8	8	8	8	8	8	8	8	8	8	8	8	8	8	8	8	9	9	9	9	9	9	9	9
				日	10	11	12	13	14	15	16	17	18	19	20	21	22	23	24	25	26	27	28	29	30	31	1	2	3	4	5	6	7	8
八月	癸酉	七赤	日柱		癸未	甲申	乙酉	丙戌	丁亥	戊子	己丑	庚寅	辛卯	壬辰	癸巳	甲午	乙未	丙申	丁酉	戊戌	己亥	庚子	辛丑	壬寅	癸卯	甲辰	乙巳	丙午	丁未	戊申	己酉	庚戌	辛亥	
			陽暦	月	9	9	9	9	9	9	9	9	9	9	9	9	9	9	9	9	9	9	9	9	9	9	10	10	10	10	10	10	10	
				日	9	10	11	12	13	14	15	16	17	18	19	20	21	22	23	24	25	26	27	28	29	30	1	2	3	4	5	6	7	
九月	甲戌	六白	日柱		壬子	癸丑	甲寅	乙卯	丙辰	丁巳	戊午	己未	庚申	辛酉	壬戌	癸亥	甲子	乙丑	丙寅	丁卯	戊辰	己巳	庚午	辛未	壬申	癸酉	甲戌	乙亥	丙子	丁丑	戊寅	己卯	庚辰	辛巳
			陽暦	月	10	10	10	10	10	10	10	10	10	10	10	10	10	10	10	10	10	10	10	10	10	10	10	10	11	11	11	11	11	11
				日	8	9	10	11	12	13	14	15	16	17	18	19	20	21	22	23	24	25	26	27	28	29	30	31	1	2	3	4	5	6
十月	乙亥	五黄	日柱		壬午	癸未	甲申	乙酉	丙戌	丁亥	戊子	己丑	庚寅	辛卯	壬辰	癸巳	甲午	乙未	丙申	丁酉	戊戌	己亥	庚子	辛丑	壬寅	癸卯	甲辰	乙巳	丙午	丁未	戊申	己酉	庚戌	辛亥
			陽暦	月	11	11	11	11	11	11	11	11	11	11	11	11	11	11	11	11	11	11	11	11	11	11	11	11	12	12	12	12	12	12
				日	7	8	9	10	11	12	13	14	15	16	17	18	19	20	21	22	23	24	25	26	27	28	29	30	1	2	3	4	5	6
十一月	丙子	四緑	日柱		壬子	癸丑	甲寅	乙卯	丙辰	丁巳	戊午	己未	庚申	辛酉	壬戌	癸亥	甲子	乙丑	丙寅	丁卯	戊辰	己巳	庚午	辛未	壬申	癸酉	甲戌	乙亥	丙子	丁丑	戊寅	己卯	庚辰	
			陽暦	月	12	12	12	12	12	12	12	12	12	12	12	12	12	12	12	12	12	12	12	12	12	12	12	12	12	1	1	1	1	
				日	7	8	9	10	11	12	13	14	15	16	17	18	19	20	21	22	23	24	25	26	27	28	29	30	31	1	2	3	4	
十二月	丁丑	三碧	日柱		辛巳	壬午	癸未	甲申	乙酉	丙戌	丁亥	戊子	己丑	庚寅	辛卯	壬辰	癸巳	甲午	乙未	丙申	丁酉	戊戌	己亥	庚子	辛丑	壬寅	癸卯	甲辰	乙巳	丙午	丁未	戊申	己酉	庚戌
			陽暦	月	1	1	1	1	1	1	1	1	1	1	1	1	1	1	1	1	1	1	1	1	1	1	1	1	1	1	1	2	2	2
				日	5	6	7	8	9	10	11	12	13	14	15	16	17	18	19	20	21	22	23	24	25	26	27	28	29	30	31	1	2	3

1935年【乙亥】

月別	月柱	紫白	農暦		初一	初二	初三	初四	初五	初六	初七	初八	初九	初十	十一	十二	十三	十四	十五	十六	十七	十八	十九	二十	廿一	廿二	廿三	廿四	廿五	廿六	廿七	廿八	廿九	三十
正月	戊寅	二黒	日柱		辛亥	壬子	癸丑	甲寅	乙卯	丙辰	丁巳	戊午	己未	庚申	辛酉	壬戌	癸亥	甲子	乙丑	丙寅	丁卯	戊辰	己巳	庚午	辛未	壬申	癸酉	甲戌	乙亥	丙子	丁丑	戊寅	己卯	
			陽暦	月	2	2	2	2	2	2	2	2	2	2	2	2	2	2	2	2	2	2	2	2	2	2	2	2	2	3	3	3	3	
				日	4	5	6	7	8	9	10	11	12	13	14	15	16	17	18	19	20	21	22	23	24	25	26	27	28	1	2	3	4	
二月	己卯	一白	日柱		庚辰	辛巳	壬午	癸未	甲申	乙酉	丙戌	丁亥	戊子	己丑	庚寅	辛卯	壬辰	癸巳	甲午	乙未	丙申	丁酉	戊戌	己亥	庚子	辛丑	壬寅	癸卯	甲辰	乙巳	丙午	丁未	戊申	
			陽暦	月	3	3	3	3	3	3	3	3	3	3	3	3	3	3	3	3	3	3	3	3	3	3	3	3	3	3	3	4	4	
				日	5	6	7	8	9	10	11	12	13	14	15	16	17	18	19	20	21	22	23	24	25	26	27	28	29	30	31	1	2	
三月	庚辰	九紫	日柱		己酉	庚戌	辛亥	壬子	癸丑	甲寅	乙卯	丙辰	丁巳	戊午	己未	庚申	辛酉	壬戌	癸亥	甲子	乙丑	丙寅	丁卯	戊辰	己巳	庚午	辛未	壬申	癸酉	甲戌	乙亥	丙子	丁丑	戊寅
			陽暦	月	4	4	4	4	4	4	4	4	4	4	4	4	4	4	4	4	4	4	4	4	4	4	4	4	4	4	4	4	5	5
				日	3	4	5	6	7	8	9	10	11	12	13	14	15	16	17	18	19	20	21	22	23	24	25	26	27	28	29	30	1	2
四月	辛巳	八白	日柱		己卯	庚辰	辛巳	壬午	癸未	甲申	乙酉	丙戌	丁亥	戊子	己丑	庚寅	辛卯	壬辰	癸巳	甲午	乙未	丙申	丁酉	戊戌	己亥	庚子	辛丑	壬寅	癸卯	甲辰	乙巳	丙午	丁未	
			陽暦	月	5	5	5	5	5	5	5	5	5	5	5	5	5	5	5	5	5	5	5	5	5	5	5	5	5	5	5	5	5	
				日	3	4	5	6	7	8	9	10	11	12	13	14	15	16	17	18	19	20	21	22	23	24	25	26	27	28	29	30	31	
五月	壬午	七赤	日柱		戊申	己酉	庚戌	辛亥	壬子	癸丑	甲寅	乙卯	丙辰	丁巳	戊午	己未	庚申	辛酉	壬戌	癸亥	甲子	乙丑	丙寅	丁卯	戊辰	己巳	庚午	辛未	壬申	癸酉	甲戌	乙亥	丙子	丁丑
			陽暦	月	6	6	6	6	6	6	6	6	6	6	6	6	6	6	6	6	6	6	6	6	6	6	6	6	6	6	6	6	6	6
				日	1	2	3	4	5	6	7	8	9	10	11	12	13	14	15	16	17	18	19	20	21	22	23	24	25	26	27	28	29	30
六月	癸未	六白	日柱		戊寅	己卯	庚辰	辛巳	壬午	癸未	甲申	乙酉	丙戌	丁亥	戊子	己丑	庚寅	辛卯	壬辰	癸巳	甲午	乙未	丙申	丁酉	戊戌	己亥	庚子	辛丑	壬寅	癸卯	甲辰	乙巳	丙午	
			陽暦	月	7	7	7	7	7	7	7	7	7	7	7	7	7	7	7	7	7	7	7	7	7	7	7	7	7	7	7	7	7	
				日	1	2	3	4	5	6	7	8	9	10	11	12	13	14	15	16	17	18	19	20	21	22	23	24	25	26	27	28	29	
七月	甲申	五黄	日柱		丁未	戊申	己酉	庚戌	辛亥	壬子	癸丑	甲寅	乙卯	丙辰	丁巳	戊午	己未	庚申	辛酉	壬戌	癸亥	甲子	乙丑	丙寅	丁卯	戊辰	己巳	庚午	辛未	壬申	癸酉	甲戌	乙亥	丙子
			陽暦	月	7	7	8	8	8	8	8	8	8	8	8	8	8	8	8	8	8	8	8	8	8	8	8	8	8	8	8	8	8	8
				日	30	31	1	2	3	4	5	6	7	8	9	10	11	12	13	14	15	16	17	18	19	20	21	22	23	24	25	26	27	28
八月	乙酉	四緑	日柱		丁丑	戊寅	己卯	庚辰	辛巳	壬午	癸未	甲申	乙酉	丙戌	丁亥	戊子	己丑	庚寅	辛卯	壬辰	癸巳	甲午	乙未	丙申	丁酉	戊戌	己亥	庚子	辛丑	壬寅	癸卯	甲辰	乙巳	丙午
			陽暦	月	8	8	8	9	9	9	9	9	9	9	9	9	9	9	9	9	9	9	9	9	9	9	9	9	9	9	9	9	9	9
				日	29	30	31	1	2	3	4	5	6	7	8	9	10	11	12	13	14	15	16	17	18	19	20	21	22	23	24	25	26	27
九月	丙戌	三碧	日柱		丁未	戊申	己酉	庚戌	辛亥	壬子	癸丑	甲寅	乙卯	丙辰	丁巳	戊午	己未	庚申	辛酉	壬戌	癸亥	甲子	乙丑	丙寅	丁卯	戊辰	己巳	庚午	辛未	壬申	癸酉	甲戌	乙亥	
			陽暦	月	9	9	9	10	10	10	10	10	10	10	10	10	10	10	10	10	10	10	10	10	10	10	10	10	10	10	10	10	10	
				日	28	29	30	1	2	3	4	5	6	7	8	9	10	11	12	13	14	15	16	17	18	19	20	21	22	23	24	25	26	
十月	丁亥	二黒	日柱		丙子	丁丑	戊寅	己卯	庚辰	辛巳	壬午	癸未	甲申	乙酉	丙戌	丁亥	戊子	己丑	庚寅	辛卯	壬辰	癸巳	甲午	乙未	丙申	丁酉	戊戌	己亥	庚子	辛丑	壬寅	癸卯	甲辰	乙巳
			陽暦	月	10	10	10	10	10	11	11	11	11	11	11	11	11	11	11	11	11	11	11	11	11	11	11	11	11	11	11	11	11	11
				日	27	28	29	30	31	1	2	3	4	5	6	7	8	9	10	11	12	13	14	15	16	17	18	19	20	21	22	23	24	25
十一月	戊子	一白	日柱		丙午	丁未	戊申	己酉	庚戌	辛亥	壬子	癸丑	甲寅	乙卯	丙辰	丁巳	戊午	己未	庚申	辛酉	壬戌	癸亥	甲子	乙丑	丙寅	丁卯	戊辰	己巳	庚午	辛未	壬申	癸酉	甲戌	乙亥
			陽暦	月	11	11	11	11	11	12	12	12	12	12	12	12	12	12	12	12	12	12	12	12	12	12	12	12	12	12	12	12	12	12
				日	26	27	28	29	30	1	2	3	4	5	6	7	8	9	10	11	12	13	14	15	16	17	18	19	20	21	22	23	24	25
十二月	己丑	九紫	日柱		丙子	丁丑	戊寅	己卯	庚辰	辛巳	壬午	癸未	甲申	乙酉	丙戌	丁亥	戊子	己丑	庚寅	辛卯	壬辰	癸巳	甲午	乙未	丙申	丁酉	戊戌	己亥	庚子	辛丑	壬寅	癸卯	甲辰	
			陽暦	月	12	12	12	12	12	12	1	1	1	1	1	1	1	1	1	1	1	1	1	1	1	1	1	1	1	1	1	1	1	
				日	26	27	28	29	30	31	1	2	3	4	5	6	7	8	9	10	11	12	13	14	15	16	17	18	19	20	21	22	23	

1936年【丙子】

月別	月柱	紫白	農暦		初一	初二	初三	初四	初五	初六	初七	初八	初九	初十	十一	十二	十三	十四	十五	十六	十七	十八	十九	二十	廿一	廿二	廿三	廿四	廿五	廿六	廿七	廿八	廿九	三十
正月	庚寅	八白	日柱		乙巳	丙午	丁未	戊申	己酉	庚戌	辛亥	壬子	癸丑	甲寅	乙卯	丙辰	丁巳	戊午	己未	庚申	辛酉	壬戌	癸亥	甲子	乙丑	丙寅	丁卯	戊辰	己巳	庚午	辛未	壬申	癸酉	甲戌
			陽暦	月	1	1	1	1	1	1	1	1	2	2	2	2	2	2	2	2	2	2	2	2	2	2	2	2	2	2	2	2	2	2
				日	24	25	26	27	28	29	30	31	1	2	3	4	5	6	7	8	9	10	11	12	13	14	15	16	17	18	19	20	21	22
二月	辛卯	七赤	日柱		乙亥	丙子	丁丑	戊寅	己卯	庚辰	辛巳	壬午	癸未	甲申	乙酉	丙戌	丁亥	戊子	己丑	庚寅	辛卯	壬辰	癸巳	甲午	乙未	丙申	丁酉	戊戌	己亥	庚子	辛丑	壬寅	癸卯	
			陽暦	月	2	2	2	2	2	2	2	3	3	3	3	3	3	3	3	3	3	3	3	3	3	3	3	3	3	3	3	3	3	
				日	23	24	25	26	27	28	29	1	2	3	4	5	6	7	8	9	10	11	12	13	14	15	16	17	18	19	20	21	22	
三月	壬辰	六白	日柱		甲辰	乙巳	丙午	丁未	戊申	己酉	庚戌	辛亥	壬子	癸丑	甲寅	乙卯	丙辰	丁巳	戊午	己未	庚申	辛酉	壬戌	癸亥	甲子	乙丑	丙寅	丁卯	戊辰	己巳	庚午	辛未	壬申	
			陽暦	月	3	3	3	3	3	3	3	3	3	4	4	4	4	4	4	4	4	4	4	4	4	4	4	4	4	4	4	4	4	
				日	23	24	25	26	27	28	29	30	31	1	2	3	4	5	6	7	8	9	10	11	12	13	14	15	16	17	18	19	20	
閏三月			日柱		癸酉	甲戌	乙亥	丙子	丁丑	戊寅	己卯	庚辰	辛巳	壬午	癸未	甲申	乙酉	丙戌	丁亥	戊子	己丑	庚寅	辛卯	壬辰	癸巳	甲午	乙未	丙申	丁酉	戊戌	己亥	庚子	辛丑	壬寅
			陽暦	月	4	4	4	4	4	4	4	4	4	4	5	5	5	5	5	5	5	5	5	5	5	5	5	5	5	5	5	5	5	5
				日	21	22	23	24	25	26	27	28	29	30	1	2	3	4	5	6	7	8	9	10	11	12	13	14	15	16	17	18	19	20
四月	癸巳	五黄	日柱		癸卯	甲辰	乙巳	丙午	丁未	戊申	己酉	庚戌	辛亥	壬子	癸丑	甲寅	乙卯	丙辰	丁巳	戊午	己未	庚申	辛酉	壬戌	癸亥	甲子	乙丑	丙寅	丁卯	戊辰	己巳	庚午	辛未	
			陽暦	月	5	5	5	5	5	5	5	5	5	5	5	6	6	6	6	6	6	6	6	6	6	6	6	6	6	6	6	6	6	
				日	21	22	23	24	25	26	27	28	29	30	31	1	2	3	4	5	6	7	8	9	10	11	12	13	14	15	16	17	18	
五月	甲午	四緑	日柱		壬申	癸酉	甲戌	乙亥	丙子	丁丑	戊寅	己卯	庚辰	辛巳	壬午	癸未	甲申	乙酉	丙戌	丁亥	戊子	己丑	庚寅	辛卯	壬辰	癸巳	甲午	乙未	丙申	丁酉	戊戌	己亥	庚子	
			陽暦	月	6	6	6	6	6	6	6	6	6	6	6	6	7	7	7	7	7	7	7	7	7	7	7	7	7	7	7	7	7	
				日	19	20	21	22	23	24	25	26	27	28	29	30	1	2	3	4	5	6	7	8	9	10	11	12	13	14	15	16	17	
六月	乙未	三碧	日柱		辛丑	壬寅	癸卯	甲辰	乙巳	丙午	丁未	戊申	己酉	庚戌	辛亥	壬子	癸丑	甲寅	乙卯	丙辰	丁巳	戊午	己未	庚申	辛酉	壬戌	癸亥	甲子	乙丑	丙寅	丁卯	戊辰	己巳	庚午
			陽暦	月	7	7	7	7	7	7	7	7	7	7	7	7	7	7	8	8	8	8	8	8	8	8	8	8	8	8	8	8	8	8
				日	18	19	20	21	22	23	24	25	26	27	28	29	30	31	1	2	3	4	5	6	7	8	9	10	11	12	13	14	15	16
七月	丙申	二黒	日柱		辛未	壬申	癸酉	甲戌	乙亥	丙子	丁丑	戊寅	己卯	庚辰	辛巳	壬午	癸未	甲申	乙酉	丙戌	丁亥	戊子	己丑	庚寅	辛卯	壬辰	癸巳	甲午	乙未	丙申	丁酉	戊戌	己亥	庚子
			陽暦	月	8	8	8	8	8	8	8	8	8	8	8	8	8	8	8	9	9	9	9	9	9	9	9	9	9	9	9	9	9	9
				日	17	18	19	20	21	22	23	24	25	26	27	28	29	30	31	1	2	3	4	5	6	7	8	9	10	11	12	13	14	15
八月	丁酉	一白	日柱		辛丑	壬寅	癸卯	甲辰	乙巳	丙午	丁未	戊申	己酉	庚戌	辛亥	壬子	癸丑	甲寅	乙卯	丙辰	丁巳	戊午	己未	庚申	辛酉	壬戌	癸亥	甲子	乙丑	丙寅	丁卯	戊辰	己巳	
			陽暦	月	9	9	9	9	9	9	9	9	9	9	9	9	9	9	9	10	10	10	10	10	10	10	10	10	10	10	10	10	10	
				日	16	17	18	19	20	21	22	23	24	25	26	27	28	29	30	1	2	3	4	5	6	7	8	9	10	11	12	13	14	
九月	戊戌	九紫	日柱		庚午	辛未	壬申	癸酉	甲戌	乙亥	丙子	丁丑	戊寅	己卯	庚辰	辛巳	壬午	癸未	甲申	乙酉	丙戌	丁亥	戊子	己丑	庚寅	辛卯	壬辰	癸巳	甲午	乙未	丙申	丁酉	戊戌	己亥
			陽暦	月	10	10	10	10	10	10	10	10	10	10	10	10	10	10	10	10	10	11	11	11	11	11	11	11	11	11	11	11	11	11
				日	15	16	17	18	19	20	21	22	23	24	25	26	27	28	29	30	31	1	2	3	4	5	6	7	8	9	10	11	12	13
十月	己亥	八白	日柱		庚子	辛丑	壬寅	癸卯	甲辰	乙巳	丙午	丁未	戊申	己酉	庚戌	辛亥	壬子	癸丑	甲寅	乙卯	丙辰	丁巳	戊午	己未	庚申	辛酉	壬戌	癸亥	甲子	乙丑	丙寅	丁卯	戊辰	己巳
			陽暦	月	11	11	11	11	11	11	11	11	11	11	11	11	11	11	11	11	11	12	12	12	12	12	12	12	12	12	12	12	12	12
				日	14	15	16	17	18	19	20	21	22	23	24	25	26	27	28	29	30	1	2	3	4	5	6	7	8	9	10	11	12	13
十一月	庚子	七赤	日柱		庚午	辛未	壬申	癸酉	甲戌	乙亥	丙子	丁丑	戊寅	己卯	庚辰	辛巳	壬午	癸未	甲申	乙酉	丙戌	丁亥	戊子	己丑	庚寅	辛卯	壬辰	癸巳	甲午	乙未	丙申	丁酉	戊戌	己亥
			陽暦	月	12	12	12	12	12	12	12	12	12	12	12	12	12	12	12	12	12	12	1	1	1	1	1	1	1	1	1	1	1	1
				日	14	15	16	17	18	19	20	21	22	23	24	25	26	27	28	29	30	31	1	2	3	4	5	6	7	8	9	10	11	12
十二月	辛丑	六白	日柱		庚子	辛丑	壬寅	癸卯	甲辰	乙巳	丙午	丁未	戊申	己酉	庚戌	辛亥	壬子	癸丑	甲寅	乙卯	丙辰	丁巳	戊午	己未	庚申	辛酉	壬戌	癸亥	甲子	乙丑	丙寅	丁卯	戊辰	
			陽暦	月	1	1	1	1	1	1	1	1	1	1	1	1	1	1	1	1	1	1	1	2	2	2	2	2	2	2	2	2	2	
				日	13	14	15	16	17	18	19	20	21	22	23	24	25	26	27	28	29	30	31	1	2	3	4	5	6	7	8	9	10	

1937年【丁丑】

月別	月柱	紫白	農暦		初一	初二	初三	初四	初五	初六	初七	初八	初九	初十	十一	十二	十三	十四	十五	十六	十七	十八	十九	二十	廿一	廿二	廿三	廿四	廿五	廿六	廿七	廿八	廿九	三十
正月	壬寅	五黄	日柱		己巳	庚午	辛未	壬申	癸酉	甲戌	乙亥	丙子	丁丑	戊寅	己卯	庚辰	辛巳	壬午	癸未	甲申	乙酉	丙戌	丁亥	戊子	己丑	庚寅	辛卯	壬辰	癸巳	甲午	乙未	丙申	丁酉	戊戌
			陽暦	月	2	2	2	2	2	2	2	2	2	2	2	2	2	2	2	2	2	2	3	3	3	3	3	3	3	3	3	3	3	3
				日	11	12	13	14	15	16	17	18	19	20	21	22	23	24	25	26	27	28	1	2	3	4	5	6	7	8	9	10	11	12
二月	癸卯	四緑	日柱		己亥	庚子	辛丑	壬寅	癸卯	甲辰	乙巳	丙午	丁未	戊申	己酉	庚戌	辛亥	壬子	癸丑	甲寅	乙卯	丙辰	丁巳	戊午	己未	庚申	辛酉	壬戌	癸亥	甲子	乙丑	丙寅	丁卯	
			陽暦	月	3	3	3	3	3	3	3	3	3	3	3	3	3	3	3	3	3	3	3	4	4	4	4	4	4	4	4	4	4	
				日	13	14	15	16	17	18	19	20	21	22	23	24	25	26	27	28	29	30	31	1	2	3	4	5	6	7	8	9	10	
三月	甲辰	三碧	日柱		戊辰	己巳	庚午	辛未	壬申	癸酉	甲戌	乙亥	丙子	丁丑	戊寅	己卯	庚辰	辛巳	壬午	癸未	甲申	乙酉	丙戌	丁亥	戊子	己丑	庚寅	辛卯	壬辰	癸巳	甲午	乙未	丙申	
			陽暦	月	4	4	4	4	4	4	4	4	4	4	4	4	4	4	4	4	4	4	4	4	5	5	5	5	5	5	5	5	5	
				日	11	12	13	14	15	16	17	18	19	20	21	22	23	24	25	26	27	28	29	30	1	2	3	4	5	6	7	8	9	
四月	乙巳	二黒	日柱		丁酉	戊戌	己亥	庚子	辛丑	壬寅	癸卯	甲辰	乙巳	丙午	丁未	戊申	己酉	庚戌	辛亥	壬子	癸丑	甲寅	乙卯	丙辰	丁巳	戊午	己未	庚申	辛酉	壬戌	癸亥	甲子	乙丑	丙寅
			陽暦	月	5	5	5	5	5	5	5	5	5	5	5	5	5	5	5	5	5	5	5	5	5	5	6	6	6	6	6	6	6	6
				日	10	11	12	13	14	15	16	17	18	19	20	21	22	23	24	25	26	27	28	29	30	31	1	2	3	4	5	6	7	8
五月	丙午	一白	日柱		丁卯	戊辰	己巳	庚午	辛未	壬申	癸酉	甲戌	乙亥	丙子	丁丑	戊寅	己卯	庚辰	辛巳	壬午	癸未	甲申	乙酉	丙戌	丁亥	戊子	己丑	庚寅	辛卯	壬辰	癸巳	甲午	乙未	
			陽暦	月	6	6	6	6	6	6	6	6	6	6	6	6	6	6	6	6	6	6	6	6	6	6	7	7	7	7	7	7	7	
				日	9	10	11	12	13	14	15	16	17	18	19	20	21	22	23	24	25	26	27	28	29	30	1	2	3	4	5	6	7	
六月	丁未	九紫	日柱		丙申	丁酉	戊戌	己亥	庚子	辛丑	壬寅	癸卯	甲辰	乙巳	丙午	丁未	戊申	己酉	庚戌	辛亥	壬子	癸丑	甲寅	乙卯	丙辰	丁巳	戊午	己未	庚申	辛酉	壬戌	癸亥	甲子	
			陽暦	月	7	7	7	7	7	7	7	7	7	7	7	7	7	7	7	7	7	7	7	7	7	7	7	7	8	8	8	8	8	
				日	8	9	10	11	12	13	14	15	16	17	18	19	20	21	22	23	24	25	26	27	28	29	30	31	1	2	3	4	5	
七月	戊申	八白	日柱		乙丑	丙寅	丁卯	戊辰	己巳	庚午	辛未	壬申	癸酉	甲戌	乙亥	丙子	丁丑	戊寅	己卯	庚辰	辛巳	壬午	癸未	甲申	乙酉	丙戌	丁亥	戊子	己丑	庚寅	辛卯	壬辰	癸巳	甲午
			陽暦	月	8	8	8	8	8	8	8	8	8	8	8	8	8	8	8	8	8	8	8	8	8	8	8	8	8	8	9	9	9	9
				日	6	7	8	9	10	11	12	13	14	15	16	17	18	19	20	21	22	23	24	25	26	27	28	29	30	31	1	2	3	4
八月	己酉	七赤	日柱		乙未	丙申	丁酉	戊戌	己亥	庚子	辛丑	壬寅	癸卯	甲辰	乙巳	丙午	丁未	戊申	己酉	庚戌	辛亥	壬子	癸丑	甲寅	乙卯	丙辰	丁巳	戊午	己未	庚申	辛酉	壬戌	癸亥	
			陽暦	月	9	9	9	9	9	9	9	9	9	9	9	9	9	9	9	9	9	9	9	9	9	9	9	9	9	9	10	10	10	
				日	5	6	7	8	9	10	11	12	13	14	15	16	17	18	19	20	21	22	23	24	25	26	27	28	29	30	1	2	3	
九月	庚戌	六白	日柱		甲子	乙丑	丙寅	丁卯	戊辰	己巳	庚午	辛未	壬申	癸酉	甲戌	乙亥	丙子	丁丑	戊寅	己卯	庚辰	辛巳	壬午	癸未	甲申	乙酉	丙戌	丁亥	戊子	己丑	庚寅	辛卯	壬辰	癸巳
			陽暦	月	10	10	10	10	10	10	10	10	10	10	10	10	10	10	10	10	10	10	10	10	10	10	10	10	10	10	10	10	11	11
				日	4	5	6	7	8	9	10	11	12	13	14	15	16	17	18	19	20	21	22	23	24	25	26	27	28	29	30	31	1	2
十月	辛亥	五黄	日柱		甲午	乙未	丙申	丁酉	戊戌	己亥	庚子	辛丑	壬寅	癸卯	甲辰	乙巳	丙午	丁未	戊申	己酉	庚戌	辛亥	壬子	癸丑	甲寅	乙卯	丙辰	丁巳	戊午	己未	庚申	辛酉	壬戌	癸亥
			陽暦	月	11	11	11	11	11	11	11	11	11	11	11	11	11	11	11	11	11	11	11	11	11	11	11	11	11	11	11	11	12	12
				日	3	4	5	6	7	8	9	10	11	12	13	14	15	16	17	18	19	20	21	22	23	24	25	26	27	28	29	30	1	2
十一月	壬子	四緑	日柱		甲子	乙丑	丙寅	丁卯	戊辰	己巳	庚午	辛未	壬申	癸酉	甲戌	乙亥	丙子	丁丑	戊寅	己卯	庚辰	辛巳	壬午	癸未	甲申	乙酉	丙戌	丁亥	戊子	己丑	庚寅	辛卯	壬辰	癸巳
			陽暦	月	11	11	11	11	11	12	12	12	12	12	12	12	12	12	12	12	12	12	12	12	12	12	12	12	12	12	12	12	12	1
				日	3	4	5	6	7	8	9	10	11	12	13	14	15	16	17	18	19	20	21	22	23	24	25	26	27	28	29	30	31	1
十二月	癸丑	三碧	日柱		甲午	乙未	丙申	丁酉	戊戌	己亥	庚子	辛丑	壬寅	癸卯	甲辰	乙巳	丙午	丁未	戊申	己酉	庚戌	辛亥	壬子	癸丑	甲寅	乙卯	丙辰	丁巳	戊午	己未	庚申	辛酉	壬戌	
			陽暦	月	1	1	1	1	1	1	1	1	1	1	1	1	1	1	1	1	1	1	1	1	1	1	1	1	1	1	1	1	1	
				日	2	3	4	5	6	7	8	9	10	11	12	13	14	15	16	17	18	19	20	21	22	23	24	25	26	27	28	29	30	

1938年【戊寅】

月別	月柱	紫白	農暦		初一	初二	初三	初四	初五	初六	初七	初八	初九	初十	十一	十二	十三	十四	十五	十六	十七	十八	十九	二十	廿一	廿二	廿三	廿四	廿五	廿六	廿七	廿八	廿九	三十
正月	甲寅	二黒	日柱		癸亥	甲子	乙丑	丙寅	丁卯	戊辰	己巳	庚午	辛未	壬申	癸酉	甲戌	乙亥	丙子	丁丑	戊寅	己卯	庚辰	辛巳	壬午	癸未	甲申	乙酉	丙戌	丁亥	戊子	己丑	庚寅	辛卯	壬辰
			陽暦	月	1	2	2	2	2	2	2	2	2	2	2	2	2	2	2	2	2	2	2	2	2	2	2	2	2	2	2	2	2	3
				日	31	1	2	3	4	5	6	7	8	9	10	11	12	13	14	15	16	17	18	19	20	21	22	23	24	25	26	27	28	1
二月	乙卯	一白	日柱		癸巳	甲午	乙未	丙申	丁酉	戊戌	己亥	庚子	辛丑	壬寅	癸卯	甲辰	乙巳	丙午	丁未	戊申	己酉	庚戌	辛亥	壬子	癸丑	甲寅	乙卯	丙辰	丁巳	戊午	己未	庚申	辛酉	壬戌
			陽暦	月	3	3	3	3	3	3	3	3	3	3	3	3	3	3	3	3	3	3	3	3	3	3	3	3	3	3	3	3	3	3
				日	2	3	4	5	6	7	8	9	10	11	12	13	14	15	16	17	18	19	20	21	22	23	24	25	26	27	28	29	30	31
三月	丙辰	九紫	日柱		癸亥	甲子	乙丑	丙寅	丁卯	戊辰	己巳	庚午	辛未	壬申	癸酉	甲戌	乙亥	丙子	丁丑	戊寅	己卯	庚辰	辛巳	壬午	癸未	甲申	乙酉	丙戌	丁亥	戊子	己丑	庚寅	辛卯	
			陽暦	月	4	4	4	4	4	4	4	4	4	4	4	4	4	4	4	4	4	4	4	4	4	4	4	4	4	4	4	4	4	
				日	1	2	3	4	5	6	7	8	9	10	11	12	13	14	15	16	17	18	19	20	21	22	23	24	25	26	27	28	29	
四月	丁巳	八白	日柱		壬辰	癸巳	甲午	乙未	丙申	丁酉	戊戌	己亥	庚子	辛丑	壬寅	癸卯	甲辰	乙巳	丙午	丁未	戊申	己酉	庚戌	辛亥	壬子	癸丑	甲寅	乙卯	丙辰	丁巳	戊午	己未	庚申	
			陽暦	月	4	5	5	5	5	5	5	5	5	5	5	5	5	5	5	5	5	5	5	5	5	5	5	5	5	5	5	5	5	
				日	30	1	2	3	4	5	6	7	8	9	10	11	12	13	14	15	16	17	18	19	20	21	22	23	24	25	26	27	28	
五月	戊午	七赤	日柱		辛酉	壬戌	癸亥	甲子	乙丑	丙寅	丁卯	戊辰	己巳	庚午	辛未	壬申	癸酉	甲戌	乙亥	丙子	丁丑	戊寅	己卯	庚辰	辛巳	壬午	癸未	甲申	乙酉	丙戌	丁亥	戊子	己丑	庚寅
			陽暦	月	5	5	5	6	6	6	6	6	6	6	6	6	6	6	6	6	6	6	6	6	6	6	6	6	6	6	6	6	6	6
				日	29	30	31	1	2	3	4	5	6	7	8	9	10	11	12	13	14	15	16	17	18	19	20	21	22	23	24	25	26	27
六月	己未	六白	日柱		辛卯	壬辰	癸巳	甲午	乙未	丙申	丁酉	戊戌	己亥	庚子	辛丑	壬寅	癸卯	甲辰	乙巳	丙午	丁未	戊申	己酉	庚戌	辛亥	壬子	癸丑	甲寅	乙卯	丙辰	丁巳	戊午	己未	
			陽暦	月	6	6	6	7	7	7	7	7	7	7	7	7	7	7	7	7	7	7	7	7	7	7	7	7	7	7	7	7	7	
				日	28	29	30	1	2	3	4	5	6	7	8	9	10	11	12	13	14	15	16	17	18	19	20	21	22	23	24	25	26	
七月	庚申	五黄	日柱		庚申	辛酉	壬戌	癸亥	甲子	乙丑	丙寅	丁卯	戊辰	己巳	庚午	辛未	壬申	癸酉	甲戌	乙亥	丙子	丁丑	戊寅	己卯	庚辰	辛巳	壬午	癸未	甲申	乙酉	丙戌	丁亥	戊子	
			陽暦	月	7	7	7	7	7	8	8	8	8	8	8	8	8	8	8	8	8	8	8	8	8	8	8	8	8	8	8	8	8	
				日	27	28	29	30	31	1	2	3	4	5	6	7	8	9	10	11	12	13	14	15	16	17	18	19	20	21	22	23	24	
閏七月			日柱		己丑	庚寅	辛卯	壬辰	癸巳	甲午	乙未	丙申	丁酉	戊戌	己亥	庚子	辛丑	壬寅	癸卯	甲辰	乙巳	丙午	丁未	戊申	己酉	庚戌	辛亥	壬子	癸丑	甲寅	乙卯	丙辰	丁巳	戊午
			陽暦	月	8	8	8	8	8	8	8	9	9	9	9	9	9	9	9	9	9	9	9	9	9	9	9	9	9	9	9	9	9	9
				日	25	26	27	28	29	30	31	1	2	3	4	5	6	7	8	9	10	11	12	13	14	15	16	17	18	19	20	21	22	23
八月	辛酉	四緑	日柱		己未	庚申	辛酉	壬戌	癸亥	甲子	乙丑	丙寅	丁卯	戊辰	己巳	庚午	辛未	壬申	癸酉	甲戌	乙亥	丙子	丁丑	戊寅	己卯	庚辰	辛巳	壬午	癸未	甲申	乙酉	丙戌	丁亥	
			陽暦	月	9	9	9	9	9	9	9	10	10	10	10	10	10	10	10	10	10	10	10	10	10	10	10	10	10	10	10	10	10	
				日	24	25	26	27	28	29	30	1	2	3	4	5	6	7	8	9	10	11	12	13	14	15	16	17	18	19	20	21	22	
九月	壬戌	三碧	日柱		戊子	己丑	庚寅	辛卯	壬辰	癸巳	甲午	乙未	丙申	丁酉	戊戌	己亥	庚子	辛丑	壬寅	癸卯	甲辰	乙巳	丙午	丁未	戊申	己酉	庚戌	辛亥	壬子	癸丑	甲寅	乙卯	丙辰	丁巳
			陽暦	月	10	10	10	10	10	10	10	10	10	11	11	11	11	11	11	11	11	11	11	11	11	11	11	11	11	11	11	11	11	11
				日	23	24	25	26	27	28	29	30	31	1	2	3	4	5	6	7	8	9	10	11	12	13	14	15	16	17	18	19	20	21
十月	癸亥	二黒	日柱		戊午	己未	庚申	辛酉	壬戌	癸亥	甲子	乙丑	丙寅	丁卯	戊辰	己巳	庚午	辛未	壬申	癸酉	甲戌	乙亥	丙子	丁丑	戊寅	己卯	庚辰	辛巳	壬午	癸未	甲申	乙酉	丙戌	丁亥
			陽暦	月	11	11	11	11	11	11	11	11	11	12	12	12	12	12	12	12	12	12	12	12	12	12	12	12	12	12	12	12	12	12
				日	22	23	24	25	26	27	28	29	30	1	2	3	4	5	6	7	8	9	10	11	12	13	14	15	16	17	18	19	20	21
十一月	甲子	一白	日柱		戊子	己丑	庚寅	辛卯	壬辰	癸巳	甲午	乙未	丙申	丁酉	戊戌	己亥	庚子	辛丑	壬寅	癸卯	甲辰	乙巳	丙午	丁未	戊申	己酉	庚戌	辛亥	壬子	癸丑	甲寅	乙卯	丙辰	
			陽暦	月	12	12	12	12	12	12	12	12	12	12	1	1	1	1	1	1	1	1	1	1	1	1	1	1	1	1	1	1	1	
				日	22	23	24	25	26	27	28	29	30	31	1	2	3	4	5	6	7	8	9	10	11	12	13	14	15	16	17	18	19	
十二月	乙丑	九紫	日柱		丁巳	戊午	己未	庚申	辛酉	壬戌	癸亥	甲子	乙丑	丙寅	丁卯	戊辰	己巳	庚午	辛未	壬申	癸酉	甲戌	乙亥	丙子	丁丑	戊寅	己卯	庚辰	辛巳	壬午	癸未	甲申	乙酉	丙戌
			陽暦	月	1	1	1	1	1	1	1	1	1	1	1	1	2	2	2	2	2	2	2	2	2	2	2	2	2	2	2	2	2	2
				日	20	21	22	23	24	25	26	27	28	29	30	31	1	2	3	4	5	6	7	8	9	10	11	12	13	14	15	16	17	18

1939年【己卯】

月別	月柱	紫白	農暦		初一	初二	初三	初四	初五	初六	初七	初八	初九	初十	十一	十二	十三	十四	十五	十六	十七	十八	十九	二十	廿一	廿二	廿三	廿四	廿五	廿六	廿七	廿八	廿九	三十
正月	丙寅	八白	日柱		丁亥	戊子	己丑	庚寅	辛卯	壬辰	癸巳	甲午	乙未	丙申	丁酉	戊戌	己亥	庚子	辛丑	壬寅	癸卯	甲辰	乙巳	丙午	丁未	戊申	己酉	庚戌	辛亥	壬子	癸丑	甲寅	乙卯	丙辰
			陽暦	月	2	2	2	2	2	2	2	2	2	2	3	3	3	3	3	3	3	3	3	3	3	3	3	3	3	3	3	3	3	3
				日	19	20	21	22	23	24	25	26	27	28	1	2	3	4	5	6	7	8	9	10	11	12	13	14	15	16	17	18	19	20
二月	丁卯	七赤	日柱		丁巳	戊午	己未	庚申	辛酉	壬戌	癸亥	甲子	乙丑	丙寅	丁卯	戊辰	己巳	庚午	辛未	壬申	癸酉	甲戌	乙亥	丙子	丁丑	戊寅	己卯	庚辰	辛巳	壬午	癸未	甲申	乙酉	丙戌
			陽暦	月	3	3	3	3	3	3	3	3	3	3	3	4	4	4	4	4	4	4	4	4	4	4	4	4	4	4	4	4	4	4
				日	21	22	23	24	25	26	27	28	29	30	31	1	2	3	4	5	6	7	8	9	10	11	12	13	14	15	16	17	18	19
三月	戊辰	六白	日柱		丁亥	戊子	己丑	庚寅	辛卯	壬辰	癸巳	甲午	乙未	丙申	丁酉	戊戌	己亥	庚子	辛丑	壬寅	癸卯	甲辰	乙巳	丙午	丁未	戊申	己酉	庚戌	辛亥	壬子	癸丑	甲寅	乙卯	
			陽暦	月	4	4	4	4	4	4	4	4	4	4	4	5	5	5	5	5	5	5	5	5	5	5	5	5	5	5	5	5	5	
				日	20	21	22	23	24	25	26	27	28	29	30	1	2	3	4	5	6	7	8	9	10	11	12	13	14	15	16	17	18	
四月	己巳	五黄	日柱		丙辰	丁巳	戊午	己未	庚申	辛酉	壬戌	癸亥	甲子	乙丑	丙寅	丁卯	戊辰	己巳	庚午	辛未	壬申	癸酉	甲戌	乙亥	丙子	丁丑	戊寅	己卯	庚辰	辛巳	壬午	癸未	甲申	
			陽暦	月	5	5	5	5	5	5	5	5	5	5	5	5	5	6	6	6	6	6	6	6	6	6	6	6	6	6	6	6	6	
				日	19	20	21	22	23	24	25	26	27	28	29	30	31	1	2	3	4	5	6	7	8	9	10	11	12	13	14	15	16	
五月	庚午	四緑	日柱		乙酉	丙戌	丁亥	戊子	己丑	庚寅	辛卯	壬辰	癸巳	甲午	乙未	丙申	丁酉	戊戌	己亥	庚子	辛丑	壬寅	癸卯	甲辰	乙巳	丙午	丁未	戊申	己酉	庚戌	辛亥	壬子	癸丑	甲寅
			陽暦	月	6	6	6	6	6	6	6	6	6	6	6	6	6	6	7	7	7	7	7	7	7	7	7	7	7	7	7	7	7	7
				日	17	18	19	20	21	22	23	24	25	26	27	28	29	30	1	2	3	4	5	6	7	8	9	10	11	12	13	14	15	16
六月	辛未	三碧	日柱		乙卯	丙辰	丁巳	戊午	己未	庚申	辛酉	壬戌	癸亥	甲子	乙丑	丙寅	丁卯	戊辰	己巳	庚午	辛未	壬申	癸酉	甲戌	乙亥	丙子	丁丑	戊寅	己卯	庚辰	辛巳	壬午	癸未	
			陽暦	月	7	7	7	7	7	7	7	7	7	7	7	7	7	7	7	8	8	8	8	8	8	8	8	8	8	8	8	8	8	
				日	17	18	19	20	21	22	23	24	25	26	27	28	29	30	31	1	2	3	4	5	6	7	8	9	10	11	12	13	14	
七月	壬申	二黒	日柱		甲申	乙酉	丙戌	丁亥	戊子	己丑	庚寅	辛卯	壬辰	癸巳	甲午	乙未	丙申	丁酉	戊戌	己亥	庚子	辛丑	壬寅	癸卯	甲辰	乙巳	丙午	丁未	戊申	己酉	庚戌	辛亥	壬子	
			陽暦	月	8	8	8	8	8	8	8	8	8	8	8	8	8	8	8	8	8	9	9	9	9	9	9	9	9	9	9	9	9	
				日	15	16	17	18	19	20	21	22	23	24	25	26	27	28	29	30	31	1	2	3	4	5	6	7	8	9	10	11	12	
八月	癸酉	一白	日柱		癸丑	甲寅	乙卯	丙辰	丁巳	戊午	己未	庚申	辛酉	壬戌	癸亥	甲子	乙丑	丙寅	丁卯	戊辰	己巳	庚午	辛未	壬申	癸酉	甲戌	乙亥	丙子	丁丑	戊寅	己卯	庚辰	辛巳	壬午
			陽暦	月	9	9	9	9	9	9	9	9	9	9	9	9	9	9	9	9	9	9	10	10	10	10	10	10	10	10	10	10	10	10
				日	13	14	15	16	17	18	19	20	21	22	23	24	25	26	27	28	29	30	1	2	3	4	5	6	7	8	9	10	11	12
九月	甲戌	九紫	日柱		癸未	甲申	乙酉	丙戌	丁亥	戊子	己丑	庚寅	辛卯	壬辰	癸巳	甲午	乙未	丙申	丁酉	戊戌	己亥	庚子	辛丑	壬寅	癸卯	甲辰	乙巳	丙午	丁未	戊申	己酉	庚戌	辛亥	
			陽暦	月	10	10	10	10	10	10	10	10	10	10	10	10	10	10	10	10	10	10	10	11	11	11	11	11	11	11	11	11	11	
				日	13	14	15	16	17	18	19	20	21	22	23	24	25	26	27	28	29	30	31	1	2	3	4	5	6	7	8	9	10	
十月	乙亥	八白	日柱		壬子	癸丑	甲寅	乙卯	丙辰	丁巳	戊午	己未	庚申	辛酉	壬戌	癸亥	甲子	乙丑	丙寅	丁卯	戊辰	己巳	庚午	辛未	壬申	癸酉	甲戌	乙亥	丙子	丁丑	戊寅	己卯	庚辰	辛巳
			陽暦	月	11	11	11	11	11	11	11	11	11	11	11	11	11	11	11	11	11	11	11	11	12	12	12	12	12	12	12	12	12	12
				日	11	12	13	14	15	16	17	18	19	20	21	22	23	24	25	26	27	28	29	30	1	2	3	4	5	6	7	8	9	10
十一月	丙子	七赤	日柱		壬午	癸未	甲申	乙酉	丙戌	丁亥	戊子	己丑	庚寅	辛卯	壬辰	癸巳	甲午	乙未	丙申	丁酉	戊戌	己亥	庚子	辛丑	壬寅	癸卯	甲辰	乙巳	丙午	丁未	戊申	己酉	庚戌	
			陽暦	月	12	12	12	12	12	12	12	12	12	12	12	12	12	12	12	12	12	12	12	12	12	1	1	1	1	1	1	1	1	
				日	11	12	13	14	15	16	17	18	19	20	21	22	23	24	25	26	27	28	29	30	31	1	2	3	4	5	6	7	8	
十二月	丁丑	六白	日柱		辛亥	壬子	癸丑	甲寅	乙卯	丙辰	丁巳	戊午	己未	庚申	辛酉	壬戌	癸亥	甲子	乙丑	丙寅	丁卯	戊辰	己巳	庚午	辛未	壬申	癸酉	甲戌	乙亥	丙子	丁丑	戊寅	己卯	庚辰
			陽暦	月	1	1	1	1	1	1	1	1	1	1	1	1	1	1	1	1	1	1	1	1	1	1	1	2	2	2	2	2	2	2
				日	9	10	11	12	13	14	15	16	17	18	19	20	21	22	23	24	25	26	27	28	29	30	31	1	2	3	4	5	6	7

1940年【庚辰】

月別	月柱	紫白	農暦		初一	初二	初三	初四	初五	初六	初七	初八	初九	初十	十一	十二	十三	十四	十五	十六	十七	十八	十九	二十	廿一	廿二	廿三	廿四	廿五	廿六	廿七	廿八	廿九	三十
正月	戊寅	五黄	日柱		辛巳	壬午	癸未	甲申	乙酉	丙戌	丁亥	戊子	己丑	庚寅	辛卯	壬辰	癸巳	甲午	乙未	丙申	丁酉	戊戌	己亥	庚子	辛丑	壬寅	癸卯	甲辰	乙巳	丙午	丁未	戊申	己酉	庚戌
			陽暦	月	2	2	2	2	2	2	2	2	2	2	2	2	2	2	2	2	2	2	2	2	2	2	3	3	3	3	3	3	3	3
				日	8	9	10	11	12	13	14	15	16	17	18	19	20	21	22	23	24	25	26	27	28	29	1	2	3	4	5	6	7	8
二月	己卯	四緑	日柱		辛亥	壬子	癸丑	甲寅	乙卯	丙辰	丁巳	戊午	己未	庚申	辛酉	壬戌	癸亥	甲子	乙丑	丙寅	丁卯	戊辰	己巳	庚午	辛未	壬申	癸酉	甲戌	乙亥	丙子	丁丑	戊寅	己卯	庚辰
			陽暦	月	3	3	3	3	3	3	3	3	3	3	3	3	3	3	3	3	3	3	3	3	3	3	3	4	4	4	4	4	4	4
				日	9	10	11	12	13	14	15	16	17	18	19	20	21	22	23	24	25	26	27	28	29	30	31	1	2	3	4	5	6	7
三月	庚辰	三碧	日柱		辛巳	壬午	癸未	甲申	乙酉	丙戌	丁亥	戊子	己丑	庚寅	辛卯	壬辰	癸巳	甲午	乙未	丙申	丁酉	戊戌	己亥	庚子	辛丑	壬寅	癸卯	甲辰	乙巳	丙午	丁未	戊申	己酉	
			陽暦	月	4	4	4	4	4	4	4	4	4	4	4	4	4	4	4	4	4	4	4	4	4	4	4	5	5	5	5	5	5	
				日	8	9	10	11	12	13	14	15	16	17	18	19	20	21	22	23	24	25	26	27	28	29	30	1	2	3	4	5	6	
四月	辛巳	二黒	日柱		庚戌	辛亥	壬子	癸丑	甲寅	乙卯	丙辰	丁巳	戊午	己未	庚申	辛酉	壬戌	癸亥	甲子	乙丑	丙寅	丁卯	戊辰	己巳	庚午	辛未	壬申	癸酉	甲戌	乙亥	丙子	丁丑	戊寅	己卯
			陽暦	月	5	5	5	5	5	5	5	5	5	5	5	5	5	5	5	5	5	5	5	5	5	5	5	5	5	6	6	6	6	6
				日	7	8	9	10	11	12	13	14	15	16	17	18	19	20	21	22	23	24	25	26	27	28	29	30	31	1	2	3	4	5
五月	壬午	一白	日柱		庚辰	辛巳	壬午	癸未	甲申	乙酉	丙戌	丁亥	戊子	己丑	庚寅	辛卯	壬辰	癸巳	甲午	乙未	丙申	丁酉	戊戌	己亥	庚子	辛丑	壬寅	癸卯	甲辰	乙巳	丙午	丁未	戊申	
			陽暦	月	6	6	6	6	6	6	6	6	6	6	6	6	6	6	6	6	6	6	6	6	6	6	6	6	6	7	7	7	7	
				日	6	7	8	9	10	11	12	13	14	15	16	17	18	19	20	21	22	23	24	25	26	27	28	29	30	1	2	3	4	
六月	癸未	九紫	日柱		己酉	庚戌	辛亥	壬子	癸丑	甲寅	乙卯	丙辰	丁巳	戊午	己未	庚申	辛酉	壬戌	癸亥	甲子	乙丑	丙寅	丁卯	戊辰	己巳	庚午	辛未	壬申	癸酉	甲戌	乙亥	丙子	丁丑	戊寅
			陽暦	月	7	7	7	7	7	7	7	7	7	7	7	7	7	7	7	7	7	7	7	7	7	7	7	7	7	7	7	8	8	8
				日	5	6	7	8	9	10	11	12	13	14	15	16	17	18	19	20	21	22	23	24	25	26	27	28	29	30	31	1	2	3
七月	甲申	八白	日柱		己卯	庚辰	辛巳	壬午	癸未	甲申	乙酉	丙戌	丁亥	戊子	己丑	庚寅	辛卯	壬辰	癸巳	甲午	乙未	丙申	丁酉	戊戌	己亥	庚子	辛丑	壬寅	癸卯	甲辰	乙巳	丙午	丁未	
			陽暦	月	8	8	8	8	8	8	8	8	8	8	8	8	8	8	8	8	8	8	8	8	8	8	8	8	8	8	8	8	9	
				日	4	5	6	7	8	9	10	11	12	13	14	15	16	17	18	19	20	21	22	23	24	25	26	27	28	29	30	31	1	
八月	乙酉	七赤	日柱		戊申	己酉	庚戌	辛亥	壬子	癸丑	甲寅	乙卯	丙辰	丁巳	戊午	己未	庚申	辛酉	壬戌	癸亥	甲子	乙丑	丙寅	丁卯	戊辰	己巳	庚午	辛未	壬申	癸酉	甲戌	乙亥	丙子	
			陽暦	月	9	9	9	9	9	9	9	9	9	9	9	9	9	9	9	9	9	9	9	9	9	9	9	9	9	9	9	9	9	
				日	2	3	4	5	6	7	8	9	10	11	12	13	14	15	16	17	18	19	20	21	22	23	24	25	26	27	28	29	30	
九月	丙戌	六白	日柱		丁丑	戊寅	己卯	庚辰	辛巳	壬午	癸未	甲申	乙酉	丙戌	丁亥	戊子	己丑	庚寅	辛卯	壬辰	癸巳	甲午	乙未	丙申	丁酉	戊戌	己亥	庚子	辛丑	壬寅	癸卯	甲辰	乙巳	丙午
			陽暦	月	10	10	10	10	10	10	10	10	10	10	10	10	10	10	10	10	10	10	10	10	10	10	10	10	10	10	10	10	10	10
				日	1	2	3	4	5	6	7	8	9	10	11	12	13	14	15	16	17	18	19	20	21	22	23	24	25	26	27	28	29	30
十月	丁亥	五黄	日柱		丁未	戊申	己酉	庚戌	辛亥	壬子	癸丑	甲寅	乙卯	丙辰	丁巳	戊午	己未	庚申	辛酉	壬戌	癸亥	甲子	乙丑	丙寅	丁卯	戊辰	己巳	庚午	辛未	壬申	癸酉	甲戌	乙亥	
			陽暦	月	10	11	11	11	11	11	11	11	11	11	11	11	11	11	11	11	11	11	11	11	11	11	11	11	11	11	11	11	11	
				日	31	1	2	3	4	5	6	7	8	9	10	11	12	13	14	15	16	17	18	19	20	21	22	23	24	25	26	27	28	
十一月	戊子	四緑	日柱		丙子	丁丑	戊寅	己卯	庚辰	辛巳	壬午	癸未	甲申	乙酉	丙戌	丁亥	戊子	己丑	庚寅	辛卯	壬辰	癸巳	甲午	乙未	丙申	丁酉	戊戌	己亥	庚子	辛丑	壬寅	癸卯	甲辰	乙巳
			陽暦	月	11	11	12	12	12	12	12	12	12	12	12	12	12	12	12	12	12	12	12	12	12	12	12	12	12	12	12	12	12	12
				日	29	30	1	2	3	4	5	6	7	8	9	10	11	12	13	14	15	16	17	18	19	20	21	22	23	24	25	26	27	28
十二月	己丑	三碧	日柱		丙午	丁未	戊申	己酉	庚戌	辛亥	壬子	癸丑	甲寅	乙卯	丙辰	丁巳	戊午	己未	庚申	辛酉	壬戌	癸亥	甲子	乙丑	丙寅	丁卯	戊辰	己巳	庚午	辛未	壬申	癸酉	甲戌	
			陽暦	月	12	12	12	1	1	1	1	1	1	1	1	1	1	1	1	1	1	1	1	1	1	1	1	1	1	1	1	1	1	
				日	29	30	31	1	2	3	4	5	6	7	8	9	10	11	12	13	14	15	16	17	18	19	20	21	22	23	24	25	26	

1941年【辛巳】

月別	月柱	紫白	農暦		初一	初二	初三	初四	初五	初六	初七	初八	初九	初十	十一	十二	十三	十四	十五	十六	十七	十八	十九	二十	廿一	廿二	廿三	廿四	廿五	廿六	廿七	廿八	廿九	三十
正月	庚寅	二黒	日柱		乙亥	丙子	丁丑	戊寅	己卯	庚辰	辛巳	壬午	癸未	甲申	乙酉	丙戌	丁亥	戊子	己丑	庚寅	辛卯	壬辰	癸巳	甲午	乙未	丙申	丁酉	戊戌	己亥	庚子	辛丑	壬寅	癸卯	甲辰
			陽暦	月	1	1	1	1	1	2	2	2	2	2	2	2	2	2	2	2	2	2	2	2	2	2	2	2	2	2	2	2	2	2
				日	27	28	29	30	31	1	2	3	4	5	6	7	8	9	10	11	12	13	14	15	16	17	18	19	20	21	22	23	24	25
二月	辛卯	一白	日柱		乙巳	丙午	丁未	戊申	己酉	庚戌	辛亥	壬子	癸丑	甲寅	乙卯	丙辰	丁巳	戊午	己未	庚申	辛酉	壬戌	癸亥	甲子	乙丑	丙寅	丁卯	戊辰	己巳	庚午	辛未	壬申	癸酉	甲戌
			陽暦	月	2	2	2	3	3	3	3	3	3	3	3	3	3	3	3	3	3	3	3	3	3	3	3	3	3	3	3	3	3	3
				日	26	27	28	1	2	3	4	5	6	7	8	9	10	11	12	13	14	15	16	17	18	19	20	21	22	23	24	25	26	27
三月	壬辰	九紫	日柱		乙亥	丙子	丁丑	戊寅	己卯	庚辰	辛巳	壬午	癸未	甲申	乙酉	丙戌	丁亥	戊子	己丑	庚寅	辛卯	壬辰	癸巳	甲午	乙未	丙申	丁酉	戊戌	己亥	庚子	辛丑	壬寅	癸卯	
			陽暦	月	3	3	3	3	4	4	4	4	4	4	4	4	4	4	4	4	4	4	4	4	4	4	4	4	4	4	4	4	4	
				日	28	29	30	31	1	2	3	4	5	6	7	8	9	10	11	12	13	14	15	16	17	18	19	20	21	22	23	24	25	
四月	癸巳	八白	日柱		甲辰	乙巳	丙午	丁未	戊申	己酉	庚戌	辛亥	壬子	癸丑	甲寅	乙卯	丙辰	丁巳	戊午	己未	庚申	辛酉	壬戌	癸亥	甲子	乙丑	丙寅	丁卯	戊辰	己巳	庚午	辛未	壬申	癸酉
			陽暦	月	4	4	4	4	4	5	5	5	5	5	5	5	5	5	5	5	5	5	5	5	5	5	5	5	5	5	5	5	5	5
				日	26	27	28	29	30	1	2	3	4	5	6	7	8	9	10	11	12	13	14	15	16	17	18	19	20	21	22	23	24	25
五月	甲午	七赤	日柱		甲戌	乙亥	丙子	丁丑	戊寅	己卯	庚辰	辛巳	壬午	癸未	甲申	乙酉	丙戌	丁亥	戊子	己丑	庚寅	辛卯	壬辰	癸巳	甲午	乙未	丙申	丁酉	戊戌	己亥	庚子	辛丑	壬寅	癸卯
			陽暦	月	5	5	5	5	5	5	6	6	6	6	6	6	6	6	6	6	6	6	6	6	6	6	6	6	6	6	6	6	6	6
				日	26	27	28	29	30	31	1	2	3	4	5	6	7	8	9	10	11	12	13	14	15	16	17	18	19	20	21	22	23	24
六月	乙未	六白	日柱		甲辰	乙巳	丙午	丁未	戊申	己酉	庚戌	辛亥	壬子	癸丑	甲寅	乙卯	丙辰	丁巳	戊午	己未	庚申	辛酉	壬戌	癸亥	甲子	乙丑	丙寅	丁卯	戊辰	己巳	庚午	辛未	壬申	
			陽暦	月	6	6	6	6	6	6	7	7	7	7	7	7	7	7	7	7	7	7	7	7	7	7	7	7	7	7	7	7	7	
				日	25	26	27	28	29	30	1	2	3	4	5	6	7	8	9	10	11	12	13	14	15	16	17	18	19	20	21	22	23	
閏六月			日柱		癸酉	甲戌	乙亥	丙子	丁丑	戊寅	己卯	庚辰	辛巳	壬午	癸未	甲申	乙酉	丙戌	丁亥	戊子	己丑	庚寅	辛卯	壬辰	癸巳	甲午	乙未	丙申	丁酉	戊戌	己亥	庚子	辛丑	壬寅
			陽暦	月	7	7	7	7	7	7	7	7	8	8	8	8	8	8	8	8	8	8	8	8	8	8	8	8	8	8	8	8	8	8
				日	24	25	26	27	28	29	30	31	1	2	3	4	5	6	7	8	9	10	11	12	13	14	15	16	17	18	19	20	21	22
七月	丙申	五黄	日柱		癸卯	甲辰	乙巳	丙午	丁未	戊申	己酉	庚戌	辛亥	壬子	癸丑	甲寅	乙卯	丙辰	丁巳	戊午	己未	庚申	辛酉	壬戌	癸亥	甲子	乙丑	丙寅	丁卯	戊辰	己巳	庚午	辛未	
			陽暦	月	8	8	8	8	8	8	8	8	8	9	9	9	9	9	9	9	9	9	9	9	9	9	9	9	9	9	9	9	9	
				日	23	24	25	26	27	28	29	30	31	1	2	3	4	5	6	7	8	9	10	11	12	13	14	15	16	17	18	19	20	
八月	丁酉	四緑	日柱		壬申	癸酉	甲戌	乙亥	丙子	丁丑	戊寅	己卯	庚辰	辛巳	壬午	癸未	甲申	乙酉	丙戌	丁亥	戊子	己丑	庚寅	辛卯	壬辰	癸巳	甲午	乙未	丙申	丁酉	戊戌	己亥	庚子	
			陽暦	月	9	9	9	9	9	9	9	9	9	9	10	10	10	10	10	10	10	10	10	10	10	10	10	10	10	10	10	10	10	
				日	21	22	23	24	25	26	27	28	29	30	1	2	3	4	5	6	7	8	9	10	11	12	13	14	15	16	17	18	19	
九月	戊戌	三碧	日柱		辛丑	壬寅	癸卯	甲辰	乙巳	丙午	丁未	戊申	己酉	庚戌	辛亥	壬子	癸丑	甲寅	乙卯	丙辰	丁巳	戊午	己未	庚申	辛酉	壬戌	癸亥	甲子	乙丑	丙寅	丁卯	戊辰	己巳	庚午
			陽暦	月	10	10	10	10	10	10	10	10	10	10	10	10	11	11	11	11	11	11	11	11	11	11	11	11	11	11	11	11	11	11
				日	20	21	22	23	24	25	26	27	28	29	30	31	1	2	3	4	5	6	7	8	9	10	11	12	13	14	15	16	17	18
十月	己亥	二黒	日柱		辛未	壬申	癸酉	甲戌	乙亥	丙子	丁丑	戊寅	己卯	庚辰	辛巳	壬午	癸未	甲申	乙酉	丙戌	丁亥	戊子	己丑	庚寅	辛卯	壬辰	癸巳	甲午	乙未	丙申	丁酉	戊戌	己亥	
			陽暦	月	11	11	11	11	11	11	11	11	11	11	11	11	12	12	12	12	12	12	12	12	12	12	12	12	12	12	12	12	12	
				日	19	20	21	22	23	24	25	26	27	28	29	30	1	2	3	4	5	6	7	8	9	10	11	12	13	14	15	16	17	
十一月	庚子	一白	日柱		庚子	辛丑	壬寅	癸卯	甲辰	乙巳	丙午	丁未	戊申	己酉	庚戌	辛亥	壬子	癸丑	甲寅	乙卯	丙辰	丁巳	戊午	己未	庚申	辛酉	壬戌	癸亥	甲子	乙丑	丙寅	丁卯	戊辰	己巳
			陽暦	月	12	12	12	12	12	12	12	12	12	12	12	12	12	12	1	1	1	1	1	1	1	1	1	1	1	1	1	1	1	1
				日	18	19	20	21	22	23	24	25	26	27	28	29	30	31	1	2	3	4	5	6	7	8	9	10	11	12	13	14	15	16
十二月	辛丑	九紫	日柱		庚午	辛未	壬申	癸酉	甲戌	乙亥	丙子	丁丑	戊寅	己卯	庚辰	辛巳	壬午	癸未	甲申	乙酉	丙戌	丁亥	戊子	己丑	庚寅	辛卯	壬辰	癸巳	甲午	乙未	丙申	丁酉	戊戌	
			陽暦	月	1	1	1	1	1	1	1	1	1	1	1	1	1	1	1	2	2	2	2	2	2	2	2	2	2	2	2	2	2	
				日	17	18	19	20	21	22	23	24	25	26	27	28	29	30	31	1	2	3	4	5	6	7	8	9	10	11	12	13	14	

1942年【壬午】

月別	月柱	紫白	農暦		初一	初二	初三	初四	初五	初六	初七	初八	初九	初十	十一	十二	十三	十四	十五	十六	十七	十八	十九	二十	廿一	廿二	廿三	廿四	廿五	廿六	廿七	廿八	廿九	三十
正月	壬寅	八白	日柱		己亥	庚子	辛丑	壬寅	癸卯	甲辰	乙巳	丙午	丁未	戊申	己酉	庚戌	辛亥	壬子	癸丑	甲寅	乙卯	丙辰	丁巳	戊午	己未	庚申	辛酉	壬戌	癸亥	甲子	乙丑	丙寅	丁卯	戊辰
			陽暦	月	2	2	2	2	2	2	2	2	2	2	2	2	2	2	3	3	3	3	3	3	3	3	3	3	3	3	3	3	3	3
				日	15	16	17	18	19	20	21	22	23	24	25	26	27	28	1	2	3	4	5	6	7	8	9	10	11	12	13	14	15	16
二月	癸卯	七赤	日柱		己巳	庚午	辛未	壬申	癸酉	甲戌	乙亥	丙子	丁丑	戊寅	己卯	庚辰	辛巳	壬午	癸未	甲申	乙酉	丙戌	丁亥	戊子	己丑	庚寅	辛卯	壬辰	癸巳	甲午	乙未	丙申	丁酉	
			陽暦	月	3	3	3	3	3	3	3	3	3	3	3	3	3	3	3	4	4	4	4	4	4	4	4	4	4	4	4	4	4	
				日	17	18	19	20	21	22	23	24	25	26	27	28	29	30	31	1	2	3	4	5	6	7	8	9	10	11	12	13	14	
三月	甲辰	六白	日柱		戊戌	己亥	庚子	辛丑	壬寅	癸卯	甲辰	乙巳	丙午	丁未	戊申	己酉	庚戌	辛亥	壬子	癸丑	甲寅	乙卯	丙辰	丁巳	戊午	己未	庚申	辛酉	壬戌	癸亥	甲子	乙丑	丙寅	丁卯
			陽暦	月	4	4	4	4	4	4	4	4	4	4	4	4	4	4	4	4	5	5	5	5	5	5	5	5	5	5	5	5	5	5
				日	15	16	17	18	19	20	21	22	23	24	25	26	27	28	29	30	1	2	3	4	5	6	7	8	9	10	11	12	13	14
四月	乙巳	五黄	日柱		戊辰	己巳	庚午	辛未	壬申	癸酉	甲戌	乙亥	丙子	丁丑	戊寅	己卯	庚辰	辛巳	壬午	癸未	甲申	乙酉	丙戌	丁亥	戊子	己丑	庚寅	辛卯	壬辰	癸巳	甲午	乙未	丙申	丁酉
			陽暦	月	5	5	5	5	5	5	5	5	5	5	5	5	5	5	5	5	5	6	6	6	6	6	6	6	6	6	6	6	6	6
				日	15	16	17	18	19	20	21	22	23	24	25	26	27	28	29	30	31	1	2	3	4	5	6	7	8	9	10	11	12	13
五月	丙午	四緑	日柱		戊戌	己亥	庚子	辛丑	壬寅	癸卯	甲辰	乙巳	丙午	丁未	戊申	己酉	庚戌	辛亥	壬子	癸丑	甲寅	乙卯	丙辰	丁巳	戊午	己未	庚申	辛酉	壬戌	癸亥	甲子	乙丑	丙寅	
			陽暦	月	6	6	6	6	6	6	6	6	6	6	6	6	6	6	6	6	6	7	7	7	7	7	7	7	7	7	7	7	7	
				日	14	15	16	17	18	19	20	21	22	23	24	25	26	27	28	29	30	1	2	3	4	5	6	7	8	9	10	11	12	
六月	丁未	三碧	日柱		丁卯	戊辰	己巳	庚午	辛未	壬申	癸酉	甲戌	乙亥	丙子	丁丑	戊寅	己卯	庚辰	辛巳	壬午	癸未	甲申	乙酉	丙戌	丁亥	戊子	己丑	庚寅	辛卯	壬辰	癸巳	甲午	乙未	丙申
			陽暦	月	7	7	7	7	7	7	7	7	7	7	7	7	7	7	7	7	7	7	7	8	8	8	8	8	8	8	8	8	8	8
				日	13	14	15	16	17	18	19	20	21	22	23	24	25	26	27	28	29	30	31	1	2	3	4	5	6	7	8	9	10	11
七月	戊申	二黒	日柱		丁酉	戊戌	己亥	庚子	辛丑	壬寅	癸卯	甲辰	乙巳	丙午	丁未	戊申	己酉	庚戌	辛亥	壬子	癸丑	甲寅	乙卯	丙辰	丁巳	戊午	己未	庚申	辛酉	壬戌	癸亥	甲子	乙丑	
			陽暦	月	8	8	8	8	8	8	8	8	8	8	8	8	8	8	8	8	8	8	8	8	9	9	9	9	9	9	9	9	9	
				日	12	13	14	15	16	17	18	19	20	21	22	23	24	25	26	27	28	29	30	31	1	2	3	4	5	6	7	8	9	
八月	己酉	一白	日柱		丙寅	丁卯	戊辰	己巳	庚午	辛未	壬申	癸酉	甲戌	乙亥	丙子	丁丑	戊寅	己卯	庚辰	辛巳	壬午	癸未	甲申	乙酉	丙戌	丁亥	戊子	己丑	庚寅	辛卯	壬辰	癸巳	甲午	乙未
			陽暦	月	9	9	9	9	9	9	9	9	9	9	9	9	9	9	9	9	9	9	9	9	9	10	10	10	10	10	10	10	10	10
				日	10	11	12	13	14	15	16	17	18	19	20	21	22	23	24	25	26	27	28	29	30	1	2	3	4	5	6	7	8	9
九月	庚戌	九紫	日柱		丙申	丁酉	戊戌	己亥	庚子	辛丑	壬寅	癸卯	甲辰	乙巳	丙午	丁未	戊申	己酉	庚戌	辛亥	壬子	癸丑	甲寅	乙卯	丙辰	丁巳	戊午	己未	庚申	辛酉	壬戌	癸亥	甲子	
			陽暦	月	10	10	10	10	10	10	10	10	10	10	10	10	10	10	10	10	10	10	10	10	10	10	11	11	11	11	11	11	11	
				日	10	11	12	13	14	15	16	17	18	19	20	21	22	23	24	25	26	27	28	29	30	31	1	2	3	4	5	6	7	
十月	辛亥	八白	日柱		乙丑	丙寅	丁卯	戊辰	己巳	庚午	辛未	壬申	癸酉	甲戌	乙亥	丙子	丁丑	戊寅	己卯	庚辰	辛巳	壬午	癸未	甲申	乙酉	丙戌	丁亥	戊子	己丑	庚寅	辛卯	壬辰	癸巳	甲午
			陽暦	月	11	11	11	11	11	11	11	11	11	11	11	11	11	11	11	11	11	11	11	11	11	11	11	12	12	12	12	12	12	12
				日	8	9	10	11	12	13	14	15	16	17	18	19	20	21	22	23	24	25	26	27	28	29	30	1	2	3	4	5	6	7
十一月	壬子	七赤	日柱		乙未	丙申	丁酉	戊戌	己亥	庚子	辛丑	壬寅	癸卯	甲辰	乙巳	丙午	丁未	戊申	己酉	庚戌	辛亥	壬子	癸丑	甲寅	乙卯	丙辰	丁巳	戊午	己未	庚申	辛酉	壬戌	癸亥	
			陽暦	月	12	12	12	12	12	12	12	12	12	12	12	12	12	12	12	12	12	12	12	12	12	12	12	12	1	1	1	1	1	
				日	8	9	10	11	12	13	14	15	16	17	18	19	20	21	22	23	24	25	26	27	28	29	30	31	1	2	3	4	5	
十二月	癸丑	六白	日柱		甲子	乙丑	丙寅	丁卯	戊辰	己巳	庚午	辛未	壬申	癸酉	甲戌	乙亥	丙子	丁丑	戊寅	己卯	庚辰	辛巳	壬午	癸未	甲申	乙酉	丙戌	丁亥	戊子	己丑	庚寅	辛卯	壬辰	癸巳
			陽暦	月	1	1	1	1	1	1	1	1	1	1	1	1	1	1	1	1	1	1	1	1	1	1	1	1	1	1	2	2	2	2
				日	6	7	8	9	10	11	12	13	14	15	16	17	18	19	20	21	22	23	24	25	26	27	28	29	30	31	1	2	3	4

1943年【癸未】

月別	月柱	紫白	農暦		初一	初二	初三	初四	初五	初六	初七	初八	初九	初十	十一	十二	十三	十四	十五	十六	十七	十八	十九	二十	廿一	廿二	廿三	廿四	廿五	廿六	廿七	廿八	廿九	三十
正月	甲寅	五黄	日柱		甲午	乙未	丙申	丁酉	戊戌	己亥	庚子	辛丑	壬寅	癸卯	甲辰	乙巳	丙午	丁未	戊申	己酉	庚戌	辛亥	壬子	癸丑	甲寅	乙卯	丙辰	丁巳	戊午	己未	庚申	辛酉	壬戌	
			陽暦	月	2	2	2	2	2	2	2	2	2	2	2	2	2	2	2	2	2	2	2	2	2	2	2	2	3	3	3	3	3	
				日	5	6	7	8	9	10	11	12	13	14	15	16	17	18	19	20	21	22	23	24	25	26	27	28	1	2	3	4	5	
二月	乙卯	四緑	日柱		癸亥	甲子	乙丑	丙寅	丁卯	戊辰	己巳	庚午	辛未	壬申	癸酉	甲戌	乙亥	丙子	丁丑	戊寅	己卯	庚辰	辛巳	壬午	癸未	甲申	乙酉	丙戌	丁亥	戊子	己丑	庚寅	辛卯	壬辰
			陽暦	月	3	3	3	3	3	3	3	3	3	3	3	3	3	3	3	3	3	3	3	3	3	3	3	3	3	3	4	4	4	4
				日	6	7	8	9	10	11	12	13	14	15	16	17	18	19	20	21	22	23	24	25	26	27	28	29	30	31	1	2	3	4
三月	丙辰	三碧	日柱		癸巳	甲午	乙未	丙申	丁酉	戊戌	己亥	庚子	辛丑	壬寅	癸卯	甲辰	乙巳	丙午	丁未	戊申	己酉	庚戌	辛亥	壬子	癸丑	甲寅	乙卯	丙辰	丁巳	戊午	己未	庚申	辛酉	
			陽暦	月	4	4	4	4	4	4	4	4	4	4	4	4	4	4	4	4	4	4	4	4	4	4	4	4	4	4	5	5	5	
				日	5	6	7	8	9	10	11	12	13	14	15	16	17	18	19	20	21	22	23	24	25	26	27	28	29	30	1	2	3	
四月	丁巳	二黒	日柱		壬戌	癸亥	甲子	乙丑	丙寅	丁卯	戊辰	己巳	庚午	辛未	壬申	癸酉	甲戌	乙亥	丙子	丁丑	戊寅	己卯	庚辰	辛巳	壬午	癸未	甲申	乙酉	丙戌	丁亥	戊子	己丑	庚寅	辛卯
			陽暦	月	5	5	5	5	5	5	5	5	5	5	5	5	5	5	5	5	5	5	5	5	5	5	5	5	5	5	5	5	6	6
				日	4	5	6	7	8	9	10	11	12	13	14	15	16	17	18	19	20	21	22	23	24	25	26	27	28	29	30	31	1	2
五月	戊午	一白	日柱		壬辰	癸巳	甲午	乙未	丙申	丁酉	戊戌	己亥	庚子	辛丑	壬寅	癸卯	甲辰	乙巳	丙午	丁未	戊申	己酉	庚戌	辛亥	壬子	癸丑	甲寅	乙卯	丙辰	丁巳	戊午	己未	庚申	
			陽暦	月	6	6	6	6	6	6	6	6	6	6	6	6	6	6	6	6	6	6	6	6	6	6	6	6	6	6	6	6	7	
				日	3	4	5	6	7	8	9	10	11	12	13	14	15	16	17	18	19	20	21	22	23	24	25	26	27	28	29	30	1	
六月	己未	九紫	日柱		辛酉	壬戌	癸亥	甲子	乙丑	丙寅	丁卯	戊辰	己巳	庚午	辛未	壬申	癸酉	甲戌	乙亥	丙子	丁丑	戊寅	己卯	庚辰	辛巳	壬午	癸未	甲申	乙酉	丙戌	丁亥	戊子	己丑	庚寅
			陽暦	月	7	7	7	7	7	7	7	7	7	7	7	7	7	7	7	7	7	7	7	7	7	7	7	7	7	7	7	7	7	7
				日	2	3	4	5	6	7	8	9	10	11	12	13	14	15	16	17	18	19	20	21	22	23	24	25	26	27	28	29	30	31
七月	庚申	八白	日柱		辛卯	壬辰	癸巳	甲午	乙未	丙申	丁酉	戊戌	己亥	庚子	辛丑	壬寅	癸卯	甲辰	乙巳	丙午	丁未	戊申	己酉	庚戌	辛亥	壬子	癸丑	甲寅	乙卯	丙辰	丁巳	戊午	己未	庚申
			陽暦	月	8	8	8	8	8	8	8	8	8	8	8	8	8	8	8	8	8	8	8	8	8	8	8	8	8	8	8	8	8	8
				日	1	2	3	4	5	6	7	8	9	10	11	12	13	14	15	16	17	18	19	20	21	22	23	24	25	26	27	28	29	30
八月	辛酉	七赤	日柱		辛酉	壬戌	癸亥	甲子	乙丑	丙寅	丁卯	戊辰	己巳	庚午	辛未	壬申	癸酉	甲戌	乙亥	丙子	丁丑	戊寅	己卯	庚辰	辛巳	壬午	癸未	甲申	乙酉	丙戌	丁亥	戊子	己丑	
			陽暦	月	8	9	9	9	9	9	9	9	9	9	9	9	9	9	9	9	9	9	9	9	9	9	9	9	9	9	9	9	9	
				日	31	1	2	3	4	5	6	7	8	9	10	11	12	13	14	15	16	17	18	19	20	21	22	23	24	25	26	27	28	
九月	壬戌	六白	日柱		庚寅	辛卯	壬辰	癸巳	甲午	乙未	丙申	丁酉	戊戌	己亥	庚子	辛丑	壬寅	癸卯	甲辰	乙巳	丙午	丁未	戊申	己酉	庚戌	辛亥	壬子	癸丑	甲寅	乙卯	丙辰	丁巳	戊午	己未
			陽暦	月	9	9	10	10	10	10	10	10	10	10	10	10	10	10	10	10	10	10	10	10	10	10	10	10	10	10	10	10	10	10
				日	29	30	1	2	3	4	5	6	7	8	9	10	11	12	13	14	15	16	17	18	19	20	21	22	23	24	25	26	27	28
十月	癸亥	五黄	日柱		庚申	辛酉	壬戌	癸亥	甲子	乙丑	丙寅	丁卯	戊辰	己巳	庚午	辛未	壬申	癸酉	甲戌	乙亥	丙子	丁丑	戊寅	己卯	庚辰	辛巳	壬午	癸未	甲申	乙酉	丙戌	丁亥	戊子	
			陽暦	月	10	10	10	11	11	11	11	11	11	11	11	11	11	11	11	11	11	11	11	11	11	11	11	11	11	11	11	11	11	
				日	29	30	31	1	2	3	4	5	6	7	8	9	10	11	12	13	14	15	16	17	18	19	20	21	22	23	24	25	26	
十一月	甲子	四緑	日柱		己丑	庚寅	辛卯	壬辰	癸巳	甲午	乙未	丙申	丁酉	戊戌	己亥	庚子	辛丑	壬寅	癸卯	甲辰	乙巳	丙午	丁未	戊申	己酉	庚戌	辛亥	壬子	癸丑	甲寅	乙卯	丙辰	丁巳	戊午
			陽暦	月	11	11	11	11	12	12	12	12	12	12	12	12	12	12	12	12	12	12	12	12	12	12	12	12	12	12	12	12	12	12
				日	27	28	29	30	1	2	3	4	5	6	7	8	9	10	11	12	13	14	15	16	17	18	19	20	21	22	23	24	25	26
十二月	乙丑	三碧	日柱		己未	庚申	辛酉	壬戌	癸亥	甲子	乙丑	丙寅	丁卯	戊辰	己巳	庚午	辛未	壬申	癸酉	甲戌	乙亥	丙子	丁丑	戊寅	己卯	庚辰	辛巳	壬午	癸未	甲申	乙酉	丙戌	丁亥	
			陽暦	月	12	12	12	12	12	1	1	1	1	1	1	1	1	1	1	1	1	1	1	1	1	1	1	1	1	1	1	1	1	
				日	27	28	29	30	31	1	2	3	4	5	6	7	8	9	10	11	12	13	14	15	16	17	18	19	20	21	22	23	24	

1944年【甲申】

月別	月柱	紫白	農曆		初一	初二	初三	初四	初五	初六	初七	初八	初九	初十	十一	十二	十三	十四	十五	十六	十七	十八	十九	二十	廿一	廿二	廿三	廿四	廿五	廿六	廿七	廿八	廿九	三十
正月	丙寅	二黒	日柱		戊子	己丑	庚寅	辛卯	壬辰	癸巳	甲午	乙未	丙申	丁酉	戊戌	己亥	庚子	辛丑	壬寅	癸卯	甲辰	乙巳	丙午	丁未	戊申	己酉	庚戌	辛亥	壬子	癸丑	甲寅	乙卯	丙辰	丁巳
			陽曆	月	1	1	1	1	1	1	1	2	2	2	2	2	2	2	2	2	2	2	2	2	2	2	2	2	2	2	2	2	2	2
				日	25	26	27	28	29	30	31	1	2	3	4	5	6	7	8	9	10	11	12	13	14	15	16	17	18	19	20	21	22	23
二月	丁卯	一白	日柱		戊午	己未	庚申	辛酉	壬戌	癸亥	甲子	乙丑	丙寅	丁卯	戊辰	己巳	庚午	辛未	壬申	癸酉	甲戌	乙亥	丙子	丁丑	戊寅	己卯	庚辰	辛巳	壬午	癸未	甲申	乙酉	丙戌	
			陽曆	月	2	2	2	2	2	2	3	3	3	3	3	3	3	3	3	3	3	3	3	3	3	3	3	3	3	3	3	3	3	
				日	24	25	26	27	28	29	1	2	3	4	5	6	7	8	9	10	11	12	13	14	15	16	17	18	19	20	21	22	23	
三月	戊辰	九紫	日柱		丁亥	戊子	己丑	庚寅	辛卯	壬辰	癸巳	甲午	乙未	丙申	丁酉	戊戌	己亥	庚子	辛丑	壬寅	癸卯	甲辰	乙巳	丙午	丁未	戊申	己酉	庚戌	辛亥	壬子	癸丑	甲寅	乙卯	丙辰
			陽曆	月	3	3	3	3	3	3	3	3	4	4	4	4	4	4	4	4	4	4	4	4	4	4	4	4	4	4	4	4	4	4
				日	24	25	26	27	28	29	30	31	1	2	3	4	5	6	7	8	9	10	11	12	13	14	15	16	17	18	19	20	21	22
四月	己巳	八白	日柱		丁巳	戊午	己未	庚申	辛酉	壬戌	癸亥	甲子	乙丑	丙寅	丁卯	戊辰	己巳	庚午	辛未	壬申	癸酉	甲戌	乙亥	丙子	丁丑	戊寅	己卯	庚辰	辛巳	壬午	癸未	甲申	乙酉	
			陽曆	月	4	4	4	4	4	4	4	4	5	5	5	5	5	5	5	5	5	5	5	5	5	5	5	5	5	5	5	5	5	
				日	23	24	25	26	27	28	29	30	1	2	3	4	5	6	7	8	9	10	11	12	13	14	15	16	17	18	19	20	21	
閏四月			日柱		丙戌	丁亥	戊子	己丑	庚寅	辛卯	壬辰	癸巳	甲午	乙未	丙申	丁酉	戊戌	己亥	庚子	辛丑	壬寅	癸卯	甲辰	乙巳	丙午	丁未	戊申	己酉	庚戌	辛亥	壬子	癸丑	甲寅	乙卯
			陽曆	月	5	5	5	5	5	5	5	5	5	5	6	6	6	6	6	6	6	6	6	6	6	6	6	6	6	6	6	6	6	6
				日	22	23	24	25	26	27	28	29	30	31	1	2	3	4	5	6	7	8	9	10	11	12	13	14	15	16	17	18	19	20
五月	庚午	七赤	日柱		丙辰	丁巳	戊午	己未	庚申	辛酉	壬戌	癸亥	甲子	乙丑	丙寅	丁卯	戊辰	己巳	庚午	辛未	壬申	癸酉	甲戌	乙亥	丙子	丁丑	戊寅	己卯	庚辰	辛巳	壬午	癸未	甲申	
			陽曆	月	6	6	6	6	6	6	6	6	6	6	7	7	7	7	7	7	7	7	7	7	7	7	7	7	7	7	7	7	7	
				日	21	22	23	24	25	26	27	28	29	30	1	2	3	4	5	6	7	8	9	10	11	12	13	14	15	16	17	18	19	
六月	辛未	六白	日柱		乙酉	丙戌	丁亥	戊子	己丑	庚寅	辛卯	壬辰	癸巳	甲午	乙未	丙申	丁酉	戊戌	己亥	庚子	辛丑	壬寅	癸卯	甲辰	乙巳	丙午	丁未	戊申	己酉	庚戌	辛亥	壬子	癸丑	甲寅
			陽曆	月	7	7	7	7	7	7	7	7	7	7	7	7	8	8	8	8	8	8	8	8	8	8	8	8	8	8	8	8	8	8
				日	20	21	22	23	24	25	26	27	28	29	30	31	1	2	3	4	5	6	7	8	9	10	11	12	13	14	15	16	17	18
七月	壬申	五黄	日柱		乙卯	丙辰	丁巳	戊午	己未	庚申	辛酉	壬戌	癸亥	甲子	乙丑	丙寅	丁卯	戊辰	己巳	庚午	辛未	壬申	癸酉	甲戌	乙亥	丙子	丁丑	戊寅	己卯	庚辰	辛巳	壬午	癸未	
			陽曆	月	8	8	8	8	8	8	8	8	8	8	8	8	8	9	9	9	9	9	9	9	9	9	9	9	9	9	9	9	9	
				日	19	20	21	22	23	24	25	26	27	28	29	30	31	1	2	3	4	5	6	7	8	9	10	11	12	13	14	15	16	
八月	癸酉	四緑	日柱		甲申	乙酉	丙戌	丁亥	戊子	己丑	庚寅	辛卯	壬辰	癸巳	甲午	乙未	丙申	丁酉	戊戌	己亥	庚子	辛丑	壬寅	癸卯	甲辰	乙巳	丙午	丁未	戊申	己酉	庚戌	辛亥	壬子	癸丑
			陽曆	月	9	9	9	9	9	9	9	9	9	9	9	9	9	9	10	10	10	10	10	10	10	10	10	10	10	10	10	10	10	10
				日	17	18	19	20	21	22	23	24	25	26	27	28	29	30	1	2	3	4	5	6	7	8	9	10	11	12	13	14	15	16
九月	甲戌	三碧	日柱		甲寅	乙卯	丙辰	丁巳	戊午	己未	庚申	辛酉	壬戌	癸亥	甲子	乙丑	丙寅	丁卯	戊辰	己巳	庚午	辛未	壬申	癸酉	甲戌	乙亥	丙子	丁丑	戊寅	己卯	庚辰	辛巳	壬午	癸未
			陽曆	月	10	10	10	10	10	10	10	10	10	10	10	10	10	10	10	11	11	11	11	11	11	11	11	11	11	11	11	11	11	11
				日	17	18	19	20	21	22	23	24	25	26	27	28	29	30	31	1	2	3	4	5	6	7	8	9	10	11	12	13	14	15
十月	乙亥	二黒	日柱		庚子	辛丑	壬寅	癸卯	甲辰	乙巳	丙午	丁未	戊申	己酉	庚戌	辛亥	壬子	癸丑	甲寅	乙卯	丙辰	丁巳	戊午	己未	庚申	辛酉	壬戌	癸亥	甲子	乙丑	丙寅	丁卯	戊辰	
			陽曆	月	11	11	11	11	11	11	11	11	11	11	11	11	11	11	11	12	12	12	12	12	12	12	12	12	12	12	12	12	12	
				日	16	17	18	19	20	21	22	23	24	25	26	27	28	29	30	1	2	3	4	5	6	7	8	9	10	11	12	13	14	
十一月	丙子	一白	日柱		癸丑	甲寅	乙卯	丙辰	丁巳	戊午	己未	庚申	辛酉	壬戌	癸亥	甲子	乙丑	丙寅	丁卯	戊辰	己巳	庚午	辛未	壬申	癸酉	甲戌	乙亥	丙子	丁丑	戊寅	己卯	庚辰	辛巳	壬午
			陽曆	月	12	12	12	12	12	12	12	12	12	12	12	12	12	12	12	12	12	1	1	1	1	1	1	1	1	1	1	1	1	1
				日	15	16	17	18	19	20	21	22	23	24	25	26	27	28	29	30	31	1	2	3	4	5	6	7	8	9	10	11	12	13
十二月	丁丑	九紫	日柱		癸未	甲申	乙酉	丙戌	丁亥	戊子	己丑	庚寅	辛卯	壬辰	癸巳	甲午	乙未	丙申	丁酉	戊戌	己亥	庚子	辛丑	壬寅	癸卯	甲辰	乙巳	丙午	丁未	戊申	己酉	庚戌	辛亥	壬子
			陽曆	月	1	1	1	1	1	1	1	1	1	1	1	1	1	1	1	1	1	1	2	2	2	2	2	2	2	2	2	2	2	2
				日	14	15	16	17	18	19	20	21	22	23	24	25	26	27	28	29	30	31	1	2	3	4	5	6	7	8	9	10	11	12

1945年【乙酉】

月別	月柱	紫白	農暦		初一	初二	初三	初四	初五	初六	初七	初八	初九	初十	十一	十二	十三	十四	十五	十六	十七	十八	十九	二十	廿一	廿二	廿三	廿四	廿五	廿六	廿七	廿八	廿九	三十
正月	戊寅	八白	日柱		癸丑	甲寅	乙卯	丙辰	丁巳	戊午	己未	庚申	辛酉	壬戌	癸亥	甲子	乙丑	丙寅	丁卯	戊辰	己巳	庚午	辛未	壬申	癸酉	甲戌	乙亥	丙子	丁丑	戊寅	己卯	庚辰	辛巳	
			陽暦	月	2	2	2	2	2	2	2	2	2	2	2	2	2	2	2	2	3	3	3	3	3	3	3	3	3	3	3	3	3	
				日	13	14	15	16	17	18	19	20	21	22	23	24	25	26	27	28	1	2	3	4	5	6	7	8	9	10	11	12	13	
二月	己卯	七赤	日柱		壬午	癸未	甲申	乙酉	丙戌	丁亥	戊子	己丑	庚寅	辛卯	壬辰	癸巳	甲午	乙未	丙申	丁酉	戊戌	己亥	庚子	辛丑	壬寅	癸卯	甲辰	乙巳	丙午	丁未	戊申	己酉	庚戌	
			陽暦	月	3	3	3	3	3	3	3	3	3	3	3	3	3	3	3	3	3	3	4	4	4	4	4	4	4	4	4	4	4	
				日	14	15	16	17	18	19	20	21	22	23	24	25	26	27	28	29	30	31	1	2	3	4	5	6	7	8	9	10	11	
三月	庚辰	六白	日柱		辛亥	壬子	癸丑	甲寅	乙卯	丙辰	丁巳	戊午	己未	庚申	辛酉	壬戌	癸亥	甲子	乙丑	丙寅	丁卯	戊辰	己巳	庚午	辛未	壬申	癸酉	甲戌	乙亥	丙子	丁丑	戊寅	己卯	庚辰
			陽暦	月	4	4	4	4	4	4	4	4	4	4	4	4	4	4	4	4	4	4	4	5	5	5	5	5	5	5	5	5	5	5
				日	12	13	14	15	16	17	18	19	20	21	22	23	24	25	26	27	28	29	30	1	2	3	4	5	6	7	8	9	10	11
四月	辛巳	五黄	日柱		辛巳	壬午	癸未	甲申	乙酉	丙戌	丁亥	戊子	己丑	庚寅	辛卯	壬辰	癸巳	甲午	乙未	丙申	丁酉	戊戌	己亥	庚子	辛丑	壬寅	癸卯	甲辰	乙巳	丙午	丁未	戊申	己酉	
			陽暦	月	5	5	5	5	5	5	5	5	5	5	5	5	5	5	5	5	5	5	5	5	6	6	6	6	6	6	6	6	6	
				日	12	13	14	15	16	17	18	19	20	21	22	23	24	25	26	27	28	29	30	31	1	2	3	4	5	6	7	8	9	
五月	壬午	四緑	日柱		庚戌	辛亥	壬子	癸丑	甲寅	乙卯	丙辰	丁巳	戊午	己未	庚申	辛酉	壬戌	癸亥	甲子	乙丑	丙寅	丁卯	戊辰	己巳	庚午	辛未	壬申	癸酉	甲戌	乙亥	丙子	丁丑	戊寅	
			陽暦	月	6	6	6	6	6	6	6	6	6	6	6	6	6	6	6	6	6	6	6	6	6	7	7	7	7	7	7	7	7	
				日	10	11	12	13	14	15	16	17	18	19	20	21	22	23	24	25	26	27	28	29	30	1	2	3	4	5	6	7	8	
六月	癸未	三碧	日柱		己卯	庚辰	辛巳	壬午	癸未	甲申	乙酉	丙戌	丁亥	戊子	己丑	庚寅	辛卯	壬辰	癸巳	甲午	乙未	丙申	丁酉	戊戌	己亥	庚子	辛丑	壬寅	癸卯	甲辰	乙巳	丙午	丁未	戊申
			陽暦	月	7	7	7	7	7	7	7	7	7	7	7	7	7	7	7	7	7	7	7	7	7	7	7	8	8	8	8	8	8	8
				日	9	10	11	12	13	14	15	16	17	18	19	20	21	22	23	24	25	26	27	28	29	30	31	1	2	3	4	5	6	7
七月	甲申	二黒	日柱		己酉	庚戌	辛亥	壬子	癸丑	甲寅	乙卯	丙辰	丁巳	戊午	己未	庚申	辛酉	壬戌	癸亥	甲子	乙丑	丙寅	丁卯	戊辰	己巳	庚午	辛未	壬申	癸酉	甲戌	乙亥	丙子	丁丑	
			陽暦	月	8	8	8	8	8	8	8	8	8	8	8	8	8	8	8	8	8	8	8	8	8	8	8	8	9	9	9	9	9	
				日	8	9	10	11	12	13	14	15	16	17	18	19	20	21	22	23	24	25	26	27	28	29	30	31	1	2	3	4	5	
八月	乙酉	一白	日柱		戊寅	己卯	庚辰	辛巳	壬午	癸未	甲申	乙酉	丙戌	丁亥	戊子	己丑	庚寅	辛卯	壬辰	癸巳	甲午	乙未	丙申	丁酉	戊戌	己亥	庚子	辛丑	壬寅	癸卯	甲辰	乙巳	丙午	丁未
			陽暦	月	9	9	9	9	9	9	9	9	9	9	9	9	9	9	9	9	9	9	9	9	9	9	9	9	9	10	10	10	10	10
				日	6	7	8	9	10	11	12	13	14	15	16	17	18	19	20	21	22	23	24	25	26	27	28	29	30	1	2	3	4	5
九月	丙戌	九紫	日柱		戊申	己酉	庚戌	辛亥	壬子	癸丑	甲寅	乙卯	丙辰	丁巳	戊午	己未	庚申	辛酉	壬戌	癸亥	甲子	乙丑	丙寅	丁卯	戊辰	己巳	庚午	辛未	壬申	癸酉	甲戌	乙亥	丙子	丁丑
			陽暦	月	10	10	10	10	10	10	10	10	10	10	10	10	10	10	10	10	10	10	10	10	10	10	10	10	10	10	11	11	11	11
				日	6	7	8	9	10	11	12	13	14	15	16	17	18	19	20	21	22	23	24	25	26	27	28	29	30	31	1	2	3	4
十月	丁亥	八白	日柱		戊寅	己卯	庚辰	辛巳	壬午	癸未	甲申	乙酉	丙戌	丁亥	戊子	己丑	庚寅	辛卯	壬辰	癸巳	甲午	乙未	丙申	丁酉	戊戌	己亥	庚子	辛丑	壬寅	癸卯	甲辰	乙巳	丙午	丁未
			陽暦	月	11	11	11	11	11	11	11	11	11	11	11	11	11	11	11	11	11	11	11	11	11	11	11	11	11	11	12	12	12	12
				日	5	6	7	8	9	10	11	12	13	14	15	16	17	18	19	20	21	22	23	24	25	26	27	28	29	30	1	2	3	4
十一月	戊子	七赤	日柱		戊申	己酉	庚戌	辛亥	壬子	癸丑	甲寅	乙卯	丙辰	丁巳	戊午	己未	庚申	辛酉	壬戌	癸亥	甲子	乙丑	丙寅	丁卯	戊辰	己巳	庚午	辛未	壬申	癸酉	甲戌	乙亥	丙子	
			陽暦	月	12	12	12	12	12	12	12	12	12	12	12	12	12	12	12	12	12	12	12	12	12	12	12	12	12	12	12	1	1	
				日	5	6	7	8	9	10	11	12	13	14	15	16	17	18	19	20	21	22	23	24	25	26	27	28	29	30	31	1	2	
十二月	己丑	六白	日柱		丁丑	戊寅	己卯	庚辰	辛巳	壬午	癸未	甲申	乙酉	丙戌	丁亥	戊子	己丑	庚寅	辛卯	壬辰	癸巳	甲午	乙未	丙申	丁酉	戊戌	己亥	庚子	辛丑	壬寅	癸卯	甲辰	乙巳	丙午
			陽暦	月	1	1	1	1	1	1	1	1	1	1	1	1	1	1	1	1	1	1	1	1	1	1	1	1	1	1	1	1	1	2
				日	3	4	5	6	7	8	9	10	11	12	13	14	15	16	17	18	19	20	21	22	23	24	25	26	27	28	29	30	31	1

1946年【丙戌】

月別	月柱	紫白	農曆		初一	初二	初三	初四	初五	初六	初七	初八	初九	初十	十一	十二	十三	十四	十五	十六	十七	十八	十九	二十	廿一	廿二	廿三	廿四	廿五	廿六	廿七	廿八	廿九	三十
正月	庚寅	五黄	日柱		丁未	戊申	己酉	庚戌	辛亥	壬子	癸丑	甲寅	乙卯	丙辰	丁巳	戊午	己未	庚申	辛酉	壬戌	癸亥	甲子	乙丑	丙寅	丁卯	戊辰	己巳	庚午	辛未	壬申	癸酉	甲戌	乙亥	丙子
			陽曆	月	2	2	2	2	2	2	2	2	2	2	2	2	2	2	2	2	2	2	2	2	2	2	2	2	2	2	2	3	3	3
				日	2	3	4	5	6	7	8	9	10	11	12	13	14	15	16	17	18	19	20	21	22	23	24	25	26	27	28	1	2	3
二月	辛卯	四緑	日柱		丁丑	戊寅	己卯	庚辰	辛巳	壬午	癸未	甲申	乙酉	丙戌	丁亥	戊子	己丑	庚寅	辛卯	壬辰	癸巳	甲午	乙未	丙申	丁酉	戊戌	己亥	庚子	辛丑	壬寅	癸卯	甲辰	乙巳	
			陽曆	月	3	3	3	3	3	3	3	3	3	3	3	3	3	3	3	3	3	3	3	3	3	3	3	3	3	3	3	3	4	
				日	4	5	6	7	8	9	10	11	12	13	14	15	16	17	18	19	20	21	22	23	24	25	26	27	28	29	30	31	1	
三月	壬辰	三碧	日柱		丙午	丁未	戊申	己酉	庚戌	辛亥	壬子	癸丑	甲寅	乙卯	丙辰	丁巳	戊午	己未	庚申	辛酉	壬戌	癸亥	甲子	乙丑	丙寅	丁卯	戊辰	己巳	庚午	辛未	壬申	癸酉	甲戌	
			陽曆	月	4	4	4	4	4	4	4	4	4	4	4	4	4	4	4	4	4	4	4	4	4	4	4	4	4	4	4	4	4	
				日	2	3	4	5	6	7	8	9	10	11	12	13	14	15	16	17	18	19	20	21	22	23	24	25	26	27	28	29	30	
四月	癸巳	二黒	日柱		乙亥	丙子	丁丑	戊寅	己卯	庚辰	辛巳	壬午	癸未	甲申	乙酉	丙戌	丁亥	戊子	己丑	庚寅	辛卯	壬辰	癸巳	甲午	乙未	丙申	丁酉	戊戌	己亥	庚子	辛丑	壬寅	癸卯	甲辰
			陽曆	月	5	5	5	5	5	5	5	5	5	5	5	5	5	5	5	5	5	5	5	5	5	5	5	5	5	5	5	5	5	5
				日	1	2	3	4	5	6	7	8	9	10	11	12	13	14	15	16	17	18	19	20	21	22	23	24	25	26	27	28	29	30
五月	甲午	一白	日柱		乙巳	丙午	丁未	戊申	己酉	庚戌	辛亥	壬子	癸丑	甲寅	乙卯	丙辰	丁巳	戊午	己未	庚申	辛酉	壬戌	癸亥	甲子	乙丑	丙寅	丁卯	戊辰	己巳	庚午	辛未	壬申	癸酉	
			陽曆	月	5	6	6	6	6	6	6	6	6	6	6	6	6	6	6	6	6	6	6	6	6	6	6	6	6	6	6	6	6	
				日	31	1	2	3	4	5	6	7	8	9	10	11	12	13	14	15	16	17	18	19	20	21	22	23	24	25	26	27	28	
六月	乙未	九紫	日柱		甲戌	乙亥	丙子	丁丑	戊寅	己卯	庚辰	辛巳	壬午	癸未	甲申	乙酉	丙戌	丁亥	戊子	己丑	庚寅	辛卯	壬辰	癸巳	甲午	乙未	丙申	丁酉	戊戌	己亥	庚子	辛丑	壬寅	
			陽曆	月	6	6	7	7	7	7	7	7	7	7	7	7	7	7	7	7	7	7	7	7	7	7	7	7	7	7	7	7	7	
				日	29	30	1	2	3	4	5	6	7	8	9	10	11	12	13	14	15	16	17	18	19	20	21	22	23	24	25	26	27	
七月	丙申	八白	日柱		癸卯	甲辰	乙巳	丙午	丁未	戊申	己酉	庚戌	辛亥	壬子	癸丑	甲寅	乙卯	丙辰	丁巳	戊午	己未	庚申	辛酉	壬戌	癸亥	甲子	乙丑	丙寅	丁卯	戊辰	己巳	庚午	辛未	壬申
			陽曆	月	7	7	7	7	8	8	8	8	8	8	8	8	8	8	8	8	8	8	8	8	8	8	8	8	8	8	8	8	8	8
				日	28	29	30	31	1	2	3	4	5	6	7	8	9	10	11	12	13	14	15	16	17	18	19	20	21	22	23	24	25	26
八月	丁酉	七赤	日柱		癸酉	甲戌	乙亥	丙子	丁丑	戊寅	己卯	庚辰	辛巳	壬午	癸未	甲申	乙酉	丙戌	丁亥	戊子	己丑	庚寅	辛卯	壬辰	癸巳	甲午	乙未	丙申	丁酉	戊戌	己亥	庚子	辛丑	
			陽曆	月	8	8	8	8	8	9	9	9	9	9	9	9	9	9	9	9	9	9	9	9	9	9	9	9	9	9	9	9	9	
				日	27	28	29	30	31	1	2	3	4	5	6	7	8	9	10	11	12	13	14	15	16	17	18	19	20	21	22	23	24	
九月	戊戌	六白	日柱		壬寅	癸卯	甲辰	乙巳	丙午	丁未	戊申	己酉	庚戌	辛亥	壬子	癸丑	甲寅	乙卯	丙辰	丁巳	戊午	己未	庚申	辛酉	壬戌	癸亥	甲子	乙丑	丙寅	丁卯	戊辰	己巳	庚午	辛未
			陽曆	月	9	9	9	9	9	9	10	10	10	10	10	10	10	10	10	10	10	10	10	10	10	10	10	10	10	10	10	10	10	10
				日	25	26	27	28	29	30	1	2	3	4	5	6	7	8	9	10	11	12	13	14	15	16	17	18	19	20	21	22	23	24
十月	己亥	五黄	日柱		壬申	癸酉	甲戌	乙亥	丙子	丁丑	戊寅	己卯	庚辰	辛巳	壬午	癸未	甲申	乙酉	丙戌	丁亥	戊子	己丑	庚寅	辛卯	壬辰	癸巳	甲午	乙未	丙申	丁酉	戊戌	己亥	庚子	辛丑
			陽曆	月	10	10	10	10	10	10	10	11	11	11	11	11	11	11	11	11	11	11	11	11	11	11	11	11	11	11	11	11	11	11
				日	25	26	27	28	29	30	31	1	2	3	4	5	6	7	8	9	10	11	12	13	14	15	16	17	18	19	20	21	22	23
十一月	庚子	四緑	日柱		壬寅	癸卯	甲辰	乙巳	丙午	丁未	戊申	己酉	庚戌	辛亥	壬子	癸丑	甲寅	乙卯	丙辰	丁巳	戊午	己未	庚申	辛酉	壬戌	癸亥	甲子	乙丑	丙寅	丁卯	戊辰	己巳	庚午	
			陽曆	月	11	11	11	11	11	11	11	12	12	12	12	12	12	12	12	12	12	12	12	12	12	12	12	12	12	12	12	12	12	
				日	24	25	26	27	28	29	30	1	2	3	4	5	6	7	8	9	10	11	12	13	14	15	16	17	18	19	20	21	22	
十二月	辛丑	三碧	日柱		辛未	壬申	癸酉	甲戌	乙亥	丙子	丁丑	戊寅	己卯	庚辰	辛巳	壬午	癸未	甲申	乙酉	丙戌	丁亥	戊子	己丑	庚寅	辛卯	壬辰	癸巳	甲午	乙未	丙申	丁酉	戊戌	己亥	庚子
			陽曆	月	12	12	12	12	12	12	12	12	12	1	1	1	1	1	1	1	1	1	1	1	1	1	1	1	1	1	1	1	1	1
				日	23	24	25	26	27	28	29	30	31	1	2	3	4	5	6	7	8	9	10	11	12	13	14	15	16	17	18	19	20	21

1947年【丁亥】

月別	月柱	紫白	農暦	初一	初二	初三	初四	初五	初六	初七	初八	初九	初十	十一	十二	十三	十四	十五	十六	十七	十八	十九	二十	廿一	廿二	廿三	廿四	廿五	廿六	廿七	廿八	廿九	三十
正月	壬寅	二黒	日柱	辛丑	壬寅	癸卯	甲辰	乙巳	丙午	丁未	戊申	己酉	庚戌	辛亥	壬子	癸丑	甲寅	乙卯	丙辰	丁巳	戊午	己未	庚申	辛酉	壬戌	癸亥	甲子	乙丑	丙寅	丁卯	戊辰	己巳	庚午
			陽暦 月	1	1	1	1	1	1	1	1	1	1	2	2	2	2	2	2	2	2	2	2	2	2	2	2	2	2	2	2	2	2
			陽暦 日	22	23	24	25	26	27	28	29	30	31	1	2	3	4	5	6	7	8	9	10	11	12	13	14	15	16	17	18	19	20
二月	癸卯	一白	日柱	辛未	壬申	癸酉	甲戌	乙亥	丙子	丁丑	戊寅	己卯	庚辰	辛巳	壬午	癸未	甲申	乙酉	丙戌	丁亥	戊子	己丑	庚寅	辛卯	壬辰	癸巳	甲午	乙未	丙申	丁酉	戊戌	己亥	庚子
			陽暦 月	2	2	2	2	2	2	2	2	3	3	3	3	3	3	3	3	3	3	3	3	3	3	3	3	3	3	3	3	3	3
			陽暦 日	21	22	23	24	25	26	27	28	1	2	3	4	5	6	7	8	9	10	11	12	13	14	15	16	17	18	19	20	21	22
閏二月			日柱	辛丑	壬寅	癸卯	甲辰	乙巳	丙午	丁未	戊申	己酉	庚戌	辛亥	壬子	癸丑	甲寅	乙卯	丙辰	丁巳	戊午	己未	庚申	辛酉	壬戌	癸亥	甲子	乙丑	丙寅	丁卯	戊辰	己巳	
			陽暦 月	3	3	3	3	3	3	3	3	3	4	4	4	4	4	4	4	4	4	4	4	4	4	4	4	4	4	4	4	4	
			陽暦 日	23	24	25	26	27	28	29	30	31	1	2	3	4	5	6	7	8	9	10	11	12	13	14	15	16	17	18	19	20	
三月	甲辰	九紫	日柱	庚午	辛未	壬申	癸酉	甲戌	乙亥	丙子	丁丑	戊寅	己卯	庚辰	辛巳	壬午	癸未	甲申	乙酉	丙戌	丁亥	戊子	己丑	庚寅	辛卯	壬辰	癸巳	甲午	乙未	丙申	丁酉	戊戌	
			陽暦 月	4	4	4	4	4	4	4	4	4	4	5	5	5	5	5	5	5	5	5	5	5	5	5	5	5	5	5	5	5	
			陽暦 日	21	22	23	24	25	26	27	28	29	30	1	2	3	4	5	6	7	8	9	10	11	12	13	14	15	16	17	18	19	
四月	乙巳	八白	日柱	己亥	庚子	辛丑	壬寅	癸卯	甲辰	乙巳	丙午	丁未	戊申	己酉	庚戌	辛亥	壬子	癸丑	甲寅	乙卯	丙辰	丁巳	戊午	己未	庚申	辛酉	壬戌	癸亥	甲子	乙丑	丙寅	丁卯	戊辰
			陽暦 月	5	5	5	5	5	5	5	5	5	5	5	5	6	6	6	6	6	6	6	6	6	6	6	6	6	6	6	6	6	6
			陽暦 日	20	21	22	23	24	25	26	27	28	29	30	31	1	2	3	4	5	6	7	8	9	10	11	12	13	14	15	16	17	18
五月	丙午	七赤	日柱	己巳	庚午	辛未	壬申	癸酉	甲戌	乙亥	丙子	丁丑	戊寅	己卯	庚辰	辛巳	壬午	癸未	甲申	乙酉	丙戌	丁亥	戊子	己丑	庚寅	辛卯	壬辰	癸巳	甲午	乙未	丙申	丁酉	
			陽暦 月	6	6	6	6	6	6	6	6	6	6	6	6	7	7	7	7	7	7	7	7	7	7	7	7	7	7	7	7	7	
			陽暦 日	19	20	21	22	23	24	25	26	27	28	29	30	1	2	3	4	5	6	7	8	9	10	11	12	13	14	15	16	17	
六月	丁未	六白	日柱	戊戌	己亥	庚子	辛丑	壬寅	癸卯	甲辰	乙巳	丙午	丁未	戊申	己酉	庚戌	辛亥	壬子	癸丑	甲寅	乙卯	丙辰	丁巳	戊午	己未	庚申	辛酉	壬戌	癸亥	甲子	乙丑	丙寅	
			陽暦 月	7	7	7	7	7	7	7	7	7	7	7	7	7	7	8	8	8	8	8	8	8	8	8	8	8	8	8	8	8	
			陽暦 日	18	19	20	21	22	23	24	25	26	27	28	29	30	31	1	2	3	4	5	6	7	8	9	10	11	12	13	14	15	
七月	戊申	五黄	日柱	丁卯	戊辰	己巳	庚午	辛未	壬申	癸酉	甲戌	乙亥	丙子	丁丑	戊寅	己卯	庚辰	辛巳	壬午	癸未	甲申	乙酉	丙戌	丁亥	戊子	己丑	庚寅	辛卯	壬辰	癸巳	甲午	乙未	丙申
			陽暦 月	8	8	8	8	8	8	8	8	8	8	8	8	8	8	8	8	9	9	9	9	9	9	9	9	9	9	9	9	9	9
			陽暦 日	16	17	18	19	20	21	22	23	24	25	26	27	28	29	30	31	1	2	3	4	5	6	7	8	9	10	11	12	13	14
八月	己酉	四緑	日柱	丁酉	戊戌	己亥	庚子	辛丑	壬寅	癸卯	甲辰	乙巳	丙午	丁未	戊申	己酉	庚戌	辛亥	壬子	癸丑	甲寅	乙卯	丙辰	丁巳	戊午	己未	庚申	辛酉	壬戌	癸亥	甲子	乙丑	
			陽暦 月	9	9	9	9	9	9	9	9	9	9	9	9	9	9	9	9	10	10	10	10	10	10	10	10	10	10	10	10	10	
			陽暦 日	15	16	17	18	19	20	21	22	23	24	25	26	27	28	29	30	1	2	3	4	5	6	7	8	9	10	11	12	13	
九月	庚戌	三碧	日柱	丙寅	丁卯	戊辰	己巳	庚午	辛未	壬申	癸酉	甲戌	乙亥	丙子	丁丑	戊寅	己卯	庚辰	辛巳	壬午	癸未	甲申	乙酉	丙戌	丁亥	戊子	己丑	庚寅	辛卯	壬辰	癸巳	甲午	乙未
			陽暦 月	10	10	10	10	10	10	10	10	10	10	10	10	10	10	10	10	10	10	11	11	11	11	11	11	11	11	11	11	11	11
			陽暦 日	14	15	16	17	18	19	20	21	22	23	24	25	26	27	28	29	30	31	1	2	3	4	5	6	7	8	9	10	11	12
十月	辛亥	二黒	日柱	丙申	丁酉	戊戌	己亥	庚子	辛丑	壬寅	癸卯	甲辰	乙巳	丙午	丁未	戊申	己酉	庚戌	辛亥	壬子	癸丑	甲寅	乙卯	丙辰	丁巳	戊午	己未	庚申	辛酉	壬戌	癸亥	甲子	
			陽暦 月	11	11	11	11	11	11	11	11	11	11	11	11	11	11	11	11	11	11	12	12	12	12	12	12	12	12	12	12	12	
			陽暦 日	13	14	15	16	17	18	19	20	21	22	23	24	25	26	27	28	29	30	1	2	3	4	5	6	7	8	9	10	11	
十一月	壬子	一白	日柱	乙丑	丙寅	丁卯	戊辰	己巳	庚午	辛未	壬申	癸酉	甲戌	乙亥	丙子	丁丑	戊寅	己卯	庚辰	辛巳	壬午	癸未	甲申	乙酉	丙戌	丁亥	戊子	己丑	庚寅	辛卯	壬辰	癸巳	甲午
			陽暦 月	12	12	12	12	12	12	12	12	12	12	12	12	12	12	12	12	12	12	12	12	1	1	1	1	1	1	1	1	1	1
			陽暦 日	12	13	14	15	16	17	18	19	20	21	22	23	24	25	26	27	28	29	30	31	1	2	3	4	5	6	7	8	9	10
十二月	癸丑	九紫	日柱	乙未	丙申	丁酉	戊戌	己亥	庚子	辛丑	壬寅	癸卯	甲辰	乙巳	丙午	丁未	戊申	己酉	庚戌	辛亥	壬子	癸丑	甲寅	乙卯	丙辰	丁巳	戊午	己未	庚申	辛酉	壬戌	癸亥	甲子
			陽暦 月	1	1	1	1	1	1	1	1	1	1	1	1	1	1	1	1	1	1	1	1	1	2	2	2	2	2	2	2	2	2
			陽暦 日	11	12	13	14	15	16	17	18	19	20	21	22	23	24	25	26	27	28	29	30	31	1	2	3	4	5	6	7	8	9

1948年【戊子】

月別	月柱	紫白	農暦		初一	初二	初三	初四	初五	初六	初七	初八	初九	初十	十一	十二	十三	十四	十五	十六	十七	十八	十九	二十	廿一	廿二	廿三	廿四	廿五	廿六	廿七	廿八	廿九	三十
正月	甲寅	八白	日柱		乙丑	丙寅	丁卯	戊辰	己巳	庚午	辛未	壬申	癸酉	甲戌	乙亥	丙子	丁丑	戊寅	己卯	庚辰	辛巳	壬午	癸未	甲申	乙酉	丙戌	丁亥	戊子	己丑	庚寅	辛卯	壬辰	癸巳	甲午
			陽暦	月	2	2	2	2	2	2	2	2	2	2	2	2	2	2	2	2	2	2	2	2	3	3	3	3	3	3	3	3	3	3
				日	10	11	12	13	14	15	16	17	18	19	20	21	22	23	24	25	26	27	28	29	1	2	3	4	5	6	7	8	9	10
二月	乙卯	七赤	日柱		乙未	丙申	丁酉	戊戌	己亥	庚子	辛丑	壬寅	癸卯	甲辰	乙巳	丙午	丁未	戊申	己酉	庚戌	辛亥	壬子	癸丑	甲寅	乙卯	丙辰	丁巳	戊午	己未	庚申	辛酉	壬戌	癸亥	
			陽暦	月	3	3	3	3	3	3	3	3	3	3	3	3	3	3	3	3	3	3	3	3	3	4	4	4	4	4	4	4	4	
				日	11	12	13	14	15	16	17	18	19	20	21	22	23	24	25	26	27	28	29	30	31	1	2	3	4	5	6	7	8	
三月	丙辰	六白	日柱		甲子	乙丑	丙寅	丁卯	戊辰	己巳	庚午	辛未	壬申	癸酉	甲戌	乙亥	丙子	丁丑	戊寅	己卯	庚辰	辛巳	壬午	癸未	甲申	乙酉	丙戌	丁亥	戊子	己丑	庚寅	辛卯	壬辰	癸巳
			陽暦	月	4	4	4	4	4	4	4	4	4	4	4	4	4	4	4	4	4	4	4	4	4	4	5	5	5	5	5	5	5	5
				日	9	10	11	12	13	14	15	16	17	18	19	20	21	22	23	24	25	26	27	28	29	30	1	2	3	4	5	6	7	8
四月	丁巳	五黄	日柱		甲午	乙未	丙申	丁酉	戊戌	己亥	庚子	辛丑	壬寅	癸卯	甲辰	乙巳	丙午	丁未	戊申	己酉	庚戌	辛亥	壬子	癸丑	甲寅	乙卯	丙辰	丁巳	戊午	己未	庚申	辛酉	壬戌	
			陽暦	月	5	5	5	5	5	5	5	5	5	5	5	5	5	5	5	5	5	5	5	5	5	5	5	6	6	6	6	6	6	
				日	9	10	11	12	13	14	15	16	17	18	19	20	21	22	23	24	25	26	27	28	29	30	31	1	2	3	4	5	6	
五月	戊午	四緑	日柱		癸亥	甲子	乙丑	丙寅	丁卯	戊辰	己巳	庚午	辛未	壬申	癸酉	甲戌	乙亥	丙子	丁丑	戊寅	己卯	庚辰	辛巳	壬午	癸未	甲申	乙酉	丙戌	丁亥	戊子	己丑	庚寅	辛卯	壬辰
			陽暦	月	6	6	6	6	6	6	6	6	6	6	6	6	6	6	6	6	6	6	6	6	6	6	6	6	7	7	7	7	7	7
				日	7	8	9	10	11	12	13	14	15	16	17	18	19	20	21	22	23	24	25	26	27	28	29	30	1	2	3	4	5	6
六月	己未	三碧	日柱		癸巳	甲午	乙未	丙申	丁酉	戊戌	己亥	庚子	辛丑	壬寅	癸卯	甲辰	乙巳	丙午	丁未	戊申	己酉	庚戌	辛亥	壬子	癸丑	甲寅	乙卯	丙辰	丁巳	戊午	己未	庚申	辛酉	
			陽暦	月	7	7	7	7	7	7	7	7	7	7	7	7	7	7	7	7	7	7	7	7	7	7	7	7	7	8	8	8	8	
				日	7	8	9	10	11	12	13	14	15	16	17	18	19	20	21	22	23	24	25	26	27	28	29	30	31	1	2	3	4	
七月	庚申	二黒	日柱		壬戌	癸亥	甲子	乙丑	丙寅	丁卯	戊辰	己巳	庚午	辛未	壬申	癸酉	甲戌	乙亥	丙子	丁丑	戊寅	己卯	庚辰	辛巳	壬午	癸未	甲申	乙酉	丙戌	丁亥	戊子	己丑	庚寅	
			陽暦	月	8	8	8	8	8	8	8	8	8	8	8	8	8	8	8	8	8	8	8	8	8	8	8	8	8	8	8	9	9	
				日	5	6	7	8	9	10	11	12	13	14	15	16	17	18	19	20	21	22	23	24	25	26	27	28	29	30	31	1	2	
八月	辛酉	一白	日柱		辛卯	壬辰	癸巳	甲午	乙未	丙申	丁酉	戊戌	己亥	庚子	辛丑	壬寅	癸卯	甲辰	乙巳	丙午	丁未	戊申	己酉	庚戌	辛亥	壬子	癸丑	甲寅	乙卯	丙辰	丁巳	戊午	己未	庚申
			陽暦	月	9	9	9	9	9	9	9	9	9	9	9	9	9	9	9	9	9	9	9	9	9	9	9	9	9	9	9	9	10	10
				日	3	4	5	6	7	8	9	10	11	12	13	14	15	16	17	18	19	20	21	22	23	24	25	26	27	28	29	30	1	2
九月	壬戌	九紫	日柱		辛酉	壬戌	癸亥	甲子	乙丑	丙寅	丁卯	戊辰	己巳	庚午	辛未	壬申	癸酉	甲戌	乙亥	丙子	丁丑	戊寅	己卯	庚辰	辛巳	壬午	癸未	甲申	乙酉	丙戌	丁亥	戊子	己丑	
			陽暦	月	10	10	10	10	10	10	10	10	10	10	10	10	10	10	10	10	10	10	10	10	10	10	10	10	10	10	10	10	10	
				日	3	4	5	6	7	8	9	10	11	12	13	14	15	16	17	18	19	20	21	22	23	24	25	26	27	28	29	30	31	
十月	癸亥	八白	日柱		庚寅	辛卯	壬辰	癸巳	甲午	乙未	丙申	丁酉	戊戌	己亥	庚子	辛丑	壬寅	癸卯	甲辰	乙巳	丙午	丁未	戊申	己酉	庚戌	辛亥	壬子	癸丑	甲寅	乙卯	丙辰	丁巳	戊午	己未
			陽暦	月	11	11	11	11	11	11	11	11	11	11	11	11	11	11	11	11	11	11	11	11	11	11	11	11	11	11	11	11	11	11
				日	1	2	3	4	5	6	7	8	9	10	11	12	13	14	15	16	17	18	19	20	21	22	23	24	25	26	27	28	29	30
十一月	甲子	七赤	日柱		庚申	辛酉	壬戌	癸亥	甲子	乙丑	丙寅	丁卯	戊辰	己巳	庚午	辛未	壬申	癸酉	甲戌	乙亥	丙子	丁丑	戊寅	己卯	庚辰	辛巳	壬午	癸未	甲申	乙酉	丙戌	丁亥	戊子	
			陽暦	月	12	12	12	12	12	12	12	12	12	12	12	12	12	12	12	12	12	12	12	12	12	12	12	12	12	12	12	12	12	
				日	1	2	3	4	5	6	7	8	9	10	11	12	13	14	15	16	17	18	19	20	21	22	23	24	25	26	27	28	29	
十二月	乙丑	六白	日柱		己丑	庚寅	辛卯	壬辰	癸巳	甲午	乙未	丙申	丁酉	戊戌	己亥	庚子	辛丑	壬寅	癸卯	甲辰	乙巳	丙午	丁未	戊申	己酉	庚戌	辛亥	壬子	癸丑	甲寅	乙卯	丙辰	丁巳	戊午
			陽暦	月	12	12	1	1	1	1	1	1	1	1	1	1	1	1	1	1	1	1	1	1	1	1	1	1	1	1	1	1	1	1
				日	30	31	1	2	3	4	5	6	7	8	9	10	11	12	13	14	15	16	17	18	19	20	21	22	23	24	25	26	27	28

1949年【己丑】

月別	月柱	紫白	農暦		初一	初二	初三	初四	初五	初六	初七	初八	初九	初十	十一	十二	十三	十四	十五	十六	十七	十八	十九	二十	廿一	廿二	廿三	廿四	廿五	廿六	廿七	廿八	廿九	三十
正月	丙寅	五黄	日柱		己未	庚申	辛酉	壬戌	癸亥	甲子	乙丑	丙寅	丁卯	戊辰	己巳	庚午	辛未	壬申	癸酉	甲戌	乙亥	丙子	丁丑	戊寅	己卯	庚辰	辛巳	壬午	癸未	甲申	乙酉	丙戌	丁亥	戊子
			陽暦	月	1	1	1	2	2	2	2	2	2	2	2	2	2	2	2	2	2	2	2	2	2	2	2	2	2	2	2	2	2	2
				日	29	30	31	1	2	3	4	5	6	7	8	9	10	11	12	13	14	15	16	17	18	19	20	21	22	23	24	25	26	27
二月	丁卯	四緑	日柱		己丑	庚寅	辛卯	壬辰	癸巳	甲午	乙未	丙申	丁酉	戊戌	己亥	庚子	辛丑	壬寅	癸卯	甲辰	乙巳	丙午	丁未	戊申	己酉	庚戌	辛亥	壬子	癸丑	甲寅	乙卯	丙辰	丁巳	
			陽暦	月	2	3	3	3	3	3	3	3	3	3	3	3	3	3	3	3	3	3	3	3	3	3	3	3	3	3	3	3	3	
				日	28	1	2	3	4	5	6	7	8	9	10	11	12	13	14	15	16	17	18	19	20	21	22	23	24	25	26	27	28	
三月	戊辰	三碧	日柱		戊午	己未	庚申	辛酉	壬戌	癸亥	甲子	乙丑	丙寅	丁卯	戊辰	己巳	庚午	辛未	壬申	癸酉	甲戌	乙亥	丙子	丁丑	戊寅	己卯	庚辰	辛巳	壬午	癸未	甲申	乙酉	丙戌	丁亥
			陽暦	月	3	3	3	4	4	4	4	4	4	4	4	4	4	4	4	4	4	4	4	4	4	4	4	4	4	4	4	4	4	4
				日	29	30	31	1	2	3	4	5	6	7	8	9	10	11	12	13	14	15	16	17	18	19	20	21	22	23	24	25	26	27
四月	己巳	二黒	日柱		戊子	己丑	庚寅	辛卯	壬辰	癸巳	甲午	乙未	丙申	丁酉	戊戌	己亥	庚子	辛丑	壬寅	癸卯	甲辰	乙巳	丙午	丁未	戊申	己酉	庚戌	辛亥	壬子	癸丑	甲寅	乙卯	丙辰	丁巳
			陽暦	月	4	4	4	5	5	5	5	5	5	5	5	5	5	5	5	5	5	5	5	5	5	5	5	5	5	5	5	5	5	5
				日	28	29	30	1	2	3	4	5	6	7	8	9	10	11	12	13	14	15	16	17	18	19	20	21	22	23	24	25	26	27
五月	庚午	一白	日柱		戊午	己未	庚申	辛酉	壬戌	癸亥	甲子	乙丑	丙寅	丁卯	戊辰	己巳	庚午	辛未	壬申	癸酉	甲戌	乙亥	丙子	丁丑	戊寅	己卯	庚辰	辛巳	壬午	癸未	甲申	乙酉	丙戌	
			陽暦	月	5	5	5	5	6	6	6	6	6	6	6	6	6	6	6	6	6	6	6	6	6	6	6	6	6	6	6	6	6	
				日	28	29	30	31	1	2	3	4	5	6	7	8	9	10	11	12	13	14	15	16	17	18	19	20	21	22	23	24	25	
六月	辛未	九紫	日柱		丁亥	戊子	己丑	庚寅	辛卯	壬辰	癸巳	甲午	乙未	丙申	丁酉	戊戌	己亥	庚子	辛丑	壬寅	癸卯	甲辰	乙巳	丙午	丁未	戊申	己酉	庚戌	辛亥	壬子	癸丑	甲寅	乙卯	丙辰
			陽暦	月	6	6	6	6	6	7	7	7	7	7	7	7	7	7	7	7	7	7	7	7	7	7	7	7	7	7	7	7	7	7
				日	26	27	28	29	30	1	2	3	4	5	6	7	8	9	10	11	12	13	14	15	16	17	18	19	20	21	22	23	24	25
七月	壬申	八白	日柱		丁巳	戊午	己未	庚申	辛酉	壬戌	癸亥	甲子	乙丑	丙寅	丁卯	戊辰	己巳	庚午	辛未	壬申	癸酉	甲戌	乙亥	丙子	丁丑	戊寅	己卯	庚辰	辛巳	壬午	癸未	甲申	乙酉	
			陽暦	月	7	7	7	7	7	7	8	8	8	8	8	8	8	8	8	8	8	8	8	8	8	8	8	8	8	8	8	8	8	
				日	26	27	28	29	30	31	1	2	3	4	5	6	7	8	9	10	11	12	13	14	15	16	17	18	19	20	21	22	23	
閏七月			日柱		丙戌	丁亥	戊子	己丑	庚寅	辛卯	壬辰	癸巳	甲午	乙未	丙申	丁酉	戊戌	己亥	庚子	辛丑	壬寅	癸卯	甲辰	乙巳	丙午	丁未	戊申	己酉	庚戌	辛亥	壬子	癸丑	甲寅	
			陽暦	月	8	8	8	8	8	8	8	8	9	9	9	9	9	9	9	9	9	9	9	9	9	9	9	9	9	9	9	9	9	
				日	24	25	26	27	28	29	30	31	1	2	3	4	5	6	7	8	9	10	11	12	13	14	15	16	17	18	19	20	21	
八月	癸酉	七赤	日柱		乙卯	丙辰	丁巳	戊午	己未	庚申	辛酉	壬戌	癸亥	甲子	乙丑	丙寅	丁卯	戊辰	己巳	庚午	辛未	壬申	癸酉	甲戌	乙亥	丙子	丁丑	戊寅	己卯	庚辰	辛巳	壬午	癸未	甲申
			陽暦	月	9	9	9	9	9	9	9	9	9	10	10	10	10	10	10	10	10	10	10	10	10	10	10	10	10	10	10	10	10	10
				日	22	23	24	25	26	27	28	29	30	1	2	3	4	5	6	7	8	9	10	11	12	13	14	15	16	17	18	19	20	21
九月	甲戌	六白	日柱		乙酉	丙戌	丁亥	戊子	己丑	庚寅	辛卯	壬辰	癸巳	甲午	乙未	丙申	丁酉	戊戌	己亥	庚子	辛丑	壬寅	癸卯	甲辰	乙巳	丙午	丁未	戊申	己酉	庚戌	辛亥	壬子	癸丑	
			陽暦	月	10	10	10	10	10	10	10	10	10	10	11	11	11	11	11	11	11	11	11	11	11	11	11	11	11	11	11	11	11	
				日	22	23	24	25	26	27	28	29	30	31	1	2	3	4	5	6	7	8	9	10	11	12	13	14	15	16	17	18	19	
十月	乙亥	五黄	日柱		甲寅	乙卯	丙辰	丁巳	戊午	己未	庚申	辛酉	壬戌	癸亥	甲子	乙丑	丙寅	丁卯	戊辰	己巳	庚午	辛未	壬申	癸酉	甲戌	乙亥	丙子	丁丑	戊寅	己卯	庚辰	辛巳	壬午	癸未
			陽暦	月	11	11	11	11	11	11	11	11	11	11	11	12	12	12	12	12	12	12	12	12	12	12	12	12	12	12	12	12	12	12
				日	20	21	22	23	24	25	26	27	28	29	30	1	2	3	4	5	6	7	8	9	10	11	12	13	14	15	16	17	18	19
十一月	丙子	四緑	日柱		甲申	乙酉	丙戌	丁亥	戊子	己丑	庚寅	辛卯	壬辰	癸巳	甲午	乙未	丙申	丁酉	戊戌	己亥	庚子	辛丑	壬寅	癸卯	甲辰	乙巳	丙午	丁未	戊申	己酉	庚戌	辛亥	壬子	
			陽暦	月	12	12	12	12	12	12	12	12	12	12	12	12	1	1	1	1	1	1	1	1	1	1	1	1	1	1	1	1	1	
				日	20	21	22	23	24	25	26	27	28	29	30	31	1	2	3	4	5	6	7	8	9	10	11	12	13	14	15	16	17	
十二月	丁丑	三碧	日柱		癸丑	甲寅	乙卯	丙辰	丁巳	戊午	己未	庚申	辛酉	壬戌	癸亥	甲子	乙丑	丙寅	丁卯	戊辰	己巳	庚午	辛未	壬申	癸酉	甲戌	乙亥	丙子	丁丑	戊寅	己卯	庚辰	辛巳	壬午
			陽暦	月	1	1	1	1	1	1	1	1	1	1	1	1	1	1	2	2	2	2	2	2	2	2	2	2	2	2	2	2	2	2
				日	18	19	20	21	22	23	24	25	26	27	28	29	30	31	1	2	3	4	5	6	7	8	9	10	11	12	13	14	15	16

1950年【庚寅】

月別	月柱	紫白	農暦		初一	初二	初三	初四	初五	初六	初七	初八	初九	初十	十一	十二	十三	十四	十五	十六	十七	十八	十九	二十	廿一	廿二	廿三	廿四	廿五	廿六	廿七	廿八	廿九	三十
正月	戊寅	二黒	日柱		癸未	甲申	乙酉	丙戌	丁亥	戊子	己丑	庚寅	辛卯	壬辰	癸巳	甲午	乙未	丙申	丁酉	戊戌	己亥	庚子	辛丑	壬寅	癸卯	甲辰	乙巳	丙午	丁未	戊申	己酉	庚戌	辛亥	
			陽暦	月	2	2	2	2	2	2	2	2	2	2	2	2	3	3	3	3	3	3	3	3	3	3	3	3	3	3	3	3	3	
				日	17	18	19	20	21	22	23	24	25	26	27	28	1	2	3	4	5	6	7	8	9	10	11	12	13	14	15	16	17	
二月	己卯	一白	日柱		壬子	癸丑	甲寅	乙卯	丙辰	丁巳	戊午	己未	庚申	辛酉	壬戌	癸亥	甲子	乙丑	丙寅	丁卯	戊辰	己巳	庚午	辛未	壬申	癸酉	甲戌	乙亥	丙子	丁丑	戊寅	己卯	庚辰	辛巳
			陽暦	月	3	3	3	3	3	3	3	3	3	3	3	3	3	3	4	4	4	4	4	4	4	4	4	4	4	4	4	4	4	4
				日	18	19	20	21	22	23	24	25	26	27	28	29	30	31	1	2	3	4	5	6	7	8	9	10	11	12	13	14	15	16
三月	庚辰	九紫	日柱		壬午	癸未	甲申	乙酉	丙戌	丁亥	戊子	己丑	庚寅	辛卯	壬辰	癸巳	甲午	乙未	丙申	丁酉	戊戌	己亥	庚子	辛丑	壬寅	癸卯	甲辰	乙巳	丙午	丁未	戊申	己酉	庚戌	辛亥
			陽暦	月	4	4	4	4	4	4	4	4	4	4	4	4	4	4	5	5	5	5	5	5	5	5	5	5	5	5	5	5	5	5
				日	17	18	19	20	21	22	23	24	25	26	27	28	29	30	1	2	3	4	5	6	7	8	9	10	11	12	13	14	15	16
四月	辛巳	八白	日柱		壬子	癸丑	甲寅	乙卯	丙辰	丁巳	戊午	己未	庚申	辛酉	壬戌	癸亥	甲子	乙丑	丙寅	丁卯	戊辰	己巳	庚午	辛未	壬申	癸酉	甲戌	乙亥	丙子	丁丑	戊寅	己卯	庚辰	
			陽暦	月	5	5	5	5	5	5	5	5	5	5	5	5	5	5	5	6	6	6	6	6	6	6	6	6	6	6	6	6	6	
				日	17	18	19	20	21	22	23	24	25	26	27	28	29	30	31	1	2	3	4	5	6	7	8	9	10	11	12	13	14	
五月	壬午	七赤	日柱		辛巳	壬午	癸未	甲申	乙酉	丙戌	丁亥	戊子	己丑	庚寅	辛卯	壬辰	癸巳	甲午	乙未	丙申	丁酉	戊戌	己亥	庚子	辛丑	壬寅	癸卯	甲辰	乙巳	丙午	丁未	戊申	己酉	庚戌
			陽暦	月	6	6	6	6	6	6	6	6	6	6	6	6	6	6	6	6	7	7	7	7	7	7	7	7	7	7	7	7	7	7
				日	15	16	17	18	19	20	21	22	23	24	25	26	27	28	29	30	1	2	3	4	5	6	7	8	9	10	11	12	13	14
六月	癸未	六白	日柱		辛亥	壬子	癸丑	甲寅	乙卯	丙辰	丁巳	戊午	己未	庚申	辛酉	壬戌	癸亥	甲子	乙丑	丙寅	丁卯	戊辰	己巳	庚午	辛未	壬申	癸酉	甲戌	乙亥	丙子	丁丑	戊寅	己卯	庚辰
			陽暦	月	7	7	7	7	7	7	7	7	7	7	7	7	7	7	7	7	7	8	8	8	8	8	8	8	8	8	8	8	8	8
				日	15	16	17	18	19	20	21	22	23	24	25	26	27	28	29	30	31	1	2	3	4	5	6	7	8	9	10	11	12	13
七月	甲申	五黄	日柱		辛巳	壬午	癸未	甲申	乙酉	丙戌	丁亥	戊子	己丑	庚寅	辛卯	壬辰	癸巳	甲午	乙未	丙申	丁酉	戊戌	己亥	庚子	辛丑	壬寅	癸卯	甲辰	乙巳	丙午	丁未	戊申	己酉	
			陽暦	月	8	8	8	8	8	8	8	8	8	8	8	8	8	8	8	8	8	8	9	9	9	9	9	9	9	9	9	9	9	
				日	14	15	16	17	18	19	20	21	22	23	24	25	26	27	28	29	30	31	1	2	3	4	5	6	7	8	9	10	11	
八月	乙酉	四緑	日柱		庚戌	辛亥	壬子	癸丑	甲寅	乙卯	丙辰	丁巳	戊午	己未	庚申	辛酉	壬戌	癸亥	甲子	乙丑	丙寅	丁卯	戊辰	己巳	庚午	辛未	壬申	癸酉	甲戌	乙亥	丙子	丁丑	戊寅	
			陽暦	月	9	9	9	9	9	9	9	9	9	9	9	9	9	9	9	9	9	9	9	10	10	10	10	10	10	10	10	10	10	
				日	12	13	14	15	16	17	18	19	20	21	22	23	24	25	26	27	28	29	30	1	2	3	4	5	6	7	8	9	10	
九月	丙戌	三碧	日柱		己卯	庚辰	辛巳	壬午	癸未	甲申	乙酉	丙戌	丁亥	戊子	己丑	庚寅	辛卯	壬辰	癸巳	甲午	乙未	丙申	丁酉	戊戌	己亥	庚子	辛丑	壬寅	癸卯	甲辰	乙巳	丙午	丁未	戊申
			陽暦	月	10	10	10	10	10	10	10	10	10	10	10	10	10	10	10	10	10	10	10	10	10	11	11	11	11	11	11	11	11	11
				日	11	12	13	14	15	16	17	18	19	20	21	22	23	24	25	26	27	28	29	30	31	1	2	3	4	5	6	7	8	9
十月	丁亥	二黒	日柱		己酉	庚戌	辛亥	壬子	癸丑	甲寅	乙卯	丙辰	丁巳	戊午	己未	庚申	辛酉	壬戌	癸亥	甲子	乙丑	丙寅	丁卯	戊辰	己巳	庚午	辛未	壬申	癸酉	甲戌	乙亥	丙子	丁丑	
			陽暦	月	11	11	11	11	11	11	11	11	11	11	11	11	11	11	11	11	11	11	11	11	11	12	12	12	12	12	12	12	12	
				日	10	11	12	13	14	15	16	17	18	19	20	21	22	23	24	25	26	27	28	29	30	1	2	3	4	5	6	7	8	
十一月	戊子	一白	日柱		戊寅	己卯	庚辰	辛巳	壬午	癸未	甲申	乙酉	丙戌	丁亥	戊子	己丑	庚寅	辛卯	壬辰	癸巳	甲午	乙未	丙申	丁酉	戊戌	己亥	庚子	辛丑	壬寅	癸卯	甲辰	乙巳	丙午	丁未
			陽暦	月	12	12	12	12	12	12	12	12	12	12	12	12	12	12	12	12	12	12	12	12	12	12	12	1	1	1	1	1	1	1
				日	9	10	11	12	13	14	15	16	17	18	19	20	21	22	23	24	25	26	27	28	29	30	31	1	2	3	4	5	6	7
十二月	己丑	九紫	日柱		戊申	己酉	庚戌	辛亥	壬子	癸丑	甲寅	乙卯	丙辰	丁巳	戊午	己未	庚申	辛酉	壬戌	癸亥	甲子	乙丑	丙寅	丁卯	戊辰	己巳	庚午	辛未	壬申	癸酉	甲戌	乙亥	丙子	
			陽暦	月	1	1	1	1	1	1	1	1	1	1	1	1	1	1	1	1	1	1	1	1	1	1	1	1	2	2	2	2	2	
				日	8	9	10	11	12	13	14	15	16	17	18	19	20	21	22	23	24	25	26	27	28	29	30	31	1	2	3	4	5	

1951年【辛卯】

月別	月柱	紫白	農暦		初一	初二	初三	初四	初五	初六	初七	初八	初九	初十	十一	十二	十三	十四	十五	十六	十七	十八	十九	二十	廿一	廿二	廿三	廿四	廿五	廿六	廿七	廿八	廿九	三十
正月	庚寅	八白	日柱		丁丑	戊寅	己卯	庚辰	辛巳	壬午	癸未	甲申	乙酉	丙戌	丁亥	戊子	己丑	庚寅	辛卯	壬辰	癸巳	甲午	乙未	丙申	丁酉	戊戌	己亥	庚子	辛丑	壬寅	癸卯	甲辰	乙巳	丙午
			陽暦	月	2	2	2	2	2	2	2	2	2	2	2	2	2	2	2	2	2	2	2	2	2	2	2	3	3	3	3	3	3	3
				日	6	7	8	9	10	11	12	13	14	15	16	17	18	19	20	21	22	23	24	25	26	27	28	1	2	3	4	5	6	7
二月	辛卯	七赤	日柱		丁未	戊申	己酉	庚戌	辛亥	壬子	癸丑	甲寅	乙卯	丙辰	丁巳	戊午	己未	庚申	辛酉	壬戌	癸亥	甲子	乙丑	丙寅	丁卯	戊辰	己巳	庚午	辛未	壬申	癸酉	甲戌	乙亥	
			陽暦	月	3	3	3	3	3	3	3	3	3	3	3	3	3	3	3	3	3	3	3	3	3	3	3	3	4	4	4	4	4	
				日	8	9	10	11	12	13	14	15	16	17	18	19	20	21	22	23	24	25	26	27	28	29	30	31	1	2	3	4	5	
三月	壬辰	六白	日柱		丙子	丁丑	戊寅	己卯	庚辰	辛巳	壬午	癸未	甲申	乙酉	丙戌	丁亥	戊子	己丑	庚寅	辛卯	壬辰	癸巳	甲午	乙未	丙申	丁酉	戊戌	己亥	庚子	辛丑	壬寅	癸卯	甲辰	乙巳
			陽暦	月	4	4	4	4	4	4	4	4	4	4	4	4	4	4	4	4	4	4	4	4	4	4	4	4	4	5	5	5	5	5
				日	6	7	8	9	10	11	12	13	14	15	16	17	18	19	20	21	22	23	24	25	26	27	28	29	30	1	2	3	4	5
四月	癸巳	五黄	日柱		丙午	丁未	戊申	己酉	庚戌	辛亥	壬子	癸丑	甲寅	乙卯	丙辰	丁巳	戊午	己未	庚申	辛酉	壬戌	癸亥	甲子	乙丑	丙寅	丁卯	戊辰	己巳	庚午	辛未	壬申	癸酉	甲戌	乙亥
			陽暦	月	5	5	5	5	5	5	5	5	5	5	5	5	5	5	5	5	5	5	5	5	5	5	5	5	5	5	6	6	6	6
				日	6	7	8	9	10	11	12	13	14	15	16	17	18	19	20	21	22	23	24	25	26	27	28	29	30	31	1	2	3	4
五月	甲午	四緑	日柱		丙子	丁丑	戊寅	己卯	庚辰	辛巳	壬午	癸未	甲申	乙酉	丙戌	丁亥	戊子	己丑	庚寅	辛卯	壬辰	癸巳	甲午	乙未	丙申	丁酉	戊戌	己亥	庚子	辛丑	壬寅	癸卯	甲辰	
			陽暦	月	6	6	6	6	6	6	6	6	6	6	6	6	6	6	6	6	6	6	6	6	6	6	6	6	6	6	7	7	7	
				日	5	6	7	8	9	10	11	12	13	14	15	16	17	18	19	20	21	22	23	24	25	26	27	28	29	30	1	2	3	
六月	乙未	三碧	日柱		乙巳	丙午	丁未	戊申	己酉	庚戌	辛亥	壬子	癸丑	甲寅	乙卯	丙辰	丁巳	戊午	己未	庚申	辛酉	壬戌	癸亥	甲子	乙丑	丙寅	丁卯	戊辰	己巳	庚午	辛未	壬申	癸酉	甲戌
			陽暦	月	7	7	7	7	7	7	7	7	7	7	7	7	7	7	7	7	7	7	7	7	7	7	7	7	7	7	7	7	8	8
				日	4	5	6	7	8	9	10	11	12	13	14	15	16	17	18	19	20	21	22	23	24	25	26	27	28	29	30	31	1	2
七月	丙申	二黒	日柱		乙亥	丙子	丁丑	戊寅	己卯	庚辰	辛巳	壬午	癸未	甲申	乙酉	丙戌	丁亥	戊子	己丑	庚寅	辛卯	壬辰	癸巳	甲午	乙未	丙申	丁酉	戊戌	己亥	庚子	辛丑	壬寅	癸卯	
			陽暦	月	8	8	8	8	8	8	8	8	8	8	8	8	8	8	8	8	8	8	8	8	8	8	8	8	8	8	8	8	8	
				日	3	4	5	6	7	8	9	10	11	12	13	14	15	16	17	18	19	20	21	22	23	24	25	26	27	28	29	30	31	
八月	丁酉	一白	日柱		甲辰	乙巳	丙午	丁未	戊申	己酉	庚戌	辛亥	壬子	癸丑	甲寅	乙卯	丙辰	丁巳	戊午	己未	庚申	辛酉	壬戌	癸亥	甲子	乙丑	丙寅	丁卯	戊辰	己巳	庚午	辛未	壬申	癸酉
			陽暦	月	9	9	9	9	9	9	9	9	9	9	9	9	9	9	9	9	9	9	9	9	9	9	9	9	9	9	9	9	9	9
				日	1	2	3	4	5	6	7	8	9	10	11	12	13	14	15	16	17	18	19	20	21	22	23	24	25	26	27	28	29	30
九月	戊戌	九紫	日柱		甲戌	乙亥	丙子	丁丑	戊寅	己卯	庚辰	辛巳	壬午	癸未	甲申	乙酉	丙戌	丁亥	戊子	己丑	庚寅	辛卯	壬辰	癸巳	甲午	乙未	丙申	丁酉	戊戌	己亥	庚子	辛丑	壬寅	
			陽暦	月	10	10	10	10	10	10	10	10	10	10	10	10	10	10	10	10	10	10	10	10	10	10	10	10	10	10	10	10	10	
				日	1	2	3	4	5	6	7	8	9	10	11	12	13	14	15	16	17	18	19	20	21	22	23	24	25	26	27	28	29	
十月	己亥	八白	日柱		癸卯	甲辰	乙巳	丙午	丁未	戊申	己酉	庚戌	辛亥	壬子	癸丑	甲寅	乙卯	丙辰	丁巳	戊午	己未	庚申	辛酉	壬戌	癸亥	甲子	乙丑	丙寅	丁卯	戊辰	己巳	庚午	辛未	壬申
			陽暦	月	10	10	11	11	11	11	11	11	11	11	11	11	11	11	11	11	11	11	11	11	11	11	11	11	11	11	11	11	11	11
				日	30	31	1	2	3	4	5	6	7	8	9	10	11	12	13	14	15	16	17	18	19	20	21	22	23	24	25	26	27	28
十一月	庚子	七赤	日柱		癸酉	甲戌	乙亥	丙子	丁丑	戊寅	己卯	庚辰	辛巳	壬午	癸未	甲申	乙酉	丙戌	丁亥	戊子	己丑	庚寅	辛卯	壬辰	癸巳	甲午	乙未	丙申	丁酉	戊戌	己亥	庚子	辛丑	
			陽暦	月	11	11	12	12	12	12	12	12	12	12	12	12	12	12	12	12	12	12	12	12	12	12	12	12	12	12	12	12	12	
				日	29	30	1	2	3	4	5	6	7	8	9	10	11	12	13	14	15	16	17	18	19	20	21	22	23	24	25	26	27	
十二月	辛丑	六白	日柱		壬寅	癸卯	甲辰	乙巳	丙午	丁未	戊申	己酉	庚戌	辛亥	壬子	癸丑	甲寅	乙卯	丙辰	丁巳	戊午	己未	庚申	辛酉	壬戌	癸亥	甲子	乙丑	丙寅	丁卯	戊辰	己巳	庚午	辛未
			陽暦	月	12	12	12	12	1	1	1	1	1	1	1	1	1	1	1	1	1	1	1	1	1	1	1	1	1	1	1	1	1	1
				日	28	29	30	31	1	2	3	4	5	6	7	8	9	10	11	12	13	14	15	16	17	18	19	20	21	22	23	24	25	26

1952年【壬辰】

月別	月柱	紫白	農暦		初一	初二	初三	初四	初五	初六	初七	初八	初九	初十	十一	十二	十三	十四	十五	十六	十七	十八	十九	二十	廿一	廿二	廿三	廿四	廿五	廿六	廿七	廿八	廿九	三十
正月	壬寅	五黄	日柱		壬申	癸酉	甲戌	乙亥	丙子	丁丑	戊寅	己卯	庚辰	辛巳	壬午	癸未	甲申	乙酉	丙戌	丁亥	戊子	己丑	庚寅	辛卯	壬辰	癸巳	甲午	乙未	丙申	丁酉	戊戌	己亥	庚子	
			陽暦	月	1	1	1	1	1	1	2	2	2	2	2	2	2	2	2	2	2	2	2	2	2	2	2	2	2	2	2	2	2	
				日	27	28	29	30	31	1	2	3	4	5	6	7	8	9	10	11	12	13	14	15	16	17	18	19	20	21	22	23	24	
二月	癸卯	四緑	日柱		辛丑	壬寅	癸卯	甲辰	乙巳	丙午	丁未	戊申	己酉	庚戌	辛亥	壬子	癸丑	甲寅	乙卯	丙辰	丁巳	戊午	己未	庚申	辛酉	壬戌	癸亥	甲子	乙丑	丙寅	丁卯	戊辰	己巳	庚午
			陽暦	月	2	2	2	2	2	3	3	3	3	3	3	3	3	3	3	3	3	3	3	3	3	3	3	3	3	3	3	3	3	3
				日	25	26	27	28	29	1	2	3	4	5	6	7	8	9	10	11	12	13	14	15	16	17	18	19	20	21	22	23	24	25
三月	甲辰	三碧	日柱		辛未	壬申	癸酉	甲戌	乙亥	丙子	丁丑	戊寅	己卯	庚辰	辛巳	壬午	癸未	甲申	乙酉	丙戌	丁亥	戊子	己丑	庚寅	辛卯	壬辰	癸巳	甲午	乙未	丙申	丁酉	戊戌	己亥	
			陽暦	月	3	3	3	3	3	3	4	4	4	4	4	4	4	4	4	4	4	4	4	4	4	4	4	4	4	4	4	4	4	
				日	26	27	28	29	30	31	1	2	3	4	5	6	7	8	9	10	11	12	13	14	15	16	17	18	19	20	21	22	23	
四月	乙巳	二黒	日柱		庚子	辛丑	壬寅	癸卯	甲辰	乙巳	丙午	丁未	戊申	己酉	庚戌	辛亥	壬子	癸丑	甲寅	乙卯	丙辰	丁巳	戊午	己未	庚申	辛酉	壬戌	癸亥	甲子	乙丑	丙寅	丁卯	戊辰	己巳
			陽暦	月	4	4	4	4	4	4	4	5	5	5	5	5	5	5	5	5	5	5	5	5	5	5	5	5	5	5	5	5	5	5
				日	24	25	26	27	28	29	30	1	2	3	4	5	6	7	8	9	10	11	12	13	14	15	16	17	18	19	20	21	22	23
五月	丙午	一白	日柱		庚午	辛未	壬申	癸酉	甲戌	乙亥	丙子	丁丑	戊寅	己卯	庚辰	辛巳	壬午	癸未	甲申	乙酉	丙戌	丁亥	戊子	己丑	庚寅	辛卯	壬辰	癸巳	甲午	乙未	丙申	丁酉	戊戌	
			陽暦	月	5	5	5	5	5	5	5	5	6	6	6	6	6	6	6	6	6	6	6	6	6	6	6	6	6	6	6	6	6	
				日	24	25	26	27	28	29	30	31	1	2	3	4	5	6	7	8	9	10	11	12	13	14	15	16	17	18	19	20	21	
閏五月			日柱		己亥	庚子	辛丑	壬寅	癸卯	甲辰	乙巳	丙午	丁未	戊申	己酉	庚戌	辛亥	壬子	癸丑	甲寅	乙卯	丙辰	丁巳	戊午	己未	庚申	辛酉	壬戌	癸亥	甲子	乙丑	丙寅	丁卯	戊辰
			陽暦	月	6	6	6	6	6	6	6	6	6	7	7	7	7	7	7	7	7	7	7	7	7	7	7	7	7	7	7	7	7	7
				日	22	23	24	25	26	27	28	29	30	1	2	3	4	5	6	7	8	9	10	11	12	13	14	15	16	17	18	19	20	21
六月	丁未	九紫	日柱		己巳	庚午	辛未	壬申	癸酉	甲戌	乙亥	丙子	丁丑	戊寅	己卯	庚辰	辛巳	壬午	癸未	甲申	乙酉	丙戌	丁亥	戊子	己丑	庚寅	辛卯	壬辰	癸巳	甲午	乙未	丙申	丁酉	
			陽暦	月	7	7	7	7	7	7	7	7	7	7	8	8	8	8	8	8	8	8	8	8	8	8	8	8	8	8	8	8	8	
				日	22	23	24	25	26	27	28	29	30	31	1	2	3	4	5	6	7	8	9	10	11	12	13	14	15	16	17	18	19	
七月	戊申	八白	日柱		戊戌	己亥	庚子	辛丑	壬寅	癸卯	甲辰	乙巳	丙午	丁未	戊申	己酉	庚戌	辛亥	壬子	癸丑	甲寅	乙卯	丙辰	丁巳	戊午	己未	庚申	辛酉	壬戌	癸亥	甲子	乙丑	丙寅	丁卯
			陽暦	月	8	8	8	8	8	8	8	8	8	8	8	8	9	9	9	9	9	9	9	9	9	9	9	9	9	9	9	9	9	9
				日	20	21	22	23	24	25	26	27	28	29	30	31	1	2	3	4	5	6	7	8	9	10	11	12	13	14	15	16	17	18
八月	己酉	七赤	日柱		戊辰	己巳	庚午	辛未	壬申	癸酉	甲戌	乙亥	丙子	丁丑	戊寅	己卯	庚辰	辛巳	壬午	癸未	甲申	乙酉	丙戌	丁亥	戊子	己丑	庚寅	辛卯	壬辰	癸巳	甲午	乙未	丙申	丁酉
			陽暦	月	9	9	9	9	9	9	9	9	9	9	9	9	10	10	10	10	10	10	10	10	10	10	10	10	10	10	10	10	10	10
				日	19	20	21	22	23	24	25	26	27	28	29	30	1	2	3	4	5	6	7	8	9	10	11	12	13	14	15	16	17	18
九月	庚戌	六白	日柱		戊戌	己亥	庚子	辛丑	壬寅	癸卯	甲辰	乙巳	丙午	丁未	戊申	己酉	庚戌	辛亥	壬子	癸丑	甲寅	乙卯	丙辰	丁巳	戊午	己未	庚申	辛酉	壬戌	癸亥	甲子	乙丑	丙寅	
			陽暦	月	10	10	10	10	10	10	10	10	10	10	10	10	10	11	11	11	11	11	11	11	11	11	11	11	11	11	11	11	11	
				日	19	20	21	22	23	24	25	26	27	28	29	30	31	1	2	3	4	5	6	7	8	9	10	11	12	13	14	15	16	
十月	辛亥	五黄	日柱		丁卯	戊辰	己巳	庚午	辛未	壬申	癸酉	甲戌	乙亥	丙子	丁丑	戊寅	己卯	庚辰	辛巳	壬午	癸未	甲申	乙酉	丙戌	丁亥	戊子	己丑	庚寅	辛卯	壬辰	癸巳	甲午	乙未	丙申
			陽暦	月	11	11	11	11	11	11	11	11	11	11	11	11	11	11	12	12	12	12	12	12	12	12	12	12	12	12	12	12	12	12
				日	17	18	19	20	21	22	23	24	25	26	27	28	29	30	1	2	3	4	5	6	7	8	9	10	11	12	13	14	15	16
十一月	壬子	四緑	日柱		丁酉	戊戌	己亥	庚子	辛丑	壬寅	癸卯	甲辰	乙巳	丙午	丁未	戊申	己酉	庚戌	辛亥	壬子	癸丑	甲寅	乙卯	丙辰	丁巳	戊午	己未	庚申	辛酉	壬戌	癸亥	甲子	乙丑	
			陽暦	月	12	12	12	12	12	12	12	12	12	12	12	12	12	12	12	1	1	1	1	1	1	1	1	1	1	1	1	1	1	
				日	17	18	19	20	21	22	23	24	25	26	27	28	29	30	31	1	2	3	4	5	6	7	8	9	10	11	12	13	14	
十二月	癸丑	三碧	日柱		丙寅	丁卯	戊辰	己巳	庚午	辛未	壬申	癸酉	甲戌	乙亥	丙子	丁丑	戊寅	己卯	庚辰	辛巳	壬午	癸未	甲申	乙酉	丙戌	丁亥	戊子	己丑	庚寅	辛卯	壬辰	癸巳	甲午	乙未
			陽暦	月	1	1	1	1	1	1	1	1	1	1	1	1	1	1	1	1	1	2	2	2	2	2	2	2	2	2	2	2	2	2
				日	15	16	17	18	19	20	21	22	23	24	25	26	27	28	29	30	31	1	2	3	4	5	6	7	8	9	10	11	12	13

1953年【癸巳】

月別	月柱	紫白	農暦		初一	初二	初三	初四	初五	初六	初七	初八	初九	初十	十一	十二	十三	十四	十五	十六	十七	十八	十九	二十	廿一	廿二	廿三	廿四	廿五	廿六	廿七	廿八	廿九	三十
正月	甲寅	二黒	日柱		丙申	丁酉	戊戌	己亥	庚子	辛丑	壬寅	癸卯	甲辰	乙巳	丙午	丁未	戊申	己酉	庚戌	辛亥	壬子	癸丑	甲寅	乙卯	丙辰	丁巳	戊午	己未	庚申	辛酉	壬戌	癸亥	甲子	
			陽暦	月	2	2	2	2	2	2	2	2	2	2	2	2	2	2	2	3	3	3	3	3	3	3	3	3	3	3	3	3	3	
				日	14	15	16	17	18	19	20	21	22	23	24	25	26	27	28	1	2	3	4	5	6	7	8	9	10	11	12	13	14	
二月	乙卯	一白	日柱		乙丑	丙寅	丁卯	戊辰	己巳	庚午	辛未	壬申	癸酉	甲戌	乙亥	丙子	丁丑	戊寅	己卯	庚辰	辛巳	壬午	癸未	甲申	乙酉	丙戌	丁亥	戊子	己丑	庚寅	辛卯	壬辰	癸巳	甲午
			陽暦	月	3	3	3	3	3	3	3	3	3	3	3	3	3	3	3	3	3	4	4	4	4	4	4	4	4	4	4	4	4	4
				日	15	16	17	18	19	20	21	22	23	24	25	26	27	28	29	30	31	1	2	3	4	5	6	7	8	9	10	11	12	13
三月	丙辰	九紫	日柱		乙未	丙申	丁酉	戊戌	己亥	庚子	辛丑	壬寅	癸卯	甲辰	乙巳	丙午	丁未	戊申	己酉	庚戌	辛亥	壬子	癸丑	甲寅	乙卯	丙辰	丁巳	戊午	己未	庚申	辛酉	壬戌	癸亥	
			陽暦	月	4	4	4	4	4	4	4	4	4	4	4	4	4	4	4	4	4	5	5	5	5	5	5	5	5	5	5	5	5	
				日	14	15	16	17	18	19	20	21	22	23	24	25	26	27	28	29	30	1	2	3	4	5	6	7	8	9	10	11	12	
四月	丁巳	八白	日柱		甲子	乙丑	丙寅	丁卯	戊辰	己巳	庚午	辛未	壬申	癸酉	甲戌	乙亥	丙子	丁丑	戊寅	己卯	庚辰	辛巳	壬午	癸未	甲申	乙酉	丙戌	丁亥	戊子	己丑	庚寅	辛卯	壬辰	
			陽暦	月	5	5	5	5	5	5	5	5	5	5	5	5	5	5	5	5	5	5	5	6	6	6	6	6	6	6	6	6	6	
				日	13	14	15	16	17	18	19	20	21	22	23	24	25	26	27	28	29	30	31	1	2	3	4	5	6	7	8	9	10	
五月	戊午	七赤	日柱		癸巳	甲午	乙未	丙申	丁酉	戊戌	己亥	庚子	辛丑	壬寅	癸卯	甲辰	乙巳	丙午	丁未	戊申	己酉	庚戌	辛亥	壬子	癸丑	甲寅	乙卯	丙辰	丁巳	戊午	己未	庚申	辛酉	壬戌
			陽暦	月	6	6	6	6	6	6	6	6	6	6	6	6	6	6	6	6	6	6	6	6	7	7	7	7	7	7	7	7	7	7
				日	11	12	13	14	15	16	17	18	19	20	21	22	23	24	25	26	27	28	29	30	1	2	3	4	5	6	7	8	9	10
六月	己未	六白	日柱		癸亥	甲子	乙丑	丙寅	丁卯	戊辰	己巳	庚午	辛未	壬申	癸酉	甲戌	乙亥	丙子	丁丑	戊寅	己卯	庚辰	辛巳	壬午	癸未	甲申	乙酉	丙戌	丁亥	戊子	己丑	庚寅	辛卯	壬辰
			陽暦	月	7	7	7	7	7	7	7	7	7	7	7	7	7	7	7	7	7	7	7	7	7	8	8	8	8	8	8	8	8	8
				日	11	12	13	14	15	16	17	18	19	20	21	22	23	24	25	26	27	28	29	30	31	1	2	3	4	5	6	7	8	9
七月	庚申	五黄	日柱		癸巳	甲午	乙未	丙申	丁酉	戊戌	己亥	庚子	辛丑	壬寅	癸卯	甲辰	乙巳	丙午	丁未	戊申	己酉	庚戌	辛亥	壬子	癸丑	甲寅	乙卯	丙辰	丁巳	戊午	己未	庚申	辛酉	
			陽暦	月	8	8	8	8	8	8	8	8	8	8	8	8	8	8	8	8	8	8	8	8	8	8	9	9	9	9	9	9	9	
				日	10	11	12	13	14	15	16	17	18	19	20	21	22	23	24	25	26	27	28	29	30	31	1	2	3	4	5	6	7	
八月	辛酉	四緑	日柱		壬戌	癸亥	甲子	乙丑	丙寅	丁卯	戊辰	己巳	庚午	辛未	壬申	癸酉	甲戌	乙亥	丙子	丁丑	戊寅	己卯	庚辰	辛巳	壬午	癸未	甲申	乙酉	丙戌	丁亥	戊子	己丑	庚寅	辛卯
			陽暦	月	9	9	9	9	9	9	9	9	9	9	9	9	9	9	9	9	9	9	9	9	9	9	9	10	10	10	10	10	10	10
				日	8	9	10	11	12	13	14	15	16	17	18	19	20	21	22	23	24	25	26	27	28	29	30	1	2	3	4	5	6	7
九月	壬戌	三碧	日柱		壬辰	癸巳	甲午	乙未	丙申	丁酉	戊戌	己亥	庚子	辛丑	壬寅	癸卯	甲辰	乙巳	丙午	丁未	戊申	己酉	庚戌	辛亥	壬子	癸丑	甲寅	乙卯	丙辰	丁巳	戊午	己未	庚申	辛酉
			陽暦	月	10	10	10	10	10	10	10	10	10	10	10	10	10	10	10	10	10	10	10	10	10	10	10	10	11	11	11	11	11	11
				日	8	9	10	11	12	13	14	15	16	17	18	19	20	21	22	23	24	25	26	27	28	29	30	31	1	2	3	4	5	6
十月	癸亥	二黒	日柱		壬戌	癸亥	甲子	乙丑	丙寅	丁卯	戊辰	己巳	庚午	辛未	壬申	癸酉	甲戌	乙亥	丙子	丁丑	戊寅	己卯	庚辰	辛巳	壬午	癸未	甲申	乙酉	丙戌	丁亥	戊子	己丑	庚寅	
			陽暦	月	11	11	11	11	11	11	11	11	11	11	11	11	11	11	11	11	11	11	11	11	11	11	11	11	12	12	12	12	12	
				日	7	8	9	10	11	12	13	14	15	16	17	18	19	20	21	22	23	24	25	26	27	28	29	30	1	2	3	4	5	
十一月	甲子	一白	日柱		辛卯	壬辰	癸巳	甲午	乙未	丙申	丁酉	戊戌	己亥	庚子	辛丑	壬寅	癸卯	甲辰	乙巳	丙午	丁未	戊申	己酉	庚戌	辛亥	壬子	癸丑	甲寅	乙卯	丙辰	丁巳	戊午	己未	庚申
			陽暦	月	12	12	12	12	12	12	12	12	12	12	12	12	12	12	12	12	12	12	12	12	12	12	12	12	12	12	1	1	1	1
				日	6	7	8	9	10	11	12	13	14	15	16	17	18	19	20	21	22	23	24	25	26	27	28	29	31	31	1	2	3	4
十二月	乙丑	九紫	日柱		辛酉	壬戌	癸亥	甲子	乙丑	丙寅	丁卯	戊辰	己巳	庚午	辛未	壬申	癸酉	甲戌	乙亥	丙子	丁丑	戊寅	己卯	庚辰	辛巳	壬午	癸未	甲申	乙酉	丙戌	丁亥	戊子	己丑	
			陽暦	月	1	1	1	1	1	1	1	1	1	1	1	1	1	1	1	1	1	1	1	1	1	1	1	1	1	1	1	2	2	
				日	5	6	7	8	9	10	11	12	13	14	15	16	17	18	19	20	21	22	23	24	25	26	27	28	29	30	31	1	2	

1954年【甲午】

月別	月柱	紫白	農暦		初一	初二	初三	初四	初五	初六	初七	初八	初九	初十	十一	十二	十三	十四	十五	十六	十七	十八	十九	二十	廿一	廿二	廿三	廿四	廿五	廿六	廿七	廿八	廿九	三十
正月	丙寅	八白	日柱		庚寅	辛卯	壬辰	癸巳	甲午	乙未	丙申	丁酉	戊戌	己亥	庚子	辛丑	壬寅	癸卯	甲辰	乙巳	丙午	丁未	戊申	己酉	庚戌	辛亥	壬子	癸丑	甲寅	乙卯	丙辰	丁巳	戊午	己未
			陽暦	月	2	2	2	2	2	2	2	2	2	2	2	2	2	2	2	2	2	2	2	2	2	2	2	2	2	2	3	3	3	3
				日	3	4	5	6	7	8	9	10	11	12	13	14	15	16	17	18	19	20	21	22	23	24	25	26	27	28	1	2	3	4
二月	丁卯	七赤	日柱		庚申	辛酉	壬戌	癸亥	甲子	乙丑	丙寅	丁卯	戊辰	己巳	庚午	辛未	壬申	癸酉	甲戌	乙亥	丙子	丁丑	戊寅	己卯	庚辰	辛巳	壬午	癸未	甲申	乙酉	丙戌	丁亥	戊子	
			陽暦	月	3	3	3	3	3	3	3	3	3	3	3	3	3	3	3	3	3	3	3	3	3	3	3	3	3	3	3	4	4	
				日	5	6	7	8	9	10	11	12	13	14	15	16	17	18	19	20	21	22	23	24	25	26	27	28	29	30	31	1	2	
三月	戊辰	六白	日柱		己丑	庚寅	辛卯	壬辰	癸巳	甲午	乙未	丙申	丁酉	戊戌	己亥	庚子	辛丑	壬寅	癸卯	甲辰	乙巳	丙午	丁未	戊申	己酉	庚戌	辛亥	壬子	癸丑	甲寅	乙卯	丙辰	丁巳	戊午
			陽暦	月	4	4	4	4	4	4	4	4	4	4	4	4	4	4	4	4	4	4	4	4	4	4	4	4	4	4	4	4	5	5
				日	3	4	5	6	7	8	9	10	11	12	13	14	15	16	17	18	19	20	21	22	23	24	25	26	27	28	29	30	1	2
四月	己巳	五黄	日柱		己未	庚申	辛酉	壬戌	癸亥	甲子	乙丑	丙寅	丁卯	戊辰	己巳	庚午	辛未	壬申	癸酉	甲戌	乙亥	丙子	丁丑	戊寅	己卯	庚辰	辛巳	壬午	癸未	甲申	乙酉	丙戌	丁亥	
			陽暦	月	5	5	5	5	5	5	5	5	5	5	5	5	5	5	5	5	5	5	5	5	5	5	5	5	5	5	5	5	5	
				日	3	4	5	6	7	8	9	10	11	12	13	14	15	16	17	18	19	20	21	22	23	24	25	26	27	28	29	30	31	
五月	庚午	四緑	日柱		戊子	己丑	庚寅	辛卯	壬辰	癸巳	甲午	乙未	丙申	丁酉	戊戌	己亥	庚子	辛丑	壬寅	癸卯	甲辰	乙巳	丙午	丁未	戊申	己酉	庚戌	辛亥	壬子	癸丑	甲寅	乙卯	丙辰	
			陽暦	月	6	6	6	6	6	6	6	6	6	6	6	6	6	6	6	6	6	6	6	6	6	6	6	6	6	6	6	6	6	
				日	1	2	3	4	5	6	7	8	9	10	11	12	13	14	15	16	17	18	19	20	21	22	23	24	25	26	27	28	29	
六月	辛未	三碧	日柱		丁巳	戊午	己未	庚申	辛酉	壬戌	癸亥	甲子	乙丑	丙寅	丁卯	戊辰	己巳	庚午	辛未	壬申	癸酉	甲戌	乙亥	丙子	丁丑	戊寅	己卯	庚辰	辛巳	壬午	癸未	甲申	乙酉	丙戌
			陽暦	月	6	7	7	7	7	7	7	7	7	7	7	7	7	7	7	7	7	7	7	7	7	7	7	7	7	7	7	7	7	7
				日	30	1	2	3	4	5	6	7	8	9	10	11	12	13	14	15	16	17	18	19	20	21	22	23	24	25	26	27	28	29
七月	壬申	二黒	日柱		丁亥	戊子	己丑	庚寅	辛卯	壬辰	癸巳	甲午	乙未	丙申	丁酉	戊戌	己亥	庚子	辛丑	壬寅	癸卯	甲辰	乙巳	丙午	丁未	戊申	己酉	庚戌	辛亥	壬子	癸丑	甲寅	乙卯	
			陽暦	月	7	7	8	8	8	8	8	8	8	8	8	8	8	8	8	8	8	8	8	8	8	8	8	8	8	8	8	8	8	
				日	30	31	1	2	3	4	5	6	7	8	9	10	11	12	13	14	15	16	17	18	19	20	21	22	23	24	25	26	27	
八月	癸酉	一白	日柱		丙辰	丁巳	戊午	己未	庚申	辛酉	壬戌	癸亥	甲子	乙丑	丙寅	丁卯	戊辰	己巳	庚午	辛未	壬申	癸酉	甲戌	乙亥	丙子	丁丑	戊寅	己卯	庚辰	辛巳	壬午	癸未	甲申	乙酉
			陽暦	月	8	8	8	8	9	9	9	9	9	9	9	9	9	9	9	9	9	9	9	9	9	9	9	9	9	9	9	9	9	9
				日	28	29	30	31	1	2	3	4	5	6	7	8	9	10	11	12	13	14	15	16	17	18	19	20	21	22	23	24	25	26
九月	甲戌	九紫	日柱		丙戌	丁亥	戊子	己丑	庚寅	辛卯	壬辰	癸巳	甲午	乙未	丙申	丁酉	戊戌	己亥	庚子	辛丑	壬寅	癸卯	甲辰	乙巳	丙午	丁未	戊申	己酉	庚戌	辛亥	壬子	癸丑	甲寅	乙卯
			陽暦	月	9	9	9	9	10	10	10	10	10	10	10	10	10	10	10	10	10	10	10	10	10	10	10	10	10	10	10	10	10	10
				日	27	28	29	30	1	2	3	4	5	6	7	8	9	10	11	12	13	14	15	16	17	18	19	20	21	22	23	24	25	26
十月	乙亥	八白	日柱		丙辰	丁巳	戊午	己未	庚申	辛酉	壬戌	癸亥	甲子	乙丑	丙寅	丁卯	戊辰	己巳	庚午	辛未	壬申	癸酉	甲戌	乙亥	丙子	丁丑	戊寅	己卯	庚辰	辛巳	壬午	癸未	甲申	
			陽暦	月	10	10	10	10	10	11	11	11	11	11	11	11	11	11	11	11	11	11	11	11	11	11	11	11	11	11	11	11	11	
				日	27	28	29	30	31	1	2	3	4	5	6	7	8	9	10	11	12	13	14	15	16	17	18	19	20	21	22	23	24	
十一月	丙子	七赤	日柱		乙酉	丙戌	丁亥	戊子	己丑	庚寅	辛卯	壬辰	癸巳	甲午	乙未	丙申	丁酉	戊戌	己亥	庚子	辛丑	壬寅	癸卯	甲辰	乙巳	丙午	丁未	戊申	己酉	庚戌	辛亥	壬子	癸丑	甲寅
			陽暦	月	11	11	11	11	11	11	12	12	12	12	12	12	12	12	12	12	12	12	12	12	12	12	12	12	12	12	12	12	12	12
				日	25	26	27	28	29	30	1	2	3	4	5	6	7	8	9	10	11	12	13	14	15	16	17	18	19	20	21	22	23	24
十二月	丁丑	六白	日柱		乙卯	丙辰	丁巳	戊午	己未	庚申	辛酉	壬戌	癸亥	甲子	乙丑	丙寅	丁卯	戊辰	己巳	庚午	辛未	壬申	癸酉	甲戌	乙亥	丙子	丁丑	戊寅	己卯	庚辰	辛巳	壬午	癸未	甲申
			陽暦	月	12	12	12	12	12	12	12	1	1	1	1	1	1	1	1	1	1	1	1	1	1	1	1	1	1	1	1	1	1	1
				日	25	26	27	28	29	30	31	1	2	3	4	5	6	7	8	9	10	11	12	13	14	15	16	17	18	19	20	21	22	23

1955年【乙未】

月別	月柱	紫白	農暦		初一	初二	初三	初四	初五	初六	初七	初八	初九	初十	十一	十二	十三	十四	十五	十六	十七	十八	十九	二十	廿一	廿二	廿三	廿四	廿五	廿六	廿七	廿八	廿九	三十
正月	戊寅	五黄	日柱		乙酉	丙戌	丁亥	戊子	己丑	庚寅	辛卯	壬辰	癸巳	甲午	乙未	丙申	丁酉	戊戌	己亥	庚子	辛丑	壬寅	癸卯	甲辰	乙巳	丙午	丁未	戊申	己酉	庚戌	辛亥	壬子	癸丑	
			陽暦	月	1	1	1	1	1	1	1	1	2	2	2	2	2	2	2	2	2	2	2	2	2	2	2	2	2	2	2	2	2	
				日	24	25	26	27	28	29	30	31	1	2	3	4	5	6	7	8	9	10	11	12	13	14	15	16	17	18	19	20	21	
二月	己卯	四緑	日柱		甲寅	乙卯	丙辰	丁巳	戊午	己未	庚申	辛酉	壬戌	癸亥	甲子	乙丑	丙寅	丁卯	戊辰	己巳	庚午	辛未	壬申	癸酉	甲戌	乙亥	丙子	丁丑	戊寅	己卯	庚辰	辛巳	壬午	癸未
			陽暦	月	2	2	2	2	2	2	2	3	3	3	3	3	3	3	3	3	3	3	3	3	3	3	3	3	3	3	3	3	3	3
				日	22	23	24	25	26	27	28	1	2	3	4	5	6	7	8	9	10	11	12	13	14	15	16	17	18	19	20	21	22	23
三月	庚辰	三碧	日柱		甲申	乙酉	丙戌	丁亥	戊子	己丑	庚寅	辛卯	壬辰	癸巳	甲午	乙未	丙申	丁酉	戊戌	己亥	庚子	辛丑	壬寅	癸卯	甲辰	乙巳	丙午	丁未	戊申	己酉	庚戌	辛亥	壬子	
			陽暦	月	3	3	3	3	3	3	3	3	4	4	4	4	4	4	4	4	4	4	4	4	4	4	4	4	4	4	4	4	4	
				日	24	25	26	27	28	29	30	31	1	2	3	4	5	6	7	8	9	10	11	12	13	14	15	16	17	18	19	20	21	
閏三月			日柱		癸丑	甲寅	乙卯	丙辰	丁巳	戊午	己未	庚申	辛酉	壬戌	癸亥	甲子	乙丑	丙寅	丁卯	戊辰	己巳	庚午	辛未	壬申	癸酉	甲戌	乙亥	丙子	丁丑	戊寅	己卯	庚辰	辛巳	壬午
			陽暦	月	4	4	4	4	4	4	4	4	4	5	5	5	5	5	5	5	5	5	5	5	5	5	5	5	5	5	5	5	5	5
				日	22	23	24	25	26	27	28	29	30	1	2	3	4	5	6	7	8	9	10	11	12	13	14	15	16	17	18	19	20	21
四月	辛巳	二黒	日柱		癸未	甲申	乙酉	丙戌	丁亥	戊子	己丑	庚寅	辛卯	壬辰	癸巳	甲午	乙未	丙申	丁酉	戊戌	己亥	庚子	辛丑	壬寅	癸卯	甲辰	乙巳	丙午	丁未	戊申	己酉	庚戌	辛亥	
			陽暦	月	5	5	5	5	5	5	5	5	5	5	6	6	6	6	6	6	6	6	6	6	6	6	6	6	6	6	6	6	6	
				日	22	23	24	25	26	27	28	29	30	31	1	2	3	4	5	6	7	8	9	10	11	12	13	14	15	16	17	18	19	
五月	壬午	一白	日柱		壬子	癸丑	甲寅	乙卯	丙辰	丁巳	戊午	己未	庚申	辛酉	壬戌	癸亥	甲子	乙丑	丙寅	丁卯	戊辰	己巳	庚午	辛未	壬申	癸酉	甲戌	乙亥	丙子	丁丑	戊寅	己卯	庚辰	
			陽暦	月	6	6	6	6	6	6	6	6	6	6	6	7	7	7	7	7	7	7	7	7	7	7	7	7	7	7	7	7	7	
				日	20	21	22	23	24	25	26	27	28	29	30	1	2	3	4	5	6	7	8	9	10	11	12	13	14	15	16	17	18	
六月	癸未	九紫	日柱		辛巳	壬午	癸未	甲申	乙酉	丙戌	丁亥	戊子	己丑	庚寅	辛卯	壬辰	癸巳	甲午	乙未	丙申	丁酉	戊戌	己亥	庚子	辛丑	壬寅	癸卯	甲辰	乙巳	丙午	丁未	戊申	己酉	庚戌
			陽暦	月	7	7	7	7	7	7	7	7	7	7	7	7	7	8	8	8	8	8	8	8	8	8	8	8	8	8	8	8	8	8
				日	19	20	21	22	23	24	25	26	27	28	29	30	31	1	2	3	4	5	6	7	8	9	10	11	12	13	14	15	16	17
七月	甲申	八白	日柱		辛亥	壬子	癸丑	甲寅	乙卯	丙辰	丁巳	戊午	己未	庚申	辛酉	壬戌	癸亥	甲子	乙丑	丙寅	丁卯	戊辰	己巳	庚午	辛未	壬申	癸酉	甲戌	乙亥	丙子	丁丑	戊寅	己卯	
			陽暦	月	8	8	8	8	8	8	8	8	8	8	8	8	8	8	9	9	9	9	9	9	9	9	9	9	9	9	9	9	9	
				日	18	19	20	21	22	23	24	25	26	27	28	29	30	31	1	2	3	4	5	6	7	8	9	10	11	12	13	14	15	
八月	乙酉	七赤	日柱		庚辰	辛巳	壬午	癸未	甲申	乙酉	丙戌	丁亥	戊子	己丑	庚寅	辛卯	壬辰	癸巳	甲午	乙未	丙申	丁酉	戊戌	己亥	庚子	辛丑	壬寅	癸卯	甲辰	乙巳	丙午	丁未	戊申	己酉
			陽暦	月	9	9	9	9	9	9	9	9	9	9	9	9	9	9	9	10	10	10	10	10	10	10	10	10	10	10	10	10	10	10
				日	16	17	18	19	20	21	22	23	24	25	26	27	28	29	30	1	2	3	4	5	6	7	8	9	10	11	12	13	14	15
九月	丙戌	六白	日柱		庚戌	辛亥	壬子	癸丑	甲寅	乙卯	丙辰	丁巳	戊午	己未	庚申	辛酉	壬戌	癸亥	甲子	乙丑	丙寅	丁卯	戊辰	己巳	庚午	辛未	壬申	癸酉	甲戌	乙亥	丙子	丁丑	戊寅	
			陽暦	月	10	10	10	10	10	10	10	10	10	10	10	10	10	10	10	10	11	11	11	11	11	11	11	11	11	11	11	11	11	
				日	16	17	18	19	20	21	22	23	24	25	26	27	28	29	30	31	1	2	3	4	5	6	7	8	9	10	11	12	13	
十月	丁亥	五黄	日柱		己卯	庚辰	辛巳	壬午	癸未	甲申	乙酉	丙戌	丁亥	戊子	己丑	庚寅	辛卯	壬辰	癸巳	甲午	乙未	丙申	丁酉	戊戌	己亥	庚子	辛丑	壬寅	癸卯	甲辰	乙巳	丙午	丁未	戊申
			陽暦	月	11	11	11	11	11	11	11	11	11	11	11	11	11	11	11	11	11	12	12	12	12	12	12	12	12	12	12	12	12	12
				日	14	15	16	17	18	19	20	21	22	23	24	25	26	27	28	29	30	1	2	3	4	5	6	7	8	9	10	11	12	13
十一月	戊子	四緑	日柱		己酉	庚戌	辛亥	壬子	癸丑	甲寅	乙卯	丙辰	丁巳	戊午	己未	庚申	辛酉	壬戌	癸亥	甲子	乙丑	丙寅	丁卯	戊辰	己巳	庚午	辛未	壬申	癸酉	甲戌	乙亥	丙子	丁丑	戊寅
			陽暦	月	12	12	12	12	12	12	12	12	12	12	12	12	12	12	12	12	12	12	1	1	1	1	1	1	1	1	1	1	1	1
				日	14	15	16	17	18	19	20	21	22	23	24	25	26	27	28	29	30	31	1	2	3	4	5	6	7	8	9	10	11	12
十二月	己丑	三碧	日柱		己卯	庚辰	辛巳	壬午	癸未	甲申	乙酉	丙戌	丁亥	戊子	己丑	庚寅	辛卯	壬辰	癸巳	甲午	乙未	丙申	丁酉	戊戌	己亥	庚子	辛丑	壬寅	癸卯	甲辰	乙巳	丙午	丁未	戊申
			陽暦	月	1	1	1	1	1	1	1	1	1	1	1	1	1	1	1	1	1	1	1	2	2	2	2	2	2	2	2	2	2	2
				日	13	14	15	16	17	18	19	20	21	22	23	24	25	26	27	28	29	30	31	1	2	3	4	5	6	7	8	9	10	11

1956年【丙申】

月別	月柱	紫白	農暦		初一	初二	初三	初四	初五	初六	初七	初八	初九	初十	十一	十二	十三	十四	十五	十六	十七	十八	十九	二十	廿一	廿二	廿三	廿四	廿五	廿六	廿七	廿八	廿九	三十
正月	庚寅	二黒	日柱		己酉	庚戌	辛亥	壬子	癸丑	甲寅	乙卯	丙辰	丁巳	戊午	己未	庚申	辛酉	壬戌	癸亥	甲子	乙丑	丙寅	丁卯	戊辰	己巳	庚午	辛未	壬申	癸酉	甲戌	乙亥	丙子	丁丑	
			陽暦	月	2	2	2	2	2	2	2	2	2	2	2	2	2	2	2	2	2	2	3	3	3	3	3	3	3	3	3	3	3	
				日	12	13	14	15	16	17	18	19	20	21	22	23	24	25	26	27	28	29	1	2	3	4	5	6	7	8	9	10	11	
二月	辛卯	一白	日柱		戊寅	己卯	庚辰	辛巳	壬午	癸未	甲申	乙酉	丙戌	丁亥	戊子	己丑	庚寅	辛卯	壬辰	癸巳	甲午	乙未	丙申	丁酉	戊戌	己亥	庚子	辛丑	壬寅	癸卯	甲辰	乙巳	丙午	丁未
			陽暦	月	3	3	3	3	3	3	3	3	3	3	3	3	3	3	3	3	3	3	3	3	4	4	4	4	4	4	4	4	4	4
				日	12	13	14	15	16	17	18	19	20	21	22	23	24	25	26	27	28	29	30	31	1	2	3	4	5	6	7	8	9	10
三月	壬辰	九紫	日柱		戊申	己酉	庚戌	辛亥	壬子	癸丑	甲寅	乙卯	丙辰	丁巳	戊午	己未	庚申	辛酉	壬戌	癸亥	甲子	乙丑	丙寅	丁卯	戊辰	己巳	庚午	辛未	壬申	癸酉	甲戌	乙亥	丙子	
			陽暦	月	4	4	4	4	4	4	4	4	4	4	4	4	4	4	4	4	4	4	4	4	5	5	5	5	5	5	5	5	5	
				日	11	12	13	14	15	16	17	18	19	20	21	22	23	24	25	26	27	28	29	30	1	2	3	4	5	6	7	8	9	
四月	癸巳	八白	日柱		丁丑	戊寅	己卯	庚辰	辛巳	壬午	癸未	甲申	乙酉	丙戌	丁亥	戊子	己丑	庚寅	辛卯	壬辰	癸巳	甲午	乙未	丙申	丁酉	戊戌	己亥	庚子	辛丑	壬寅	癸卯	甲辰	乙巳	丙午
			陽暦	月	5	5	5	5	5	5	5	5	5	5	5	5	5	5	5	5	5	5	5	5	5	5	6	6	6	6	6	6	6	6
				日	10	11	12	13	14	15	16	17	18	19	20	21	22	23	24	25	26	27	28	29	30	31	1	2	3	4	5	6	7	8
五月	甲午	七赤	日柱		丁未	戊申	己酉	庚戌	辛亥	壬子	癸丑	甲寅	乙卯	丙辰	丁巳	戊午	己未	庚申	辛酉	壬戌	癸亥	甲子	乙丑	丙寅	丁卯	戊辰	己巳	庚午	辛未	壬申	癸酉	甲戌	乙亥	
			陽暦	月	6	6	6	6	6	6	6	6	6	6	6	6	6	6	6	6	6	6	6	6	6	6	7	7	7	7	7	7	7	
				日	9	10	11	12	13	14	15	16	17	18	19	20	21	22	23	24	25	26	27	28	29	30	1	2	3	4	5	6	7	
六月	乙未	六白	日柱		丙子	丁丑	戊寅	己卯	庚辰	辛巳	壬午	癸未	甲申	乙酉	丙戌	丁亥	戊子	己丑	庚寅	辛卯	壬辰	癸巳	甲午	乙未	丙申	丁酉	戊戌	己亥	庚子	辛丑	壬寅	癸卯	甲辰	
			陽暦	月	7	7	7	7	7	7	7	7	7	7	7	7	7	7	7	7	7	7	7	7	7	7	7	7	8	8	8	8	8	
				日	8	9	10	11	12	13	14	15	16	17	18	19	20	21	22	23	24	25	26	27	28	29	30	31	1	2	3	4	5	
七月	丙申	五黄	日柱		乙巳	丙午	丁未	戊申	己酉	庚戌	辛亥	壬子	癸丑	甲寅	乙卯	丙辰	丁巳	戊午	己未	庚申	辛酉	壬戌	癸亥	甲子	乙丑	丙寅	丁卯	戊辰	己巳	庚午	辛未	壬申	癸酉	甲戌
			陽暦	月	8	8	8	8	8	8	8	8	8	8	8	8	8	8	8	8	8	8	8	8	8	8	8	8	8	8	9	9	9	9
				日	6	7	8	9	10	11	12	13	14	15	16	17	18	19	20	21	22	23	24	25	26	27	28	29	30	31	1	2	3	4
八月	丁酉	四緑	日柱		乙亥	丙子	丁丑	戊寅	己卯	庚辰	辛巳	壬午	癸未	甲申	乙酉	丙戌	丁亥	戊子	己丑	庚寅	辛卯	壬辰	癸巳	甲午	乙未	丙申	丁酉	戊戌	己亥	庚子	辛丑	壬寅	癸卯	
			陽暦	月	9	9	9	9	9	9	9	9	9	9	9	9	9	9	9	9	9	9	9	9	9	9	9	9	9	9	10	10	10	
				日	5	6	7	8	9	10	11	12	13	14	15	16	17	18	19	20	21	22	23	24	25	26	27	28	29	30	1	2	3	
九月	戊戌	三碧	日柱		甲辰	乙巳	丙午	丁未	戊申	己酉	庚戌	辛亥	壬子	癸丑	甲寅	乙卯	丙辰	丁巳	戊午	己未	庚申	辛酉	壬戌	癸亥	甲子	乙丑	丙寅	丁卯	戊辰	己巳	庚午	辛未	壬申	癸酉
			陽暦	月	10	10	10	10	10	10	10	10	10	10	10	10	10	10	10	10	10	10	10	10	10	10	10	10	10	10	10	10	11	11
				日	4	5	6	7	8	9	10	11	12	13	14	15	16	17	18	19	20	21	22	23	24	25	26	27	28	29	30	31	1	2
十月	己亥	二黒	日柱		甲戌	乙亥	丙子	丁丑	戊寅	己卯	庚辰	辛巳	壬午	癸未	甲申	乙酉	丙戌	丁亥	戊子	己丑	庚寅	辛卯	壬辰	癸巳	甲午	乙未	丙申	丁酉	戊戌	己亥	庚子	辛丑	壬寅	
			陽暦	月	11	11	11	11	11	11	11	11	11	11	11	11	11	11	11	11	11	11	11	11	11	11	11	11	11	11	11	11	12	
				日	3	4	5	6	7	8	9	10	11	12	13	14	15	16	17	18	19	20	21	22	23	24	25	26	27	28	29	30	1	
十一月	庚子	一白	日柱		癸卯	甲辰	乙巳	丙午	丁未	戊申	己酉	庚戌	辛亥	壬子	癸丑	甲寅	乙卯	丙辰	丁巳	戊午	己未	庚申	辛酉	壬戌	癸亥	甲子	乙丑	丙寅	丁卯	戊辰	己巳	庚午	辛未	壬申
			陽暦	月	12	12	12	12	12	12	12	12	12	12	12	12	12	12	12	12	12	12	12	12	12	12	12	12	12	12	12	12	12	12
				日	2	3	4	5	6	7	8	9	10	11	12	13	14	15	16	17	18	19	20	21	22	23	24	25	26	27	28	29	30	31
十二月	辛丑	九紫	日柱		癸酉	甲戌	乙亥	丙子	丁丑	戊寅	己卯	庚辰	辛巳	壬午	癸未	甲申	乙酉	丙戌	丁亥	戊子	己丑	庚寅	辛卯	壬辰	癸巳	甲午	乙未	丙申	丁酉	戊戌	己亥	庚子	辛丑	壬寅
			陽暦	月	1	1	1	1	1	1	1	1	1	1	1	1	1	1	1	1	1	1	1	1	1	1	1	1	1	1	1	1	1	1
				日	1	2	3	4	5	6	7	8	9	10	11	12	13	14	15	16	17	18	19	20	21	22	23	24	25	26	27	28	29	30

1957年【丁酉】

月別	月柱	紫白	農暦		初一	初二	初三	初四	初五	初六	初七	初八	初九	初十	十一	十二	十三	十四	十五	十六	十七	十八	十九	二十	廿一	廿二	廿三	廿四	廿五	廿六	廿七	廿八	廿九	三十
正月	壬寅	八白	日柱		癸卯	甲辰	乙巳	丙午	丁未	戊申	己酉	庚戌	辛亥	壬子	癸丑	甲寅	乙卯	丙辰	丁巳	戊午	己未	庚申	辛酉	壬戌	癸亥	甲子	乙丑	丙寅	丁卯	戊辰	己巳	庚午	辛未	壬申
			陽暦	月	1	2	2	2	2	2	2	2	2	2	2	2	2	2	2	2	2	2	2	2	2	2	2	2	2	2	2	2	2	3
				日	31	1	2	3	4	5	6	7	8	9	10	11	12	13	14	15	16	17	18	19	20	21	22	23	24	25	26	27	28	1
二月	癸卯	七赤	日柱		癸酉	甲戌	乙亥	丙子	丁丑	戊寅	己卯	庚辰	辛巳	壬午	癸未	甲申	乙酉	丙戌	丁亥	戊子	己丑	庚寅	辛卯	壬辰	癸巳	甲午	乙未	丙申	丁酉	戊戌	己亥	庚子	辛丑	
			陽暦	月	3	3	3	3	3	3	3	3	3	3	3	3	3	3	3	3	3	3	3	3	3	3	3	3	3	3	3	3	3	
				日	2	3	4	5	6	7	8	9	10	11	12	13	14	15	16	17	18	19	20	21	22	23	24	25	26	27	28	29	30	
三月	甲辰	六白	日柱		壬寅	癸卯	甲辰	乙巳	丙午	丁未	戊申	己酉	庚戌	辛亥	壬子	癸丑	甲寅	乙卯	丙辰	丁巳	戊午	己未	庚申	辛酉	壬戌	癸亥	甲子	乙丑	丙寅	丁卯	戊辰	己巳	庚午	辛未
			陽暦	月	3	4	4	4	4	4	4	4	4	4	4	4	4	4	4	4	4	4	4	4	4	4	4	4	4	4	4	4	4	4
				日	31	1	2	3	4	5	6	7	8	9	10	11	12	13	14	15	16	17	18	19	20	21	22	23	24	25	26	27	28	29
四月	乙巳	五黄	日柱		壬申	癸酉	甲戌	乙亥	丙子	丁丑	戊寅	己卯	庚辰	辛巳	壬午	癸未	甲申	乙酉	丙戌	丁亥	戊子	己丑	庚寅	辛卯	壬辰	癸巳	甲午	乙未	丙申	丁酉	戊戌	己亥	庚子	
			陽暦	月	4	5	5	5	5	5	5	5	5	5	5	5	5	5	5	5	5	5	5	5	5	5	5	5	5	5	5	5	5	
				日	30	1	2	3	4	5	6	7	8	9	10	11	12	13	14	15	16	17	18	19	20	21	22	23	24	25	26	27	28	
五月	丙午	四緑	日柱		辛丑	壬寅	癸卯	甲辰	乙巳	丙午	丁未	戊申	己酉	庚戌	辛亥	壬子	癸丑	甲寅	乙卯	丙辰	丁巳	戊午	己未	庚申	辛酉	壬戌	癸亥	甲子	乙丑	丙寅	丁卯	戊辰	己巳	庚午
			陽暦	月	5	5	5	6	6	6	6	6	6	6	6	6	6	6	6	6	6	6	6	6	6	6	6	6	6	6	6	6	6	6
				日	29	30	31	1	2	3	4	5	6	7	8	9	10	11	12	13	14	15	16	17	18	19	20	21	22	23	24	25	26	27
六月	丁未	三碧	日柱		辛未	壬申	癸酉	甲戌	乙亥	丙子	丁丑	戊寅	己卯	庚辰	辛巳	壬午	癸未	甲申	乙酉	丙戌	丁亥	戊子	己丑	庚寅	辛卯	壬辰	癸巳	甲午	乙未	丙申	丁酉	戊戌	己亥	
			陽暦	月	6	6	6	7	7	7	7	7	7	7	7	7	7	7	7	7	7	7	7	7	7	7	7	7	7	7	7	7	7	
				日	28	29	30	1	2	3	4	5	6	7	8	9	10	11	12	13	14	15	16	17	18	19	20	21	22	23	24	25	26	
七月	戊申	二黒	日柱		庚子	辛丑	壬寅	癸卯	甲辰	乙巳	丙午	丁未	戊申	己酉	庚戌	辛亥	壬子	癸丑	甲寅	乙卯	丙辰	丁巳	戊午	己未	庚申	辛酉	壬戌	癸亥	甲子	乙丑	丙寅	丁卯	戊辰	
			陽暦	月	7	7	7	7	7	8	8	8	8	8	8	8	8	8	8	8	8	8	8	8	8	8	8	8	8	8	8	8	8	
				日	27	28	29	30	31	1	2	3	4	5	6	7	8	9	10	11	12	13	14	15	16	17	18	19	20	21	22	23	24	
八月	己酉	一白	日柱		己巳	庚午	辛未	壬申	癸酉	甲戌	乙亥	丙子	丁丑	戊寅	己卯	庚辰	辛巳	壬午	癸未	甲申	乙酉	丙戌	丁亥	戊子	己丑	庚寅	辛卯	壬辰	癸巳	甲午	乙未	丙申	丁酉	戊戌
			陽暦	月	8	8	8	8	8	8	8	9	9	9	9	9	9	9	9	9	9	9	9	9	9	9	9	9	9	9	9	9	9	9
				日	25	26	27	28	29	30	31	1	2	3	4	5	6	7	8	9	10	11	12	13	14	15	16	17	18	19	20	21	22	23
閏八月			日柱		己亥	庚子	辛丑	壬寅	癸卯	甲辰	乙巳	丙午	丁未	戊申	己酉	庚戌	辛亥	壬子	癸丑	甲寅	乙卯	丙辰	丁巳	戊午	己未	庚申	辛酉	壬戌	癸亥	甲子	乙丑	丙寅	丁卯	
			陽暦	月	9	9	9	9	9	9	9	10	10	10	10	10	10	10	10	10	10	10	10	10	10	10	10	10	10	10	10	10	10	
				日	24	25	26	27	28	29	30	1	2	3	4	5	6	7	8	9	10	11	12	13	14	15	16	17	18	19	20	21	22	
九月	庚戌	九紫	日柱		戊辰	己巳	庚午	辛未	壬申	癸酉	甲戌	乙亥	丙子	丁丑	戊寅	己卯	庚辰	辛巳	壬午	癸未	甲申	乙酉	丙戌	丁亥	戊子	己丑	庚寅	辛卯	壬辰	癸巳	甲午	乙未	丙申	丁酉
			陽暦	月	10	10	10	10	10	10	10	10	10	11	11	11	11	11	11	11	11	11	11	11	11	11	11	11	11	11	11	11	11	11
				日	23	24	25	26	27	28	29	30	31	1	2	3	4	5	6	7	8	9	10	11	12	13	14	15	16	17	18	19	20	21
十月	辛亥	八白	日柱		戊戌	己亥	庚子	辛丑	壬寅	癸卯	甲辰	乙巳	丙午	丁未	戊申	己酉	庚戌	辛亥	壬子	癸丑	甲寅	乙卯	丙辰	丁巳	戊午	己未	庚申	辛酉	壬戌	癸亥	甲子	乙丑	丙寅	
			陽暦	月	11	11	11	11	11	11	11	11	11	12	12	12	12	12	12	12	12	12	12	12	12	12	12	12	12	12	12	12	12	
				日	22	23	24	25	26	27	28	29	30	1	2	3	4	5	6	7	8	9	10	11	12	13	14	15	16	17	18	19	20	
十一月	壬子	七赤	日柱		丁卯	戊辰	己巳	庚午	辛未	壬申	癸酉	甲戌	乙亥	丙子	丁丑	戊寅	己卯	庚辰	辛巳	壬午	癸未	甲申	乙酉	丙戌	丁亥	戊子	己丑	庚寅	辛卯	壬辰	癸巳	甲午	乙未	丙申
			陽暦	月	12	12	12	12	12	12	12	12	12	12	12	1	1	1	1	1	1	1	1	1	1	1	1	1	1	1	1	1	1	1
				日	21	22	23	24	25	26	27	28	29	30	31	1	2	3	4	5	6	7	8	9	10	11	12	13	14	15	16	17	18	19
十二月	癸丑	六白	日柱		丁酉	戊戌	己亥	庚子	辛丑	壬寅	癸卯	甲辰	乙巳	丙午	丁未	戊申	己酉	庚戌	辛亥	壬子	癸丑	甲寅	乙卯	丙辰	丁巳	戊午	己未	庚申	辛酉	壬戌	癸亥	甲子	乙丑	
			陽暦	月	1	1	1	1	1	1	1	1	1	1	1	1	2	2	2	2	2	2	2	2	2	2	2	2	2	2	2	2	2	
				日	20	21	22	23	24	25	26	27	28	29	30	31	1	2	3	4	5	6	7	8	9	10	11	12	13	14	15	16	17	

1958年【戊戌】

月別	月柱	紫白	農暦		初一	初二	初三	初四	初五	初六	初七	初八	初九	初十	十一	十二	十三	十四	十五	十六	十七	十八	十九	二十	廿一	廿二	廿三	廿四	廿五	廿六	廿七	廿八	廿九	三十
正月	甲寅	五黄	日柱		丙寅	丁卯	戊辰	己巳	庚午	辛未	壬申	癸酉	甲戌	乙亥	丙子	丁丑	戊寅	己卯	庚辰	辛巳	壬午	癸未	甲申	乙酉	丙戌	丁亥	戊子	己丑	庚寅	辛卯	壬辰	癸巳	甲午	乙未
			陽暦	月	2	2	2	2	2	2	2	2	2	2	2	3	3	3	3	3	3	3	3	3	3	3	3	3	3	3	3	3	3	3
				日	18	19	20	21	22	23	24	25	26	27	28	1	2	3	4	5	6	7	8	9	10	11	12	13	14	15	16	17	18	19
二月	乙卯	四緑	日柱		丙申	丁酉	戊戌	己亥	庚子	辛丑	壬寅	癸卯	甲辰	乙巳	丙午	丁未	戊申	己酉	庚戌	辛亥	壬子	癸丑	甲寅	乙卯	丙辰	丁巳	戊午	己未	庚申	辛酉	壬戌	癸亥	甲子	乙丑
			陽暦	月	3	3	3	3	3	3	3	3	3	3	3	3	4	4	4	4	4	4	4	4	4	4	4	4	4	4	4	4	4	4
				日	20	21	22	23	24	25	26	27	28	29	30	31	1	2	3	4	5	6	7	8	9	10	11	12	13	14	15	16	17	18
三月	丙辰	三碧	日柱		丙寅	丁卯	戊辰	己巳	庚午	辛未	壬申	癸酉	甲戌	乙亥	丙子	丁丑	戊寅	己卯	庚辰	辛巳	壬午	癸未	甲申	乙酉	丙戌	丁亥	戊子	己丑	庚寅	辛卯	壬辰	癸巳	甲午	乙未
			陽暦	月	4	4	4	4	4	4	4	4	4	4	4	4	5	5	5	5	5	5	5	5	5	5	5	5	5	5	5	5	5	5
				日	19	20	21	22	23	24	25	26	27	28	29	30	1	2	3	4	5	6	7	8	9	10	11	12	13	14	15	16	17	18
四月	丁巳	二黒	日柱		丙申	丁酉	戊戌	己亥	庚子	辛丑	壬寅	癸卯	甲辰	乙巳	丙午	丁未	戊申	己酉	庚戌	辛亥	壬子	癸丑	甲寅	乙卯	丙辰	丁巳	戊午	己未	庚申	辛酉	壬戌	癸亥	甲子	
			陽暦	月	5	5	5	5	5	5	5	5	5	5	5	5	5	6	6	6	6	6	6	6	6	6	6	6	6	6	6	6	6	
				日	19	20	21	22	23	24	25	26	27	28	29	30	31	1	2	3	4	5	6	7	8	9	10	11	12	13	14	15	16	
五月	戊午	九紫	日柱		乙丑	丙寅	丁卯	戊辰	己巳	庚午	辛未	壬申	癸酉	甲戌	乙亥	丙子	丁丑	戊寅	己卯	庚辰	辛巳	壬午	癸未	甲申	乙酉	丙戌	丁亥	戊子	己丑	庚寅	辛卯	壬辰	癸巳	甲午
			陽暦	月	6	6	6	6	6	6	6	6	6	6	6	6	6	6	7	7	7	7	7	7	7	7	7	7	7	7	7	7	7	7
				日	17	18	19	20	21	22	23	24	25	26	27	28	29	30	1	2	3	4	5	6	7	8	9	10	11	12	13	14	15	16
六月	己未	八白	日柱		乙未	丙申	丁酉	戊戌	己亥	庚子	辛丑	壬寅	癸卯	甲辰	乙巳	丙午	丁未	戊申	己酉	庚戌	辛亥	壬子	癸丑	甲寅	乙卯	丙辰	丁巳	戊午	己未	庚申	辛酉	壬戌	癸亥	
			陽暦	月	7	7	7	7	7	7	7	7	7	7	7	7	7	7	7	8	8	8	8	8	8	8	8	8	8	8	8	8	8	
				日	17	18	19	20	21	22	23	24	25	26	27	28	29	30	31	1	2	3	4	5	6	7	8	9	10	11	12	13	14	
七月	庚申	七赤	日柱		甲子	乙丑	丙寅	丁卯	戊辰	己巳	庚午	辛未	壬申	癸酉	甲戌	乙亥	丙子	丁丑	戊寅	己卯	庚辰	辛巳	壬午	癸未	甲申	乙酉	丙戌	丁亥	戊子	己丑	庚寅	辛卯	壬辰	
			陽暦	月	8	8	8	8	8	8	8	8	8	8	8	8	8	8	8	8	8	9	9	9	9	9	9	9	9	9	9	9	9	
				日	15	16	17	18	19	20	21	22	23	24	25	26	27	28	29	30	31	1	2	3	4	5	6	7	8	9	10	11	12	
八月	辛酉	六白	日柱		癸巳	甲午	乙未	丙申	丁酉	戊戌	己亥	庚子	辛丑	壬寅	癸卯	甲辰	乙巳	丙午	丁未	戊申	己酉	庚戌	辛亥	壬子	癸丑	甲寅	乙卯	丙辰	丁巳	戊午	己未	庚申	辛酉	壬戌
			陽暦	月	9	9	9	9	9	9	9	9	9	9	9	9	9	9	9	9	9	9	10	10	10	10	10	10	10	10	10	10	10	10
				日	13	14	15	16	17	18	19	20	21	22	23	24	25	26	27	28	29	30	1	2	3	4	5	6	7	8	9	10	11	12
九月	壬戌	五黄	日柱		癸亥	甲子	乙丑	丙寅	丁卯	戊辰	己巳	庚午	辛未	壬申	癸酉	甲戌	乙亥	丙子	丁丑	戊寅	己卯	庚辰	辛巳	壬午	癸未	甲申	乙酉	丙戌	丁亥	戊子	己丑	庚寅	辛卯	
			陽暦	月	10	10	10	10	10	10	10	10	10	10	10	10	10	10	10	10	10	10	10	11	11	11	11	11	11	11	11	11	11	
				日	13	14	15	16	17	18	19	20	21	22	23	24	25	26	27	28	29	30	31	1	2	3	4	5	6	7	8	9	10	
十月	癸亥	八白	日柱		壬辰	癸巳	甲午	乙未	丙申	丁酉	戊戌	己亥	庚子	辛丑	壬寅	癸卯	甲辰	乙巳	丙午	丁未	戊申	己酉	庚戌	辛亥	壬子	癸丑	甲寅	乙卯	丙辰	丁巳	戊午	己未	庚申	辛酉
			陽暦	月	11	11	11	11	11	11	11	11	11	11	11	11	11	11	11	11	11	11	11	11	12	12	12	12	12	12	12	12	12	12
				日	11	12	13	14	15	16	17	18	19	20	21	22	23	24	25	26	27	28	29	30	1	2	3	4	5	6	7	8	9	10
十一月	甲子	四緑	日柱		壬戌	癸亥	甲子	乙丑	丙寅	丁卯	戊辰	己巳	庚午	辛未	壬申	癸酉	甲戌	乙亥	丙子	丁丑	戊寅	己卯	庚辰	辛巳	壬午	癸未	甲申	乙酉	丙戌	丁亥	戊子	己丑	庚寅	
			陽暦	月	12	12	12	12	12	12	12	12	12	12	12	12	12	12	12	12	12	12	12	12	12	1	1	1	1	1	1	1	1	
				日	11	12	13	14	15	16	17	18	19	20	21	22	23	24	25	26	27	28	29	30	31	1	2	3	4	5	6	7	8	
十二月	乙丑	三碧	日柱		辛卯	壬辰	癸巳	甲午	乙未	丙申	丁酉	戊戌	己亥	庚子	辛丑	壬寅	癸卯	甲辰	乙巳	丙午	丁未	戊申	己酉	庚戌	辛亥	壬子	癸丑	甲寅	乙卯	丙辰	丁巳	戊午	己未	庚申
			陽暦	月	1	1	1	1	1	1	1	1	1	1	1	1	1	1	1	1	1	1	1	1	1	1	1	2	2	2	2	2	2	2
				日	9	10	11	12	13	14	15	16	17	18	19	20	21	22	23	24	25	26	27	28	29	30	31	1	2	3	4	5	6	7

1959年【己亥】

月別	月柱	紫白	農暦		初一	初二	初三	初四	初五	初六	初七	初八	初九	初十	十一	十二	十三	十四	十五	十六	十七	十八	十九	二十	廿一	廿二	廿三	廿四	廿五	廿六	廿七	廿八	廿九	三十
正月	丙寅	二黒	日柱		辛酉	壬戌	癸亥	甲子	乙丑	丙寅	丁卯	戊辰	己巳	庚午	辛未	壬申	癸酉	甲戌	乙亥	丙子	丁丑	戊寅	己卯	庚辰	辛巳	壬午	癸未	甲申	乙酉	丙戌	丁亥	戊子	己丑	
			陽暦	月	2	2	2	2	2	2	2	2	2	2	2	2	2	2	2	2	2	2	2	2	2	3	3	3	3	3	3	3	3	
				日	8	9	10	11	12	13	14	15	16	17	18	19	20	21	22	23	24	25	26	27	28	1	2	3	4	5	6	7	8	
二月	丁卯	一白	日柱		庚寅	辛卯	壬辰	癸巳	甲午	乙未	丙申	丁酉	戊戌	己亥	庚子	辛丑	壬寅	癸卯	甲辰	乙巳	丙午	丁未	戊申	己酉	庚戌	辛亥	壬子	癸丑	甲寅	乙卯	丙辰	丁巳	戊午	己未
			陽暦	月	3	3	3	3	3	3	3	3	3	3	3	3	3	3	3	3	3	3	3	3	3	3	3	4	4	4	4	4	4	4
				日	9	10	11	12	13	14	15	16	17	18	19	20	21	22	23	24	25	26	27	28	29	30	31	1	2	3	4	5	6	7
三月	戊辰	九紫	日柱		庚申	辛酉	壬戌	癸亥	甲子	乙丑	丙寅	丁卯	戊辰	己巳	庚午	辛未	壬申	癸酉	甲戌	乙亥	丙子	丁丑	戊寅	己卯	庚辰	辛巳	壬午	癸未	甲申	乙酉	丙戌	丁亥	戊子	己丑
			陽暦	月	4	4	4	4	4	4	4	4	4	4	4	4	4	4	4	4	4	4	4	4	4	4	4	5	5	5	5	5	5	5
				日	8	9	10	11	12	13	14	15	16	17	18	19	20	21	22	23	24	25	26	27	28	29	30	1	2	3	4	5	6	7
四月	己巳	八白	日柱		庚寅	辛卯	壬辰	癸巳	甲午	乙未	丙申	丁酉	戊戌	己亥	庚子	辛丑	壬寅	癸卯	甲辰	乙巳	丙午	丁未	戊申	己酉	庚戌	辛亥	壬子	癸丑	甲寅	乙卯	丙辰	丁巳	戊午	
			陽暦	月	5	5	5	5	5	5	5	5	5	5	5	5	5	5	5	5	5	5	5	5	5	5	5	5	6	6	6	6	6	
				日	8	9	10	11	12	13	14	15	16	17	18	19	20	21	22	23	24	25	26	27	28	29	30	31	1	2	3	4	5	
五月	庚午	七赤	日柱		己未	庚申	辛酉	壬戌	癸亥	甲子	乙丑	丙寅	丁卯	戊辰	己巳	庚午	辛未	壬申	癸酉	甲戌	乙亥	丙子	丁丑	戊寅	己卯	庚辰	辛巳	壬午	癸未	甲申	乙酉	丙戌	丁亥	戊子
			陽暦	月	6	6	6	6	6	6	6	6	6	6	6	6	6	6	6	6	6	6	6	6	6	6	6	6	6	7	7	7	7	7
				日	6	7	8	9	10	11	12	13	14	15	16	17	18	19	20	21	22	23	24	25	26	27	28	29	30	1	2	3	4	5
六月	辛未	六白	日柱		己丑	庚寅	辛卯	壬辰	癸巳	甲午	乙未	丙申	丁酉	戊戌	己亥	庚子	辛丑	壬寅	癸卯	甲辰	乙巳	丙午	丁未	戊申	己酉	庚戌	辛亥	壬子	癸丑	甲寅	乙卯	丙辰	丁巳	
			陽暦	月	7	7	7	7	7	7	7	7	7	7	7	7	7	7	7	7	7	7	7	7	7	7	7	7	7	7	8	8	8	
				日	6	7	8	9	10	11	12	13	14	15	16	17	18	19	20	21	22	23	24	25	26	27	28	29	30	31	1	2	3	
七月	壬申	五黄	日柱		戊午	己未	庚申	辛酉	壬戌	癸亥	甲子	乙丑	丙寅	丁卯	戊辰	己巳	庚午	辛未	壬申	癸酉	甲戌	乙亥	丙子	丁丑	戊寅	己卯	庚辰	辛巳	壬午	癸未	甲申	乙酉	丙戌	丁亥
			陽暦	月	8	8	8	8	8	8	8	8	8	8	8	8	8	8	8	8	8	8	8	8	8	8	8	8	8	8	8	8	9	9
				日	4	5	6	7	8	9	10	11	12	13	14	15	16	17	18	19	20	21	22	23	24	25	26	27	28	29	30	31	1	2
八月	癸酉	四緑	日柱		戊子	己丑	庚寅	辛卯	壬辰	癸巳	甲午	乙未	丙申	丁酉	戊戌	己亥	庚子	辛丑	壬寅	癸卯	甲辰	乙巳	丙午	丁未	戊申	己酉	庚戌	辛亥	壬子	癸丑	甲寅	乙卯	丙辰	
			陽暦	月	9	9	9	9	9	9	9	9	9	9	9	9	9	9	9	9	9	9	9	9	9	9	9	9	9	9	9	9	10	
				日	3	4	5	6	7	8	9	10	11	12	13	14	15	16	17	18	19	20	21	22	23	24	25	26	27	28	29	30	1	
九月	甲戌	三碧	日柱		丁巳	戊午	己未	庚申	辛酉	壬戌	癸亥	甲子	乙丑	丙寅	丁卯	戊辰	己巳	庚午	辛未	壬申	癸酉	甲戌	乙亥	丙子	丁丑	戊寅	己卯	庚辰	辛巳	壬午	癸未	甲申	乙酉	丙戌
			陽暦	月	10	10	10	10	10	10	10	10	10	10	10	10	10	10	10	10	10	10	10	10	10	10	10	10	10	10	10	10	10	10
				日	2	3	4	5	6	7	8	9	10	11	12	13	14	15	16	17	18	19	20	21	22	23	24	25	26	27	28	29	30	31
十月	乙亥	二黒	日柱		丁亥	戊子	己丑	庚寅	辛卯	壬辰	癸巳	甲午	乙未	丙申	丁酉	戊戌	己亥	庚子	辛丑	壬寅	癸卯	甲辰	乙巳	丙午	丁未	戊申	己酉	庚戌	辛亥	壬子	癸丑	甲寅	乙卯	
			陽暦	月	11	11	11	11	11	11	11	11	11	11	11	11	11	11	11	11	11	11	11	11	11	11	11	11	11	11	11	11	11	
				日	1	2	3	4	5	6	7	8	9	10	11	12	13	14	15	16	17	18	19	20	21	22	23	24	25	26	27	28	29	
十一月	丙子	一白	日柱		丙辰	丁巳	戊午	己未	庚申	辛酉	壬戌	癸亥	甲子	乙丑	丙寅	丁卯	戊辰	己巳	庚午	辛未	壬申	癸酉	甲戌	乙亥	丙子	丁丑	戊寅	己卯	庚辰	辛巳	壬午	癸未	甲申	乙酉
			陽暦	月	11	12	12	12	12	12	12	12	12	12	12	12	12	12	12	12	12	12	12	12	12	12	12	12	12	12	12	12	12	12
				日	30	1	2	3	4	5	6	7	8	9	10	11	12	13	14	15	16	17	18	19	20	21	22	23	24	25	26	27	28	29
十二月	丁丑	九紫	日柱		丙戌	丁亥	戊子	己丑	庚寅	辛卯	壬辰	癸巳	甲午	乙未	丙申	丁酉	戊戌	己亥	庚子	辛丑	壬寅	癸卯	甲辰	乙巳	丙午	丁未	戊申	己酉	庚戌	辛亥	壬子	癸丑	甲寅	
			陽暦	月	12	12	1	1	1	1	1	1	1	1	1	1	1	1	1	1	1	1	1	1	1	1	1	1	1	1	1	1	1	
				日	30	31	1	2	3	4	5	6	7	8	9	10	11	12	13	14	15	16	17	18	19	20	21	22	23	24	25	26	27	

1960年【庚子】

月別	月柱	紫白	農暦		初一	初二	初三	初四	初五	初六	初七	初八	初九	初十	十一	十二	十三	十四	十五	十六	十七	十八	十九	二十	廿一	廿二	廿三	廿四	廿五	廿六	廿七	廿八	廿九	三十
正月	戊寅	八白	日柱		乙卯	丙辰	丁巳	戊午	己未	庚申	辛酉	壬戌	癸亥	甲子	乙丑	丙寅	丁卯	戊辰	己巳	庚午	辛未	壬申	癸酉	甲戌	乙亥	丙子	丁丑	戊寅	己卯	庚辰	辛巳	壬午	癸未	甲申
			陽暦	月	1	1	1	1	2	2	2	2	2	2	2	2	2	2	2	2	2	2	2	2	2	2	2	2	2	2	2	2	2	2
			陽暦	日	28	29	30	31	1	2	3	4	5	6	7	8	9	10	11	12	13	14	15	16	17	18	19	20	21	22	23	24	25	26
二月	己卯	七赤	日柱		乙酉	丙戌	丁亥	戊子	己丑	庚寅	辛卯	壬辰	癸巳	甲午	乙未	丙申	丁酉	戊戌	己亥	庚子	辛丑	壬寅	癸卯	甲辰	乙巳	丙午	丁未	戊申	己酉	庚戌	辛亥	壬子	癸丑	
			陽暦	月	2	2	2	3	3	3	3	3	3	3	3	3	3	3	3	3	3	3	3	3	3	3	3	3	3	3	3	3	3	
			陽暦	日	27	28	29	1	2	3	4	5	6	7	8	9	10	11	12	13	14	15	16	17	18	19	20	21	22	23	24	25	26	
三月	庚辰	六白	日柱		甲寅	乙卯	丙辰	丁巳	戊午	己未	庚申	辛酉	壬戌	癸亥	甲子	乙丑	丙寅	丁卯	戊辰	己巳	庚午	辛未	壬申	癸酉	甲戌	乙亥	丙子	丁丑	戊寅	己卯	庚辰	辛巳	壬午	癸未
			陽暦	月	3	3	3	3	3	4	4	4	4	4	4	4	4	4	4	4	4	4	4	4	4	4	4	4	4	4	4	4	4	4
			陽暦	日	27	28	29	30	31	1	2	3	4	5	6	7	8	9	10	11	12	13	14	15	16	17	18	19	20	21	22	23	24	25
四月	辛巳	五黄	日柱		甲申	乙酉	丙戌	丁亥	戊子	己丑	庚寅	辛卯	壬辰	癸巳	甲午	乙未	丙申	丁酉	戊戌	己亥	庚子	辛丑	壬寅	癸卯	甲辰	乙巳	丙午	丁未	戊申	己酉	庚戌	辛亥	壬子	
			陽暦	月	4	4	4	4	4	5	5	5	5	5	5	5	5	5	5	5	5	5	5	5	5	5	5	5	5	5	5	5	5	
			陽暦	日	26	27	28	29	30	1	2	3	4	5	6	7	8	9	10	11	12	13	14	15	16	17	18	19	20	21	22	23	24	
五月	壬午	四緑	日柱		癸丑	甲寅	乙卯	丙辰	丁巳	戊午	己未	庚申	辛酉	壬戌	癸亥	甲子	乙丑	丙寅	丁卯	戊辰	己巳	庚午	辛未	壬申	癸酉	甲戌	乙亥	丙子	丁丑	戊寅	己卯	庚辰	辛巳	壬午
			陽暦	月	5	5	5	5	5	5	5	6	6	6	6	6	6	6	6	6	6	6	6	6	6	6	6	6	6	6	6	6	6	6
			陽暦	日	25	26	27	28	29	30	31	1	2	3	4	5	6	7	8	9	10	11	12	13	14	15	16	17	18	19	20	21	22	23
六月	癸未	三碧	日柱		癸未	甲申	乙酉	丙戌	丁亥	戊子	己丑	庚寅	辛卯	壬辰	癸巳	甲午	乙未	丙申	丁酉	戊戌	己亥	庚子	辛丑	壬寅	癸卯	甲辰	乙巳	丙午	丁未	戊申	己酉	庚戌	辛亥	壬子
			陽暦	月	6	6	6	6	6	6	6	7	7	7	7	7	7	7	7	7	7	7	7	7	7	7	7	7	7	7	7	7	7	7
			陽暦	日	24	25	26	27	28	29	30	1	2	3	4	5	6	7	8	9	10	11	12	13	14	15	16	17	18	19	20	21	22	23
閏六月			日柱		癸丑	甲寅	乙卯	丙辰	丁巳	戊午	己未	庚申	辛酉	壬戌	癸亥	甲子	乙丑	丙寅	丁卯	戊辰	己巳	庚午	辛未	壬申	癸酉	甲戌	乙亥	丙子	丁丑	戊寅	己卯	庚辰	辛巳	
			陽暦	月	7	7	7	7	7	7	7	7	8	8	8	8	8	8	8	8	8	8	8	8	8	8	8	8	8	8	8	8	8	
			陽暦	日	24	25	26	27	28	29	30	31	1	2	3	4	5	6	7	8	9	10	11	12	13	14	15	16	17	18	19	20	21	
七月	甲申	二黒	日柱		壬午	癸未	甲申	乙酉	丙戌	丁亥	戊子	己丑	庚寅	辛卯	壬辰	癸巳	甲午	乙未	丙申	丁酉	戊戌	己亥	庚子	辛丑	壬寅	癸卯	甲辰	乙巳	丙午	丁未	戊申	己酉	庚戌	辛亥
			陽暦	月	8	8	8	8	8	8	8	8	8	8	9	9	9	9	9	9	9	9	9	9	9	9	9	9	9	9	9	9	9	9
			陽暦	日	22	23	24	25	26	27	28	29	30	31	1	2	3	4	5	6	7	8	9	10	11	12	13	14	15	16	17	18	19	20
八月	乙酉	一白	日柱		壬子	癸丑	甲寅	乙卯	丙辰	丁巳	戊午	己未	庚申	辛酉	壬戌	癸亥	甲子	乙丑	丙寅	丁卯	戊辰	己巳	庚午	辛未	壬申	癸酉	甲戌	乙亥	丙子	丁丑	戊寅	己卯	庚辰	
			陽暦	月	9	9	9	9	9	9	9	9	9	9	10	10	10	10	10	10	10	10	10	10	10	10	10	10	10	10	10	10	10	
			陽暦	日	21	22	23	24	25	26	27	28	29	30	1	2	3	4	5	6	7	8	9	10	11	12	13	14	15	16	17	18	19	
九月	丙戌	九紫	日柱		辛巳	壬午	癸未	甲申	乙酉	丙戌	丁亥	戊子	己丑	庚寅	辛卯	壬辰	癸巳	甲午	乙未	丙申	丁酉	戊戌	己亥	庚子	辛丑	壬寅	癸卯	甲辰	乙巳	丙午	丁未	戊申	己酉	庚戌
			陽暦	月	10	10	10	10	10	10	10	10	10	10	10	10	11	11	11	11	11	11	11	11	11	11	11	11	11	11	11	11	11	11
			陽暦	日	20	21	22	23	24	25	26	27	28	29	30	31	1	2	3	4	5	6	7	8	9	10	11	12	13	14	15	16	17	18
十月	丁亥	八白	日柱		辛亥	壬子	癸丑	甲寅	乙卯	丙辰	丁巳	戊午	己未	庚申	辛酉	壬戌	癸亥	甲子	乙丑	丙寅	丁卯	戊辰	己巳	庚午	辛未	壬申	癸酉	甲戌	乙亥	丙子	丁丑	戊寅	己卯	
			陽暦	月	11	11	11	11	11	11	11	11	11	11	11	11	12	12	12	12	12	12	12	12	12	12	12	12	12	12	12	12	12	
			陽暦	日	19	20	21	22	23	24	25	26	27	28	29	30	1	2	3	4	5	6	7	8	9	10	11	12	13	14	15	16	17	
十一月	戊子	七赤	日柱		庚辰	辛巳	壬午	癸未	甲申	乙酉	丙戌	丁亥	戊子	己丑	庚寅	辛卯	壬辰	癸巳	甲午	乙未	丙申	丁酉	戊戌	己亥	庚子	辛丑	壬寅	癸卯	甲辰	乙巳	丙午	丁未	戊申	己酉
			陽暦	月	12	12	12	12	12	12	12	12	12	12	12	12	12	12	1	1	1	1	1	1	1	1	1	1	1	1	1	1	1	1
			陽暦	日	18	19	20	21	22	23	24	25	26	27	28	29	30	31	1	2	3	4	5	6	7	8	9	10	11	12	13	14	15	16
十二月	己丑	六白	日柱		庚戌	辛亥	壬子	癸丑	甲寅	乙卯	丙辰	丁巳	戊午	己未	庚申	辛酉	壬戌	癸亥	甲子	乙丑	丙寅	丁卯	戊辰	己巳	庚午	辛未	壬申	癸酉	甲戌	乙亥	丙子	丁丑	戊寅	
			陽暦	月	1	1	1	1	1	1	1	1	1	1	1	1	1	1	1	2	2	2	2	2	2	2	2	2	2	2	2	2	2	
			陽暦	日	17	18	19	20	21	22	23	24	25	26	27	28	29	30	31	1	2	3	4	5	6	7	8	9	10	11	12	13	14	

1961年【辛丑】

月別	月柱	紫白	農暦		初一	初二	初三	初四	初五	初六	初七	初八	初九	初十	十一	十二	十三	十四	十五	十六	十七	十八	十九	二十	廿一	廿二	廿三	廿四	廿五	廿六	廿七	廿八	廿九	三十
正月	庚寅	五黄	日柱		己卯	庚辰	辛巳	壬午	癸未	甲申	乙酉	丙戌	丁亥	戊子	己丑	庚寅	辛卯	壬辰	癸巳	甲午	乙未	丙申	丁酉	戊戌	己亥	庚子	辛丑	壬寅	癸卯	甲辰	乙巳	丙午	丁未	戊申
			陽暦	月	2	2	2	2	2	2	2	2	2	2	2	2	2	2	3	3	3	3	3	3	3	3	3	3	3	3	3	3	3	3
				日	15	16	17	18	19	20	21	22	23	24	25	26	27	28	1	2	3	4	5	6	7	8	9	10	11	12	13	14	15	16
二月	辛卯	四緑	日柱		己酉	庚戌	辛亥	壬子	癸丑	甲寅	乙卯	丙辰	丁巳	戊午	己未	庚申	辛酉	壬戌	癸亥	甲子	乙丑	丙寅	丁卯	戊辰	己巳	庚午	辛未	壬申	癸酉	甲戌	乙亥	丙子	丁丑	
			陽暦	月	3	3	3	3	3	3	3	3	3	3	3	3	3	3	3	4	4	4	4	4	4	4	4	4	4	4	4	4	4	
				日	17	18	19	20	21	22	23	24	25	26	27	28	29	30	31	1	2	3	4	5	6	7	8	9	10	11	12	13	14	
三月	壬辰	三碧	日柱		戊寅	己卯	庚辰	辛巳	壬午	癸未	甲申	乙酉	丙戌	丁亥	戊子	己丑	庚寅	辛卯	壬辰	癸巳	甲午	乙未	丙申	丁酉	戊戌	己亥	庚子	辛丑	壬寅	癸卯	甲辰	乙巳	丙午	丁未
			陽暦	月	4	4	4	4	4	4	4	4	4	4	4	4	4	4	4	4	5	5	5	5	5	5	5	5	5	5	5	5	5	5
				日	15	16	17	18	19	20	21	22	23	24	25	26	27	28	29	30	1	2	3	4	5	6	7	8	9	10	11	12	13	14
四月	癸巳	二黒	日柱		戊申	己酉	庚戌	辛亥	壬子	癸丑	甲寅	乙卯	丙辰	丁巳	戊午	己未	庚申	辛酉	壬戌	癸亥	甲子	乙丑	丙寅	丁卯	戊辰	己巳	庚午	辛未	壬申	癸酉	甲戌	乙亥	丙子	
			陽暦	月	5	5	5	5	5	5	5	5	5	5	5	5	5	5	5	5	5	6	6	6	6	6	6	6	6	6	6	6	6	
				日	15	16	17	18	19	20	21	22	23	24	25	26	27	28	29	30	31	1	2	3	4	5	6	7	8	9	10	11	12	
五月	甲午	一白	日柱		丁丑	戊寅	己卯	庚辰	辛巳	壬午	癸未	甲申	乙酉	丙戌	丁亥	戊子	己丑	庚寅	辛卯	壬辰	癸巳	甲午	乙未	丙申	丁酉	戊戌	己亥	庚子	辛丑	壬寅	癸卯	甲辰	乙巳	丙午
			陽暦	月	6	6	6	6	6	6	6	6	6	6	6	6	6	6	6	6	6	6	7	7	7	7	7	7	7	7	7	7	7	7
				日	13	14	15	16	17	18	19	20	21	22	23	24	25	26	27	28	29	30	1	2	3	4	5	6	7	8	9	10	11	12
六月	乙未	九紫	日柱		丁未	戊申	己酉	庚戌	辛亥	壬子	癸丑	甲寅	乙卯	丙辰	丁巳	戊午	己未	庚申	辛酉	壬戌	癸亥	甲子	乙丑	丙寅	丁卯	戊辰	己巳	庚午	辛未	壬申	癸酉	甲戌	乙亥	
			陽暦	月	7	7	7	7	7	7	7	7	7	7	7	7	7	7	7	7	7	7	7	8	8	8	8	8	8	8	8	8	8	
				日	13	14	15	16	17	18	19	20	21	22	23	24	25	26	27	28	29	30	31	1	2	3	4	5	6	7	8	9	10	
七月	丙申	八白	日柱		丙子	丁丑	戊寅	己卯	庚辰	辛巳	壬午	癸未	甲申	乙酉	丙戌	丁亥	戊子	己丑	庚寅	辛卯	壬辰	癸巳	甲午	乙未	丙申	丁酉	戊戌	己亥	庚子	辛丑	壬寅	癸卯	甲辰	乙巳
			陽暦	月	8	8	8	8	8	8	8	8	8	8	8	8	8	8	8	8	8	8	8	8	8	9	9	9	9	9	9	9	9	9
				日	11	12	13	14	15	16	17	18	19	20	21	22	23	24	25	26	27	28	29	30	31	1	2	3	4	5	6	7	8	9
八月	丁酉	七赤	日柱		丙午	丁未	戊申	己酉	庚戌	辛亥	壬子	癸丑	甲寅	乙卯	丙辰	丁巳	戊午	己未	庚申	辛酉	壬戌	癸亥	甲子	乙丑	丙寅	丁卯	戊辰	己巳	庚午	辛未	壬申	癸酉	甲戌	乙亥
			陽暦	月	9	9	9	9	9	9	9	9	9	9	9	9	9	9	9	9	9	9	9	9	9	10	10	10	10	10	10	10	10	10
				日	10	11	12	13	14	15	16	17	18	19	20	21	22	23	24	25	26	27	28	29	30	1	2	3	4	5	6	7	8	9
九月	戊戌	六白	日柱		丙子	丁丑	戊寅	己卯	庚辰	辛巳	壬午	癸未	甲申	乙酉	丙戌	丁亥	戊子	己丑	庚寅	辛卯	壬辰	癸巳	甲午	乙未	丙申	丁酉	戊戌	己亥	庚子	辛丑	壬寅	癸卯	甲辰	
			陽暦	月	10	10	10	10	10	10	10	10	10	10	10	10	10	10	10	10	10	10	10	10	10	10	11	11	11	11	11	11	11	
				日	10	11	12	13	14	15	16	17	18	19	20	21	22	23	24	25	26	27	28	29	30	31	1	2	3	4	5	6	7	
十月	己亥	五黄	日柱		乙巳	丙午	丁未	戊申	己酉	庚戌	辛亥	壬子	癸丑	甲寅	乙卯	丙辰	丁巳	戊午	己未	庚申	辛酉	壬戌	癸亥	甲子	乙丑	丙寅	丁卯	戊辰	己巳	庚午	辛未	壬申	癸酉	甲戌
			陽暦	月	11	11	11	11	11	11	11	11	11	11	11	11	11	11	11	11	11	11	11	11	11	11	11	12	12	12	12	12	12	12
				日	8	9	10	11	12	13	14	15	16	17	18	19	20	21	22	23	24	25	26	27	28	29	30	1	2	3	4	5	6	7
十一月	庚子	四緑	日柱		乙亥	丙子	丁丑	戊寅	己卯	庚辰	辛巳	壬午	癸未	甲申	乙酉	丙戌	丁亥	戊子	己丑	庚寅	辛卯	壬辰	癸巳	甲午	乙未	丙申	丁酉	戊戌	己亥	庚子	辛丑	壬寅	癸卯	
			陽暦	月	12	12	12	12	12	12	12	12	12	12	12	12	12	12	12	12	12	12	12	12	12	12	12	12	1	1	1	1	1	
				日	8	9	10	11	12	13	14	15	16	17	18	19	20	21	22	23	24	25	26	27	28	29	30	31	1	2	3	4	5	
十二月	辛丑	三碧	日柱		甲辰	乙巳	丙午	丁未	戊申	己酉	庚戌	辛亥	壬子	癸丑	甲寅	乙卯	丙辰	丁巳	戊午	己未	庚申	辛酉	壬戌	癸亥	甲子	乙丑	丙寅	丁卯	戊辰	己巳	庚午	辛未	壬申	癸酉
			陽暦	月	1	1	1	1	1	1	1	1	1	1	1	1	1	1	1	1	1	1	1	1	1	1	1	1	1	1	2	2	2	2
				日	6	7	8	9	10	11	12	13	14	15	16	17	18	19	20	21	22	23	24	25	26	27	28	29	30	31	1	2	3	4

1962年【壬寅】

月別	月柱	紫白	農暦		初一	初二	初三	初四	初五	初六	初七	初八	初九	初十	十一	十二	十三	十四	十五	十六	十七	十八	十九	二十	廿一	廿二	廿三	廿四	廿五	廿六	廿七	廿八	廿九	三十
正月	壬寅	二黒	日柱		甲戌	乙亥	丙子	丁丑	戊寅	己卯	庚辰	辛巳	壬午	癸未	甲申	乙酉	丙戌	丁亥	戊子	己丑	庚寅	辛卯	壬辰	癸巳	甲午	乙未	丙申	丁酉	戊戌	己亥	庚子	辛丑	壬寅	
			陽暦	月	2	2	2	2	2	2	2	2	2	2	2	2	2	2	2	2	2	2	2	2	2	2	2	2	3	3	3	3	3	
				日	5	6	7	8	9	10	11	12	13	14	15	16	17	18	19	20	21	22	23	24	25	26	27	28	1	2	3	4	5	
二月	癸卯	一白	日柱		癸卯	甲辰	乙巳	丙午	丁未	戊申	己酉	庚戌	辛亥	壬子	癸丑	甲寅	乙卯	丙辰	丁巳	戊午	己未	庚申	辛酉	壬戌	癸亥	甲子	乙丑	丙寅	丁卯	戊辰	己巳	庚午	辛未	壬申
			陽暦	月	3	3	3	3	3	3	3	3	3	3	3	3	3	3	3	3	3	3	3	3	3	3	3	3	3	3	4	4	4	4
				日	6	7	8	9	10	11	12	13	14	15	16	17	18	19	20	21	22	23	24	25	26	27	28	29	30	31	1	2	3	4
三月	甲辰	九紫	日柱		癸酉	甲戌	乙亥	丙子	丁丑	戊寅	己卯	庚辰	辛巳	壬午	癸未	甲申	乙酉	丙戌	丁亥	戊子	己丑	庚寅	辛卯	壬辰	癸巳	甲午	乙未	丙申	丁酉	戊戌	己亥	庚子	辛丑	
			陽暦	月	4	4	4	4	4	4	4	4	4	4	4	4	4	4	4	4	4	4	4	4	4	4	4	4	4	4	5	5	5	
				日	5	6	7	8	9	10	11	12	13	14	15	16	17	18	19	20	21	22	23	24	25	26	27	28	29	30	1	2	3	
四月	乙巳	八白	日柱		壬寅	癸卯	甲辰	乙巳	丙午	丁未	戊申	己酉	庚戌	辛亥	壬子	癸丑	甲寅	乙卯	丙辰	丁巳	戊午	己未	庚申	辛酉	壬戌	癸亥	甲子	乙丑	丙寅	丁卯	戊辰	己巳	庚午	
			陽暦	月	5	5	5	5	5	5	5	5	5	5	5	5	5	5	5	5	5	5	5	5	5	5	5	5	5	5	5	5	6	
				日	4	5	6	7	8	9	10	11	12	13	14	15	16	17	18	19	20	21	22	23	24	25	26	27	28	29	30	31	1	
五月	丙午	七赤	日柱		辛未	壬申	癸酉	甲戌	乙亥	丙子	丁丑	戊寅	己卯	庚辰	辛巳	壬午	癸未	甲申	乙酉	丙戌	丁亥	戊子	己丑	庚寅	辛卯	壬辰	癸巳	甲午	乙未	丙申	丁酉	戊戌	己亥	庚子
			陽暦	月	6	6	6	6	6	6	6	6	6	6	6	6	6	6	6	6	6	6	6	6	6	6	6	6	6	6	6	6	6	7
				日	2	3	4	5	6	7	8	9	10	11	12	13	14	15	16	17	18	19	20	21	22	23	24	25	26	27	28	29	30	1
六月	丁未	六白	日柱		辛丑	壬寅	癸卯	甲辰	乙巳	丙午	丁未	戊申	己酉	庚戌	辛亥	壬子	癸丑	甲寅	乙卯	丙辰	丁巳	戊午	己未	庚申	辛酉	壬戌	癸亥	甲子	乙丑	丙寅	丁卯	戊辰	己巳	
			陽暦	月	7	7	7	7	7	7	7	7	7	7	7	7	7	7	7	7	7	7	7	7	7	7	7	7	7	7	7	7	7	
				日	2	3	4	5	6	7	8	9	10	11	12	13	14	15	16	17	18	19	20	21	22	23	24	25	26	27	28	29	30	
七月	戊申	五黄	日柱		庚午	辛未	壬申	癸酉	甲戌	乙亥	丙子	丁丑	戊寅	己卯	庚辰	辛巳	壬午	癸未	甲申	乙酉	丙戌	丁亥	戊子	己丑	庚寅	辛卯	壬辰	癸巳	甲午	乙未	丙申	丁酉	戊戌	己亥
			陽暦	月	7	8	8	8	8	8	8	8	8	8	8	8	8	8	8	8	8	8	8	8	8	8	8	8	8	8	8	8	8	8
				日	31	1	2	3	4	5	6	7	8	9	10	11	12	13	14	15	16	17	18	19	20	21	22	23	24	25	26	27	28	29
八月	己酉	四緑	日柱		庚子	辛丑	壬寅	癸卯	甲辰	乙巳	丙午	丁未	戊申	己酉	庚戌	辛亥	壬子	癸丑	甲寅	乙卯	丙辰	丁巳	戊午	己未	庚申	辛酉	壬戌	癸亥	甲子	乙丑	丙寅	丁卯	戊辰	己巳
			陽暦	月	8	8	9	9	9	9	9	9	9	9	9	9	9	9	9	9	9	9	9	9	9	9	9	9	9	9	9	9	9	9
				日	30	31	1	2	3	4	5	6	7	8	9	10	11	12	13	14	15	16	17	18	19	20	21	22	23	24	25	26	27	28
九月	庚戌	三碧	日柱		庚午	辛未	壬申	癸酉	甲戌	乙亥	丙子	丁丑	戊寅	己卯	庚辰	辛巳	壬午	癸未	甲申	乙酉	丙戌	丁亥	戊子	己丑	庚寅	辛卯	壬辰	癸巳	甲午	乙未	丙申	丁酉	戊戌	
			陽暦	月	9	9	10	10	10	10	10	10	10	10	10	10	10	10	10	10	10	10	10	10	10	10	10	10	10	10	10	10	10	
				日	29	30	1	2	3	4	5	6	7	8	9	10	11	12	13	14	15	16	17	18	19	20	21	22	23	24	25	26	27	
十月	辛亥	二黒	日柱		己亥	庚子	辛丑	壬寅	癸卯	甲辰	乙巳	丙午	丁未	戊申	己酉	庚戌	辛亥	壬子	癸丑	甲寅	乙卯	丙辰	丁巳	戊午	己未	庚申	辛酉	壬戌	癸亥	甲子	乙丑	丙寅	丁卯	戊辰
			陽暦	月	10	10	10	10	11	11	11	11	11	11	11	11	11	11	11	11	11	11	11	11	11	11	11	11	11	11	11	11	11	11
				日	28	29	30	31	1	2	3	4	5	6	7	8	9	10	11	12	13	14	15	16	17	18	19	20	21	22	23	24	25	26
十一月	壬子	一白	日柱		己巳	庚午	辛未	壬申	癸酉	甲戌	乙亥	丙子	丁丑	戊寅	己卯	庚辰	辛巳	壬午	癸未	甲申	乙酉	丙戌	丁亥	戊子	己丑	庚寅	辛卯	壬辰	癸巳	甲午	乙未	丙申	丁酉	戊戌
			陽暦	月	11	11	11	11	12	12	12	12	12	12	12	12	12	12	12	12	12	12	12	12	12	12	12	12	12	12	12	12	12	12
				日	27	28	29	30	1	2	3	4	5	6	7	8	9	10	11	12	13	14	15	16	17	18	19	20	21	22	23	24	25	26
十二月	癸丑	九紫	日柱		己亥	庚子	辛丑	壬寅	癸卯	甲辰	乙巳	丙午	丁未	戊申	己酉	庚戌	辛亥	壬子	癸丑	甲寅	乙卯	丙辰	丁巳	戊午	己未	庚申	辛酉	壬戌	癸亥	甲子	乙丑	丙寅	丁卯	
			陽暦	月	12	12	12	12	12	1	1	1	1	1	1	1	1	1	1	1	1	1	1	1	1	1	1	1	1	1	1	1	1	
				日	27	28	29	30	31	1	2	3	4	5	6	7	8	9	10	11	12	13	14	15	16	17	18	19	20	21	22	23	24	

1963年【癸卯】

月別	月柱	紫白	農暦		初一	初二	初三	初四	初五	初六	初七	初八	初九	初十	十一	十二	十三	十四	十五	十六	十七	十八	十九	二十	廿一	廿二	廿三	廿四	廿五	廿六	廿七	廿八	廿九	三十
正月	甲寅	八白	日柱		戊辰	己巳	庚午	辛未	壬申	癸酉	甲戌	乙亥	丙子	丁丑	戊寅	己卯	庚辰	辛巳	壬午	癸未	甲申	乙酉	丙戌	丁亥	戊子	己丑	庚寅	辛卯	壬辰	癸巳	甲午	乙未	丙申	丁酉
			陽暦	月	1	1	1	1	1	1	1	2	2	2	2	2	2	2	2	2	2	2	2	2	2	2	2	2	2	2	2	2	2	2
				日	25	26	27	28	29	30	31	1	2	3	4	5	6	7	8	9	10	11	12	13	14	15	16	17	18	19	20	21	22	23
二月	乙卯	七赤	日柱		戊戌	己亥	庚子	辛丑	壬寅	癸卯	甲辰	乙巳	丙午	丁未	戊申	己酉	庚戌	辛亥	壬子	癸丑	甲寅	乙卯	丙辰	丁巳	戊午	己未	庚申	辛酉	壬戌	癸亥	甲子	乙丑	丙寅	
			陽暦	月	2	2	2	2	2	3	3	3	3	3	3	3	3	3	3	3	3	3	3	3	3	3	3	3	3	3	3	3	3	
				日	24	25	26	27	28	1	2	3	4	5	6	7	8	9	10	11	12	13	14	15	16	17	18	19	20	21	22	23	24	
三月	丙辰	六白	日柱		丁卯	戊辰	己巳	庚午	辛未	壬申	癸酉	甲戌	乙亥	丙子	丁丑	戊寅	己卯	庚辰	辛巳	壬午	癸未	甲申	乙酉	丙戌	丁亥	戊子	己丑	庚寅	辛卯	壬辰	癸巳	甲午	乙未	丙申
			陽暦	月	3	3	3	3	3	3	3	4	4	4	4	4	4	4	4	4	4	4	4	4	4	4	4	4	4	4	4	4	4	4
				日	25	26	27	28	29	30	31	1	2	3	4	5	6	7	8	9	10	11	12	13	14	15	16	17	18	19	20	21	22	23
四月	丁巳	五黄	日柱		丁酉	戊戌	己亥	庚子	辛丑	壬寅	癸卯	甲辰	乙巳	丙午	丁未	戊申	己酉	庚戌	辛亥	壬子	癸丑	甲寅	乙卯	丙辰	丁巳	戊午	己未	庚申	辛酉	壬戌	癸亥	甲子	乙丑	
			陽暦	月	4	4	4	4	4	4	4	5	5	5	5	5	5	5	5	5	5	5	5	5	5	5	5	5	5	5	5	5	5	
				日	24	25	26	27	28	29	30	1	2	3	4	5	6	7	8	9	10	11	12	13	14	15	16	17	18	19	20	21	22	
閏四月			日柱		丙寅	丁卯	戊辰	己巳	庚午	辛未	壬申	癸酉	甲戌	乙亥	丙子	丁丑	戊寅	己卯	庚辰	辛巳	壬午	癸未	甲申	乙酉	丙戌	丁亥	戊子	己丑	庚寅	辛卯	壬辰	癸巳	甲午	
			陽暦	月	5	5	5	5	5	5	5	5	5	6	6	6	6	6	6	6	6	6	6	6	6	6	6	6	6	6	6	6	6	
				日	23	24	25	26	27	28	29	30	31	1	2	3	4	5	6	7	8	9	10	11	12	13	14	15	16	17	18	19	20	
五月	戊午	四緑	日柱		乙未	丙申	丁酉	戊戌	己亥	庚子	辛丑	壬寅	癸卯	甲辰	乙巳	丙午	丁未	戊申	己酉	庚戌	辛亥	壬子	癸丑	甲寅	乙卯	丙辰	丁巳	戊午	己未	庚申	辛酉	壬戌	癸亥	甲子
			陽暦	月	6	6	6	6	6	6	6	6	6	6	7	7	7	7	7	7	7	7	7	7	7	7	7	7	7	7	7	7	7	7
				日	21	22	23	24	25	26	27	28	29	30	1	2	3	4	5	6	7	8	9	10	11	12	13	14	15	16	17	18	19	20
六月	己未	三碧	日柱		乙丑	丙寅	丁卯	戊辰	己巳	庚午	辛未	壬申	癸酉	甲戌	乙亥	丙子	丁丑	戊寅	己卯	庚辰	辛巳	壬午	癸未	甲申	乙酉	丙戌	丁亥	戊子	己丑	庚寅	辛卯	壬辰	癸巳	
			陽暦	月	7	7	7	7	7	7	7	7	7	7	7	8	8	8	8	8	8	8	8	8	8	8	8	8	8	8	8	8	8	
				日	21	22	23	24	25	26	27	28	29	30	31	1	2	3	4	5	6	7	8	9	10	11	12	13	14	15	16	17	18	
七月	庚申	二黒	日柱		甲午	乙未	丙申	丁酉	戊戌	己亥	庚子	辛丑	壬寅	癸卯	甲辰	乙巳	丙午	丁未	戊申	己酉	庚戌	辛亥	壬子	癸丑	甲寅	乙卯	丙辰	丁巳	戊午	己未	庚申	辛酉	壬戌	癸亥
			陽暦	月	8	8	8	8	8	8	8	8	8	8	8	8	8	9	9	9	9	9	9	9	9	9	9	9	9	9	9	9	9	9
				日	19	20	21	22	23	24	25	26	27	28	29	30	31	1	2	3	4	5	6	7	8	9	10	11	12	13	14	15	16	17
八月	辛酉	一白	日柱		甲子	乙丑	丙寅	丁卯	戊辰	己巳	庚午	辛未	壬申	癸酉	甲戌	乙亥	丙子	丁丑	戊寅	己卯	庚辰	辛巳	壬午	癸未	甲申	乙酉	丙戌	丁亥	戊子	己丑	庚寅	辛卯	壬辰	
			陽暦	月	9	9	9	9	9	9	9	9	9	9	9	9	9	10	10	10	10	10	10	10	10	10	10	10	10	10	10	10	10	
				日	18	19	20	21	22	23	24	25	26	27	28	29	30	1	2	3	4	5	6	7	8	9	10	11	12	13	14	15	16	
九月	壬戌	九紫	日柱		癸巳	甲午	乙未	丙申	丁酉	戊戌	己亥	庚子	辛丑	壬寅	癸卯	甲辰	乙巳	丙午	丁未	戊申	己酉	庚戌	辛亥	壬子	癸丑	甲寅	乙卯	丙辰	丁巳	戊午	己未	庚申	辛酉	壬戌
			陽暦	月	10	10	10	10	10	10	10	10	10	10	10	10	10	10	10	11	11	11	11	11	11	11	11	11	11	11	11	11	11	11
				日	17	18	19	20	21	22	23	24	25	26	27	28	29	30	31	1	2	3	4	5	6	7	8	9	10	11	12	13	14	15
十月	癸亥	八白	日柱		癸亥	甲子	乙丑	丙寅	丁卯	戊辰	己巳	庚午	辛未	壬申	癸酉	甲戌	乙亥	丙子	丁丑	戊寅	己卯	庚辰	辛巳	壬午	癸未	甲申	乙酉	丙戌	丁亥	戊子	己丑	庚寅	辛卯	壬辰
			陽暦	月	11	11	11	11	11	11	11	11	11	11	11	11	11	11	11	12	12	12	12	12	12	12	12	12	12	12	12	12	12	12
				日	16	17	18	19	20	21	22	23	24	25	26	27	28	29	30	1	2	3	4	5	6	7	8	9	10	11	12	13	14	15
十一月	甲子	七赤	日柱		癸巳	甲午	乙未	丙申	丁酉	戊戌	己亥	庚子	辛丑	壬寅	癸卯	甲辰	乙巳	丙午	丁未	戊申	己酉	庚戌	辛亥	壬子	癸丑	甲寅	乙卯	丙辰	丁巳	戊午	己未	庚申	辛酉	壬戌
			陽暦	月	12	12	12	12	12	12	12	12	12	12	12	12	12	12	12	12	1	1	1	1	1	1	1	1	1	1	1	1	1	1
				日	16	17	18	19	20	21	22	23	24	25	26	27	28	29	30	31	1	2	3	4	5	6	7	8	9	10	11	12	13	14
十二月	乙丑	六白	日柱		癸亥	甲子	乙丑	丙寅	丁卯	戊辰	己巳	庚午	辛未	壬申	癸酉	甲戌	乙亥	丙子	丁丑	戊寅	己卯	庚辰	辛巳	壬午	癸未	甲申	乙酉	丙戌	丁亥	戊子	己丑	庚寅	辛卯	
			陽暦	月	1	1	1	1	1	1	1	1	1	1	1	1	1	1	1	1	1	2	2	2	2	2	2	2	2	2	2	2	2	
				日	15	16	17	18	19	20	21	22	23	24	25	26	27	28	29	30	31	1	2	3	4	5	6	7	8	9	10	11	12	

1964年【甲辰】

月別	月柱	紫白	農暦		初一	初二	初三	初四	初五	初六	初七	初八	初九	初十	十一	十二	十三	十四	十五	十六	十七	十八	十九	二十	廿一	廿二	廿三	廿四	廿五	廿六	廿七	廿八	廿九	三十
正月	丙寅	五黄	日柱		壬辰	癸巳	甲午	乙未	丙申	丁酉	戊戌	己亥	庚子	辛丑	壬寅	癸卯	甲辰	乙巳	丙午	丁未	戊申	己酉	庚戌	辛亥	壬子	癸丑	甲寅	乙卯	丙辰	丁巳	戊午	己未	庚申	辛酉
			陽暦	月	2	2	2	2	2	2	2	2	2	2	2	2	2	2	2	2	2	3	3	3	3	3	3	3	3	3	3	3	3	3
				日	13	14	15	16	17	18	19	20	21	22	23	24	25	26	27	28	29	1	2	3	4	5	6	7	8	9	10	11	12	13
二月	丁卯	四緑	日柱		壬戌	癸亥	甲子	乙丑	丙寅	丁卯	戊辰	己巳	庚午	辛未	壬申	癸酉	甲戌	乙亥	丙子	丁丑	戊寅	己卯	庚辰	辛巳	壬午	癸未	甲申	乙酉	丙戌	丁亥	戊子	己丑	庚寅	
			陽暦	月	3	3	3	3	3	3	3	3	3	3	3	3	3	3	3	3	3	3	4	4	4	4	4	4	4	4	4	4	4	
				日	14	15	16	17	18	19	20	21	22	23	24	25	26	27	28	29	30	31	1	2	3	4	5	6	7	8	9	10	11	
三月	戊辰	三碧	日柱		辛卯	壬辰	癸巳	甲午	乙未	丙申	丁酉	戊戌	己亥	庚子	辛丑	壬寅	癸卯	甲辰	乙巳	丙午	丁未	戊申	己酉	庚戌	辛亥	壬子	癸丑	甲寅	乙卯	丙辰	丁巳	戊午	己未	庚申
			陽暦	月	4	4	4	4	4	4	4	4	4	4	4	4	4	4	4	4	4	4	4	5	5	5	5	5	5	5	5	5	5	5
				日	12	13	14	15	16	17	18	19	20	21	22	23	24	25	26	27	28	29	30	1	2	3	4	5	6	7	8	9	10	11
四月	己巳	二黒	日柱		辛酉	壬戌	癸亥	甲子	乙丑	丙寅	丁卯	戊辰	己巳	庚午	辛未	壬申	癸酉	甲戌	乙亥	丙子	丁丑	戊寅	己卯	庚辰	辛巳	壬午	癸未	甲申	乙酉	丙戌	丁亥	戊子	己丑	
			陽暦	月	5	5	5	5	5	5	5	5	5	5	5	5	5	5	5	5	5	5	5	5	6	6	6	6	6	6	6	6	6	
				日	12	13	14	15	16	17	18	19	20	21	22	23	24	25	26	27	28	29	30	31	1	2	3	4	5	6	7	8	9	
五月	庚午	一白	日柱		庚寅	辛卯	壬辰	癸巳	甲午	乙未	丙申	丁酉	戊戌	己亥	庚子	辛丑	壬寅	癸卯	甲辰	乙巳	丙午	丁未	戊申	己酉	庚戌	辛亥	壬子	癸丑	甲寅	乙卯	丙辰	丁巳	戊午	
			陽暦	月	6	6	6	6	6	6	6	6	6	6	6	6	6	6	6	6	6	6	6	6	6	7	7	7	7	7	7	7	7	
				日	10	11	12	13	14	15	16	17	18	19	20	21	22	23	24	25	26	27	28	29	30	1	2	3	4	5	6	7	8	
六月	辛未	九紫	日柱		己未	庚申	辛酉	壬戌	癸亥	甲子	乙丑	丙寅	丁卯	戊辰	己巳	庚午	辛未	壬申	癸酉	甲戌	乙亥	丙子	丁丑	戊寅	己卯	庚辰	辛巳	壬午	癸未	甲申	乙酉	丙戌	丁亥	戊子
			陽暦	月	7	7	7	7	7	7	7	7	7	7	7	7	7	7	7	7	7	7	7	7	7	7	7	8	8	8	8	8	8	8
				日	9	10	11	12	13	14	15	16	17	18	19	20	21	22	23	24	25	26	27	28	29	30	31	1	2	3	4	5	6	7
七月	壬申	八白	日柱		己丑	庚寅	辛卯	壬辰	癸巳	甲午	乙未	丙申	丁酉	戊戌	己亥	庚子	辛丑	壬寅	癸卯	甲辰	乙巳	丙午	丁未	戊申	己酉	庚戌	辛亥	壬子	癸丑	甲寅	乙卯	丙辰	丁巳	
			陽暦	月	8	8	8	8	8	8	8	8	8	8	8	8	8	8	8	8	8	8	8	8	8	8	8	8	9	9	9	9	9	
				日	8	9	10	11	12	13	14	15	16	17	18	19	20	21	22	23	24	25	26	27	28	29	30	31	1	2	3	4	5	
八月	癸酉	七赤	日柱		戊午	己未	庚申	辛酉	壬戌	癸亥	甲子	乙丑	丙寅	丁卯	戊辰	己巳	庚午	辛未	壬申	癸酉	甲戌	乙亥	丙子	丁丑	戊寅	己卯	庚辰	辛巳	壬午	癸未	甲申	乙酉	丙戌	丁亥
			陽暦	月	9	9	9	9	9	9	9	9	9	9	9	9	9	9	9	9	9	9	9	9	9	9	9	9	9	10	10	10	10	10
				日	6	7	8	9	10	11	12	13	14	15	16	17	18	19	20	21	22	23	24	25	26	27	28	29	30	1	2	3	4	5
九月	甲戌	六白	日柱		戊子	己丑	庚寅	辛卯	壬辰	癸巳	甲午	乙未	丙申	丁酉	戊戌	己亥	庚子	辛丑	壬寅	癸卯	甲辰	乙巳	丙午	丁未	戊申	己酉	庚戌	辛亥	壬子	癸丑	甲寅	乙卯	丙辰	
			陽暦	月	10	10	10	10	10	10	10	10	10	10	10	10	10	10	10	10	10	10	10	10	10	10	10	10	10	10	11	11	11	
				日	6	7	8	9	10	11	12	13	14	15	16	17	18	19	20	21	22	23	24	25	26	27	28	29	30	31	1	2	3	
十月	乙亥	五黄	日柱		丁巳	戊午	己未	庚申	辛酉	壬戌	癸亥	甲子	乙丑	丙寅	丁卯	戊辰	己巳	庚午	辛未	壬申	癸酉	甲戌	乙亥	丙子	丁丑	戊寅	己卯	庚辰	辛巳	壬午	癸未	甲申	乙酉	丙戌
			陽暦	月	11	11	11	11	11	11	11	11	11	11	11	11	11	11	11	11	11	11	11	11	11	11	11	11	11	11	11	12	12	12
				日	4	5	6	7	8	9	10	11	12	13	14	15	16	17	18	19	20	21	22	23	24	25	26	27	28	29	30	1	2	3
十一月	丙子	四緑	日柱		丁亥	戊子	己丑	庚寅	辛卯	壬辰	癸巳	甲午	乙未	丙申	丁酉	戊戌	己亥	庚子	辛丑	壬寅	癸卯	甲辰	乙巳	丙午	丁未	戊申	己酉	庚戌	辛亥	壬子	癸丑	甲寅	乙卯	丙辰
			陽暦	月	12	12	12	12	12	12	12	12	12	12	12	12	12	12	12	12	12	12	12	12	12	12	12	12	12	12	12	12	1	1
				日	4	5	6	7	8	9	10	11	12	13	14	15	16	17	18	19	20	21	22	23	24	25	26	27	28	29	30	31	1	2
十二月	丁丑	三碧	日柱		丁巳	戊午	己未	庚申	辛酉	壬戌	癸亥	甲子	乙丑	丙寅	丁卯	戊辰	己巳	庚午	辛未	壬申	癸酉	甲戌	乙亥	丙子	丁丑	戊寅	己卯	庚辰	辛巳	壬午	癸未	甲申	乙酉	丙戌
			陽暦	月	1	1	1	1	1	1	1	1	1	1	1	1	1	1	1	1	1	1	1	1	1	1	1	1	1	1	1	1	1	2
				日	3	4	5	6	7	8	9	10	11	12	13	14	15	16	17	18	19	20	21	22	23	24	25	26	27	28	29	30	31	1

1965年【乙巳】

月別	月柱	紫白	農暦		初一	初二	初三	初四	初五	初六	初七	初八	初九	初十	十一	十二	十三	十四	十五	十六	十七	十八	十九	二十	廿一	廿二	廿三	廿四	廿五	廿六	廿七	廿八	廿九	三十
正月	戊寅	二黒	日柱		丁亥	戊子	己丑	庚寅	辛卯	壬辰	癸巳	甲午	乙未	丙申	丁酉	戊戌	己亥	庚子	辛丑	壬寅	癸卯	甲辰	乙巳	丙午	丁未	戊申	己酉	庚戌	辛亥	壬子	癸丑	甲寅	乙卯	
			陽暦	月	2	2	2	2	2	2	2	2	2	2	2	2	2	2	2	2	2	2	2	2	2	2	2	2	2	2	2	3	3	
				日	2	3	4	5	6	7	8	9	10	11	12	13	14	15	16	17	18	19	20	21	22	23	24	25	26	27	28	1	2	
二月	己卯	一白	日柱		丙辰	丁巳	戊午	己未	庚申	辛酉	壬戌	癸亥	甲子	乙丑	丙寅	丁卯	戊辰	己巳	庚午	辛未	壬申	癸酉	甲戌	乙亥	丙子	丁丑	戊寅	己卯	庚辰	辛巳	壬午	癸未	甲申	乙酉
			陽暦	月	3	3	3	3	3	3	3	3	3	3	3	3	3	3	3	3	3	3	3	3	3	3	3	3	3	3	3	3	3	4
				日	3	4	5	6	7	8	9	10	11	12	13	14	15	16	17	18	19	20	21	22	23	24	25	26	27	28	29	30	31	1
三月	庚辰	九紫	日柱		丙戌	丁亥	戊子	己丑	庚寅	辛卯	壬辰	癸巳	甲午	乙未	丙申	丁酉	戊戌	己亥	庚子	辛丑	壬寅	癸卯	甲辰	乙巳	丙午	丁未	戊申	己酉	庚戌	辛亥	壬子	癸丑	甲寅	
			陽暦	月	4	4	4	4	4	4	4	4	4	4	4	4	4	4	4	4	4	4	4	4	4	4	4	4	4	4	4	4	4	
				日	2	3	4	5	6	7	8	9	10	11	12	13	14	15	16	17	18	19	20	21	22	23	24	25	26	27	28	29	30	
四月	辛巳	八白	日柱		乙卯	丙辰	丁巳	戊午	己未	庚申	辛酉	壬戌	癸亥	甲子	乙丑	丙寅	丁卯	戊辰	己巳	庚午	辛未	壬申	癸酉	甲戌	乙亥	丙子	丁丑	戊寅	己卯	庚辰	辛巳	壬午	癸未	甲申
			陽暦	月	5	5	5	5	5	5	5	5	5	5	5	5	5	5	5	5	5	5	5	5	5	5	5	5	5	5	5	5	5	5
				日	1	2	3	4	5	6	7	8	9	10	11	12	13	14	15	16	17	18	19	20	21	22	23	24	25	26	27	28	29	30
五月	壬午	七赤	日柱		乙酉	丙戌	丁亥	戊子	己丑	庚寅	辛卯	壬辰	癸巳	甲午	乙未	丙申	丁酉	戊戌	己亥	庚子	辛丑	壬寅	癸卯	甲辰	乙巳	丙午	丁未	戊申	己酉	庚戌	辛亥	壬子	癸丑	
			陽暦	月	5	6	6	6	6	6	6	6	6	6	6	6	6	6	6	6	6	6	6	6	6	6	6	6	6	6	6	6	6	
				日	31	1	2	3	4	5	6	7	8	9	10	11	12	13	14	15	16	17	18	19	20	21	22	23	24	25	26	27	28	
六月	癸未	六白	日柱		甲寅	乙卯	丙辰	丁巳	戊午	己未	庚申	辛酉	壬戌	癸亥	甲子	乙丑	丙寅	丁卯	戊辰	己巳	庚午	辛未	壬申	癸酉	甲戌	乙亥	丙子	丁丑	戊寅	己卯	庚辰	辛巳	壬午	
			陽暦	月	6	6	7	7	7	7	7	7	7	7	7	7	7	7	7	7	7	7	7	7	7	7	7	7	7	7	7	7	7	
				日	29	30	1	2	3	4	5	6	7	8	9	10	11	12	13	14	15	16	17	18	19	20	21	22	23	24	25	26	27	
七月	甲申	五黄	日柱		癸未	甲申	乙酉	丙戌	丁亥	戊子	己丑	庚寅	辛卯	壬辰	癸巳	甲午	乙未	丙申	丁酉	戊戌	己亥	庚子	辛丑	壬寅	癸卯	甲辰	乙巳	丙午	丁未	戊申	己酉	庚戌	辛亥	壬子
			陽暦	月	7	7	7	7	8	8	8	8	8	8	8	8	8	8	8	8	8	8	8	8	8	8	8	8	8	8	8	8	8	8
				日	28	29	30	31	1	2	3	4	5	6	7	8	9	10	11	12	13	14	15	16	17	18	19	20	21	22	23	24	25	26
八月	乙酉	四緑	日柱		癸丑	甲寅	乙卯	丙辰	丁巳	戊午	己未	庚申	辛酉	壬戌	癸亥	甲子	乙丑	丙寅	丁卯	戊辰	己巳	庚午	辛未	壬申	癸酉	甲戌	乙亥	丙子	丁丑	戊寅	己卯	庚辰	辛巳	
			陽暦	月	8	8	8	8	8	9	9	9	9	9	9	9	9	9	9	9	9	9	9	9	9	9	9	9	9	9	9	9	9	
				日	27	28	29	30	31	1	2	3	4	5	6	7	8	9	10	11	12	13	14	15	16	17	18	19	20	21	22	23	24	
九月	丙戌	三碧	日柱		壬午	癸未	甲申	乙酉	丙戌	丁亥	戊子	己丑	庚寅	辛卯	壬辰	癸巳	甲午	乙未	丙申	丁酉	戊戌	己亥	庚子	辛丑	壬寅	癸卯	甲辰	乙巳	丙午	丁未	戊申	己酉	庚戌	
			陽暦	月	9	9	9	9	9	9	10	10	10	10	10	10	10	10	10	10	10	10	10	10	10	10	10	10	10	10	10	10	10	
				日	25	26	27	28	29	30	1	2	3	4	5	6	7	8	9	10	11	12	13	14	15	16	17	18	19	20	21	22	23	
十月	丁亥	二黒	日柱		辛亥	壬子	癸丑	甲寅	乙卯	丙辰	丁巳	戊午	己未	庚申	辛酉	壬戌	癸亥	甲子	乙丑	丙寅	丁卯	戊辰	己巳	庚午	辛未	壬申	癸酉	甲戌	乙亥	丙子	丁丑	戊寅	己卯	庚辰
			陽暦	月	10	10	10	10	10	10	10	10	11	11	11	11	11	11	11	11	11	11	11	11	11	11	11	11	11	11	11	11	11	11
				日	24	25	26	27	28	29	30	31	1	2	3	4	5	6	7	8	9	10	11	12	13	14	15	16	17	18	19	20	21	22
十一月	戊子	一白	日柱		辛巳	壬午	癸未	甲申	乙酉	丙戌	丁亥	戊子	己丑	庚寅	辛卯	壬辰	癸巳	甲午	乙未	丙申	丁酉	戊戌	己亥	庚子	辛丑	壬寅	癸卯	甲辰	乙巳	丙午	丁未	戊申	己酉	庚戌
			陽暦	月	11	11	11	11	11	11	11	11	12	12	12	12	12	12	12	12	12	12	12	12	12	12	12	12	12	12	12	12	12	12
				日	23	24	25	26	27	28	29	30	1	2	3	4	5	6	7	8	9	10	11	12	13	14	15	16	17	18	19	20	21	22
十二月	己丑	九紫	日柱		辛亥	壬子	癸丑	甲寅	乙卯	丙辰	丁巳	戊午	己未	庚申	辛酉	壬戌	癸亥	甲子	乙丑	丙寅	丁卯	戊辰	己巳	庚午	辛未	壬申	癸酉	甲戌	乙亥	丙子	丁丑	戊寅	己卯	
			陽暦	月	12	12	12	12	12	12	12	12	12	1	1	1	1	1	1	1	1	1	1	1	1	1	1	1	1	1	1	1	1	
				日	23	24	25	26	27	28	29	30	31	1	2	3	4	5	6	7	8	9	10	11	12	13	14	15	16	17	18	19	20	

1966年【丙午】

月別	月柱	紫白	農暦		初一	初二	初三	初四	初五	初六	初七	初八	初九	初十	十一	十二	十三	十四	十五	十六	十七	十八	十九	二十	廿一	廿二	廿三	廿四	廿五	廿六	廿七	廿八	廿九	三十
正月	庚寅	八白	日柱		庚辰	辛巳	壬午	癸未	甲申	乙酉	丙戌	丁亥	戊子	己丑	庚寅	辛卯	壬辰	癸巳	甲午	乙未	丙申	丁酉	戊戌	己亥	庚子	辛丑	壬寅	癸卯	甲辰	乙巳	丙午	丁未	戊申	己酉
			陽暦	月	1	1	1	1	1	1	1	1	1	1	1	2	2	2	2	2	2	2	2	2	2	2	2	2	2	2	2	2	2	2
				日	21	22	23	24	25	26	27	28	29	30	31	1	2	3	4	5	6	7	8	9	10	11	12	13	14	15	16	17	18	19
二月	辛卯	七赤	日柱		庚戌	辛亥	壬子	癸丑	甲寅	乙卯	丙辰	丁巳	戊午	己未	庚申	辛酉	壬戌	癸亥	甲子	乙丑	丙寅	丁卯	戊辰	己巳	庚午	辛未	壬申	癸酉	甲戌	乙亥	丙子	丁丑	戊寅	己卯
			陽暦	月	2	2	2	2	2	2	2	2	2	3	3	3	3	3	3	3	3	3	3	3	3	3	3	3	3	3	3	3	3	3
				日	20	21	22	23	24	25	26	27	28	1	2	3	4	5	6	7	8	9	10	11	12	13	14	15	16	17	18	19	20	21
三月	壬辰	六白	日柱		庚辰	辛巳	壬午	癸未	甲申	乙酉	丙戌	丁亥	戊子	己丑	庚寅	辛卯	壬辰	癸巳	甲午	乙未	丙申	丁酉	戊戌	己亥	庚子	辛丑	壬寅	癸卯	甲辰	乙巳	丙午	丁未	戊申	己酉
			陽暦	月	3	3	3	3	3	3	3	3	3	3	4	4	4	4	4	4	4	4	4	4	4	4	4	4	4	4	4	4	4	4
				日	22	23	24	25	26	27	28	29	30	31	1	2	3	4	5	6	7	8	9	10	11	12	13	14	15	16	17	18	19	20
閏三月			日柱		庚戌	辛亥	壬子	癸丑	甲寅	乙卯	丙辰	丁巳	戊午	己未	庚申	辛酉	壬戌	癸亥	甲子	乙丑	丙寅	丁卯	戊辰	己巳	庚午	辛未	壬申	癸酉	甲戌	乙亥	丙子	丁丑	戊寅	
			陽暦	月	4	4	4	4	4	4	4	4	4	4	5	5	5	5	5	5	5	5	5	5	5	5	5	5	5	5	5	5	5	
				日	21	22	23	24	25	26	27	28	29	30	1	2	3	4	5	6	7	8	9	10	11	12	13	14	15	16	17	18	19	
四月	癸巳	五黄	日柱		己卯	庚辰	辛巳	壬午	癸未	甲申	乙酉	丙戌	丁亥	戊子	己丑	庚寅	辛卯	壬辰	癸巳	甲午	乙未	丙申	丁酉	戊戌	己亥	庚子	辛丑	壬寅	癸卯	甲辰	乙巳	丙午	丁未	戊申
			陽暦	月	5	5	5	5	5	5	5	5	5	5	5	5	6	6	6	6	6	6	6	6	6	6	6	6	6	6	6	6	6	6
				日	20	21	22	23	24	25	26	27	28	29	30	31	1	2	3	4	5	6	7	8	9	10	11	12	13	14	15	16	17	18
五月	甲午	四緑	日柱		己酉	庚戌	辛亥	壬子	癸丑	甲寅	乙卯	丙辰	丁巳	戊午	己未	庚申	辛酉	壬戌	癸亥	甲子	乙丑	丙寅	丁卯	戊辰	己巳	庚午	辛未	壬申	癸酉	甲戌	乙亥	丙子	丁丑	
			陽暦	月	6	6	6	6	6	6	6	6	6	6	6	6	7	7	7	7	7	7	7	7	7	7	7	7	7	7	7	7	7	
				日	19	20	21	22	23	24	25	26	27	28	29	30	1	2	3	4	5	6	7	8	9	10	11	12	13	14	15	16	17	
六月	乙未	三碧	日柱		戊寅	己卯	庚辰	辛巳	壬午	癸未	甲申	乙酉	丙戌	丁亥	戊子	己丑	庚寅	辛卯	壬辰	癸巳	甲午	乙未	丙申	丁酉	戊戌	己亥	庚子	辛丑	壬寅	癸卯	甲辰	乙巳	丙午	
			陽暦	月	7	7	7	7	7	7	7	7	7	7	7	7	7	7	8	8	8	8	8	8	8	8	8	8	8	8	8	8	8	
				日	18	19	20	21	22	23	24	25	26	27	28	29	30	31	1	2	3	4	5	6	7	8	9	10	11	12	13	14	15	
七月	丙申	二黒	日柱		丁未	戊申	己酉	庚戌	辛亥	壬子	癸丑	甲寅	乙卯	丙辰	丁巳	戊午	己未	庚申	辛酉	壬戌	癸亥	甲子	乙丑	丙寅	丁卯	戊辰	己巳	庚午	辛未	壬申	癸酉	甲戌	乙亥	丙子
			陽暦	月	8	8	8	8	8	8	8	8	8	8	8	8	8	8	8	8	9	9	9	9	9	9	9	9	9	9	9	9	9	9
				日	16	17	18	19	20	21	22	23	24	25	26	27	28	29	30	31	1	2	3	4	5	6	7	8	9	10	11	12	13	14
八月	丁酉	一白	日柱		丁丑	戊寅	己卯	庚辰	辛巳	壬午	癸未	甲申	乙酉	丙戌	丁亥	戊子	己丑	庚寅	辛卯	壬辰	癸巳	甲午	乙未	丙申	丁酉	戊戌	己亥	庚子	辛丑	壬寅	癸卯	甲辰	乙巳	
			陽暦	月	9	9	9	9	9	9	9	9	9	9	9	9	9	9	9	9	10	10	10	10	10	10	10	10	10	10	10	10	10	
				日	15	16	17	18	19	20	21	22	23	24	25	26	27	28	29	30	1	2	3	4	5	6	7	8	9	10	11	12	13	
九月	戊戌	九紫	日柱		丙午	丁未	戊申	己酉	庚戌	辛亥	壬子	癸丑	甲寅	乙卯	丙辰	丁巳	戊午	己未	庚申	辛酉	壬戌	癸亥	甲子	乙丑	丙寅	丁卯	戊辰	己巳	庚午	辛未	壬申	癸酉	甲戌	
			陽暦	月	10	10	10	10	10	10	10	10	10	10	10	10	10	10	10	10	10	10	11	11	11	11	11	11	11	11	11	11	11	
				日	14	15	16	17	18	19	20	21	22	23	24	25	26	27	28	29	30	31	1	2	3	4	5	6	7	8	9	10	11	
十月	己亥	八白	日柱		乙亥	丙子	丁丑	戊寅	己卯	庚辰	辛巳	壬午	癸未	甲申	乙酉	丙戌	丁亥	戊子	己丑	庚寅	辛卯	壬辰	癸巳	甲午	乙未	丙申	丁酉	戊戌	己亥	庚子	辛丑	壬寅	癸卯	甲辰
			陽暦	月	11	11	11	11	11	11	11	11	11	11	11	11	11	11	11	11	11	11	11	12	12	12	12	12	12	12	12	12	12	12
				日	12	13	14	15	16	17	18	19	20	21	22	23	24	25	26	27	28	29	30	1	2	3	4	5	6	7	8	9	10	11
十一月	庚子	七赤	日柱		乙巳	丙午	丁未	戊申	己酉	庚戌	辛亥	壬子	癸丑	甲寅	乙卯	丙辰	丁巳	戊午	己未	庚申	辛酉	壬戌	癸亥	甲子	乙丑	丙寅	丁卯	戊辰	己巳	庚午	辛未	壬申	癸酉	甲戌
			陽暦	月	12	12	12	12	12	12	12	12	12	12	12	12	12	12	12	12	12	12	12	12	1	1	1	1	1	1	1	1	1	1
				日	12	13	14	15	16	17	18	19	20	21	22	23	24	25	26	27	28	29	30	31	1	2	3	4	5	6	7	8	9	10
十二月	辛丑	六白	日柱		乙亥	丙子	丁丑	戊寅	己卯	庚辰	辛巳	壬午	癸未	甲申	乙酉	丙戌	丁亥	戊子	己丑	庚寅	辛卯	壬辰	癸巳	甲午	乙未	丙申	丁酉	戊戌	己亥	庚子	辛丑	壬寅	癸卯	
			陽暦	月	1	1	1	1	1	1	1	1	1	1	1	1	1	1	1	1	1	1	1	1	1	2	2	2	2	2	2	2	2	
				日	11	12	13	14	15	16	17	18	19	20	21	22	23	24	25	26	27	28	29	30	31	1	2	3	4	5	6	7	8	

1967年【丁未】

月別	月柱	紫白	農暦		初一	初二	初三	初四	初五	初六	初七	初八	初九	初十	十一	十二	十三	十四	十五	十六	十七	十八	十九	二十	廿一	廿二	廿三	廿四	廿五	廿六	廿七	廿八	廿九	三十
正月	壬寅	五黄	日柱		甲辰	乙巳	丙午	丁未	戊申	己酉	庚戌	辛亥	壬子	癸丑	甲寅	乙卯	丙辰	丁巳	戊午	己未	庚申	辛酉	壬戌	癸亥	甲子	乙丑	丙寅	丁卯	戊辰	己巳	庚午	辛未	壬申	癸酉
			陽暦	月	2	2	2	2	2	2	2	2	2	2	2	2	2	2	2	2	2	2	2	2	3	3	3	3	3	3	3	3	3	3
				日	9	10	11	12	13	14	15	16	17	18	19	20	21	22	23	24	25	26	27	28	1	2	3	4	5	6	7	8	9	10
二月	癸卯	四緑	日柱		甲戌	乙亥	丙子	丁丑	戊寅	己卯	庚辰	辛巳	壬午	癸未	甲申	乙酉	丙戌	丁亥	戊子	己丑	庚寅	辛卯	壬辰	癸巳	甲午	乙未	丙申	丁酉	戊戌	己亥	庚子	辛丑	壬寅	癸卯
			陽暦	月	3	3	3	3	3	3	3	3	3	3	3	3	3	3	3	3	3	3	3	3	3	4	4	4	4	4	4	4	4	4
				日	11	12	13	14	15	16	17	18	19	20	21	22	23	24	25	26	27	28	29	30	31	1	2	3	4	5	6	7	8	9
三月	甲辰	三碧	日柱		甲辰	乙巳	丙午	丁未	戊申	己酉	庚戌	辛亥	壬子	癸丑	甲寅	乙卯	丙辰	丁巳	戊午	己未	庚申	辛酉	壬戌	癸亥	甲子	乙丑	丙寅	丁卯	戊辰	己巳	庚午	辛未	壬申	
			陽暦	月	4	4	4	4	4	4	4	4	4	4	4	4	4	4	4	4	4	4	4	4	4	5	5	5	5	5	5	5	5	
				日	10	11	12	13	14	15	16	17	18	19	20	21	22	23	24	25	26	27	28	29	30	1	2	3	4	5	6	7	8	
四月	乙巳	二黒	日柱		癸酉	甲戌	乙亥	丙子	丁丑	戊寅	己卯	庚辰	辛巳	壬午	癸未	甲申	乙酉	丙戌	丁亥	戊子	己丑	庚寅	辛卯	壬辰	癸巳	甲午	乙未	丙申	丁酉	戊戌	己亥	庚子	辛丑	壬寅
			陽暦	月	5	5	5	5	5	5	5	5	5	5	5	5	5	5	5	5	5	5	5	5	5	5	5	6	6	6	6	6	6	6
				日	9	10	11	12	13	14	15	16	17	18	19	20	21	22	23	24	25	26	27	28	29	30	31	1	2	3	4	5	6	7
五月	丙午	一白	日柱		癸卯	甲辰	乙巳	丙午	丁未	戊申	己酉	庚戌	辛亥	壬子	癸丑	甲寅	乙卯	丙辰	丁巳	戊午	己未	庚申	辛酉	壬戌	癸亥	甲子	乙丑	丙寅	丁卯	戊辰	己巳	庚午	辛未	壬申
			陽暦	月	6	6	6	6	6	6	6	6	6	6	6	6	6	6	6	6	6	6	6	6	6	6	6	7	7	7	7	7	7	7
				日	8	9	10	11	12	13	14	15	16	17	18	19	20	21	22	23	24	25	26	27	28	29	30	1	2	3	4	5	6	7
六月	丁未	九紫	日柱		癸酉	甲戌	乙亥	丙子	丁丑	戊寅	己卯	庚辰	辛巳	壬午	癸未	甲申	乙酉	丙戌	丁亥	戊子	己丑	庚寅	辛卯	壬辰	癸巳	甲午	乙未	丙申	丁酉	戊戌	己亥	庚子	辛丑	
			陽暦	月	7	7	7	7	7	7	7	7	7	7	7	7	7	7	7	7	7	7	7	7	7	7	7	7	8	8	8	8	8	
				日	8	9	10	11	12	13	14	15	16	17	18	19	20	21	22	23	24	25	26	27	28	29	30	31	1	2	3	4	5	
七月	戊申	八白	日柱		壬寅	癸卯	甲辰	乙巳	丙午	丁未	戊申	己酉	庚戌	辛亥	壬子	癸丑	甲寅	乙卯	丙辰	丁巳	戊午	己未	庚申	辛酉	壬戌	癸亥	甲子	乙丑	丙寅	丁卯	戊辰	己巳	庚午	
			陽暦	月	8	8	8	8	8	8	8	8	8	8	8	8	8	8	8	8	8	8	8	8	8	8	8	8	8	8	9	9	9	
				日	6	7	8	9	10	11	12	13	14	15	16	17	18	19	20	21	22	23	24	25	26	27	28	29	30	31	1	2	3	
八月	己酉	七赤	日柱		辛未	壬申	癸酉	甲戌	乙亥	丙子	丁丑	戊寅	己卯	庚辰	辛巳	壬午	癸未	甲申	乙酉	丙戌	丁亥	戊子	己丑	庚寅	辛卯	壬辰	癸巳	甲午	乙未	丙申	丁酉	戊戌	己亥	庚子
			陽暦	月	9	9	9	9	9	9	9	9	9	9	9	9	9	9	9	9	9	9	9	9	9	9	9	9	9	9	9	10	10	10
				日	4	5	6	7	8	9	10	11	12	13	14	15	16	17	18	19	20	21	22	23	24	25	26	27	28	29	30	1	2	3
九月	庚戌	六白	日柱		辛丑	壬寅	癸卯	甲辰	乙巳	丙午	丁未	戊申	己酉	庚戌	辛亥	壬子	癸丑	甲寅	乙卯	丙辰	丁巳	戊午	己未	庚申	辛酉	壬戌	癸亥	甲子	乙丑	丙寅	丁卯	戊辰	己巳	
			陽暦	月	10	10	10	10	10	10	10	10	10	10	10	10	10	10	10	10	10	10	10	10	10	10	10	10	10	10	10	10	11	
				日	4	5	6	7	8	9	10	11	12	13	14	15	16	17	18	19	20	21	22	23	24	25	26	27	28	29	30	31	1	
十月	辛亥	五黄	日柱		庚午	辛未	壬申	癸酉	甲戌	乙亥	丙子	丁丑	戊寅	己卯	庚辰	辛巳	壬午	癸未	甲申	乙酉	丙戌	丁亥	戊子	己丑	庚寅	辛卯	壬辰	癸巳	甲午	乙未	丙申	丁酉	戊戌	己亥
			陽暦	月	11	11	11	11	11	11	11	11	11	11	11	11	11	11	11	11	11	11	11	11	11	11	11	11	11	11	11	11	11	12
				日	2	3	4	5	6	7	8	9	10	11	12	13	14	15	16	17	18	19	20	21	22	23	24	25	26	27	28	29	30	1
十一月	壬子	四緑	日柱		庚子	辛丑	壬寅	癸卯	甲辰	乙巳	丙午	丁未	戊申	己酉	庚戌	辛亥	壬子	癸丑	甲寅	乙卯	丙辰	丁巳	戊午	己未	庚申	辛酉	壬戌	癸亥	甲子	乙丑	丙寅	丁卯	戊辰	
			陽暦	月	12	12	12	12	12	12	12	12	12	12	12	12	12	12	12	12	12	12	12	12	12	12	12	12	12	12	12	12	12	
				日	2	3	4	5	6	7	8	9	10	11	12	13	14	15	16	17	18	19	20	21	22	23	24	25	26	27	28	29	30	
十二月	癸丑	三碧	日柱		己巳	庚午	辛未	壬申	癸酉	甲戌	乙亥	丙子	丁丑	戊寅	己卯	庚辰	辛巳	壬午	癸未	甲申	乙酉	丙戌	丁亥	戊子	己丑	庚寅	辛卯	壬辰	癸巳	甲午	乙未	丙申	丁酉	戊戌
			陽暦	月	12	1	1	1	1	1	1	1	1	1	1	1	1	1	1	1	1	1	1	1	1	1	1	1	1	1	1	1	1	1
				日	31	1	2	3	4	5	6	7	8	9	10	11	12	13	14	15	16	17	18	19	20	21	22	23	24	25	26	27	28	29

1968年【戊申】

月別	月柱	紫白	農暦		初一	初二	初三	初四	初五	初六	初七	初八	初九	初十	十一	十二	十三	十四	十五	十六	十七	十八	十九	二十	廿一	廿二	廿三	廿四	廿五	廿六	廿七	廿八	廿九	三十
正月	甲寅	二黒	日柱		己亥	庚子	辛丑	壬寅	癸卯	甲辰	乙巳	丙午	丁未	戊申	己酉	庚戌	辛亥	壬子	癸丑	甲寅	乙卯	丙辰	丁巳	戊午	己未	庚申	辛酉	壬戌	癸亥	甲子	乙丑	丙寅	丁卯	
			陽暦	月	1	1	2	2	2	2	2	2	2	2	2	2	2	2	2	2	2	2	2	2	2	2	2	2	2	2	2	2	2	
				日	30	31	1	2	3	4	5	6	7	8	9	10	11	12	13	14	15	16	17	18	19	20	21	22	23	24	25	26	27	
二月	乙卯	一白	日柱		戊辰	己巳	庚午	辛未	壬申	癸酉	甲戌	乙亥	丙子	丁丑	戊寅	己卯	庚辰	辛巳	壬午	癸未	甲申	乙酉	丙戌	丁亥	戊子	己丑	庚寅	辛卯	壬辰	癸巳	甲午	乙未	丙申	丁酉
			陽暦	月	2	2	3	3	3	3	3	3	3	3	3	3	3	3	3	3	3	3	3	3	3	3	3	3	3	3	3	3	3	3
				日	28	29	1	2	3	4	5	6	7	8	9	10	11	12	13	14	15	16	17	18	19	20	21	22	23	24	25	26	27	28
三月	丙辰	九紫	日柱		戊戌	己亥	庚子	辛丑	壬寅	癸卯	甲辰	乙巳	丙午	丁未	戊申	己酉	庚戌	辛亥	壬子	癸丑	甲寅	乙卯	丙辰	丁巳	戊午	己未	庚申	辛酉	壬戌	癸亥	甲子	乙丑	丙寅	
			陽暦	月	3	3	3	4	4	4	4	4	4	4	4	4	4	4	4	4	4	4	4	4	4	4	4	4	4	4	4	4	4	
				日	29	30	31	1	2	3	4	5	6	7	8	9	10	11	12	13	14	15	16	17	18	19	20	21	22	23	24	25	26	
四月	丁巳	八白	日柱		丁卯	戊辰	己巳	庚午	辛未	壬申	癸酉	甲戌	乙亥	丙子	丁丑	戊寅	己卯	庚辰	辛巳	壬午	癸未	甲申	乙酉	丙戌	丁亥	戊子	己丑	庚寅	辛卯	壬辰	癸巳	甲午	乙未	丙申
			陽暦	月	4	4	4	4	5	5	5	5	5	5	5	5	5	5	5	5	5	5	5	5	5	5	5	5	5	5	5	5	5	5
				日	27	28	29	30	1	2	3	4	5	6	7	8	9	10	11	12	13	14	15	16	17	18	19	20	21	22	23	24	25	26
五月	戊午	七赤	日柱		丁酉	戊戌	己亥	庚子	辛丑	壬寅	癸卯	甲辰	乙巳	丙午	丁未	戊申	己酉	庚戌	辛亥	壬子	癸丑	甲寅	乙卯	丙辰	丁巳	戊午	己未	庚申	辛酉	壬戌	癸亥	甲子	乙丑	丙寅
			陽暦	月	5	5	5	5	5	6	6	6	6	6	6	6	6	6	6	6	6	6	6	6	6	6	6	6	6	6	6	6	6	6
				日	27	28	29	30	31	1	2	3	4	5	6	7	8	9	10	11	12	13	14	15	16	17	18	19	20	21	22	23	24	25
六月	己未	六白	日柱		丁卯	戊辰	己巳	庚午	辛未	壬申	癸酉	甲戌	乙亥	丙子	丁丑	戊寅	己卯	庚辰	辛巳	壬午	癸未	甲申	乙酉	丙戌	丁亥	戊子	己丑	庚寅	辛卯	壬辰	癸巳	甲午	乙未	
			陽暦	月	6	6	6	6	6	7	7	7	7	7	7	7	7	7	7	7	7	7	7	7	7	7	7	7	7	7	7	7	7	
				日	26	27	28	29	30	1	2	3	4	5	6	7	8	9	10	11	12	13	14	15	16	17	18	19	20	21	22	23	24	
七月	庚申	五黄	日柱		丙申	丁酉	戊戌	己亥	庚子	辛丑	壬寅	癸卯	甲辰	乙巳	丙午	丁未	戊申	己酉	庚戌	辛亥	壬子	癸丑	甲寅	乙卯	丙辰	丁巳	戊午	己未	庚申	辛酉	壬戌	癸亥	甲子	乙丑
			陽暦	月	7	7	7	7	7	7	7	8	8	8	8	8	8	8	8	8	8	8	8	8	8	8	8	8	8	8	8	8	8	8
				日	25	26	27	28	29	30	31	1	2	3	4	5	6	7	8	9	10	11	12	13	14	15	16	17	18	19	20	21	22	23
閏七月			日柱		丙寅	丁卯	戊辰	己巳	庚午	辛未	壬申	癸酉	甲戌	乙亥	丙子	丁丑	戊寅	己卯	庚辰	辛巳	壬午	癸未	甲申	乙酉	丙戌	丁亥	戊子	己丑	庚寅	辛卯	壬辰	癸巳	甲午	
			陽暦	月	8	8	8	8	8	8	8	8	9	9	9	9	9	9	9	9	9	9	9	9	9	9	9	9	9	9	9	9	9	
				日	24	25	26	27	28	29	30	31	1	2	3	4	5	6	7	8	9	10	11	12	13	14	15	16	17	18	19	20	21	
八月	辛酉	四緑	日柱		乙未	丙申	丁酉	戊戌	己亥	庚子	辛丑	壬寅	癸卯	甲辰	乙巳	丙午	丁未	戊申	己酉	庚戌	辛亥	壬子	癸丑	甲寅	乙卯	丙辰	丁巳	戊午	己未	庚申	辛酉	壬戌	癸亥	甲子
			陽暦	月	9	9	9	9	9	9	9	9	9	10	10	10	10	10	10	10	10	10	10	10	10	10	10	10	10	10	10	10	10	10
				日	22	23	24	25	26	27	28	29	30	1	2	3	4	5	6	7	8	9	10	11	12	13	14	15	16	17	18	19	20	21
九月	壬戌	三碧	日柱		乙丑	丙寅	丁卯	戊辰	己巳	庚午	辛未	壬申	癸酉	甲戌	乙亥	丙子	丁丑	戊寅	己卯	庚辰	辛巳	壬午	癸未	甲申	乙酉	丙戌	丁亥	戊子	己丑	庚寅	辛卯	壬辰	癸巳	
			陽暦	月	10	10	10	10	10	10	10	10	10	10	11	11	11	11	11	11	11	11	11	11	11	11	11	11	11	11	11	11	11	
				日	22	23	24	25	26	27	28	29	30	31	1	2	3	4	5	6	7	8	9	10	11	12	13	14	15	16	17	18	19	
十月	癸亥	二黒	日柱		甲午	乙未	丙申	丁酉	戊戌	己亥	庚子	辛丑	壬寅	癸卯	甲辰	乙巳	丙午	丁未	戊申	己酉	庚戌	辛亥	壬子	癸丑	甲寅	乙卯	丙辰	丁巳	戊午	己未	庚申	辛酉	壬戌	癸亥
			陽暦	月	11	11	11	11	11	11	11	11	11	11	11	12	12	12	12	12	12	12	12	12	12	12	12	12	12	12	12	12	12	12
				日	20	21	22	23	24	25	26	27	28	29	30	1	2	3	4	5	6	7	8	9	10	11	12	13	14	15	16	17	18	19
十一月	甲子	一白	日柱		甲子	乙丑	丙寅	丁卯	戊辰	己巳	庚午	辛未	壬申	癸酉	甲戌	乙亥	丙子	丁丑	戊寅	己卯	庚辰	辛巳	壬午	癸未	甲申	乙酉	丙戌	丁亥	戊子	己丑	庚寅	辛卯	壬辰	
			陽暦	月	12	12	12	12	12	12	12	12	12	12	12	12	1	1	1	1	1	1	1	1	1	1	1	1	1	1	1	1	1	
				日	20	21	22	23	24	25	26	27	28	29	30	31	1	2	3	4	5	6	7	8	9	10	11	12	13	14	15	16	17	
十二月	乙丑	九紫	日柱		癸巳	甲午	乙未	丙申	丁酉	戊戌	己亥	庚子	辛丑	壬寅	癸卯	甲辰	乙巳	丙午	丁未	戊申	己酉	庚戌	辛亥	壬子	癸丑	甲寅	乙卯	丙辰	丁巳	戊午	己未	庚申	辛酉	壬戌
			陽暦	月	1	1	1	1	1	1	1	1	1	1	1	1	1	1	2	2	2	2	2	2	2	2	2	2	2	2	2	2	2	2
				日	18	19	20	21	22	23	24	25	26	27	28	29	30	31	1	2	3	4	5	6	7	8	9	10	11	12	13	14	15	16

1969年【己酉】

月別	月柱	紫白	農暦		初一	初二	初三	初四	初五	初六	初七	初八	初九	初十	十一	十二	十三	十四	十五	十六	十七	十八	十九	二十	廿一	廿二	廿三	廿四	廿五	廿六	廿七	廿八	廿九	三十
正月	丙寅	八白	日柱		癸亥	甲子	乙丑	丙寅	丁卯	戊辰	己巳	庚午	辛未	壬申	癸酉	甲戌	乙亥	丙子	丁丑	戊寅	己卯	庚辰	辛巳	壬午	癸未	甲申	乙酉	丙戌	丁亥	戊子	己丑	庚寅	辛卯	
			陽暦	月	2	2	2	2	2	2	2	2	2	2	2	2	3	3	3	3	3	3	3	3	3	3	3	3	3	3	3	3	3	
				日	17	18	19	20	21	22	23	24	25	26	27	28	1	2	3	4	5	6	7	8	9	10	11	12	13	14	15	16	17	
二月	丁卯	七赤	日柱		壬辰	癸巳	甲午	乙未	丙申	丁酉	戊戌	己亥	庚子	辛丑	壬寅	癸卯	甲辰	乙巳	丙午	丁未	戊申	己酉	庚戌	辛亥	壬子	癸丑	甲寅	乙卯	丙辰	丁巳	戊午	己未	庚申	辛酉
			陽暦	月	3	3	3	3	3	3	3	3	3	3	3	3	3	3	4	4	4	4	4	4	4	4	4	4	4	4	4	4	4	4
				日	18	19	20	21	22	23	24	25	26	27	28	29	30	31	1	2	3	4	5	6	7	8	9	10	11	12	13	14	15	16
三月	戊辰	六白	日柱		壬戌	癸亥	甲子	乙丑	丙寅	丁卯	戊辰	己巳	庚午	辛未	壬申	癸酉	甲戌	乙亥	丙子	丁丑	戊寅	己卯	庚辰	辛巳	壬午	癸未	甲申	乙酉	丙戌	丁亥	戊子	己丑	庚寅	
			陽暦	月	4	4	4	4	4	4	4	4	4	4	4	4	4	4	5	5	5	5	5	5	5	5	5	5	5	5	5	5	5	
				日	17	18	19	20	21	22	23	24	25	26	27	28	29	30	1	2	3	4	5	6	7	8	9	10	11	12	13	14	15	
四月	己巳	五黄	日柱		辛卯	壬辰	癸巳	甲午	乙未	丙申	丁酉	戊戌	己亥	庚子	辛丑	壬寅	癸卯	甲辰	乙巳	丙午	丁未	戊申	己酉	庚戌	辛亥	壬子	癸丑	甲寅	乙卯	丙辰	丁巳	戊午	己未	庚申
			陽暦	月	5	5	5	5	5	5	5	5	5	5	5	5	5	5	5	5	6	6	6	6	6	6	6	6	6	6	6	6	6	6
				日	16	17	18	19	20	21	22	23	24	25	26	27	28	29	30	31	1	2	3	4	5	6	7	8	9	10	11	12	13	14
五月	庚午	四緑	日柱		辛酉	壬戌	癸亥	甲子	乙丑	丙寅	丁卯	戊辰	己巳	庚午	辛未	壬申	癸酉	甲戌	乙亥	丙子	丁丑	戊寅	己卯	庚辰	辛巳	壬午	癸未	甲申	乙酉	丙戌	丁亥	戊子	己丑	
			陽暦	月	6	6	6	6	6	6	6	6	6	6	6	6	6	6	6	6	7	7	7	7	7	7	7	7	7	7	7	7	7	
				日	15	16	17	18	19	20	21	22	23	24	25	26	27	28	29	30	1	2	3	4	5	6	7	8	9	10	11	12	13	
六月	辛未	三碧	日柱		庚寅	辛卯	壬辰	癸巳	甲午	乙未	丙申	丁酉	戊戌	己亥	庚子	辛丑	壬寅	癸卯	甲辰	乙巳	丙午	丁未	戊申	己酉	庚戌	辛亥	壬子	癸丑	甲寅	乙卯	丙辰	丁巳	戊午	己未
			陽暦	月	7	7	7	7	7	7	7	7	7	7	7	7	7	7	7	7	7	7	8	8	8	8	8	8	8	8	8	8	8	8
				日	14	15	16	17	18	19	20	21	22	23	24	25	26	27	28	29	30	31	1	2	3	4	5	6	7	8	9	10	11	12
七月	壬申	二黒	日柱		庚申	辛酉	壬戌	癸亥	甲子	乙丑	丙寅	丁卯	戊辰	己巳	庚午	辛未	壬申	癸酉	甲戌	乙亥	丙子	丁丑	戊寅	己卯	庚辰	辛巳	壬午	癸未	甲申	乙酉	丙戌	丁亥	戊子	己丑
			陽暦	月	8	8	8	8	8	8	8	8	8	8	8	8	8	8	8	8	8	8	8	9	9	9	9	9	9	9	9	9	9	9
				日	13	14	15	16	17	18	19	20	21	22	23	24	25	26	27	28	29	30	31	1	2	3	4	5	6	7	8	9	10	11
八月	癸酉	一白	日柱		庚寅	辛卯	壬辰	癸巳	甲午	乙未	丙申	丁酉	戊戌	己亥	庚子	辛丑	壬寅	癸卯	甲辰	乙巳	丙午	丁未	戊申	己酉	庚戌	辛亥	壬子	癸丑	甲寅	乙卯	丙辰	丁巳	戊午	
			陽暦	月	9	9	9	9	9	9	9	9	9	9	9	9	9	9	9	9	9	9	9	10	10	10	10	10	10	10	10	10	10	
				日	12	13	14	15	16	17	18	19	20	21	22	23	24	25	26	27	28	29	30	1	2	3	4	5	6	7	8	9	10	
九月	甲戌	九紫	日柱		己未	庚申	辛酉	壬戌	癸亥	甲子	乙丑	丙寅	丁卯	戊辰	己巳	庚午	辛未	壬申	癸酉	甲戌	乙亥	丙子	丁丑	戊寅	己卯	庚辰	辛巳	壬午	癸未	甲申	乙酉	丙戌	丁亥	戊子
			陽暦	月	10	10	10	10	10	10	10	10	10	10	10	10	10	10	10	10	10	10	10	10	10	11	11	11	11	11	11	11	11	11
				日	11	12	13	14	15	16	17	18	19	20	21	22	23	24	25	26	27	28	29	30	31	1	2	3	4	5	6	7	8	9
十月	乙亥	八白	日柱		己丑	庚寅	辛卯	壬辰	癸巳	甲午	乙未	丙申	丁酉	戊戌	己亥	庚子	辛丑	壬寅	癸卯	甲辰	乙巳	丙午	丁未	戊申	己酉	庚戌	辛亥	壬子	癸丑	甲寅	乙卯	丙辰	丁巳	
			陽暦	月	11	11	11	11	11	11	11	11	11	11	11	11	11	11	11	11	11	11	11	11	11	12	12	12	12	12	12	12	12	
				日	10	11	12	13	14	15	16	17	18	19	20	21	22	23	24	25	26	27	28	29	30	1	2	3	4	5	6	7	8	
十一月	丙子	七赤	日柱		戊午	己未	庚申	辛酉	壬戌	癸亥	甲子	乙丑	丙寅	丁卯	戊辰	己巳	庚午	辛未	壬申	癸酉	甲戌	乙亥	丙子	丁丑	戊寅	己卯	庚辰	辛巳	壬午	癸未	甲申	乙酉	丙戌	丁亥
			陽暦	月	12	12	12	12	12	12	12	12	12	12	12	12	12	12	12	12	12	12	12	12	12	12	12	1	1	1	1	1	1	1
				日	9	10	11	12	13	14	15	16	17	18	19	20	21	22	23	24	25	26	27	28	29	30	31	1	2	3	4	5	6	7
十二月	丁丑	六白	日柱		戊子	己丑	庚寅	辛卯	壬辰	癸巳	甲午	乙未	丙申	丁酉	戊戌	己亥	庚子	辛丑	壬寅	癸卯	甲辰	乙巳	丙午	丁未	戊申	己酉	庚戌	辛亥	壬子	癸丑	甲寅	乙卯	丙辰	
			陽暦	月	1	1	1	1	1	1	1	1	1	1	1	1	1	1	1	1	1	1	1	1	1	1	1	1	2	2	2	2	2	
				日	8	9	10	11	12	13	14	15	16	17	18	19	20	21	22	23	24	25	26	27	28	29	30	31	1	2	3	4	5	

1970年【庚戌】

月別	月柱	紫白	農暦		初一	初二	初三	初四	初五	初六	初七	初八	初九	初十	十一	十二	十三	十四	十五	十六	十七	十八	十九	二十	廿一	廿二	廿三	廿四	廿五	廿六	廿七	廿八	廿九	三十
正月	戊寅	五黄	日柱		丁巳	戊午	己未	庚申	辛酉	壬戌	癸亥	甲子	乙丑	丙寅	丁卯	戊辰	己巳	庚午	辛未	壬申	癸酉	甲戌	乙亥	丙子	丁丑	戊寅	己卯	庚辰	辛巳	壬午	癸未	甲申	乙酉	丙戌
			陽暦	月	2	2	2	2	2	2	2	2	2	2	2	2	2	2	2	2	2	2	2	2	2	2	2	3	3	3	3	3	3	3
				日	6	7	8	9	10	11	12	13	14	15	16	17	18	19	20	21	22	23	24	25	26	27	28	1	2	3	4	5	6	7
二月	己卯	四緑	日柱		丁亥	戊子	己丑	庚寅	辛卯	壬辰	癸巳	甲午	乙未	丙申	丁酉	戊戌	己亥	庚子	辛丑	壬寅	癸卯	甲辰	乙巳	丙午	丁未	戊申	己酉	庚戌	辛亥	壬子	癸丑	甲寅	乙卯	
			陽暦	月	3	3	3	3	3	3	3	3	3	3	3	3	3	3	3	3	3	3	3	3	3	3	3	3	4	4	4	4	4	
				日	8	9	10	11	12	13	14	15	16	17	18	19	20	21	22	23	24	25	26	27	28	29	30	31	1	2	3	4	5	
三月	庚辰	三碧	日柱		丙辰	丁巳	戊午	己未	庚申	辛酉	壬戌	癸亥	甲子	乙丑	丙寅	丁卯	戊辰	己巳	庚午	辛未	壬申	癸酉	甲戌	乙亥	丙子	丁丑	戊寅	己卯	庚辰	辛巳	壬午	癸未	甲申	
			陽暦	月	4	4	4	4	4	4	4	4	4	4	4	4	4	4	4	4	4	4	4	4	4	4	4	4	4	5	5	5	5	
				日	6	7	8	9	10	11	12	13	14	15	16	17	18	19	20	21	22	23	24	25	26	27	28	29	30	1	2	3	4	
四月	辛巳	二黒	日柱		乙酉	丙戌	丁亥	戊子	己丑	庚寅	辛卯	壬辰	癸巳	甲午	乙未	丙申	丁酉	戊戌	己亥	庚子	辛丑	壬寅	癸卯	甲辰	乙巳	丙午	丁未	戊申	己酉	庚戌	辛亥	壬子	癸丑	甲寅
			陽暦	月	5	5	5	5	5	5	5	5	5	5	5	5	5	5	5	5	5	5	5	5	5	5	5	5	5	5	5	6	6	6
				日	5	6	7	8	9	10	11	12	13	14	15	16	17	18	19	20	21	22	23	24	25	26	27	28	29	30	31	1	2	3
五月	壬午	一白	日柱		乙卯	丙辰	丁巳	戊午	己未	庚申	辛酉	壬戌	癸亥	甲子	乙丑	丙寅	丁卯	戊辰	己巳	庚午	辛未	壬申	癸酉	甲戌	乙亥	丙子	丁丑	戊寅	己卯	庚辰	辛巳	壬午	癸未	
			陽暦	月	6	6	6	6	6	6	6	6	6	6	6	6	6	6	6	6	6	6	6	6	6	6	6	6	6	6	6	7	7	
				日	4	5	6	7	8	9	10	11	12	13	14	15	16	17	18	19	20	21	22	23	24	25	26	27	28	29	30	1	2	
六月	癸未	九紫	日柱		甲申	乙酉	丙戌	丁亥	戊子	己丑	庚寅	辛卯	壬辰	癸巳	甲午	乙未	丙申	丁酉	戊戌	己亥	庚子	辛丑	壬寅	癸卯	甲辰	乙巳	丙午	丁未	戊申	己酉	庚戌	辛亥	壬子	癸丑
			陽暦	月	7	7	7	7	7	7	7	7	7	7	7	7	7	7	7	7	7	7	7	7	7	7	7	7	7	7	7	7	7	8
				日	3	4	5	6	7	8	9	10	11	12	13	14	15	16	17	18	19	20	21	22	23	24	25	26	27	28	29	30	31	1
七月	甲申	八白	日柱		甲寅	乙卯	丙辰	丁巳	戊午	己未	庚申	辛酉	壬戌	癸亥	甲子	乙丑	丙寅	丁卯	戊辰	己巳	庚午	辛未	壬申	癸酉	甲戌	乙亥	丙子	丁丑	戊寅	己卯	庚辰	辛巳	壬午	癸未
			陽暦	月	8	8	8	8	8	8	8	8	8	8	8	8	8	8	8	8	8	8	8	8	8	8	8	8	8	8	8	8	8	8
				日	2	3	4	5	6	7	8	9	10	11	12	13	14	15	16	17	18	19	20	21	22	23	24	25	26	27	28	29	30	31
八月	乙酉	七赤	日柱		甲申	乙酉	丙戌	丁亥	戊子	己丑	庚寅	辛卯	壬辰	癸巳	甲午	乙未	丙申	丁酉	戊戌	己亥	庚子	辛丑	壬寅	癸卯	甲辰	乙巳	丙午	丁未	戊申	己酉	庚戌	辛亥	壬子	
			陽暦	月	9	9	9	9	9	9	9	9	9	9	9	9	9	9	9	9	9	9	9	9	9	9	9	9	9	9	9	9	9	
				日	1	2	3	4	5	6	7	8	9	10	11	12	13	14	15	16	17	18	19	20	21	22	23	24	25	26	27	28	29	
九月	丙戌	六白	日柱		癸丑	甲寅	乙卯	丙辰	丁巳	戊午	己未	庚申	辛酉	壬戌	癸亥	甲子	乙丑	丙寅	丁卯	戊辰	己巳	庚午	辛未	壬申	癸酉	甲戌	乙亥	丙子	丁丑	戊寅	己卯	庚辰	辛巳	壬午
			陽暦	月	9	10	10	10	10	10	10	10	10	10	10	10	10	10	10	10	10	10	10	10	10	10	10	10	10	10	10	10	10	10
				日	30	1	2	3	4	5	6	7	8	9	10	11	12	13	14	15	16	17	18	19	20	21	22	23	24	25	26	27	28	29
十月	丁亥	五黄	日柱		癸未	甲申	乙酉	丙戌	丁亥	戊子	己丑	庚寅	辛卯	壬辰	癸巳	甲午	乙未	丙申	丁酉	戊戌	己亥	庚子	辛丑	壬寅	癸卯	甲辰	乙巳	丙午	丁未	戊申	己酉	庚戌	辛亥	壬子
			陽暦	月	10	10	11	11	11	11	11	11	11	11	11	11	11	11	11	11	11	11	11	11	11	11	11	11	11	11	11	11	11	11
				日	30	31	1	2	3	4	5	6	7	8	9	10	11	12	13	14	15	16	17	18	19	20	21	22	23	24	25	26	27	28
十一月	戊子	四緑	日柱		癸丑	甲寅	乙卯	丙辰	丁巳	戊午	己未	庚申	辛酉	壬戌	癸亥	甲子	乙丑	丙寅	丁卯	戊辰	己巳	庚午	辛未	壬申	癸酉	甲戌	乙亥	丙子	丁丑	戊寅	己卯	庚辰	辛巳	
			陽暦	月	11	11	12	12	12	12	12	12	12	12	12	12	12	12	12	12	12	12	12	12	12	12	12	12	12	12	12	12	12	
				日	29	30	1	2	3	4	5	6	7	8	9	10	11	12	13	14	15	16	17	18	19	20	21	22	23	24	25	26	27	
十二月	己丑	三碧	日柱		壬午	癸未	甲申	乙酉	丙戌	丁亥	戊子	己丑	庚寅	辛卯	壬辰	癸巳	甲午	乙未	丙申	丁酉	戊戌	己亥	庚子	辛丑	壬寅	癸卯	甲辰	乙巳	丙午	丁未	戊申	己酉	庚戌	辛亥
			陽暦	月	12	12	12	12	1	1	1	1	1	1	1	1	1	1	1	1	1	1	1	1	1	1	1	1	1	1	1	1	1	1
				日	28	29	30	31	1	2	3	4	5	6	7	8	9	10	11	12	13	14	15	16	17	18	19	20	21	22	23	24	25	26

1971年【辛亥】

月別	月柱	紫白	農暦		初一	初二	初三	初四	初五	初六	初七	初八	初九	初十	十一	十二	十三	十四	十五	十六	十七	十八	十九	二十	廿一	廿二	廿三	廿四	廿五	廿六	廿七	廿八	廿九	三十
正月	庚寅	二黒	日柱		壬子	癸丑	甲寅	乙卯	丙辰	丁巳	戊午	己未	庚申	辛酉	壬戌	癸亥	甲子	乙丑	丙寅	丁卯	戊辰	己巳	庚午	辛未	壬申	癸酉	甲戌	乙亥	丙子	丁丑	戊寅	己卯	庚辰	
			陽暦	月	1	1	1	1	1	1	2	2	2	2	2	2	2	2	2	2	2	2	2	2	2	2	2	2	2	2	2	2	2	
				日	27	28	29	30	31	1	2	3	4	5	6	7	8	9	10	11	12	13	14	15	16	17	18	19	20	21	22	23	24	
二月	辛卯	一白	日柱		辛巳	壬午	癸未	甲申	乙酉	丙戌	丁亥	戊子	己丑	庚寅	辛卯	壬辰	癸巳	甲午	乙未	丙申	丁酉	戊戌	己亥	庚子	辛丑	壬寅	癸卯	甲辰	乙巳	丙午	丁未	戊申	己酉	庚戌
			陽暦	月	2	2	2	2	3	3	3	3	3	3	3	3	3	3	3	3	3	3	3	3	3	3	3	3	3	3	3	3	3	3
				日	25	26	27	28	1	2	3	4	5	6	7	8	9	10	11	12	13	14	15	16	17	18	19	20	21	22	23	24	25	26
三月	壬辰	九紫	日柱		辛亥	壬子	癸丑	甲寅	乙卯	丙辰	丁巳	戊午	己未	庚申	辛酉	壬戌	癸亥	甲子	乙丑	丙寅	丁卯	戊辰	己巳	庚午	辛未	壬申	癸酉	甲戌	乙亥	丙子	丁丑	戊寅	己卯	
			陽暦	月	3	3	3	3	3	4	4	4	4	4	4	4	4	4	4	4	4	4	4	4	4	4	4	4	4	4	4	4	4	
				日	27	28	29	30	31	1	2	3	4	5	6	7	8	9	10	11	12	13	14	15	16	17	18	19	20	21	22	23	24	
四月	癸巳	八白	日柱		庚辰	辛巳	壬午	癸未	甲申	乙酉	丙戌	丁亥	戊子	己丑	庚寅	辛卯	壬辰	癸巳	甲午	乙未	丙申	丁酉	戊戌	己亥	庚子	辛丑	壬寅	癸卯	甲辰	乙巳	丙午	丁未	戊申	
			陽暦	月	4	4	4	4	4	4	5	5	5	5	5	5	5	5	5	5	5	5	5	5	5	5	5	5	5	5	5	5	5	
				日	25	26	27	28	29	30	1	2	3	4	5	6	7	8	9	10	11	12	13	14	15	16	17	18	19	20	21	22	23	
五月	甲午	七赤	日柱		己酉	庚戌	辛亥	壬子	癸丑	甲寅	乙卯	丙辰	丁巳	戊午	己未	庚申	辛酉	壬戌	癸亥	甲子	乙丑	丙寅	丁卯	戊辰	己巳	庚午	辛未	壬申	癸酉	甲戌	乙亥	丙子	丁丑	戊寅
			陽暦	月	5	5	5	5	5	5	5	5	6	6	6	6	6	6	6	6	6	6	6	6	6	6	6	6	6	6	6	6	6	6
				日	24	25	26	27	28	29	30	31	1	2	3	4	5	6	7	8	9	10	11	12	13	14	15	16	17	18	19	20	21	22
閏五月			日柱		己卯	庚辰	辛巳	壬午	癸未	甲申	乙酉	丙戌	丁亥	戊子	己丑	庚寅	辛卯	壬辰	癸巳	甲午	乙未	丙申	丁酉	戊戌	己亥	庚子	辛丑	壬寅	癸卯	甲辰	乙巳	丙午	丁未	
			陽暦	月	6	6	6	6	6	6	6	6	7	7	7	7	7	7	7	7	7	7	7	7	7	7	7	7	7	7	7	7	7	
				日	23	24	25	26	27	28	29	30	1	2	3	4	5	6	7	8	9	10	11	12	13	14	15	16	17	18	19	20	21	
六月	乙未	六白	日柱		戊申	己酉	庚戌	辛亥	壬子	癸丑	甲寅	乙卯	丙辰	丁巳	戊午	己未	庚申	辛酉	壬戌	癸亥	甲子	乙丑	丙寅	丁卯	戊辰	己巳	庚午	辛未	壬申	癸酉	甲戌	乙亥	丙子	丁丑
			陽暦	月	7	7	7	7	7	7	7	7	7	7	8	8	8	8	8	8	8	8	8	8	8	8	8	8	8	8	8	8	8	8
				日	22	23	24	25	26	27	28	29	30	31	1	2	3	4	5	6	7	8	9	10	11	12	13	14	15	16	17	18	19	20
七月	丙申	五黄	日柱		戊寅	己卯	庚辰	辛巳	壬午	癸未	甲申	乙酉	丙戌	丁亥	戊子	己丑	庚寅	辛卯	壬辰	癸巳	甲午	乙未	丙申	丁酉	戊戌	己亥	庚子	辛丑	壬寅	癸卯	甲辰	乙巳	丙午	
			陽暦	月	8	8	8	8	8	8	8	8	8	8	8	9	9	9	9	9	9	9	9	9	9	9	9	9	9	9	9	9	9	
				日	21	22	23	24	25	26	27	28	29	30	31	1	2	3	4	5	6	7	8	9	10	11	12	13	14	15	16	17	18	
八月	丁酉	四緑	日柱		丁未	戊申	己酉	庚戌	辛亥	壬子	癸丑	甲寅	乙卯	丙辰	丁巳	戊午	己未	庚申	辛酉	壬戌	癸亥	甲子	乙丑	丙寅	丁卯	戊辰	己巳	庚午	辛未	壬申	癸酉	甲戌	乙亥	丙子
			陽暦	月	9	9	9	9	9	9	9	9	9	9	9	9	10	10	10	10	10	10	10	10	10	10	10	10	10	10	10	10	10	10
				日	19	20	21	22	23	24	25	26	27	28	29	30	1	2	3	4	5	6	7	8	9	10	11	12	13	14	15	16	17	18
九月	戊戌	三碧	日柱		丁丑	戊寅	己卯	庚辰	辛巳	壬午	癸未	甲申	乙酉	丙戌	丁亥	戊子	己丑	庚寅	辛卯	壬辰	癸巳	甲午	乙未	丙申	丁酉	戊戌	己亥	庚子	辛丑	壬寅	癸卯	甲辰	乙巳	丙午
			陽暦	月	10	10	10	10	10	10	10	10	10	10	10	10	10	11	11	11	11	11	11	11	11	11	11	11	11	11	11	11	11	11
				日	19	20	21	22	23	24	25	26	27	28	29	30	31	1	2	3	4	5	6	7	8	9	10	11	12	13	14	15	16	17
十月	己亥	二黒	日柱		丁未	戊申	己酉	庚戌	辛亥	壬子	癸丑	甲寅	乙卯	丙辰	丁巳	戊午	己未	庚申	辛酉	壬戌	癸亥	甲子	乙丑	丙寅	丁卯	戊辰	己巳	庚午	辛未	壬申	癸酉	甲戌	乙亥	丙子
			陽暦	月	11	11	11	11	11	11	11	11	11	11	11	11	11	12	12	12	12	12	12	12	12	12	12	12	12	12	12	12	12	12
				日	18	19	20	21	22	23	24	25	26	27	28	29	30	1	2	3	4	5	6	7	8	9	10	11	12	13	14	15	16	17
十一月	庚子	一白	日柱		丁丑	戊寅	己卯	庚辰	辛巳	壬午	癸未	甲申	乙酉	丙戌	丁亥	戊子	己丑	庚寅	辛卯	壬辰	癸巳	甲午	乙未	丙申	丁酉	戊戌	己亥	庚子	辛丑	壬寅	癸卯	甲辰	乙巳	
			陽暦	月	12	12	12	12	12	12	12	12	12	12	12	12	12	12	1	1	1	1	1	1	1	1	1	1	1	1	1	1	1	
				日	18	19	20	21	22	23	24	25	26	27	28	29	30	31	1	2	3	4	5	6	7	8	9	10	11	12	13	14	15	
十二月	辛丑	九紫	日柱		丙午	丁未	戊申	己酉	庚戌	辛亥	壬子	癸丑	甲寅	乙卯	丙辰	丁巳	戊午	己未	庚申	辛酉	壬戌	癸亥	甲子	乙丑	丙寅	丁卯	戊辰	己巳	庚午	辛未	壬申	癸酉	甲戌	乙亥
			陽暦	月	1	1	1	1	1	1	1	1	1	1	1	1	1	1	1	1	2	2	2	2	2	2	2	2	2	2	2	2	2	2
				日	16	17	18	19	20	21	22	23	24	25	26	27	28	29	30	31	1	2	3	4	5	6	7	8	9	10	11	12	13	14

1972年【壬子】

月別	月柱	紫白	農暦	初一	初二	初三	初四	初五	初六	初七	初八	初九	初十	十一	十二	十三	十四	十五	十六	十七	十八	十九	二十	廿一	廿二	廿三	廿四	廿五	廿六	廿七	廿八	廿九	三十
正月	壬寅	八白	日柱	丙子	丁丑	戊寅	己卯	庚辰	辛巳	壬午	癸未	甲申	乙酉	丙戌	丁亥	戊子	己丑	庚寅	辛卯	壬辰	癸巳	甲午	乙未	丙申	丁酉	戊戌	己亥	庚子	辛丑	壬寅	癸卯	甲辰	
			陽暦 月	2	2	2	2	2	2	2	2	2	2	2	2	2	2	2	3	3	3	3	3	3	3	3	3	3	3	3	3	3	
			陽暦 日	15	16	17	18	19	20	21	22	23	24	25	26	27	28	29	1	2	3	4	5	6	7	8	9	10	11	12	13	14	
二月	癸卯	七赤	日柱	乙巳	丙午	丁未	戊申	己酉	庚戌	辛亥	壬子	癸丑	甲寅	乙卯	丙辰	丁巳	戊午	己未	庚申	辛酉	壬戌	癸亥	甲子	乙丑	丙寅	丁卯	戊辰	己巳	庚午	辛未	壬申	癸酉	甲戌
			陽暦 月	3	3	3	3	3	3	3	3	3	3	3	3	3	3	3	3	3	4	4	4	4	4	4	4	4	4	4	4	4	4
			陽暦 日	15	16	17	18	19	20	21	22	23	24	25	26	27	28	29	30	31	1	2	3	4	5	6	7	8	9	10	11	12	13
三月	甲辰	六白	日柱	乙亥	丙子	丁丑	戊寅	己卯	庚辰	辛巳	壬午	癸未	甲申	乙酉	丙戌	丁亥	戊子	己丑	庚寅	辛卯	壬辰	癸巳	甲午	乙未	丙申	丁酉	戊戌	己亥	庚子	辛丑	壬寅	癸卯	
			陽暦 月	4	4	4	4	4	4	4	4	4	4	4	4	4	4	4	4	4	5	5	5	5	5	5	5	5	5	5	5	5	
			陽暦 日	14	15	16	17	18	19	20	21	22	23	24	25	26	27	28	29	30	1	2	3	4	5	6	7	8	9	10	11	12	
四月	乙巳	五黃	日柱	甲辰	乙巳	丙午	丁未	戊申	己酉	庚戌	辛亥	壬子	癸丑	甲寅	乙卯	丙辰	丁巳	戊午	己未	庚申	辛酉	壬戌	癸亥	甲子	乙丑	丙寅	丁卯	戊辰	己巳	庚午	辛未	壬申	
			陽暦 月	5	5	5	5	5	5	5	5	5	5	5	5	5	5	5	5	5	5	5	6	6	6	6	6	6	6	6	6	6	
			陽暦 日	13	14	15	16	17	18	19	20	21	22	23	24	25	26	27	28	29	30	31	1	2	3	4	5	6	7	8	9	10	
五月	丙午	四緑	日柱	癸酉	甲戌	乙亥	丙子	丁丑	戊寅	己卯	庚辰	辛巳	壬午	癸未	甲申	乙酉	丙戌	丁亥	戊子	己丑	庚寅	辛卯	壬辰	癸巳	甲午	乙未	丙申	丁酉	戊戌	己亥	庚子	辛丑	壬寅
			陽暦 月	6	6	6	6	6	6	6	6	6	6	6	6	6	6	6	6	6	6	6	6	7	7	7	7	7	7	7	7	7	7
			陽暦 日	11	12	13	14	15	16	17	18	19	20	21	22	23	24	25	26	27	28	29	30	1	2	3	4	5	6	7	8	9	10
六月	丁未	三碧	日柱	癸卯	甲辰	乙巳	丙午	丁未	戊申	己酉	庚戌	辛亥	壬子	癸丑	甲寅	乙卯	丙辰	丁巳	戊午	己未	庚申	辛酉	壬戌	癸亥	甲子	乙丑	丙寅	丁卯	戊辰	己巳	庚午	辛未	
			陽暦 月	7	7	7	7	7	7	7	7	7	7	7	7	7	7	7	7	7	7	7	7	7	8	8	8	8	8	8	8	8	
			陽暦 日	11	12	13	14	15	16	17	18	19	20	21	22	23	24	25	26	27	28	29	30	31	1	2	3	4	5	6	7	8	
七月	戊申	二黒	日柱	壬申	癸酉	甲戌	乙亥	丙子	丁丑	戊寅	己卯	庚辰	辛巳	壬午	癸未	甲申	乙酉	丙戌	丁亥	戊子	己丑	庚寅	辛卯	壬辰	癸巳	甲午	乙未	丙申	丁酉	戊戌	己亥	庚子	辛丑
			陽暦 月	8	8	8	8	8	8	8	8	8	8	8	8	8	8	8	8	8	8	8	8	8	8	8	9	9	9	9	9	9	9
			陽暦 日	9	10	11	12	13	14	15	16	17	18	19	20	21	22	23	24	25	26	27	28	29	30	31	1	2	3	4	5	6	7
八月	己酉	一白	日柱	壬寅	癸卯	甲辰	乙巳	丙午	丁未	戊申	己酉	庚戌	辛亥	壬子	癸丑	甲寅	乙卯	丙辰	丁巳	戊午	己未	庚申	辛酉	壬戌	癸亥	甲子	乙丑	丙寅	丁卯	戊辰	己巳	庚午	
			陽暦 月	9	9	9	9	9	9	9	9	9	9	9	9	9	9	9	9	9	9	9	9	9	9	9	10	10	10	10	10	10	
			陽暦 日	8	9	10	11	12	13	14	15	16	17	18	19	20	21	22	23	24	25	26	27	28	29	30	1	2	3	4	5	6	
九月	庚戌	九紫	日柱	辛未	壬申	癸酉	甲戌	乙亥	丙子	丁丑	戊寅	己卯	庚辰	辛巳	壬午	癸未	甲申	乙酉	丙戌	丁亥	戊子	己丑	庚寅	辛卯	壬辰	癸巳	甲午	乙未	丙申	丁酉	戊戌	己亥	庚子
			陽暦 月	10	10	10	10	10	10	10	10	10	10	10	10	10	10	10	10	10	10	10	10	10	10	10	10	10	11	11	11	11	11
			陽暦 日	7	8	9	10	11	12	13	14	15	16	17	18	19	20	21	22	23	24	25	26	27	28	29	30	31	1	2	3	4	5
十月	辛亥	八白	日柱	辛丑	壬寅	癸卯	甲辰	乙巳	丙午	丁未	戊申	己酉	庚戌	辛亥	壬子	癸丑	甲寅	乙卯	丙辰	丁巳	戊午	己未	庚申	辛酉	壬戌	癸亥	甲子	乙丑	丙寅	丁卯	戊辰	己巳	庚午
			陽暦 月	11	11	11	11	11	11	11	11	11	11	11	11	11	11	11	11	11	11	11	11	11	11	11	11	11	12	12	12	12	12
			陽暦 日	6	7	8	9	10	11	12	13	14	15	16	17	18	19	20	21	22	23	24	25	26	27	28	29	30	1	2	3	4	5
十一月	壬子	七赤	日柱	辛未	壬申	癸酉	甲戌	乙亥	丙子	丁丑	戊寅	己卯	庚辰	辛巳	壬午	癸未	甲申	乙酉	丙戌	丁亥	戊子	己丑	庚寅	辛卯	壬辰	癸巳	甲午	乙未	丙申	丁酉	戊戌	己亥	
			陽暦 月	12	12	12	12	12	12	12	12	12	12	12	12	12	12	12	12	12	12	12	12	12	12	12	12	12	12	1	1	1	
			陽暦 日	6	7	8	9	10	11	12	13	14	15	16	17	18	19	20	21	22	23	24	25	26	27	28	29	31	31	1	2	3	
十二月	癸丑	六白	日柱	庚子	辛丑	壬寅	癸卯	甲辰	乙巳	丙午	丁未	戊申	己酉	庚戌	辛亥	壬子	癸丑	甲寅	乙卯	丙辰	丁巳	戊午	己未	庚申	辛酉	壬戌	癸亥	甲子	乙丑	丙寅	丁卯	戊辰	己巳
			陽暦 月	1	1	1	1	1	1	1	1	1	1	1	1	1	1	1	1	1	1	1	1	1	1	1	1	1	1	1	1	2	2
			陽暦 日	4	5	6	7	8	9	10	11	12	13	14	15	16	17	18	19	20	21	22	23	24	25	26	27	28	29	30	31	1	2

1973年【癸丑】

月別	月柱	紫白	農暦		初一	初二	初三	初四	初五	初六	初七	初八	初九	初十	十一	十二	十三	十四	十五	十六	十七	十八	十九	二十	廿一	廿二	廿三	廿四	廿五	廿六	廿七	廿八	廿九	三十
正月	甲寅	五黄	日柱		庚午	辛未	壬申	癸酉	甲戌	乙亥	丙子	丁丑	戊寅	己卯	庚辰	辛巳	壬午	癸未	甲申	乙酉	丙戌	丁亥	戊子	己丑	庚寅	辛卯	壬辰	癸巳	甲午	乙未	丙申	丁酉	戊戌	己亥
			陽暦	月	2	2	2	2	2	2	2	2	2	2	2	2	2	2	2	2	2	2	2	2	2	2	2	2	2	2	3	3	3	3
				日	3	4	5	6	7	8	9	10	11	12	13	14	15	16	17	18	19	20	21	22	23	24	25	26	27	28	1	2	3	4
二月	乙卯	四緑	日柱		庚子	辛丑	壬寅	癸卯	甲辰	乙巳	丙午	丁未	戊申	己酉	庚戌	辛亥	壬子	癸丑	甲寅	乙卯	丙辰	丁巳	戊午	己未	庚申	辛酉	壬戌	癸亥	甲子	乙丑	丙寅	丁卯	戊辰	
			陽暦	月	3	3	3	3	3	3	3	3	3	3	3	3	3	3	3	3	3	3	3	3	3	3	3	3	3	3	3	4	4	
				日	5	6	7	8	9	10	11	12	13	14	15	16	17	18	19	20	21	22	23	24	25	26	27	28	29	30	31	1	2	
三月	丙辰	三碧	日柱		己巳	庚午	辛未	壬申	癸酉	甲戌	乙亥	丙子	丁丑	戊寅	己卯	庚辰	辛巳	壬午	癸未	甲申	乙酉	丙戌	丁亥	戊子	己丑	庚寅	辛卯	壬辰	癸巳	甲午	乙未	丙申	丁酉	戊戌
			陽暦	月	4	4	4	4	4	4	4	4	4	4	4	4	4	4	4	4	4	4	4	4	4	4	4	4	4	4	4	4	5	5
				日	3	4	5	6	7	8	9	10	11	12	13	14	15	16	17	18	19	20	21	22	23	24	25	26	27	28	29	30	1	2
四月	丁巳	二黒	日柱		己亥	庚子	辛丑	壬寅	癸卯	甲辰	乙巳	丙午	丁未	戊申	己酉	庚戌	辛亥	壬子	癸丑	甲寅	乙卯	丙辰	丁巳	戊午	己未	庚申	辛酉	壬戌	癸亥	甲子	乙丑	丙寅	丁卯	
			陽暦	月	5	5	5	5	5	5	5	5	5	5	5	5	5	5	5	5	5	5	5	5	5	5	5	5	5	5	5	5	5	
				日	3	4	5	6	7	8	9	10	11	12	13	14	15	16	17	18	19	20	21	22	23	24	25	26	27	28	29	30	31	
五月	戊午	一白	日柱		戊辰	己巳	庚午	辛未	壬申	癸酉	甲戌	乙亥	丙子	丁丑	戊寅	己卯	庚辰	辛巳	壬午	癸未	甲申	乙酉	丙戌	丁亥	戊子	己丑	庚寅	辛卯	壬辰	癸巳	甲午	乙未	丙申	
			陽暦	月	6	6	6	6	6	6	6	6	6	6	6	6	6	6	6	6	6	6	6	6	6	6	6	6	6	6	6	6	6	
				日	1	2	3	4	5	6	7	8	9	10	11	12	13	14	15	16	17	18	19	20	21	22	23	24	25	26	27	28	29	
六月	己未	九紫	日柱		丁酉	戊戌	己亥	庚子	辛丑	壬寅	癸卯	甲辰	乙巳	丙午	丁未	戊申	己酉	庚戌	辛亥	壬子	癸丑	甲寅	乙卯	丙辰	丁巳	戊午	己未	庚申	辛酉	壬戌	癸亥	甲子	乙丑	丙寅
			陽暦	月	6	7	7	7	7	7	7	7	7	7	7	7	7	7	7	7	7	7	7	7	7	7	7	7	7	7	7	7	7	7
				日	30	1	2	3	4	5	6	7	8	9	10	11	12	13	14	15	16	17	18	19	20	21	22	23	24	25	26	27	28	29
七月	庚申	八白	日柱		丁卯	戊辰	己巳	庚午	辛未	壬申	癸酉	甲戌	乙亥	丙子	丁丑	戊寅	己卯	庚辰	辛巳	壬午	癸未	甲申	乙酉	丙戌	丁亥	戊子	己丑	庚寅	辛卯	壬辰	癸巳	甲午	乙未	
			陽暦	月	7	7	8	8	8	8	8	8	8	8	8	8	8	8	8	8	8	8	8	8	8	8	8	8	8	8	8	8	8	
				日	30	31	1	2	3	4	5	6	7	8	9	10	11	12	13	14	15	16	17	18	19	20	21	22	23	24	25	26	27	
八月	辛酉	七赤	日柱		丙申	丁酉	戊戌	己亥	庚子	辛丑	壬寅	癸卯	甲辰	乙巳	丙午	丁未	戊申	己酉	庚戌	辛亥	壬子	癸丑	甲寅	乙卯	丙辰	丁巳	戊午	己未	庚申	辛酉	壬戌	癸亥	甲子	
			陽暦	月	8	8	8	8	9	9	9	9	9	9	9	9	9	9	9	9	9	9	9	9	9	9	9	9	9	9	9	9	9	
				日	28	29	30	31	1	2	3	4	5	6	7	8	9	10	11	12	13	14	15	16	17	18	19	20	21	22	23	24	25	
九月	壬戌	六白	日柱		乙丑	丙寅	丁卯	戊辰	己巳	庚午	辛未	壬申	癸酉	甲戌	乙亥	丙子	丁丑	戊寅	己卯	庚辰	辛巳	壬午	癸未	甲申	乙酉	丙戌	丁亥	戊子	己丑	庚寅	辛卯	壬辰	癸巳	甲午
			陽暦	月	9	9	9	9	9	10	10	10	10	10	10	10	10	10	10	10	10	10	10	10	10	10	10	10	10	10	10	10	10	10
				日	26	27	28	29	30	1	2	3	4	5	6	7	8	9	10	11	12	13	14	15	16	17	18	19	20	21	22	23	24	25
十月	癸亥	五黄	日柱		乙未	丙申	丁酉	戊戌	己亥	庚子	辛丑	壬寅	癸卯	甲辰	乙巳	丙午	丁未	戊申	己酉	庚戌	辛亥	壬子	癸丑	甲寅	乙卯	丙辰	丁巳	戊午	己未	庚申	辛酉	壬戌	癸亥	甲子
			陽暦	月	10	10	10	10	10	10	11	11	11	11	11	11	11	11	11	11	11	11	11	11	11	11	11	11	11	11	11	11	11	11
				日	26	27	28	29	30	31	1	2	3	4	5	6	7	8	9	10	11	12	13	14	15	16	17	18	19	20	21	22	23	24
十一月	甲子	四緑	日柱		乙丑	丙寅	丁卯	戊辰	己巳	庚午	辛未	壬申	癸酉	甲戌	乙亥	丙子	丁丑	戊寅	己卯	庚辰	辛巳	壬午	癸未	甲申	乙酉	丙戌	丁亥	戊子	己丑	庚寅	辛卯	壬辰	癸巳	
			陽暦	月	11	11	11	11	11	11	12	12	12	12	12	12	12	12	12	12	12	12	12	12	12	12	12	12	12	12	12	12	12	
				日	25	26	27	28	29	30	1	2	3	4	5	6	7	8	9	10	11	12	13	14	15	16	17	18	19	20	21	22	23	
十二月	乙丑	三碧	日柱		甲午	乙未	丙申	丁酉	戊戌	己亥	庚子	辛丑	壬寅	癸卯	甲辰	乙巳	丙午	丁未	戊申	己酉	庚戌	辛亥	壬子	癸丑	甲寅	乙卯	丙辰	丁巳	戊午	己未	庚申	辛酉	壬戌	癸亥
			陽暦	月	12	12	12	12	12	12	12	12	1	1	1	1	1	1	1	1	1	1	1	1	1	1	1	1	1	1	1	1	1	1
				日	24	25	26	27	28	29	30	31	1	2	3	4	5	6	7	8	9	10	11	12	13	14	15	16	17	18	19	20	21	22

1974年【甲寅】

月別	月柱	紫白	農暦		初一	初二	初三	初四	初五	初六	初七	初八	初九	初十	十一	十二	十三	十四	十五	十六	十七	十八	十九	二十	廿一	廿二	廿三	廿四	廿五	廿六	廿七	廿八	廿九	三十
正月	丙寅	二黒	日柱		甲子	乙丑	丙寅	丁卯	戊辰	己巳	庚午	辛未	壬申	癸酉	甲戌	乙亥	丙子	丁丑	戊寅	己卯	庚辰	辛巳	壬午	癸未	甲申	乙酉	丙戌	丁亥	戊子	己丑	庚寅	辛卯	壬辰	癸巳
			陽暦	月	1	1	1	1	1	1	1	1	1	2	2	2	2	2	2	2	2	2	2	2	2	2	2	2	2	2	2	2	2	2
				日	23	24	25	26	27	28	29	30	31	1	2	3	4	5	6	7	8	9	10	11	12	13	14	15	16	17	18	19	20	21
二月	丁卯	一白	日柱		甲午	乙未	丙申	丁酉	戊戌	己亥	庚子	辛丑	壬寅	癸卯	甲辰	乙巳	丙午	丁未	戊申	己酉	庚戌	辛亥	壬子	癸丑	甲寅	乙卯	丙辰	丁巳	戊午	己未	庚申	辛酉	壬戌	癸亥
			陽暦	月	2	2	2	2	2	2	2	3	3	3	3	3	3	3	3	3	3	3	3	3	3	3	3	3	3	3	3	3	3	3
				日	22	23	24	25	26	27	28	1	2	3	4	5	6	7	8	9	10	11	12	13	14	15	16	17	18	19	20	21	22	23
三月	戊辰	九紫	日柱		甲子	乙丑	丙寅	丁卯	戊辰	己巳	庚午	辛未	壬申	癸酉	甲戌	乙亥	丙子	丁丑	戊寅	己卯	庚辰	辛巳	壬午	癸未	甲申	乙酉	丙戌	丁亥	戊子	己丑	庚寅	辛卯	壬辰	
			陽暦	月	3	3	3	3	3	3	3	3	4	4	4	4	4	4	4	4	4	4	4	4	4	4	4	4	4	4	4	4	4	
				日	24	25	26	27	28	29	30	31	1	2	3	4	5	6	7	8	9	10	11	12	13	14	15	16	17	18	19	20	21	
四月	己巳	八白	日柱		癸巳	甲午	乙未	丙申	丁酉	戊戌	己亥	庚子	辛丑	壬寅	癸卯	甲辰	乙巳	丙午	丁未	戊申	己酉	庚戌	辛亥	壬子	癸丑	甲寅	乙卯	丙辰	丁巳	戊午	己未	庚申	辛酉	壬戌
			陽暦	月	4	4	4	4	4	4	4	4	4	5	5	5	5	5	5	5	5	5	5	5	5	5	5	5	5	5	5	5	5	5
				日	22	23	24	25	26	27	28	29	30	1	2	3	4	5	6	7	8	9	10	11	12	13	14	15	16	17	18	19	20	21
閏四月			日柱		癸亥	甲子	乙丑	丙寅	丁卯	戊辰	己巳	庚午	辛未	壬申	癸酉	甲戌	乙亥	丙子	丁丑	戊寅	己卯	庚辰	辛巳	壬午	癸未	甲申	乙酉	丙戌	丁亥	戊子	己丑	庚寅	辛卯	
			陽暦	月	5	5	5	5	5	5	5	5	5	5	6	6	6	6	6	6	6	6	6	6	6	6	6	6	6	6	6	6	6	
				日	22	23	24	25	26	27	28	29	30	31	1	2	3	4	5	6	7	8	9	10	11	12	13	14	15	16	17	18	19	
五月	庚午	七赤	日柱		壬辰	癸巳	甲午	乙未	丙申	丁酉	戊戌	己亥	庚子	辛丑	壬寅	癸卯	甲辰	乙巳	丙午	丁未	戊申	己酉	庚戌	辛亥	壬子	癸丑	甲寅	乙卯	丙辰	丁巳	戊午	己未	庚申	
			陽暦	月	6	6	6	6	6	6	6	6	6	6	6	7	7	7	7	7	7	7	7	7	7	7	7	7	7	7	7	7	7	
				日	20	21	22	23	24	25	26	27	28	29	30	1	2	3	4	5	6	7	8	9	10	11	12	13	14	15	16	17	18	
六月	辛未	六白	日柱		辛酉	壬戌	癸亥	甲子	乙丑	丙寅	丁卯	戊辰	己巳	庚午	辛未	壬申	癸酉	甲戌	乙亥	丙子	丁丑	戊寅	己卯	庚辰	辛巳	壬午	癸未	甲申	乙酉	丙戌	丁亥	戊子	己丑	庚寅
			陽暦	月	7	7	7	7	7	7	7	7	7	7	7	7	7	8	8	8	8	8	8	8	8	8	8	8	8	8	8	8	8	8
				日	19	20	21	22	23	24	25	26	27	28	29	30	31	1	2	3	4	5	6	7	8	9	10	11	12	13	14	15	16	17
七月	壬申	五黄	日柱		辛卯	壬辰	癸巳	甲午	乙未	丙申	丁酉	戊戌	己亥	庚子	辛丑	壬寅	癸卯	甲辰	乙巳	丙午	丁未	戊申	己酉	庚戌	辛亥	壬子	癸丑	甲寅	乙卯	丙辰	丁巳	戊午	己未	
			陽暦	月	8	8	8	8	8	8	8	8	8	8	8	8	8	8	9	9	9	9	9	9	9	9	9	9	9	9	9	9	9	
				日	18	19	20	21	22	23	24	25	26	27	28	29	30	31	1	2	3	4	5	6	7	8	9	10	11	12	13	14	15	
八月	癸酉	四緑	日柱		庚申	辛酉	壬戌	癸亥	甲子	乙丑	丙寅	丁卯	戊辰	己巳	庚午	辛未	壬申	癸酉	甲戌	乙亥	丙子	丁丑	戊寅	己卯	庚辰	辛巳	壬午	癸未	甲申	乙酉	丙戌	丁亥	戊子	
			陽暦	月	9	9	9	9	9	9	9	9	9	9	9	9	9	9	9	10	10	10	10	10	10	10	10	10	10	10	10	10	10	
				日	16	17	18	19	20	21	22	23	24	25	26	27	28	29	30	1	2	3	4	5	6	7	8	9	10	11	12	13	14	
九月	甲戌	三碧	日柱		己丑	庚寅	辛卯	壬辰	癸巳	甲午	乙未	丙申	丁酉	戊戌	己亥	庚子	辛丑	壬寅	癸卯	甲辰	乙巳	丙午	丁未	戊申	己酉	庚戌	辛亥	壬子	癸丑	甲寅	乙卯	丙辰	丁巳	戊午
			陽暦	月	10	10	10	10	10	10	10	10	10	10	10	10	10	10	10	10	10	11	11	11	11	11	11	11	11	11	11	11	11	11
				日	15	16	17	18	19	20	21	22	23	24	25	26	27	28	29	30	31	1	2	3	4	5	6	7	8	9	10	11	12	13
十月	乙亥	二黒	日柱		己未	庚申	辛酉	壬戌	癸亥	甲子	乙丑	丙寅	丁卯	戊辰	己巳	庚午	辛未	壬申	癸酉	甲戌	乙亥	丙子	丁丑	戊寅	己卯	庚辰	辛巳	壬午	癸未	甲申	乙酉	丙戌	丁亥	戊子
			陽暦	月	11	11	11	11	11	11	11	11	11	11	11	11	11	11	11	11	11	12	12	12	12	12	12	12	12	12	12	12	12	12
				日	14	15	16	17	18	19	20	21	22	23	24	25	26	27	28	29	30	1	2	3	4	5	6	7	8	9	10	11	12	13
十一月	丙子	一白	日柱		己丑	庚寅	辛卯	壬辰	癸巳	甲午	乙未	丙申	丁酉	戊戌	己亥	庚子	辛丑	壬寅	癸卯	甲辰	乙巳	丙午	丁未	戊申	己酉	庚戌	辛亥	壬子	癸丑	甲寅	乙卯	丙辰	丁巳	
			陽暦	月	12	12	12	12	12	12	12	12	12	12	12	12	12	12	12	12	12	12	1	1	1	1	1	1	1	1	1	1	1	
				日	14	15	16	17	18	19	20	21	22	23	24	25	26	27	28	29	30	31	1	2	3	4	5	6	7	8	9	10	11	
十二月	丁丑	九紫	日柱		戊午	己未	庚申	辛酉	壬戌	癸亥	甲子	乙丑	丙寅	丁卯	戊辰	己巳	庚午	辛未	壬申	癸酉	甲戌	乙亥	丙子	丁丑	戊寅	己卯	庚辰	辛巳	壬午	癸未	甲申	乙酉	丙戌	丁亥
			陽暦	月	1	1	1	1	1	1	1	1	1	1	1	1	1	1	1	1	1	1	1	1	2	2	2	2	2	2	2	2	2	2
				日	12	13	14	15	16	17	18	19	20	21	22	23	24	25	26	27	28	29	30	31	1	2	3	4	5	6	7	8	9	10

1975年【乙卯】

月別	月柱	紫白	農暦		初一	初二	初三	初四	初五	初六	初七	初八	初九	初十	十一	十二	十三	十四	十五	十六	十七	十八	十九	二十	廿一	廿二	廿三	廿四	廿五	廿六	廿七	廿八	廿九	三十
正月	戊寅	八白	日柱		戊子	己丑	庚寅	辛卯	壬辰	癸巳	甲午	乙未	丙申	丁酉	戊戌	己亥	庚子	辛丑	壬寅	癸卯	甲辰	乙巳	丙午	丁未	戊申	己酉	庚戌	辛亥	壬子	癸丑	甲寅	乙卯	丙辰	丁巳
			陽暦	月	2	2	2	2	2	2	2	2	2	2	2	2	2	2	2	2	2	2	3	3	3	3	3	3	3	3	3	3	3	3
				日	11	12	13	14	15	16	17	18	19	20	21	22	23	24	25	26	27	28	1	2	3	4	5	6	7	8	9	10	11	12
二月	己卯	七赤	日柱		戊午	己未	庚申	辛酉	壬戌	癸亥	甲子	乙丑	丙寅	丁卯	戊辰	己巳	庚午	辛未	壬申	癸酉	甲戌	乙亥	丙子	丁丑	戊寅	己卯	庚辰	辛巳	壬午	癸未	甲申	乙酉	丙戌	丁亥
			陽暦	月	3	3	3	3	3	3	3	3	3	3	3	3	3	3	3	3	3	3	3	4	4	4	4	4	4	4	4	4	4	4
				日	13	14	15	16	17	18	19	20	21	22	23	24	25	26	27	28	29	30	31	1	2	3	4	5	6	7	8	9	10	11
三月	庚辰	六白	日柱		戊子	己丑	庚寅	辛卯	壬辰	癸巳	甲午	乙未	丙申	丁酉	戊戌	己亥	庚子	辛丑	壬寅	癸卯	甲辰	乙巳	丙午	丁未	戊申	己酉	庚戌	辛亥	壬子	癸丑	甲寅	乙卯	丙辰	
			陽暦	月	4	4	4	4	4	4	4	4	4	4	4	4	4	4	4	4	4	4	4	5	5	5	5	5	5	5	5	5	5	
				日	12	13	14	15	16	17	18	19	20	21	22	23	24	25	26	27	28	29	30	1	2	3	4	5	6	7	8	9	10	
四月	辛巳	五黄	日柱		丁巳	戊午	己未	庚申	辛酉	壬戌	癸亥	甲子	乙丑	丙寅	丁卯	戊辰	己巳	庚午	辛未	壬申	癸酉	甲戌	乙亥	丙子	丁丑	戊寅	己卯	庚辰	辛巳	壬午	癸未	甲申	乙酉	丙戌
			陽暦	月	5	5	5	5	5	5	5	5	5	5	5	5	5	5	5	5	5	5	5	5	5	6	6	6	6	6	6	6	6	6
				日	11	12	13	14	15	16	17	18	19	20	21	22	23	24	25	26	27	28	29	30	31	1	2	3	4	5	6	7	8	9
五月	壬午	四緑	日柱		丁亥	戊子	己丑	庚寅	辛卯	壬辰	癸巳	甲午	乙未	丙申	丁酉	戊戌	己亥	庚子	辛丑	壬寅	癸卯	甲辰	乙巳	丙午	丁未	戊申	己酉	庚戌	辛亥	壬子	癸丑	甲寅	乙卯	
			陽暦	月	6	6	6	6	6	6	6	6	6	6	6	6	6	6	6	6	6	6	6	6	6	7	7	7	7	7	7	7	7	
				日	10	11	12	13	14	15	16	17	18	19	20	21	22	23	24	25	26	27	28	29	30	1	2	3	4	5	6	7	8	
六月	癸未	三碧	日柱		丙辰	丁巳	戊午	己未	庚申	辛酉	壬戌	癸亥	甲子	乙丑	丙寅	丁卯	戊辰	己巳	庚午	辛未	壬申	癸酉	甲戌	乙亥	丙子	丁丑	戊寅	己卯	庚辰	辛巳	壬午	癸未	甲申	
			陽暦	月	7	7	7	7	7	7	7	7	7	7	7	7	7	7	7	7	7	7	7	7	7	7	7	8	8	8	8	8	8	
				日	9	10	11	12	13	14	15	16	17	18	19	20	21	22	23	24	25	26	27	28	29	30	31	1	2	3	4	5	6	
七月	甲申	二黒	日柱		乙酉	丙戌	丁亥	戊子	己丑	庚寅	辛卯	壬辰	癸巳	甲午	乙未	丙申	丁酉	戊戌	己亥	庚子	辛丑	壬寅	癸卯	甲辰	乙巳	丙午	丁未	戊申	己酉	庚戌	辛亥	壬子	癸丑	甲寅
			陽暦	月	8	8	8	8	8	8	8	8	8	8	8	8	8	8	8	8	8	8	8	8	8	8	8	8	8	9	9	9	9	9
				日	7	8	9	10	11	12	13	14	15	16	17	18	19	20	21	22	23	24	25	26	27	28	29	30	31	1	2	3	4	5
八月	乙酉	一白	日柱		乙卯	丙辰	丁巳	戊午	己未	庚申	辛酉	壬戌	癸亥	甲子	乙丑	丙寅	丁卯	戊辰	己巳	庚午	辛未	壬申	癸酉	甲戌	乙亥	丙子	丁丑	戊寅	己卯	庚辰	辛巳	壬午	癸未	
			陽暦	月	9	9	9	9	9	9	9	9	9	9	9	9	9	9	9	9	9	9	9	9	9	9	9	9	9	10	10	10	10	
				日	6	7	8	9	10	11	12	13	14	15	16	17	18	19	20	21	22	23	24	25	26	27	28	29	30	1	2	3	4	
九月	丙戌	九紫	日柱		甲申	乙酉	丙戌	丁亥	戊子	己丑	庚寅	辛卯	壬辰	癸巳	甲午	乙未	丙申	丁酉	戊戌	己亥	庚子	辛丑	壬寅	癸卯	甲辰	乙巳	丙午	丁未	戊申	己酉	庚戌	辛亥	壬子	
			陽暦	月	10	10	10	10	10	10	10	10	10	10	10	10	10	10	10	10	10	10	10	10	10	10	10	10	10	10	10	11	11	
				日	5	6	7	8	9	10	11	12	13	14	15	16	17	18	19	20	21	22	23	24	25	26	27	28	29	30	31	1	2	
十月	丁亥	八白	日柱		癸丑	甲寅	乙卯	丙辰	丁巳	戊午	己未	庚申	辛酉	壬戌	癸亥	甲子	乙丑	丙寅	丁卯	戊辰	己巳	庚午	辛未	壬申	癸酉	甲戌	乙亥	丙子	丁丑	戊寅	己卯	庚辰	辛巳	壬午
			陽暦	月	11	11	11	11	11	11	11	11	11	11	11	11	11	11	11	11	11	11	11	11	11	11	11	11	11	11	11	11	12	12
				日	3	4	5	6	7	8	9	10	11	12	13	14	15	16	17	18	19	20	21	22	23	24	25	26	27	28	29	30	1	2
十一月	戊子	七赤	日柱		癸未	甲申	乙酉	丙戌	丁亥	戊子	己丑	庚寅	辛卯	壬辰	癸巳	甲午	乙未	丙申	丁酉	戊戌	己亥	庚子	辛丑	壬寅	癸卯	甲辰	乙巳	丙午	丁未	戊申	己酉	庚戌	辛亥	
			陽暦	月	12	12	12	12	12	12	12	12	12	12	12	12	12	12	12	12	12	12	12	12	12	12	12	12	12	12	12	12	12	
				日	3	4	5	6	7	8	9	10	11	12	13	14	15	16	17	18	19	20	21	22	23	24	25	26	27	28	29	30	31	
十二月	己丑	六白	日柱		壬子	癸丑	甲寅	乙卯	丙辰	丁巳	戊午	己未	庚申	辛酉	壬戌	癸亥	甲子	乙丑	丙寅	丁卯	戊辰	己巳	庚午	辛未	壬申	癸酉	甲戌	乙亥	丙子	丁丑	戊寅	己卯	庚辰	辛巳
			陽暦	月	1	1	1	1	1	1	1	1	1	1	1	1	1	1	1	1	1	1	1	1	1	1	1	1	1	1	1	1	1	1
				日	1	2	3	4	5	6	7	8	9	10	11	12	13	14	15	16	17	18	19	20	21	22	23	24	25	26	27	28	29	30

1976年【丙辰】

月別	月柱	紫白	農暦		初一	初二	初三	初四	初五	初六	初七	初八	初九	初十	十一	十二	十三	十四	十五	十六	十七	十八	十九	二十	廿一	廿二	廿三	廿四	廿五	廿六	廿七	廿八	廿九	三十
正月	庚寅	五黄	日柱		壬午	癸未	甲申	乙酉	丙戌	丁亥	戊子	己丑	庚寅	辛卯	壬辰	癸巳	甲午	乙未	丙申	丁酉	戊戌	己亥	庚子	辛丑	壬寅	癸卯	甲辰	乙巳	丙午	丁未	戊申	己酉	庚戌	辛亥
			陽暦	月	1	2	2	2	2	2	2	2	2	2	2	2	2	2	2	2	2	2	2	2	2	2	2	2	2	2	2	2	2	2
				日	31	1	2	3	4	5	6	7	8	9	10	11	12	13	14	15	16	17	18	19	20	21	22	23	24	25	26	27	28	29
二月	辛卯	四緑	日柱		壬子	癸丑	甲寅	乙卯	丙辰	丁巳	戊午	己未	庚申	辛酉	壬戌	癸亥	甲子	乙丑	丙寅	丁卯	戊辰	己巳	庚午	辛未	壬申	癸酉	甲戌	乙亥	丙子	丁丑	戊寅	己卯	庚辰	辛巳
			陽暦	月	3	3	3	3	3	3	3	3	3	3	3	3	3	3	3	3	3	3	3	3	3	3	3	3	3	3	3	3	3	3
				日	1	2	3	4	5	6	7	8	9	10	11	12	13	14	15	16	17	18	19	20	21	22	23	24	25	26	27	28	29	30
三月	壬辰	三碧	日柱		壬午	癸未	甲申	乙酉	丙戌	丁亥	戊子	己丑	庚寅	辛卯	壬辰	癸巳	甲午	乙未	丙申	丁酉	戊戌	己亥	庚子	辛丑	壬寅	癸卯	甲辰	乙巳	丙午	丁未	戊申	己酉	庚戌	
			陽暦	月	3	4	4	4	4	4	4	4	4	4	4	4	4	4	4	4	4	4	4	4	4	4	4	4	4	4	4	4	4	
				日	31	1	2	3	4	5	6	7	8	9	10	11	12	13	14	15	16	17	18	19	20	21	22	23	24	25	26	27	28	
四月	癸巳	二黒	日柱		辛亥	壬子	癸丑	甲寅	乙卯	丙辰	丁巳	戊午	己未	庚申	辛酉	壬戌	癸亥	甲子	乙丑	丙寅	丁卯	戊辰	己巳	庚午	辛未	壬申	癸酉	甲戌	乙亥	丙子	丁丑	戊寅	己卯	庚辰
			陽暦	月	4	4	5	5	5	5	5	5	5	5	5	5	5	5	5	5	5	5	5	5	5	5	5	5	5	5	5	5	5	5
				日	29	30	1	2	3	4	5	6	7	8	9	10	11	12	13	14	15	16	17	18	19	20	21	22	23	24	25	26	27	28
五月	甲午	一白	日柱		辛巳	壬午	癸未	甲申	乙酉	丙戌	丁亥	戊子	己丑	庚寅	辛卯	壬辰	癸巳	甲午	乙未	丙申	丁酉	戊戌	己亥	庚子	辛丑	壬寅	癸卯	甲辰	乙巳	丙午	丁未	戊申	己酉	
			陽暦	月	5	5	5	6	6	6	6	6	6	6	6	6	6	6	6	6	6	6	6	6	6	6	6	6	6	6	6	6	6	
				日	29	30	31	1	2	3	4	5	6	7	8	9	10	11	12	13	14	15	16	17	18	19	20	21	22	23	24	25	26	
六月	乙未	九紫	日柱		庚戌	辛亥	壬子	癸丑	甲寅	乙卯	丙辰	丁巳	戊午	己未	庚申	辛酉	壬戌	癸亥	甲子	乙丑	丙寅	丁卯	戊辰	己巳	庚午	辛未	壬申	癸酉	甲戌	乙亥	丙子	丁丑	戊寅	己卯
			陽暦	月	6	6	6	6	7	7	7	7	7	7	7	7	7	7	7	7	7	7	7	7	7	7	7	7	7	7	7	7	7	7
				日	27	28	29	30	1	2	3	4	5	6	7	8	9	10	11	12	13	14	15	16	17	18	19	20	21	22	23	24	25	26
七月	丙申	八白	日柱		庚辰	辛巳	壬午	癸未	甲申	乙酉	丙戌	丁亥	戊子	己丑	庚寅	辛卯	壬辰	癸巳	甲午	乙未	丙申	丁酉	戊戌	己亥	庚子	辛丑	壬寅	癸卯	甲辰	乙巳	丙午	丁未	戊申	
			陽暦	月	7	7	7	7	7	8	8	8	8	8	8	8	8	8	8	8	8	8	8	8	8	8	8	8	8	8	8	8	8	
				日	27	28	29	30	31	1	2	3	4	5	6	7	8	9	10	11	12	13	14	15	16	17	18	19	20	21	22	23	24	
八月	丁酉	七赤	日柱		己酉	庚戌	辛亥	壬子	癸丑	甲寅	乙卯	丙辰	丁巳	戊午	己未	庚申	辛酉	壬戌	癸亥	甲子	乙丑	丙寅	丁卯	戊辰	己巳	庚午	辛未	壬申	癸酉	甲戌	乙亥	丙子	丁丑	戊寅
			陽暦	月	8	8	8	8	8	8	8	9	9	9	9	9	9	9	9	9	9	9	9	9	9	9	9	9	9	9	9	9	9	9
				日	25	26	27	28	29	30	31	1	2	3	4	5	6	7	8	9	10	11	12	13	14	15	16	17	18	19	20	21	22	23
閏八月			日柱		己卯	庚辰	辛巳	壬午	癸未	甲申	乙酉	丙戌	丁亥	戊子	己丑	庚寅	辛卯	壬辰	癸巳	甲午	乙未	丙申	丁酉	戊戌	己亥	庚子	辛丑	壬寅	癸卯	甲辰	乙巳	丙午	丁未	
			陽暦	月	9	9	9	9	9	9	9	10	10	10	10	10	10	10	10	10	10	10	10	10	10	10	10	10	10	10	10	10	10	
				日	24	25	26	27	28	29	30	1	2	3	4	5	6	7	8	9	10	11	12	13	14	15	16	17	18	19	20	21	22	
九月	戊戌	六白	日柱		戊申	己酉	庚戌	辛亥	壬子	癸丑	甲寅	乙卯	丙辰	丁巳	戊午	己未	庚申	辛酉	壬戌	癸亥	甲子	乙丑	丙寅	丁卯	戊辰	己巳	庚午	辛未	壬申	癸酉	甲戌	乙亥	丙子	
			陽暦	月	10	10	10	10	10	10	10	10	10	11	11	11	11	11	11	11	11	11	11	11	11	11	11	11	11	11	11	11	11	
				日	23	24	25	26	27	28	29	30	31	1	2	3	4	5	6	7	8	9	10	11	12	13	14	15	16	17	18	19	20	
十月	己亥	五黄	日柱		丁丑	戊寅	己卯	庚辰	辛巳	壬午	癸未	甲申	乙酉	丙戌	丁亥	戊子	己丑	庚寅	辛卯	壬辰	癸巳	甲午	乙未	丙申	丁酉	戊戌	己亥	庚子	辛丑	壬寅	癸卯	甲辰	乙巳	丙午
			陽暦	月	11	11	11	11	11	11	11	11	11	11	12	12	12	12	12	12	12	12	12	12	12	12	12	12	12	12	12	12	12	12
				日	21	22	23	24	25	26	27	28	29	30	1	2	3	4	5	6	7	8	9	10	11	12	13	14	15	16	17	18	19	20
十一月	庚子	四緑	日柱		丁未	戊申	己酉	庚戌	辛亥	壬子	癸丑	甲寅	乙卯	丙辰	丁巳	戊午	己未	庚申	辛酉	壬戌	癸亥	甲子	乙丑	丙寅	丁卯	戊辰	己巳	庚午	辛未	壬申	癸酉	甲戌	乙亥	
			陽暦	月	12	12	12	12	12	12	12	12	12	12	12	1	1	1	1	1	1	1	1	1	1	1	1	1	1	1	1	1	1	
				日	21	22	23	24	25	26	27	28	29	30	31	1	2	3	4	5	6	7	8	9	10	11	12	13	14	15	16	17	18	
十二月	辛丑	三碧	日柱		丙子	丁丑	戊寅	己卯	庚辰	辛巳	壬午	癸未	甲申	乙酉	丙戌	丁亥	戊子	己丑	庚寅	辛卯	壬辰	癸巳	甲午	乙未	丙申	丁酉	戊戌	己亥	庚子	辛丑	壬寅	癸卯	甲辰	乙巳
			陽暦	月	1	1	1	1	1	1	1	1	1	1	1	1	1	2	2	2	2	2	2	2	2	2	2	2	2	2	2	2	2	2
				日	19	20	21	22	23	24	25	26	27	28	29	30	31	1	2	3	4	5	6	7	8	9	10	11	12	13	14	15	16	17

1977年【丁巳】

月別	月柱	紫白	農暦		初一	初二	初三	初四	初五	初六	初七	初八	初九	初十	十一	十二	十三	十四	十五	十六	十七	十八	十九	二十	廿一	廿二	廿三	廿四	廿五	廿六	廿七	廿八	廿九	三十
正月	壬寅	二黒	日柱		丙午	丁未	戊申	己酉	庚戌	辛亥	壬子	癸丑	甲寅	乙卯	丙辰	丁巳	戊午	己未	庚申	辛酉	壬戌	癸亥	甲子	乙丑	丙寅	丁卯	戊辰	己巳	庚午	辛未	壬申	癸酉	甲戌	乙亥
			陽暦	月	2	2	2	2	2	2	2	2	2	2	2	3	3	3	3	3	3	3	3	3	3	3	3	3	3	3	3	3	3	3
			陽暦	日	18	19	20	21	22	23	24	25	26	27	28	1	2	3	4	5	6	7	8	9	10	11	12	13	14	15	16	17	18	19
二月	癸卯	一白	日柱		丙子	丁丑	戊寅	己卯	庚辰	辛巳	壬午	癸未	甲申	乙酉	丙戌	丁亥	戊子	己丑	庚寅	辛卯	壬辰	癸巳	甲午	乙未	丙申	丁酉	戊戌	己亥	庚子	辛丑	壬寅	癸卯	甲辰	
			陽暦	月	3	3	3	3	3	3	3	3	3	3	3	3	4	4	4	4	4	4	4	4	4	4	4	4	4	4	4	4	4	
			陽暦	日	20	21	22	23	24	25	26	27	28	29	30	31	1	2	3	4	5	6	7	8	9	10	11	12	13	14	15	16	17	
三月	甲辰	九紫	日柱		乙巳	丙午	丁未	戊申	己酉	庚戌	辛亥	壬子	癸丑	甲寅	乙卯	丙辰	丁巳	戊午	己未	庚申	辛酉	壬戌	癸亥	甲子	乙丑	丙寅	丁卯	戊辰	己巳	庚午	辛未	壬申	癸酉	甲戌
			陽暦	月	4	4	4	4	4	4	4	4	4	4	4	4	4	5	5	5	5	5	5	5	5	5	5	5	5	5	5	5	5	5
			陽暦	日	18	19	20	21	22	23	24	25	26	27	28	29	30	1	2	3	4	5	6	7	8	9	10	11	12	13	14	15	16	17
四月	乙巳	八白	日柱		乙亥	丙子	丁丑	戊寅	己卯	庚辰	辛巳	壬午	癸未	甲申	乙酉	丙戌	丁亥	戊子	己丑	庚寅	辛卯	壬辰	癸巳	甲午	乙未	丙申	丁酉	戊戌	己亥	庚子	辛丑	壬寅	癸卯	甲辰
			陽暦	月	5	5	5	5	5	5	5	5	5	5	5	5	5	5	6	6	6	6	6	6	6	6	6	6	6	6	6	6	6	6
			陽暦	日	18	19	20	21	22	23	24	25	26	27	28	29	30	31	1	2	3	4	5	6	7	8	9	10	11	12	13	14	15	16
五月	丙午	七赤	日柱		乙巳	丙午	丁未	戊申	己酉	庚戌	辛亥	壬子	癸丑	甲寅	乙卯	丙辰	丁巳	戊午	己未	庚申	辛酉	壬戌	癸亥	甲子	乙丑	丙寅	丁卯	戊辰	己巳	庚午	辛未	壬申	癸酉	
			陽暦	月	6	6	6	6	6	6	6	6	6	6	6	6	6	6	7	7	7	7	7	7	7	7	7	7	7	7	7	7	7	
			陽暦	日	17	18	19	20	21	22	23	24	25	26	27	28	29	30	1	2	3	4	5	6	7	8	9	10	11	12	13	14	15	
六月	丁未	六白	日柱		甲戌	乙亥	丙子	丁丑	戊寅	己卯	庚辰	辛巳	壬午	癸未	甲申	乙酉	丙戌	丁亥	戊子	己丑	庚寅	辛卯	壬辰	癸巳	甲午	乙未	丙申	丁酉	戊戌	己亥	庚子	辛丑	壬寅	癸卯
			陽暦	月	7	7	7	7	7	7	7	7	7	7	7	7	7	7	7	7	8	8	8	8	8	8	8	8	8	8	8	8	8	8
			陽暦	日	16	17	18	19	20	21	22	23	24	25	26	27	28	29	30	31	1	2	3	4	5	6	7	8	9	10	11	12	13	14
七月	戊申	五黄	日柱		甲辰	乙巳	丙午	丁未	戊申	己酉	庚戌	辛亥	壬子	癸丑	甲寅	乙卯	丙辰	丁巳	戊午	己未	庚申	辛酉	壬戌	癸亥	甲子	乙丑	丙寅	丁卯	戊辰	己巳	庚午	辛未	壬申	
			陽暦	月	8	8	8	8	8	8	8	8	8	8	8	8	8	8	8	8	8	9	9	9	9	9	9	9	9	9	9	9	9	
			陽暦	日	15	16	17	18	19	20	21	22	23	24	25	26	27	28	29	30	31	1	2	3	4	5	6	7	8	9	10	11	12	
八月	己酉	四緑	日柱		癸酉	甲戌	乙亥	丙子	丁丑	戊寅	己卯	庚辰	辛巳	壬午	癸未	甲申	乙酉	丙戌	丁亥	戊子	己丑	庚寅	辛卯	壬辰	癸巳	甲午	乙未	丙申	丁酉	戊戌	己亥	庚子	辛丑	壬寅
			陽暦	月	9	9	9	9	9	9	9	9	9	9	9	9	9	9	9	9	9	9	10	10	10	10	10	10	10	10	10	10	10	10
			陽暦	日	13	14	15	16	17	18	19	20	21	22	23	24	25	26	27	28	29	30	1	2	3	4	5	6	7	8	9	10	11	12
九月	庚戌	三碧	日柱		癸卯	甲辰	乙巳	丙午	丁未	戊申	己酉	庚戌	辛亥	壬子	癸丑	甲寅	乙卯	丙辰	丁巳	戊午	己未	庚申	辛酉	壬戌	癸亥	甲子	乙丑	丙寅	丁卯	戊辰	己巳	庚午	辛未	
			陽暦	月	10	10	10	10	10	10	10	10	10	10	10	10	10	10	10	10	10	10	10	11	11	11	11	11	11	11	11	11	11	
			陽暦	日	13	14	15	16	17	18	19	20	21	22	23	24	25	26	27	28	29	30	31	1	2	3	4	5	6	7	8	9	10	
十月	辛亥	二黒	日柱		壬申	癸酉	甲戌	乙亥	丙子	丁丑	戊寅	己卯	庚辰	辛巳	壬午	癸未	甲申	乙酉	丙戌	丁亥	戊子	己丑	庚寅	辛卯	壬辰	癸巳	甲午	乙未	丙申	丁酉	戊戌	己亥	庚子	辛丑
			陽暦	月	11	11	11	11	11	11	11	11	11	11	11	11	11	11	11	11	11	11	11	11	12	12	12	12	12	12	12	12	12	12
			陽暦	日	11	12	13	14	15	16	17	18	19	20	21	22	23	24	25	26	27	28	29	30	1	2	3	4	5	6	7	8	9	10
十一月	壬子	一白	日柱		壬寅	癸卯	甲辰	乙巳	丙午	丁未	戊申	己酉	庚戌	辛亥	壬子	癸丑	甲寅	乙卯	丙辰	丁巳	戊午	己未	庚申	辛酉	壬戌	癸亥	甲子	乙丑	丙寅	丁卯	戊辰	己巳	庚午	
			陽暦	月	12	12	12	12	12	12	12	12	12	12	12	12	12	12	12	12	12	12	12	12	12	1	1	1	1	1	1	1	1	
			陽暦	日	11	12	13	14	15	16	17	18	19	20	21	22	23	24	25	26	27	28	29	30	31	1	2	3	4	5	6	7	8	
十二月	癸丑	九紫	日柱		辛未	壬申	癸酉	甲戌	乙亥	丙子	丁丑	戊寅	己卯	庚辰	辛巳	壬午	癸未	甲申	乙酉	丙戌	丁亥	戊子	己丑	庚寅	辛卯	壬辰	癸巳	甲午	乙未	丙申	丁酉	戊戌	己亥	
			陽暦	月	1	1	1	1	1	1	1	1	1	1	1	1	1	1	1	1	1	1	1	1	1	1	1	2	2	2	2	2	2	
			陽暦	日	9	10	11	12	13	14	15	16	17	18	19	20	21	22	23	24	25	26	27	28	29	30	31	1	2	3	4	5	6	

1978年【戊午】

月別	月柱	紫白	農暦		初一	初二	初三	初四	初五	初六	初七	初八	初九	初十	十一	十二	十三	十四	十五	十六	十七	十八	十九	二十	廿一	廿二	廿三	廿四	廿五	廿六	廿七	廿八	廿九	三十
正月	甲寅	八白	日柱		庚子	辛丑	壬寅	癸卯	甲辰	乙巳	丙午	丁未	戊申	己酉	庚戌	辛亥	壬子	癸丑	甲寅	乙卯	丙辰	丁巳	戊午	己未	庚申	辛酉	壬戌	癸亥	甲子	乙丑	丙寅	丁卯	戊辰	己巳
			陽暦	月	2	2	2	2	2	2	2	2	2	2	2	2	2	2	2	2	2	2	2	2	2	2	3	3	3	3	3	3	3	3
				日	7	8	9	10	11	12	13	14	15	16	17	18	19	20	21	22	23	24	25	26	27	28	1	2	3	4	5	6	7	8
二月	乙卯	七赤	日柱		庚午	辛未	壬申	癸酉	甲戌	乙亥	丙子	丁丑	戊寅	己卯	庚辰	辛巳	壬午	癸未	甲申	乙酉	丙戌	丁亥	戊子	己丑	庚寅	辛卯	壬辰	癸巳	甲午	乙未	丙申	丁酉	戊戌	
			陽暦	月	3	3	3	3	3	3	3	3	3	3	3	3	3	3	3	3	3	3	3	3	3	3	3	4	4	4	4	4	4	
				日	9	10	11	12	13	14	15	16	17	18	19	20	21	22	23	24	25	26	27	28	29	30	31	1	2	3	4	5	6	
三月	丙辰	六白	日柱		己亥	庚子	辛丑	壬寅	癸卯	甲辰	乙巳	丙午	丁未	戊申	己酉	庚戌	辛亥	壬子	癸丑	甲寅	乙卯	丙辰	丁巳	戊午	己未	庚申	辛酉	壬戌	癸亥	甲子	乙丑	丙寅	丁卯	戊辰
			陽暦	月	4	4	4	4	4	4	4	4	4	4	4	4	4	4	4	4	4	4	4	4	4	4	4	4	5	5	5	5	5	5
				日	7	8	9	10	11	12	13	14	15	16	17	18	19	20	21	22	23	24	25	26	27	28	29	30	1	2	3	4	5	6
四月	丁巳	五黄	日柱		己巳	庚午	辛未	壬申	癸酉	甲戌	乙亥	丙子	丁丑	戊寅	己卯	庚辰	辛巳	壬午	癸未	甲申	乙酉	丙戌	丁亥	戊子	己丑	庚寅	辛卯	壬辰	癸巳	甲午	乙未	丙申	丁酉	戊戌
			陽暦	月	5	5	5	5	5	5	5	5	5	5	5	5	5	5	5	5	5	5	5	5	5	5	5	5	5	6	6	6	6	6
				日	7	8	9	10	11	12	13	14	15	16	17	18	19	20	21	22	23	24	25	26	27	28	29	30	31	1	2	3	4	5
五月	戊午	四緑	日柱		己亥	庚子	辛丑	壬寅	癸卯	甲辰	乙巳	丙午	丁未	戊申	己酉	庚戌	辛亥	壬子	癸丑	甲寅	乙卯	丙辰	丁巳	戊午	己未	庚申	辛酉	壬戌	癸亥	甲子	乙丑	丙寅	丁卯	
			陽暦	月	6	6	6	6	6	6	6	6	6	6	6	6	6	6	6	6	6	6	6	6	6	6	6	6	6	7	7	7	7	
				日	6	7	8	9	10	11	12	13	14	15	16	17	18	19	20	21	22	23	24	25	26	27	28	29	30	1	2	3	4	
六月	己未	三碧	日柱		戊辰	己巳	庚午	辛未	壬申	癸酉	甲戌	乙亥	丙子	丁丑	戊寅	己卯	庚辰	辛巳	壬午	癸未	甲申	乙酉	丙戌	丁亥	戊子	己丑	庚寅	辛卯	壬辰	癸巳	甲午	乙未	丙申	丁酉
			陽暦	月	7	7	7	7	7	7	7	7	7	7	7	7	7	7	7	7	7	7	7	7	7	7	7	7	7	7	7	8	8	8
				日	5	6	7	8	9	10	11	12	13	14	15	16	17	18	19	20	21	22	23	24	25	26	27	28	29	30	31	1	2	3
七月	庚申	二黒	日柱		戊戌	己亥	庚子	辛丑	壬寅	癸卯	甲辰	乙巳	丙午	丁未	戊申	己酉	庚戌	辛亥	壬子	癸丑	甲寅	乙卯	丙辰	丁巳	戊午	己未	庚申	辛酉	壬戌	癸亥	甲子	乙丑	丙寅	丁卯
			陽暦	月	8	8	8	8	8	8	8	8	8	8	8	8	8	8	8	8	8	8	8	8	8	8	8	8	8	8	8	8	9	9
				日	4	5	6	7	8	9	10	11	12	13	14	15	16	17	18	19	20	21	22	23	24	25	26	27	28	29	30	31	1	2
八月	辛酉	一白	日柱		戊辰	己巳	庚午	辛未	壬申	癸酉	甲戌	乙亥	丙子	丁丑	戊寅	己卯	庚辰	辛巳	壬午	癸未	甲申	乙酉	丙戌	丁亥	戊子	己丑	庚寅	辛卯	壬辰	癸巳	甲午	乙未	丙申	
			陽暦	月	9	9	9	9	9	9	9	9	9	9	9	9	9	9	9	9	9	9	9	9	9	9	9	9	9	9	9	9	10	
				日	3	4	5	6	7	8	9	10	11	12	13	14	15	16	17	18	19	20	21	22	23	24	25	26	27	28	29	30	1	
九月	壬戌	九紫	日柱		丁酉	戊戌	己亥	庚子	辛丑	壬寅	癸卯	甲辰	乙巳	丙午	丁未	戊申	己酉	庚戌	辛亥	壬子	癸丑	甲寅	乙卯	丙辰	丁巳	戊午	己未	庚申	辛酉	壬戌	癸亥	甲子	乙丑	丙寅
			陽暦	月	10	10	10	10	10	10	10	10	10	10	10	10	10	10	10	10	10	10	10	10	10	10	10	10	10	10	10	10	10	10
				日	2	3	4	5	6	7	8	9	10	11	12	13	14	15	16	17	18	19	20	21	22	23	24	25	26	27	28	29	30	31
十月	癸亥	八白	日柱		丁卯	戊辰	己巳	庚午	辛未	壬申	癸酉	甲戌	乙亥	丙子	丁丑	戊寅	己卯	庚辰	辛巳	壬午	癸未	甲申	乙酉	丙戌	丁亥	戊子	己丑	庚寅	辛卯	壬辰	癸巳	甲午	乙未	
			陽暦	月	11	11	11	11	11	11	11	11	11	11	11	11	11	11	11	11	11	11	11	11	11	11	11	11	11	11	11	11	11	
				日	1	2	3	4	5	6	7	8	9	10	11	12	13	14	15	16	17	18	19	20	21	22	23	24	25	26	27	28	29	
十一月	甲子	七赤	日柱		丙申	丁酉	戊戌	己亥	庚子	辛丑	壬寅	癸卯	甲辰	乙巳	丙午	丁未	戊申	己酉	庚戌	辛亥	壬子	癸丑	甲寅	乙卯	丙辰	丁巳	戊午	己未	庚申	辛酉	壬戌	癸亥	甲子	乙丑
			陽暦	月	11	12	12	12	12	12	12	12	12	12	12	12	12	12	12	12	12	12	12	12	12	12	12	12	12	12	12	12	12	12
				日	30	1	2	3	4	5	6	7	8	9	10	11	12	13	14	15	16	17	18	19	20	21	22	23	24	25	26	27	28	29
十二月	乙丑	六白	日柱		丙寅	丁卯	戊辰	己巳	庚午	辛未	壬申	癸酉	甲戌	乙亥	丙子	丁丑	戊寅	己卯	庚辰	辛巳	壬午	癸未	甲申	乙酉	丙戌	丁亥	戊子	己丑	庚寅	辛卯	壬辰	癸巳	甲午	
			陽暦	月	12	12	1	1	1	1	1	1	1	1	1	1	1	1	1	1	1	1	1	1	1	1	1	1	1	1	1	1	1	
				日	30	31	1	2	3	4	5	6	7	8	9	10	11	12	13	14	15	16	17	18	19	20	21	22	23	24	25	26	27	

1979年【己未】

月別	月柱	紫白	農暦		初一	初二	初三	初四	初五	初六	初七	初八	初九	初十	十一	十二	十三	十四	十五	十六	十七	十八	十九	二十	廿一	廿二	廿三	廿四	廿五	廿六	廿七	廿八	廿九	三十
正月	丙寅	五黄	日柱		乙未	丙申	丁酉	戊戌	己亥	庚子	辛丑	壬寅	癸卯	甲辰	乙巳	丙午	丁未	戊申	己酉	庚戌	辛亥	壬子	癸丑	甲寅	乙卯	丙辰	丁巳	戊午	己未	庚申	辛酉	壬戌	癸亥	甲子
			陽暦	月	1	1	1	1	2	2	2	2	2	2	2	2	2	2	2	2	2	2	2	2	2	2	2	2	2	2	2	2	2	2
				日	28	29	30	31	1	2	3	4	5	6	7	8	9	10	11	12	13	14	15	16	17	18	19	20	21	22	23	24	25	26
二月	丁卯	四緑	日柱		乙丑	丙寅	丁卯	戊辰	己巳	庚午	辛未	壬申	癸酉	甲戌	乙亥	丙子	丁丑	戊寅	己卯	庚辰	辛巳	壬午	癸未	甲申	乙酉	丙戌	丁亥	戊子	己丑	庚寅	辛卯	壬辰	癸巳	
			陽暦	月	2	2	3	3	3	3	3	3	3	3	3	3	3	3	3	3	3	3	3	3	3	3	3	3	3	3	3	3	3	
				日	27	28	1	2	3	4	5	6	7	8	9	10	11	12	13	14	15	16	17	18	19	20	21	22	23	24	25	26	27	
三月	戊辰	三碧	日柱		甲午	乙未	丙申	丁酉	戊戌	己亥	庚子	辛丑	壬寅	癸卯	甲辰	乙巳	丙午	丁未	戊申	己酉	庚戌	辛亥	壬子	癸丑	甲寅	乙卯	丙辰	丁巳	戊午	己未	庚申	辛酉	壬戌	
			陽暦	月	3	3	3	3	4	4	4	4	4	4	4	4	4	4	4	4	4	4	4	4	4	4	4	4	4	4	4	4	4	
				日	28	29	30	31	1	2	3	4	5	6	7	8	9	10	11	12	13	14	15	16	17	18	19	20	21	22	23	24	25	
四月	己巳	二黒	日柱		癸亥	甲子	乙丑	丙寅	丁卯	戊辰	己巳	庚午	辛未	壬申	癸酉	甲戌	乙亥	丙子	丁丑	戊寅	己卯	庚辰	辛巳	壬午	癸未	甲申	乙酉	丙戌	丁亥	戊子	己丑	庚寅	辛卯	壬辰
			陽暦	月	4	4	4	4	4	5	5	5	5	5	5	5	5	5	5	5	5	5	5	5	5	5	5	5	5	5	5	5	5	5
				日	26	27	28	29	30	1	2	3	4	5	6	7	8	9	10	11	12	13	14	15	16	17	18	19	20	21	22	23	24	25
五月	庚午	一白	日柱		癸巳	甲午	乙未	丙申	丁酉	戊戌	己亥	庚子	辛丑	壬寅	癸卯	甲辰	乙巳	丙午	丁未	戊申	己酉	庚戌	辛亥	壬子	癸丑	甲寅	乙卯	丙辰	丁巳	戊午	己未	庚申	辛酉	
			陽暦	月	5	5	5	5	5	5	6	6	6	6	6	6	6	6	6	6	6	6	6	6	6	6	6	6	6	6	6	6	6	
				日	26	27	28	29	30	31	1	2	3	4	5	6	7	8	9	10	11	12	13	14	15	16	17	18	19	20	21	22	23	
六月	辛未	九紫	日柱		壬戌	癸亥	甲子	乙丑	丙寅	丁卯	戊辰	己巳	庚午	辛未	壬申	癸酉	甲戌	乙亥	丙子	丁丑	戊寅	己卯	庚辰	辛巳	壬午	癸未	甲申	乙酉	丙戌	丁亥	戊子	己丑	庚寅	辛卯
			陽暦	月	6	6	6	6	6	6	6	7	7	7	7	7	7	7	7	7	7	7	7	7	7	7	7	7	7	7	7	7	7	7
				日	24	25	26	27	28	29	30	1	2	3	4	5	6	7	8	9	10	11	12	13	14	15	16	17	18	19	20	21	22	23
閏六月			日柱		壬辰	癸巳	甲午	乙未	丙申	丁酉	戊戌	己亥	庚子	辛丑	壬寅	癸卯	甲辰	乙巳	丙午	丁未	戊申	己酉	庚戌	辛亥	壬子	癸丑	甲寅	乙卯	丙辰	丁巳	戊午	己未	庚申	辛酉
			陽暦	月	7	7	7	7	7	7	7	7	8	8	8	8	8	8	8	8	8	8	8	8	8	8	8	8	8	8	8	8	8	8
				日	24	25	26	27	28	29	30	31	1	2	3	4	5	6	7	8	9	10	11	12	13	14	15	16	17	18	19	20	21	22
七月	壬申	八白	日柱		壬戌	癸亥	甲子	乙丑	丙寅	丁卯	戊辰	己巳	庚午	辛未	壬申	癸酉	甲戌	乙亥	丙子	丁丑	戊寅	己卯	庚辰	辛巳	壬午	癸未	甲申	乙酉	丙戌	丁亥	戊子	己丑	庚寅	
			陽暦	月	8	8	8	8	8	8	8	8	8	9	9	9	9	9	9	9	9	9	9	9	9	9	9	9	9	9	9	9	9	
				日	23	24	25	26	27	28	29	30	31	1	2	3	4	5	6	7	8	9	10	11	12	13	14	15	16	17	18	19	20	
八月	癸酉	七赤	日柱		辛卯	壬辰	癸巳	甲午	乙未	丙申	丁酉	戊戌	己亥	庚子	辛丑	壬寅	癸卯	甲辰	乙巳	丙午	丁未	戊申	己酉	庚戌	辛亥	壬子	癸丑	甲寅	乙卯	丙辰	丁巳	戊午	己未	庚申
			陽暦	月	9	9	9	9	9	9	9	9	9	9	10	10	10	10	10	10	10	10	10	10	10	10	10	10	10	10	10	10	10	10
				日	21	22	23	24	25	26	27	28	29	30	1	2	3	4	5	6	7	8	9	10	11	12	13	14	15	16	17	18	19	20
九月	甲戌	六白	日柱		辛酉	壬戌	癸亥	甲子	乙丑	丙寅	丁卯	戊辰	己巳	庚午	辛未	壬申	癸酉	甲戌	乙亥	丙子	丁丑	戊寅	己卯	庚辰	辛巳	壬午	癸未	甲申	乙酉	丙戌	丁亥	戊子	己丑	庚寅
			陽暦	月	10	10	10	10	10	10	10	10	10	10	10	11	11	11	11	11	11	11	11	11	11	11	11	11	11	11	11	11	11	11
				日	21	22	23	24	25	26	27	28	29	30	31	1	2	3	4	5	6	7	8	9	10	11	12	13	14	15	16	17	18	19
十月	乙亥	五黄	日柱		辛卯	壬辰	癸巳	甲午	乙未	丙申	丁酉	戊戌	己亥	庚子	辛丑	壬寅	癸卯	甲辰	乙巳	丙午	丁未	戊申	己酉	庚戌	辛亥	壬子	癸丑	甲寅	乙卯	丙辰	丁巳	戊午	己未	
			陽暦	月	11	11	11	11	11	11	11	11	11	11	11	12	12	12	12	12	12	12	12	12	12	12	12	12	12	12	12	12	12	
				日	20	21	22	23	24	25	26	27	28	29	30	1	2	3	4	5	6	7	8	9	10	11	12	13	14	15	16	17	18	
十一月	丙子	四緑	日柱		庚申	辛酉	壬戌	癸亥	甲子	乙丑	丙寅	丁卯	戊辰	己巳	庚午	辛未	壬申	癸酉	甲戌	乙亥	丙子	丁丑	戊寅	己卯	庚辰	辛巳	壬午	癸未	甲申	乙酉	丙戌	丁亥	戊子	己丑
			陽暦	月	12	12	12	12	12	12	12	12	12	12	12	12	12	1	1	1	1	1	1	1	1	1	1	1	1	1	1	1	1	1
				日	19	20	21	22	23	24	25	26	27	28	29	30	31	1	2	3	4	5	6	7	8	9	10	11	12	13	14	15	16	17
十二月	丁丑	三碧	日柱		庚寅	辛卯	壬辰	癸巳	甲午	乙未	丙申	丁酉	戊戌	己亥	庚子	辛丑	壬寅	癸卯	甲辰	乙巳	丙午	丁未	戊申	己酉	庚戌	辛亥	壬子	癸丑	甲寅	乙卯	丙辰	丁巳	戊午	
			陽暦	月	1	1	1	1	1	1	1	1	1	1	1	1	1	1	2	2	2	2	2	2	2	2	2	2	2	2	2	2	2	
				日	18	19	20	21	22	23	24	25	26	27	28	29	30	31	1	2	3	4	5	6	7	8	9	10	11	12	13	14	15	

1980年【庚申】

月別	月柱	紫白	農暦		初一	初二	初三	初四	初五	初六	初七	初八	初九	初十	十一	十二	十三	十四	十五	十六	十七	十八	十九	二十	廿一	廿二	廿三	廿四	廿五	廿六	廿七	廿八	廿九	三十
正月	戊寅	二黒	日柱		己未	庚申	辛酉	壬戌	癸亥	甲子	乙丑	丙寅	丁卯	戊辰	己巳	庚午	辛未	壬申	癸酉	甲戌	乙亥	丙子	丁丑	戊寅	己卯	庚辰	辛巳	壬午	癸未	甲申	乙酉	丙戌	丁亥	戊子
			陽暦	月	2	2	2	2	2	2	2	2	2	2	2	2	2	2	3	3	3	3	3	3	3	3	3	3	3	3	3	3	3	3
				日	16	17	18	19	20	21	22	23	24	25	26	27	28	29	1	2	3	4	5	6	7	8	9	10	11	12	13	14	15	16
二月	己卯	一白	日柱		己丑	庚寅	辛卯	壬辰	癸巳	甲午	乙未	丙申	丁酉	戊戌	己亥	庚子	辛丑	壬寅	癸卯	甲辰	乙巳	丙午	丁未	戊申	己酉	庚戌	辛亥	壬子	癸丑	甲寅	乙卯	丙辰	丁巳	
			陽暦	月	3	3	3	3	3	3	3	3	3	3	3	3	3	3	3	4	4	4	4	4	4	4	4	4	4	4	4	4	4	
				日	17	18	19	20	21	22	23	24	25	26	27	28	29	30	31	1	2	3	4	5	6	7	8	9	10	11	12	13	14	
三月	庚辰	九紫	日柱		戊午	己未	庚申	辛酉	壬戌	癸亥	甲子	乙丑	丙寅	丁卯	戊辰	己巳	庚午	辛未	壬申	癸酉	甲戌	乙亥	丙子	丁丑	戊寅	己卯	庚辰	辛巳	壬午	癸未	甲申	乙酉	丙戌	
			陽暦	月	4	4	4	4	4	4	4	4	4	4	4	4	4	4	4	4	5	5	5	5	5	5	5	5	5	5	5	5	5	
				日	15	16	17	18	19	20	21	22	23	24	25	26	27	28	29	30	1	2	3	4	5	6	7	8	9	10	11	12	13	
四月	辛巳	八白	日柱		丁亥	戊子	己丑	庚寅	辛卯	壬辰	癸巳	甲午	乙未	丙申	丁酉	戊戌	己亥	庚子	辛丑	壬寅	癸卯	甲辰	乙巳	丙午	丁未	戊申	己酉	庚戌	辛亥	壬子	癸丑	甲寅	乙卯	丙辰
			陽暦	月	5	5	5	5	5	5	5	5	5	5	5	5	5	5	5	5	5	5	6	6	6	6	6	6	6	6	6	6	6	6
				日	14	15	16	17	18	19	20	21	22	23	24	25	26	27	28	29	30	31	1	2	3	4	5	6	7	8	9	10	11	12
五月	壬午	七赤	日柱		丁巳	戊午	己未	庚申	辛酉	壬戌	癸亥	甲子	乙丑	丙寅	丁卯	戊辰	己巳	庚午	辛未	壬申	癸酉	甲戌	乙亥	丙子	丁丑	戊寅	己卯	庚辰	辛巳	壬午	癸未	甲申	乙酉	
			陽暦	月	6	6	6	6	6	6	6	6	6	6	6	6	6	6	6	6	6	6	7	7	7	7	7	7	7	7	7	7	7	
				日	13	14	15	16	17	18	19	20	21	22	23	24	25	26	27	28	29	30	1	2	3	4	5	6	7	8	9	10	11	
六月	癸未	六白	日柱		丙戌	丁亥	戊子	己丑	庚寅	辛卯	壬辰	癸巳	甲午	乙未	丙申	丁酉	戊戌	己亥	庚子	辛丑	壬寅	癸卯	甲辰	乙巳	丙午	丁未	戊申	己酉	庚戌	辛亥	壬子	癸丑	甲寅	乙卯
			陽暦	月	7	7	7	7	7	7	7	7	7	7	7	7	7	7	7	7	7	7	7	7	8	8	8	8	8	8	8	8	8	8
				日	12	13	14	15	16	17	18	19	20	21	22	23	24	25	26	27	28	29	30	31	1	2	3	4	5	6	7	8	9	10
七月	甲申	五黄	日柱		丙辰	丁巳	戊午	己未	庚申	辛酉	壬戌	癸亥	甲子	乙丑	丙寅	丁卯	戊辰	己巳	庚午	辛未	壬申	癸酉	甲戌	乙亥	丙子	丁丑	戊寅	己卯	庚辰	辛巳	壬午	癸未	甲申	
			陽暦	月	8	8	8	8	8	8	8	8	8	8	8	8	8	8	8	8	8	8	8	8	8	9	9	9	9	9	9	9	9	
				日	11	12	13	14	15	16	17	18	19	20	21	22	23	24	25	26	27	28	29	30	31	1	2	3	4	5	6	7	8	
八月	乙酉	四緑	日柱		乙酉	丙戌	丁亥	戊子	己丑	庚寅	辛卯	壬辰	癸巳	甲午	乙未	丙申	丁酉	戊戌	己亥	庚子	辛丑	壬寅	癸卯	甲辰	乙巳	丙午	丁未	戊申	己酉	庚戌	辛亥	壬子	癸丑	甲寅
			陽暦	月	9	9	9	9	9	9	9	9	9	9	9	9	9	9	9	9	9	9	9	9	9	9	10	10	10	10	10	10	10	10
				日	9	10	11	12	13	14	15	16	17	18	19	20	21	22	23	24	25	26	27	28	29	30	1	2	3	4	5	6	7	8
九月	丙戌	三碧	日柱		乙卯	丙辰	丁巳	戊午	己未	庚申	辛酉	壬戌	癸亥	甲子	乙丑	丙寅	丁卯	戊辰	己巳	庚午	辛未	壬申	癸酉	甲戌	乙亥	丙子	丁丑	戊寅	己卯	庚辰	辛巳	壬午	癸未	甲申
			陽暦	月	10	10	10	10	10	10	10	10	10	10	10	10	10	10	10	10	10	10	10	10	10	10	10	11	11	11	11	11	11	11
				日	9	10	11	12	13	14	15	16	17	18	19	20	21	22	23	24	25	26	27	28	29	30	31	1	2	3	4	5	6	7
十月	丁亥	二黒	日柱		乙酉	丙戌	丁亥	戊子	己丑	庚寅	辛卯	壬辰	癸巳	甲午	乙未	丙申	丁酉	戊戌	己亥	庚子	辛丑	壬寅	癸卯	甲辰	乙巳	丙午	丁未	戊申	己酉	庚戌	辛亥	壬子	癸丑	
			陽暦	月	11	11	11	11	11	11	11	11	11	11	11	11	11	11	11	11	11	11	11	11	11	11	11	12	12	12	12	12	12	
				日	8	9	10	11	12	13	14	15	16	17	18	19	20	21	22	23	24	25	26	27	28	29	30	1	2	3	4	5	6	
十一月	戊子	一白	日柱		甲寅	乙卯	丙辰	丁巳	戊午	己未	庚申	辛酉	壬戌	癸亥	甲子	乙丑	丙寅	丁卯	戊辰	己巳	庚午	辛未	壬申	癸酉	甲戌	乙亥	丙子	丁丑	戊寅	己卯	庚辰	辛巳	壬午	癸未
			陽暦	月	12	12	12	12	12	12	12	12	12	12	12	12	12	12	12	12	12	12	12	12	12	12	12	12	12	1	1	1	1	1
				日	7	8	9	10	11	12	13	14	15	16	17	18	19	20	21	22	23	24	25	26	27	28	29	30	31	1	2	3	4	5
十二月	己丑	九紫	日柱		甲申	乙酉	丙戌	丁亥	戊子	己丑	庚寅	辛卯	壬辰	癸巳	甲午	乙未	丙申	丁酉	戊戌	己亥	庚子	辛丑	壬寅	癸卯	甲辰	乙巳	丙午	丁未	戊申	己酉	庚戌	辛亥	壬子	癸丑
			陽暦	月	1	1	1	1	1	1	1	1	1	1	1	1	1	1	1	1	1	1	1	1	1	1	1	1	1	1	2	2	2	2
				日	6	7	8	9	10	11	12	13	14	15	16	17	18	19	20	21	22	23	24	25	26	27	28	29	30	31	1	2	3	4

1981年【辛酉】

月別	月柱	紫白	農暦		初一	初二	初三	初四	初五	初六	初七	初八	初九	初十	十一	十二	十三	十四	十五	十六	十七	十八	十九	二十	廿一	廿二	廿三	廿四	廿五	廿六	廿七	廿八	廿九	三十
正月	庚寅	八白	日柱		甲寅	乙卯	丙辰	丁巳	戊午	己未	庚申	辛酉	壬戌	癸亥	甲子	乙丑	丙寅	丁卯	戊辰	己巳	庚午	辛未	壬申	癸酉	甲戌	乙亥	丙子	丁丑	戊寅	己卯	庚辰	辛巳	壬午	
			陽暦	月	2	2	2	2	2	2	2	2	2	2	2	2	2	2	2	2	2	2	2	2	2	2	2	2	3	3	3	3	3	
				日	5	6	7	8	9	10	11	12	13	14	15	16	17	18	19	20	21	22	23	24	25	26	27	28	1	2	3	4	5	
二月	辛卯	七赤	日柱		癸未	甲申	乙酉	丙戌	丁亥	戊子	己丑	庚寅	辛卯	壬辰	癸巳	甲午	乙未	丙申	丁酉	戊戌	己亥	庚子	辛丑	壬寅	癸卯	甲辰	乙巳	丙午	丁未	戊申	己酉	庚戌	辛亥	壬子
			陽暦	月	3	3	3	3	3	3	3	3	3	3	3	3	3	3	3	3	3	3	3	3	3	3	3	3	3	3	4	4	4	4
				日	6	7	8	9	10	11	12	13	14	15	16	17	18	19	20	21	22	23	24	25	26	27	28	29	30	31	1	2	3	4
三月	壬辰	六白	日柱		癸丑	甲寅	乙卯	丙辰	丁巳	戊午	己未	庚申	辛酉	壬戌	癸亥	甲子	乙丑	丙寅	丁卯	戊辰	己巳	庚午	辛未	壬申	癸酉	甲戌	乙亥	丙子	丁丑	戊寅	己卯	庚辰	辛巳	
			陽暦	月	4	4	4	4	4	4	4	4	4	4	4	4	4	4	4	4	4	4	4	4	4	4	4	4	4	4	5	5	5	
				日	5	6	7	8	9	10	11	12	13	14	15	16	17	18	19	20	21	22	23	24	25	26	27	28	29	30	1	2	3	
四月	癸巳	五黄	日柱		壬午	癸未	甲申	乙酉	丙戌	丁亥	戊子	己丑	庚寅	辛卯	壬辰	癸巳	甲午	乙未	丙申	丁酉	戊戌	己亥	庚子	辛丑	壬寅	癸卯	甲辰	乙巳	丙午	丁未	戊申	己酉	庚戌	
			陽暦	月	5	5	5	5	5	5	5	5	5	5	5	5	5	5	5	5	5	5	5	5	5	5	5	5	5	5	5	5	6	
				日	4	5	6	7	8	9	10	11	12	13	14	15	16	17	18	19	20	21	22	23	24	25	26	27	28	29	30	31	1	
五月	甲午	四緑	日柱		辛亥	壬子	癸丑	甲寅	乙卯	丙辰	丁巳	戊午	己未	庚申	辛酉	壬戌	癸亥	甲子	乙丑	丙寅	丁卯	戊辰	己巳	庚午	辛未	壬申	癸酉	甲戌	乙亥	丙子	丁丑	戊寅	己卯	庚辰
			陽暦	月	6	6	6	6	6	6	6	6	6	6	6	6	6	6	6	6	6	6	6	6	6	6	6	6	6	6	6	6	6	7
				日	2	3	4	5	6	7	8	9	10	11	12	13	14	15	16	17	18	19	20	21	22	23	24	25	26	27	28	29	30	1
六月	乙未	三碧	日柱		辛巳	壬午	癸未	甲申	乙酉	丙戌	丁亥	戊子	己丑	庚寅	辛卯	壬辰	癸巳	甲午	乙未	丙申	丁酉	戊戌	己亥	庚子	辛丑	壬寅	癸卯	甲辰	乙巳	丙午	丁未	戊申	己酉	
			陽暦	月	7	7	7	7	7	7	7	7	7	7	7	7	7	7	7	7	7	7	7	7	7	7	7	7	7	7	7	7	7	
				日	2	3	4	5	6	7	8	9	10	11	12	13	14	15	16	17	18	19	20	21	22	23	24	25	26	27	28	29	30	
七月	丙申	二黒	日柱		庚戌	辛亥	壬子	癸丑	甲寅	乙卯	丙辰	丁巳	戊午	己未	庚申	辛酉	壬戌	癸亥	甲子	乙丑	丙寅	丁卯	戊辰	己巳	庚午	辛未	壬申	癸酉	甲戌	乙亥	丙子	丁丑	戊寅	
			陽暦	月	7	8	8	8	8	8	8	8	8	8	8	8	8	8	8	8	8	8	8	8	8	8	8	8	8	8	8	8	8	
				日	31	1	2	3	4	5	6	7	8	9	10	11	12	13	14	15	16	17	18	19	20	21	22	23	24	25	26	27	28	
八月	丁酉	一白	日柱		己卯	庚辰	辛巳	壬午	癸未	甲申	乙酉	丙戌	丁亥	戊子	己丑	庚寅	辛卯	壬辰	癸巳	甲午	乙未	丙申	丁酉	戊戌	己亥	庚子	辛丑	壬寅	癸卯	甲辰	乙巳	丙午	丁未	戊申
			陽暦	月	8	8	8	9	9	9	9	9	9	9	9	9	9	9	9	9	9	9	9	9	9	9	9	9	9	9	9	9	9	9
				日	29	30	31	1	2	3	4	5	6	7	8	9	10	11	12	13	14	15	16	17	18	19	20	21	22	23	24	25	26	27
九月	戊戌	九紫	日柱		己酉	庚戌	辛亥	壬子	癸丑	甲寅	乙卯	丙辰	丁巳	戊午	己未	庚申	辛酉	壬戌	癸亥	甲子	乙丑	丙寅	丁卯	戊辰	己巳	庚午	辛未	壬申	癸酉	甲戌	乙亥	丙子	丁丑	戊寅
			陽暦	月	9	9	9	10	10	10	10	10	10	10	10	10	10	10	10	10	10	10	10	10	10	10	10	10	10	10	10	10	10	10
				日	28	29	30	1	2	3	4	5	6	7	8	9	10	11	12	13	14	15	16	17	18	19	20	21	22	23	24	25	26	27
十月	己亥	八白	日柱		己卯	庚辰	辛巳	壬午	癸未	甲申	乙酉	丙戌	丁亥	戊子	己丑	庚寅	辛卯	壬辰	癸巳	甲午	乙未	丙申	丁酉	戊戌	己亥	庚子	辛丑	壬寅	癸卯	甲辰	乙巳	丙午	丁未	
			陽暦	月	10	10	10	10	11	11	11	11	11	11	11	11	11	11	11	11	11	11	11	11	11	11	11	11	11	11	11	11	11	
				日	28	29	30	31	1	2	3	4	5	6	7	8	9	10	11	12	13	14	15	16	17	18	19	20	21	22	23	24	25	
十一月	庚子	七赤	日柱		戊申	己酉	庚戌	辛亥	壬子	癸丑	甲寅	乙卯	丙辰	丁巳	戊午	己未	庚申	辛酉	壬戌	癸亥	甲子	乙丑	丙寅	丁卯	戊辰	己巳	庚午	辛未	壬申	癸酉	甲戌	乙亥	丙子	丁丑
			陽暦	月	11	11	11	11	11	12	12	12	12	12	12	12	12	12	12	12	12	12	12	12	12	12	12	12	12	12	12	12	12	12
				日	26	27	28	29	30	1	2	3	4	5	6	7	8	9	10	11	12	13	14	15	16	17	18	19	20	21	22	23	24	25
十二月	辛丑	六白	日柱		戊寅	己卯	庚辰	辛巳	壬午	癸未	甲申	乙酉	丙戌	丁亥	戊子	己丑	庚寅	辛卯	壬辰	癸巳	甲午	乙未	丙申	丁酉	戊戌	己亥	庚子	辛丑	壬寅	癸卯	甲辰	乙巳	丙午	丁未
			陽暦	月	12	12	12	12	12	12	1	1	1	1	1	1	1	1	1	1	1	1	1	1	1	1	1	1	1	1	1	1	1	1
				日	26	27	28	29	30	31	1	2	3	4	5	6	7	8	9	10	11	12	13	14	15	16	17	18	19	20	21	22	23	24

1982年【壬戌】

月別	月柱	紫白	農暦		初一	初二	初三	初四	初五	初六	初七	初八	初九	初十	十一	十二	十三	十四	十五	十六	十七	十八	十九	二十	廿一	廿二	廿三	廿四	廿五	廿六	廿七	廿八	廿九	三十
正月	壬寅	五黄	日柱		戊申	己酉	庚戌	辛亥	壬子	癸丑	甲寅	乙卯	丙辰	丁巳	戊午	己未	庚申	辛酉	壬戌	癸亥	甲子	乙丑	丙寅	丁卯	戊辰	己巳	庚午	辛未	壬申	癸酉	甲戌	乙亥	丙子	丁丑
			陽暦	月	1	1	1	1	1	1	1	2	2	2	2	2	2	2	2	2	2	2	2	2	2	2	2	2	2	2	2	2	2	2
				日	25	26	27	28	29	30	31	1	2	3	4	5	6	7	8	9	10	11	12	13	14	15	16	17	18	19	20	21	22	23
二月	癸卯	四緑	日柱		戊寅	己卯	庚辰	辛巳	壬午	癸未	甲申	乙酉	丙戌	丁亥	戊子	己丑	庚寅	辛卯	壬辰	癸巳	甲午	乙未	丙申	丁酉	戊戌	己亥	庚子	辛丑	壬寅	癸卯	甲辰	乙巳	丙午	
			陽暦	月	2	2	2	2	2	3	3	3	3	3	3	3	3	3	3	3	3	3	3	3	3	3	3	3	3	3	3	3	3	
				日	24	25	26	27	28	1	2	3	4	5	6	7	8	9	10	11	12	13	14	15	16	17	18	19	20	21	22	23	24	
三月	甲辰	三碧	日柱		丁未	戊申	己酉	庚戌	辛亥	壬子	癸丑	甲寅	乙卯	丙辰	丁巳	戊午	己未	庚申	辛酉	壬戌	癸亥	甲子	乙丑	丙寅	丁卯	戊辰	己巳	庚午	辛未	壬申	癸酉	甲戌	乙亥	丙子
			陽暦	月	3	3	3	3	3	3	3	4	4	4	4	4	4	4	4	4	4	4	4	4	4	4	4	4	4	4	4	4	4	4
				日	25	26	27	28	29	30	31	1	2	3	4	5	6	7	8	9	10	11	12	13	14	15	16	17	18	19	20	21	22	23
四月	乙巳	二黒	日柱		丁丑	戊寅	己卯	庚辰	辛巳	壬午	癸未	甲申	乙酉	丙戌	丁亥	戊子	己丑	庚寅	辛卯	壬辰	癸巳	甲午	乙未	丙申	丁酉	戊戌	己亥	庚子	辛丑	壬寅	癸卯	甲辰	乙巳	
			陽暦	月	4	4	4	4	4	4	4	5	5	5	5	5	5	5	5	5	5	5	5	5	5	5	5	5	5	5	5	5	5	
				日	24	25	26	27	28	29	30	1	2	3	4	5	6	7	8	9	10	11	12	13	14	15	16	17	18	19	20	21	22	
閏四月			日柱		丙午	丁未	戊申	己酉	庚戌	辛亥	壬子	癸丑	甲寅	乙卯	丙辰	丁巳	戊午	己未	庚申	辛酉	壬戌	癸亥	甲子	乙丑	丙寅	丁卯	戊辰	己巳	庚午	辛未	壬申	癸酉	甲戌	
			陽暦	月	5	5	5	5	5	5	5	5	5	6	6	6	6	6	6	6	6	6	6	6	6	6	6	6	6	6	6	6	6	
				日	23	24	25	26	27	28	29	30	31	1	2	3	4	5	6	7	8	9	10	11	12	13	14	15	16	17	18	19	20	
五月	丙午	一白	日柱		乙亥	丙子	丁丑	戊寅	己卯	庚辰	辛巳	壬午	癸未	甲申	乙酉	丙戌	丁亥	戊子	己丑	庚寅	辛卯	壬辰	癸巳	甲午	乙未	丙申	丁酉	戊戌	己亥	庚子	辛丑	壬寅	癸卯	甲辰
			陽暦	月	6	6	6	6	6	6	6	6	6	6	7	7	7	7	7	7	7	7	7	7	7	7	7	7	7	7	7	7	7	7
				日	21	22	23	24	25	26	27	28	29	30	1	2	3	4	5	6	7	8	9	10	11	12	13	14	15	16	17	18	19	20
六月	丁未	九紫	日柱		乙巳	丙午	丁未	戊申	己酉	庚戌	辛亥	壬子	癸丑	甲寅	乙卯	丙辰	丁巳	戊午	己未	庚申	辛酉	壬戌	癸亥	甲子	乙丑	丙寅	丁卯	戊辰	己巳	庚午	辛未	壬申	癸酉	
			陽暦	月	7	7	7	7	7	7	7	7	7	7	7	8	8	8	8	8	8	8	8	8	8	8	8	8	8	8	8	8	8	
				日	21	22	23	24	25	26	27	28	29	30	31	1	2	3	4	5	6	7	8	9	10	11	12	13	14	15	16	17	18	
七月	戊申	八白	日柱		甲戌	乙亥	丙子	丁丑	戊寅	己卯	庚辰	辛巳	壬午	癸未	甲申	乙酉	丙戌	丁亥	戊子	己丑	庚寅	辛卯	壬辰	癸巳	甲午	乙未	丙申	丁酉	戊戌	己亥	庚子	辛丑	壬寅	
			陽暦	月	8	8	8	8	8	8	8	8	8	8	8	8	8	9	9	9	9	9	9	9	9	9	9	9	9	9	9	9	9	
				日	19	20	21	22	23	24	25	26	27	28	29	30	31	1	2	3	4	5	6	7	8	9	10	11	12	13	14	15	16	
八月	己酉	七赤	日柱		癸卯	甲辰	乙巳	丙午	丁未	戊申	己酉	庚戌	辛亥	壬子	癸丑	甲寅	乙卯	丙辰	丁巳	戊午	己未	庚申	辛酉	壬戌	癸亥	甲子	乙丑	丙寅	丁卯	戊辰	己巳	庚午	辛未	壬申
			陽暦	月	9	9	9	9	9	9	9	9	9	9	9	9	9	9	10	10	10	10	10	10	10	10	10	10	10	10	10	10	10	10
				日	17	18	19	20	21	22	23	24	25	26	27	28	29	30	1	2	3	4	5	6	7	8	9	10	11	12	13	14	15	16
九月	庚戌	六白	日柱		癸酉	甲戌	乙亥	丙子	丁丑	戊寅	己卯	庚辰	辛巳	壬午	癸未	甲申	乙酉	丙戌	丁亥	戊子	己丑	庚寅	辛卯	壬辰	癸巳	甲午	乙未	丙申	丁酉	戊戌	己亥	庚子	辛丑	
			陽暦	月	10	10	10	10	10	10	10	10	10	10	10	10	10	10	10	11	11	11	11	11	11	11	11	11	11	11	11	11	11	
				日	17	18	19	20	21	22	23	24	25	26	27	28	29	30	31	1	2	3	4	5	6	7	8	9	10	11	12	13	14	
十月	辛亥	五黄	日柱		壬寅	癸卯	甲辰	乙巳	丙午	丁未	戊申	己酉	庚戌	辛亥	壬子	癸丑	甲寅	乙卯	丙辰	丁巳	戊午	己未	庚申	辛酉	壬戌	癸亥	甲子	乙丑	丙寅	丁卯	戊辰	己巳	庚午	辛未
			陽暦	月	11	11	11	11	11	11	11	11	11	11	11	11	11	11	11	11	12	12	12	12	12	12	12	12	12	12	12	12	12	12
				日	15	16	17	18	19	20	21	22	23	24	25	26	27	28	29	30	1	2	3	4	5	6	7	8	9	10	11	12	13	14
十一月	壬子	四緑	日柱		壬申	癸酉	甲戌	乙亥	丙子	丁丑	戊寅	己卯	庚辰	辛巳	壬午	癸未	甲申	乙酉	丙戌	丁亥	戊子	己丑	庚寅	辛卯	壬辰	癸巳	甲午	乙未	丙申	丁酉	戊戌	己亥	庚子	辛丑
			陽暦	月	12	12	12	12	12	12	12	12	12	12	12	12	12	12	12	12	12	1	1	1	1	1	1	1	1	1	1	1	1	1
				日	15	16	17	18	19	20	21	22	23	24	25	26	27	28	29	30	31	1	2	3	4	5	6	7	8	9	10	11	12	13
十二月	癸丑	三碧	日柱		壬寅	癸卯	甲辰	乙巳	丙午	丁未	戊申	己酉	庚戌	辛亥	壬子	癸丑	甲寅	乙卯	丙辰	丁巳	戊午	己未	庚申	辛酉	壬戌	癸亥	甲子	乙丑	丙寅	丁卯	戊辰	己巳	庚午	辛未
			陽暦	月	1	1	1	1	1	1	1	1	1	1	1	1	1	1	1	1	1	1	2	2	2	2	2	2	2	2	2	2	2	2
				日	14	15	16	17	18	19	20	21	22	23	24	25	26	27	28	29	30	31	1	2	3	4	5	6	7	8	9	10	11	12

1983年【癸亥】

月別	月柱	紫白	農暦		初一	初二	初三	初四	初五	初六	初七	初八	初九	初十	十一	十二	十三	十四	十五	十六	十七	十八	十九	二十	廿一	廿二	廿三	廿四	廿五	廿六	廿七	廿八	廿九	三十
正月	甲寅	二黒	日柱		壬申	癸酉	甲戌	乙亥	丙子	丁丑	戊寅	己卯	庚辰	辛巳	壬午	癸未	甲申	乙酉	丙戌	丁亥	戊子	己丑	庚寅	辛卯	壬辰	癸巳	甲午	乙未	丙申	丁酉	戊戌	己亥	庚子	辛丑
			陽暦	月	2	2	2	2	2	2	2	2	2	2	2	2	2	2	2	2	3	3	3	3	3	3	3	3	3	3	3	3	3	3
				日	13	14	15	16	17	18	19	20	21	22	23	24	25	26	27	28	1	2	3	4	5	6	7	8	9	10	11	12	13	14
二月	乙卯	一白	日柱		壬寅	癸卯	甲辰	乙巳	丙午	丁未	戊申	己酉	庚戌	辛亥	壬子	癸丑	甲寅	乙卯	丙辰	丁巳	戊午	己未	庚申	辛酉	壬戌	癸亥	甲子	乙丑	丙寅	丁卯	戊辰	己巳	庚午	
			陽暦	月	3	3	3	3	3	3	3	3	3	3	3	3	3	3	3	3	3	4	4	4	4	4	4	4	4	4	4	4	4	
				日	15	16	17	18	19	20	21	22	23	24	25	26	27	28	29	30	31	1	2	3	4	5	6	7	8	9	10	11	12	
三月	丙辰	九紫	日柱		辛未	壬申	癸酉	甲戌	乙亥	丙子	丁丑	戊寅	己卯	庚辰	辛巳	壬午	癸未	甲申	乙酉	丙戌	丁亥	戊子	己丑	庚寅	辛卯	壬辰	癸巳	甲午	乙未	丙申	丁酉	戊戌	己亥	庚子
			陽暦	月	4	4	4	4	4	4	4	4	4	4	4	4	4	4	4	4	4	4	5	5	5	5	5	5	5	5	5	5	5	5
				日	13	14	15	16	17	18	19	20	21	22	23	24	25	26	27	28	29	30	1	2	3	4	5	6	7	8	9	10	11	12
四月	丁巳	八白	日柱		辛丑	壬寅	癸卯	甲辰	乙巳	丙午	丁未	戊申	己酉	庚戌	辛亥	壬子	癸丑	甲寅	乙卯	丙辰	丁巳	戊午	己未	庚申	辛酉	壬戌	癸亥	甲子	乙丑	丙寅	丁卯	戊辰	己巳	
			陽暦	月	5	5	5	5	5	5	5	5	5	5	5	5	5	5	5	5	5	5	5	6	6	6	6	6	6	6	6	6	6	
				日	13	14	15	16	17	18	19	20	21	22	23	24	25	26	27	28	29	30	31	1	2	3	4	5	6	7	8	9	10	
五月	戊午	七赤	日柱		庚午	辛未	壬申	癸酉	甲戌	乙亥	丙子	丁丑	戊寅	己卯	庚辰	辛巳	壬午	癸未	甲申	乙酉	丙戌	丁亥	戊子	己丑	庚寅	辛卯	壬辰	癸巳	甲午	乙未	丙申	丁酉	戊戌	
			陽暦	月	6	6	6	6	6	6	6	6	6	6	6	6	6	6	6	6	6	6	6	6	7	7	7	7	7	7	7	7	7	
				日	11	12	13	14	15	16	17	18	19	20	21	22	23	24	25	26	27	28	29	30	1	2	3	4	5	6	7	8	9	
六月	己未	六白	日柱		己亥	庚子	辛丑	壬寅	癸卯	甲辰	乙巳	丙午	丁未	戊申	己酉	庚戌	辛亥	壬子	癸丑	甲寅	乙卯	丙辰	丁巳	戊午	己未	庚申	辛酉	壬戌	癸亥	甲子	乙丑	丙寅	丁卯	戊辰
			陽暦	月	7	7	7	7	7	7	7	7	7	7	7	7	7	7	7	7	7	7	7	7	7	7	8	8	8	8	8	8	8	8
				日	10	11	12	13	14	15	16	17	18	19	20	21	22	23	24	25	26	27	28	29	30	31	1	2	3	4	5	6	7	8
七月	庚申	五黄	日柱		己巳	庚午	辛未	壬申	癸酉	甲戌	乙亥	丙子	丁丑	戊寅	己卯	庚辰	辛巳	壬午	癸未	甲申	乙酉	丙戌	丁亥	戊子	己丑	庚寅	辛卯	壬辰	癸巳	甲午	乙未	丙申	丁酉	
			陽暦	月	8	8	8	8	8	8	8	8	8	8	8	8	8	8	8	8	8	8	8	8	8	8	8	9	9	9	9	9	9	
				日	9	10	11	12	13	14	15	16	17	18	19	20	21	22	23	24	25	26	27	28	29	30	31	1	2	3	4	5	6	
八月	辛酉	四緑	日柱		戊戌	己亥	庚子	辛丑	壬寅	癸卯	甲辰	乙巳	丙午	丁未	戊申	己酉	庚戌	辛亥	壬子	癸丑	甲寅	乙卯	丙辰	丁巳	戊午	己未	庚申	辛酉	壬戌	癸亥	甲子	乙丑	丙寅	
			陽暦	月	9	9	9	9	9	9	9	9	9	9	9	9	9	9	9	9	9	9	9	9	9	9	9	9	10	10	10	10	10	
				日	7	8	9	10	11	12	13	14	15	16	17	18	19	20	21	22	23	24	25	26	27	28	29	30	1	2	3	4	5	
九月	壬戌	三碧	日柱		丁卯	戊辰	己巳	庚午	辛未	壬申	癸酉	甲戌	乙亥	丙子	丁丑	戊寅	己卯	庚辰	辛巳	壬午	癸未	甲申	乙酉	丙戌	丁亥	戊子	己丑	庚寅	辛卯	壬辰	癸巳	甲午	乙未	丙申
			陽暦	月	10	10	10	10	10	10	10	10	10	10	10	10	10	10	10	10	10	10	10	10	10	10	10	10	10	10	11	11	11	11
				日	6	7	8	9	10	11	12	13	14	15	16	17	18	19	20	21	22	23	24	25	26	27	28	29	30	31	1	2	3	4
十月	癸亥	二黒	日柱		丁酉	戊戌	己亥	庚子	辛丑	壬寅	癸卯	甲辰	乙巳	丙午	丁未	戊申	己酉	庚戌	辛亥	壬子	癸丑	甲寅	乙卯	丙辰	丁巳	戊午	己未	庚申	辛酉	壬戌	癸亥	甲子	乙丑	
			陽暦	月	11	11	11	11	11	11	11	11	11	11	11	11	11	11	11	11	11	11	11	11	11	11	11	11	11	11	12	12	12	
				日	5	6	7	8	9	10	11	12	13	14	15	16	17	18	19	20	21	22	23	24	25	26	27	28	29	30	1	2	3	
十一月	甲子	一白	日柱		丙寅	丁卯	戊辰	己巳	庚午	辛未	壬申	癸酉	甲戌	乙亥	丙子	丁丑	戊寅	己卯	庚辰	辛巳	壬午	癸未	甲申	乙酉	丙戌	丁亥	戊子	己丑	庚寅	辛卯	壬辰	癸巳	甲午	乙未
			陽暦	月	12	12	12	12	12	12	12	12	12	12	12	12	12	12	12	12	12	12	12	12	12	12	12	12	12	12	12	12	1	1
				日	4	5	6	7	8	9	10	11	12	13	14	15	16	17	18	19	20	21	22	23	24	25	26	27	28	29	30	31	1	2
十二月	乙丑	九紫	日柱		丙申	丁酉	戊戌	己亥	庚子	辛丑	壬寅	癸卯	甲辰	乙巳	丙午	丁未	戊申	己酉	庚戌	辛亥	壬子	癸丑	甲寅	乙卯	丙辰	丁巳	戊午	己未	庚申	辛酉	壬戌	癸亥	甲子	乙丑
			陽暦	月	1	1	1	1	1	1	1	1	1	1	1	1	1	1	1	1	1	1	1	1	1	1	1	1	1	1	1	1	1	2
				日	3	4	5	6	7	8	9	10	11	12	13	14	15	16	17	18	19	20	21	22	23	24	25	26	27	28	29	30	31	1

1984年【甲子】

月別	月柱	紫白	農暦		初一	初二	初三	初四	初五	初六	初七	初八	初九	初十	十一	十二	十三	十四	十五	十六	十七	十八	十九	二十	廿一	廿二	廿三	廿四	廿五	廿六	廿七	廿八	廿九	三十
正月	丙寅	八白	日柱		丙寅	丁卯	戊辰	己巳	庚午	辛未	壬申	癸酉	甲戌	乙亥	丙子	丁丑	戊寅	己卯	庚辰	辛巳	壬午	癸未	甲申	乙酉	丙戌	丁亥	戊子	己丑	庚寅	辛卯	壬辰	癸巳	甲午	乙未
			陽暦	月	2	2	2	2	2	2	2	2	2	2	2	2	2	2	2	2	2	2	2	2	2	2	2	2	2	2	2	2	3	3
				日	2	3	4	5	6	7	8	9	10	11	12	13	14	15	16	17	18	19	20	21	22	23	24	25	26	27	28	29	1	2
二月	丁卯	七赤	日柱		丙申	丁酉	戊戌	己亥	庚子	辛丑	壬寅	癸卯	甲辰	乙巳	丙午	丁未	戊申	己酉	庚戌	辛亥	壬子	癸丑	甲寅	乙卯	丙辰	丁巳	戊午	己未	庚申	辛酉	壬戌	癸亥	甲子	
			陽暦	月	3	3	3	3	3	3	3	3	3	3	3	3	3	3	3	3	3	3	3	3	3	3	3	3	3	3	3	3	3	
				日	3	4	5	6	7	8	9	10	11	12	13	14	15	16	17	18	19	20	21	22	23	24	25	26	27	28	29	30	31	
三月	戊辰	六白	日柱		乙丑	丙寅	丁卯	戊辰	己巳	庚午	辛未	壬申	癸酉	甲戌	乙亥	丙子	丁丑	戊寅	己卯	庚辰	辛巳	壬午	癸未	甲申	乙酉	丙戌	丁亥	戊子	己丑	庚寅	辛卯	壬辰	癸巳	甲午
			陽暦	月	4	4	4	4	4	4	4	4	4	4	4	4	4	4	4	4	4	4	4	4	4	4	4	4	4	4	4	4	4	4
				日	1	2	3	4	5	6	7	8	9	10	11	12	13	14	15	16	17	18	19	20	21	22	23	24	25	26	27	28	29	30
四月	己巳	五黄	日柱		乙未	丙申	丁酉	戊戌	己亥	庚子	辛丑	壬寅	癸卯	甲辰	乙巳	丙午	丁未	戊申	己酉	庚戌	辛亥	壬子	癸丑	甲寅	乙卯	丙辰	丁巳	戊午	己未	庚申	辛酉	壬戌	癸亥	甲子
			陽暦	月	5	5	5	5	5	5	5	5	5	5	5	5	5	5	5	5	5	5	5	5	5	5	5	5	5	5	5	5	5	5
				日	1	2	3	4	5	6	7	8	9	10	11	12	13	14	15	16	17	18	19	20	21	22	23	24	25	26	27	28	29	30
五月	庚午	四緑	日柱		乙丑	丙寅	丁卯	戊辰	己巳	庚午	辛未	壬申	癸酉	甲戌	乙亥	丙子	丁丑	戊寅	己卯	庚辰	辛巳	壬午	癸未	甲申	乙酉	丙戌	丁亥	戊子	己丑	庚寅	辛卯	壬辰	癸巳	
			陽暦	月	5	6	6	6	6	6	6	6	6	6	6	6	6	6	6	6	6	6	6	6	6	6	6	6	6	6	6	6	6	
				日	31	1	2	3	4	5	6	7	8	9	10	11	12	13	14	15	16	17	18	19	20	21	22	23	24	25	26	27	28	
六月	辛未	三碧	日柱		甲午	乙未	丙申	丁酉	戊戌	己亥	庚子	辛丑	壬寅	癸卯	甲辰	乙巳	丙午	丁未	戊申	己酉	庚戌	辛亥	壬子	癸丑	甲寅	乙卯	丙辰	丁巳	戊午	己未	庚申	辛酉	壬戌	
			陽暦	月	6	6	7	7	7	7	7	7	7	7	7	7	7	7	7	7	7	7	7	7	7	7	7	7	7	7	7	7	7	
				日	29	30	1	2	3	4	5	6	7	8	9	10	11	12	13	14	15	16	17	18	19	20	21	22	23	24	25	26	27	
七月	壬申	二黒	日柱		癸亥	甲子	乙丑	丙寅	丁卯	戊辰	己巳	庚午	辛未	壬申	癸酉	甲戌	乙亥	丙子	丁丑	戊寅	己卯	庚辰	辛巳	壬午	癸未	甲申	乙酉	丙戌	丁亥	戊子	己丑	庚寅	辛卯	壬辰
			陽暦	月	7	7	7	7	8	8	8	8	8	8	8	8	8	8	8	8	8	8	8	8	8	8	8	8	8	8	8	8	8	8
				日	28	29	30	31	1	2	3	4	5	6	7	8	9	10	11	12	13	14	15	16	17	18	19	20	21	22	23	24	25	26
八月	癸酉	一白	日柱		癸巳	甲午	乙未	丙申	丁酉	戊戌	己亥	庚子	辛丑	壬寅	癸卯	甲辰	乙巳	丙午	丁未	戊申	己酉	庚戌	辛亥	壬子	癸丑	甲寅	乙卯	丙辰	丁巳	戊午	己未	庚申	辛酉	
			陽暦	月	8	8	8	8	8	9	9	9	9	9	9	9	9	9	9	9	9	9	9	9	9	9	9	9	9	9	9	9	9	
				日	27	28	29	30	31	1	2	3	4	5	6	7	8	9	10	11	12	13	14	15	16	17	18	19	20	21	22	23	24	
九月	甲戌	九紫	日柱		壬戌	癸亥	甲子	乙丑	丙寅	丁卯	戊辰	己巳	庚午	辛未	壬申	癸酉	甲戌	乙亥	丙子	丁丑	戊寅	己卯	庚辰	辛巳	壬午	癸未	甲申	乙酉	丙戌	丁亥	戊子	己丑	庚寅	
			陽暦	月	9	9	9	9	9	9	10	10	10	10	10	10	10	10	10	10	10	10	10	10	10	10	10	10	10	10	10	10	10	
				日	25	26	27	28	29	30	1	2	3	4	5	6	7	8	9	10	11	12	13	14	15	16	17	18	19	20	21	22	23	
十月	乙亥	八白	日柱		辛卯	壬辰	癸巳	甲午	乙未	丙申	丁酉	戊戌	己亥	庚子	辛丑	壬寅	癸卯	甲辰	乙巳	丙午	丁未	戊申	己酉	庚戌	辛亥	壬子	癸丑	甲寅	乙卯	丙辰	丁巳	戊午	己未	庚申
			陽暦	月	10	10	10	10	10	10	10	10	11	11	11	11	11	11	11	11	11	11	11	11	11	11	11	11	11	11	11	11	11	11
				日	24	25	26	27	28	29	30	31	1	2	3	4	5	6	7	8	9	10	11	12	13	14	15	16	17	18	19	20	21	22
閏十月			日柱		辛酉	壬戌	癸亥	甲子	乙丑	丙寅	丁卯	戊辰	己巳	庚午	辛未	壬申	癸酉	甲戌	乙亥	丙子	丁丑	戊寅	己卯	庚辰	辛巳	壬午	癸未	甲申	乙酉	丙戌	丁亥	戊子	己丑	
			陽暦	月	11	11	11	11	11	11	11	11	12	12	12	12	12	12	12	12	12	12	12	12	12	12	12	12	12	12	12	12	12	
				日	23	24	25	26	27	28	29	30	1	2	3	4	5	6	7	8	9	10	11	12	13	14	15	16	17	18	19	20	21	
十一月	丙子	七赤	日柱		庚寅	辛卯	壬辰	癸巳	甲午	乙未	丙申	丁酉	戊戌	己亥	庚子	辛丑	壬寅	癸卯	甲辰	乙巳	丙午	丁未	戊申	己酉	庚戌	辛亥	壬子	癸丑	甲寅	乙卯	丙辰	丁巳	戊午	己未
			陽暦	月	12	12	12	12	12	12	12	12	12	12	1	1	1	1	1	1	1	1	1	1	1	1	1	1	1	1	1	1	1	1
				日	22	23	24	25	26	27	28	29	30	31	1	2	3	4	5	6	7	8	9	10	11	12	13	14	15	16	17	18	19	20
十二月	丁丑	六白	日柱		庚申	辛酉	壬戌	癸亥	甲子	乙丑	丙寅	丁卯	戊辰	己巳	庚午	辛未	壬申	癸酉	甲戌	乙亥	丙子	丁丑	戊寅	己卯	庚辰	辛巳	壬午	癸未	甲申	乙酉	丙戌	丁亥	戊子	己丑
			陽暦	月	1	1	1	1	1	1	1	1	1	1	1	2	2	2	2	2	2	2	2	2	2	2	2	2	2	2	2	2	2	1
				日	21	22	23	24	25	26	27	28	29	30	31	1	2	3	4	5	6	7	8	9	10	11	12	13	14	15	16	17	18	19

1985年【乙丑】

月別	月柱	紫白	農暦		初一	初二	初三	初四	初五	初六	初七	初八	初九	初十	十一	十二	十三	十四	十五	十六	十七	十八	十九	二十	廿一	廿二	廿三	廿四	廿五	廿六	廿七	廿八	廿九	三十
正月	戊寅	五黄	日柱		庚寅	辛卯	壬辰	癸巳	甲午	乙未	丙申	丁酉	戊戌	己亥	庚子	辛丑	壬寅	癸卯	甲辰	乙巳	丙午	丁未	戊申	己酉	庚戌	辛亥	壬子	癸丑	甲寅	乙卯	丙辰	丁巳	戊午	
			陽暦	月	2	2	2	2	2	2	2	2	2	3	3	3	3	3	3	3	3	3	3	3	3	3	3	3	3	3	3	3	3	
				日	20	21	22	23	24	25	26	27	28	1	2	3	4	5	6	7	8	9	10	11	12	13	14	15	16	17	18	19	20	
二月	己卯	四緑	日柱		己未	庚申	辛酉	壬戌	癸亥	甲子	乙丑	丙寅	丁卯	戊辰	己巳	庚午	辛未	壬申	癸酉	甲戌	乙亥	丙子	丁丑	戊寅	己卯	庚辰	辛巳	壬午	癸未	甲申	乙酉	丙戌	丁亥	戊子
			陽暦	月	3	3	3	3	3	3	3	3	3	3	3	4	4	4	4	4	4	4	4	4	4	4	4	4	4	4	4	4	4	4
				日	21	22	23	24	25	26	27	28	29	30	31	1	2	3	4	5	6	7	8	9	10	11	12	13	14	15	16	17	18	19
三月	庚辰	三碧	日柱		己丑	庚寅	辛卯	壬辰	癸巳	甲午	乙未	丙申	丁酉	戊戌	己亥	庚子	辛丑	壬寅	癸卯	甲辰	乙巳	丙午	丁未	戊申	己酉	庚戌	辛亥	壬子	癸丑	甲寅	乙卯	丙辰	丁巳	戊午
			陽暦	月	4	4	4	4	4	4	4	4	4	4	4	5	5	5	5	5	5	5	5	5	5	5	5	5	5	5	5	5	5	5
				日	20	21	22	23	24	25	26	27	28	29	30	1	2	3	4	5	6	7	8	9	10	11	12	13	14	15	16	17	18	19
四月	辛巳	二黒	日柱		己未	庚申	辛酉	壬戌	癸亥	甲子	乙丑	丙寅	丁卯	戊辰	己巳	庚午	辛未	壬申	癸酉	甲戌	乙亥	丙子	丁丑	戊寅	己卯	庚辰	辛巳	壬午	癸未	甲申	乙酉	丙戌	丁亥	
			陽暦	月	5	5	5	5	5	5	5	5	5	5	5	5	6	6	6	6	6	6	6	6	6	6	6	6	6	6	6	6	6	
				日	20	21	22	23	24	25	26	27	28	29	30	31	1	2	3	4	5	6	7	8	9	10	11	12	13	14	15	16	17	
五月	壬午	一白	日柱		戊子	己丑	庚寅	辛卯	壬辰	癸巳	甲午	乙未	丙申	丁酉	戊戌	己亥	庚子	辛丑	壬寅	癸卯	甲辰	乙巳	丙午	丁未	戊申	己酉	庚戌	辛亥	壬子	癸丑	甲寅	乙卯	丙辰	丁巳
			陽暦	月	6	6	6	6	6	6	6	6	6	6	6	6	6	7	7	7	7	7	7	7	7	7	7	7	7	7	7	7	7	7
				日	18	19	20	21	22	23	24	25	26	27	28	29	30	1	2	3	4	5	6	7	8	9	10	11	12	13	14	15	16	17
六月	癸未	九紫	日柱		戊午	己未	庚申	辛酉	壬戌	癸亥	甲子	乙丑	丙寅	丁卯	戊辰	己巳	庚午	辛未	壬申	癸酉	甲戌	乙亥	丙子	丁丑	戊寅	己卯	庚辰	辛巳	壬午	癸未	甲申	乙酉	丙戌	
			陽暦	月	7	7	7	7	7	7	7	7	7	7	7	7	7	7	8	8	8	8	8	8	8	8	8	8	8	8	8	8	8	
				日	18	19	20	21	22	23	24	25	26	27	28	29	30	31	1	2	3	4	5	6	7	8	9	10	11	12	13	14	15	
七月	甲申	八白	日柱		丁亥	戊子	己丑	庚寅	辛卯	壬辰	癸巳	甲午	乙未	丙申	丁酉	戊戌	己亥	庚子	辛丑	壬寅	癸卯	甲辰	乙巳	丙午	丁未	戊申	己酉	庚戌	辛亥	壬子	癸丑	甲寅	乙卯	丙辰
			陽暦	月	8	8	8	8	8	8	8	8	8	8	8	8	8	8	8	8	9	9	9	9	9	9	9	9	9	9	9	9	9	9
				日	16	17	18	19	20	21	22	23	24	25	26	27	28	29	30	31	1	2	3	4	5	6	7	8	9	10	11	12	13	14
八月	乙酉	七赤	日柱		丁巳	戊午	己未	庚申	辛酉	壬戌	癸亥	甲子	乙丑	丙寅	丁卯	戊辰	己巳	庚午	辛未	壬申	癸酉	甲戌	乙亥	丙子	丁丑	戊寅	己卯	庚辰	辛巳	壬午	癸未	甲申	乙酉	
			陽暦	月	9	9	9	9	9	9	9	9	9	9	9	9	9	9	9	9	10	10	10	10	10	10	10	10	10	10	10	10	10	
				日	15	16	17	18	19	20	21	22	23	24	25	26	27	28	29	30	1	2	3	4	5	6	7	8	9	10	11	12	13	
九月	丙戌	六白	日柱		丙戌	丁亥	戊子	己丑	庚寅	辛卯	壬辰	癸巳	甲午	乙未	丙申	丁酉	戊戌	己亥	庚子	辛丑	壬寅	癸卯	甲辰	乙巳	丙午	丁未	戊申	己酉	庚戌	辛亥	壬子	癸丑	甲寅	
			陽暦	月	10	10	10	10	10	10	10	10	10	10	10	10	10	10	10	10	10	10	11	11	11	11	11	11	11	11	11	11	11	
				日	14	15	16	17	18	19	20	21	22	23	24	25	26	27	28	29	30	31	1	2	3	4	5	6	7	8	9	10	11	
十月	丁亥	五黄	日柱		乙卯	丙辰	丁巳	戊午	己未	庚申	辛酉	壬戌	癸亥	甲子	乙丑	丙寅	丁卯	戊辰	己巳	庚午	辛未	壬申	癸酉	甲戌	乙亥	丙子	丁丑	戊寅	己卯	庚辰	辛巳	壬午	癸未	甲申
			陽暦	月	11	11	11	11	11	11	11	11	11	11	11	11	11	11	11	11	11	11	11	12	12	12	12	12	12	12	12	12	12	12
				日	12	13	14	15	16	17	18	19	20	21	22	23	24	25	26	27	28	29	30	1	2	3	4	5	6	7	8	9	10	11
十一月	戊子	四緑	日柱		乙酉	丙戌	丁亥	戊子	己丑	庚寅	辛卯	壬辰	癸巳	甲午	乙未	丙申	丁酉	戊戌	己亥	庚子	辛丑	壬寅	癸卯	甲辰	乙巳	丙午	丁未	戊申	己酉	庚戌	辛亥	壬子	癸丑	
			陽暦	月	12	12	12	12	12	12	12	12	12	12	12	12	12	12	12	12	12	12	12	12	1	1	1	1	1	1	1	1	1	
				日	12	13	14	15	16	17	18	19	20	21	22	23	24	25	26	27	28	29	30	31	1	2	3	4	5	6	7	8	9	
十二月	己丑	三碧	日柱		甲寅	乙卯	丙辰	丁巳	戊午	己未	庚申	辛酉	壬戌	癸亥	甲子	乙丑	丙寅	丁卯	戊辰	己巳	庚午	辛未	壬申	癸酉	甲戌	乙亥	丙子	丁丑	戊寅	己卯	庚辰	辛巳	壬午	癸未
			陽暦	月	1	1	1	1	1	1	1	1	1	1	1	1	1	1	1	1	1	1	1	1	1	1	2	2	2	2	2	2	2	2
				日	10	11	12	13	14	15	16	17	18	19	20	21	22	23	24	25	26	27	28	29	30	31	1	2	3	4	5	6	7	8

1986年【丙寅】

月別	月柱	紫白	農暦		初一	初二	初三	初四	初五	初六	初七	初八	初九	初十	十一	十二	十三	十四	十五	十六	十七	十八	十九	二十	廿一	廿二	廿三	廿四	廿五	廿六	廿七	廿八	廿九	三十
正月	庚寅	二黒	日柱		甲申	乙酉	丙戌	丁亥	戊子	己丑	庚寅	辛卯	壬辰	癸巳	甲午	乙未	丙申	丁酉	戊戌	己亥	庚子	辛丑	壬寅	癸卯	甲辰	乙巳	丙午	丁未	戊申	己酉	庚戌	辛亥	壬子	
			陽暦	月	2	2	2	2	2	2	2	2	2	2	2	2	2	2	2	2	2	2	2	2	3	3	3	3	3	3	3	3	3	
				日	9	10	11	12	13	14	15	16	17	18	19	20	21	22	23	24	25	26	27	28	1	2	3	4	5	6	7	8	9	
二月	辛卯	一白	日柱		癸丑	甲寅	乙卯	丙辰	丁巳	戊午	己未	庚申	辛酉	壬戌	癸亥	甲子	乙丑	丙寅	丁卯	戊辰	己巳	庚午	辛未	壬申	癸酉	甲戌	乙亥	丙子	丁丑	戊寅	己卯	庚辰	辛巳	壬午
			陽暦	月	3	3	3	3	3	3	3	3	3	3	3	3	3	3	3	3	3	3	3	3	3	3	4	4	4	4	4	4	4	4
				日	10	11	12	13	14	15	16	17	18	19	20	21	22	23	24	25	26	27	28	29	30	31	1	2	3	4	5	6	7	8
三月	壬辰	九紫	日柱		癸未	甲申	乙酉	丙戌	丁亥	戊子	己丑	庚寅	辛卯	壬辰	癸巳	甲午	乙未	丙申	丁酉	戊戌	己亥	庚子	辛丑	壬寅	癸卯	甲辰	乙巳	丙午	丁未	戊申	己酉	庚戌	辛亥	壬子
			陽暦	月	4	4	4	4	4	4	4	4	4	4	4	4	4	4	4	4	4	4	4	4	4	4	5	5	5	5	5	5	5	5
				日	9	10	11	12	13	14	15	16	17	18	19	20	21	22	23	24	25	26	27	28	29	30	1	2	3	4	5	6	7	8
四月	癸巳	八白	日柱		癸丑	甲寅	乙卯	丙辰	丁巳	戊午	己未	庚申	辛酉	壬戌	癸亥	甲子	乙丑	丙寅	丁卯	戊辰	己巳	庚午	辛未	壬申	癸酉	甲戌	乙亥	丙子	丁丑	戊寅	己卯	庚辰	辛巳	
			陽暦	月	5	5	5	5	5	5	5	5	5	5	5	5	5	5	5	5	5	5	5	5	5	5	5	6	6	6	6	6	6	
				日	9	10	11	12	13	14	15	16	17	18	19	20	21	22	23	24	25	26	27	28	29	30	31	1	2	3	4	5	6	
五月	甲午	七赤	日柱		壬午	癸未	甲申	乙酉	丙戌	丁亥	戊子	己丑	庚寅	辛卯	壬辰	癸巳	甲午	乙未	丙申	丁酉	戊戌	己亥	庚子	辛丑	壬寅	癸卯	甲辰	乙巳	丙午	丁未	戊申	己酉	庚戌	辛亥
			陽暦	月	6	6	6	6	6	6	6	6	6	6	6	6	6	6	6	6	6	6	6	6	6	6	6	6	7	7	7	7	7	7
				日	7	8	9	10	11	12	13	14	15	16	17	18	19	20	21	22	23	24	25	26	27	28	29	30	1	2	3	4	5	6
六月	乙未	六白	日柱		壬子	癸丑	甲寅	乙卯	丙辰	丁巳	戊午	己未	庚申	辛酉	壬戌	癸亥	甲子	乙丑	丙寅	丁卯	戊辰	己巳	庚午	辛未	壬申	癸酉	甲戌	乙亥	丙子	丁丑	戊寅	己卯	庚辰	辛巳
			陽暦	月	7	7	7	7	7	7	7	7	7	7	7	7	7	7	7	7	7	7	7	7	7	7	7	7	7	8	8	8	8	8
				日	7	8	9	10	11	12	13	14	15	16	17	18	19	20	21	22	23	24	25	26	27	28	29	30	31	1	2	3	4	5
七月	丙申	五黄	日柱		壬午	癸未	甲申	乙酉	丙戌	丁亥	戊子	己丑	庚寅	辛卯	壬辰	癸巳	甲午	乙未	丙申	丁酉	戊戌	己亥	庚子	辛丑	壬寅	癸卯	甲辰	乙巳	丙午	丁未	戊申	己酉	庚戌	
			陽暦	月	8	8	8	8	8	8	8	8	8	8	8	8	8	8	8	8	8	8	8	8	8	8	8	8	8	8	9	9	9	
				日	6	7	8	9	10	11	12	13	14	15	16	17	18	19	20	21	22	23	24	25	26	27	28	29	30	31	1	2	3	
八月	丁酉	四緑	日柱		辛亥	壬子	癸丑	甲寅	乙卯	丙辰	丁巳	戊午	己未	庚申	辛酉	壬戌	癸亥	甲子	乙丑	丙寅	丁卯	戊辰	己巳	庚午	辛未	壬申	癸酉	甲戌	乙亥	丙子	丁丑	戊寅	己卯	庚辰
			陽暦	月	9	9	9	9	9	9	9	9	9	9	9	9	9	9	9	9	9	9	9	9	9	9	9	9	9	9	9	10	10	10
				日	4	5	6	7	8	9	10	11	12	13	14	15	16	17	18	19	20	21	22	23	24	25	26	27	28	29	30	1	2	3
九月	戊戌	三碧	日柱		辛巳	壬午	癸未	甲申	乙酉	丙戌	丁亥	戊子	己丑	庚寅	辛卯	壬辰	癸巳	甲午	乙未	丙申	丁酉	戊戌	己亥	庚子	辛丑	壬寅	癸卯	甲辰	乙巳	丙午	丁未	戊申	己酉	
			陽暦	月	10	10	10	10	10	10	10	10	10	10	10	10	10	10	10	10	10	10	10	10	10	10	10	10	10	10	10	10	11	
				日	4	5	6	7	8	9	10	11	12	13	14	15	16	17	18	19	20	21	22	23	24	25	26	27	28	29	30	31	1	
十月	己亥	二黒	日柱		庚戌	辛亥	壬子	癸丑	甲寅	乙卯	丙辰	丁巳	戊午	己未	庚申	辛酉	壬戌	癸亥	甲子	乙丑	丙寅	丁卯	戊辰	己巳	庚午	辛未	壬申	癸酉	甲戌	乙亥	丙子	丁丑	戊寅	己卯
			陽暦	月	11	11	11	11	11	11	11	11	11	11	11	11	11	11	11	11	11	11	11	11	11	11	11	11	11	11	11	11	11	12
				日	2	3	4	5	6	7	8	9	10	11	12	13	14	15	16	17	18	19	20	21	22	23	24	25	26	27	28	29	30	1
十一月	庚子	一白	日柱		庚辰	辛巳	壬午	癸未	甲申	乙酉	丙戌	丁亥	戊子	己丑	庚寅	辛卯	壬辰	癸巳	甲午	乙未	丙申	丁酉	戊戌	己亥	庚子	辛丑	壬寅	癸卯	甲辰	乙巳	丙午	丁未	戊申	
			陽暦	月	12	12	12	12	12	12	12	12	12	12	12	12	12	12	12	12	12	12	12	12	12	12	12	12	12	12	12	12	12	
				日	2	3	4	5	6	7	8	9	10	11	12	13	14	15	16	17	18	19	20	21	22	23	24	25	26	27	28	29	30	
十二月	辛丑	九紫	日柱		己酉	庚戌	辛亥	壬子	癸丑	甲寅	乙卯	丙辰	丁巳	戊午	己未	庚申	辛酉	壬戌	癸亥	甲子	乙丑	丙寅	丁卯	戊辰	己巳	庚午	辛未	壬申	癸酉	甲戌	乙亥	丙子	丁丑	
			陽暦	月	12	1	1	1	1	1	1	1	1	1	1	1	1	1	1	1	1	1	1	1	1	1	1	1	1	1	1	1	1	
				日	31	1	2	3	4	5	6	7	8	9	10	11	12	13	14	15	16	17	18	19	20	21	22	23	24	25	26	27	28	

1987年【丁卯】

月別	月柱	紫白	農暦		初一	初二	初三	初四	初五	初六	初七	初八	初九	初十	十一	十二	十三	十四	十五	十六	十七	十八	十九	二十	廿一	廿二	廿三	廿四	廿五	廿六	廿七	廿八	廿九	三十
正月	壬寅	八白	日柱		戊寅	己卯	庚辰	辛巳	壬午	癸未	甲申	乙酉	丙戌	丁亥	戊子	己丑	庚寅	辛卯	壬辰	癸巳	甲午	乙未	丙申	丁酉	戊戌	己亥	庚子	辛丑	壬寅	癸卯	甲辰	乙巳	丙午	丁未
			陽暦	月	1	1	1	2	2	2	2	2	2	2	2	2	2	2	2	2	2	2	2	2	2	2	2	2	2	2	2	2	2	2
				日	29	30	31	1	2	3	4	5	6	7	8	9	10	11	12	13	14	15	16	17	18	19	20	21	22	23	24	25	26	27
二月	癸卯	七赤	日柱		戊申	己酉	庚戌	辛亥	壬子	癸丑	甲寅	乙卯	丙辰	丁巳	戊午	己未	庚申	辛酉	壬戌	癸亥	甲子	乙丑	丙寅	丁卯	戊辰	己巳	庚午	辛未	壬申	癸酉	甲戌	乙亥	丙子	
			陽暦	月	2	3	3	3	3	3	3	3	3	3	3	3	3	3	3	3	3	3	3	3	3	3	3	3	3	3	3	3	3	
				日	28	1	2	3	4	5	6	7	8	9	10	11	12	13	14	15	16	17	18	19	20	21	22	23	24	25	26	27	28	
三月	甲辰	六白	日柱		丁丑	戊寅	己卯	庚辰	辛巳	壬午	癸未	甲申	乙酉	丙戌	丁亥	戊子	己丑	庚寅	辛卯	壬辰	癸巳	甲午	乙未	丙申	丁酉	戊戌	己亥	庚子	辛丑	壬寅	癸卯	甲辰	乙巳	丙午
			陽暦	月	3	3	3	4	4	4	4	4	4	4	4	4	4	4	4	4	4	4	4	4	4	4	4	4	4	4	4	4	4	4
				日	29	30	31	1	2	3	4	5	6	7	8	9	10	11	12	13	14	15	16	17	18	19	20	21	22	23	24	25	26	27
四月	乙巳	五黄	日柱		丁未	戊申	己酉	庚戌	辛亥	壬子	癸丑	甲寅	乙卯	丙辰	丁巳	戊午	己未	庚申	辛酉	壬戌	癸亥	甲子	乙丑	丙寅	丁卯	戊辰	己巳	庚午	辛未	壬申	癸酉	甲戌	乙亥	
			陽暦	月	4	4	4	5	5	5	5	5	5	5	5	5	5	5	5	5	5	5	5	5	5	5	5	5	5	5	5	5	5	
				日	28	29	30	1	2	3	4	5	6	7	8	9	10	11	12	13	14	15	16	17	18	19	20	21	22	23	24	25	26	
五月	丙午	四緑	日柱		丙子	丁丑	戊寅	己卯	庚辰	辛巳	壬午	癸未	甲申	乙酉	丙戌	丁亥	戊子	己丑	庚寅	辛卯	壬辰	癸巳	甲午	乙未	丙申	丁酉	戊戌	己亥	庚子	辛丑	壬寅	癸卯	甲辰	乙巳
			陽暦	月	5	5	5	5	5	6	6	6	6	6	6	6	6	6	6	6	6	6	6	6	6	6	6	6	6	6	6	6	6	6
				日	27	28	29	30	31	1	2	3	4	5	6	7	8	9	10	11	12	13	14	15	16	17	18	19	20	21	22	23	24	25
六月	丁未	三碧	日柱		丙午	丁未	戊申	己酉	庚戌	辛亥	壬子	癸丑	甲寅	乙卯	丙辰	丁巳	戊午	己未	庚申	辛酉	壬戌	癸亥	甲子	乙丑	丙寅	丁卯	戊辰	己巳	庚午	辛未	壬申	癸酉	甲戌	乙亥
			陽暦	月	6	6	6	6	6	7	7	7	7	7	7	7	7	7	7	7	7	7	7	7	7	7	7	7	7	7	7	7	7	7
				日	26	27	28	29	30	1	2	3	4	5	6	7	8	9	10	11	12	13	14	15	16	17	18	19	20	21	22	23	24	25
閏六月			日柱		丙子	丁丑	戊寅	己卯	庚辰	辛巳	壬午	癸未	甲申	乙酉	丙戌	丁亥	戊子	己丑	庚寅	辛卯	壬辰	癸巳	甲午	乙未	丙申	丁酉	戊戌	己亥	庚子	辛丑	壬寅	癸卯	甲辰	
			陽暦	月	7	7	7	7	7	7	8	8	8	8	8	8	8	8	8	8	8	8	8	8	8	8	8	8	8	8	8	8	8	
				日	26	27	28	29	30	31	1	2	3	4	5	6	7	8	9	10	11	12	13	14	15	16	17	18	19	20	21	22	23	
七月	戊申	二黒	日柱		乙巳	丙午	丁未	戊申	己酉	庚戌	辛亥	壬子	癸丑	甲寅	乙卯	丙辰	丁巳	戊午	己未	庚申	辛酉	壬戌	癸亥	甲子	乙丑	丙寅	丁卯	戊辰	己巳	庚午	辛未	壬申	癸酉	甲戌
			陽暦	月	8	8	8	8	8	8	8	8	9	9	9	9	9	9	9	9	9	9	9	9	9	9	9	9	9	9	9	9	9	9
				日	24	25	26	27	28	29	30	31	1	2	3	4	5	6	7	8	9	10	11	12	13	14	15	16	17	18	19	20	21	22
八月	己酉	一白	日柱		乙亥	丙子	丁丑	戊寅	己卯	庚辰	辛巳	壬午	癸未	甲申	乙酉	丙戌	丁亥	戊子	己丑	庚寅	辛卯	壬辰	癸巳	甲午	乙未	丙申	丁酉	戊戌	己亥	庚子	辛丑	壬寅	癸卯	甲辰
			陽暦	月	9	9	9	9	9	9	9	9	10	10	10	10	10	10	10	10	10	10	10	10	10	10	10	10	10	10	10	10	10	10
				日	23	24	25	26	27	28	29	30	1	2	3	4	5	6	7	8	9	10	11	12	13	14	15	16	17	18	19	20	21	22
九月	庚戌	九紫	日柱		乙巳	丙午	丁未	戊申	己酉	庚戌	辛亥	壬子	癸丑	甲寅	乙卯	丙辰	丁巳	戊午	己未	庚申	辛酉	壬戌	癸亥	甲子	乙丑	丙寅	丁卯	戊辰	己巳	庚午	辛未	壬申	癸酉	
			陽暦	月	10	10	10	10	10	10	10	10	10	11	11	11	11	11	11	11	11	11	11	11	11	11	11	11	11	11	11	11	11	
				日	23	24	25	26	27	28	29	30	31	1	2	3	4	5	6	7	8	9	10	11	12	13	14	15	16	17	18	19	20	
十月	辛亥	八白	日柱		甲戌	乙亥	丙子	丁丑	戊寅	己卯	庚辰	辛巳	壬午	癸未	甲申	乙酉	丙戌	丁亥	戊子	己丑	庚寅	辛卯	壬辰	癸巳	甲午	乙未	丙申	丁酉	戊戌	己亥	庚子	辛丑	壬寅	癸卯
			陽暦	月	11	11	11	11	11	11	11	11	11	11	12	12	12	12	12	12	12	12	12	12	12	12	12	12	12	12	12	12	12	12
				日	21	22	23	24	25	26	27	28	29	30	1	2	3	4	5	6	7	8	9	10	11	12	13	14	15	16	17	18	19	20
十一月	壬子	七赤	日柱		甲辰	乙巳	丙午	丁未	戊申	己酉	庚戌	辛亥	壬子	癸丑	甲寅	乙卯	丙辰	丁巳	戊午	己未	庚申	辛酉	壬戌	癸亥	甲子	乙丑	丙寅	丁卯	戊辰	己巳	庚午	辛未	壬申	
			陽暦	月	12	12	12	12	12	12	12	12	12	12	12	1	1	1	1	1	1	1	1	1	1	1	1	1	1	1	1	1	1	
				日	21	22	23	24	25	26	27	28	29	30	31	1	2	3	4	5	6	7	8	9	10	11	12	13	14	15	16	17	18	
十二月	癸丑	六白	日柱		癸酉	甲戌	乙亥	丙子	丁丑	戊寅	己卯	庚辰	辛巳	壬午	癸未	甲申	乙酉	丙戌	丁亥	戊子	己丑	庚寅	辛卯	壬辰	癸巳	甲午	乙未	丙申	丁酉	戊戌	己亥	庚子	辛丑	
			陽暦	月	1	1	1	1	1	1	1	1	1	1	1	1	1	2	2	2	2	2	2	2	2	2	2	2	2	2	2	2	2	
				日	19	20	21	22	23	24	25	26	27	28	29	30	31	1	2	3	4	5	6	7	8	9	10	11	12	13	14	15	16	

1988年【戊辰】

月別	月柱	紫白	農暦		初一	初二	初三	初四	初五	初六	初七	初八	初九	初十	十一	十二	十三	十四	十五	十六	十七	十八	十九	二十	廿一	廿二	廿三	廿四	廿五	廿六	廿七	廿八	廿九	三十
正月	甲寅	五黄	日柱		壬寅	癸卯	甲辰	乙巳	丙午	丁未	戊申	己酉	庚戌	辛亥	壬子	癸丑	甲寅	乙卯	丙辰	丁巳	戊午	己未	庚申	辛酉	壬戌	癸亥	甲子	乙丑	丙寅	丁卯	戊辰	己巳	庚午	辛未
			陽暦	月	2	2	2	2	2	2	2	2	2	2	2	2	2	3	3	3	3	3	3	3	3	3	3	3	3	3	3	3	3	3
				日	17	18	19	20	21	22	23	24	25	26	27	28	29	1	2	3	4	5	6	7	8	9	10	11	12	13	14	15	16	17
二月	乙卯	四緑	日柱		壬申	癸酉	甲戌	乙亥	丙子	丁丑	戊寅	己卯	庚辰	辛巳	壬午	癸未	甲申	乙酉	丙戌	丁亥	戊子	己丑	庚寅	辛卯	壬辰	癸巳	甲午	乙未	丙申	丁酉	戊戌	己亥	庚子	
			陽暦	月	3	3	3	3	3	3	3	3	3	3	3	3	3	3	4	4	4	4	4	4	4	4	4	4	4	4	4	4	4	
				日	18	19	20	21	22	23	24	25	26	27	28	29	30	31	1	2	3	4	5	6	7	8	9	10	11	12	13	14	15	
三月	丙辰	三碧	日柱		辛丑	壬寅	癸卯	甲辰	乙巳	丙午	丁未	戊申	己酉	庚戌	辛亥	壬子	癸丑	甲寅	乙卯	丙辰	丁巳	戊午	己未	庚申	辛酉	壬戌	癸亥	甲子	乙丑	丙寅	丁卯	戊辰	己巳	庚午
			陽暦	月	4	4	4	4	4	4	4	4	4	4	4	4	4	4	4	5	5	5	5	5	5	5	5	5	5	5	5	5	5	5
				日	16	17	18	19	20	21	22	23	24	25	26	27	28	29	30	1	2	3	4	5	6	7	8	9	10	11	12	13	14	15
四月	丁巳	二黒	日柱		辛未	壬申	癸酉	甲戌	乙亥	丙子	丁丑	戊寅	己卯	庚辰	辛巳	壬午	癸未	甲申	乙酉	丙戌	丁亥	戊子	己丑	庚寅	辛卯	壬辰	癸巳	甲午	乙未	丙申	丁酉	戊戌	己亥	
			陽暦	月	5	5	5	5	5	5	5	5	5	5	5	5	5	5	5	5	6	6	6	6	6	6	6	6	6	6	6	6	6	
				日	16	17	18	19	20	21	22	23	24	25	26	27	28	29	30	31	1	2	3	4	5	6	7	8	9	10	11	12	13	
五月	戊午	一白	日柱		庚子	辛丑	壬寅	癸卯	甲辰	乙巳	丙午	丁未	戊申	己酉	庚戌	辛亥	壬子	癸丑	甲寅	乙卯	丙辰	丁巳	戊午	己未	庚申	辛酉	壬戌	癸亥	甲子	乙丑	丙寅	丁卯	戊辰	己巳
			陽暦	月	6	6	6	6	6	6	6	6	6	6	6	6	6	6	6	6	6	7	7	7	7	7	7	7	7	7	7	7	7	7
				日	14	15	16	17	18	19	20	21	22	23	24	25	26	27	28	29	30	1	2	3	4	5	6	7	8	9	10	11	12	13
六月	己未	九紫	日柱		庚午	辛未	壬申	癸酉	甲戌	乙亥	丙子	丁丑	戊寅	己卯	庚辰	辛巳	壬午	癸未	甲申	乙酉	丙戌	丁亥	戊子	己丑	庚寅	辛卯	壬辰	癸巳	甲午	乙未	丙申	丁酉	戊戌	
			陽暦	月	7	7	7	7	7	7	7	7	7	7	7	7	7	7	7	7	7	7	8	8	8	8	8	8	8	8	8	8	8	
				日	14	15	16	17	18	19	20	21	22	23	24	25	26	27	28	29	30	31	1	2	3	4	5	6	7	8	9	10	11	
七月	庚申	八白	日柱		己亥	庚子	辛丑	壬寅	癸卯	甲辰	乙巳	丙午	丁未	戊申	己酉	庚戌	辛亥	壬子	癸丑	甲寅	乙卯	丙辰	丁巳	戊午	己未	庚申	辛酉	壬戌	癸亥	甲子	乙丑	丙寅	丁卯	戊辰
			陽暦	月	8	8	8	8	8	8	8	8	8	8	8	8	8	8	8	8	8	8	8	8	9	9	9	9	9	9	9	9	9	9
				日	12	13	14	15	16	17	18	19	20	21	22	23	24	25	26	27	28	29	30	31	1	2	3	4	5	6	7	8	9	10
八月	辛酉	七赤	日柱		己巳	庚午	辛未	壬申	癸酉	甲戌	乙亥	丙子	丁丑	戊寅	己卯	庚辰	辛巳	壬午	癸未	甲申	乙酉	丙戌	丁亥	戊子	己丑	庚寅	辛卯	壬辰	癸巳	甲午	乙未	丙申	丁酉	戊戌
			陽暦	月	9	9	9	9	9	9	9	9	9	9	9	9	9	9	9	9	9	9	9	9	10	10	10	10	10	10	10	10	10	10
				日	11	12	13	14	15	16	17	18	19	20	21	22	23	24	25	26	27	28	29	30	1	2	3	4	5	6	7	8	9	10
九月	壬戌	六白	日柱		己亥	庚子	辛丑	壬寅	癸卯	甲辰	乙巳	丙午	丁未	戊申	己酉	庚戌	辛亥	壬子	癸丑	甲寅	乙卯	丙辰	丁巳	戊午	己未	庚申	辛酉	壬戌	癸亥	甲子	乙丑	丙寅	丁卯	
			陽暦	月	10	10	10	10	10	10	10	10	10	10	10	10	10	10	10	10	10	10	10	10	10	11	11	11	11	11	11	11	11	
				日	11	12	13	14	15	16	17	18	19	20	21	22	23	24	25	26	27	28	29	30	31	1	2	3	4	5	6	7	8	
十月	癸亥	五黄	日柱		戊辰	己巳	庚午	辛未	壬申	癸酉	甲戌	乙亥	丙子	丁丑	戊寅	己卯	庚辰	辛巳	壬午	癸未	甲申	乙酉	丙戌	丁亥	戊子	己丑	庚寅	辛卯	壬辰	癸巳	甲午	乙未	丙申	丁酉
			陽暦	月	11	11	11	11	11	11	11	11	11	11	11	11	11	11	11	11	11	11	11	11	11	11	12	12	12	12	12	12	12	12
				日	9	10	11	12	13	14	15	16	17	18	19	20	21	22	23	24	25	26	27	28	29	30	1	2	3	4	5	6	7	8
十一月	甲子	四緑	日柱		戊戌	己亥	庚子	辛丑	壬寅	癸卯	甲辰	乙巳	丙午	丁未	戊申	己酉	庚戌	辛亥	壬子	癸丑	甲寅	乙卯	丙辰	丁巳	戊午	己未	庚申	辛酉	壬戌	癸亥	甲子	乙丑	丙寅	丁卯
			陽暦	月	12	12	12	12	12	12	12	12	12	12	12	12	12	12	12	12	12	12	12	12	12	12	12	1	1	1	1	1	1	1
				日	9	10	11	12	13	14	15	16	17	18	19	20	21	22	23	24	25	26	27	28	29	30	31	1	2	3	4	5	6	7
十二月	乙丑	三碧	日柱		戊辰	己巳	庚午	辛未	壬申	癸酉	甲戌	乙亥	丙子	丁丑	戊寅	己卯	庚辰	辛巳	壬午	癸未	甲申	乙酉	丙戌	丁亥	戊子	己丑	庚寅	辛卯	壬辰	癸巳	甲午	乙未	丙申	
			陽暦	月	1	1	1	1	1	1	1	1	1	1	1	1	1	1	1	1	1	1	1	1	1	1	1	1	2	2	2	2	2	
				日	8	9	10	11	12	13	14	15	16	17	18	19	20	21	22	23	24	25	26	27	28	29	30	31	1	2	3	4	5	

1989年【己巳】

月別	月柱	紫白	農暦		初一	初二	初三	初四	初五	初六	初七	初八	初九	初十	十一	十二	十三	十四	十五	十六	十七	十八	十九	二十	廿一	廿二	廿三	廿四	廿五	廿六	廿七	廿八	廿九	三十
正月	丙寅	二黒	日柱		丁酉	戊戌	己亥	庚子	辛丑	壬寅	癸卯	甲辰	乙巳	丙午	丁未	戊申	己酉	庚戌	辛亥	壬子	癸丑	甲寅	乙卯	丙辰	丁巳	戊午	己未	庚申	辛酉	壬戌	癸亥	甲子	乙丑	丙寅
			陽暦	月	2	2	2	2	2	2	2	2	2	2	2	2	2	2	2	2	2	2	2	2	2	2	2	3	3	3	3	3	3	3
				日	6	7	8	9	10	11	12	13	14	15	16	17	18	19	20	21	22	23	24	25	26	27	28	1	2	3	4	5	6	7
二月	丁卯	一白	日柱		丁卯	戊辰	己巳	庚午	辛未	壬申	癸酉	甲戌	乙亥	丙子	丁丑	戊寅	己卯	庚辰	辛巳	壬午	癸未	甲申	乙酉	丙戌	丁亥	戊子	己丑	庚寅	辛卯	壬辰	癸巳	甲午	乙未	
			陽暦	月	3	3	3	3	3	3	3	3	3	3	3	3	3	3	3	3	3	3	3	3	3	3	3	3	4	4	4	4	4	
				日	8	9	10	11	12	13	14	15	16	17	18	19	20	21	22	23	24	25	26	27	28	29	30	31	1	2	3	4	5	
三月	戊辰	九紫	日柱		丙申	丁酉	戊戌	己亥	庚子	辛丑	壬寅	癸卯	甲辰	乙巳	丙午	丁未	戊申	己酉	庚戌	辛亥	壬子	癸丑	甲寅	乙卯	丙辰	丁巳	戊午	己未	庚申	辛酉	壬戌	癸亥	甲子	
			陽暦	月	4	4	4	4	4	4	4	4	4	4	4	4	4	4	4	4	4	4	4	4	4	4	4	4	4	5	5	5	5	
				日	6	7	8	9	10	11	12	13	14	15	16	17	18	19	20	21	22	23	24	25	26	27	28	29	30	1	2	3	4	
四月	己巳	八白	日柱		乙丑	丙寅	丁卯	戊辰	己巳	庚午	辛未	壬申	癸酉	甲戌	乙亥	丙子	丁丑	戊寅	己卯	庚辰	辛巳	壬午	癸未	甲申	乙酉	丙戌	丁亥	戊子	己丑	庚寅	辛卯	壬辰	癸巳	甲午
			陽暦	月	5	5	5	5	5	5	5	5	5	5	5	5	5	5	5	5	5	5	5	5	5	5	5	5	5	5	5	6	6	6
				日	5	6	7	8	9	10	11	12	13	14	15	16	17	18	19	20	21	22	23	24	25	26	27	28	29	30	31	1	2	3
五月	庚午	七赤	日柱		乙未	丙申	丁酉	戊戌	己亥	庚子	辛丑	壬寅	癸卯	甲辰	乙巳	丙午	丁未	戊申	己酉	庚戌	辛亥	壬子	癸丑	甲寅	乙卯	丙辰	丁巳	戊午	己未	庚申	辛酉	壬戌	癸亥	
			陽暦	月	6	6	6	6	6	6	6	6	6	6	6	6	6	6	6	6	6	6	6	6	6	6	6	6	6	6	6	7	7	
				日	4	5	6	7	8	9	10	11	12	13	14	15	16	17	18	19	20	21	22	23	24	25	26	27	28	29	30	1	2	
六月	辛未	六白	日柱		甲子	乙丑	丙寅	丁卯	戊辰	己巳	庚午	辛未	壬申	癸酉	甲戌	乙亥	丙子	丁丑	戊寅	己卯	庚辰	辛巳	壬午	癸未	甲申	乙酉	丙戌	丁亥	戊子	己丑	庚寅	辛卯	壬辰	癸巳
			陽暦	月	7	7	7	7	7	7	7	7	7	7	7	7	7	7	7	7	7	7	7	7	7	7	7	7	7	7	7	7	7	8
				日	3	4	5	6	7	8	9	10	11	12	13	14	15	16	17	18	19	20	21	22	23	24	25	26	27	28	29	30	31	1
七月	壬申	五黄	日柱		甲午	乙未	丙申	丁酉	戊戌	己亥	庚子	辛丑	壬寅	癸卯	甲辰	乙巳	丙午	丁未	戊申	己酉	庚戌	辛亥	壬子	癸丑	甲寅	乙卯	丙辰	丁巳	戊午	己未	庚申	辛酉	壬戌	
			陽暦	月	8	8	8	8	8	8	8	8	8	8	8	8	8	8	8	8	8	8	8	8	8	8	8	8	8	8	8	8	8	
				日	2	3	4	5	6	7	8	9	10	11	12	13	14	15	16	17	18	19	20	21	22	23	24	25	26	27	28	29	30	
八月	癸酉	四緑	日柱		癸亥	甲子	乙丑	丙寅	丁卯	戊辰	己巳	庚午	辛未	壬申	癸酉	甲戌	乙亥	丙子	丁丑	戊寅	己卯	庚辰	辛巳	壬午	癸未	甲申	乙酉	丙戌	丁亥	戊子	己丑	庚寅	辛卯	壬辰
			陽暦	月	8	9	9	9	9	9	9	9	9	9	9	9	9	9	9	9	9	9	9	9	9	9	9	9	9	9	9	9	9	9
				日	31	1	2	3	4	5	6	7	8	9	10	11	12	13	14	15	16	17	18	19	20	21	22	23	24	25	26	27	28	29
九月	甲戌	三碧	日柱		癸巳	甲午	乙未	丙申	丁酉	戊戌	己亥	庚子	辛丑	壬寅	癸卯	甲辰	乙巳	丙午	丁未	戊申	己酉	庚戌	辛亥	壬子	癸丑	甲寅	乙卯	丙辰	丁巳	戊午	己未	庚申	辛酉	
			陽暦	月	9	10	10	10	10	10	10	10	10	10	10	10	10	10	10	10	10	10	10	10	10	10	10	10	10	10	10	10	10	
				日	30	1	2	3	4	5	6	7	8	9	10	11	12	13	14	15	16	17	18	19	20	21	22	23	24	25	26	27	28	
十月	乙亥	二黒	日柱		壬戌	癸亥	甲子	乙丑	丙寅	丁卯	戊辰	己巳	庚午	辛未	壬申	癸酉	甲戌	乙亥	丙子	丁丑	戊寅	己卯	庚辰	辛巳	壬午	癸未	甲申	乙酉	丙戌	丁亥	戊子	己丑	庚寅	辛卯
			陽暦	月	10	10	10	11	11	11	11	11	11	11	11	11	11	11	11	11	11	11	11	11	11	11	11	11	11	11	11	11	11	11
				日	29	30	31	1	2	3	4	5	6	7	8	9	10	11	12	13	14	15	16	17	18	19	20	21	22	23	24	25	26	27
十一月	丙子	一白	日柱		壬辰	癸巳	甲午	乙未	丙申	丁酉	戊戌	己亥	庚子	辛丑	壬寅	癸卯	甲辰	乙巳	丙午	丁未	戊申	己酉	庚戌	辛亥	壬子	癸丑	甲寅	乙卯	丙辰	丁巳	戊午	己未	庚申	辛酉
			陽暦	月	11	11	11	12	12	12	12	12	12	12	12	12	12	12	12	12	12	12	12	12	12	12	12	12	12	12	12	12	12	12
				日	28	29	30	1	2	3	4	5	6	7	8	9	10	11	12	13	14	15	16	17	18	19	20	21	22	23	24	25	26	27
十二月	丁丑	九紫	日柱		壬戌	癸亥	甲子	乙丑	丙寅	丁卯	戊辰	己巳	庚午	辛未	壬申	癸酉	甲戌	乙亥	丙子	丁丑	戊寅	己卯	庚辰	辛巳	壬午	癸未	甲申	乙酉	丙戌	丁亥	戊子	己丑	庚寅	辛卯
			陽暦	月	12	12	12	12	1	1	1	1	1	1	1	1	1	1	1	1	1	1	1	1	1	1	1	1	1	1	1	1	1	1
				日	28	29	30	31	1	2	3	4	5	6	7	8	9	10	11	12	13	14	15	16	17	18	19	20	21	22	23	24	25	26

1990年【庚午】

月別	月柱	紫白	農暦		初一	初二	初三	初四	初五	初六	初七	初八	初九	初十	十一	十二	十三	十四	十五	十六	十七	十八	十九	二十	廿一	廿二	廿三	廿四	廿五	廿六	廿七	廿八	廿九	三十
正月	戊寅	八白	日柱		壬辰	癸巳	甲午	乙未	丙申	丁酉	戊戌	己亥	庚子	辛丑	壬寅	癸卯	甲辰	乙巳	丙午	丁未	戊申	己酉	庚戌	辛亥	壬子	癸丑	甲寅	乙卯	丙辰	丁巳	戊午	己未	庚申	
			陽暦	月	1	1	1	1	1	2	2	2	2	2	2	2	2	2	2	2	2	2	2	2	2	2	2	2	2	2	2	2	2	
				日	27	28	29	30	31	1	2	3	4	5	6	7	8	9	10	11	12	13	14	15	16	17	18	19	20	21	22	23	24	
二月	己卯	七赤	日柱		辛酉	壬戌	癸亥	甲子	乙丑	丙寅	丁卯	戊辰	己巳	庚午	辛未	壬申	癸酉	甲戌	乙亥	丙子	丁丑	戊寅	己卯	庚辰	辛巳	壬午	癸未	甲申	乙酉	丙戌	丁亥	戊子	己丑	庚寅
			陽暦	月	2	2	2	2	3	3	3	3	3	3	3	3	3	3	3	3	3	3	3	3	3	3	3	3	3	3	3	3	3	3
				日	25	26	27	28	1	2	3	4	5	6	7	8	9	10	11	12	13	14	15	16	17	18	19	20	21	22	23	24	25	26
三月	庚辰	六白	日柱		辛卯	壬辰	癸巳	甲午	乙未	丙申	丁酉	戊戌	己亥	庚子	辛丑	壬寅	癸卯	甲辰	乙巳	丙午	丁未	戊申	己酉	庚戌	辛亥	壬子	癸丑	甲寅	乙卯	丙辰	丁巳	戊午	己未	
			陽暦	月	3	3	3	3	3	4	4	4	4	4	4	4	4	4	4	4	4	4	4	4	4	4	4	4	4	4	4	4	4	
				日	27	28	29	30	31	1	2	3	4	5	6	7	8	9	10	11	12	13	14	15	16	17	18	19	20	21	22	23	24	
四月	辛巳	五黄	日柱		庚申	辛酉	壬戌	癸亥	甲子	乙丑	丙寅	丁卯	戊辰	己巳	庚午	辛未	壬申	癸酉	甲戌	乙亥	丙子	丁丑	戊寅	己卯	庚辰	辛巳	壬午	癸未	甲申	乙酉	丙戌	丁亥	戊子	
			陽暦	月	4	4	4	4	4	4	5	5	5	5	5	5	5	5	5	5	5	5	5	5	5	5	5	5	5	5	5	5	5	
				日	25	26	27	28	29	30	1	2	3	4	5	6	7	8	9	10	11	12	13	14	15	16	17	18	19	20	21	22	23	
五月	壬午	四緑	日柱		己丑	庚寅	辛卯	壬辰	癸巳	甲午	乙未	丙申	丁酉	戊戌	己亥	庚子	辛丑	壬寅	癸卯	甲辰	乙巳	丙午	丁未	戊申	己酉	庚戌	辛亥	壬子	癸丑	甲寅	乙卯	丙辰	丁巳	戊午
			陽暦	月	5	5	5	5	5	5	5	5	6	6	6	6	6	6	6	6	6	6	6	6	6	6	6	6	6	6	6	6	6	6
				日	24	25	26	27	28	29	30	31	1	2	3	4	5	6	7	8	9	10	11	12	13	14	15	16	17	18	19	20	21	22
閏五月			日柱		己未	庚申	辛酉	壬戌	癸亥	甲子	乙丑	丙寅	丁卯	戊辰	己巳	庚午	辛未	壬申	癸酉	甲戌	乙亥	丙子	丁丑	戊寅	己卯	庚辰	辛巳	壬午	癸未	甲申	乙酉	丙戌	丁亥	
			陽暦	月	6	6	6	6	6	6	6	6	7	7	7	7	7	7	7	7	7	7	7	7	7	7	7	7	7	7	7	7	7	
				日	23	24	25	26	27	28	29	30	1	2	3	4	5	6	7	8	9	10	11	12	13	14	15	16	17	18	19	20	21	
六月	癸未	三碧	日柱		戊子	己丑	庚寅	辛卯	壬辰	癸巳	甲午	乙未	丙申	丁酉	戊戌	己亥	庚子	辛丑	壬寅	癸卯	甲辰	乙巳	丙午	丁未	戊申	己酉	庚戌	辛亥	壬子	癸丑	甲寅	乙卯	丙辰	
			陽暦	月	7	7	7	7	7	7	7	7	7	7	8	8	8	8	8	8	8	8	8	8	8	8	8	8	8	8	8	8	8	
				日	22	23	24	25	26	27	28	29	30	31	1	2	3	4	5	6	7	8	9	10	11	12	13	14	15	16	17	18	19	
七月	甲申	二黒	日柱		丁巳	戊午	己未	庚申	辛酉	壬戌	癸亥	甲子	乙丑	丙寅	丁卯	戊辰	己巳	庚午	辛未	壬申	癸酉	甲戌	乙亥	丙子	丁丑	戊寅	己卯	庚辰	辛巳	壬午	癸未	甲申	乙酉	丙戌
			陽暦	月	8	8	8	8	8	8	8	8	8	8	8	8	9	9	9	9	9	9	9	9	9	9	9	9	9	9	9	9	9	9
				日	20	21	22	23	24	25	26	27	28	29	30	31	1	2	3	4	5	6	7	8	9	10	11	12	13	14	15	16	17	18
八月	乙酉	一白	日柱		丁亥	戊子	己丑	庚寅	辛卯	壬辰	癸巳	甲午	乙未	丙申	丁酉	戊戌	己亥	庚子	辛丑	壬寅	癸卯	甲辰	乙巳	丙午	丁未	戊申	己酉	庚戌	辛亥	壬子	癸丑	甲寅	乙卯	
			陽暦	月	9	9	9	9	9	9	9	9	9	9	9	9	10	10	10	10	10	10	10	10	10	10	10	10	10	10	10	10	10	
				日	19	20	21	22	23	24	25	26	27	28	29	30	1	2	3	4	5	6	7	8	9	10	11	12	13	14	15	16	17	
九月	丙戌	九紫	日柱		丙辰	丁巳	戊午	己未	庚申	辛酉	壬戌	癸亥	甲子	乙丑	丙寅	丁卯	戊辰	己巳	庚午	辛未	壬申	癸酉	甲戌	乙亥	丙子	丁丑	戊寅	己卯	庚辰	辛巳	壬午	癸未	甲申	乙酉
			陽暦	月	10	10	10	10	10	10	10	10	10	10	10	10	10	10	11	11	11	11	11	11	11	11	11	11	11	11	11	11	11	11
				日	18	19	20	21	22	23	24	25	26	27	28	29	30	31	1	2	3	4	5	6	7	8	9	10	11	12	13	14	15	16
十月	丁亥	八白	日柱		丙戌	丁亥	戊子	己丑	庚寅	辛卯	壬辰	癸巳	甲午	乙未	丙申	丁酉	戊戌	己亥	庚子	辛丑	壬寅	癸卯	甲辰	乙巳	丙午	丁未	戊申	己酉	庚戌	辛亥	壬子	癸丑	甲寅	乙卯
			陽暦	月	11	11	11	11	11	11	11	11	11	11	11	11	11	11	12	12	12	12	12	12	12	12	12	12	12	12	12	12	12	12
				日	17	18	19	20	21	22	23	24	25	26	27	28	29	30	1	2	3	4	5	6	7	8	9	10	11	12	13	14	15	16
十一月	戊子	七赤	日柱		丙辰	丁巳	戊午	己未	庚申	辛酉	壬戌	癸亥	甲子	乙丑	丙寅	丁卯	戊辰	己巳	庚午	辛未	壬申	癸酉	甲戌	乙亥	丙子	丁丑	戊寅	己卯	庚辰	辛巳	壬午	癸未	甲申	乙酉
			陽暦	月	12	12	12	12	12	12	12	12	12	12	12	12	12	12	12	1	1	1	1	1	1	1	1	1	1	1	1	1	1	1
				日	17	18	19	20	21	22	23	24	25	26	27	28	29	30	31	1	2	3	4	5	6	7	8	9	10	11	12	13	14	15
十二月	己丑	六白	日柱		丙戌	丁亥	戊子	己丑	庚寅	辛卯	壬辰	癸巳	甲午	乙未	丙申	丁酉	戊戌	己亥	庚子	辛丑	壬寅	癸卯	甲辰	乙巳	丙午	丁未	戊申	己酉	庚戌	辛亥	壬子	癸丑	甲寅	乙卯
			陽暦	月	1	1	1	1	1	1	1	1	1	1	1	1	1	1	1	1	2	2	2	2	2	2	2	2	2	2	2	2	2	2
				日	16	17	18	19	20	21	22	23	24	25	26	27	28	29	30	31	1	2	3	4	5	6	7	8	9	10	11	12	13	14

1991年【辛未】

月別	月柱	紫白	農暦		初一	初二	初三	初四	初五	初六	初七	初八	初九	初十	十一	十二	十三	十四	十五	十六	十七	十八	十九	二十	廿一	廿二	廿三	廿四	廿五	廿六	廿七	廿八	廿九	三十
正月	庚寅	五黄	日柱		丙辰	丁巳	戊午	己未	庚申	辛酉	壬戌	癸亥	甲子	乙丑	丙寅	丁卯	戊辰	己巳	庚午	辛未	壬申	癸酉	甲戌	乙亥	丙子	丁丑	戊寅	己卯	庚辰	辛巳	壬午	癸未	甲申	
			陽暦	月	2	2	2	2	2	2	2	2	2	2	2	2	2	2	3	3	3	3	3	3	3	3	3	3	3	3	3	3	3	
				日	15	16	17	18	19	20	21	22	23	24	25	26	27	28	1	2	3	4	5	6	7	8	9	10	11	12	13	14	15	
二月	辛卯	四緑	日柱		乙酉	丙戌	丁亥	戊子	己丑	庚寅	辛卯	壬辰	癸巳	甲午	乙未	丙申	丁酉	戊戌	己亥	庚子	辛丑	壬寅	癸卯	甲辰	乙巳	丙午	丁未	戊申	己酉	庚戌	辛亥	壬子	癸丑	甲寅
			陽暦	月	3	3	3	3	3	3	3	3	3	3	3	3	3	3	3	3	4	4	4	4	4	4	4	4	4	4	4	4	4	4
				日	16	17	18	19	20	21	22	23	24	25	26	27	28	29	30	31	1	2	3	4	5	6	7	8	9	10	11	12	13	14
三月	壬辰	三碧	日柱		乙卯	丙辰	丁巳	戊午	己未	庚申	辛酉	壬戌	癸亥	甲子	乙丑	丙寅	丁卯	戊辰	己巳	庚午	辛未	壬申	癸酉	甲戌	乙亥	丙子	丁丑	戊寅	己卯	庚辰	辛巳	壬午	癸未	
			陽暦	月	4	4	4	4	4	4	4	4	4	4	4	4	4	4	4	4	5	5	5	5	5	5	5	5	5	5	5	5	5	
				日	15	16	17	18	19	20	21	22	23	24	25	26	27	28	29	30	1	2	3	4	5	6	7	8	9	10	11	12	13	
四月	癸巳	二黒	日柱		甲申	乙酉	丙戌	丁亥	戊子	己丑	庚寅	辛卯	壬辰	癸巳	甲午	乙未	丙申	丁酉	戊戌	己亥	庚子	辛丑	壬寅	癸卯	甲辰	乙巳	丙午	丁未	戊申	己酉	庚戌	辛亥	壬子	
			陽暦	月	5	5	5	5	5	5	5	5	5	5	5	5	5	5	5	5	5	5	6	6	6	6	6	6	6	6	6	6	6	
				日	14	15	16	17	18	19	20	21	22	23	24	25	26	27	28	29	30	31	1	2	3	4	5	6	7	8	9	10	11	
五月	甲午	一白	日柱		癸丑	甲寅	乙卯	丙辰	丁巳	戊午	己未	庚申	辛酉	壬戌	癸亥	甲子	乙丑	丙寅	丁卯	戊辰	己巳	庚午	辛未	壬申	癸酉	甲戌	乙亥	丙子	丁丑	戊寅	己卯	庚辰	辛巳	壬午
			陽暦	月	6	6	6	6	6	6	6	6	6	6	6	6	6	6	6	6	6	6	6	7	7	7	7	7	7	7	7	7	7	7
				日	12	13	14	15	16	17	18	19	20	21	22	23	24	25	26	27	28	29	30	1	2	3	4	5	6	7	8	9	10	11
六月	乙未	九紫	日柱		癸未	甲申	乙酉	丙戌	丁亥	戊子	己丑	庚寅	辛卯	壬辰	癸巳	甲午	乙未	丙申	丁酉	戊戌	己亥	庚子	辛丑	壬寅	癸卯	甲辰	乙巳	丙午	丁未	戊申	己酉	庚戌	辛亥	
			陽暦	月	7	7	7	7	7	7	7	7	7	7	7	7	7	7	7	7	7	7	7	7	8	8	8	8	8	8	8	8	8	
				日	12	13	14	15	16	17	18	19	20	21	22	23	24	25	26	27	28	29	30	31	1	2	3	4	5	6	7	8	9	
七月	丙申	八白	日柱		壬子	癸丑	甲寅	乙卯	丙辰	丁巳	戊午	己未	庚申	辛酉	壬戌	癸亥	甲子	乙丑	丙寅	丁卯	戊辰	己巳	庚午	辛未	壬申	癸酉	甲戌	乙亥	丙子	丁丑	戊寅	己卯	庚辰	
			陽暦	月	8	8	8	8	8	8	8	8	8	8	8	8	8	8	8	8	8	8	8	8	8	8	9	9	9	9	9	9	9	
				日	10	11	12	13	14	15	16	17	18	19	20	21	22	23	24	25	26	27	28	29	30	31	1	2	3	4	5	6	7	
八月	丁酉	七赤	日柱		辛巳	壬午	癸未	甲申	乙酉	丙戌	丁亥	戊子	己丑	庚寅	辛卯	壬辰	癸巳	甲午	乙未	丙申	丁酉	戊戌	己亥	庚子	辛丑	壬寅	癸卯	甲辰	乙巳	丙午	丁未	戊申	己酉	庚戌
			陽暦	月	9	9	9	9	9	9	9	9	9	9	9	9	9	9	9	9	9	9	9	9	9	9	9	10	10	10	10	10	10	10
				日	8	9	10	11	12	13	14	15	16	17	18	19	20	21	22	23	24	25	26	27	28	29	30	1	2	3	4	5	6	7
九月	戊戌	六白	日柱		辛亥	壬子	癸丑	甲寅	乙卯	丙辰	丁巳	戊午	己未	庚申	辛酉	壬戌	癸亥	甲子	乙丑	丙寅	丁卯	戊辰	己巳	庚午	辛未	壬申	癸酉	甲戌	乙亥	丙子	丁丑	戊寅	己卯	
			陽暦	月	10	10	10	10	10	10	10	10	10	10	10	10	10	10	10	10	10	10	10	10	10	10	10	10	11	11	11	11	11	
				日	8	9	10	11	12	13	14	15	16	17	18	19	20	21	22	23	24	25	26	27	28	29	30	31	1	2	3	4	5	
十月	己亥	五黄	日柱		庚辰	辛巳	壬午	癸未	甲申	乙酉	丙戌	丁亥	戊子	己丑	庚寅	辛卯	壬辰	癸巳	甲午	乙未	丙申	丁酉	戊戌	己亥	庚子	辛丑	壬寅	癸卯	甲辰	乙巳	丙午	丁未	戊申	己酉
			陽暦	月	11	11	11	11	11	11	11	11	11	11	11	11	11	11	11	11	11	11	11	11	11	11	11	11	11	12	12	12	12	12
				日	6	7	8	9	10	11	12	13	14	15	16	17	18	19	20	21	22	23	24	25	26	27	28	29	30	1	2	3	4	5
十一月	庚子	四緑	日柱		庚戌	辛亥	壬子	癸丑	甲寅	乙卯	丙辰	丁巳	戊午	己未	庚申	辛酉	壬戌	癸亥	甲子	乙丑	丙寅	丁卯	戊辰	己巳	庚午	辛未	壬申	癸酉	甲戌	乙亥	丙子	丁丑	戊寅	己卯
			陽暦	月	12	12	12	12	12	12	12	12	12	12	12	12	12	12	12	12	12	12	12	12	12	12	12	12	12	12	1	1	1	1
				日	6	7	8	9	10	11	12	13	14	15	16	17	18	19	20	21	22	23	24	25	26	27	28	29	30	31	1	2	3	4
十二月	辛丑	三碧	日柱		庚辰	辛巳	壬午	癸未	甲申	乙酉	丙戌	丁亥	戊子	己丑	庚寅	辛卯	壬辰	癸巳	甲午	乙未	丙申	丁酉	戊戌	己亥	庚子	辛丑	壬寅	癸卯	甲辰	乙巳	丙午	丁未	戊申	己酉
			陽暦	月	1	1	1	1	1	1	1	1	1	1	1	1	1	1	1	1	1	1	1	1	1	1	1	1	1	1	1	2	2	2
				日	5	6	7	8	9	10	11	12	13	14	15	16	17	18	19	20	21	22	23	24	25	26	27	28	29	30	31	1	2	3

1992年【壬申】

月別	月柱	紫白	農暦		初一	初二	初三	初四	初五	初六	初七	初八	初九	初十	十一	十二	十三	十四	十五	十六	十七	十八	十九	二十	廿一	廿二	廿三	廿四	廿五	廿六	廿七	廿八	廿九	三十
正月	壬寅	二黒	日柱		庚戌	辛亥	壬子	癸丑	甲寅	乙卯	丙辰	丁巳	戊午	己未	庚申	辛酉	壬戌	癸亥	甲子	乙丑	丙寅	丁卯	戊辰	己巳	庚午	辛未	壬申	癸酉	甲戌	乙亥	丙子	丁丑	戊寅	
			陽暦	月	2	2	2	2	2	2	2	2	2	2	2	2	2	2	2	2	2	2	2	2	2	2	2	2	2	2	3	3	3	
				日	4	5	6	7	8	9	10	11	12	13	14	15	16	17	18	19	20	21	22	23	24	25	26	27	28	29	1	2	3	
二月	癸卯	一白	日柱		己卯	庚辰	辛巳	壬午	癸未	甲申	乙酉	丙戌	丁亥	戊子	己丑	庚寅	辛卯	壬辰	癸巳	甲午	乙未	丙申	丁酉	戊戌	己亥	庚子	辛丑	壬寅	癸卯	甲辰	乙巳	丙午	丁未	戊申
			陽暦	月	3	3	3	3	3	3	3	3	3	3	3	3	3	3	3	3	3	3	3	3	3	3	3	3	3	3	3	3	4	4
				日	4	5	6	7	8	9	10	11	12	13	14	15	16	17	18	19	20	21	22	23	24	25	26	27	28	29	30	31	1	2
三月	甲辰	九紫	日柱		己酉	庚戌	辛亥	壬子	癸丑	甲寅	乙卯	丙辰	丁巳	戊午	己未	庚申	辛酉	壬戌	癸亥	甲子	乙丑	丙寅	丁卯	戊辰	己巳	庚午	辛未	壬申	癸酉	甲戌	乙亥	丙子	丁丑	戊寅
			陽暦	月	4	4	4	4	4	4	4	4	4	4	4	4	4	4	4	4	4	4	4	4	4	4	4	4	4	4	4	4	5	5
				日	3	4	5	6	7	8	9	10	11	12	13	14	15	16	17	18	19	20	21	22	23	24	25	26	27	28	29	30	1	2
四月	乙巳	八白	日柱		己卯	庚辰	辛巳	壬午	癸未	甲申	乙酉	丙戌	丁亥	戊子	己丑	庚寅	辛卯	壬辰	癸巳	甲午	乙未	丙申	丁酉	戊戌	己亥	庚子	辛丑	壬寅	癸卯	甲辰	乙巳	丙午	丁未	
			陽暦	月	5	5	5	5	5	5	5	5	5	5	5	5	5	5	5	5	5	5	5	5	5	5	5	5	5	5	5	5	5	
				日	3	4	5	6	7	8	9	10	11	12	13	14	15	16	17	18	19	20	21	22	23	24	25	26	27	28	29	30	31	
五月	丙午	七赤	日柱		戊申	己酉	庚戌	辛亥	壬子	癸丑	甲寅	乙卯	丙辰	丁巳	戊午	己未	庚申	辛酉	壬戌	癸亥	甲子	乙丑	丙寅	丁卯	戊辰	己巳	庚午	辛未	壬申	癸酉	甲戌	乙亥	丙子	
			陽暦	月	6	6	6	6	6	6	6	6	6	6	6	6	6	6	6	6	6	6	6	6	6	6	6	6	6	6	6	6	6	
				日	1	2	3	4	5	6	7	8	9	10	11	12	13	14	15	16	17	18	19	20	21	22	23	24	25	26	27	28	29	
六月	丁未	六白	日柱		丁丑	戊寅	己卯	庚辰	辛巳	壬午	癸未	甲申	乙酉	丙戌	丁亥	戊子	己丑	庚寅	辛卯	壬辰	癸巳	甲午	乙未	丙申	丁酉	戊戌	己亥	庚子	辛丑	壬寅	癸卯	甲辰	乙巳	丙午
			陽暦	月	6	7	7	7	7	7	7	7	7	7	7	7	7	7	7	7	7	7	7	7	7	7	7	7	7	7	7	7	7	7
				日	30	1	2	3	4	5	6	7	8	9	10	11	12	13	14	15	16	17	18	19	20	21	22	23	24	25	26	27	28	29
七月	戊申	五黄	日柱		丁未	戊申	己酉	庚戌	辛亥	壬子	癸丑	甲寅	乙卯	丙辰	丁巳	戊午	己未	庚申	辛酉	壬戌	癸亥	甲子	乙丑	丙寅	丁卯	戊辰	己巳	庚午	辛未	壬申	癸酉	甲戌	乙亥	
			陽暦	月	7	7	8	8	8	8	8	8	8	8	8	8	8	8	8	8	8	8	8	8	8	8	8	8	8	8	8	8	8	
				日	30	31	1	2	3	4	5	6	7	8	9	10	11	12	13	14	15	16	17	18	19	20	21	22	23	24	25	26	27	
八月	己酉	四緑	日柱		丙子	丁丑	戊寅	己卯	庚辰	辛巳	壬午	癸未	甲申	乙酉	丙戌	丁亥	戊子	己丑	庚寅	辛卯	壬辰	癸巳	甲午	乙未	丙申	丁酉	戊戌	己亥	庚子	辛丑	壬寅	癸卯	甲辰	
			陽暦	月	8	8	8	8	9	9	9	9	9	9	9	9	9	9	9	9	9	9	9	9	9	9	9	9	9	9	9	9	9	
				日	28	29	30	31	1	2	3	4	5	6	7	8	9	10	11	12	13	14	15	16	17	18	19	20	21	22	23	24	25	
九月	庚戌	三碧	日柱		乙巳	丙午	丁未	戊申	己酉	庚戌	辛亥	壬子	癸丑	甲寅	乙卯	丙辰	丁巳	戊午	己未	庚申	辛酉	壬戌	癸亥	甲子	乙丑	丙寅	丁卯	戊辰	己巳	庚午	辛未	壬申	癸酉	甲戌
			陽暦	月	9	9	9	9	9	10	10	10	10	10	10	10	10	10	10	10	10	10	10	10	10	10	10	10	10	10	10	10	10	10
				日	26	27	28	29	30	1	2	3	4	5	6	7	8	9	10	11	12	13	14	15	16	17	18	19	20	21	22	23	24	25
十月	辛亥	二黒	日柱		乙亥	丙子	丁丑	戊寅	己卯	庚辰	辛巳	壬午	癸未	甲申	乙酉	丙戌	丁亥	戊子	己丑	庚寅	辛卯	壬辰	癸巳	甲午	乙未	丙申	丁酉	戊戌	己亥	庚子	辛丑	壬寅	癸卯	
			陽暦	月	10	10	10	10	10	10	11	11	11	11	11	11	11	11	11	11	11	11	11	11	11	11	11	11	11	11	11	11	11	
				日	26	27	28	29	30	31	1	2	3	4	5	6	7	8	9	10	11	12	13	14	15	16	17	18	19	20	21	22	23	
十一月	壬子	一白	日柱		甲辰	乙巳	丙午	丁未	戊申	己酉	庚戌	辛亥	壬子	癸丑	甲寅	乙卯	丙辰	丁巳	戊午	己未	庚申	辛酉	壬戌	癸亥	甲子	乙丑	丙寅	丁卯	戊辰	己巳	庚午	辛未	壬申	癸酉
			陽暦	月	11	11	11	11	11	11	11	12	12	12	12	12	12	12	12	12	12	12	12	12	12	12	12	12	12	12	12	12	12	12
				日	24	25	26	27	28	29	30	1	2	3	4	5	6	7	8	9	10	11	12	13	14	15	16	17	18	19	20	21	22	23
十二月	癸丑	九紫	日柱		甲戌	乙亥	丙子	丁丑	戊寅	己卯	庚辰	辛巳	壬午	癸未	甲申	乙酉	丙戌	丁亥	戊子	己丑	庚寅	辛卯	壬辰	癸巳	甲午	乙未	丙申	丁酉	戊戌	己亥	庚子	辛丑	壬寅	癸卯
			陽暦	月	12	12	12	12	12	12	12	12	1	1	1	1	1	1	1	1	1	1	1	1	1	1	1	1	1	1	1	1	1	1
				日	24	25	26	27	28	29	30	31	1	2	3	4	5	6	7	8	9	10	11	12	13	14	15	16	17	18	19	20	21	22

1993年【癸酉】

月別	月柱	紫白	農暦		初一	初二	初三	初四	初五	初六	初七	初八	初九	初十	十一	十二	十三	十四	十五	十六	十七	十八	十九	二十	廿一	廿二	廿三	廿四	廿五	廿六	廿七	廿八	廿九	三十
正月	甲寅	八白	日柱		甲辰	乙巳	丙午	丁未	戊申	己酉	庚戌	辛亥	壬子	癸丑	甲寅	乙卯	丙辰	丁巳	戊午	己未	庚申	辛酉	壬戌	癸亥	甲子	乙丑	丙寅	丁卯	戊辰	己巳	庚午	辛未	壬申	
			陽暦	月	1	1	1	1	1	1	1	1	1	2	2	2	2	2	2	2	2	2	2	2	2	2	2	2	2	2	2	2	2	
				日	23	24	25	26	27	28	29	30	31	1	2	3	4	5	6	7	8	9	10	11	12	13	14	15	16	17	18	19	20	
二月	乙卯	七赤	日柱		癸酉	甲戌	乙亥	丙子	丁丑	戊寅	己卯	庚辰	辛巳	壬午	癸未	甲申	乙酉	丙戌	丁亥	戊子	己丑	庚寅	辛卯	壬辰	癸巳	甲午	乙未	丙申	丁酉	戊戌	己亥	庚子	辛丑	壬寅
			陽暦	月	2	2	2	2	2	2	2	2	3	3	3	3	3	3	3	3	3	3	3	3	3	3	3	3	3	3	3	3	3	3
				日	21	22	23	24	25	26	27	28	1	2	3	4	5	6	7	8	9	10	11	12	13	14	15	16	17	18	19	20	21	22
三月	丙辰	六白	日柱		癸卯	甲辰	乙巳	丙午	丁未	戊申	己酉	庚戌	辛亥	壬子	癸丑	甲寅	乙卯	丙辰	丁巳	戊午	己未	庚申	辛酉	壬戌	癸亥	甲子	乙丑	丙寅	丁卯	戊辰	己巳	庚午	辛未	壬申
			陽暦	月	3	3	3	3	3	3	3	3	3	4	4	4	4	4	4	4	4	4	4	4	4	4	4	4	4	4	4	4	4	4
				日	23	24	25	26	27	28	29	30	31	1	2	3	4	5	6	7	8	9	10	11	12	13	14	15	16	17	18	19	20	21
閏三月			日柱		癸酉	甲戌	乙亥	丙子	丁丑	戊寅	己卯	庚辰	辛巳	壬午	癸未	甲申	乙酉	丙戌	丁亥	戊子	己丑	庚寅	辛卯	壬辰	癸巳	甲午	乙未	丙申	丁酉	戊戌	己亥	庚子	辛丑	
			陽暦	月	4	4	4	4	4	4	4	4	5	5	5	5	5	5	5	5	5	5	5	5	5	5	5	5	5	5	5	5	5	
				日	22	23	24	25	26	27	28	29	30	1	2	3	4	5	6	7	8	9	10	11	12	13	14	15	16	17	18	19	20	
四月	丁巳	五黄	日柱		壬寅	癸卯	甲辰	乙巳	丙午	丁未	戊申	己酉	庚戌	辛亥	壬子	癸丑	甲寅	乙卯	丙辰	丁巳	戊午	己未	庚申	辛酉	壬戌	癸亥	甲子	乙丑	丙寅	丁卯	戊辰	己巳	庚午	辛未
			陽暦	月	5	5	5	5	5	5	5	5	5	5	5	6	6	6	6	6	6	6	6	6	6	6	6	6	6	6	6	6	6	6
				日	21	22	23	24	25	26	27	28	29	30	31	1	2	3	4	5	6	7	8	9	10	11	12	13	14	15	16	17	18	19
五月	戊午	四緑	日柱		壬申	癸酉	甲戌	乙亥	丙子	丁丑	戊寅	己卯	庚辰	辛巳	壬午	癸未	甲申	乙酉	丙戌	丁亥	戊子	己丑	庚寅	辛卯	壬辰	癸巳	甲午	乙未	丙申	丁酉	戊戌	己亥	庚子	
			陽暦	月	6	6	6	6	6	6	6	6	6	6	6	7	7	7	7	7	7	7	7	7	7	7	7	7	7	7	7	7	7	
				日	20	21	22	23	24	25	26	27	28	29	30	1	2	3	4	5	6	7	8	9	10	11	12	13	14	15	16	17	18	
六月	己未	三碧	日柱		辛丑	壬寅	癸卯	甲辰	乙巳	丙午	丁未	戊申	己酉	庚戌	辛亥	壬子	癸丑	甲寅	乙卯	丙辰	丁巳	戊午	己未	庚申	辛酉	壬戌	癸亥	甲子	乙丑	丙寅	丁卯	戊辰	己巳	庚午
			陽暦	月	7	7	7	7	7	7	7	7	7	7	7	7	7	8	8	8	8	8	8	8	8	8	8	8	8	8	8	8	8	8
				日	19	20	21	22	23	24	25	26	27	28	29	30	31	1	2	3	4	5	6	7	8	9	10	11	12	13	14	15	16	17
七月	庚申	二黒	日柱		辛未	壬申	癸酉	甲戌	乙亥	丙子	丁丑	戊寅	己卯	庚辰	辛巳	壬午	癸未	甲申	乙酉	丙戌	丁亥	戊子	己丑	庚寅	辛卯	壬辰	癸巳	甲午	乙未	丙申	丁酉	戊戌	己亥	
			陽暦	月	8	8	8	8	8	8	8	8	8	8	8	8	8	8	9	9	9	9	9	9	9	9	9	9	9	9	9	9	9	
				日	18	19	20	21	22	23	24	25	26	27	28	29	30	31	1	2	3	4	5	6	7	8	9	10	11	12	13	14	15	
八月	辛酉	一白	日柱		庚子	辛丑	壬寅	癸卯	甲辰	乙巳	丙午	丁未	戊申	己酉	庚戌	辛亥	壬子	癸丑	甲寅	乙卯	丙辰	丁巳	戊午	己未	庚申	辛酉	壬戌	癸亥	甲子	乙丑	丙寅	丁卯	戊辰	
			陽暦	月	9	9	9	9	9	9	9	9	9	9	9	9	9	9	9	10	10	10	10	10	10	10	10	10	10	10	10	10	10	
				日	16	17	18	19	20	21	22	23	24	25	26	27	28	29	30	1	2	3	4	5	6	7	8	9	10	11	12	13	14	
九月	壬戌	九紫	日柱		己巳	庚午	辛未	壬申	癸酉	甲戌	乙亥	丙子	丁丑	戊寅	己卯	庚辰	辛巳	壬午	癸未	甲申	乙酉	丙戌	丁亥	戊子	己丑	庚寅	辛卯	壬辰	癸巳	甲午	乙未	丙申	丁酉	戊戌
			陽暦	月	10	10	10	10	10	10	10	10	10	10	10	10	10	10	10	10	10	11	11	11	11	11	11	11	11	11	11	11	11	11
				日	15	16	17	18	19	20	21	22	23	24	25	26	27	28	29	30	31	1	2	3	4	5	6	7	8	9	10	11	12	13
十月	癸亥	八白	日柱		己亥	庚子	辛丑	壬寅	癸卯	甲辰	乙巳	丙午	丁未	戊申	己酉	庚戌	辛亥	壬子	癸丑	甲寅	乙卯	丙辰	丁巳	戊午	己未	庚申	辛酉	壬戌	癸亥	甲子	乙丑	丙寅	丁卯	
			陽暦	月	11	11	11	11	11	11	11	11	11	11	11	11	11	11	11	11	11	12	12	12	12	12	12	12	12	12	12	12	12	
				日	14	15	16	17	18	19	20	21	22	23	24	25	26	27	28	29	30	1	2	3	4	5	6	7	8	9	10	11	12	
十一月	甲子	七赤	日柱		戊辰	己巳	庚午	辛未	壬申	癸酉	甲戌	乙亥	丙子	丁丑	戊寅	己卯	庚辰	辛巳	壬午	癸未	甲申	乙酉	丙戌	丁亥	戊子	己丑	庚寅	辛卯	壬辰	癸巳	甲午	乙未	丙申	丁酉
			陽暦	月	12	12	12	12	12	12	12	12	12	12	12	12	12	12	12	12	12	12	12	1	1	1	1	1	1	1	1	1	1	1
				日	13	14	15	16	17	18	19	20	21	22	23	24	25	26	27	28	29	30	31	1	2	3	4	5	6	7	8	9	10	11
十二月	乙丑	六白	日柱		戊戌	己亥	庚子	辛丑	壬寅	癸卯	甲辰	乙巳	丙午	丁未	戊申	己酉	庚戌	辛亥	壬子	癸丑	甲寅	乙卯	丙辰	丁巳	戊午	己未	庚申	辛酉	壬戌	癸亥	甲子	乙丑	丙寅	
			陽暦	月	1	1	1	1	1	1	1	1	1	1	1	1	1	1	1	1	1	1	1	1	2	2	2	2	2	2	2	2	2	
				日	12	13	14	15	16	17	18	19	20	21	22	23	24	25	26	27	28	29	30	31	1	2	3	4	5	6	7	8	9	

1994年【甲戌】

月別	月柱	紫白	農暦		初一	初二	初三	初四	初五	初六	初七	初八	初九	初十	十一	十二	十三	十四	十五	十六	十七	十八	十九	二十	廿一	廿二	廿三	廿四	廿五	廿六	廿七	廿八	廿九	三十
正月	丙寅	五黄	日柱		丁卯	戊辰	己巳	庚午	辛未	壬申	癸酉	甲戌	乙亥	丙子	丁丑	戊寅	己卯	庚辰	辛巳	壬午	癸未	甲申	乙酉	丙戌	丁亥	戊子	己丑	庚寅	辛卯	壬辰	癸巳	甲午	乙未	丙申
			陽暦	月	2	2	2	2	2	2	2	2	2	2	2	2	2	2	2	2	2	2	2	3	3	3	3	3	3	3	3	3	3	3
				日	10	11	12	13	14	15	16	17	18	19	20	21	22	23	24	25	26	27	28	1	2	3	4	5	6	7	8	9	10	11
二月	丁卯	四緑	日柱		丁酉	戊戌	己亥	庚子	辛丑	壬寅	癸卯	甲辰	乙巳	丙午	丁未	戊申	己酉	庚戌	辛亥	壬子	癸丑	甲寅	乙卯	丙辰	丁巳	戊午	己未	庚申	辛酉	壬戌	癸亥	甲子	乙丑	丙寅
			陽暦	月	3	3	3	3	3	3	3	3	3	3	3	3	3	3	3	3	3	3	3	3	4	4	4	4	4	4	4	4	4	4
				日	12	13	14	15	16	17	18	19	20	21	22	23	24	25	26	27	28	29	30	31	1	2	3	4	5	6	7	8	9	10
三月	戊辰	三碧	日柱		丁卯	戊辰	己巳	庚午	辛未	壬申	癸酉	甲戌	乙亥	丙子	丁丑	戊寅	己卯	庚辰	辛巳	壬午	癸未	甲申	乙酉	丙戌	丁亥	戊子	己丑	庚寅	辛卯	壬辰	癸巳	甲午	乙未	丙申
			陽暦	月	4	4	4	4	4	4	4	4	4	4	4	4	4	4	4	4	4	4	4	4	5	5	5	5	5	5	5	5	5	5
				日	11	12	13	14	15	16	17	18	19	20	21	22	23	24	25	26	27	28	29	30	1	2	3	4	5	6	7	8	9	10
四月	己巳	二黒	日柱		丁酉	戊戌	己亥	庚子	辛丑	壬寅	癸卯	甲辰	乙巳	丙午	丁未	戊申	己酉	庚戌	辛亥	壬子	癸丑	甲寅	乙卯	丙辰	丁巳	戊午	己未	庚申	辛酉	壬戌	癸亥	甲子	乙丑	
			陽暦	月	5	5	5	5	5	5	5	5	5	5	5	5	5	5	5	5	5	5	5	5	5	6	6	6	6	6	6	6	6	
				日	11	12	13	14	15	16	17	18	19	20	21	22	23	24	25	26	27	28	29	30	31	1	2	3	4	5	6	7	8	
五月	庚午	一白	日柱		丙寅	丁卯	戊辰	己巳	庚午	辛未	壬申	癸酉	甲戌	乙亥	丙子	丁丑	戊寅	己卯	庚辰	辛巳	壬午	癸未	甲申	乙酉	丙戌	丁亥	戊子	己丑	庚寅	辛卯	壬辰	癸巳	甲午	乙未
			陽暦	月	6	6	6	6	6	6	6	6	6	6	6	6	6	6	6	6	6	6	6	6	6	6	7	7	7	7	7	7	7	7
				日	9	10	11	12	13	14	15	16	17	18	19	20	21	22	23	24	25	26	27	28	29	30	1	2	3	4	5	6	7	8
六月	辛未	九紫	日柱		丙申	丁酉	戊戌	己亥	庚子	辛丑	壬寅	癸卯	甲辰	乙巳	丙午	丁未	戊申	己酉	庚戌	辛亥	壬子	癸丑	甲寅	乙卯	丙辰	丁巳	戊午	己未	庚申	辛酉	壬戌	癸亥	甲子	
			陽暦	月	7	7	7	7	7	7	7	7	7	7	7	7	7	7	7	7	7	7	7	7	7	7	7	8	8	8	8	8	8	
				日	9	10	11	12	13	14	15	16	17	18	19	20	21	22	23	24	25	26	27	28	29	30	31	1	2	3	4	5	6	
七月	壬申	八白	日柱		乙丑	丙寅	丁卯	戊辰	己巳	庚午	辛未	壬申	癸酉	甲戌	乙亥	丙子	丁丑	戊寅	己卯	庚辰	辛巳	壬午	癸未	甲申	乙酉	丙戌	丁亥	戊子	己丑	庚寅	辛卯	壬辰	癸巳	甲午
			陽暦	月	8	8	8	8	8	8	8	8	8	8	8	8	8	8	8	8	8	8	8	8	8	8	8	8	8	9	9	9	9	9
				日	7	8	9	10	11	12	13	14	15	16	17	18	19	20	21	22	23	24	25	26	27	28	29	30	31	1	2	3	4	5
八月	癸酉	七赤	日柱		乙未	丙申	丁酉	戊戌	己亥	庚子	辛丑	壬寅	癸卯	甲辰	乙巳	丙午	丁未	戊申	己酉	庚戌	辛亥	壬子	癸丑	甲寅	乙卯	丙辰	丁巳	戊午	己未	庚申	辛酉	壬戌	癸亥	
			陽暦	月	9	9	9	9	9	9	9	9	9	9	9	9	9	9	9	9	9	9	9	9	9	9	9	9	9	10	10	10	10	
				日	6	7	8	9	10	11	12	13	14	15	16	17	18	19	20	21	22	23	24	25	26	27	28	29	30	1	2	3	4	
九月	甲戌	六白	日柱		甲子	乙丑	丙寅	丁卯	戊辰	己巳	庚午	辛未	壬申	癸酉	甲戌	乙亥	丙子	丁丑	戊寅	己卯	庚辰	辛巳	壬午	癸未	甲申	乙酉	丙戌	丁亥	戊子	己丑	庚寅	辛卯	壬辰	
			陽暦	月	10	10	10	10	10	10	10	10	10	10	10	10	10	10	10	10	10	10	10	10	10	10	10	10	10	10	10	11	11	
				日	5	6	7	8	9	10	11	12	13	14	15	16	17	18	19	20	21	22	23	24	25	26	27	28	29	30	31	1	2	
十月	乙亥	五黄	日柱		癸巳	甲午	乙未	丙申	丁酉	戊戌	己亥	庚子	辛丑	壬寅	癸卯	甲辰	乙巳	丙午	丁未	戊申	己酉	庚戌	辛亥	壬子	癸丑	甲寅	乙卯	丙辰	丁巳	戊午	己未	庚申	辛酉	壬戌
			陽暦	月	11	11	11	11	11	11	11	11	11	11	11	11	11	11	11	11	11	11	11	11	11	11	11	11	11	11	11	11	12	12
				日	3	4	5	6	7	8	9	10	11	12	13	14	15	16	17	18	19	20	21	22	23	24	25	26	27	28	29	30	1	2
十一月	丙子	四緑	日柱		癸亥	甲子	乙丑	丙寅	丁卯	戊辰	己巳	庚午	辛未	壬申	癸酉	甲戌	乙亥	丙子	丁丑	戊寅	己卯	庚辰	辛巳	壬午	癸未	甲申	乙酉	丙戌	丁亥	戊子	己丑	庚寅	辛卯	
			陽暦	月	12	12	12	12	12	12	12	12	12	12	12	12	12	12	12	12	12	12	12	12	12	12	12	12	12	12	12	12	12	
				日	3	4	5	6	7	8	9	10	11	12	13	14	15	16	17	18	19	20	21	22	23	24	25	26	27	28	29	30	31	
十二月	丁丑	三碧	日柱		壬辰	癸巳	甲午	乙未	丙申	丁酉	戊戌	己亥	庚子	辛丑	壬寅	癸卯	甲辰	乙巳	丙午	丁未	戊申	己酉	庚戌	辛亥	壬子	癸丑	甲寅	乙卯	丙辰	丁巳	戊午	己未	庚申	辛酉
			陽暦	月	1	1	1	1	1	1	1	1	1	1	1	1	1	1	1	1	1	1	1	1	1	1	1	1	1	1	1	1	1	1
				日	1	2	3	4	5	6	7	8	9	10	11	12	13	14	15	16	17	18	19	20	21	22	23	24	25	26	27	28	29	30

1995年【乙亥】

月別	月柱	紫白	農暦		初一	初二	初三	初四	初五	初六	初七	初八	初九	初十	十一	十二	十三	十四	十五	十六	十七	十八	十九	二十	廿一	廿二	廿三	廿四	廿五	廿六	廿七	廿八	廿九	三十
正月	戊寅	二黒	日柱		壬戌	癸亥	甲子	乙丑	丙寅	丁卯	戊辰	己巳	庚午	辛未	壬申	癸酉	甲戌	乙亥	丙子	丁丑	戊寅	己卯	庚辰	辛巳	壬午	癸未	甲申	乙酉	丙戌	丁亥	戊子	己丑	庚寅	
			陽暦	月	1	2	2	2	2	2	2	2	2	2	2	2	2	2	2	2	2	2	2	2	2	2	2	2	2	2	2	2	2	
				日	31	1	2	3	4	5	6	7	8	9	10	11	12	13	14	15	16	17	18	19	20	21	22	23	24	25	26	27	28	
二月	己卯	一白	日柱		辛卯	壬辰	癸巳	甲午	乙未	丙申	丁酉	戊戌	己亥	庚子	辛丑	壬寅	癸卯	甲辰	乙巳	丙午	丁未	戊申	己酉	庚戌	辛亥	壬子	癸丑	甲寅	乙卯	丙辰	丁巳	戊午	己未	庚申
			陽暦	月	3	3	3	3	3	3	3	3	3	3	3	3	3	3	3	3	3	3	3	3	3	3	3	3	3	3	3	3	3	3
				日	1	2	3	4	5	6	7	8	9	10	11	12	13	14	15	16	17	18	19	20	21	22	23	24	25	26	27	28	29	30
三月	庚辰	九紫	日柱		辛酉	壬戌	癸亥	甲子	乙丑	丙寅	丁卯	戊辰	己巳	庚午	辛未	壬申	癸酉	甲戌	乙亥	丙子	丁丑	戊寅	己卯	庚辰	辛巳	壬午	癸未	甲申	乙酉	丙戌	丁亥	戊子	己丑	庚寅
			陽暦	月	3	4	4	4	4	4	4	4	4	4	4	4	4	4	4	4	4	4	4	4	4	4	4	4	4	4	4	4	4	4
				日	31	1	2	3	4	5	6	7	8	9	10	11	12	13	14	15	16	17	18	19	20	21	22	23	24	25	26	27	28	29
四月	辛巳	八白	日柱		辛卯	壬辰	癸巳	甲午	乙未	丙申	丁酉	戊戌	己亥	庚子	辛丑	壬寅	癸卯	甲辰	乙巳	丙午	丁未	戊申	己酉	庚戌	辛亥	壬子	癸丑	甲寅	乙卯	丙辰	丁巳	戊午	己未	
			陽暦	月	4	5	5	5	5	5	5	5	5	5	5	5	5	5	5	5	5	5	5	5	5	5	5	5	5	5	5	5	5	
				日	30	1	2	3	4	5	6	7	8	9	10	11	12	13	14	15	16	17	18	19	20	21	22	23	24	25	26	27	28	
五月	壬午	七赤	日柱		庚申	辛酉	壬戌	癸亥	甲子	乙丑	丙寅	丁卯	戊辰	己巳	庚午	辛未	壬申	癸酉	甲戌	乙亥	丙子	丁丑	戊寅	己卯	庚辰	辛巳	壬午	癸未	甲申	乙酉	丙戌	丁亥	戊子	己丑
			陽暦	月	5	5	5	6	6	6	6	6	6	6	6	6	6	6	6	6	6	6	6	6	6	6	6	6	6	6	6	6	6	6
				日	29	30	31	1	2	3	4	5	6	7	8	9	10	11	12	13	14	15	16	17	18	19	20	21	22	23	24	25	26	27
六月	癸未	六白	日柱		庚寅	辛卯	壬辰	癸巳	甲午	乙未	丙申	丁酉	戊戌	己亥	庚子	辛丑	壬寅	癸卯	甲辰	乙巳	丙午	丁未	戊申	己酉	庚戌	辛亥	壬子	癸丑	甲寅	乙卯	丙辰	丁巳	戊午	
			陽暦	月	6	6	6	7	7	7	7	7	7	7	7	7	7	7	7	7	7	7	7	7	7	7	7	7	7	7	7	7	7	
				日	28	29	30	1	2	3	4	5	6	7	8	9	10	11	12	13	14	15	16	17	18	19	20	21	22	23	24	25	26	
七月	甲申	五黄	日柱		己未	庚申	辛酉	壬戌	癸亥	甲子	乙丑	丙寅	丁卯	戊辰	己巳	庚午	辛未	壬申	癸酉	甲戌	乙亥	丙子	丁丑	戊寅	己卯	庚辰	辛巳	壬午	癸未	甲申	乙酉	丙戌	丁亥	戊子
			陽暦	月	7	7	7	7	7	8	8	8	8	8	8	8	8	8	8	8	8	8	8	8	8	8	8	8	8	8	8	8	8	8
				日	27	28	29	30	31	1	2	3	4	5	6	7	8	9	10	11	12	13	14	15	16	17	18	19	20	21	22	23	24	25
八月	乙酉	四緑	日柱		己丑	庚寅	辛卯	壬辰	癸巳	甲午	乙未	丙申	丁酉	戊戌	己亥	庚子	辛丑	壬寅	癸卯	甲辰	乙巳	丙午	丁未	戊申	己酉	庚戌	辛亥	壬子	癸丑	甲寅	乙卯	丙辰	丁巳	戊午
			陽暦	月	8	8	8	8	8	8	9	9	9	9	9	9	9	9	9	9	9	9	9	9	9	9	9	9	9	9	9	9	9	9
				日	26	27	28	29	30	31	1	2	3	4	5	6	7	8	9	10	11	12	13	14	15	16	17	18	19	20	21	22	23	24
閏八月			日柱		己未	庚申	辛酉	壬戌	癸亥	甲子	乙丑	丙寅	丁卯	戊辰	己巳	庚午	辛未	壬申	癸酉	甲戌	乙亥	丙子	丁丑	戊寅	己卯	庚辰	辛巳	壬午	癸未	甲申	乙酉	丙戌	丁亥	
			陽暦	月	9	9	9	9	9	9	10	10	10	10	10	10	10	10	10	10	10	10	10	10	10	10	10	10	10	10	10	10	10	
				日	25	26	27	28	29	30	1	2	3	4	5	6	7	8	9	10	11	12	13	14	15	16	17	18	19	20	21	22	23	
九月	丙戌	三碧	日柱		戊子	己丑	庚寅	辛卯	壬辰	癸巳	甲午	乙未	丙申	丁酉	戊戌	己亥	庚子	辛丑	壬寅	癸卯	甲辰	乙巳	丙午	丁未	戊申	己酉	庚戌	辛亥	壬子	癸丑	甲寅	乙卯	丙辰	
			陽暦	月	10	10	10	10	10	10	10	10	11	11	11	11	11	11	11	11	11	11	11	11	11	11	11	11	11	11	11	11	11	
				日	24	25	26	27	28	29	30	31	1	2	3	4	5	6	7	8	9	10	11	12	13	14	15	16	17	18	19	20	21	
十月	丁亥	二黒	日柱		丁巳	戊午	己未	庚申	辛酉	壬戌	癸亥	甲子	乙丑	丙寅	丁卯	戊辰	己巳	庚午	辛未	壬申	癸酉	甲戌	乙亥	丙子	丁丑	戊寅	己卯	庚辰	辛巳	壬午	癸未	甲申	乙酉	丙戌
			陽暦	月	11	11	11	11	11	11	11	11	11	12	12	12	12	12	12	12	12	12	12	12	12	12	12	12	12	12	12	12	12	12
				日	22	23	24	25	26	27	28	29	30	1	2	3	4	5	6	7	8	9	10	11	12	13	14	15	16	17	18	19	20	21
十一月	戊子	一白	日柱		丁亥	戊子	己丑	庚寅	辛卯	壬辰	癸巳	甲午	乙未	丙申	丁酉	戊戌	己亥	庚子	辛丑	壬寅	癸卯	甲辰	乙巳	丙午	丁未	戊申	己酉	庚戌	辛亥	壬子	癸丑	甲寅	乙卯	
			陽暦	月	12	12	12	12	12	12	12	12	12	12	1	1	1	1	1	1	1	1	1	1	1	1	1	1	1	1	1	1	1	
				日	22	23	24	25	26	27	28	29	30	31	1	2	3	4	5	6	7	8	9	10	11	12	13	14	15	16	17	18	19	
十二月	己丑	九紫	日柱		丙辰	丁巳	戊午	己未	庚申	辛酉	壬戌	癸亥	甲子	乙丑	丙寅	丁卯	戊辰	己巳	庚午	辛未	壬申	癸酉	甲戌	乙亥	丙子	丁丑	戊寅	己卯	庚辰	辛巳	壬午	癸未	甲申	乙酉
			陽暦	月	1	1	1	1	1	1	1	1	1	1	1	1	2	2	2	2	2	2	2	2	2	2	2	2	2	2	2	2	2	2
				日	20	21	22	23	24	25	26	27	28	29	30	31	1	2	3	4	5	6	7	8	9	10	11	12	13	14	15	16	17	18

1996年【丙子】

月別	月柱	紫白	農暦		初一	初二	初三	初四	初五	初六	初七	初八	初九	初十	十一	十二	十三	十四	十五	十六	十七	十八	十九	二十	廿一	廿二	廿三	廿四	廿五	廿六	廿七	廿八	廿九	三十
正月	庚寅	八白	日柱		丙戌	丁亥	戊子	己丑	庚寅	辛卯	壬辰	癸巳	甲午	乙未	丙申	丁酉	戊戌	己亥	庚子	辛丑	壬寅	癸卯	甲辰	乙巳	丙午	丁未	戊申	己酉	庚戌	辛亥	壬子	癸丑	甲寅	
			陽暦	月	2	2	2	2	2	2	2	2	2	2	2	3	3	3	3	3	3	3	3	3	3	3	3	3	3	3	3	3	3	
				日	19	20	21	22	23	24	25	26	27	28	29	1	2	3	4	5	6	7	8	9	10	11	12	13	14	15	16	17	18	
二月	辛卯	七赤	日柱		乙卯	丙辰	丁巳	戊午	己未	庚申	辛酉	壬戌	癸亥	甲子	乙丑	丙寅	丁卯	戊辰	己巳	庚午	辛未	壬申	癸酉	甲戌	乙亥	丙子	丁丑	戊寅	己卯	庚辰	辛巳	壬午	癸未	甲申
			陽暦	月	3	3	3	3	3	3	3	3	3	3	3	3	3	4	4	4	4	4	4	4	4	4	4	4	4	4	4	4	4	4
				日	19	20	21	22	23	24	25	26	27	28	29	30	31	1	2	3	4	5	6	7	8	9	10	11	12	13	14	15	16	17
三月	壬辰	六白	日柱		乙酉	丙戌	丁亥	戊子	己丑	庚寅	辛卯	壬辰	癸巳	甲午	乙未	丙申	丁酉	戊戌	己亥	庚子	辛丑	壬寅	癸卯	甲辰	乙巳	丙午	丁未	戊申	己酉	庚戌	辛亥	壬子	癸丑	
			陽暦	月	4	4	4	4	4	4	4	4	4	4	4	4	4	5	5	5	5	5	5	5	5	5	5	5	5	5	5	5	5	
				日	18	19	20	21	22	23	24	25	26	27	28	29	30	1	2	3	4	5	6	7	8	9	10	11	12	13	14	15	16	
四月	癸巳	五黄	日柱		甲寅	乙卯	丙辰	丁巳	戊午	己未	庚申	辛酉	壬戌	癸亥	甲子	乙丑	丙寅	丁卯	戊辰	己巳	庚午	辛未	壬申	癸酉	甲戌	乙亥	丙子	丁丑	戊寅	己卯	庚辰	辛巳	壬午	癸未
			陽暦	月	5	5	5	5	5	5	5	5	5	5	5	5	5	5	5	6	6	6	6	6	6	6	6	6	6	6	6	6	6	6
				日	17	18	19	20	21	22	23	24	25	26	27	28	29	30	31	1	2	3	4	5	6	7	8	9	10	11	12	13	14	15
五月	甲午	四緑	日柱		甲申	乙酉	丙戌	丁亥	戊子	己丑	庚寅	辛卯	壬辰	癸巳	甲午	乙未	丙申	丁酉	戊戌	己亥	庚子	辛丑	壬寅	癸卯	甲辰	乙巳	丙午	丁未	戊申	己酉	庚戌	辛亥	壬子	癸丑
			陽暦	月	6	6	6	6	6	6	6	6	6	6	6	6	6	6	6	7	7	7	7	7	7	7	7	7	7	7	7	7	7	7
				日	16	17	18	19	20	21	22	23	24	25	26	27	28	29	30	1	2	3	4	5	6	7	8	9	10	11	12	13	14	15
六月	乙未	三碧	日柱		甲寅	乙卯	丙辰	丁巳	戊午	己未	庚申	辛酉	壬戌	癸亥	甲子	乙丑	丙寅	丁卯	戊辰	己巳	庚午	辛未	壬申	癸酉	甲戌	乙亥	丙子	丁丑	戊寅	己卯	庚辰	辛巳	壬午	
			陽暦	月	7	7	7	7	7	7	7	7	7	7	7	7	7	7	7	7	8	8	8	8	8	8	8	8	8	8	8	8	8	
				日	16	17	18	19	20	21	22	23	24	25	26	27	28	29	30	31	1	2	3	4	5	6	7	8	9	10	11	12	13	
七月	丙申	二黒	日柱		癸未	甲申	乙酉	丙戌	丁亥	戊子	己丑	庚寅	辛卯	壬辰	癸巳	甲午	乙未	丙申	丁酉	戊戌	己亥	庚子	辛丑	壬寅	癸卯	甲辰	乙巳	丙午	丁未	戊申	己酉	庚戌	辛亥	壬子
			陽暦	月	8	8	8	8	8	8	8	8	8	8	8	8	8	8	8	8	8	8	9	9	9	9	9	9	9	9	9	9	9	9
				日	14	15	16	17	18	19	20	21	22	23	24	25	26	27	28	29	30	31	1	2	3	4	5	6	7	8	9	10	11	12
八月	丁酉	一白	日柱		癸丑	甲寅	乙卯	丙辰	丁巳	戊午	己未	庚申	辛酉	壬戌	癸亥	甲子	乙丑	丙寅	丁卯	戊辰	己巳	庚午	辛未	壬申	癸酉	甲戌	乙亥	丙子	丁丑	戊寅	己卯	庚辰	辛巳	
			陽暦	月	9	9	9	9	9	9	9	9	9	9	9	9	9	9	9	9	9	9	10	10	10	10	10	10	10	10	10	10	10	
				日	13	14	15	16	17	18	19	20	21	22	23	24	25	26	27	28	29	30	1	2	3	4	5	6	7	8	9	10	11	
九月	戊戌	九紫	日柱		壬午	癸未	甲申	乙酉	丙戌	丁亥	戊子	己丑	庚寅	辛卯	壬辰	癸巳	甲午	乙未	丙申	丁酉	戊戌	己亥	庚子	辛丑	壬寅	癸卯	甲辰	乙巳	丙午	丁未	戊申	己酉	庚戌	辛亥
			陽暦	月	10	10	10	10	10	10	10	10	10	10	10	10	10	10	10	10	10	10	10	10	11	11	11	11	11	11	11	11	11	11
				日	12	13	14	15	16	17	18	19	20	21	22	23	24	25	26	27	28	29	30	31	1	2	3	4	5	6	7	8	9	10
十月	己亥	八白	日柱		壬子	癸丑	甲寅	乙卯	丙辰	丁巳	戊午	己未	庚申	辛酉	壬戌	癸亥	甲子	乙丑	丙寅	丁卯	戊辰	己巳	庚午	辛未	壬申	癸酉	甲戌	乙亥	丙子	丁丑	戊寅	己卯	庚辰	辛巳
			陽暦	月	11	11	11	11	11	11	11	11	11	11	11	11	11	11	11	11	11	11	11	11	12	12	12	12	12	12	12	12	12	12
				日	11	12	13	14	15	16	17	18	19	20	21	22	23	24	25	26	27	28	29	30	1	2	3	4	5	6	7	8	9	10
十一月	庚子	七赤	日柱		壬午	癸未	甲申	乙酉	丙戌	丁亥	戊子	己丑	庚寅	辛卯	壬辰	癸巳	甲午	乙未	丙申	丁酉	戊戌	己亥	庚子	辛丑	壬寅	癸卯	甲辰	乙巳	丙午	丁未	戊申	己酉	庚戌	
			陽暦	月	12	12	12	12	12	12	12	12	12	12	12	12	12	12	12	12	12	12	12	12	12	1	1	1	1	1	1	1	1	
				日	11	12	13	14	15	16	17	18	19	20	21	22	23	24	25	26	27	28	29	30	31	1	2	3	4	5	6	7	8	
十二月	辛丑	六白	日柱		辛亥	壬子	癸丑	甲寅	乙卯	丙辰	丁巳	戊午	己未	庚申	辛酉	壬戌	癸亥	甲子	乙丑	丙寅	丁卯	戊辰	己巳	庚午	辛未	壬申	癸酉	甲戌	乙亥	丙子	丁丑	戊寅	己卯	
			陽暦	月	1	1	1	1	1	1	1	1	1	1	1	1	1	1	1	1	1	1	1	1	1	1	1	2	2	2	2	2	2	
				日	9	10	11	12	13	14	15	16	17	18	19	20	21	22	23	24	25	26	27	28	29	30	31	1	2	3	4	5	6	

1997年【丁丑】

月別	月柱	紫白	農暦		初一	初二	初三	初四	初五	初六	初七	初八	初九	初十	十一	十二	十三	十四	十五	十六	十七	十八	十九	二十	廿一	廿二	廿三	廿四	廿五	廿六	廿七	廿八	廿九	三十
正月	壬寅	五黄	日柱		庚辰	辛巳	壬午	癸未	甲申	乙酉	丙戌	丁亥	戊子	己丑	庚寅	辛卯	壬辰	癸巳	甲午	乙未	丙申	丁酉	戊戌	己亥	庚子	辛丑	壬寅	癸卯	甲辰	乙巳	丙午	丁未	戊申	己酉
			陽暦	月	2	2	2	2	2	2	2	2	2	2	2	2	2	2	2	2	2	2	2	2	2	2	3	3	3	3	3	3	3	3
				日	7	8	9	10	11	12	13	14	15	16	17	18	19	20	21	22	23	24	25	26	27	28	1	2	3	4	5	6	7	8
二月	癸卯	四緑	日柱		庚戌	辛亥	壬子	癸丑	甲寅	乙卯	丙辰	丁巳	戊午	己未	庚申	辛酉	壬戌	癸亥	甲子	乙丑	丙寅	丁卯	戊辰	己巳	庚午	辛未	壬申	癸酉	甲戌	乙亥	丙子	丁丑	戊寅	
			陽暦	月	3	3	3	3	3	3	3	3	3	3	3	3	3	3	3	3	3	3	3	3	3	3	3	4	4	4	4	4	4	
				日	9	10	11	12	13	14	15	16	17	18	19	20	21	22	23	24	25	26	27	28	29	30	31	1	2	3	4	5	6	
三月	甲辰	三碧	日柱		己卯	庚辰	辛巳	壬午	癸未	甲申	乙酉	丙戌	丁亥	戊子	己丑	庚寅	辛卯	壬辰	癸巳	甲午	乙未	丙申	丁酉	戊戌	己亥	庚子	辛丑	壬寅	癸卯	甲辰	乙巳	丙午	丁未	戊申
			陽暦	月	4	4	4	4	4	4	4	4	4	4	4	4	4	4	4	4	4	4	4	4	4	4	4	4	5	5	5	5	5	5
				日	7	8	9	10	11	12	13	14	15	16	17	18	19	20	21	22	23	24	25	26	27	28	29	30	1	2	3	4	5	6
四月	乙巳	二黒	日柱		己酉	庚戌	辛亥	壬子	癸丑	甲寅	乙卯	丙辰	丁巳	戊午	己未	庚申	辛酉	壬戌	癸亥	甲子	乙丑	丙寅	丁卯	戊辰	己巳	庚午	辛未	壬申	癸酉	甲戌	乙亥	丙子	丁丑	
			陽暦	月	5	5	5	5	5	5	5	5	5	5	5	5	5	5	5	5	5	5	5	5	5	5	5	5	5	6	6	6	6	
				日	7	8	9	10	11	12	13	14	15	16	17	18	19	20	21	22	23	24	25	26	27	28	29	30	31	1	2	3	4	
五月	丙午	一白	日柱		戊寅	己卯	庚辰	辛巳	壬午	癸未	甲申	乙酉	丙戌	丁亥	戊子	己丑	庚寅	辛卯	壬辰	癸巳	甲午	乙未	丙申	丁酉	戊戌	己亥	庚子	辛丑	壬寅	癸卯	甲辰	乙巳	丙午	丁未
			陽暦	月	6	6	6	6	6	6	6	6	6	6	6	6	6	6	6	6	6	6	6	6	6	6	6	6	6	6	7	7	7	7
				日	5	6	7	8	9	10	11	12	13	14	15	16	17	18	19	20	21	22	23	24	25	26	27	28	29	30	1	2	3	4
六月	丁未	九紫	日柱		戊申	己酉	庚戌	辛亥	壬子	癸丑	甲寅	乙卯	丙辰	丁巳	戊午	己未	庚申	辛酉	壬戌	癸亥	甲子	乙丑	丙寅	丁卯	戊辰	己巳	庚午	辛未	壬申	癸酉	甲戌	乙亥	丙子	
			陽暦	月	7	7	7	7	7	7	7	7	7	7	7	7	7	7	7	7	7	7	7	7	7	7	7	7	7	7	7	8	8	
				日	5	6	7	8	9	10	11	12	13	14	15	16	17	18	19	20	21	22	23	24	25	26	27	28	29	30	31	1	2	
七月	戊申	八白	日柱		丁丑	戊寅	己卯	庚辰	辛巳	壬午	癸未	甲申	乙酉	丙戌	丁亥	戊子	己丑	庚寅	辛卯	壬辰	癸巳	甲午	乙未	丙申	丁酉	戊戌	己亥	庚子	辛丑	壬寅	癸卯	甲辰	乙巳	丙午
			陽暦	月	8	8	8	8	8	8	8	8	8	8	8	8	8	8	8	8	8	8	8	8	8	8	8	8	8	8	8	8	8	9
				日	3	4	5	6	7	8	9	10	11	12	13	14	15	16	17	18	19	20	21	22	23	24	25	26	27	28	29	30	31	1
八月	己酉	七赤	日柱		丁未	戊申	己酉	庚戌	辛亥	壬子	癸丑	甲寅	乙卯	丙辰	丁巳	戊午	己未	庚申	辛酉	壬戌	癸亥	甲子	乙丑	丙寅	丁卯	戊辰	己巳	庚午	辛未	壬申	癸酉	甲戌	乙亥	丙子
			陽暦	月	9	9	9	9	9	9	9	9	9	9	9	9	9	9	9	9	9	9	9	9	9	9	9	9	9	9	9	9	9	10
				日	2	3	4	5	6	7	8	9	10	11	12	13	14	15	16	17	18	19	20	21	22	23	24	25	26	27	28	29	30	1
九月	庚戌	六白	日柱		丁丑	戊寅	己卯	庚辰	辛巳	壬午	癸未	甲申	乙酉	丙戌	丁亥	戊子	己丑	庚寅	辛卯	壬辰	癸巳	甲午	乙未	丙申	丁酉	戊戌	己亥	庚子	辛丑	壬寅	癸卯	甲辰	乙巳	
			陽暦	月	10	10	10	10	10	10	10	10	10	10	10	10	10	10	10	10	10	10	10	10	10	10	10	10	10	10	10	10	10	
				日	2	3	4	5	6	7	8	9	10	11	12	13	14	15	16	17	18	19	20	21	22	23	24	25	26	27	28	29	30	
十月	辛亥	五黄	日柱		丙午	丁未	戊申	己酉	庚戌	辛亥	壬子	癸丑	甲寅	乙卯	丙辰	丁巳	戊午	己未	庚申	辛酉	壬戌	癸亥	甲子	乙丑	丙寅	丁卯	戊辰	己巳	庚午	辛未	壬申	癸酉	甲戌	乙亥
			陽暦	月	10	11	11	11	11	11	11	11	11	11	11	11	11	11	11	11	11	11	11	11	11	11	11	11	11	11	11	11	11	11
				日	31	1	2	3	4	5	6	7	8	9	10	11	12	13	14	15	16	17	18	19	20	21	22	23	24	25	26	27	28	29
十一月	壬子	四緑	日柱		丙子	丁丑	戊寅	己卯	庚辰	辛巳	壬午	癸未	甲申	乙酉	丙戌	丁亥	戊子	己丑	庚寅	辛卯	壬辰	癸巳	甲午	乙未	丙申	丁酉	戊戌	己亥	庚子	辛丑	壬寅	癸卯	甲辰	乙巳
			陽暦	月	11	12	12	12	12	12	12	12	12	12	12	12	12	12	12	12	12	12	12	12	12	12	12	12	12	12	12	12	12	12
				日	30	1	2	3	4	5	6	7	8	9	10	11	12	13	14	15	16	17	18	19	20	21	22	23	24	25	26	27	28	29
十二月	癸丑	三碧	日柱		丙午	丁未	戊申	己酉	庚戌	辛亥	壬子	癸丑	甲寅	乙卯	丙辰	丁巳	戊午	己未	庚申	辛酉	壬戌	癸亥	甲子	乙丑	丙寅	丁卯	戊辰	己巳	庚午	辛未	壬申	癸酉	甲戌	
			陽暦	月	12	12	1	1	1	1	1	1	1	1	1	1	1	1	1	1	1	1	1	1	1	1	1	1	1	1	1	1	1	
				日	30	31	1	2	3	4	5	6	7	8	9	10	11	12	13	14	15	16	17	18	19	20	21	22	23	24	25	26	27	

1998年【戊寅】

月別	月柱	紫白	農暦		初一	初二	初三	初四	初五	初六	初七	初八	初九	初十	十一	十二	十三	十四	十五	十六	十七	十八	十九	二十	廿一	廿二	廿三	廿四	廿五	廿六	廿七	廿八	廿九	三十
正月	甲寅	二黒	日柱		乙亥	丙子	丁丑	戊寅	己卯	庚辰	辛巳	壬午	癸未	甲申	乙酉	丙戌	丁亥	戊子	己丑	庚寅	辛卯	壬辰	癸巳	甲午	乙未	丙申	丁酉	戊戌	己亥	庚子	辛丑	壬寅	癸卯	甲辰
			陽暦	月	1	1	1	1	2	2	2	2	2	2	2	2	2	2	2	2	2	2	2	2	2	2	2	2	2	2	2	2	2	2
				日	28	29	30	31	1	2	3	4	5	6	7	8	9	10	11	12	13	14	15	16	17	18	19	20	21	22	23	24	25	26
二月	乙卯	一白	日柱		乙巳	丙午	丁未	戊申	己酉	庚戌	辛亥	壬子	癸丑	甲寅	乙卯	丙辰	丁巳	戊午	己未	庚申	辛酉	壬戌	癸亥	甲子	乙丑	丙寅	丁卯	戊辰	己巳	庚午	辛未	壬申	癸酉	
			陽暦	月	2	2	3	3	3	3	3	3	3	3	3	3	3	3	3	3	3	3	3	3	3	3	3	3	3	3	3	3	3	
				日	27	28	1	2	3	4	5	6	7	8	9	10	11	12	13	14	15	16	17	18	19	20	21	22	23	24	25	26	27	
三月	丙辰	九紫	日柱		甲戌	乙亥	丙子	丁丑	戊寅	己卯	庚辰	辛巳	壬午	癸未	甲申	乙酉	丙戌	丁亥	戊子	己丑	庚寅	辛卯	壬辰	癸巳	甲午	乙未	丙申	丁酉	戊戌	己亥	庚子	辛丑	壬寅	
			陽暦	月	3	3	3	3	4	4	4	4	4	4	4	4	4	4	4	4	4	4	4	4	4	4	4	4	4	4	4	4	4	
				日	28	29	30	31	1	2	3	4	5	6	7	8	9	10	11	12	13	14	15	16	17	18	19	20	21	22	23	24	25	
四月	丁巳	八白	日柱		癸卯	甲辰	乙巳	丙午	丁未	戊申	己酉	庚戌	辛亥	壬子	癸丑	甲寅	乙卯	丙辰	丁巳	戊午	己未	庚申	辛酉	壬戌	癸亥	甲子	乙丑	丙寅	丁卯	戊辰	己巳	庚午	辛未	壬申
			陽暦	月	4	4	4	4	4	5	5	5	5	5	5	5	5	5	5	5	5	5	5	5	5	5	5	5	5	5	5	5	5	5
				日	26	27	28	29	30	1	2	3	4	5	6	7	8	9	10	11	12	13	14	15	16	17	18	19	20	21	22	23	24	25
五月	戊午	七赤	日柱		癸酉	甲戌	乙亥	丙子	丁丑	戊寅	己卯	庚辰	辛巳	壬午	癸未	甲申	乙酉	丙戌	丁亥	戊子	己丑	庚寅	辛卯	壬辰	癸巳	甲午	乙未	丙申	丁酉	戊戌	己亥	庚子	辛丑	
			陽暦	月	5	5	5	5	5	5	6	6	6	6	6	6	6	6	6	6	6	6	6	6	6	6	6	6	6	6	6	6	6	
				日	26	27	28	29	30	31	1	2	3	4	5	6	7	8	9	10	11	12	13	14	15	16	17	18	19	20	21	22	23	
閏五月			日柱		壬寅	癸卯	甲辰	乙巳	丙午	丁未	戊申	己酉	庚戌	辛亥	壬子	癸丑	甲寅	乙卯	丙辰	丁巳	戊午	己未	庚申	辛酉	壬戌	癸亥	甲子	乙丑	丙寅	丁卯	戊辰	己巳	庚午	
			陽暦	月	6	6	6	6	6	6	6	7	7	7	7	7	7	7	7	7	7	7	7	7	7	7	7	7	7	7	7	7	7	
				日	24	25	26	27	28	29	30	1	2	3	4	5	6	7	8	9	10	11	12	13	14	15	16	17	18	19	20	21	22	
六月	己未	六白	日柱		辛未	壬申	癸酉	甲戌	乙亥	丙子	丁丑	戊寅	己卯	庚辰	辛巳	壬午	癸未	甲申	乙酉	丙戌	丁亥	戊子	己丑	庚寅	辛卯	壬辰	癸巳	甲午	乙未	丙申	丁酉	戊戌	己亥	庚子
			陽暦	月	7	7	7	7	7	7	7	7	7	8	8	8	8	8	8	8	8	8	8	8	8	8	8	8	8	8	8	8	8	8
				日	23	24	25	26	27	28	29	30	31	1	2	3	4	5	6	7	8	9	10	11	12	13	14	15	16	17	18	19	20	21
七月	庚申	五黄	日柱		辛丑	壬寅	癸卯	甲辰	乙巳	丙午	丁未	戊申	己酉	庚戌	辛亥	壬子	癸丑	甲寅	乙卯	丙辰	丁巳	戊午	己未	庚申	辛酉	壬戌	癸亥	甲子	乙丑	丙寅	丁卯	戊辰	己巳	庚午
			陽暦	月	8	8	8	8	8	8	8	8	8	8	9	9	9	9	9	9	9	9	9	9	9	9	9	9	9	9	9	9	9	9
				日	22	23	24	25	26	27	28	29	30	31	1	2	3	4	5	6	7	8	9	10	11	12	13	14	15	16	17	18	19	20
八月	辛酉	四緑	日柱		辛未	壬申	癸酉	甲戌	乙亥	丙子	丁丑	戊寅	己卯	庚辰	辛巳	壬午	癸未	甲申	乙酉	丙戌	丁亥	戊子	己丑	庚寅	辛卯	壬辰	癸巳	甲午	乙未	丙申	丁酉	戊戌	己亥	
			陽暦	月	9	9	9	9	9	9	9	9	9	9	10	10	10	10	10	10	10	10	10	10	10	10	10	10	10	10	10	10	10	
				日	21	22	23	24	25	26	27	28	29	30	1	2	3	4	5	6	7	8	9	10	11	12	13	14	15	16	17	18	19	
九月	壬戌	三碧	日柱		庚子	辛丑	壬寅	癸卯	甲辰	乙巳	丙午	丁未	戊申	己酉	庚戌	辛亥	壬子	癸丑	甲寅	乙卯	丙辰	丁巳	戊午	己未	庚申	辛酉	壬戌	癸亥	甲子	乙丑	丙寅	丁卯	戊辰	己巳
			陽暦	月	10	10	10	10	10	10	10	10	10	10	10	10	11	11	11	11	11	11	11	11	11	11	11	11	11	11	11	11	11	11
				日	20	21	22	23	24	25	26	27	28	29	30	31	1	2	3	4	5	6	7	8	9	10	11	12	13	14	15	16	17	18
十月	癸亥	二黒	日柱		庚午	辛未	壬申	癸酉	甲戌	乙亥	丙子	丁丑	戊寅	己卯	庚辰	辛巳	壬午	癸未	甲申	乙酉	丙戌	丁亥	戊子	己丑	庚寅	辛卯	壬辰	癸巳	甲午	乙未	丙申	丁酉	戊戌	己亥
			陽暦	月	11	11	11	11	11	11	11	11	11	11	11	11	12	12	12	12	12	12	12	12	12	12	12	12	12	12	12	12	12	12
				日	19	20	21	22	23	24	25	26	27	28	29	30	1	2	3	4	5	6	7	8	9	10	11	12	13	14	15	16	17	18
十一月	甲子	一白	日柱		庚子	辛丑	壬寅	癸卯	甲辰	乙巳	丙午	丁未	戊申	己酉	庚戌	辛亥	壬子	癸丑	甲寅	乙卯	丙辰	丁巳	戊午	己未	庚申	辛酉	壬戌	癸亥	甲子	乙丑	丙寅	丁卯	戊辰	
			陽暦	月	12	12	12	12	12	12	12	12	12	12	12	12	12	1	1	1	1	1	1	1	1	1	1	1	1	1	1	1	1	
				日	19	20	21	22	23	24	25	26	27	28	29	30	31	1	2	3	4	5	6	7	8	9	10	11	12	13	14	15	16	
十二月	乙丑	九紫	日柱		己巳	庚午	辛未	壬申	癸酉	甲戌	乙亥	丙子	丁丑	戊寅	己卯	庚辰	辛巳	壬午	癸未	甲申	乙酉	丙戌	丁亥	戊子	己丑	庚寅	辛卯	壬辰	癸巳	甲午	乙未	丙申	丁酉	戊戌
			陽暦	月	1	1	1	1	1	1	1	1	1	1	1	1	1	1	1	2	2	2	2	2	2	2	2	2	2	2	2	2	2	2
				日	17	18	19	20	21	22	23	24	25	26	27	28	29	30	31	1	2	3	4	5	6	7	8	9	10	11	12	13	14	15

1999年【己卯】

月別	月柱	紫白	農暦		初一	初二	初三	初四	初五	初六	初七	初八	初九	初十	十一	十二	十三	十四	十五	十六	十七	十八	十九	二十	廿一	廿二	廿三	廿四	廿五	廿六	廿七	廿八	廿九	三十
正月	丙寅	八白	日柱		己亥	庚子	辛丑	壬寅	癸卯	甲辰	乙巳	丙午	丁未	戊申	己酉	庚戌	辛亥	壬子	癸丑	甲寅	乙卯	丙辰	丁巳	戊午	己未	庚申	辛酉	壬戌	癸亥	甲子	乙丑	丙寅	丁卯	戊辰
			陽暦	月	2	2	2	2	2	2	2	2	2	2	2	2	2	3	3	3	3	3	3	3	3	3	3	3	3	3	3	3	3	3
				日	16	17	18	19	20	21	22	23	24	25	26	27	28	1	2	3	4	5	6	7	8	9	10	11	12	13	14	15	16	17
二月	丁卯	七赤	日柱		己巳	庚午	辛未	壬申	癸酉	甲戌	乙亥	丙子	丁丑	戊寅	己卯	庚辰	辛巳	壬午	癸未	甲申	乙酉	丙戌	丁亥	戊子	己丑	庚寅	辛卯	壬辰	癸巳	甲午	乙未	丙申	丁酉	
			陽暦	月	3	3	3	3	3	3	3	3	3	3	3	3	3	3	4	4	4	4	4	4	4	4	4	4	4	4	4	4	4	
				日	18	19	20	21	22	23	24	25	26	27	28	29	30	31	1	2	3	4	5	6	7	8	9	10	11	12	13	14	15	
三月	戊辰	六白	日柱		戊戌	己亥	庚子	辛丑	壬寅	癸卯	甲辰	乙巳	丙午	丁未	戊申	己酉	庚戌	辛亥	壬子	癸丑	甲寅	乙卯	丙辰	丁巳	戊午	己未	庚申	辛酉	壬戌	癸亥	甲子	乙丑	丙寅	
			陽暦	月	4	4	4	4	4	4	4	4	4	4	4	4	4	4	4	5	5	5	5	5	5	5	5	5	5	5	5	5	5	
				日	16	17	18	19	20	21	22	23	24	25	26	27	28	29	30	1	2	3	4	5	6	7	8	9	10	11	12	13	14	
四月	己巳	五黄	日柱		丁卯	戊辰	己巳	庚午	辛未	壬申	癸酉	甲戌	乙亥	丙子	丁丑	戊寅	己卯	庚辰	辛巳	壬午	癸未	甲申	乙酉	丙戌	丁亥	戊子	己丑	庚寅	辛卯	壬辰	癸巳	甲午	乙未	丙申
			陽暦	月	5	5	5	5	5	5	5	5	5	5	5	5	5	5	5	5	5	6	6	6	6	6	6	6	6	6	6	6	6	6
				日	15	16	17	18	19	20	21	22	23	24	25	26	27	28	29	30	31	1	2	3	4	5	6	7	8	9	10	11	12	13
五月	庚午	四緑	日柱		丁酉	戊戌	己亥	庚子	辛丑	壬寅	癸卯	甲辰	乙巳	丙午	丁未	戊申	己酉	庚戌	辛亥	壬子	癸丑	甲寅	乙卯	丙辰	丁巳	戊午	己未	庚申	辛酉	壬戌	癸亥	甲子	乙丑	
			陽暦	月	6	6	6	6	6	6	6	6	6	6	6	6	6	6	6	6	6	7	7	7	7	7	7	7	7	7	7	7	7	
				日	14	15	16	17	18	19	20	21	22	23	24	25	26	27	28	29	30	1	2	3	4	5	6	7	8	9	10	11	12	
六月	辛未	三碧	日柱		丙寅	丁卯	戊辰	己巳	庚午	辛未	壬申	癸酉	甲戌	乙亥	丙子	丁丑	戊寅	己卯	庚辰	辛巳	壬午	癸未	甲申	乙酉	丙戌	丁亥	戊子	己丑	庚寅	辛卯	壬辰	癸巳	甲午	
			陽暦	月	7	7	7	7	7	7	7	7	7	7	7	7	7	7	7	7	7	7	7	8	8	8	8	8	8	8	8	8	8	
				日	13	14	15	16	17	18	19	20	21	22	23	24	25	26	27	28	29	30	31	1	2	3	4	5	6	7	8	9	10	
七月	壬申	二黒	日柱		乙未	丙申	丁酉	戊戌	己亥	庚子	辛丑	壬寅	癸卯	甲辰	乙巳	丙午	丁未	戊申	己酉	庚戌	辛亥	壬子	癸丑	甲寅	乙卯	丙辰	丁巳	戊午	己未	庚申	辛酉	壬戌	癸亥	甲子
			陽暦	月	8	8	8	8	8	8	8	8	8	8	8	8	8	8	8	8	8	8	8	8	8	9	9	9	9	9	9	9	9	9
				日	11	12	13	14	15	16	17	18	19	20	21	22	23	24	25	26	27	28	29	30	31	1	2	3	4	5	6	7	8	9
八月	癸酉	一白	日柱		乙丑	丙寅	丁卯	戊辰	己巳	庚午	辛未	壬申	癸酉	甲戌	乙亥	丙子	丁丑	戊寅	己卯	庚辰	辛巳	壬午	癸未	甲申	乙酉	丙戌	丁亥	戊子	己丑	庚寅	辛卯	壬辰	癸巳	
			陽暦	月	9	9	9	9	9	9	9	9	9	9	9	9	9	9	9	9	9	9	9	9	9	10	10	10	10	10	10	10	10	
				日	10	11	12	13	14	15	16	17	18	19	20	21	22	23	24	25	26	27	28	29	30	1	2	3	4	5	6	7	8	
九月	甲戌	九紫	日柱		甲午	乙未	丙申	丁酉	戊戌	己亥	庚子	辛丑	壬寅	癸卯	甲辰	乙巳	丙午	丁未	戊申	己酉	庚戌	辛亥	壬子	癸丑	甲寅	乙卯	丙辰	丁巳	戊午	己未	庚申	辛酉	壬戌	癸亥
			陽暦	月	10	10	10	10	10	10	10	10	10	10	10	10	10	10	10	10	10	10	10	10	10	10	10	11	11	11	11	11	11	11
				日	9	10	11	12	13	14	15	16	17	18	19	20	21	22	23	24	25	26	27	28	29	30	31	1	2	3	4	5	6	7
十月	乙亥	八白	日柱		甲子	乙丑	丙寅	丁卯	戊辰	己巳	庚午	辛未	壬申	癸酉	甲戌	乙亥	丙子	丁丑	戊寅	己卯	庚辰	辛巳	壬午	癸未	甲申	乙酉	丙戌	丁亥	戊子	己丑	庚寅	辛卯	壬辰	癸巳
			陽暦	月	11	11	11	11	11	11	11	11	11	11	11	11	11	11	11	11	11	11	11	11	11	11	11	12	12	12	12	12	12	12
				日	8	9	10	11	12	13	14	15	16	17	18	19	20	21	22	23	24	25	26	27	28	29	30	1	2	3	4	5	6	7
十一月	丙子	七赤	日柱		甲午	乙未	丙申	丁酉	戊戌	己亥	庚子	辛丑	壬寅	癸卯	甲辰	乙巳	丙午	丁未	戊申	己酉	庚戌	辛亥	壬子	癸丑	甲寅	乙卯	丙辰	丁巳	戊午	己未	庚申	辛酉	壬戌	癸亥
			陽暦	月	12	12	12	12	12	12	12	12	12	12	12	12	12	12	12	12	12	12	12	12	12	12	12	12	1	1	1	1	1	1
				日	8	9	10	11	12	13	14	15	16	17	18	19	20	21	22	23	24	25	26	27	28	29	30	31	1	2	3	4	5	6
十二月	丁丑	六白	日柱		甲子	乙丑	丙寅	丁卯	戊辰	己巳	庚午	辛未	壬申	癸酉	甲戌	乙亥	丙子	丁丑	戊寅	己卯	庚辰	辛巳	壬午	癸未	甲申	乙酉	丙戌	丁亥	戊子	己丑	庚寅	辛卯	壬辰	
			陽暦	月	1	1	1	1	1	1	1	1	1	1	1	1	1	1	1	1	1	1	1	1	1	1	1	1	1	2	2	2	2	
				日	7	8	9	10	11	12	13	14	15	16	17	18	19	20	21	22	23	24	25	26	27	28	29	30	31	1	2	3	4	

2000年【庚辰】

月別	月柱	紫白	農暦		初一	初二	初三	初四	初五	初六	初七	初八	初九	初十	十一	十二	十三	十四	十五	十六	十七	十八	十九	二十	廿一	廿二	廿三	廿四	廿五	廿六	廿七	廿八	廿九	三十
正月	戊寅	五黄	日柱		癸巳	甲午	乙未	丙申	丁酉	戊戌	己亥	庚子	辛丑	壬寅	癸卯	甲辰	乙巳	丙午	丁未	戊申	己酉	庚戌	辛亥	壬子	癸丑	甲寅	乙卯	丙辰	丁巳	戊午	己未	庚申	辛酉	壬戌
			陽暦	月	2	2	2	2	2	2	2	2	2	2	2	2	2	2	2	2	2	2	2	2	2	2	2	2	2	3	3	3	3	3
				日	5	6	7	8	9	10	11	12	13	14	15	16	17	18	19	20	21	22	23	24	25	26	27	28	29	1	2	3	4	5
二月	己卯	四緑	日柱		癸亥	甲子	乙丑	丙寅	丁卯	戊辰	己巳	庚午	辛未	壬申	癸酉	甲戌	乙亥	丙子	丁丑	戊寅	己卯	庚辰	辛巳	壬午	癸未	甲申	乙酉	丙戌	丁亥	戊子	己丑	庚寅	辛卯	壬辰
			陽暦	月	3	3	3	3	3	3	3	3	3	3	3	3	3	3	3	3	3	3	3	3	3	3	3	3	3	3	4	4	4	4
				日	6	7	8	9	10	11	12	13	14	15	16	17	18	19	20	21	22	23	24	25	26	27	28	29	30	31	1	2	3	4
三月	庚辰	三碧	日柱		癸巳	甲午	乙未	丙申	丁酉	戊戌	己亥	庚子	辛丑	壬寅	癸卯	甲辰	乙巳	丙午	丁未	戊申	己酉	庚戌	辛亥	壬子	癸丑	甲寅	乙卯	丙辰	丁巳	戊午	己未	庚申	辛酉	
			陽暦	月	4	4	4	4	4	4	4	4	4	4	4	4	4	4	4	4	4	4	4	4	4	4	4	4	4	4	5	5	5	
				日	5	6	7	8	9	10	11	12	13	14	15	16	17	18	19	20	21	22	23	24	25	26	27	28	29	30	1	2	3	
四月	辛巳	二黒	日柱		壬戌	癸亥	甲子	乙丑	丙寅	丁卯	戊辰	己巳	庚午	辛未	壬申	癸酉	甲戌	乙亥	丙子	丁丑	戊寅	己卯	庚辰	辛巳	壬午	癸未	甲申	乙酉	丙戌	丁亥	戊子	己丑	庚寅	
			陽暦	月	5	5	5	5	5	5	5	5	5	5	5	5	5	5	5	5	5	5	5	5	5	5	5	5	5	5	5	5	6	
				日	4	5	6	7	8	9	10	11	12	13	14	15	16	17	18	19	20	21	22	23	24	25	26	27	28	29	30	31	1	
五月	壬午	一白	日柱		辛卯	壬辰	癸巳	甲午	乙未	丙申	丁酉	戊戌	己亥	庚子	辛丑	壬寅	癸卯	甲辰	乙巳	丙午	丁未	戊申	己酉	庚戌	辛亥	壬子	癸丑	甲寅	乙卯	丙辰	丁巳	戊午	己未	庚申
			陽暦	月	6	6	6	6	6	6	6	6	6	6	6	6	6	6	6	6	6	6	6	6	6	6	6	6	6	6	6	6	6	7
				日	2	3	4	5	6	7	8	9	10	11	12	13	14	15	16	17	18	19	20	21	22	23	24	25	26	27	28	29	30	1
六月	癸未	九紫	日柱		辛酉	壬戌	癸亥	甲子	乙丑	丙寅	丁卯	戊辰	己巳	庚午	辛未	壬申	癸酉	甲戌	乙亥	丙子	丁丑	戊寅	己卯	庚辰	辛巳	壬午	癸未	甲申	乙酉	丙戌	丁亥	戊子	己丑	
			陽暦	月	7	7	7	7	7	7	7	7	7	7	7	7	7	7	7	7	7	7	7	7	7	7	7	7	7	7	7	7	7	
				日	2	3	4	5	6	7	8	9	10	11	12	13	14	15	16	17	18	19	20	21	22	23	24	25	26	27	28	29	30	
七月	甲申	八白	日柱		庚寅	辛卯	壬辰	癸巳	甲午	乙未	丙申	丁酉	戊戌	己亥	庚子	辛丑	壬寅	癸卯	甲辰	乙巳	丙午	丁未	戊申	己酉	庚戌	辛亥	壬子	癸丑	甲寅	乙卯	丙辰	丁巳	戊午	
			陽暦	月	7	8	8	8	8	8	8	8	8	8	8	8	8	8	8	8	8	8	8	8	8	8	8	8	8	8	8	8	8	
				日	31	1	2	3	4	5	6	7	8	9	10	11	12	13	14	15	16	17	18	19	20	21	22	23	24	25	26	27	28	
八月	乙酉	七赤	日柱		己未	庚申	辛酉	壬戌	癸亥	甲子	乙丑	丙寅	丁卯	戊辰	己巳	庚午	辛未	壬申	癸酉	甲戌	乙亥	丙子	丁丑	戊寅	己卯	庚辰	辛巳	壬午	癸未	甲申	乙酉	丙戌	丁亥	戊子
			陽暦	月	8	8	8	9	9	9	9	9	9	9	9	9	9	9	9	9	9	9	9	9	9	9	9	9	9	9	9	9	9	9
				日	29	30	31	1	2	3	4	5	6	7	8	9	10	11	12	13	14	15	16	17	18	19	20	21	22	23	24	25	26	27
九月	丙戌	六白	日柱		己丑	庚寅	辛卯	壬辰	癸巳	甲午	乙未	丙申	丁酉	戊戌	己亥	庚子	辛丑	壬寅	癸卯	甲辰	乙巳	丙午	丁未	戊申	己酉	庚戌	辛亥	壬子	癸丑	甲寅	乙卯	丙辰	丁巳	
			陽暦	月	9	9	9	10	10	10	10	10	10	10	10	10	10	10	10	10	10	10	10	10	10	10	10	10	10	10	10	10	10	
				日	28	29	30	1	2	3	4	5	6	7	8	9	10	11	12	13	14	15	16	17	18	19	20	21	22	23	24	25	26	
十月	丁亥	五黄	日柱		戊午	己未	庚申	辛酉	壬戌	癸亥	甲子	乙丑	丙寅	丁卯	戊辰	己巳	庚午	辛未	壬申	癸酉	甲戌	乙亥	丙子	丁丑	戊寅	己卯	庚辰	辛巳	壬午	癸未	甲申	乙酉	丙戌	丁亥
			陽暦	月	10	10	10	10	10	11	11	11	11	11	11	11	11	11	11	11	11	11	11	11	11	11	11	11	11	11	11	11	11	11
				日	27	28	29	30	31	1	2	3	4	5	6	7	8	9	10	11	12	13	14	15	16	17	18	19	20	21	22	23	24	25
十一月	戊子	四緑	日柱		戊子	己丑	庚寅	辛卯	壬辰	癸巳	甲午	乙未	丙申	丁酉	戊戌	己亥	庚子	辛丑	壬寅	癸卯	甲辰	乙巳	丙午	丁未	戊申	己酉	庚戌	辛亥	壬子	癸丑	甲寅	乙卯	丙辰	丁巳
			陽暦	月	11	11	11	11	11	12	12	12	12	12	12	12	12	12	12	12	12	12	12	12	12	12	12	12	12	12	12	12	12	12
				日	26	27	28	29	30	1	2	3	4	5	6	7	8	9	10	11	12	13	14	15	16	17	18	19	20	21	22	23	24	25
十二月	己丑	三碧	日柱		戊午	己未	庚申	辛酉	壬戌	癸亥	甲子	乙丑	丙寅	丁卯	戊辰	己巳	庚午	辛未	壬申	癸酉	甲戌	乙亥	丙子	丁丑	戊寅	己卯	庚辰	辛巳	壬午	癸未	甲申	乙酉	丙戌	
			陽暦	月	12	12	12	12	12	12	1	1	1	1	1	1	1	1	1	1	1	1	1	1	1	1	1	1	1	1	1	1	1	
				日	26	27	28	29	30	31	1	2	3	4	5	6	7	8	9	10	11	12	13	14	15	16	17	18	19	20	21	22	23	

2001年【辛巳】

月別	月柱	紫白	農暦		初一	初二	初三	初四	初五	初六	初七	初八	初九	初十	十一	十二	十三	十四	十五	十六	十七	十八	十九	二十	廿一	廿二	廿三	廿四	廿五	廿六	廿七	廿八	廿九	三十
正月	庚寅	二黒	日柱		丁亥	戊子	己丑	庚寅	辛卯	壬辰	癸巳	甲午	乙未	丙申	丁酉	戊戌	己亥	庚子	辛丑	壬寅	癸卯	甲辰	乙巳	丙午	丁未	戊申	己酉	庚戌	辛亥	壬子	癸丑	甲寅	乙卯	丙辰
			陽暦	月	1	1	1	1	1	1	1	1	2	2	2	2	2	2	2	2	2	2	2	2	2	2	2	2	2	2	2	2	2	2
			陽暦	日	24	25	26	27	28	29	30	31	1	2	3	4	5	6	7	8	9	10	11	12	13	14	15	16	17	18	19	20	21	22
二月	辛卯	一白	日柱		丁巳	戊午	己未	庚申	辛酉	壬戌	癸亥	甲子	乙丑	丙寅	丁卯	戊辰	己巳	庚午	辛未	壬申	癸酉	甲戌	乙亥	丙子	丁丑	戊寅	己卯	庚辰	辛巳	壬午	癸未	甲申	乙酉	丙戌
			陽暦	月	2	2	2	2	2	2	3	3	3	3	3	3	3	3	3	3	3	3	3	3	3	3	3	3	3	3	3	3	3	3
			陽暦	日	23	24	25	26	27	28	1	2	3	4	5	6	7	8	9	10	11	12	13	14	15	16	17	18	19	20	21	22	23	24
三月	壬辰	九紫	日柱		丁亥	戊子	己丑	庚寅	辛卯	壬辰	癸巳	甲午	乙未	丙申	丁酉	戊戌	己亥	庚子	辛丑	壬寅	癸卯	甲辰	乙巳	丙午	丁未	戊申	己酉	庚戌	辛亥	壬子	癸丑	甲寅	乙卯	
			陽暦	月	3	3	3	3	3	3	3	4	4	4	4	4	4	4	4	4	4	4	4	4	4	4	4	4	4	4	4	4	4	
			陽暦	日	25	26	27	28	29	30	31	1	2	3	4	5	6	7	8	9	10	11	12	13	14	15	16	17	18	19	20	21	22	
四月	癸巳	八白	日柱		丙辰	丁巳	戊午	己未	庚申	辛酉	壬戌	癸亥	甲子	乙丑	丙寅	丁卯	戊辰	己巳	庚午	辛未	壬申	癸酉	甲戌	乙亥	丙子	丁丑	戊寅	己卯	庚辰	辛巳	壬午	癸未	甲申	乙酉
			陽暦	月	4	4	4	4	4	4	4	4	5	5	5	5	5	5	5	5	5	5	5	5	5	5	5	5	5	5	5	5	5	5
			陽暦	日	23	24	25	26	27	28	29	30	1	2	3	4	5	6	7	8	9	10	11	12	13	14	15	16	17	18	19	20	21	22
閏四月			日柱		丙戌	丁亥	戊子	己丑	庚寅	辛卯	壬辰	癸巳	甲午	乙未	丙申	丁酉	戊戌	己亥	庚子	辛丑	壬寅	癸卯	甲辰	乙巳	丙午	丁未	戊申	己酉	庚戌	辛亥	壬子	癸丑	甲寅	
			陽暦	月	5	5	5	5	5	5	5	5	5	6	6	6	6	6	6	6	6	6	6	6	6	6	6	6	6	6	6	6	6	
			陽暦	日	23	24	25	26	27	28	29	30	31	1	2	3	4	5	6	7	8	9	10	11	12	13	14	15	16	17	18	19	20	
五月	甲午	七赤	日柱		乙卯	丙辰	丁巳	戊午	己未	庚申	辛酉	壬戌	癸亥	甲子	乙丑	丙寅	丁卯	戊辰	己巳	庚午	辛未	壬申	癸酉	甲戌	乙亥	丙子	丁丑	戊寅	己卯	庚辰	辛巳	壬午	癸未	甲申
			陽暦	月	6	6	6	6	6	6	6	6	6	6	7	7	7	7	7	7	7	7	7	7	7	7	7	7	7	7	7	7	7	7
			陽暦	日	21	22	23	24	25	26	27	28	29	30	1	2	3	4	5	6	7	8	9	10	11	12	13	14	15	16	17	18	19	20
六月	乙未	六白	日柱		乙酉	丙戌	丁亥	戊子	己丑	庚寅	辛卯	壬辰	癸巳	甲午	乙未	丙申	丁酉	戊戌	己亥	庚子	辛丑	壬寅	癸卯	甲辰	乙巳	丙午	丁未	戊申	己酉	庚戌	辛亥	壬子	癸丑	
			陽暦	月	7	7	7	7	7	7	7	7	7	7	7	8	8	8	8	8	8	8	8	8	8	8	8	8	8	8	8	8	8	
			陽暦	日	21	22	23	24	25	26	27	28	29	30	31	1	2	3	4	5	6	7	8	9	10	11	12	13	14	15	16	17	18	
七月	丙申	五黄	日柱		甲寅	乙卯	丙辰	丁巳	戊午	己未	庚申	辛酉	壬戌	癸亥	甲子	乙丑	丙寅	丁卯	戊辰	己巳	庚午	辛未	壬申	癸酉	甲戌	乙亥	丙子	丁丑	戊寅	己卯	庚辰	辛巳	壬午	
			陽暦	月	8	8	8	8	8	8	8	8	8	8	8	8	8	9	9	9	9	9	9	9	9	9	9	9	9	9	9	9	9	
			陽暦	日	19	20	21	22	23	24	25	26	27	28	29	30	31	1	2	3	4	5	6	7	8	9	10	11	12	13	14	15	16	
八月	丁酉	四緑	日柱		癸未	甲申	乙酉	丙戌	丁亥	戊子	己丑	庚寅	辛卯	壬辰	癸巳	甲午	乙未	丙申	丁酉	戊戌	己亥	庚子	辛丑	壬寅	癸卯	甲辰	乙巳	丙午	丁未	戊申	己酉	庚戌	辛亥	壬子
			陽暦	月	9	9	9	9	9	9	9	9	9	9	9	9	9	9	10	10	10	10	10	10	10	10	10	10	10	10	10	10	10	10
			陽暦	日	17	18	19	20	21	22	23	24	25	26	27	28	29	30	1	2	3	4	5	6	7	8	9	10	11	12	13	14	15	16
九月	戊戌	三碧	日柱		癸丑	甲寅	乙卯	丙辰	丁巳	戊午	己未	庚申	辛酉	壬戌	癸亥	甲子	乙丑	丙寅	丁卯	戊辰	己巳	庚午	辛未	壬申	癸酉	甲戌	乙亥	丙子	丁丑	戊寅	己卯	庚辰	辛巳	
			陽暦	月	10	10	10	10	10	10	10	10	10	10	10	10	10	10	10	11	11	11	11	11	11	11	11	11	11	11	11	11	11	
			陽暦	日	17	18	19	20	21	22	23	24	25	26	27	28	29	30	31	1	2	3	4	5	6	7	8	9	10	11	12	13	14	
十月	己亥	二黒	日柱		壬午	癸未	甲申	乙酉	丙戌	丁亥	戊子	己丑	庚寅	辛卯	壬辰	癸巳	甲午	乙未	丙申	丁酉	戊戌	己亥	庚子	辛丑	壬寅	癸卯	甲辰	乙巳	丙午	丁未	戊申	己酉	庚戌	辛亥
			陽暦	月	11	11	11	11	11	11	11	11	11	11	11	11	11	11	11	11	12	12	12	12	12	12	12	12	12	12	12	12	12	12
			陽暦	日	15	16	17	18	19	20	21	22	23	24	25	26	27	28	29	30	1	2	3	4	5	6	7	8	9	10	11	12	13	14
十一月	庚子	一白	日柱		壬子	癸丑	甲寅	乙卯	丙辰	丁巳	戊午	己未	庚申	辛酉	壬戌	癸亥	甲子	乙丑	丙寅	丁卯	戊辰	己巳	庚午	辛未	壬申	癸酉	甲戌	乙亥	丙子	丁丑	戊寅	己卯	庚辰	
			陽暦	月	12	12	12	12	12	12	12	12	12	12	12	12	12	12	12	12	12	1	1	1	1	1	1	1	1	1	1	1	1	
			陽暦	日	15	16	17	18	19	20	21	22	23	24	25	26	27	28	29	30	31	1	2	3	4	5	6	7	8	9	10	11	12	
十二月	辛丑	九紫	日柱		辛巳	壬午	癸未	甲申	乙酉	丙戌	丁亥	戊子	己丑	庚寅	辛卯	壬辰	癸巳	甲午	乙未	丙申	丁酉	戊戌	己亥	庚子	辛丑	壬寅	癸卯	甲辰	乙巳	丙午	丁未	戊申	己酉	庚戌
			陽暦	月	1	1	1	1	1	1	1	1	1	1	1	1	1	1	1	1	1	1	1	2	2	2	2	2	2	2	2	2	2	2
			陽暦	日	13	14	15	16	17	18	19	20	21	22	23	24	25	26	27	28	29	30	31	1	2	3	4	5	6	7	8	9	10	11

2002年【壬午】

月別	月柱	紫白	農暦		初一	初二	初三	初四	初五	初六	初七	初八	初九	初十	十一	十二	十三	十四	十五	十六	十七	十八	十九	二十	廿一	廿二	廿三	廿四	廿五	廿六	廿七	廿八	廿九	三十
正月	甲寅	二黒	日柱		辛亥	壬子	癸丑	甲寅	乙卯	丙辰	丁巳	戊午	己未	庚申	辛酉	壬戌	癸亥	甲子	乙丑	丙寅	丁卯	戊辰	己巳	庚午	辛未	壬申	癸酉	甲戌	乙亥	丙子	丁丑	戊寅	己卯	庚辰
			陽暦	月	2	2	2	2	2	2	2	2	2	2	2	2	2	2	2	2	2	3	3	3	3	3	3	3	3	3	3	3	3	3
				日	12	13	14	15	16	17	18	19	20	21	22	23	24	25	26	27	28	1	2	3	4	5	6	7	8	9	10	11	12	13
二月	乙卯	一白	日柱		辛巳	壬午	癸未	甲申	乙酉	丙戌	丁亥	戊子	己丑	庚寅	辛卯	壬辰	癸巳	甲午	乙未	丙申	丁酉	戊戌	己亥	庚子	辛丑	壬寅	癸卯	甲辰	乙巳	丙午	丁未	戊申	己酉	庚戌
			陽暦	月	3	3	3	3	3	3	3	3	3	3	3	3	3	3	3	3	3	3	4	4	4	4	4	4	4	4	4	4	4	4
				日	14	15	16	17	18	19	20	21	22	23	24	25	26	27	28	29	30	31	1	2	3	4	5	6	7	8	9	10	11	12
三月	丙辰	九紫	日柱		辛亥	壬子	癸丑	甲寅	乙卯	丙辰	丁巳	戊午	己未	庚申	辛酉	壬戌	癸亥	甲子	乙丑	丙寅	丁卯	戊辰	己巳	庚午	辛未	壬申	癸酉	甲戌	乙亥	丙子	丁丑	戊寅	己卯	
			陽暦	月	4	4	4	4	4	4	4	4	4	4	4	4	4	4	4	4	4	4	5	5	5	5	5	5	5	5	5	5	5	
				日	13	14	15	16	17	18	19	20	21	22	23	24	25	26	27	28	29	30	1	2	3	4	5	6	7	8	9	10	11	
四月	丁巳	八白	日柱		庚辰	辛巳	壬午	癸未	甲申	乙酉	丙戌	丁亥	戊子	己丑	庚寅	辛卯	壬辰	癸巳	甲午	乙未	丙申	丁酉	戊戌	己亥	庚子	辛丑	壬寅	癸卯	甲辰	乙巳	丙午	丁未	戊申	己酉
			陽暦	月	5	5	5	5	5	5	5	5	5	5	5	5	5	5	5	5	5	5	5	5	6	6	6	6	6	6	6	6	6	6
				日	12	13	14	15	16	17	18	19	20	21	22	23	24	25	26	27	28	29	30	31	1	2	3	4	5	6	7	8	9	10
五月	戊午	七赤	日柱		庚戌	辛亥	壬子	癸丑	甲寅	乙卯	丙辰	丁巳	戊午	己未	庚申	辛酉	壬戌	癸亥	甲子	乙丑	丙寅	丁卯	戊辰	己巳	庚午	辛未	壬申	癸酉	甲戌	乙亥	丙子	丁丑	戊寅	
			陽暦	月	6	6	6	6	6	6	6	6	6	6	6	6	6	6	6	6	6	6	6	6	7	7	7	7	7	7	7	7	7	
				日	11	12	13	14	15	16	17	18	19	20	21	22	23	24	25	26	27	28	29	30	1	2	3	4	5	6	7	8	9	
六月	己未	六白	日柱		己卯	庚辰	辛巳	壬午	癸未	甲申	乙酉	丙戌	丁亥	戊子	己丑	庚寅	辛卯	壬辰	癸巳	甲午	乙未	丙申	丁酉	戊戌	己亥	庚子	辛丑	壬寅	癸卯	甲辰	乙巳	丙午	丁未	戊申
			陽暦	月	7	7	7	7	7	7	7	7	7	7	7	7	7	7	7	7	7	7	7	7	7	7	8	8	8	8	8	8	8	8
				日	10	11	12	13	14	15	16	17	18	19	20	21	22	23	24	25	26	27	28	29	30	31	1	2	3	4	5	6	7	8
七月	庚申	五黄	日柱		己酉	庚戌	辛亥	壬子	癸丑	甲寅	乙卯	丙辰	丁巳	戊午	己未	庚申	辛酉	壬戌	癸亥	甲子	乙丑	丙寅	丁卯	戊辰	己巳	庚午	辛未	壬申	癸酉	甲戌	乙亥	丙子	丁丑	
			陽暦	月	8	8	8	8	8	8	8	8	8	8	8	8	8	8	8	8	8	8	8	8	8	8	8	9	9	9	9	9	9	
				日	9	10	11	12	13	14	15	16	17	18	19	20	21	22	23	24	25	26	27	28	29	30	31	1	2	3	4	5	6	
八月	辛酉	四緑	日柱		戊寅	己卯	庚辰	辛巳	壬午	癸未	甲申	乙酉	丙戌	丁亥	戊子	己丑	庚寅	辛卯	壬辰	癸巳	甲午	乙未	丙申	丁酉	戊戌	己亥	庚子	辛丑	壬寅	癸卯	甲辰	乙巳	丙午	
			陽暦	月	9	9	9	9	9	9	9	9	9	9	9	9	9	9	9	9	9	9	9	9	9	9	9	9	10	10	10	10	10	
				日	7	8	9	10	11	12	13	14	15	16	17	18	19	20	21	22	23	24	25	26	27	28	29	30	1	2	3	4	5	
九月	壬戌	三碧	日柱		丁未	戊申	己酉	庚戌	辛亥	壬子	癸丑	甲寅	乙卯	丙辰	丁巳	戊午	己未	庚申	辛酉	壬戌	癸亥	甲子	乙丑	丙寅	丁卯	戊辰	己巳	庚午	辛未	壬申	癸酉	甲戌	乙亥	丙子
			陽暦	月	10	10	10	10	10	10	10	10	10	10	10	10	10	10	10	10	10	10	10	10	10	10	10	10	10	10	11	11	11	11
				日	6	7	8	9	10	11	12	13	14	15	16	17	18	19	20	21	22	23	24	25	26	27	28	29	30	31	1	2	3	4
十月	癸亥	二黒	日柱		丁丑	戊寅	己卯	庚辰	辛巳	壬午	癸未	甲申	乙酉	丙戌	丁亥	戊子	己丑	庚寅	辛卯	壬辰	癸巳	甲午	乙未	丙申	丁酉	戊戌	己亥	庚子	辛丑	壬寅	癸卯	甲辰	乙巳	
			陽暦	月	11	11	11	11	11	11	11	11	11	11	11	11	11	11	11	11	11	11	11	11	11	11	11	11	11	11	12	12	12	
				日	5	6	7	8	9	10	11	12	13	14	15	16	17	18	19	20	21	22	23	24	25	26	27	28	29	30	1	2	3	
十一月	甲子	一白	日柱		丙午	丁未	戊申	己酉	庚戌	辛亥	壬子	癸丑	甲寅	乙卯	丙辰	丁巳	戊午	己未	庚申	辛酉	壬戌	癸亥	甲子	乙丑	丙寅	丁卯	戊辰	己巳	庚午	辛未	壬申	癸酉	甲戌	乙亥
			陽暦	月	12	12	12	12	12	12	12	12	12	12	12	12	12	12	12	12	12	12	12	12	12	12	12	12	12	12	12	12	1	1
				日	4	5	6	7	8	9	10	11	12	13	14	15	16	17	18	19	20	21	22	23	24	25	26	27	28	29	30	31	1	2
十二月	乙丑	九紫	日柱		丙子	丁丑	戊寅	己卯	庚辰	辛巳	壬午	癸未	甲申	乙酉	丙戌	丁亥	戊子	己丑	庚寅	辛卯	壬辰	癸巳	甲午	乙未	丙申	丁酉	戊戌	己亥	庚子	辛丑	壬寅	癸卯	甲辰	
			陽暦	月	1	1	1	1	1	1	1	1	1	1	1	1	1	1	1	1	1	1	1	1	1	1	1	1	1	1	1	1	1	
				日	3	4	5	6	7	8	9	10	11	12	13	14	15	16	17	18	19	20	21	22	23	24	25	26	27	28	29	30	31	

2003年【癸未】

月別	月柱	紫白	農暦		初一	初二	初三	初四	初五	初六	初七	初八	初九	初十	十一	十二	十三	十四	十五	十六	十七	十八	十九	二十	廿一	廿二	廿三	廿四	廿五	廿六	廿七	廿八	廿九	三十
正月	甲寅	五黄	日柱		乙巳	丙午	丁未	戊申	己酉	庚戌	辛亥	壬子	癸丑	甲寅	乙卯	丙辰	丁巳	戊午	己未	庚申	辛酉	壬戌	癸亥	甲子	乙丑	丙寅	丁卯	戊辰	己巳	庚午	辛未	壬申	癸酉	甲戌
			陽暦	月	2	2	2	2	2	2	2	2	2	2	2	2	2	2	2	2	2	2	2	2	2	2	2	2	2	2	2	2	3	3
				日	1	2	3	4	5	6	7	8	9	10	11	12	13	14	15	16	17	18	19	20	21	22	23	24	25	26	27	28	1	2
二月	乙卯	四緑	日柱		乙亥	丙子	丁丑	戊寅	己卯	庚辰	辛巳	壬午	癸未	甲申	乙酉	丙戌	丁亥	戊子	己丑	庚寅	辛卯	壬辰	癸巳	甲午	乙未	丙申	丁酉	戊戌	己亥	庚子	辛丑	壬寅	癸卯	甲辰
			陽暦	月	3	3	3	3	3	3	3	3	3	3	3	3	3	3	3	3	3	3	3	3	3	3	3	3	3	3	3	3	3	4
				日	3	4	5	6	7	8	9	10	11	12	13	14	15	16	17	18	19	20	21	22	23	24	25	26	27	28	29	30	31	1
三月	丙辰	三碧	日柱		乙巳	丙午	丁未	戊申	己酉	庚戌	辛亥	壬子	癸丑	甲寅	乙卯	丙辰	丁巳	戊午	己未	庚申	辛酉	壬戌	癸亥	甲子	乙丑	丙寅	丁卯	戊辰	己巳	庚午	辛未	壬申	癸酉	
			陽暦	月	4	4	4	4	4	4	4	4	4	4	4	4	4	4	4	4	4	4	4	4	4	4	4	4	4	4	4	4	4	
				日	2	3	4	5	6	7	8	9	10	11	12	13	14	15	16	17	18	19	20	21	22	23	24	25	26	27	28	29	30	
四月	丁巳	二黒	日柱		甲戌	乙亥	丙子	丁丑	戊寅	己卯	庚辰	辛巳	壬午	癸未	甲申	乙酉	丙戌	丁亥	戊子	己丑	庚寅	辛卯	壬辰	癸巳	甲午	乙未	丙申	丁酉	戊戌	己亥	庚子	辛丑	壬寅	癸卯
			陽暦	月	5	5	5	5	5	5	5	5	5	5	5	5	5	5	5	5	5	5	5	5	5	5	5	5	5	5	5	5	5	5
				日	1	2	3	4	5	6	7	8	9	10	11	12	13	14	15	16	17	18	19	20	21	22	23	24	25	26	27	28	29	30
五月	戊午	一白	日柱		甲辰	乙巳	丙午	丁未	戊申	己酉	庚戌	辛亥	壬子	癸丑	甲寅	乙卯	丙辰	丁巳	戊午	己未	庚申	辛酉	壬戌	癸亥	甲子	乙丑	丙寅	丁卯	戊辰	己巳	庚午	辛未	壬申	癸酉
			陽暦	月	5	6	6	6	6	6	6	6	6	6	6	6	6	6	6	6	6	6	6	6	6	6	6	6	6	6	6	6	6	6
				日	31	1	2	3	4	5	6	7	8	9	10	11	12	13	14	15	16	17	18	19	20	21	22	23	24	25	26	27	28	29
六月	己未	九紫	日柱		甲戌	乙亥	丙子	丁丑	戊寅	己卯	庚辰	辛巳	壬午	癸未	甲申	乙酉	丙戌	丁亥	戊子	己丑	庚寅	辛卯	壬辰	癸巳	甲午	乙未	丙申	丁酉	戊戌	己亥	庚子	辛丑	壬寅	
			陽暦	月	6	7	7	7	7	7	7	7	7	7	7	7	7	7	7	7	7	7	7	7	7	7	7	7	7	7	7	7	7	
				日	30	1	2	3	4	5	6	7	8	9	10	11	12	13	14	15	16	17	18	19	20	21	22	23	24	25	26	27	28	
七月	庚申	八白	日柱		癸卯	甲辰	乙巳	丙午	丁未	戊申	己酉	庚戌	辛亥	壬子	癸丑	甲寅	乙卯	丙辰	丁巳	戊午	己未	庚申	辛酉	壬戌	癸亥	甲子	乙丑	丙寅	丁卯	戊辰	己巳	庚午	辛未	壬申
			陽暦	月	7	7	7	8	8	8	8	8	8	8	8	8	8	8	8	8	8	8	8	8	8	8	8	8	8	8	8	8	8	8
				日	29	30	31	1	2	3	4	5	6	7	8	9	10	11	12	13	14	15	16	17	18	19	20	21	22	23	24	25	26	27
八月	辛酉	七赤	日柱		癸酉	甲戌	乙亥	丙子	丁丑	戊寅	己卯	庚辰	辛巳	壬午	癸未	甲申	乙酉	丙戌	丁亥	戊子	己丑	庚寅	辛卯	壬辰	癸巳	甲午	乙未	丙申	丁酉	戊戌	己亥	庚子	辛丑	
			陽暦	月	8	8	8	8	9	9	9	9	9	9	9	9	9	9	9	9	9	9	9	9	9	9	9	9	9	9	9	9	9	
				日	28	29	30	31	1	2	3	4	5	6	7	8	9	10	11	12	13	14	15	16	17	18	19	20	21	22	23	24	25	
九月	壬戌	六白	日柱		壬寅	癸卯	甲辰	乙巳	丙午	丁未	戊申	己酉	庚戌	辛亥	壬子	癸丑	甲寅	乙卯	丙辰	丁巳	戊午	己未	庚申	辛酉	壬戌	癸亥	甲子	乙丑	丙寅	丁卯	戊辰	己巳	庚午	
			陽暦	月	9	9	9	9	9	10	10	10	10	10	10	10	10	10	10	10	10	10	10	10	10	10	10	10	10	10	10	10	10	
				日	26	27	28	29	30	1	2	3	4	5	6	7	8	9	10	11	12	13	14	15	16	17	18	19	20	21	22	23	24	
十月	癸亥	五黄	日柱		辛未	壬申	癸酉	甲戌	乙亥	丙子	丁丑	戊寅	己卯	庚辰	辛巳	壬午	癸未	甲申	乙酉	丙戌	丁亥	戊子	己丑	庚寅	辛卯	壬辰	癸巳	甲午	乙未	丙申	丁酉	戊戌	己亥	庚子
			陽暦	月	10	10	10	10	10	10	10	11	11	11	11	11	11	11	11	11	11	11	11	11	11	11	11	11	11	11	11	11	11	11
				日	25	26	27	28	29	30	31	1	2	3	4	5	6	7	8	9	10	11	12	13	14	15	16	17	18	19	20	21	22	23
十一月	甲子	四緑	日柱		辛丑	壬寅	癸卯	甲辰	乙巳	丙午	丁未	戊申	己酉	庚戌	辛亥	壬子	癸丑	甲寅	乙卯	丙辰	丁巳	戊午	己未	庚申	辛酉	壬戌	癸亥	甲子	乙丑	丙寅	丁卯	戊辰	己巳	
			陽暦	月	11	11	11	11	11	11	11	12	12	12	12	12	12	12	12	12	12	12	12	12	12	12	12	12	12	12	12	12	12	
				日	24	25	26	27	28	29	30	1	2	3	4	5	6	7	8	9	10	11	12	13	14	15	16	17	18	19	20	21	22	
十二月	乙丑	三碧	日柱		庚午	辛未	壬申	癸酉	甲戌	乙亥	丙子	丁丑	戊寅	己卯	庚辰	辛巳	壬午	癸未	甲申	乙酉	丙戌	丁亥	戊子	己丑	庚寅	辛卯	壬辰	癸巳	甲午	乙未	丙申	丁酉	戊戌	己亥
			陽暦	月	12	12	12	12	12	12	12	12	12	1	1	1	1	1	1	1	1	1	1	1	1	1	1	1	1	1	1	1	1	1
				日	23	24	25	26	27	28	29	30	31	1	2	3	4	5	6	7	8	9	10	11	12	13	14	15	16	17	18	19	20	21

2004年【甲申】

月別	月柱	紫白	農暦		初一	初二	初三	初四	初五	初六	初七	初八	初九	初十	十一	十二	十三	十四	十五	十六	十七	十八	十九	二十	廿一	廿二	廿三	廿四	廿五	廿六	廿七	廿八	廿九	三十
正月	丙寅	二黒	日柱		庚子	辛丑	壬寅	癸卯	甲辰	乙巳	丙午	丁未	戊申	己酉	庚戌	辛亥	壬子	癸丑	甲寅	乙卯	丙辰	丁巳	戊午	己未	庚申	辛酉	壬戌	癸亥	甲子	乙丑	丙寅	丁卯	戊辰	
			陽暦	月	1	1	1	1	1	1	1	1	1	1	2	2	2	2	2	2	2	2	2	2	2	2	2	2	2	2	2	2	2	
				日	22	23	24	25	26	27	28	29	30	31	1	2	3	4	5	6	7	8	9	10	11	12	13	14	15	16	17	18	19	
二月	丁卯	一白	日柱		己巳	庚午	辛未	壬申	癸酉	甲戌	乙亥	丙子	丁丑	戊寅	己卯	庚辰	辛巳	壬午	癸未	甲申	乙酉	丙戌	丁亥	戊子	己丑	庚寅	辛卯	壬辰	癸巳	甲午	乙未	丙申	丁酉	戊戌
			陽暦	月	2	2	2	2	2	2	2	2	2	2	3	3	3	3	3	3	3	3	3	3	3	3	3	3	3	3	3	3	3	3
				日	20	21	22	23	24	25	26	27	28	29	1	2	3	4	5	6	7	8	9	10	11	12	13	14	15	16	17	18	19	20
閏二月			日柱		己亥	庚子	辛丑	壬寅	癸卯	甲辰	乙巳	丙午	丁未	戊申	己酉	庚戌	辛亥	壬子	癸丑	甲寅	乙卯	丙辰	丁巳	戊午	己未	庚申	辛酉	壬戌	癸亥	甲子	乙丑	丙寅	丁卯	
			陽暦	月	3	3	3	3	3	3	3	3	3	3	3	4	4	4	4	4	4	4	4	4	4	4	4	4	4	4	4	4	4	
				日	21	22	23	24	25	26	27	28	29	30	31	1	2	3	4	5	6	7	8	9	10	11	12	13	14	15	16	17	18	
三月	戊辰	九紫	日柱		戊辰	己巳	庚午	辛未	壬申	癸酉	甲戌	乙亥	丙子	丁丑	戊寅	己卯	庚辰	辛巳	壬午	癸未	甲申	乙酉	丙戌	丁亥	戊子	己丑	庚寅	辛卯	壬辰	癸巳	甲午	乙未	丙申	丁酉
			陽暦	月	4	4	4	4	4	4	4	4	4	4	4	4	5	5	5	5	5	5	5	5	5	5	5	5	5	5	5	5	5	5
				日	19	20	21	22	23	24	25	26	27	28	29	30	1	2	3	4	5	6	7	8	9	10	11	12	13	14	15	16	17	18
四月	己巳	八白	日柱		戊戌	己亥	庚子	辛丑	壬寅	癸卯	甲辰	乙巳	丙午	丁未	戊申	己酉	庚戌	辛亥	壬子	癸丑	甲寅	乙卯	丙辰	丁巳	戊午	己未	庚申	辛酉	壬戌	癸亥	甲子	乙丑	丙寅	丁卯
			陽暦	月	5	5	5	5	5	5	5	5	5	5	5	5	5	6	6	6	6	6	6	6	6	6	6	6	6	6	6	6	6	6
				日	19	20	21	22	23	24	25	26	27	28	29	30	31	1	2	3	4	5	6	7	8	9	10	11	12	13	14	15	16	17
五月	庚午	七赤	日柱		戊辰	己巳	庚午	辛未	壬申	癸酉	甲戌	乙亥	丙子	丁丑	戊寅	己卯	庚辰	辛巳	壬午	癸未	甲申	乙酉	丙戌	丁亥	戊子	己丑	庚寅	辛卯	壬辰	癸巳	甲午	乙未	丙申	
			陽暦	月	6	6	6	6	6	6	6	6	6	6	6	6	6	7	7	7	7	7	7	7	7	7	7	7	7	7	7	7	7	
				日	18	19	20	21	22	23	24	25	26	27	28	29	30	1	2	3	4	5	6	7	8	9	10	11	12	13	14	15	16	
六月	辛未	六白	日柱		丁酉	戊戌	己亥	庚子	辛丑	壬寅	癸卯	甲辰	乙巳	丙午	丁未	戊申	己酉	庚戌	辛亥	壬子	癸丑	甲寅	乙卯	丙辰	丁巳	戊午	己未	庚申	辛酉	壬戌	癸亥	甲子	乙丑	丙寅
			陽暦	月	7	7	7	7	7	7	7	7	7	7	7	7	7	7	7	8	8	8	8	8	8	8	8	8	8	8	8	8	8	8
				日	17	18	19	20	21	22	23	24	25	26	27	28	29	30	31	1	2	3	4	5	6	7	8	9	10	11	12	13	14	15
七月	壬申	五黄	日柱		丁卯	戊辰	己巳	庚午	辛未	壬申	癸酉	甲戌	乙亥	丙子	丁丑	戊寅	己卯	庚辰	辛巳	壬午	癸未	甲申	乙酉	丙戌	丁亥	戊子	己丑	庚寅	辛卯	壬辰	癸巳	甲午	乙未	
			陽暦	月	8	8	8	8	8	8	8	8	8	8	8	8	8	8	8	8	9	9	9	9	9	9	9	9	9	9	9	9	9	
				日	16	17	18	19	20	21	22	23	24	25	26	27	28	29	30	31	1	2	3	4	5	6	7	8	9	10	11	12	13	
八月	癸酉	四緑	日柱		丙申	丁酉	戊戌	己亥	庚子	辛丑	壬寅	癸卯	甲辰	乙巳	丙午	丁未	戊申	己酉	庚戌	辛亥	壬子	癸丑	甲寅	乙卯	丙辰	丁巳	戊午	己未	庚申	辛酉	壬戌	癸亥	甲子	乙丑
			陽暦	月	9	9	9	9	9	9	9	9	9	9	9	9	9	9	9	9	9	10	10	10	10	10	10	10	10	10	10	10	10	10
				日	14	15	16	17	18	19	20	21	22	23	24	25	26	27	28	29	30	1	2	3	4	5	6	7	8	9	10	11	12	13
九月	甲戌	三碧	日柱		丙寅	丁卯	戊辰	己巳	庚午	辛未	壬申	癸酉	甲戌	乙亥	丙子	丁丑	戊寅	己卯	庚辰	辛巳	壬午	癸未	甲申	乙酉	丙戌	丁亥	戊子	己丑	庚寅	辛卯	壬辰	癸巳	甲午	
			陽暦	月	10	10	10	10	10	10	10	10	10	10	10	10	10	10	10	10	10	10	11	11	11	11	11	11	11	11	11	11	11	
				日	14	15	16	17	18	19	20	21	22	23	24	25	26	27	28	29	30	31	1	2	3	4	5	6	7	8	9	10	11	
十月	乙亥	二黒	日柱		乙未	丙申	丁酉	戊戌	己亥	庚子	辛丑	壬寅	癸卯	甲辰	乙巳	丙午	丁未	戊申	己酉	庚戌	辛亥	壬子	癸丑	甲寅	乙卯	丙辰	丁巳	戊午	己未	庚申	辛酉	壬戌	癸亥	甲子
			陽暦	月	11	11	11	11	11	11	11	11	11	11	11	11	11	11	11	11	11	11	11	12	12	12	12	12	12	12	12	12	12	12
				日	12	13	14	15	16	17	18	19	20	21	22	23	24	25	26	27	28	29	30	1	2	3	4	5	6	7	8	9	10	11
十一月	丙子	一白	日柱		乙丑	丙寅	丁卯	戊辰	己巳	庚午	辛未	壬申	癸酉	甲戌	乙亥	丙子	丁丑	戊寅	己卯	庚辰	辛巳	壬午	癸未	甲申	乙酉	丙戌	丁亥	戊子	己丑	庚寅	辛卯	壬辰	癸巳	
			陽暦	月	12	12	12	12	12	12	12	12	12	12	12	12	12	12	12	12	12	12	12	12	1	1	1	1	1	1	1	1	1	
				日	12	13	14	15	16	17	18	19	20	21	22	23	24	25	26	27	28	29	30	31	1	2	3	4	5	6	7	8	9	
十二月	丁丑	九紫	日柱		甲午	乙未	丙申	丁酉	戊戌	己亥	庚子	辛丑	壬寅	癸卯	甲辰	乙巳	丙午	丁未	戊申	己酉	庚戌	辛亥	壬子	癸丑	甲寅	乙卯	丙辰	丁巳	戊午	己未	庚申	辛酉	壬戌	癸亥
			陽暦	月	1	1	1	1	1	1	1	1	1	1	1	1	1	1	1	1	1	1	1	1	1	1	2	2	2	2	2	2	2	2
				日	10	11	12	13	14	15	16	17	18	19	20	21	22	23	24	25	26	27	28	29	30	31	1	2	3	4	5	6	7	8

2005年【乙酉】

月別	月柱	紫白	農暦		初一	初二	初三	初四	初五	初六	初七	初八	初九	初十	十一	十二	十三	十四	十五	十六	十七	十八	十九	二十	廿一	廿二	廿三	廿四	廿五	廿六	廿七	廿八	廿九	三十
正月	戊寅	八白	日柱		甲子	乙丑	丙寅	丁卯	戊辰	己巳	庚午	辛未	壬申	癸酉	甲戌	乙亥	丙子	丁丑	戊寅	己卯	庚辰	辛巳	壬午	癸未	甲申	乙酉	丙戌	丁亥	戊子	己丑	庚寅	辛卯	壬辰	
			陽暦	月	2	2	2	2	2	2	2	2	2	2	2	2	2	2	2	2	2	2	2	2	3	3	3	3	3	3	3	3	3	
				日	9	10	11	12	13	14	15	16	17	18	19	20	21	22	23	24	25	26	27	28	1	2	3	4	5	6	7	8	9	
二月	己卯	七赤	日柱		癸巳	甲午	乙未	丙申	丁酉	戊戌	己亥	庚子	辛丑	壬寅	癸卯	甲辰	乙巳	丙午	丁未	戊申	己酉	庚戌	辛亥	壬子	癸丑	甲寅	乙卯	丙辰	丁巳	戊午	己未	庚申	辛酉	壬戌
			陽暦	月	3	3	3	3	3	3	3	3	3	3	3	3	3	3	3	3	3	3	3	3	3	3	4	4	4	4	4	4	4	4
				日	10	11	12	13	14	15	16	17	18	19	20	21	22	23	24	25	26	27	28	29	30	31	1	2	3	4	5	6	7	8
三月	庚辰	六白	日柱		癸亥	甲子	乙丑	丙寅	丁卯	戊辰	己巳	庚午	辛未	壬申	癸酉	甲戌	乙亥	丙子	丁丑	戊寅	己卯	庚辰	辛巳	壬午	癸未	甲申	乙酉	丙戌	丁亥	戊子	己丑	庚寅	辛卯	
			陽暦	月	4	4	4	4	4	4	4	4	4	4	4	4	4	4	4	4	4	4	4	4	4	4	5	5	5	5	5	5	5	
				日	9	10	11	12	13	14	15	16	17	18	19	20	21	22	23	24	25	26	27	28	29	30	1	2	3	4	5	6	7	
四月	辛巳	五黄	日柱		壬辰	癸巳	甲午	乙未	丙申	丁酉	戊戌	己亥	庚子	辛丑	壬寅	癸卯	甲辰	乙巳	丙午	丁未	戊申	己酉	庚戌	辛亥	壬子	癸丑	甲寅	乙卯	丙辰	丁巳	戊午	己未	庚申	辛酉
			陽暦	月	5	5	5	5	5	5	5	5	5	5	5	5	5	5	5	5	5	5	5	5	5	5	5	5	6	6	6	6	6	6
				日	8	9	10	11	12	13	14	15	16	17	18	19	20	21	22	23	24	25	26	27	28	29	30	31	1	2	3	4	5	6
五月	壬午	四緑	日柱		壬戌	癸亥	甲子	乙丑	丙寅	丁卯	戊辰	己巳	庚午	辛未	壬申	癸酉	甲戌	乙亥	丙子	丁丑	戊寅	己卯	庚辰	辛巳	壬午	癸未	甲申	乙酉	丙戌	丁亥	戊子	己丑	庚寅	
			陽暦	月	6	6	6	6	6	6	6	6	6	6	6	6	6	6	6	6	6	6	6	6	6	6	6	6	7	7	7	7	7	
				日	7	8	9	10	11	12	13	14	15	16	17	18	19	20	21	22	23	24	25	26	27	28	29	30	1	2	3	4	5	
六月	癸未	三碧	日柱		辛卯	壬辰	癸巳	甲午	乙未	丙申	丁酉	戊戌	己亥	庚子	辛丑	壬寅	癸卯	甲辰	乙巳	丙午	丁未	戊申	己酉	庚戌	辛亥	壬子	癸丑	甲寅	乙卯	丙辰	丁巳	戊午	己未	庚申
			陽暦	月	7	7	7	7	7	7	7	7	7	7	7	7	7	7	7	7	7	7	7	7	7	7	7	7	7	7	8	8	8	8
				日	6	7	8	9	10	11	12	13	14	15	16	17	18	19	20	21	22	23	24	25	26	27	28	29	30	31	1	2	3	4
七月	甲申	二黒	日柱		辛酉	壬戌	癸亥	甲子	乙丑	丙寅	丁卯	戊辰	己巳	庚午	辛未	壬申	癸酉	甲戌	乙亥	丙子	丁丑	戊寅	己卯	庚辰	辛巳	壬午	癸未	甲申	乙酉	丙戌	丁亥	戊子	己丑	庚寅
			陽暦	月	8	8	8	8	8	8	8	8	8	8	8	8	8	8	8	8	8	8	8	8	8	8	8	8	8	8	8	9	9	9
				日	5	6	7	8	9	10	11	12	13	14	15	16	17	18	19	20	21	22	23	24	25	26	27	28	29	30	31	1	2	3
八月	乙酉	一白	日柱		辛卯	壬辰	癸巳	甲午	乙未	丙申	丁酉	戊戌	己亥	庚子	辛丑	壬寅	癸卯	甲辰	乙巳	丙午	丁未	戊申	己酉	庚戌	辛亥	壬子	癸丑	甲寅	乙卯	丙辰	丁巳	戊午	己未	
			陽暦	月	9	9	9	9	9	9	9	9	9	9	9	9	9	9	9	9	9	9	9	9	9	9	9	9	9	9	9	10	10	
				日	4	5	6	7	8	9	10	11	12	13	14	15	16	17	18	19	20	21	22	23	24	25	26	27	28	29	30	1	2	
九月	丙戌	九紫	日柱		庚申	辛酉	壬戌	癸亥	甲子	乙丑	丙寅	丁卯	戊辰	己巳	庚午	辛未	壬申	癸酉	甲戌	乙亥	丙子	丁丑	戊寅	己卯	庚辰	辛巳	壬午	癸未	甲申	乙酉	丙戌	丁亥	戊子	己丑
			陽暦	月	10	10	10	10	10	10	10	10	10	10	10	10	10	10	10	10	10	10	10	10	10	10	10	10	10	10	10	10	10	11
				日	3	4	5	6	7	8	9	10	11	12	13	14	15	16	17	18	19	20	21	22	23	24	25	26	27	28	29	30	31	1
十月	丁亥	八白	日柱		庚寅	辛卯	壬辰	癸巳	甲午	乙未	丙申	丁酉	戊戌	己亥	庚子	辛丑	壬寅	癸卯	甲辰	乙巳	丙午	丁未	戊申	己酉	庚戌	辛亥	壬子	癸丑	甲寅	乙卯	丙辰	丁巳	戊午	
			陽暦	月	11	11	11	11	11	11	11	11	11	11	11	11	11	11	11	11	11	11	11	11	11	11	11	11	11	11	11	11	11	
				日	2	3	4	5	6	7	8	9	10	11	12	13	14	15	16	17	18	19	20	21	22	23	24	25	26	27	28	29	30	
十一月	戊子	七赤	日柱		己未	庚申	辛酉	壬戌	癸亥	甲子	乙丑	丙寅	丁卯	戊辰	己巳	庚午	辛未	壬申	癸酉	甲戌	乙亥	丙子	丁丑	戊寅	己卯	庚辰	辛巳	壬午	癸未	甲申	乙酉	丙戌	丁亥	戊子
			陽暦	月	12	12	12	12	12	12	12	12	12	12	12	12	12	12	12	12	12	12	12	12	12	12	12	12	12	12	12	12	12	12
				日	1	2	3	4	5	6	7	8	9	10	11	12	13	14	15	16	17	18	19	20	21	22	23	24	25	26	27	28	29	30
十二月	己丑	六白	日柱		己丑	庚寅	辛卯	壬辰	癸巳	甲午	乙未	丙申	丁酉	戊戌	己亥	庚子	辛丑	壬寅	癸卯	甲辰	乙巳	丙午	丁未	戊申	己酉	庚戌	辛亥	壬子	癸丑	甲寅	乙卯	丙辰	丁巳	
			陽暦	月	12	1	1	1	1	1	1	1	1	1	1	1	1	1	1	1	1	1	1	1	1	1	1	1	1	1	1	1	1	
				日	31	1	2	3	4	5	6	7	8	9	10	11	12	13	14	15	16	17	18	19	20	21	22	23	24	25	26	27	28	

2006年【丙戌】

月別	月柱	紫白	農暦		初一	初二	初三	初四	初五	初六	初七	初八	初九	初十	十一	十二	十三	十四	十五	十六	十七	十八	十九	二十	廿一	廿二	廿三	廿四	廿五	廿六	廿七	廿八	廿九	三十
正月	庚寅	五黄	日柱		戊午	己未	庚申	辛酉	壬戌	癸亥	甲子	乙丑	丙寅	丁卯	戊辰	己巳	庚午	辛未	壬申	癸酉	甲戌	乙亥	丙子	丁丑	戊寅	己卯	庚辰	辛巳	壬午	癸未	甲申	乙酉	丙戌	丁亥
			陽暦	月	1	1	1	2	2	2	2	2	2	2	2	2	2	2	2	2	2	2	2	2	2	2	2	2	2	2	2	2	2	2
				日	29	30	31	1	2	3	4	5	6	7	8	9	10	11	12	13	14	15	16	17	18	19	20	21	22	23	24	25	26	27
二月	辛卯	四緑	日柱		戊子	己丑	庚寅	辛卯	壬辰	癸巳	甲午	乙未	丙申	丁酉	戊戌	己亥	庚子	辛丑	壬寅	癸卯	甲辰	乙巳	丙午	丁未	戊申	己酉	庚戌	辛亥	壬子	癸丑	甲寅	乙卯	丙辰	
			陽暦	月	2	3	3	3	3	3	3	3	3	3	3	3	3	3	3	3	3	3	3	3	3	3	3	3	3	3	3	3	3	
				日	28	1	2	3	4	5	6	7	8	9	10	11	12	13	14	15	16	17	18	19	20	21	22	23	24	25	26	27	28	
三月	壬辰	三碧	日柱		丁巳	戊午	己未	庚申	辛酉	壬戌	癸亥	甲子	乙丑	丙寅	丁卯	戊辰	己巳	庚午	辛未	壬申	癸酉	甲戌	乙亥	丙子	丁丑	戊寅	己卯	庚辰	辛巳	壬午	癸未	甲申	乙酉	丙戌
			陽暦	月	3	3	3	4	4	4	4	4	4	4	4	4	4	4	4	4	4	4	4	4	4	4	4	4	4	4	4	4	4	4
				日	29	30	31	1	2	3	4	5	6	7	8	9	10	11	12	13	14	15	16	17	18	19	20	21	22	23	24	25	26	27
四月	癸巳	二黒	日柱		丁亥	戊子	己丑	庚寅	辛卯	壬辰	癸巳	甲午	乙未	丙申	丁酉	戊戌	己亥	庚子	辛丑	壬寅	癸卯	甲辰	乙巳	丙午	丁未	戊申	己酉	庚戌	辛亥	壬子	癸丑	甲寅	乙卯	
			陽暦	月	4	4	4	5	5	5	5	5	5	5	5	5	5	5	5	5	5	5	5	5	5	5	5	5	5	5	5	5	5	
				日	28	29	30	1	2	3	4	5	6	7	8	9	10	11	12	13	14	15	16	17	18	19	20	21	22	23	24	25	26	
五月	甲午	一白	日柱		丙辰	丁巳	戊午	己未	庚申	辛酉	壬戌	癸亥	甲子	乙丑	丙寅	丁卯	戊辰	己巳	庚午	辛未	壬申	癸酉	甲戌	乙亥	丙子	丁丑	戊寅	己卯	庚辰	辛巳	壬午	癸未	甲申	乙酉
			陽暦	月	5	5	5	5	5	6	6	6	6	6	6	6	6	6	6	6	6	6	6	6	6	6	6	6	6	6	6	6	6	6
				日	27	28	29	30	31	1	2	3	4	5	6	7	8	9	10	11	12	13	14	15	16	17	18	19	20	21	22	23	24	25
六月	乙未	九紫	日柱		丙戌	丁亥	戊子	己丑	庚寅	辛卯	壬辰	癸巳	甲午	乙未	丙申	丁酉	戊戌	己亥	庚子	辛丑	壬寅	癸卯	甲辰	乙巳	丙午	丁未	戊申	己酉	庚戌	辛亥	壬子	癸丑	甲寅	
			陽暦	月	6	6	6	6	6	7	7	7	7	7	7	7	7	7	7	7	7	7	7	7	7	7	7	7	7	7	7	7	7	
				日	26	27	28	29	30	1	2	3	4	5	6	7	8	9	10	11	12	13	14	15	16	17	18	19	20	21	22	23	24	
七月	丙申	八白	日柱		乙卯	丙辰	丁巳	戊午	己未	庚申	辛酉	壬戌	癸亥	甲子	乙丑	丙寅	丁卯	戊辰	己巳	庚午	辛未	壬申	癸酉	甲戌	乙亥	丙子	丁丑	戊寅	己卯	庚辰	辛巳	壬午	癸未	甲申
			陽暦	月	7	7	7	7	7	7	7	8	8	8	8	8	8	8	8	8	8	8	8	8	8	8	8	8	8	8	8	8	8	8
				日	25	26	27	28	29	30	31	1	2	3	4	5	6	7	8	9	10	11	12	13	14	15	16	17	18	19	20	21	22	23
閏七月			日柱		乙酉	丙戌	丁亥	戊子	己丑	庚寅	辛卯	壬辰	癸巳	甲午	乙未	丙申	丁酉	戊戌	己亥	庚子	辛丑	壬寅	癸卯	甲辰	乙巳	丙午	丁未	戊申	己酉	庚戌	辛亥	壬子	癸丑	
			陽暦	月	8	8	8	8	8	8	8	8	9	9	9	9	9	9	9	9	9	9	9	9	9	9	9	9	9	9	9	9	9	
				日	24	25	26	27	28	29	30	31	1	2	3	4	5	6	7	8	9	10	11	12	13	14	15	16	17	18	19	20	21	
八月	丁酉	七赤	日柱		甲寅	乙卯	丙辰	丁巳	戊午	己未	庚申	辛酉	壬戌	癸亥	甲子	乙丑	丙寅	丁卯	戊辰	己巳	庚午	辛未	壬申	癸酉	甲戌	乙亥	丙子	丁丑	戊寅	己卯	庚辰	辛巳	壬午	癸未
			陽暦	月	9	9	9	9	9	9	9	9	9	10	10	10	10	10	10	10	10	10	10	10	10	10	10	10	10	10	10	10	10	10
				日	22	23	24	25	26	27	28	29	30	1	2	3	4	5	6	7	8	9	10	11	12	13	14	15	16	17	18	19	20	21
九月	戊戌	六白	日柱		甲申	乙酉	丙戌	丁亥	戊子	己丑	庚寅	辛卯	壬辰	癸巳	甲午	乙未	丙申	丁酉	戊戌	己亥	庚子	辛丑	壬寅	癸卯	甲辰	乙巳	丙午	丁未	戊申	己酉	庚戌	辛亥	壬子	癸丑
			陽暦	月	10	10	10	10	10	10	10	10	10	10	11	11	11	11	11	11	11	11	11	11	11	11	11	11	11	11	11	11	11	11
				日	22	23	24	25	26	27	28	29	30	31	1	2	3	4	5	6	7	8	9	10	11	12	13	14	15	16	17	18	19	20
十月	己亥	五黄	日柱		甲寅	乙卯	丙辰	丁巳	戊午	己未	庚申	辛酉	壬戌	癸亥	甲子	乙丑	丙寅	丁卯	戊辰	己巳	庚午	辛未	壬申	癸酉	甲戌	乙亥	丙子	丁丑	戊寅	己卯	庚辰	辛巳	壬午	
			陽暦	月	11	11	11	11	11	11	11	11	11	11	12	12	12	12	12	12	12	12	12	12	12	12	12	12	12	12	12	12	12	
				日	21	22	23	24	25	26	27	28	29	30	1	2	3	4	5	6	7	8	9	10	11	12	13	14	15	16	17	18	19	
十一月	庚子	四緑	日柱		癸未	甲申	乙酉	丙戌	丁亥	戊子	己丑	庚寅	辛卯	壬辰	癸巳	甲午	乙未	丙申	丁酉	戊戌	己亥	庚子	辛丑	壬寅	癸卯	甲辰	乙巳	丙午	丁未	戊申	己酉	庚戌	辛亥	壬子
			陽暦	月	12	12	12	12	12	12	12	12	12	12	12	12	1	1	1	1	1	1	1	1	1	1	1	1	1	1	1	1	1	1
				日	20	21	22	23	24	25	26	27	28	29	30	31	1	2	3	4	5	6	7	8	9	10	11	12	13	14	15	16	17	18
十二月	辛丑	三碧	日柱		癸丑	甲寅	乙卯	丙辰	丁巳	戊午	己未	庚申	辛酉	壬戌	癸亥	甲子	乙丑	丙寅	丁卯	戊辰	己巳	庚午	辛未	壬申	癸酉	甲戌	乙亥	丙子	丁丑	戊寅	己卯	庚辰	辛巳	壬午
			陽暦	月	1	1	1	1	1	1	1	1	1	1	1	1	1	2	2	2	2	2	2	2	2	2	2	2	2	2	2	2	2	2
				日	19	20	21	22	23	24	25	26	27	28	29	30	31	1	2	3	4	5	6	7	8	9	10	11	12	13	14	15	16	17

2007年【丁亥】

月別	月柱	紫白	農暦		初一	初二	初三	初四	初五	初六	初七	初八	初九	初十	十一	十二	十三	十四	十五	十六	十七	十八	十九	二十	廿一	廿二	廿三	廿四	廿五	廿六	廿七	廿八	廿九	三十
正月	壬寅	二黒	日柱		癸未	甲申	乙酉	丙戌	丁亥	戊子	己丑	庚寅	辛卯	壬辰	癸巳	甲午	乙未	丙申	丁酉	戊戌	己亥	庚子	辛丑	壬寅	癸卯	甲辰	乙巳	丙午	丁未	戊申	己酉	庚戌	辛亥	
			陽暦	月	2	2	2	2	2	2	2	2	2	2	2	3	3	3	3	3	3	3	3	3	3	3	3	3	3	3	3	3	3	
				日	18	19	20	21	22	23	24	25	26	27	28	1	2	3	4	5	6	7	8	9	10	11	12	13	14	15	16	17	18	
二月	癸卯	一白	日柱		壬子	癸丑	甲寅	乙卯	丙辰	丁巳	戊午	己未	庚申	辛酉	壬戌	癸亥	甲子	乙丑	丙寅	丁卯	戊辰	己巳	庚午	辛未	壬申	癸酉	甲戌	乙亥	丙子	丁丑	戊寅	己卯	庚辰	
			陽暦	月	3	3	3	3	3	3	3	3	3	3	3	3	3	4	4	4	4	4	4	4	4	4	4	4	4	4	4	4	4	
				日	19	20	21	22	23	24	25	26	27	28	29	30	31	1	2	3	4	5	6	7	8	9	10	11	12	13	14	15	16	
三月	甲辰	九紫	日柱		辛巳	壬午	癸未	甲申	乙酉	丙戌	丁亥	戊子	己丑	庚寅	辛卯	壬辰	癸巳	甲午	乙未	丙申	丁酉	戊戌	己亥	庚子	辛丑	壬寅	癸卯	甲辰	乙巳	丙午	丁未	戊申	己酉	庚戌
			陽暦	月	4	4	4	4	4	4	4	4	4	4	4	4	4	4	5	5	5	5	5	5	5	5	5	5	5	5	5	5	5	5
				日	17	18	19	20	21	22	23	24	25	26	27	28	29	30	1	2	3	4	5	6	7	8	9	10	11	12	13	14	15	16
四月	乙巳	八白	日柱		辛亥	壬子	癸丑	甲寅	乙卯	丙辰	丁巳	戊午	己未	庚申	辛酉	壬戌	癸亥	甲子	乙丑	丙寅	丁卯	戊辰	己巳	庚午	辛未	壬申	癸酉	甲戌	乙亥	丙子	丁丑	戊寅	己卯	
			陽暦	月	5	5	5	5	5	5	5	5	5	5	5	5	5	5	5	6	6	6	6	6	6	6	6	6	6	6	6	6	6	
				日	17	18	19	20	21	22	23	24	25	26	27	28	29	30	31	1	2	3	4	5	6	7	8	9	10	11	12	13	14	
五月	丙午	七赤	日柱		庚辰	辛巳	壬午	癸未	甲申	乙酉	丙戌	丁亥	戊子	己丑	庚寅	辛卯	壬辰	癸巳	甲午	乙未	丙申	丁酉	戊戌	己亥	庚子	辛丑	壬寅	癸卯	甲辰	乙巳	丙午	丁未	戊申	
			陽暦	月	6	6	6	6	6	6	6	6	6	6	6	6	6	6	6	6	7	7	7	7	7	7	7	7	7	7	7	7	7	
				日	15	16	17	18	19	20	21	22	23	24	25	26	27	28	29	30	1	2	3	4	5	6	7	8	9	10	11	12	13	
六月	丁未	六白	日柱		己酉	庚戌	辛亥	壬子	癸丑	甲寅	乙卯	丙辰	丁巳	戊午	己未	庚申	辛酉	壬戌	癸亥	甲子	乙丑	丙寅	丁卯	戊辰	己巳	庚午	辛未	壬申	癸酉	甲戌	乙亥	丙子	丁丑	戊寅
			陽暦	月	7	7	7	7	7	7	7	7	7	7	7	7	7	7	7	7	7	7	8	8	8	8	8	8	8	8	8	8	8	8
				日	14	15	16	17	18	19	20	21	22	23	24	25	26	27	28	29	30	31	1	2	3	4	5	6	7	8	9	10	11	12
七月	戊申	五黄	日柱		己卯	庚辰	辛巳	壬午	癸未	甲申	乙酉	丙戌	丁亥	戊子	己丑	庚寅	辛卯	壬辰	癸巳	甲午	乙未	丙申	丁酉	戊戌	己亥	庚子	辛丑	壬寅	癸卯	甲辰	乙巳	丙午	丁未	
			陽暦	月	8	8	8	8	8	8	8	8	8	8	8	8	8	8	8	8	8	8	8	9	9	9	9	9	9	9	9	9	9	
				日	13	14	15	16	17	18	19	20	21	22	23	24	25	26	27	28	29	30	31	1	2	3	4	5	6	7	8	9	10	
八月	己酉	四緑	日柱		戊申	己酉	庚戌	辛亥	壬子	癸丑	甲寅	乙卯	丙辰	丁巳	戊午	己未	庚申	辛酉	壬戌	癸亥	甲子	乙丑	丙寅	丁卯	戊辰	己巳	庚午	辛未	壬申	癸酉	甲戌	乙亥	丙子	丁丑
			陽暦	月	9	9	9	9	9	9	9	9	9	9	9	9	9	9	9	9	9	9	9	9	10	10	10	10	10	10	10	10	10	10
				日	11	12	13	14	15	16	17	18	19	20	21	22	23	24	25	26	27	28	29	30	1	2	3	4	5	6	7	8	9	10
九月	庚戌	三碧	日柱		戊寅	己卯	庚辰	辛巳	壬午	癸未	甲申	乙酉	丙戌	丁亥	戊子	己丑	庚寅	辛卯	壬辰	癸巳	甲午	乙未	丙申	丁酉	戊戌	己亥	庚子	辛丑	壬寅	癸卯	甲辰	乙巳	丙午	丁未
			陽暦	月	10	10	10	10	10	10	10	10	10	10	10	10	10	10	10	10	10	10	10	10	10	11	11	11	11	11	11	11	11	11
				日	11	12	13	14	15	16	17	18	19	20	21	22	23	24	25	26	27	28	29	30	31	1	2	3	4	5	6	7	8	9
十月	辛亥	二黒	日柱		戊申	己酉	庚戌	辛亥	壬子	癸丑	甲寅	乙卯	丙辰	丁巳	戊午	己未	庚申	辛酉	壬戌	癸亥	甲子	乙丑	丙寅	丁卯	戊辰	己巳	庚午	辛未	壬申	癸酉	甲戌	乙亥	丙子	
			陽暦	月	11	11	11	11	11	11	11	11	11	11	11	11	11	11	11	11	11	11	11	11	11	12	12	12	12	12	12	12	12	12
				日	10	11	12	13	14	15	16	17	18	19	20	21	22	23	24	25	26	27	28	29	30	1	2	3	4	5	6	7	8	9
十一月	壬子	一白	日柱		戊寅	己卯	庚辰	辛巳	壬午	癸未	甲申	乙酉	丙戌	丁亥	戊子	己丑	庚寅	辛卯	壬辰	癸巳	甲午	乙未	丙申	丁酉	戊戌	己亥	庚子	辛丑	壬寅	癸卯	甲辰	乙巳	丙午	
			陽暦	月	12	12	12	12	12	12	12	12	12	12	12	12	12	12	12	12	12	12	12	12	12	12	1	1	1	1	1	1	1	
				日	10	11	12	13	14	15	16	17	18	19	20	21	22	23	24	25	26	27	28	29	30	31	1	2	3	4	5	6	7	
十二月	癸丑	九紫	日柱		丁未	戊申	己酉	庚戌	辛亥	壬子	癸丑	甲寅	乙卯	丙辰	丁巳	戊午	己未	庚申	辛酉	壬戌	癸亥	甲子	乙丑	丙寅	丁卯	戊辰	己巳	庚午	辛未	壬申	癸酉	甲戌	乙亥	丙子
			陽暦	月	1	1	1	1	1	1	1	1	1	1	1	1	1	1	1	1	1	1	1	1	1	1	1	1	2	2	2	2	2	2
				日	8	9	10	11	12	13	14	15	16	17	18	19	20	21	22	23	24	25	26	27	28	29	30	31	1	2	3	4	5	6

2008年【戊子】

月別	月柱	紫白	農暦		初一	初二	初三	初四	初五	初六	初七	初八	初九	初十	十一	十二	十三	十四	十五	十六	十七	十八	十九	二十	廿一	廿二	廿三	廿四	廿五	廿六	廿七	廿八	廿九	三十
正月	甲寅	八白	日柱		丁丑	戊寅	己卯	庚辰	辛巳	壬午	癸未	甲申	乙酉	丙戌	丁亥	戊子	己丑	庚寅	辛卯	壬辰	癸巳	甲午	乙未	丙申	丁酉	戊戌	己亥	庚子	辛丑	壬寅	癸卯	甲辰	乙巳	丙午
			陽暦	月	2	2	2	2	2	2	2	2	2	2	2	2	2	2	2	2	2	2	2	2	2	2	2	3	3	3	3	3	3	3
				日	7	8	9	10	11	12	13	14	15	16	17	18	19	20	21	22	23	24	25	26	27	28	29	1	2	3	4	5	6	7
二月	乙卯	七赤	日柱		丁未	戊申	己酉	庚戌	辛亥	壬子	癸丑	甲寅	乙卯	丙辰	丁巳	戊午	己未	庚申	辛酉	壬戌	癸亥	甲子	乙丑	丙寅	丁卯	戊辰	己巳	庚午	辛未	壬申	癸酉	甲戌	乙亥	
			陽暦	月	3	3	3	3	3	3	3	3	3	3	3	3	3	3	3	3	3	3	3	3	3	3	3	3	4	4	4	4	4	
				日	8	9	10	11	12	13	14	15	16	17	18	19	20	21	22	23	24	25	26	27	28	29	30	31	1	2	3	4	5	
三月	丙辰	六白	日柱		丙子	丁丑	戊寅	己卯	庚辰	辛巳	壬午	癸未	甲申	乙酉	丙戌	丁亥	戊子	己丑	庚寅	辛卯	壬辰	癸巳	甲午	乙未	丙申	丁酉	戊戌	己亥	庚子	辛丑	壬寅	癸卯	甲辰	
			陽暦	月	4	4	4	4	4	4	4	4	4	4	4	4	4	4	4	4	4	4	4	4	4	4	4	4	4	5	5	5	5	
				日	6	7	8	9	10	11	12	13	14	15	16	17	18	19	20	21	22	23	24	25	26	27	28	29	30	1	2	3	4	
四月	丁巳	五黄	日柱		乙巳	丙午	丁未	戊申	己酉	庚戌	辛亥	壬子	癸丑	甲寅	乙卯	丙辰	丁巳	戊午	己未	庚申	辛酉	壬戌	癸亥	甲子	乙丑	丙寅	丁卯	戊辰	己巳	庚午	辛未	壬申	癸酉	甲戌
			陽暦	月	5	5	5	5	5	5	5	5	5	5	5	5	5	5	5	5	5	5	5	5	5	5	5	5	5	5	5	6	6	6
				日	5	6	7	8	9	10	11	12	13	14	15	16	17	18	19	20	21	22	23	24	25	26	27	28	29	30	31	1	2	3
五月	戊午	四緑	日柱		乙亥	丙子	丁丑	戊寅	己卯	庚辰	辛巳	壬午	癸未	甲申	乙酉	丙戌	丁亥	戊子	己丑	庚寅	辛卯	壬辰	癸巳	甲午	乙未	丙申	丁酉	戊戌	己亥	庚子	辛丑	壬寅	癸卯	
			陽暦	月	6	6	6	6	6	6	6	6	6	6	6	6	6	6	6	6	6	6	6	6	6	6	6	6	6	6	6	7	7	
				日	4	5	6	7	8	9	10	11	12	13	14	15	16	17	18	19	20	21	22	23	24	25	26	27	28	29	30	1	2	
六月	己未	三碧	日柱		甲辰	乙巳	丙午	丁未	戊申	己酉	庚戌	辛亥	壬子	癸丑	甲寅	乙卯	丙辰	丁巳	戊午	己未	庚申	辛酉	壬戌	癸亥	甲子	乙丑	丙寅	丁卯	戊辰	己巳	庚午	辛未	壬申	
			陽暦	月	7	7	7	7	7	7	7	7	7	7	7	7	7	7	7	7	7	7	7	7	7	7	7	7	7	7	7	7	7	
				日	3	4	5	6	7	8	9	10	11	12	13	14	15	16	17	18	19	20	21	22	23	24	25	26	27	28	29	30	31	
七月	庚申	二黒	日柱		癸酉	甲戌	乙亥	丙子	丁丑	戊寅	己卯	庚辰	辛巳	壬午	癸未	甲申	乙酉	丙戌	丁亥	戊子	己丑	庚寅	辛卯	壬辰	癸巳	甲午	乙未	丙申	丁酉	戊戌	己亥	庚子	辛丑	壬寅
			陽暦	月	8	8	8	8	8	8	8	8	8	8	8	8	8	8	8	8	8	8	8	8	8	8	8	8	8	8	8	8	8	8
				日	1	2	3	4	5	6	7	8	9	10	11	12	13	14	15	16	17	18	19	20	21	22	23	24	25	26	27	28	29	30
八月	辛酉	一白	日柱		癸卯	甲辰	乙巳	丙午	丁未	戊申	己酉	庚戌	辛亥	壬子	癸丑	甲寅	乙卯	丙辰	丁巳	戊午	己未	庚申	辛酉	壬戌	癸亥	甲子	乙丑	丙寅	丁卯	戊辰	己巳	庚午	辛未	
			陽暦	月	8	9	9	9	9	9	9	9	9	9	9	9	9	9	9	9	9	9	9	9	9	9	9	9	9	9	9	9	9	
				日	31	1	2	3	4	5	6	7	8	9	10	11	12	13	14	15	16	17	18	19	20	21	22	23	24	25	26	27	28	
九月	壬戌	九紫	日柱		壬申	癸酉	甲戌	乙亥	丙子	丁丑	戊寅	己卯	庚辰	辛巳	壬午	癸未	甲申	乙酉	丙戌	丁亥	戊子	己丑	庚寅	辛卯	壬辰	癸巳	甲午	乙未	丙申	丁酉	戊戌	己亥	庚子	辛丑
			陽暦	月	9	9	10	10	10	10	10	10	10	10	10	10	10	10	10	10	10	10	10	10	10	10	10	10	10	10	10	10	10	10
				日	29	30	1	2	3	4	5	6	7	8	9	10	11	12	13	14	15	16	17	18	19	20	21	22	23	24	25	26	27	28
十月	癸亥	八白	日柱		壬寅	癸卯	甲辰	乙巳	丙午	丁未	戊申	己酉	庚戌	辛亥	壬子	癸丑	甲寅	乙卯	丙辰	丁巳	戊午	己未	庚申	辛酉	壬戌	癸亥	甲子	乙丑	丙寅	丁卯	戊辰	己巳	庚午	辛未
			陽暦	月	10	10	10	11	11	11	11	11	11	11	11	11	11	11	11	11	11	11	11	11	11	11	11	11	11	11	11	11	11	11
				日	29	30	31	1	2	3	4	5	6	7	8	9	10	11	12	13	14	15	16	17	18	19	20	21	22	23	24	25	26	27
十一月	甲子	七赤	日柱		壬申	癸酉	甲戌	乙亥	丙子	丁丑	戊寅	己卯	庚辰	辛巳	壬午	癸未	甲申	乙酉	丙戌	丁亥	戊子	己丑	庚寅	辛卯	壬辰	癸巳	甲午	乙未	丙申	丁酉	戊戌	己亥	庚子	
			陽暦	月	11	11	11	12	12	12	12	12	12	12	12	12	12	12	12	12	12	12	12	12	12	12	12	12	12	12	12	12	12	
				日	28	29	30	1	2	3	4	5	6	7	8	9	10	11	12	13	14	15	16	17	18	19	20	21	22	23	24	25	26	
十二月	乙丑	六白	日柱		辛丑	壬寅	癸卯	甲辰	乙巳	丙午	丁未	戊申	己酉	庚戌	辛亥	壬子	癸丑	甲寅	乙卯	丙辰	丁巳	戊午	己未	庚申	辛酉	壬戌	癸亥	甲子	乙丑	丙寅	丁卯	戊辰	己巳	庚午
			陽暦	月	12	12	12	12	12	1	1	1	1	1	1	1	1	1	1	1	1	1	1	1	1	1	1	1	1	1	1	1	1	1
				日	27	28	29	30	31	1	2	3	4	5	6	7	8	9	10	11	12	13	14	15	16	17	18	19	20	21	22	23	24	25

2009年【己丑】

月別	月柱	紫白	農暦	初一	初二	初三	初四	初五	初六	初七	初八	初九	初十	十一	十二	十三	十四	十五	十六	十七	十八	十九	二十	廿一	廿二	廿三	廿四	廿五	廿六	廿七	廿八	廿九	三十
正月	丙寅	五黄	日柱	辛未	壬申	癸酉	甲戌	乙亥	丙子	丁丑	戊寅	己卯	庚辰	辛巳	壬午	癸未	甲申	乙酉	丙戌	丁亥	戊子	己丑	庚寅	辛卯	壬辰	癸巳	甲午	乙未	丙申	丁酉	戊戌	己亥	庚子
			陽暦 月	1	1	1	1	1	1	1	2	2	2	2	2	2	2	2	2	2	2	2	2	2	2	2	2	2	2	2	2	2	2
			陽暦 日	26	27	28	29	30	31	1	2	3	4	5	6	7	8	9	10	11	12	13	14	15	16	17	18	19	20	21	22	23	24
二月	丁卯	四緑	日柱	辛丑	壬寅	癸卯	甲辰	乙巳	丙午	丁未	戊申	己酉	庚戌	辛亥	壬子	癸丑	甲寅	乙卯	丙辰	丁巳	戊午	己未	庚申	辛酉	壬戌	癸亥	甲子	乙丑	丙寅	丁卯	戊辰	己巳	庚午
			陽暦 月	2	2	2	2	3	3	3	3	3	3	3	3	3	3	3	3	3	3	3	3	3	3	3	3	3	3	3	3	3	3
			陽暦 日	25	26	27	28	1	2	3	4	5	6	7	8	9	10	11	12	13	14	15	16	17	18	19	20	21	22	23	24	25	26
三月	戊辰	三碧	日柱	辛未	壬申	癸酉	甲戌	乙亥	丙子	丁丑	戊寅	己卯	庚辰	辛巳	壬午	癸未	甲申	乙酉	丙戌	丁亥	戊子	己丑	庚寅	辛卯	壬辰	癸巳	甲午	乙未	丙申	丁酉	戊戌	己亥	
			陽暦 月	3	3	3	3	3	4	4	4	4	4	4	4	4	4	4	4	4	4	4	4	4	4	4	4	4	4	4	4	4	
			陽暦 日	27	28	29	30	31	1	2	3	4	5	6	7	8	9	10	11	12	13	14	15	16	17	18	19	20	21	22	23	24	
四月	己巳	二黒	日柱	庚子	辛丑	壬寅	癸卯	甲辰	乙巳	丙午	丁未	戊申	己酉	庚戌	辛亥	壬子	癸丑	甲寅	乙卯	丙辰	丁巳	戊午	己未	庚申	辛酉	壬戌	癸亥	甲子	乙丑	丙寅	丁卯	戊辰	
			陽暦 月	4	4	4	4	4	4	5	5	5	5	5	5	5	5	5	5	5	5	5	5	5	5	5	5	5	5	5	5	5	
			陽暦 日	25	26	27	28	29	30	1	2	3	4	5	6	7	8	9	10	11	12	13	14	15	16	17	18	19	20	21	22	23	
五月	庚午	一白	日柱	己巳	庚午	辛未	壬申	癸酉	甲戌	乙亥	丙子	丁丑	戊寅	己卯	庚辰	辛巳	壬午	癸未	甲申	乙酉	丙戌	丁亥	戊子	己丑	庚寅	辛卯	壬辰	癸巳	甲午	乙未	丙申	丁酉	戊戌
			陽暦 月	5	5	5	5	5	5	5	5	6	6	6	6	6	6	6	6	6	6	6	6	6	6	6	6	6	6	6	6	6	6
			陽暦 日	24	25	26	27	28	29	30	31	1	2	3	4	5	6	7	8	9	10	11	12	13	14	15	16	17	18	19	20	21	22
閏五月			日柱	己亥	庚子	辛丑	壬寅	癸卯	甲辰	乙巳	丙午	丁未	戊申	己酉	庚戌	辛亥	壬子	癸丑	甲寅	乙卯	丙辰	丁巳	戊午	己未	庚申	辛酉	壬戌	癸亥	甲子	乙丑	丙寅	丁卯	
			陽暦 月	6	6	6	6	6	6	6	6	7	7	7	7	7	7	7	7	7	7	7	7	7	7	7	7	7	7	7	7	7	
			陽暦 日	23	24	25	26	27	28	29	30	1	2	3	4	5	6	7	8	9	10	11	12	13	14	15	16	17	18	19	20	21	
六月	辛未	九紫	日柱	戊辰	己巳	庚午	辛未	壬申	癸酉	甲戌	乙亥	丙子	丁丑	戊寅	己卯	庚辰	辛巳	壬午	癸未	甲申	乙酉	丙戌	丁亥	戊子	己丑	庚寅	辛卯	壬辰	癸巳	甲午	乙未	丙申	
			陽暦 月	7	7	7	7	7	7	7	7	7	7	8	8	8	8	8	8	8	8	8	8	8	8	8	8	8	8	8	8	8	
			陽暦 日	22	23	24	25	26	27	28	29	30	31	1	2	3	4	5	6	7	8	9	10	11	12	13	14	15	16	17	18	19	
七月	壬申	八白	日柱	丁酉	戊戌	己亥	庚子	辛丑	壬寅	癸卯	甲辰	乙巳	丙午	丁未	戊申	己酉	庚戌	辛亥	壬子	癸丑	甲寅	乙卯	丙辰	丁巳	戊午	己未	庚申	辛酉	壬戌	癸亥	甲子	乙丑	丙寅
			陽暦 月	8	8	8	8	8	8	8	8	8	8	8	8	9	9	9	9	9	9	9	9	9	9	9	9	9	9	9	9	9	9
			陽暦 日	20	21	22	23	24	25	26	27	28	29	30	31	1	2	3	4	5	6	7	8	9	10	11	12	13	14	15	16	17	18
八月	癸酉	七赤	日柱	丁卯	戊辰	己巳	庚午	辛未	壬申	癸酉	甲戌	乙亥	丙子	丁丑	戊寅	己卯	庚辰	辛巳	壬午	癸未	甲申	乙酉	丙戌	丁亥	戊子	己丑	庚寅	辛卯	壬辰	癸巳	甲午	乙未	
			陽暦 月	9	9	9	9	9	9	9	9	9	9	9	9	10	10	10	10	10	10	10	10	10	10	10	10	10	10	10	10	10	
			陽暦 日	19	20	21	22	23	24	25	26	27	28	29	30	1	2	3	4	5	6	7	8	9	10	11	12	13	14	15	16	17	
九月	甲戌	六白	日柱	丙申	丁酉	戊戌	己亥	庚子	辛丑	壬寅	癸卯	甲辰	乙巳	丙午	丁未	戊申	己酉	庚戌	辛亥	壬子	癸丑	甲寅	乙卯	丙辰	丁巳	戊午	己未	庚申	辛酉	壬戌	癸亥	甲子	乙丑
			陽暦 月	10	10	10	10	10	10	10	10	10	10	10	10	10	10	11	11	11	11	11	11	11	11	11	11	11	11	11	11	11	11
			陽暦 日	18	19	20	21	22	23	24	25	26	27	28	29	30	31	1	2	3	4	5	6	7	8	9	10	11	12	13	14	15	16
十月	乙亥	五黄	日柱	丙寅	丁卯	戊辰	己巳	庚午	辛未	壬申	癸酉	甲戌	乙亥	丙子	丁丑	戊寅	己卯	庚辰	辛巳	壬午	癸未	甲申	乙酉	丙戌	丁亥	戊子	己丑	庚寅	辛卯	壬辰	癸巳	甲午	
			陽暦 月	11	11	11	11	11	11	11	11	11	11	11	11	11	11	12	12	12	12	12	12	12	12	12	12	12	12	12	12	12	
			陽暦 日	17	18	19	20	21	22	23	24	25	26	27	28	29	30	1	2	3	4	5	6	7	8	9	10	11	12	13	14	15	
十一月	丙子	四緑	日柱	乙未	丙申	丁酉	戊戌	己亥	庚子	辛丑	壬寅	癸卯	甲辰	乙巳	丙午	丁未	戊申	己酉	庚戌	辛亥	壬子	癸丑	甲寅	乙卯	丙辰	丁巳	戊午	己未	庚申	辛酉	壬戌	癸亥	甲子
			陽暦 月	12	12	12	12	12	12	12	12	12	12	12	12	12	12	12	1	1	1	1	1	1	1	1	1	1	1	1	1	1	1
			陽暦 日	16	17	18	19	20	21	22	23	24	25	26	27	28	29	30	31	1	2	3	4	5	6	7	8	9	10	11	12	13	14
十二月	丁丑	三碧	日柱	乙丑	丙寅	丁卯	戊辰	己巳	庚午	辛未	壬申	癸酉	甲戌	乙亥	丙子	丁丑	戊寅	己卯	庚辰	辛巳	壬午	癸未	甲申	乙酉	丙戌	丁亥	戊子	己丑	庚寅	辛卯	壬辰	癸巳	甲午
			陽暦 月	1	1	1	1	1	1	1	1	1	1	1	1	1	1	1	1	1	2	2	2	2	2	2	2	2	2	2	2	2	2
			陽暦 日	15	16	17	18	19	20	21	22	23	24	25	26	27	28	29	30	31	1	2	3	4	5	6	7	8	9	10	11	12	13

2010年【庚寅】

月別	月柱	紫白	農暦		初一	初二	初三	初四	初五	初六	初七	初八	初九	初十	十一	十二	十三	十四	十五	十六	十七	十八	十九	二十	廿一	廿二	廿三	廿四	廿五	廿六	廿七	廿八	廿九	三十
正月	戊寅	二黒	日柱		乙未	丙申	丁酉	戊戌	己亥	庚子	辛丑	壬寅	癸卯	甲辰	乙巳	丙午	丁未	戊申	己酉	庚戌	辛亥	壬子	癸丑	甲寅	乙卯	丙辰	丁巳	戊午	己未	庚申	辛酉	壬戌	癸亥	甲子
			陽暦	月	2	2	2	2	2	2	2	2	2	2	2	2	2	2	2	3	3	3	3	3	3	3	3	3	3	3	3	3	3	3
				日	14	15	16	17	18	19	20	21	22	23	24	25	26	27	28	1	2	3	4	5	6	7	8	9	10	11	12	13	14	15
二月	己卯	一白	日柱		乙丑	丙寅	丁卯	戊辰	己巳	庚午	辛未	壬申	癸酉	甲戌	乙亥	丙子	丁丑	戊寅	己卯	庚辰	辛巳	壬午	癸未	甲申	乙酉	丙戌	丁亥	戊子	己丑	庚寅	辛卯	壬辰	癸巳	
			陽暦	月	3	3	3	3	3	3	3	3	3	3	3	3	3	3	3	3	4	4	4	4	4	4	4	4	4	4	4	4	4	
				日	16	17	18	19	20	21	22	23	24	25	26	27	28	29	30	31	1	2	3	4	5	6	7	8	9	10	11	12	13	
三月	庚辰	九紫	日柱		甲午	乙未	丙申	丁酉	戊戌	己亥	庚子	辛丑	壬寅	癸卯	甲辰	乙巳	丙午	丁未	戊申	己酉	庚戌	辛亥	壬子	癸丑	甲寅	乙卯	丙辰	丁巳	戊午	己未	庚申	辛酉	壬戌	癸亥
			陽暦	月	4	4	4	4	4	4	4	4	4	4	4	4	4	4	4	4	4	5	5	5	5	5	5	5	5	5	5	5	5	5
				日	14	15	16	17	18	19	20	21	22	23	24	25	26	27	28	29	30	1	2	3	4	5	6	7	8	9	10	11	12	13
四月	辛巳	八白	日柱		甲子	乙丑	丙寅	丁卯	戊辰	己巳	庚午	辛未	壬申	癸酉	甲戌	乙亥	丙子	丁丑	戊寅	己卯	庚辰	辛巳	壬午	癸未	甲申	乙酉	丙戌	丁亥	戊子	己丑	庚寅	辛卯	壬辰	
			陽暦	月	5	5	5	5	5	5	5	5	5	5	5	5	5	5	5	5	5	5	6	6	6	6	6	6	6	6	6	6	6	
				日	14	15	16	17	18	19	20	21	22	23	24	25	26	27	28	29	30	31	1	2	3	4	5	6	7	8	9	10	11	
五月	壬午	七赤	日柱		癸巳	甲午	乙未	丙申	丁酉	戊戌	己亥	庚子	辛丑	壬寅	癸卯	甲辰	乙巳	丙午	丁未	戊申	己酉	庚戌	辛亥	壬子	癸丑	甲寅	乙卯	丙辰	丁巳	戊午	己未	庚申	辛酉	壬戌
			陽暦	月	6	6	6	6	6	6	6	6	6	6	6	6	6	6	6	6	6	6	6	7	7	7	7	7	7	7	7	7	7	7
				日	12	13	14	15	16	17	18	19	20	21	22	23	24	25	26	27	28	29	30	1	2	3	4	5	6	7	8	9	10	11
六月	癸未	六白	日柱		癸亥	甲子	乙丑	丙寅	丁卯	戊辰	己巳	庚午	辛未	壬申	癸酉	甲戌	乙亥	丙子	丁丑	戊寅	己卯	庚辰	辛巳	壬午	癸未	甲申	乙酉	丙戌	丁亥	戊子	己丑	庚寅	辛卯	
			陽暦	月	7	7	7	7	7	7	7	7	7	7	7	7	7	7	7	7	7	7	7	7	8	8	8	8	8	8	8	8	8	
				日	12	13	14	15	16	17	18	19	20	21	22	23	24	25	26	27	28	29	30	31	1	2	3	4	5	6	7	8	9	
七月	甲申	五黄	日柱		壬辰	癸巳	甲午	乙未	丙申	丁酉	戊戌	己亥	庚子	辛丑	壬寅	癸卯	甲辰	乙巳	丙午	丁未	戊申	己酉	庚戌	辛亥	壬子	癸丑	甲寅	乙卯	丙辰	丁巳	戊午	己未	庚申	
			陽暦	月	8	8	8	8	8	8	8	8	8	8	8	8	8	8	8	8	8	8	8	8	8	8	9	9	9	9	9	9	9	
				日	10	11	12	13	14	15	16	17	18	19	20	21	22	23	24	25	26	27	28	29	30	31	1	2	3	4	5	6	7	
八月	乙酉	四緑	日柱		辛酉	壬戌	癸亥	甲子	乙丑	丙寅	丁卯	戊辰	己巳	庚午	辛未	壬申	癸酉	甲戌	乙亥	丙子	丁丑	戊寅	己卯	庚辰	辛巳	壬午	癸未	甲申	乙酉	丙戌	丁亥	戊子	己丑	庚寅
			陽暦	月	9	9	9	9	9	9	9	9	9	9	9	9	9	9	9	9	9	9	9	9	9	9	9	10	10	10	10	10	10	10
				日	8	9	10	11	12	13	14	15	16	17	18	19	20	21	22	23	24	25	26	27	28	29	30	1	2	3	4	5	6	7
九月	丙戌	三碧	日柱		辛卯	壬辰	癸巳	甲午	乙未	丙申	丁酉	戊戌	己亥	庚子	辛丑	壬寅	癸卯	甲辰	乙巳	丙午	丁未	戊申	己酉	庚戌	辛亥	壬子	癸丑	甲寅	乙卯	丙辰	丁巳	戊午	己未	
			陽暦	月	10	10	10	10	10	10	10	10	10	10	10	10	10	10	10	10	10	10	10	10	10	10	10	10	11	11	11	11	11	
				日	8	9	10	11	12	13	14	15	16	17	18	19	20	21	22	23	24	25	26	27	28	29	30	31	1	2	3	4	5	
十月	丁亥	二黒	日柱		庚申	辛酉	壬戌	癸亥	甲子	乙丑	丙寅	丁卯	戊辰	己巳	庚午	辛未	壬申	癸酉	甲戌	乙亥	丙子	丁丑	戊寅	己卯	庚辰	辛巳	壬午	癸未	甲申	乙酉	丙戌	丁亥	戊子	己丑
			陽暦	月	11	11	11	11	11	11	11	11	11	11	11	11	11	11	11	11	11	11	11	11	11	11	11	11	11	12	12	12	12	12
				日	6	7	8	9	10	11	12	13	14	15	16	17	18	19	20	21	22	23	24	25	26	27	28	29	30	1	2	3	4	5
十一月	戊子	一白	日柱		庚寅	辛卯	壬辰	癸巳	甲午	乙未	丙申	丁酉	戊戌	己亥	庚子	辛丑	壬寅	癸卯	甲辰	乙巳	丙午	丁未	戊申	己酉	庚戌	辛亥	壬子	癸丑	甲寅	乙卯	丙辰	丁巳	戊午	
			陽暦	月	12	12	12	12	12	12	12	12	12	12	12	12	12	12	12	12	12	12	12	12	12	12	12	12	12	12	1	1	1	
				日	6	7	8	9	10	11	12	13	14	15	16	17	18	19	20	21	22	23	24	25	26	27	28	29	31	31	1	2	3	
十二月	己丑	九紫	日柱		己未	庚申	辛酉	壬戌	癸亥	甲子	乙丑	丙寅	丁卯	戊辰	己巳	庚午	辛未	壬申	癸酉	甲戌	乙亥	丙子	丁丑	戊寅	己卯	庚辰	辛巳	壬午	癸未	甲申	乙酉	丙戌	丁亥	戊子
			陽暦	月	1	1	1	1	1	1	1	1	1	1	1	1	1	1	1	1	1	1	1	1	1	1	1	1	1	1	1	1	2	2
				日	4	5	6	7	8	9	10	11	12	13	14	15	16	17	18	19	20	21	22	23	24	25	26	27	28	29	30	31	1	2

2011年【辛卯】

月別	月柱	紫白	農暦		初一	初二	初三	初四	初五	初六	初七	初八	初九	初十	十一	十二	十三	十四	十五	十六	十七	十八	十九	二十	廿一	廿二	廿三	廿四	廿五	廿六	廿七	廿八	廿九	三十
正月	庚寅	八白	日柱		己丑	庚寅	辛卯	壬辰	癸巳	甲午	乙未	丙申	丁酉	戊戌	己亥	庚子	辛丑	壬寅	癸卯	甲辰	乙巳	丙午	丁未	戊申	己酉	庚戌	辛亥	壬子	癸丑	甲寅	乙卯	丙辰	丁巳	戊午
			陽暦	月	2	2	2	2	2	2	2	2	2	2	2	2	2	2	2	2	2	2	2	2	2	2	2	2	2	2	3	3	3	3
				日	3	4	5	6	7	8	9	10	11	12	13	14	15	16	17	18	19	20	21	22	23	24	25	26	27	28	1	2	3	4
二月	辛卯	七赤	日柱		己未	庚申	辛酉	壬戌	癸亥	甲子	乙丑	丙寅	丁卯	戊辰	己巳	庚午	辛未	壬申	癸酉	甲戌	乙亥	丙子	丁丑	戊寅	己卯	庚辰	辛巳	壬午	癸未	甲申	乙酉	丙戌	丁亥	
			陽暦	月	3	3	3	3	3	3	3	3	3	3	3	3	3	3	3	3	3	3	3	3	3	3	3	3	3	3	3	4	4	
				日	5	6	7	8	9	10	11	12	13	14	15	16	17	18	19	20	21	22	23	24	25	26	27	28	29	30	31	1	2	
三月	壬辰	六白	日柱		戊子	己丑	庚寅	辛卯	壬辰	癸巳	甲午	乙未	丙申	丁酉	戊戌	己亥	庚子	辛丑	壬寅	癸卯	甲辰	乙巳	丙午	丁未	戊申	己酉	庚戌	辛亥	壬子	癸丑	甲寅	乙卯	丙辰	丁巳
			陽暦	月	4	4	4	4	4	4	4	4	4	4	4	4	4	4	4	4	4	4	4	4	4	4	4	4	4	4	4	4	5	5
				日	3	4	5	6	7	8	9	10	11	12	13	14	15	16	17	18	19	20	21	22	23	24	25	26	27	28	29	30	1	2
四月	癸巳	五黄	日柱		戊午	己未	庚申	辛酉	壬戌	癸亥	甲子	乙丑	丙寅	丁卯	戊辰	己巳	庚午	辛未	壬申	癸酉	甲戌	乙亥	丙子	丁丑	戊寅	己卯	庚辰	辛巳	壬午	癸未	甲申	乙酉	丙戌	丁亥
			陽暦	月	5	5	5	5	5	5	5	5	5	5	5	5	5	5	5	5	5	5	5	5	5	5	5	5	5	5	5	5	5	6
				日	3	4	5	6	7	8	9	10	11	12	13	14	15	16	17	18	19	20	21	22	23	24	25	26	27	28	29	30	31	1
五月	甲午	四緑	日柱		戊子	己丑	庚寅	辛卯	壬辰	癸巳	甲午	乙未	丙申	丁酉	戊戌	己亥	庚子	辛丑	壬寅	癸卯	甲辰	乙巳	丙午	丁未	戊申	己酉	庚戌	辛亥	壬子	癸丑	甲寅	乙卯	丙辰	
			陽暦	月	6	6	6	6	6	6	6	6	6	6	6	6	6	6	6	6	6	6	6	6	6	6	6	6	6	6	6	6	6	
				日	2	3	4	5	6	7	8	9	10	11	12	13	14	15	16	17	18	19	20	21	22	23	24	25	26	27	28	29	30	
六月	乙未	三碧	日柱		丁巳	戊午	己未	庚申	辛酉	壬戌	癸亥	甲子	乙丑	丙寅	丁卯	戊辰	己巳	庚午	辛未	壬申	癸酉	甲戌	乙亥	丙子	丁丑	戊寅	己卯	庚辰	辛巳	壬午	癸未	甲申	乙酉	丙戌
			陽暦	月	7	7	7	7	7	7	7	7	7	7	7	7	7	7	7	7	7	7	7	7	7	7	7	7	7	7	7	7	7	7
				日	1	2	3	4	5	6	7	8	9	10	11	12	13	14	15	16	17	18	19	20	21	22	23	24	25	26	27	28	29	30
七月	丙申	二黒	日柱		丁亥	戊子	己丑	庚寅	辛卯	壬辰	癸巳	甲午	乙未	丙申	丁酉	戊戌	己亥	庚子	辛丑	壬寅	癸卯	甲辰	乙巳	丙午	丁未	戊申	己酉	庚戌	辛亥	壬子	癸丑	甲寅	乙卯	
			陽暦	月	7	8	8	8	8	8	8	8	8	8	8	8	8	8	8	8	8	8	8	8	8	8	8	8	8	8	8	8	8	
				日	31	1	2	3	4	5	6	7	8	9	10	11	12	13	14	15	16	17	18	19	20	21	22	23	24	25	26	27	28	
八月	丁酉	一白	日柱		丙辰	丁巳	戊午	己未	庚申	辛酉	壬戌	癸亥	甲子	乙丑	丙寅	丁卯	戊辰	己巳	庚午	辛未	壬申	癸酉	甲戌	乙亥	丙子	丁丑	戊寅	己卯	庚辰	辛巳	壬午	癸未	甲申	
			陽暦	月	8	8	8	9	9	9	9	9	9	9	9	9	9	9	9	9	9	9	9	9	9	9	9	9	9	9	9	9	9	
				日	29	30	31	1	2	3	4	5	6	7	8	9	10	11	12	13	14	15	16	17	18	19	20	21	22	23	24	25	26	
九月	戊戌	九紫	日柱		乙酉	丙戌	丁亥	戊子	己丑	庚寅	辛卯	壬辰	癸巳	甲午	乙未	丙申	丁酉	戊戌	己亥	庚子	辛丑	壬寅	癸卯	甲辰	乙巳	丙午	丁未	戊申	己酉	庚戌	辛亥	壬子	癸丑	甲寅
			陽暦	月	9	9	9	9	10	10	10	10	10	10	10	10	10	10	10	10	10	10	10	10	10	10	10	10	10	10	10	10	10	10
				日	27	28	29	30	1	2	3	4	5	6	7	8	9	10	11	12	13	14	15	16	17	18	19	20	21	22	23	24	25	26
十月	己亥	八白	日柱		乙卯	丙辰	丁巳	戊午	己未	庚申	辛酉	壬戌	癸亥	甲子	乙丑	丙寅	丁卯	戊辰	己巳	庚午	辛未	壬申	癸酉	甲戌	乙亥	丙子	丁丑	戊寅	己卯	庚辰	辛巳	壬午	癸未	
			陽暦	月	10	10	10	10	10	11	11	11	11	11	11	11	11	11	11	11	11	11	11	11	11	11	11	11	11	11	11	11	11	
				日	27	28	29	30	31	1	2	3	4	5	6	7	8	9	10	11	12	13	14	15	16	17	18	19	20	21	22	23	24	
十一月	庚子	七赤	日柱		甲申	乙酉	丙戌	丁亥	戊子	己丑	庚寅	辛卯	壬辰	癸巳	甲午	乙未	丙申	丁酉	戊戌	己亥	庚子	辛丑	壬寅	癸卯	甲辰	乙巳	丙午	丁未	戊申	己酉	庚戌	辛亥	壬子	癸丑
			陽暦	月	11	11	11	11	11	11	12	12	12	12	12	12	12	12	12	12	12	12	12	12	12	12	12	12	12	12	12	12	12	12
				日	25	26	27	28	29	30	1	2	3	4	5	6	7	8	9	10	11	12	13	14	15	16	17	18	19	20	21	22	23	24
十二月	辛丑	六白	日柱		甲寅	乙卯	丙辰	丁巳	戊午	己未	庚申	辛酉	壬戌	癸亥	甲子	乙丑	丙寅	丁卯	戊辰	己巳	庚午	辛未	壬申	癸酉	甲戌	乙亥	丙子	丁丑	戊寅	己卯	庚辰	辛巳	壬午	
			陽暦	月	12	12	12	12	12	12	12	1	1	1	1	1	1	1	1	1	1	1	1	1	1	1	1	1	1	1	1	1	1	
				日	25	26	27	28	29	30	31	1	2	3	4	5	6	7	8	9	10	11	12	13	14	15	16	17	18	19	20	21	22	

2012年【壬辰】

月別	月柱	紫白	農暦		初一	初二	初三	初四	初五	初六	初七	初八	初九	初十	十一	十二	十三	十四	十五	十六	十七	十八	十九	二十	廿一	廿二	廿三	廿四	廿五	廿六	廿七	廿八	廿九	三十
正月	壬寅	五黄	日柱		癸未	甲申	乙酉	丙戌	丁亥	戊子	己丑	庚寅	辛卯	壬辰	癸巳	甲午	乙未	丙申	丁酉	戊戌	己亥	庚子	辛丑	壬寅	癸卯	甲辰	乙巳	丙午	丁未	戊申	己酉	庚戌	辛亥	壬子
			陽暦	月	1	1	1	1	1	1	1	1	1	2	2	2	2	2	2	2	2	2	2	2	2	2	2	2	2	2	2	2	2	2
				日	23	24	25	26	27	28	29	30	31	1	2	3	4	5	6	7	8	9	10	11	12	13	14	15	16	17	18	19	20	21
二月	癸卯	四緑	日柱		癸丑	甲寅	乙卯	丙辰	丁巳	戊午	己未	庚申	辛酉	壬戌	癸亥	甲子	乙丑	丙寅	丁卯	戊辰	己巳	庚午	辛未	壬申	癸酉	甲戌	乙亥	丙子	丁丑	戊寅	己卯	庚辰	辛巳	
			陽暦	月	2	2	2	2	2	2	2	2	3	3	3	3	3	3	3	3	3	3	3	3	3	3	3	3	3	3	3	3	3	
				日	22	23	24	25	26	27	28	29	1	2	3	4	5	6	7	8	9	10	11	12	13	14	15	16	17	18	19	20	21	
三月	甲辰	三碧	日柱		壬午	癸未	甲申	乙酉	丙戌	丁亥	戊子	己丑	庚寅	辛卯	壬辰	癸巳	甲午	乙未	丙申	丁酉	戊戌	己亥	庚子	辛丑	壬寅	癸卯	甲辰	乙巳	丙午	丁未	戊申	己酉	庚戌	辛亥
			陽暦	月	3	3	3	3	3	3	3	3	3	3	4	4	4	4	4	4	4	4	4	4	4	4	4	4	4	4	4	4	4	4
				日	22	23	24	25	26	27	28	29	30	31	1	2	3	4	5	6	7	8	9	10	11	12	13	14	15	16	17	18	19	20
四月	乙巳	二黒	日柱		壬子	癸丑	甲寅	乙卯	丙辰	丁巳	戊午	己未	庚申	辛酉	壬戌	癸亥	甲子	乙丑	丙寅	丁卯	戊辰	己巳	庚午	辛未	壬申	癸酉	甲戌	乙亥	丙子	丁丑	戊寅	己卯	庚辰	辛巳
			陽暦	月	4	4	4	4	4	4	4	4	4	4	5	5	5	5	5	5	5	5	5	5	5	5	5	5	5	5	5	5	5	5
				日	21	22	23	24	25	26	27	28	29	30	1	2	3	4	5	6	7	8	9	10	11	12	13	14	15	16	17	18	19	20
閏四月			日柱		壬午	癸未	甲申	乙酉	丙戌	丁亥	戊子	己丑	庚寅	辛卯	壬辰	癸巳	甲午	乙未	丙申	丁酉	戊戌	己亥	庚子	辛丑	壬寅	癸卯	甲辰	乙巳	丙午	丁未	戊申	己酉	庚戌	
			陽暦	月	5	5	5	5	5	5	5	5	5	5	5	6	6	6	6	6	6	6	6	6	6	6	6	6	6	6	6	6	6	
				日	21	22	23	24	25	26	27	28	29	30	31	1	2	3	4	5	6	7	8	9	10	11	12	13	14	15	16	17	18	
五月	丙午	一白	日柱		辛亥	壬子	癸丑	甲寅	乙卯	丙辰	丁巳	戊午	己未	庚申	辛酉	壬戌	癸亥	甲子	乙丑	丙寅	丁卯	戊辰	己巳	庚午	辛未	壬申	癸酉	甲戌	乙亥	丙子	丁丑	戊寅	己卯	庚辰
			陽暦	月	6	6	6	6	6	6	6	6	6	6	6	6	7	7	7	7	7	7	7	7	7	7	7	7	7	7	7	7	7	7
				日	19	20	21	22	23	24	25	26	27	28	29	30	1	2	3	4	5	6	7	8	9	10	11	12	13	14	15	16	17	18
六月	丁未	九紫	日柱		辛巳	壬午	癸未	甲申	乙酉	丙戌	丁亥	戊子	己丑	庚寅	辛卯	壬辰	癸巳	甲午	乙未	丙申	丁酉	戊戌	己亥	庚子	辛丑	壬寅	癸卯	甲辰	乙巳	丙午	丁未	戊申	己酉	
			陽暦	月	7	7	7	7	7	7	7	7	7	7	7	7	7	8	8	8	8	8	8	8	8	8	8	8	8	8	8	8	8	
				日	19	20	21	22	23	24	25	26	27	28	29	30	31	1	2	3	4	5	6	7	8	9	10	11	12	13	14	15	16	
七月	戊申	八白	日柱		庚戌	辛亥	壬子	癸丑	甲寅	乙卯	丙辰	丁巳	戊午	己未	庚申	辛酉	壬戌	癸亥	甲子	乙丑	丙寅	丁卯	戊辰	己巳	庚午	辛未	壬申	癸酉	甲戌	乙亥	丙子	丁丑	戊寅	己卯
			陽暦	月	8	8	8	8	8	8	8	8	8	8	8	8	8	8	8	9	9	9	9	9	9	9	9	9	9	9	9	9	9	9
				日	17	18	19	20	21	22	23	24	25	26	27	28	29	30	31	1	2	3	4	5	6	7	8	9	10	11	12	13	14	15
八月	己酉	七赤	日柱		庚辰	辛巳	壬午	癸未	甲申	乙酉	丙戌	丁亥	戊子	己丑	庚寅	辛卯	壬辰	癸巳	甲午	乙未	丙申	丁酉	戊戌	己亥	庚子	辛丑	壬寅	癸卯	甲辰	乙巳	丙午	丁未	戊申	
			陽暦	月	9	9	9	9	9	9	9	9	9	9	9	9	9	9	9	10	10	10	10	10	10	10	10	10	10	10	10	10	10	
				日	16	17	18	19	20	21	22	23	24	25	26	27	28	29	30	1	2	3	4	5	6	7	8	9	10	11	12	13	14	
九月	庚戌	六白	日柱		己酉	庚戌	辛亥	壬子	癸丑	甲寅	乙卯	丙辰	丁巳	戊午	己未	庚申	辛酉	壬戌	癸亥	甲子	乙丑	丙寅	丁卯	戊辰	己巳	庚午	辛未	壬申	癸酉	甲戌	乙亥	丙子	丁丑	戊寅
			陽暦	月	10	10	10	10	10	10	10	10	10	10	10	10	10	10	10	10	10	11	11	11	11	11	11	11	11	11	11	11	11	11
				日	15	16	17	18	19	20	21	22	23	24	25	26	27	28	29	30	31	1	2	3	4	5	6	7	8	9	10	11	12	13
十月	辛亥	五黄	日柱		己卯	庚辰	辛巳	壬午	癸未	甲申	乙酉	丙戌	丁亥	戊子	己丑	庚寅	辛卯	壬辰	癸巳	甲午	乙未	丙申	丁酉	戊戌	己亥	庚子	辛丑	壬寅	癸卯	甲辰	乙巳	丙午	丁未	
			陽暦	月	11	11	11	11	11	11	11	11	11	11	11	11	11	11	11	11	11	12	12	12	12	12	12	12	12	12	12	12	12	
				日	14	15	16	17	18	19	20	21	22	23	24	25	26	27	28	29	30	1	2	3	4	5	6	7	8	9	10	11	12	
十一月	壬子	四緑	日柱		戊申	己酉	庚戌	辛亥	壬子	癸丑	甲寅	乙卯	丙辰	丁巳	戊午	己未	庚申	辛酉	壬戌	癸亥	甲子	乙丑	丙寅	丁卯	戊辰	己巳	庚午	辛未	壬申	癸酉	甲戌	乙亥	丙子	丁丑
			陽暦	月	12	12	12	12	12	12	12	12	12	12	12	12	12	12	12	12	12	12	12	1	1	1	1	1	1	1	1	1	1	1
				日	13	14	15	16	17	18	19	20	21	22	23	24	25	26	27	28	29	30	31	1	2	3	4	5	6	7	8	9	10	11
十二月	癸丑	三碧	日柱		戊寅	己卯	庚辰	辛巳	壬午	癸未	甲申	乙酉	丙戌	丁亥	戊子	己丑	庚寅	辛卯	壬辰	癸巳	甲午	乙未	丙申	丁酉	戊戌	己亥	庚子	辛丑	壬寅	癸卯	甲辰	乙巳	丙午	
			陽暦	月	1	1	1	1	1	1	1	1	1	1	1	1	1	1	1	1	1	1	1	1	2	2	2	2	2	2	2	2	2	
				日	12	13	14	15	16	17	18	19	20	21	22	23	24	25	26	27	28	29	30	31	1	2	3	4	5	6	7	8	9	

2013年【癸巳】

月別	月柱	紫白	農暦		初一	初二	初三	初四	初五	初六	初七	初八	初九	初十	十一	十二	十三	十四	十五	十六	十七	十八	十九	二十	廿一	廿二	廿三	廿四	廿五	廿六	廿七	廿八	廿九	三十
正月	甲寅	二黒	日柱		丁未	戊申	己酉	庚戌	辛亥	壬子	癸丑	甲寅	乙卯	丙辰	丁巳	戊午	己未	庚申	辛酉	壬戌	癸亥	甲子	乙丑	丙寅	丁卯	戊辰	己巳	庚午	辛未	壬申	癸酉	甲戌	乙亥	丙子
			陽暦	月	2	2	2	2	2	2	2	2	2	2	2	2	2	2	2	2	2	2	2	3	3	3	3	3	3	3	3	3	3	3
				日	10	11	12	13	14	15	16	17	18	19	20	21	22	23	24	25	26	27	28	1	2	3	4	5	6	7	8	9	10	11
二月	乙卯	一白	日柱		丁丑	戊寅	己卯	庚辰	辛巳	壬午	癸未	甲申	乙酉	丙戌	丁亥	戊子	己丑	庚寅	辛卯	壬辰	癸巳	甲午	乙未	丙申	丁酉	戊戌	己亥	庚子	辛丑	壬寅	癸卯	甲辰	乙巳	
			陽暦	月	3	3	3	3	3	3	3	3	3	3	3	3	3	3	3	3	3	3	3	3	4	4	4	4	4	4	4	4	4	
				日	12	13	14	15	16	17	18	19	20	21	22	23	24	25	26	27	28	29	30	31	1	2	3	4	5	6	7	8	9	
三月	丙辰	九紫	日柱		丙午	丁未	戊申	己酉	庚戌	辛亥	壬子	癸丑	甲寅	乙卯	丙辰	丁巳	戊午	己未	庚申	辛酉	壬戌	癸亥	甲子	乙丑	丙寅	丁卯	戊辰	己巳	庚午	辛未	壬申	癸酉	甲戌	乙亥
			陽暦	月	4	4	4	4	4	4	4	4	4	4	4	4	4	4	4	4	4	4	4	4	4	5	5	5	5	5	5	5	5	5
				日	10	11	12	13	14	15	16	17	18	19	20	21	22	23	24	25	26	27	28	29	30	1	2	3	4	5	6	7	8	9
四月	丁巳	八白	日柱		丙子	丁丑	戊寅	己卯	庚辰	辛巳	壬午	癸未	甲申	乙酉	丙戌	丁亥	戊子	己丑	庚寅	辛卯	壬辰	癸巳	甲午	乙未	丙申	丁酉	戊戌	己亥	庚子	辛丑	壬寅	癸卯	甲辰	
			陽暦	月	5	5	5	5	5	5	5	5	5	5	5	5	5	5	5	5	5	5	5	5	5	5	6	6	6	6	6	6	6	
				日	10	11	12	13	14	15	16	17	18	19	20	21	22	23	24	25	26	27	28	29	30	31	1	2	3	4	5	6	7	
五月	戊午	七赤	日柱		乙巳	丙午	丁未	戊申	己酉	庚戌	辛亥	壬子	癸丑	甲寅	乙卯	丙辰	丁巳	戊午	己未	庚申	辛酉	壬戌	癸亥	甲子	乙丑	丙寅	丁卯	戊辰	己巳	庚午	辛未	壬申	癸酉	甲戌
			陽暦	月	6	6	6	6	6	6	6	6	6	6	6	6	6	6	6	6	6	6	6	6	6	6	6	7	7	7	7	7	7	7
				日	8	9	10	11	12	13	14	15	16	17	18	19	20	21	22	23	24	25	26	27	28	29	30	1	2	3	4	5	6	7
六月	己未	六白	日柱		乙亥	丙子	丁丑	戊寅	己卯	庚辰	辛巳	壬午	癸未	甲申	乙酉	丙戌	丁亥	戊子	己丑	庚寅	辛卯	壬辰	癸巳	甲午	乙未	丙申	丁酉	戊戌	己亥	庚子	辛丑	壬寅	癸卯	甲辰
			陽暦	月	7	7	7	7	7	7	7	7	7	7	7	7	7	7	7	7	7	7	7	7	7	7	7	7	8	8	8	8	8	8
				日	8	9	10	11	12	13	14	15	16	17	18	19	20	21	22	23	24	25	26	27	28	29	30	31	1	2	3	4	5	6
七月	庚申	五黄	日柱		乙巳	丙午	丁未	戊申	己酉	庚戌	辛亥	壬子	癸丑	甲寅	乙卯	丙辰	丁巳	戊午	己未	庚申	辛酉	壬戌	癸亥	甲子	乙丑	丙寅	丁卯	戊辰	己巳	庚午	辛未	壬申	癸酉	
			陽暦	月	8	8	8	8	8	8	8	8	8	8	8	8	8	8	8	8	8	8	8	8	8	8	8	8	8	9	9	9	9	
				日	7	8	9	10	11	12	13	14	15	16	17	18	19	20	21	22	23	24	25	26	27	28	29	30	31	1	2	3	4	
八月	辛酉	四緑	日柱		甲戌	乙亥	丙子	丁丑	戊寅	己卯	庚辰	辛巳	壬午	癸未	甲申	乙酉	丙戌	丁亥	戊子	己丑	庚寅	辛卯	壬辰	癸巳	甲午	乙未	丙申	丁酉	戊戌	己亥	庚子	辛丑	壬寅	癸卯
			陽暦	月	9	9	9	9	9	9	9	9	9	9	9	9	9	9	9	9	9	9	9	9	9	9	9	9	9	9	10	10	10	10
				日	5	6	7	8	9	10	11	12	13	14	15	16	17	18	19	20	21	22	23	24	25	26	27	28	29	30	1	2	3	4
九月	壬戌	三碧	日柱		甲辰	乙巳	丙午	丁未	戊申	己酉	庚戌	辛亥	壬子	癸丑	甲寅	乙卯	丙辰	丁巳	戊午	己未	庚申	辛酉	壬戌	癸亥	甲子	乙丑	丙寅	丁卯	戊辰	己巳	庚午	辛未	壬申	
			陽暦	月	10	10	10	10	10	10	10	10	10	10	10	10	10	10	10	10	10	10	10	10	10	10	10	10	10	10	10	11	11	
				日	5	6	7	8	9	10	11	12	13	14	15	16	17	18	19	20	21	22	23	24	25	26	27	28	29	30	31	1	2	
十月	癸亥	二黒	日柱		癸酉	甲戌	乙亥	丙子	丁丑	戊寅	己卯	庚辰	辛巳	壬午	癸未	甲申	乙酉	丙戌	丁亥	戊子	己丑	庚寅	辛卯	壬辰	癸巳	甲午	乙未	丙申	丁酉	戊戌	己亥	庚子	辛丑	壬寅
			陽暦	月	11	11	11	11	11	11	11	11	11	11	11	11	11	11	11	11	11	11	11	11	11	11	11	11	11	11	11	11	12	12
				日	3	4	5	6	7	8	9	10	11	12	13	14	15	16	17	18	19	20	21	22	23	24	25	26	27	28	29	30	1	2
十一月	甲子	一白	日柱		癸卯	甲辰	乙巳	丙午	丁未	戊申	己酉	庚戌	辛亥	壬子	癸丑	甲寅	乙卯	丙辰	丁巳	戊午	己未	庚申	辛酉	壬戌	癸亥	甲子	乙丑	丙寅	丁卯	戊辰	己巳	庚午	辛未	
			陽暦	月	12	12	12	12	12	12	12	12	12	12	12	12	12	12	12	12	12	12	12	12	12	12	12	12	12	12	12	12	12	
				日	3	4	5	6	7	8	9	10	11	12	13	14	15	16	17	18	19	20	21	22	23	24	25	26	27	28	29	30	31	
十二月	乙丑	九紫	日柱		壬申	癸酉	甲戌	乙亥	丙子	丁丑	戊寅	己卯	庚辰	辛巳	壬午	癸未	甲申	乙酉	丙戌	丁亥	戊子	己丑	庚寅	辛卯	壬辰	癸巳	甲午	乙未	丙申	丁酉	戊戌	己亥	庚子	辛丑
			陽暦	月	1	1	1	1	1	1	1	1	1	1	1	1	1	1	1	1	1	1	1	1	1	1	1	1	1	1	1	1	1	1
				日	1	2	3	4	5	6	7	8	9	10	11	12	13	14	15	16	17	18	19	20	21	22	23	24	25	26	27	28	29	30

2014年【甲午】

月別	月柱	紫白	農暦		初一	初二	初三	初四	初五	初六	初七	初八	初九	初十	十一	十二	十三	十四	十五	十六	十七	十八	十九	二十	廿一	廿二	廿三	廿四	廿五	廿六	廿七	廿八	廿九	三十
正月	丙寅	八白	日柱		壬寅	癸卯	甲辰	乙巳	丙午	丁未	戊申	己酉	庚戌	辛亥	壬子	癸丑	甲寅	乙卯	丙辰	丁巳	戊午	己未	庚申	辛酉	壬戌	癸亥	甲子	乙丑	丙寅	丁卯	戊辰	己巳	庚午	
			陽暦	月	1	2	2	2	2	2	2	2	2	2	2	2	2	2	2	2	2	2	2	2	2	2	2	2	2	2	2	2	2	
				日	31	1	2	3	4	5	6	7	8	9	10	11	12	13	14	15	16	17	18	19	20	21	22	23	24	25	26	27	28	
二月	丁卯	七赤	日柱		辛未	壬申	癸酉	甲戌	乙亥	丙子	丁丑	戊寅	己卯	庚辰	辛巳	壬午	癸未	甲申	乙酉	丙戌	丁亥	戊子	己丑	庚寅	辛卯	壬辰	癸巳	甲午	乙未	丙申	丁酉	戊戌	己亥	庚子
			陽暦	月	3	3	3	3	3	3	3	3	3	3	3	3	3	3	3	3	3	3	3	3	3	3	3	3	3	3	3	3	3	3
				日	1	2	3	4	5	6	7	8	9	10	11	12	13	14	15	16	17	18	19	20	21	22	23	24	25	26	27	28	29	30
三月	戊辰	六白	日柱		辛丑	壬寅	癸卯	甲辰	乙巳	丙午	丁未	戊申	己酉	庚戌	辛亥	壬子	癸丑	甲寅	乙卯	丙辰	丁巳	戊午	己未	庚申	辛酉	壬戌	癸亥	甲子	乙丑	丙寅	丁卯	戊辰	己巳	
			陽暦	月	3	4	4	4	4	4	4	4	4	4	4	4	4	4	4	4	4	4	4	4	4	4	4	4	4	4	4	4	4	
				日	31	1	2	3	4	5	6	7	8	9	10	11	12	13	14	15	16	17	18	19	20	21	22	23	24	25	26	27	28	
四月	己巳	五黄	日柱		庚午	辛未	壬申	癸酉	甲戌	乙亥	丙子	丁丑	戊寅	己卯	庚辰	辛巳	壬午	癸未	甲申	乙酉	丙戌	丁亥	戊子	己丑	庚寅	辛卯	壬辰	癸巳	甲午	乙未	丙申	丁酉	戊戌	己亥
			陽暦	月	4	4	5	5	5	5	5	5	5	5	5	5	5	5	5	5	5	5	5	5	5	5	5	5	5	5	5	5	5	5
				日	29	30	1	2	3	4	5	6	7	8	9	10	11	12	13	14	15	16	17	18	19	20	21	22	23	24	25	26	27	28
五月	庚午	四緑	日柱		庚子	辛丑	壬寅	癸卯	甲辰	乙巳	丙午	丁未	戊申	己酉	庚戌	辛亥	壬子	癸丑	甲寅	乙卯	丙辰	丁巳	戊午	己未	庚申	辛酉	壬戌	癸亥	甲子	乙丑	丙寅	丁卯	戊辰	
			陽暦	月	5	5	5	6	6	6	6	6	6	6	6	6	6	6	6	6	6	6	6	6	6	6	6	6	6	6	6	6	6	
				日	29	30	31	1	2	3	4	5	6	7	8	9	10	11	12	13	14	15	16	17	18	19	20	21	22	23	24	25	26	
六月	辛未	三碧	日柱		己巳	庚午	辛未	壬申	癸酉	甲戌	乙亥	丙子	丁丑	戊寅	己卯	庚辰	辛巳	壬午	癸未	甲申	乙酉	丙戌	丁亥	戊子	己丑	庚寅	辛卯	壬辰	癸巳	甲午	乙未	丙申	丁酉	戊戌
			陽暦	月	6	6	6	6	7	7	7	7	7	7	7	7	7	7	7	7	7	7	7	7	7	7	7	7	7	7	7	7	7	7
				日	27	28	29	30	1	2	3	4	5	6	7	8	9	10	11	12	13	14	15	16	17	18	19	20	21	22	23	24	25	26
七月	壬申	二黒	日柱		己亥	庚子	辛丑	壬寅	癸卯	甲辰	乙巳	丙午	丁未	戊申	己酉	庚戌	辛亥	壬子	癸丑	甲寅	乙卯	丙辰	丁巳	戊午	己未	庚申	辛酉	壬戌	癸亥	甲子	乙丑	丙寅	丁卯	
			陽暦	月	7	7	7	7	7	8	8	8	8	8	8	8	8	8	8	8	8	8	8	8	8	8	8	8	8	8	8	8	8	
				日	27	28	29	30	31	1	2	3	4	5	6	7	8	9	10	11	12	13	14	15	16	17	18	19	20	21	22	23	24	
八月	癸酉	一白	日柱		戊辰	己巳	庚午	辛未	壬申	癸酉	甲戌	乙亥	丙子	丁丑	戊寅	己卯	庚辰	辛巳	壬午	癸未	甲申	乙酉	丙戌	丁亥	戊子	己丑	庚寅	辛卯	壬辰	癸巳	甲午	乙未	丙申	丁酉
			陽暦	月	8	8	8	8	8	8	8	9	9	9	9	9	9	9	9	9	9	9	9	9	9	9	9	9	9	9	9	9	9	9
				日	25	26	27	28	29	30	31	1	2	3	4	5	6	7	8	9	10	11	12	13	14	15	16	17	18	19	20	21	22	23
九月	甲戌	九紫	日柱		戊戌	己亥	庚子	辛丑	壬寅	癸卯	甲辰	乙巳	丙午	丁未	戊申	己酉	庚戌	辛亥	壬子	癸丑	甲寅	乙卯	丙辰	丁巳	戊午	己未	庚申	辛酉	壬戌	癸亥	甲子	乙丑	丙寅	丁卯
			陽暦	月	9	9	9	9	9	9	9	10	10	10	10	10	10	10	10	10	10	10	10	10	10	10	10	10	10	10	10	10	10	10
				日	24	25	26	27	28	29	30	1	2	3	4	5	6	7	8	9	10	11	12	13	14	15	16	17	18	19	20	21	22	23
閏九月			日柱		戊辰	己巳	庚午	辛未	壬申	癸酉	甲戌	乙亥	丙子	丁丑	戊寅	己卯	庚辰	辛巳	壬午	癸未	甲申	乙酉	丙戌	丁亥	戊子	己丑	庚寅	辛卯	壬辰	癸巳	甲午	乙未	丙申	
			陽暦	月	10	10	10	10	10	10	10	10	11	11	11	11	11	11	11	11	11	11	11	11	11	11	11	11	11	11	11	11	11	
				日	24	25	26	27	28	29	30	31	1	2	3	4	5	6	7	8	9	10	11	12	13	14	15	16	17	18	19	20	21	
十月	乙亥	八白	日柱		丁酉	戊戌	己亥	庚子	辛丑	壬寅	癸卯	甲辰	乙巳	丙午	丁未	戊申	己酉	庚戌	辛亥	壬子	癸丑	甲寅	乙卯	丙辰	丁巳	戊午	己未	庚申	辛酉	壬戌	癸亥	甲子	乙丑	丙寅
			陽暦	月	11	11	11	11	11	11	11	11	11	12	12	12	12	12	12	12	12	12	12	12	12	12	12	12	12	12	12	12	12	12
				日	22	23	24	25	26	27	28	29	30	1	2	3	4	5	6	7	8	9	10	11	12	13	14	15	16	17	18	19	20	21
十一月	丙子	七赤	日柱		丁卯	戊辰	己巳	庚午	辛未	壬申	癸酉	甲戌	乙亥	丙子	丁丑	戊寅	己卯	庚辰	辛巳	壬午	癸未	甲申	乙酉	丙戌	丁亥	戊子	己丑	庚寅	辛卯	壬辰	癸巳	甲午	乙未	
			陽暦	月	12	12	12	12	12	12	12	12	12	12	1	1	1	1	1	1	1	1	1	1	1	1	1	1	1	1	1	1	1	
				日	22	23	24	25	26	27	28	29	30	31	1	2	3	4	5	6	7	8	9	10	11	12	13	14	15	16	17	18	19	
十二月	丁丑	六白	日柱		丙申	丁酉	戊戌	己亥	庚子	辛丑	壬寅	癸卯	甲辰	乙巳	丙午	丁未	戊申	己酉	庚戌	辛亥	壬子	癸丑	甲寅	乙卯	丙辰	丁巳	戊午	己未	庚申	辛酉	壬戌	癸亥	甲子	乙丑
			陽暦	月	1	1	1	1	1	1	1	1	1	1	1	1	2	2	2	2	2	2	2	2	2	2	2	2	2	2	2	2	2	2
				日	20	21	22	23	24	25	26	27	28	29	30	31	1	2	3	4	5	6	7	8	9	10	11	12	13	14	15	16	17	18

2015年【乙未】

月別	月柱	紫白	農暦		初一	初二	初三	初四	初五	初六	初七	初八	初九	初十	十一	十二	十三	十四	十五	十六	十七	十八	十九	二十	廿一	廿二	廿三	廿四	廿五	廿六	廿七	廿八	廿九	三十
正月	戊寅	五黄	日柱		丙寅	丁卯	戊辰	己巳	庚午	辛未	壬申	癸酉	甲戌	乙亥	丙子	丁丑	戊寅	己卯	庚辰	辛巳	壬午	癸未	甲申	乙酉	丙戌	丁亥	戊子	己丑	庚寅	辛卯	壬辰	癸巳	甲午	
			陽暦	月	2	2	2	2	2	2	2	2	2	2	3	3	3	3	3	3	3	3	3	3	3	3	3	3	3	3	3	3	3	
				日	19	20	21	22	23	24	25	26	27	28	1	2	3	4	5	6	7	8	9	10	11	12	13	14	15	16	17	18	19	
二月	己卯	四緑	日柱		乙未	丙申	丁酉	戊戌	己亥	庚子	辛丑	壬寅	癸卯	甲辰	乙巳	丙午	丁未	戊申	己酉	庚戌	辛亥	壬子	癸丑	甲寅	乙卯	丙辰	丁巳	戊午	己未	庚申	辛酉	壬戌	癸亥	甲子
			陽暦	月	3	3	3	3	3	3	3	3	3	3	3	3	4	4	4	4	4	4	4	4	4	4	4	4	4	4	4	4	4	4
				日	20	21	22	23	24	25	26	27	28	29	30	31	1	2	3	4	5	6	7	8	9	10	11	12	13	14	15	16	17	18
三月	庚辰	三碧	日柱		乙丑	丙寅	丁卯	戊辰	己巳	庚午	辛未	壬申	癸酉	甲戌	乙亥	丙子	丁丑	戊寅	己卯	庚辰	辛巳	壬午	癸未	甲申	乙酉	丙戌	丁亥	戊子	己丑	庚寅	辛卯	壬辰	癸巳	
			陽暦	月	4	4	4	4	4	4	4	4	4	4	4	4	5	5	5	5	5	5	5	5	5	5	5	5	5	5	5	5	5	
				日	19	20	21	22	23	24	25	26	27	28	29	30	1	2	3	4	5	6	7	8	9	10	11	12	13	14	15	16	17	
四月	辛巳	二黒	日柱		甲午	乙未	丙申	丁酉	戊戌	己亥	庚子	辛丑	壬寅	癸卯	甲辰	乙巳	丙午	丁未	戊申	己酉	庚戌	辛亥	壬子	癸丑	甲寅	乙卯	丙辰	丁巳	戊午	己未	庚申	辛酉	壬戌	
			陽暦	月	5	5	5	5	5	5	5	5	5	5	5	5	5	5	6	6	6	6	6	6	6	6	6	6	6	6	6	6	6	
				日	18	19	20	21	22	23	24	25	26	27	28	29	30	31	1	2	3	4	5	6	7	8	9	10	11	12	13	14	15	
五月	壬午	九紫	日柱		癸亥	甲子	乙丑	丙寅	丁卯	戊辰	己巳	庚午	辛未	壬申	癸酉	甲戌	乙亥	丙子	丁丑	戊寅	己卯	庚辰	辛巳	壬午	癸未	甲申	乙酉	丙戌	丁亥	戊子	己丑	庚寅	辛卯	壬辰
			陽暦	月	6	6	6	6	6	6	6	6	6	6	6	6	6	6	6	7	7	7	7	7	7	7	7	7	7	7	7	7	7	7
				日	16	17	18	19	20	21	22	23	24	25	26	27	28	29	30	1	2	3	4	5	6	7	8	9	10	11	12	13	14	15
六月	癸未	八白	日柱		癸巳	甲午	乙未	丙申	丁酉	戊戌	己亥	庚子	辛丑	壬寅	癸卯	甲辰	乙巳	丙午	丁未	戊申	己酉	庚戌	辛亥	壬子	癸丑	甲寅	乙卯	丙辰	丁巳	戊午	己未	庚申	辛酉	
			陽暦	月	7	7	7	7	7	7	7	7	7	7	7	7	7	7	7	7	8	8	8	8	8	8	8	8	8	8	8	8	8	
				日	16	17	18	19	20	21	22	23	24	25	26	27	28	29	30	31	1	2	3	4	5	6	7	8	9	10	11	12	13	
七月	甲申	七赤	日柱		壬戌	癸亥	甲子	乙丑	丙寅	丁卯	戊辰	己巳	庚午	辛未	壬申	癸酉	甲戌	乙亥	丙子	丁丑	戊寅	己卯	庚辰	辛巳	壬午	癸未	甲申	乙酉	丙戌	丁亥	戊子	己丑	庚寅	辛卯
			陽暦	月	8	8	8	8	8	8	8	8	8	8	8	8	8	8	8	8	8	8	9	9	9	9	9	9	9	9	9	9	9	9
				日	14	15	16	17	18	19	20	21	22	23	24	25	26	27	28	29	30	31	1	2	3	4	5	6	7	8	9	10	11	12
八月	乙酉	六白	日柱		壬辰	癸巳	甲午	乙未	丙申	丁酉	戊戌	己亥	庚子	辛丑	壬寅	癸卯	甲辰	乙巳	丙午	丁未	戊申	己酉	庚戌	辛亥	壬子	癸丑	甲寅	乙卯	丙辰	丁巳	戊午	己未	庚申	辛酉
			陽暦	月	9	9	9	9	9	9	9	9	9	9	9	9	9	9	9	9	9	9	10	10	10	10	10	10	10	10	10	10	10	10
				日	13	14	15	16	17	18	19	20	21	22	23	24	25	26	27	28	29	30	1	2	3	4	5	6	7	8	9	10	11	12
九月	丙戌	五黄	日柱		壬戌	癸亥	甲子	乙丑	丙寅	丁卯	戊辰	己巳	庚午	辛未	壬申	癸酉	甲戌	乙亥	丙子	丁丑	戊寅	己卯	庚辰	辛巳	壬午	癸未	甲申	乙酉	丙戌	丁亥	戊子	己丑	庚寅	辛卯
			陽暦	月	10	10	10	10	10	10	10	10	10	10	10	10	10	10	10	10	10	10	10	11	11	11	11	11	11	11	11	11	11	11
				日	13	14	15	16	17	18	19	20	21	22	23	24	25	26	27	28	29	30	31	1	2	3	4	5	6	7	8	9	10	11
十月	丁亥	八白	日柱		壬辰	癸巳	甲午	乙未	丙申	丁酉	戊戌	己亥	庚子	辛丑	壬寅	癸卯	甲辰	乙巳	丙午	丁未	戊申	己酉	庚戌	辛亥	壬子	癸丑	甲寅	乙卯	丙辰	丁巳	戊午	己未	庚申	
			陽暦	月	11	11	11	11	11	11	11	11	11	11	11	11	11	11	11	11	11	11	11	12	12	12	12	12	12	12	12	12	12	
				日	12	13	14	15	16	17	18	19	20	21	22	23	24	25	26	27	28	29	30	1	2	3	4	5	6	7	8	9	10	
十一月	戊子	四緑	日柱		辛酉	壬戌	癸亥	甲子	乙丑	丙寅	丁卯	戊辰	己巳	庚午	辛未	壬申	癸酉	甲戌	乙亥	丙子	丁丑	戊寅	己卯	庚辰	辛巳	壬午	癸未	甲申	乙酉	丙戌	丁亥	戊子	己丑	庚寅
			陽暦	月	12	12	12	12	12	12	12	12	12	12	12	12	12	12	12	12	12	12	12	12	12	1	1	1	1	1	1	1	1	1
				日	11	12	13	14	15	16	17	18	19	20	21	22	23	24	25	26	27	28	29	30	31	1	2	3	4	5	6	7	8	9
十二月	己丑	三碧	日柱		辛卯	壬辰	癸巳	甲午	乙未	丙申	丁酉	戊戌	己亥	庚子	辛丑	壬寅	癸卯	甲辰	乙巳	丙午	丁未	戊申	己酉	庚戌	辛亥	壬子	癸丑	甲寅	乙卯	丙辰	丁巳	戊午	己未	
			陽暦	月	1	1	1	1	1	1	1	1	1	1	1	1	1	1	1	1	1	1	1	1	1	1	2	2	2	2	2	2	2	
				日	10	11	12	13	14	15	16	17	18	19	20	21	22	23	24	25	26	27	28	29	30	31	1	2	3	4	5	6	7	

2016年【丙申】

月別	月柱	紫白	農暦		初一	初二	初三	初四	初五	初六	初七	初八	初九	初十	十一	十二	十三	十四	十五	十六	十七	十八	十九	二十	廿一	廿二	廿三	廿四	廿五	廿六	廿七	廿八	廿九	三十
正月	庚寅	二黒	日柱		庚申	辛酉	壬戌	癸亥	甲子	乙丑	丙寅	丁卯	戊辰	己巳	庚午	辛未	壬申	癸酉	甲戌	乙亥	丙子	丁丑	戊寅	己卯	庚辰	辛巳	壬午	癸未	甲申	乙酉	丙戌	丁亥	戊子	己丑
			陽暦	月	2	2	2	2	2	2	2	2	2	2	2	2	2	2	2	2	2	2	2	2	2	2	3	3	3	3	3	3	3	3
			陽暦	日	8	9	10	11	12	13	14	15	16	17	18	19	20	21	22	23	24	25	26	27	28	29	1	2	3	4	5	6	7	8
二月	辛卯	一白	日柱		庚寅	辛卯	壬辰	癸巳	甲午	乙未	丙申	丁酉	戊戌	己亥	庚子	辛丑	壬寅	癸卯	甲辰	乙巳	丙午	丁未	戊申	己酉	庚戌	辛亥	壬子	癸丑	甲寅	乙卯	丙辰	丁巳	戊午	
			陽暦	月	3	3	3	3	3	3	3	3	3	3	3	3	3	3	3	3	3	3	3	3	3	3	3	4	4	4	4	4	4	
			陽暦	日	9	10	11	12	13	14	15	16	17	18	19	20	21	22	23	24	25	26	27	28	29	30	31	1	2	3	4	5	6	
三月	壬辰	九紫	日柱		己未	庚申	辛酉	壬戌	癸亥	甲子	乙丑	丙寅	丁卯	戊辰	己巳	庚午	辛未	壬申	癸酉	甲戌	乙亥	丙子	丁丑	戊寅	己卯	庚辰	辛巳	壬午	癸未	甲申	乙酉	丙戌	丁亥	戊子
			陽暦	月	4	4	4	4	4	4	4	4	4	4	4	4	4	4	4	4	4	4	4	4	4	4	4	4	5	5	5	5	5	5
			陽暦	日	7	8	9	10	11	12	13	14	15	16	17	18	19	20	21	22	23	24	25	26	27	28	29	30	1	2	3	4	5	6
四月	癸巳	八白	日柱		己丑	庚寅	辛卯	壬辰	癸巳	甲午	乙未	丙申	丁酉	戊戌	己亥	庚子	辛丑	壬寅	癸卯	甲辰	乙巳	丙午	丁未	戊申	己酉	庚戌	辛亥	壬子	癸丑	甲寅	乙卯	丙辰	丁巳	
			陽暦	月	5	5	5	5	5	5	5	5	5	5	5	5	5	5	5	5	5	5	5	5	5	5	5	5	5	6	6	6	6	
			陽暦	日	7	8	9	10	11	12	13	14	15	16	17	18	19	20	21	22	23	24	25	26	27	28	29	30	31	1	2	3	4	
五月	甲午	七赤	日柱		戊午	己未	庚申	辛酉	壬戌	癸亥	甲子	乙丑	丙寅	丁卯	戊辰	己巳	庚午	辛未	壬申	癸酉	甲戌	乙亥	丙子	丁丑	戊寅	己卯	庚辰	辛巳	壬午	癸未	甲申	乙酉	丙戌	
			陽暦	月	6	6	6	6	6	6	6	6	6	6	6	6	6	6	6	6	6	6	6	6	6	6	6	6	6	6	7	7	7	
			陽暦	日	5	6	7	8	9	10	11	12	13	14	15	16	17	18	19	20	21	22	23	24	25	26	27	28	29	30	1	2	3	
六月	乙未	六白	日柱		丁亥	戊子	己丑	庚寅	辛卯	壬辰	癸巳	甲午	乙未	丙申	丁酉	戊戌	己亥	庚子	辛丑	壬寅	癸卯	甲辰	乙巳	丙午	丁未	戊申	己酉	庚戌	辛亥	壬子	癸丑	甲寅	乙卯	丙辰
			陽暦	月	7	7	7	7	7	7	7	7	7	7	7	7	7	7	7	7	7	7	7	7	7	7	7	7	7	7	7	7	8	8
			陽暦	日	4	5	6	7	8	9	10	11	12	13	14	15	16	17	18	19	20	21	22	23	24	25	26	27	28	29	30	31	1	2
七月	丙申	五黄	日柱		丁巳	戊午	己未	庚申	辛酉	壬戌	癸亥	甲子	乙丑	丙寅	丁卯	戊辰	己巳	庚午	辛未	壬申	癸酉	甲戌	乙亥	丙子	丁丑	戊寅	己卯	庚辰	辛巳	壬午	癸未	甲申	乙酉	
			陽暦	月	8	8	8	8	8	8	8	8	8	8	8	8	8	8	8	8	8	8	8	8	8	8	8	8	8	8	8	8	8	
			陽暦	日	3	4	5	6	7	8	9	10	11	12	13	14	15	16	17	18	19	20	21	22	23	24	25	26	27	28	29	30	31	
八月	丁酉	四緑	日柱		丙戌	丁亥	戊子	己丑	庚寅	辛卯	壬辰	癸巳	甲午	乙未	丙申	丁酉	戊戌	己亥	庚子	辛丑	壬寅	癸卯	甲辰	乙巳	丙午	丁未	戊申	己酉	庚戌	辛亥	壬子	癸丑	甲寅	乙卯
			陽暦	月	9	9	9	9	9	9	9	9	9	9	9	9	9	9	9	9	9	9	9	9	9	9	9	9	9	9	9	9	9	9
			陽暦	日	1	2	3	4	5	6	7	8	9	10	11	12	13	14	15	16	17	18	19	20	21	22	23	24	25	26	27	28	29	30
九月	戊戌	三碧	日柱		丙辰	丁巳	戊午	己未	庚申	辛酉	壬戌	癸亥	甲子	乙丑	丙寅	丁卯	戊辰	己巳	庚午	辛未	壬申	癸酉	甲戌	乙亥	丙子	丁丑	戊寅	己卯	庚辰	辛巳	壬午	癸未	甲申	乙酉
			陽暦	月	10	10	10	10	10	10	10	10	10	10	10	10	10	10	10	10	10	10	10	10	10	10	10	10	10	10	10	10	10	10
			陽暦	日	1	2	3	4	5	6	7	8	9	10	11	12	13	14	15	16	17	18	19	20	21	22	23	24	25	26	27	28	29	30
十月	己亥	二黒	日柱		丙戌	丁亥	戊子	己丑	庚寅	辛卯	壬辰	癸巳	甲午	乙未	丙申	丁酉	戊戌	己亥	庚子	辛丑	壬寅	癸卯	甲辰	乙巳	丙午	丁未	戊申	己酉	庚戌	辛亥	壬子	癸丑	甲寅	
			陽暦	月	10	11	11	11	11	11	11	11	11	11	11	11	11	11	11	11	11	11	11	11	11	11	11	11	11	11	11	11	11	
			陽暦	日	31	1	2	3	4	5	6	7	8	9	10	11	12	13	14	15	16	17	18	19	20	21	22	23	24	25	26	27	28	
十一月	庚子	一白	日柱		乙卯	丙辰	丁巳	戊午	己未	庚申	辛酉	壬戌	癸亥	甲子	乙丑	丙寅	丁卯	戊辰	己巳	庚午	辛未	壬申	癸酉	甲戌	乙亥	丙子	丁丑	戊寅	己卯	庚辰	辛巳	壬午	癸未	甲申
			陽暦	月	11	11	12	12	12	12	12	12	12	12	12	12	12	12	12	12	12	12	12	12	12	12	12	12	12	12	12	12	12	12
			陽暦	日	29	30	1	2	3	4	5	6	7	8	9	10	11	12	13	14	15	16	17	18	19	20	21	22	23	24	25	26	27	28
十二月	辛丑	九紫	日柱		乙酉	丙戌	丁亥	戊子	己丑	庚寅	辛卯	壬辰	癸巳	甲午	乙未	丙申	丁酉	戊戌	己亥	庚子	辛丑	壬寅	癸卯	甲辰	乙巳	丙午	丁未	戊申	己酉	庚戌	辛亥	壬子	癸丑	甲寅
			陽暦	月	11	12	12	1	1	1	1	1	1	1	1	1	1	1	1	1	1	1	1	1	1	1	1	1	1	1	1	1	1	1
			陽暦	日	29	30	31	1	2	3	4	5	6	7	8	9	10	11	12	13	14	15	16	17	18	19	20	21	22	23	24	25	26	27

2017年【丁酉】

月別	月柱	紫白	農暦		初一	初二	初三	初四	初五	初六	初七	初八	初九	初十	十一	十二	十三	十四	十五	十六	十七	十八	十九	二十	廿一	廿二	廿三	廿四	廿五	廿六	廿七	廿八	廿九	三十
正月	壬寅	八白	日柱		乙卯	丙辰	丁巳	戊午	己未	庚申	辛酉	壬戌	癸亥	甲子	乙丑	丙寅	丁卯	戊辰	己巳	庚午	辛未	壬申	癸酉	甲戌	乙亥	丙子	丁丑	戊寅	己卯	庚辰	辛巳	壬午	癸未	
			陽暦	月	1	1	1	1	2	2	2	2	2	2	2	2	2	2	2	2	2	2	2	2	2	2	2	2	2	2	2	2	2	
			陽暦	日	28	29	30	31	1	2	3	4	5	6	7	8	9	10	11	12	13	14	15	16	17	18	19	20	21	22	23	24	25	
二月	癸卯	七赤	日柱		甲申	乙酉	丙戌	丁亥	戊子	己丑	庚寅	辛卯	壬辰	癸巳	甲午	乙未	丙申	丁酉	戊戌	己亥	庚子	辛丑	壬寅	癸卯	甲辰	乙巳	丙午	丁未	戊申	己酉	庚戌	辛亥	壬子	癸丑
			陽暦	月	2	2	2	3	3	3	3	3	3	3	3	3	3	3	3	3	3	3	3	3	3	3	3	3	3	3	3	3	3	3
			陽暦	日	26	27	28	1	2	3	4	5	6	7	8	9	10	11	12	13	14	15	16	17	18	19	20	21	22	23	24	25	26	27
三月	甲辰	六白	日柱		甲寅	乙卯	丙辰	丁巳	戊午	己未	庚申	辛酉	壬戌	癸亥	甲子	乙丑	丙寅	丁卯	戊辰	己巳	庚午	辛未	壬申	癸酉	甲戌	乙亥	丙子	丁丑	戊寅	己卯	庚辰	辛巳	壬午	
			陽暦	月	3	3	3	3	4	4	4	4	4	4	4	4	4	4	4	4	4	4	4	4	4	4	4	4	4	4	4	4	4	
			陽暦	日	28	29	30	31	1	2	3	4	5	6	7	8	9	10	11	12	13	14	15	16	17	18	19	20	21	22	23	24	25	
四月	乙巳	五黄	日柱		癸未	甲申	乙酉	丙戌	丁亥	戊子	己丑	庚寅	辛卯	壬辰	癸巳	甲午	乙未	丙申	丁酉	戊戌	己亥	庚子	辛丑	壬寅	癸卯	甲辰	乙巳	丙午	丁未	戊申	己酉	庚戌	辛亥	壬子
			陽暦	月	4	4	4	4	4	5	5	5	5	5	5	5	5	5	5	5	5	5	5	5	5	5	5	5	5	5	5	5	5	5
			陽暦	日	26	27	28	29	30	1	2	3	4	5	6	7	8	9	10	11	12	13	14	15	16	17	18	19	20	21	22	23	24	25
五月	丙午	四緑	日柱		癸丑	甲寅	乙卯	丙辰	丁巳	戊午	己未	庚申	辛酉	壬戌	癸亥	甲子	乙丑	丙寅	丁卯	戊辰	己巳	庚午	辛未	壬申	癸酉	甲戌	乙亥	丙子	丁丑	戊寅	己卯	庚辰	辛巳	
			陽暦	月	5	5	5	5	5	5	6	6	6	6	6	6	6	6	6	6	6	6	6	6	6	6	6	6	6	6	6	6	6	
			陽暦	日	26	27	28	29	30	31	1	2	3	4	5	6	7	8	9	10	11	12	13	14	15	16	17	18	19	20	21	22	23	
六月	丁未	三碧	日柱		壬午	癸未	甲申	乙酉	丙戌	丁亥	戊子	己丑	庚寅	辛卯	壬辰	癸巳	甲午	乙未	丙申	丁酉	戊戌	己亥	庚子	辛丑	壬寅	癸卯	甲辰	乙巳	丙午	丁未	戊申	己酉	庚戌	
			陽暦	月	6	6	6	6	6	6	6	7	7	7	7	7	7	7	7	7	7	7	7	7	7	7	7	7	7	7	7	7	7	
			陽暦	日	24	25	26	27	28	29	30	1	2	3	4	5	6	7	8	9	10	11	12	13	14	15	16	17	18	19	20	21	22	
閏六月			日柱		辛亥	壬子	癸丑	甲寅	乙卯	丙辰	丁巳	戊午	己未	庚申	辛酉	壬戌	癸亥	甲子	乙丑	丙寅	丁卯	戊辰	己巳	庚午	辛未	壬申	癸酉	甲戌	乙亥	丙子	丁丑	戊寅	己卯	庚辰
			陽暦	月	7	7	7	7	7	7	7	7	7	8	8	8	8	8	8	8	8	8	8	8	8	8	8	8	8	8	8	8	8	8
			陽暦	日	23	24	25	26	27	28	29	30	31	1	2	3	4	5	6	7	8	9	10	11	12	13	14	15	16	17	18	19	20	21
七月	戊申	二黒	日柱		辛巳	壬午	癸未	甲申	乙酉	丙戌	丁亥	戊子	己丑	庚寅	辛卯	壬辰	癸巳	甲午	乙未	丙申	丁酉	戊戌	己亥	庚子	辛丑	壬寅	癸卯	甲辰	乙巳	丙午	丁未	戊申	己酉	
			陽暦	月	8	8	8	8	8	8	8	8	8	8	9	9	9	9	9	9	9	9	9	9	9	9	9	9	9	9	9	9	9	
			陽暦	日	22	23	24	25	26	27	28	29	30	31	1	2	3	4	5	6	7	8	9	10	11	12	13	14	15	16	17	18	19	
八月	己酉	一白	日柱		庚戌	辛亥	壬子	癸丑	甲寅	乙卯	丙辰	丁巳	戊午	己未	庚申	辛酉	壬戌	癸亥	甲子	乙丑	丙寅	丁卯	戊辰	己巳	庚午	辛未	壬申	癸酉	甲戌	乙亥	丙子	丁丑	戊寅	己卯
			陽暦	月	9	9	9	9	9	9	9	9	9	9	9	10	10	10	10	10	10	10	10	10	10	10	10	10	10	10	10	10	10	10
			陽暦	日	20	21	22	23	24	25	26	27	28	29	30	1	2	3	4	5	6	7	8	9	10	11	12	13	14	15	16	17	18	19
九月	庚戌	九紫	日柱		庚辰	辛巳	壬午	癸未	甲申	乙酉	丙戌	丁亥	戊子	己丑	庚寅	辛卯	壬辰	癸巳	甲午	乙未	丙申	丁酉	戊戌	己亥	庚子	辛丑	壬寅	癸卯	甲辰	乙巳	丙午	丁未	戊申	
			陽暦	月	10	10	10	10	10	10	10	10	10	10	10	10	11	11	11	11	11	11	11	11	11	11	11	11	11	11	11	11	11	
			陽暦	日	20	21	22	23	24	25	26	27	28	29	30	31	1	2	3	4	5	6	7	8	9	10	11	12	13	14	15	16	17	
十月	辛亥	八白	日柱		己酉	庚戌	辛亥	壬子	癸丑	甲寅	乙卯	丙辰	丁巳	戊午	己未	庚申	辛酉	壬戌	癸亥	甲子	乙丑	丙寅	丁卯	戊辰	己巳	庚午	辛未	壬申	癸酉	甲戌	乙亥	丙子	丁丑	戊寅
			陽暦	月	11	11	11	11	11	11	11	11	11	11	11	11	11	12	12	12	12	12	12	12	12	12	12	12	12	12	12	12	12	12
			陽暦	日	18	19	20	21	22	23	24	25	26	27	28	29	30	1	2	3	4	5	6	7	8	9	10	11	12	13	14	15	16	17
十一月	壬子	七赤	日柱		己卯	庚辰	辛巳	壬午	癸未	甲申	乙酉	丙戌	丁亥	戊子	己丑	庚寅	辛卯	壬辰	癸巳	甲午	乙未	丙申	丁酉	戊戌	己亥	庚子	辛丑	壬寅	癸卯	甲辰	乙巳	丙午	丁未	戊申
			陽暦	月	12	12	12	12	12	12	12	12	12	12	12	12	12	12	1	1	1	1	1	1	1	1	1	1	1	1	1	1	1	1
			陽暦	日	18	19	20	21	22	23	24	25	26	27	28	29	30	31	1	2	3	4	5	6	7	8	9	10	11	12	13	14	15	16
十二月	癸丑	六白	日柱		己酉	庚戌	辛亥	壬子	癸丑	甲寅	乙卯	丙辰	丁巳	戊午	己未	庚申	辛酉	壬戌	癸亥	甲子	乙丑	丙寅	丁卯	戊辰	己巳	庚午	辛未	壬申	癸酉	甲戌	乙亥	丙子	丁丑	戊寅
			陽暦	月	1	1	1	1	1	1	1	1	1	1	1	1	1	1	1	2	2	2	2	2	2	2	2	2	2	2	2	2	2	2
			陽暦	日	17	18	19	20	21	22	23	24	25	26	27	28	29	30	31	1	2	3	4	5	6	7	8	9	10	11	12	13	14	15

2018年【戊戌】

月別	月柱	紫白	農曆		初一	初二	初三	初四	初五	初六	初七	初八	初九	初十	十一	十二	十三	十四	十五	十六	十七	十八	十九	二十	廿一	廿二	廿三	廿四	廿五	廿六	廿七	廿八	廿九	三十
正月	甲寅	五黄	日柱		己卯	庚辰	辛巳	壬午	癸未	甲申	乙酉	丙戌	丁亥	戊子	己丑	庚寅	辛卯	壬辰	癸巳	甲午	乙未	丙申	丁酉	戊戌	己亥	庚子	辛丑	壬寅	癸卯	甲辰	乙巳	丙午	丁未	
			陽暦	月	2	2	2	2	2	2	2	2	2	2	2	2	2	3	3	3	3	3	3	3	3	3	3	3	3	3	3	3	3	
			陽暦	日	16	17	18	19	20	21	22	23	24	25	26	27	28	1	2	3	4	5	6	7	8	9	10	11	12	13	14	15	16	
二月	乙卯	四緑	日柱		戊申	己酉	庚戌	辛亥	壬子	癸丑	甲寅	乙卯	丙辰	丁巳	戊午	己未	庚申	辛酉	壬戌	癸亥	甲子	乙丑	丙寅	丁卯	戊辰	己巳	庚午	辛未	壬申	癸酉	甲戌	乙亥	丙子	丁丑
			陽暦	月	3	3	3	3	3	3	3	3	3	3	3	3	3	3	3	4	4	4	4	4	4	4	4	4	4	4	4	4	4	4
			陽暦	日	17	18	19	20	21	22	23	24	25	26	27	28	29	30	31	1	2	3	4	5	6	7	8	9	10	11	12	13	14	15
三月	丙辰	三碧	日柱		戊寅	己卯	庚辰	辛巳	壬午	癸未	甲申	乙酉	丙戌	丁亥	戊子	己丑	庚寅	辛卯	壬辰	癸巳	甲午	乙未	丙申	丁酉	戊戌	己亥	庚子	辛丑	壬寅	癸卯	甲辰	乙巳	丙午	
			陽暦	月	4	4	4	4	4	4	4	4	4	4	4	4	4	4	4	5	5	5	5	5	5	5	5	5	5	5	5	5	5	
			陽暦	日	16	17	18	19	20	21	22	23	24	25	26	27	28	29	30	1	2	3	4	5	6	7	8	9	10	11	12	13	14	
四月	丁巳	二黒	日柱		丁未	戊申	己酉	庚戌	辛亥	壬子	癸丑	甲寅	乙卯	丙辰	丁巳	戊午	己未	庚申	辛酉	壬戌	癸亥	甲子	乙丑	丙寅	丁卯	戊辰	己巳	庚午	辛未	壬申	癸酉	甲戌	乙亥	丙子
			陽暦	月	5	5	5	5	5	5	5	5	5	5	5	5	5	5	5	5	5	6	6	6	6	6	6	6	6	6	6	6	6	6
			陽暦	日	15	16	17	18	19	20	21	22	23	24	25	26	27	28	29	30	31	1	2	3	4	5	6	7	8	9	10	11	12	13
五月	戊午	一白	日柱		丁丑	戊寅	己卯	庚辰	辛巳	壬午	癸未	甲申	乙酉	丙戌	丁亥	戊子	己丑	庚寅	辛卯	壬辰	癸巳	甲午	乙未	丙申	丁酉	戊戌	己亥	庚子	辛丑	壬寅	癸卯	甲辰	乙巳	
			陽暦	月	6	6	6	6	6	6	6	6	6	6	6	6	6	6	6	6	6	7	7	7	7	7	7	7	7	7	7	7	7	
			陽暦	日	14	15	16	17	18	19	20	21	22	23	24	25	26	27	28	29	30	1	2	3	4	5	6	7	8	9	10	11	12	
六月	己未	九紫	日柱		丙午	丁未	戊申	己酉	庚戌	辛亥	壬子	癸丑	甲寅	乙卯	丙辰	丁巳	戊午	己未	庚申	辛酉	壬戌	癸亥	甲子	乙丑	丙寅	丁卯	戊辰	己巳	庚午	辛未	壬申	癸酉	甲戌	
			陽暦	月	7	7	7	7	7	7	7	7	7	7	7	7	7	7	7	7	7	7	7	8	8	8	8	8	8	8	8	8	8	
			陽暦	日	13	14	15	16	17	18	19	20	21	22	23	24	25	26	27	28	29	30	31	1	2	3	4	5	6	7	8	9	10	
七月	庚申	八白	日柱		乙亥	丙子	丁丑	戊寅	己卯	庚辰	辛巳	壬午	癸未	甲申	乙酉	丙戌	丁亥	戊子	己丑	庚寅	辛卯	壬辰	癸巳	甲午	乙未	丙申	丁酉	戊戌	己亥	庚子	辛丑	壬寅	癸卯	甲辰
			陽暦	月	8	8	8	8	8	8	8	8	8	8	8	8	8	8	8	8	8	8	8	8	8	9	9	9	9	9	9	9	9	9
			陽暦	日	11	12	13	14	15	16	17	18	19	20	21	22	23	24	25	26	27	28	29	30	31	1	2	3	4	5	6	7	8	9
八月	辛酉	七赤	日柱		乙巳	丙午	丁未	戊申	己酉	庚戌	辛亥	壬子	癸丑	甲寅	乙卯	丙辰	丁巳	戊午	己未	庚申	辛酉	壬戌	癸亥	甲子	乙丑	丙寅	丁卯	戊辰	己巳	庚午	辛未	壬申	癸酉	
			陽暦	月	9	9	9	9	9	9	9	9	9	9	9	9	9	9	9	9	9	9	9	9	9	10	10	10	10	10	10	10	10	
			陽暦	日	10	11	12	13	14	15	16	17	18	19	20	21	22	23	24	25	26	27	28	29	30	1	2	3	4	5	6	7	8	
九月	壬戌	六白	日柱		甲戌	乙亥	丙子	丁丑	戊寅	己卯	庚辰	辛巳	壬午	癸未	甲申	乙酉	丙戌	丁亥	戊子	己丑	庚寅	辛卯	壬辰	癸巳	甲午	乙未	丙申	丁酉	戊戌	己亥	庚子	辛丑	壬寅	癸卯
			陽暦	月	10	10	10	10	10	10	10	10	10	10	10	10	10	10	10	10	10	10	10	10	10	10	10	11	11	11	11	11	11	11
			陽暦	日	9	10	11	12	13	14	15	16	17	18	19	20	21	22	23	24	25	26	27	28	29	30	31	1	2	3	4	5	6	7
十月	癸亥	五黄	日柱		甲辰	乙巳	丙午	丁未	戊申	己酉	庚戌	辛亥	壬子	癸丑	甲寅	乙卯	丙辰	丁巳	戊午	己未	庚申	辛酉	壬戌	癸亥	甲子	乙丑	丙寅	丁卯	戊辰	己巳	庚午	辛未	壬申	
			陽暦	月	11	11	11	11	11	11	11	11	11	11	11	11	11	11	11	11	11	11	11	11	11	11	11	12	12	12	12	12	12	
			陽暦	日	8	9	10	11	12	13	14	15	16	17	18	19	20	21	22	23	24	25	26	27	28	29	30	1	2	3	4	5	6	
十一月	甲子	四緑	日柱		癸酉	甲戌	乙亥	丙子	丁丑	戊寅	己卯	庚辰	辛巳	壬午	癸未	甲申	乙酉	丙戌	丁亥	戊子	己丑	庚寅	辛卯	壬辰	癸巳	甲午	乙未	丙申	丁酉	戊戌	己亥	庚子	辛丑	壬寅
			陽暦	月	12	12	12	12	12	12	12	12	12	12	12	12	12	12	12	12	12	12	12	12	12	12	12	12	12	1	1	1	1	1
			陽暦	日	7	8	9	10	11	12	13	14	15	16	17	18	19	20	21	22	23	24	25	26	27	28	29	30	31	1	2	3	4	5
十二月	乙丑	三碧	日柱		癸卯	甲辰	乙巳	丙午	丁未	戊申	己酉	庚戌	辛亥	壬子	癸丑	甲寅	乙卯	丙辰	丁巳	戊午	己未	庚申	辛酉	壬戌	癸亥	甲子	乙丑	丙寅	丁卯	戊辰	己巳	庚午	辛未	壬申
			陽暦	月	1	1	1	1	1	1	1	1	1	1	1	1	1	1	1	1	1	1	1	1	1	1	1	1	1	1	2	2	2	2
			陽暦	日	6	7	8	9	10	11	12	13	14	15	16	17	18	19	20	21	22	23	24	25	26	27	28	29	30	31	1	2	3	4

2019年【己亥】

月別	月柱	紫白	農暦		初一	初二	初三	初四	初五	初六	初七	初八	初九	初十	十一	十二	十三	十四	十五	十六	十七	十八	十九	二十	廿一	廿二	廿三	廿四	廿五	廿六	廿七	廿八	廿九	三十
正月	丙寅	二黒	日柱		癸酉	甲戌	乙亥	丙子	丁丑	戊寅	己卯	庚辰	辛巳	壬午	癸未	甲申	乙酉	丙戌	丁亥	戊子	己丑	庚寅	辛卯	壬辰	癸巳	甲午	乙未	丙申	丁酉	戊戌	己亥	庚子	辛丑	壬寅
			陽暦	月	2	2	2	2	2	2	2	2	2	2	2	2	2	2	2	2	2	2	2	2	2	2	2	2	3	3	3	3	3	3
				日	5	6	7	8	9	10	11	12	13	14	15	16	17	18	19	20	21	22	23	24	25	26	27	28	1	2	3	4	5	6
二月	丁卯	一白	日柱		癸卯	甲辰	乙巳	丙午	丁未	戊申	己酉	庚戌	辛亥	壬子	癸丑	甲寅	乙卯	丙辰	丁巳	戊午	己未	庚申	辛酉	壬戌	癸亥	甲子	乙丑	丙寅	丁卯	戊辰	己巳	庚午	辛未	
			陽暦	月	3	3	3	3	3	3	3	3	3	3	3	3	3	3	3	3	3	3	3	3	3	3	3	3	3	4	4	4	4	
				日	7	8	9	10	11	12	13	14	15	16	17	18	19	20	21	22	23	24	25	26	27	28	29	30	31	1	2	3	4	
三月	戊辰	九紫	日柱		壬申	癸酉	甲戌	乙亥	丙子	丁丑	戊寅	己卯	庚辰	辛巳	壬午	癸未	甲申	乙酉	丙戌	丁亥	戊子	己丑	庚寅	辛卯	壬辰	癸巳	甲午	乙未	丙申	丁酉	戊戌	己亥	庚子	辛丑
			陽暦	月	4	4	4	4	4	4	4	4	4	4	4	4	4	4	4	4	4	4	4	4	4	4	4	4	4	4	5	5	5	5
				日	5	6	7	8	9	10	11	12	13	14	15	16	17	18	19	20	21	22	23	24	25	26	27	28	29	30	1	2	3	4
四月	己巳	八白	日柱		壬寅	癸卯	甲辰	乙巳	丙午	丁未	戊申	己酉	庚戌	辛亥	壬子	癸丑	甲寅	乙卯	丙辰	丁巳	戊午	己未	庚申	辛酉	壬戌	癸亥	甲子	乙丑	丙寅	丁卯	戊辰	己巳	庚午	
			陽暦	月	5	5	5	5	5	5	5	5	5	5	5	5	5	5	5	5	5	5	5	5	5	5	5	5	5	5	5	6	6	
				日	5	6	7	8	9	10	11	12	13	14	15	16	17	18	19	20	21	22	23	24	25	26	27	28	29	30	31	1	2	
五月	庚午	七赤	日柱		辛未	壬申	癸酉	甲戌	乙亥	丙子	丁丑	戊寅	己卯	庚辰	辛巳	壬午	癸未	甲申	乙酉	丙戌	丁亥	戊子	己丑	庚寅	辛卯	壬辰	癸巳	甲午	乙未	丙申	丁酉	戊戌	己亥	庚子
			陽暦	月	6	6	6	6	6	6	6	6	6	6	6	6	6	6	6	6	6	6	6	6	6	6	6	6	6	6	6	6	7	7
				日	3	4	5	6	7	8	9	10	11	12	13	14	15	16	17	18	19	20	21	22	23	24	25	26	27	28	29	30	1	2
六月	辛未	六白	日柱		辛丑	壬寅	癸卯	甲辰	乙巳	丙午	丁未	戊申	己酉	庚戌	辛亥	壬子	癸丑	甲寅	乙卯	丙辰	丁巳	戊午	己未	庚申	辛酉	壬戌	癸亥	甲子	乙丑	丙寅	丁卯	戊辰	己巳	
			陽暦	月	7	7	7	7	7	7	7	7	7	7	7	7	7	7	7	7	7	7	7	7	7	7	7	7	7	7	7	7	7	
				日	3	4	5	6	7	8	9	10	11	12	13	14	15	16	17	18	19	20	21	22	23	24	25	26	27	28	29	30	31	
七月	壬申	五黄	日柱		庚午	辛未	壬申	癸酉	甲戌	乙亥	丙子	丁丑	戊寅	己卯	庚辰	辛巳	壬午	癸未	甲申	乙酉	丙戌	丁亥	戊子	己丑	庚寅	辛卯	壬辰	癸巳	甲午	乙未	丙申	丁酉	戊戌	
			陽暦	月	8	8	8	8	8	8	8	8	8	8	8	8	8	8	8	8	8	8	8	8	8	8	8	8	8	8	8	8	8	
				日	1	2	3	4	5	6	7	8	9	10	11	12	13	14	15	16	17	18	19	20	21	22	23	24	25	26	27	28	29	
八月	癸酉	四緑	日柱		己亥	庚子	辛丑	壬寅	癸卯	甲辰	乙巳	丙午	丁未	戊申	己酉	庚戌	辛亥	壬子	癸丑	甲寅	乙卯	丙辰	丁巳	戊午	己未	庚申	辛酉	壬戌	癸亥	甲子	乙丑	丙寅	丁卯	戊辰
			陽暦	月	8	8	9	9	9	9	9	9	9	9	9	9	9	9	9	9	9	9	9	9	9	9	9	9	9	9	9	9	9	9
				日	30	31	1	2	3	4	5	6	7	8	9	10	11	12	13	14	15	16	17	18	19	20	21	22	23	24	25	26	27	28
九月	甲戌	三碧	日柱		己巳	庚午	辛未	壬申	癸酉	甲戌	乙亥	丙子	丁丑	戊寅	己卯	庚辰	辛巳	壬午	癸未	甲申	乙酉	丙戌	丁亥	戊子	己丑	庚寅	辛卯	壬辰	癸巳	甲午	乙未	丙申	丁酉	
			陽暦	月	9	9	10	10	10	10	10	10	10	10	10	10	10	10	10	10	10	10	10	10	10	10	10	10	10	10	10	10	10	
				日	29	30	1	2	3	4	5	6	7	8	9	10	11	12	13	14	15	16	17	18	19	20	21	22	23	24	25	26	27	
十月	乙亥	二黒	日柱		戊戌	己亥	庚子	辛丑	壬寅	癸卯	甲辰	乙巳	丙午	丁未	戊申	己酉	庚戌	辛亥	壬子	癸丑	甲寅	乙卯	丙辰	丁巳	戊午	己未	庚申	辛酉	壬戌	癸亥	甲子	乙丑	丙寅	
			陽暦	月	10	10	10	10	11	11	11	11	11	11	11	11	11	11	11	11	11	11	11	11	11	11	11	11	11	11	11	11	11	
				日	28	29	30	31	1	2	3	4	5	6	7	8	9	10	11	12	13	14	15	16	17	18	19	20	21	22	23	24	25	
十一月	丙子	一白	日柱		丁卯	戊辰	己巳	庚午	辛未	壬申	癸酉	甲戌	乙亥	丙子	丁丑	戊寅	己卯	庚辰	辛巳	壬午	癸未	甲申	乙酉	丙戌	丁亥	戊子	己丑	庚寅	辛卯	壬辰	癸巳	甲午	乙未	丙申
			陽暦	月	11	11	11	11	11	12	12	12	12	12	12	12	12	12	12	12	12	12	12	12	12	12	12	12	12	12	12	12	12	12
				日	26	27	28	29	30	1	2	3	4	5	6	7	8	9	10	11	12	13	14	15	16	17	18	19	20	21	22	23	24	25
十二月	丁丑	九紫	日柱		丁酉	戊戌	己亥	庚子	辛丑	壬寅	癸卯	甲辰	乙巳	丙午	丁未	戊申	己酉	庚戌	辛亥	壬子	癸丑	甲寅	乙卯	丙辰	丁巳	戊午	己未	庚申	辛酉	壬戌	癸亥	甲子	乙丑	丙寅
			陽暦	月	12	12	12	12	12	12	1	1	1	1	1	1	1	1	1	1	1	1	1	1	1	1	1	1	1	1	1	1	1	1
				日	26	27	28	29	30	31	1	2	3	4	5	6	7	8	9	10	11	12	13	14	15	16	17	18	19	20	21	22	23	24

2020年【庚子】

月別	月柱	紫白	農暦		初一	初二	初三	初四	初五	初六	初七	初八	初九	初十	十一	十二	十三	十四	十五	十六	十七	十八	十九	二十	廿一	廿二	廿三	廿四	廿五	廿六	廿七	廿八	廿九	三十
正月	戊寅	八白	日柱		丁卯	戊辰	己巳	庚午	辛未	壬申	癸酉	甲戌	乙亥	丙子	丁丑	戊寅	己卯	庚辰	辛巳	壬午	癸未	甲申	乙酉	丙戌	丁亥	戊子	己丑	庚寅	辛卯	壬辰	癸巳	甲午	乙未	
			陽暦	月	1	1	1	1	1	1	1	2	2	2	2	2	2	2	2	2	2	2	2	2	2	2	2	2	2	2	2	2	2	
				日	25	26	27	28	29	30	31	1	2	3	4	5	6	7	8	9	10	11	12	13	14	15	16	17	18	19	20	21	22	
二月	己卯	七赤	日柱		丙申	丁酉	戊戌	己亥	庚子	辛丑	壬寅	癸卯	甲辰	乙巳	丙午	丁未	戊申	己酉	庚戌	辛亥	壬子	癸丑	甲寅	乙卯	丙辰	丁巳	戊午	己未	庚申	辛酉	壬戌	癸亥	甲子	乙丑
			陽暦	月	2	2	2	2	2	2	2	3	3	3	3	3	3	3	3	3	3	3	3	3	3	3	3	3	3	3	3	3	3	3
				日	23	24	25	26	27	28	29	1	2	3	4	5	6	7	8	9	10	11	12	13	14	15	16	17	18	19	20	21	22	23
三月	庚辰	六白	日柱		丙寅	丁卯	戊辰	己巳	庚午	辛未	壬申	癸酉	甲戌	乙亥	丙子	丁丑	戊寅	己卯	庚辰	辛巳	壬午	癸未	甲申	乙酉	丙戌	丁亥	戊子	己丑	庚寅	辛卯	壬辰	癸巳	甲午	乙未
			陽暦	月	3	3	3	3	3	3	3	3	4	4	4	4	4	4	4	4	4	4	4	4	4	4	4	4	4	4	4	4	4	4
				日	24	25	26	27	28	29	30	31	1	2	3	4	5	6	7	8	9	10	11	12	13	14	15	16	17	18	19	20	21	22
四月	辛巳	五黄	日柱		丙申	丁酉	戊戌	己亥	庚子	辛丑	壬寅	癸卯	甲辰	乙巳	丙午	丁未	戊申	己酉	庚戌	辛亥	壬子	癸丑	甲寅	乙卯	丙辰	丁巳	戊午	己未	庚申	辛酉	壬戌	癸亥	甲子	乙丑
			陽暦	月	4	4	4	4	4	4	4	4	5	5	5	5	5	5	5	5	5	5	5	5	5	5	5	5	5	5	5	5	5	5
				日	23	24	25	26	27	28	29	30	1	2	3	4	5	6	7	8	9	10	11	12	13	14	15	16	17	18	19	20	21	22
閏四月			日柱		丙寅	丁卯	戊辰	己巳	庚午	辛未	壬申	癸酉	甲戌	乙亥	丙子	丁丑	戊寅	己卯	庚辰	辛巳	壬午	癸未	甲申	乙酉	丙戌	丁亥	戊子	己丑	庚寅	辛卯	壬辰	癸巳	甲午	
			陽暦	月	5	5	5	5	5	5	5	5	5	6	6	6	6	6	6	6	6	6	6	6	6	6	6	6	6	6	6	6	6	
				日	23	24	25	26	27	28	29	30	31	1	2	3	4	5	6	7	8	9	10	11	12	13	14	15	16	17	18	19	20	
五月	壬午	四緑	日柱		乙未	丙申	丁酉	戊戌	己亥	庚子	辛丑	壬寅	癸卯	甲辰	乙巳	丙午	丁未	戊申	己酉	庚戌	辛亥	壬子	癸丑	甲寅	乙卯	丙辰	丁巳	戊午	己未	庚申	辛酉	壬戌	癸亥	甲子
			陽暦	月	6	6	6	6	6	6	6	6	6	6	7	7	7	7	7	7	7	7	7	7	7	7	7	7	7	7	7	7	7	7
				日	21	22	23	24	25	26	27	28	29	30	1	2	3	4	5	6	7	8	9	10	11	12	13	14	15	16	17	18	19	20
六月	癸未	三碧	日柱		乙丑	丙寅	丁卯	戊辰	己巳	庚午	辛未	壬申	癸酉	甲戌	乙亥	丙子	丁丑	戊寅	己卯	庚辰	辛巳	壬午	癸未	甲申	乙酉	丙戌	丁亥	戊子	己丑	庚寅	辛卯	壬辰	癸巳	
			陽暦	月	7	7	7	7	7	7	7	7	7	7	7	8	8	8	8	8	8	8	8	8	8	8	8	8	8	8	8	8	8	
				日	21	22	23	24	25	26	27	28	29	30	31	1	2	3	4	5	6	7	8	9	10	11	12	13	14	15	16	17	18	
七月	甲申	二黒	日柱		甲午	乙未	丙申	丁酉	戊戌	己亥	庚子	辛丑	壬寅	癸卯	甲辰	乙巳	丙午	丁未	戊申	己酉	庚戌	辛亥	壬子	癸丑	甲寅	乙卯	丙辰	丁巳	戊午	己未	庚申	辛酉	壬戌	
			陽暦	月	8	8	8	8	8	8	8	8	8	8	8	8	8	9	9	9	9	9	9	9	9	9	9	9	9	9	9	9	9	
				日	19	20	21	22	23	24	25	26	27	28	29	30	31	1	2	3	4	5	6	7	8	9	10	11	12	13	14	15	16	
八月	乙酉	一白	日柱		癸亥	甲子	乙丑	丙寅	丁卯	戊辰	己巳	庚午	辛未	壬申	癸酉	甲戌	乙亥	丙子	丁丑	戊寅	己卯	庚辰	辛巳	壬午	癸未	甲申	乙酉	丙戌	丁亥	戊子	己丑	庚寅	辛卯	壬辰
			陽暦	月	9	9	9	9	9	9	9	9	9	9	9	9	9	9	10	10	10	10	10	10	10	10	10	10	10	10	10	10	10	10
				日	17	18	19	20	21	22	23	24	25	26	27	28	29	30	1	2	3	4	5	6	7	8	9	10	11	12	13	14	15	16
九月	丙戌	九紫	日柱		癸巳	甲午	乙未	丙申	丁酉	戊戌	己亥	庚子	辛丑	壬寅	癸卯	甲辰	乙巳	丙午	丁未	戊申	己酉	庚戌	辛亥	壬子	癸丑	甲寅	乙卯	丙辰	丁巳	戊午	己未	庚申	辛酉	
			陽暦	月	10	10	10	10	10	10	10	10	10	10	10	10	10	10	10	11	11	11	11	11	11	11	11	11	11	11	11	11	11	
				日	17	18	19	20	21	22	23	24	25	26	27	28	29	30	31	1	2	3	4	5	6	7	8	9	10	11	12	13	14	
十月	丁亥	八白	日柱		壬戌	癸亥	甲子	乙丑	丙寅	丁卯	戊辰	己巳	庚午	辛未	壬申	癸酉	甲戌	乙亥	丙子	丁丑	戊寅	己卯	庚辰	辛巳	壬午	癸未	甲申	乙酉	丙戌	丁亥	戊子	己丑	庚寅	辛卯
			陽暦	月	11	11	11	11	11	11	11	11	11	11	11	11	11	11	11	11	12	12	12	12	12	12	12	12	12	12	12	12	12	12
				日	15	16	17	18	19	20	21	22	23	24	25	26	27	28	29	30	1	2	3	4	5	6	7	8	9	10	11	12	13	14
十一月	戊子	七赤	日柱		壬辰	癸巳	甲午	乙未	丙申	丁酉	戊戌	己亥	庚子	辛丑	壬寅	癸卯	甲辰	乙巳	丙午	丁未	戊申	己酉	庚戌	辛亥	壬子	癸丑	甲寅	乙卯	丙辰	丁巳	戊午	己未	庚申	
			陽暦	月	12	12	12	12	12	12	12	12	12	12	12	12	12	12	12	12	12	1	1	1	1	1	1	1	1	1	1	1	1	
				日	15	16	17	18	19	20	21	22	23	24	25	26	27	28	29	30	31	1	2	3	4	5	6	7	8	9	10	11	12	
十二月	己丑	六白	日柱		辛酉	壬戌	癸亥	甲子	乙丑	丙寅	丁卯	戊辰	己巳	庚午	辛未	壬申	癸酉	甲戌	乙亥	丙子	丁丑	戊寅	己卯	庚辰	辛巳	壬午	癸未	甲申	乙酉	丙戌	丁亥	戊子	己丑	庚寅
			陽暦	月	1	1	1	1	1	1	1	1	1	1	1	1	1	1	1	1	1	1	1	2	2	2	2	2	2	2	2	2	2	2
				日	13	14	15	16	17	18	19	20	21	22	23	24	25	26	27	28	29	30	31	1	2	3	4	5	6	7	8	9	10	11

2021年【辛丑】

月別	月柱	紫白	農暦		初一	初二	初三	初四	初五	初六	初七	初八	初九	初十	十一	十二	十三	十四	十五	十六	十七	十八	十九	二十	廿一	廿二	廿三	廿四	廿五	廿六	廿七	廿八	廿九	三十
正月	庚寅	五黄	日柱		辛卯	壬辰	癸巳	甲午	乙未	丙申	丁酉	戊戌	己亥	庚子	辛丑	壬寅	癸卯	甲辰	乙巳	丙午	丁未	戊申	己酉	庚戌	辛亥	壬子	癸丑	甲寅	乙卯	丙辰	丁巳	戊午	己未	
			陽暦	月	2	2	2	2	2	2	2	2	2	2	2	2	2	2	2	2	2	3	3	3	3	3	3	3	3	3	3	3	3	
				日	12	13	14	15	16	17	18	19	20	21	22	23	24	25	26	27	28	1	2	3	4	5	6	7	8	9	10	11	12	
二月	辛卯	四緑	日柱		庚申	辛酉	壬戌	癸亥	甲子	乙丑	丙寅	丁卯	戊辰	己巳	庚午	辛未	壬申	癸酉	甲戌	乙亥	丙子	丁丑	戊寅	己卯	庚辰	辛巳	壬午	癸未	甲申	乙酉	丙戌	丁亥	戊子	己丑
			陽暦	月	3	3	3	3	3	3	3	3	3	3	3	3	3	3	3	3	3	3	3	4	4	4	4	4	4	4	4	4	4	4
				日	13	14	15	16	17	18	19	20	21	22	23	24	25	26	27	28	29	30	31	1	2	3	4	5	6	7	8	9	10	11
三月	壬辰	三碧	日柱		庚寅	辛卯	壬辰	癸巳	甲午	乙未	丙申	丁酉	戊戌	己亥	庚子	辛丑	壬寅	癸卯	甲辰	乙巳	丙午	丁未	戊申	己酉	庚戌	辛亥	壬子	癸丑	甲寅	乙卯	丙辰	丁巳	戊午	己未
			陽暦	月	4	4	4	4	4	4	4	4	4	4	4	4	4	4	4	4	4	4	4	5	5	5	5	5	5	5	5	5	5	5
				日	12	13	14	15	16	17	18	19	20	21	22	23	24	25	26	27	28	29	30	1	2	3	4	5	6	7	8	9	10	11
四月	癸巳	二黒	日柱		庚申	辛酉	壬戌	癸亥	甲子	乙丑	丙寅	丁卯	戊辰	己巳	庚午	辛未	壬申	癸酉	甲戌	乙亥	丙子	丁丑	戊寅	己卯	庚辰	辛巳	壬午	癸未	甲申	乙酉	丙戌	丁亥	戊子	
			陽暦	月	5	5	5	5	5	5	5	5	5	5	5	5	5	5	5	5	5	5	5	5	6	6	6	6	6	6	6	6	6	
				日	12	13	14	15	16	17	18	19	20	21	22	23	24	25	26	27	28	29	30	31	1	2	3	4	5	6	7	8	9	
五月	甲午	一白	日柱		己丑	庚寅	辛卯	壬辰	癸巳	甲午	乙未	丙申	丁酉	戊戌	己亥	庚子	辛丑	壬寅	癸卯	甲辰	乙巳	丙午	丁未	戊申	己酉	庚戌	辛亥	壬子	癸丑	甲寅	乙卯	丙辰	丁巳	戊午
			陽暦	月	6	6	6	6	6	6	6	6	6	6	6	6	6	6	6	6	6	6	6	6	6	7	7	7	7	7	7	7	7	7
				日	10	11	12	13	14	15	16	17	18	19	20	21	22	23	24	25	26	27	28	29	30	1	2	3	4	5	6	7	8	9
六月	乙未	九紫	日柱		己未	庚申	辛酉	壬戌	癸亥	甲子	乙丑	丙寅	丁卯	戊辰	己巳	庚午	辛未	壬申	癸酉	甲戌	乙亥	丙子	丁丑	戊寅	己卯	庚辰	辛巳	壬午	癸未	甲申	乙酉	丙戌	丁亥	
			陽暦	月	7	7	7	7	7	7	7	7	7	7	7	7	7	7	7	7	7	7	7	7	7	7	8	8	8	8	8	8	8	
				日	10	11	12	13	14	15	16	17	18	19	20	21	22	23	24	25	26	27	28	29	30	31	1	2	3	4	5	6	7	
七月	丙申	八白	日柱		戊子	己丑	庚寅	辛卯	壬辰	癸巳	甲午	乙未	丙申	丁酉	戊戌	己亥	庚子	辛丑	壬寅	癸卯	甲辰	乙巳	丙午	丁未	戊申	己酉	庚戌	辛亥	壬子	癸丑	甲寅	乙卯	丙辰	丁巳
			陽暦	月	8	8	8	8	8	8	8	8	8	8	8	8	8	8	8	8	8	8	8	8	8	8	8	8	9	9	9	9	9	9
				日	8	9	10	11	12	13	14	15	16	17	18	19	20	21	22	23	24	25	26	27	28	29	30	31	1	2	3	4	5	6
八月	丁酉	七赤	日柱		戊午	己未	庚申	辛酉	壬戌	癸亥	甲子	乙丑	丙寅	丁卯	戊辰	己巳	庚午	辛未	壬申	癸酉	甲戌	乙亥	丙子	丁丑	戊寅	己卯	庚辰	辛巳	壬午	癸未	甲申	乙酉	丙戌	
			陽暦	月	9	9	9	9	9	9	9	9	9	9	9	9	9	9	9	9	9	9	9	9	9	9	9	9	10	10	10	10	10	
				日	7	8	9	10	11	12	13	14	15	16	17	18	19	20	21	22	23	24	25	26	27	28	29	30	1	2	3	4	5	
九月	戊戌	六白	日柱		丁亥	戊子	己丑	庚寅	辛卯	壬辰	癸巳	甲午	乙未	丙申	丁酉	戊戌	己亥	庚子	辛丑	壬寅	癸卯	甲辰	乙巳	丙午	丁未	戊申	己酉	庚戌	辛亥	壬子	癸丑	甲寅	乙卯	丙辰
			陽暦	月	10	10	10	10	10	10	10	10	10	10	10	10	10	10	10	10	10	10	10	10	10	10	10	10	10	10	11	11	11	11
				日	6	7	8	9	10	11	12	13	14	15	16	17	18	19	20	21	22	23	24	25	26	27	28	29	30	31	1	2	3	4
十月	己亥	五黄	日柱		丁巳	戊午	己未	庚申	辛酉	壬戌	癸亥	甲子	乙丑	丙寅	丁卯	戊辰	己巳	庚午	辛未	壬申	癸酉	甲戌	乙亥	丙子	丁丑	戊寅	己卯	庚辰	辛巳	壬午	癸未	甲申	乙酉	
			陽暦	月	11	11	11	11	11	11	11	11	11	11	11	11	11	11	11	11	11	11	11	11	11	11	11	11	11	11	12	12	12	
				日	5	6	7	8	9	10	11	12	13	14	15	16	17	18	19	20	21	22	23	24	25	26	27	28	29	30	1	2	3	
十一月	庚子	四緑	日柱		丙戌	丁亥	戊子	己丑	庚寅	辛卯	壬辰	癸巳	甲午	乙未	丙申	丁酉	戊戌	己亥	庚子	辛丑	壬寅	癸卯	甲辰	乙巳	丙午	丁未	戊申	己酉	庚戌	辛亥	壬子	癸丑	甲寅	乙卯
			陽暦	月	12	12	12	12	12	12	12	12	12	12	12	12	12	12	12	12	12	12	12	12	12	12	12	12	12	12	12	12	1	1
				日	4	5	6	7	8	9	10	11	12	13	14	15	16	17	18	19	20	21	22	23	24	25	26	27	28	29	30	31	1	2
十二月	辛丑	三碧	日柱		丙辰	丁巳	戊午	己未	庚申	辛酉	壬戌	癸亥	甲子	乙丑	丙寅	丁卯	戊辰	己巳	庚午	辛未	壬申	癸酉	甲戌	乙亥	丙子	丁丑	戊寅	己卯	庚辰	辛巳	壬午	癸未	甲申	
			陽暦	月	1	1	1	1	1	1	1	1	1	1	1	1	1	1	1	1	1	1	1	1	1	1	1	1	1	1	1	1	1	
				日	3	4	5	6	7	8	9	10	11	12	13	14	15	16	17	18	19	20	21	22	23	24	25	26	27	28	29	30	31	

2022年【壬寅】

月別	月柱	紫白	農暦		初一	初二	初三	初四	初五	初六	初七	初八	初九	初十	十一	十二	十三	十四	十五	十六	十七	十八	十九	二十	廿一	廿二	廿三	廿四	廿五	廿六	廿七	廿八	廿九	三十
正月	壬寅	二黒	日柱		乙酉	丙戌	丁亥	戊子	己丑	庚寅	辛卯	壬辰	癸巳	甲午	乙未	丙申	丁酉	戊戌	己亥	庚子	辛丑	壬寅	癸卯	甲辰	乙巳	丙午	丁未	戊申	己酉	庚戌	辛亥	壬子	癸丑	甲寅
			陽暦	月	2	2	2	2	2	2	2	2	2	2	2	2	2	2	2	2	2	2	2	2	2	2	2	2	2	2	2	2	3	3
				日	1	2	3	4	5	6	7	8	9	10	11	12	13	14	15	16	17	18	19	20	21	22	23	24	25	26	27	28	1	2
二月	癸卯	一白	日柱		乙卯	丙辰	丁巳	戊午	己未	庚申	辛酉	壬戌	癸亥	甲子	乙丑	丙寅	丁卯	戊辰	己巳	庚午	辛未	壬申	癸酉	甲戌	乙亥	丙子	丁丑	戊寅	己卯	庚辰	辛巳	壬午	癸未	
			陽暦	月	3	3	3	3	3	3	3	3	3	3	3	3	3	3	3	3	3	3	3	3	3	3	3	3	3	3	3	3	3	
				日	3	4	5	6	7	8	9	10	11	12	13	14	15	16	17	18	19	20	21	22	23	24	25	26	27	28	29	30	31	
三月	甲辰	九紫	日柱		甲申	乙酉	丙戌	丁亥	戊子	己丑	庚寅	辛卯	壬辰	癸巳	甲午	乙未	丙申	丁酉	戊戌	己亥	庚子	辛丑	壬寅	癸卯	甲辰	乙巳	丙午	丁未	戊申	己酉	庚戌	辛亥	壬子	癸丑
			陽暦	月	4	4	4	4	4	4	4	4	4	4	4	4	4	4	4	4	4	4	4	4	4	4	4	4	4	4	4	4	4	4
				日	1	2	3	4	5	6	7	8	9	10	11	12	13	14	15	16	17	18	19	20	21	22	23	24	25	26	27	28	29	30
四月	乙巳	八白	日柱		甲寅	乙卯	丙辰	丁巳	戊午	己未	庚申	辛酉	壬戌	癸亥	甲子	乙丑	丙寅	丁卯	戊辰	己巳	庚午	辛未	壬申	癸酉	甲戌	乙亥	丙子	丁丑	戊寅	己卯	庚辰	辛巳	壬午	
			陽暦	月	5	5	5	5	5	5	5	5	5	5	5	5	5	5	5	5	5	5	5	5	5	5	5	5	5	5	5	5	5	
				日	1	2	3	4	5	6	7	8	9	10	11	12	13	14	15	16	17	18	19	20	21	22	23	24	25	26	27	28	29	
五月	丙午	七赤	日柱		癸未	甲申	乙酉	丙戌	丁亥	戊子	己丑	庚寅	辛卯	壬辰	癸巳	甲午	乙未	丙申	丁酉	戊戌	己亥	庚子	辛丑	壬寅	癸卯	甲辰	乙巳	丙午	丁未	戊申	己酉	庚戌	辛亥	壬子
			陽暦	月	5	5	6	6	6	6	6	6	6	6	6	6	6	6	6	6	6	6	6	6	6	6	6	6	6	6	6	6	6	6
				日	30	31	1	2	3	4	5	6	7	8	9	10	11	12	13	14	15	16	17	18	19	20	21	22	23	24	25	26	27	28
六月	丁未	六白	日柱		癸丑	甲寅	乙卯	丙辰	丁巳	戊午	己未	庚申	辛酉	壬戌	癸亥	甲子	乙丑	丙寅	丁卯	戊辰	己巳	庚午	辛未	壬申	癸酉	甲戌	乙亥	丙子	丁丑	戊寅	己卯	庚辰	辛巳	壬午
			陽暦	月	6	6	7	7	7	7	7	7	7	7	7	7	7	7	7	7	7	7	7	7	7	7	7	7	7	7	7	7	7	7
				日	29	30	1	2	3	4	5	6	7	8	9	10	11	12	13	14	15	16	17	18	19	20	21	22	23	24	25	26	27	28
七月	戊申	五黄	日柱		癸未	甲申	乙酉	丙戌	丁亥	戊子	己丑	庚寅	辛卯	壬辰	癸巳	甲午	乙未	丙申	丁酉	戊戌	己亥	庚子	辛丑	壬寅	癸卯	甲辰	乙巳	丙午	丁未	戊申	己酉	庚戌	辛亥	
			陽暦	月	7	7	7	8	8	8	8	8	8	8	8	8	8	8	8	8	8	8	8	8	8	8	8	8	8	8	8	8	8	
				日	29	30	31	1	2	3	4	5	6	7	8	9	10	11	12	13	14	15	16	17	18	19	20	21	22	23	24	25	26	
八月	己酉	四緑	日柱		壬子	癸丑	甲寅	乙卯	丙辰	丁巳	戊午	己未	庚申	辛酉	壬戌	癸亥	甲子	乙丑	丙寅	丁卯	戊辰	己巳	庚午	辛未	壬申	癸酉	甲戌	乙亥	丙子	丁丑	戊寅	己卯	庚辰	辛巳
			陽暦	月	8	8	8	8	8	9	9	9	9	9	9	9	9	9	9	9	9	9	9	9	9	9	9	9	9	9	9	9	9	9
				日	27	28	29	30	31	1	2	3	4	5	6	7	8	9	10	11	12	13	14	15	16	17	18	19	20	21	22	23	24	25
九月	庚戌	三碧	日柱		壬午	癸未	甲申	乙酉	丙戌	丁亥	戊子	己丑	庚寅	辛卯	壬辰	癸巳	甲午	乙未	丙申	丁酉	戊戌	己亥	庚子	辛丑	壬寅	癸卯	甲辰	乙巳	丙午	丁未	戊申	己酉	庚戌	
			陽暦	月	9	9	9	9	9	10	10	10	10	10	10	10	10	10	10	10	10	10	10	10	10	10	10	10	10	10	10	10	10	
				日	26	27	28	29	30	1	2	3	4	5	6	7	8	9	10	11	12	13	14	15	16	17	18	19	20	21	22	23	24	
十月	辛亥	二黒	日柱		辛亥	壬子	癸丑	甲寅	乙卯	丙辰	丁巳	戊午	己未	庚申	辛酉	壬戌	癸亥	甲子	乙丑	丙寅	丁卯	戊辰	己巳	庚午	辛未	壬申	癸酉	甲戌	乙亥	丙子	丁丑	戊寅	己卯	庚辰
			陽暦	月	10	10	10	10	10	10	10	11	11	11	11	11	11	11	11	11	11	11	11	11	11	11	11	11	11	11	11	11	11	11
				日	25	26	27	28	29	30	31	1	2	3	4	5	6	7	8	9	10	11	12	13	14	15	16	17	18	19	20	21	22	23
十一月	壬子	一白	日柱		辛巳	壬午	癸未	甲申	乙酉	丙戌	丁亥	戊子	己丑	庚寅	辛卯	壬辰	癸巳	甲午	乙未	丙申	丁酉	戊戌	己亥	庚子	辛丑	壬寅	癸卯	甲辰	乙巳	丙午	丁未	戊申	己酉	
			陽暦	月	11	11	11	11	11	11	11	12	12	12	12	12	12	12	12	12	12	12	12	12	12	12	12	12	12	12	12	12	12	
				日	24	25	26	27	28	29	30	1	2	3	4	5	6	7	8	9	10	11	12	13	14	15	16	17	18	19	20	21	22	
十二月	癸丑	九紫	日柱		庚戌	辛亥	壬子	癸丑	甲寅	乙卯	丙辰	丁巳	戊午	己未	庚申	辛酉	壬戌	癸亥	甲子	乙丑	丙寅	丁卯	戊辰	己巳	庚午	辛未	壬申	癸酉	甲戌	乙亥	丙子	丁丑	戊寅	己卯
			陽暦	月	12	12	12	12	12	12	12	12	12	1	1	1	1	1	1	1	1	1	1	1	1	1	1	1	1	1	1	1	1	1
				日	23	24	25	26	27	28	29	30	31	1	2	3	4	5	6	7	8	9	10	11	12	13	14	15	16	17	18	19	20	21

2023年【癸卯】

月別	月柱	紫白	農暦		初一	初二	初三	初四	初五	初六	初七	初八	初九	初十	十一	十二	十三	十四	十五	十六	十七	十八	十九	二十	廿一	廿二	廿三	廿四	廿五	廿六	廿七	廿八	廿九	三十
正月	甲寅	八白	日柱		庚辰	辛巳	壬午	癸未	甲申	乙酉	丙戌	丁亥	戊子	己丑	庚寅	辛卯	壬辰	癸巳	甲午	乙未	丙申	丁酉	戊戌	己亥	庚子	辛丑	壬寅	癸卯	甲辰	乙巳	丙午	丁未	戊申	
			陽暦	月	1	1	1	1	1	1	1	1	1	1	2	2	2	2	2	2	2	2	2	2	2	2	2	2	2	2	2	2	2	
				日	22	23	24	25	26	27	28	29	30	31	1	2	3	4	5	6	7	8	9	10	11	12	13	14	15	16	17	18	19	
二月	乙卯	七赤	日柱		己酉	庚戌	辛亥	壬子	癸丑	甲寅	乙卯	丙辰	丁巳	戊午	己未	庚申	辛酉	壬戌	癸亥	甲子	乙丑	丙寅	丁卯	戊辰	己巳	庚午	辛未	壬申	癸酉	甲戌	乙亥	丙子	丁丑	戊寅
			陽暦	月	2	2	2	2	2	2	2	2	2	3	3	3	3	3	3	3	3	3	3	3	3	3	3	3	3	3	3	3	3	3
				日	20	21	22	23	24	25	26	27	28	1	2	3	4	5	6	7	8	9	10	11	12	13	14	15	16	17	18	19	20	21
閏二月			日柱		己卯	庚辰	辛巳	壬午	癸未	甲申	乙酉	丙戌	丁亥	戊子	己丑	庚寅	辛卯	壬辰	癸巳	甲午	乙未	丙申	丁酉	戊戌	己亥	庚子	辛丑	壬寅	癸卯	甲辰	乙巳	丙午	丁未	
			陽暦	月	3	3	3	3	3	3	3	3	3	3	4	4	4	4	4	4	4	4	4	4	4	4	4	4	4	4	4	4	4	
				日	22	23	24	25	26	27	28	29	30	31	1	2	3	4	5	6	7	8	9	10	11	12	13	14	15	16	17	18	19	
三月	丙辰	六白	日柱		戊申	己酉	庚戌	辛亥	壬子	癸丑	甲寅	乙卯	丙辰	丁巳	戊午	己未	庚申	辛酉	壬戌	癸亥	甲子	乙丑	丙寅	丁卯	戊辰	己巳	庚午	辛未	壬申	癸酉	甲戌	乙亥	丙子	
			陽暦	月	4	4	4	4	4	4	4	4	4	4	4	5	5	5	5	5	5	5	5	5	5	5	5	5	5	5	5	5	5	
				日	20	21	22	23	24	25	26	27	28	29	30	1	2	3	4	5	6	7	8	9	10	11	12	13	14	15	16	17	18	
四月	丁巳	五黄	日柱		丁丑	戊寅	己卯	庚辰	辛巳	壬午	癸未	甲申	乙酉	丙戌	丁亥	戊子	己丑	庚寅	辛卯	壬辰	癸巳	甲午	乙未	丙申	丁酉	戊戌	己亥	庚子	辛丑	壬寅	癸卯	甲辰	乙巳	丙午
			陽暦	月	5	5	5	5	5	5	5	5	5	5	5	5	5	6	6	6	6	6	6	6	6	6	6	6	6	6	6	6	6	6
				日	19	20	21	22	23	24	25	26	27	28	29	30	31	1	2	3	4	5	6	7	8	9	10	11	12	13	14	15	16	17
五月	戊午	四緑	日柱		丁未	戊申	己酉	庚戌	辛亥	壬子	癸丑	甲寅	乙卯	丙辰	丁巳	戊午	己未	庚申	辛酉	壬戌	癸亥	甲子	乙丑	丙寅	丁卯	戊辰	己巳	庚午	辛未	壬申	癸酉	甲戌	乙亥	丙子
			陽暦	月	6	6	6	6	6	6	6	6	6	6	6	6	6	7	7	7	7	7	7	7	7	7	7	7	7	7	7	7	7	7
				日	18	19	20	21	22	23	24	25	26	27	28	29	30	1	2	3	4	5	6	7	8	9	10	11	12	13	14	15	16	17
六月	己未	三碧	日柱		丁丑	戊寅	己卯	庚辰	辛巳	壬午	癸未	甲申	乙酉	丙戌	丁亥	戊子	己丑	庚寅	辛卯	壬辰	癸巳	甲午	乙未	丙申	丁酉	戊戌	己亥	庚子	辛丑	壬寅	癸卯	甲辰	乙巳	
			陽暦	月	7	7	7	7	7	7	7	7	7	7	7	7	7	7	8	8	8	8	8	8	8	8	8	8	8	8	8	8	8	
				日	18	19	20	21	22	23	24	25	26	27	28	29	30	31	1	2	3	4	5	6	7	8	9	10	11	12	13	14	15	
七月	庚申	二黒	日柱		丙午	丁未	戊申	己酉	庚戌	辛亥	壬子	癸丑	甲寅	乙卯	丙辰	丁巳	戊午	己未	庚申	辛酉	壬戌	癸亥	甲子	乙丑	丙寅	丁卯	戊辰	己巳	庚午	辛未	壬申	癸酉	甲戌	乙亥
			陽暦	月	8	8	8	8	8	8	8	8	8	8	8	8	8	8	8	8	9	9	9	9	9	9	9	9	9	9	9	9	9	9
				日	16	17	18	19	20	21	22	23	24	25	26	27	28	29	30	31	1	2	3	4	5	6	7	8	9	10	11	12	13	14
八月	辛酉	一白	日柱		丙子	丁丑	戊寅	己卯	庚辰	辛巳	壬午	癸未	甲申	乙酉	丙戌	丁亥	戊子	己丑	庚寅	辛卯	壬辰	癸巳	甲午	乙未	丙申	丁酉	戊戌	己亥	庚子	辛丑	壬寅	癸卯	甲辰	乙巳
			陽暦	月	9	9	9	9	9	9	9	9	9	9	9	9	9	9	9	9	10	10	10	10	10	10	10	10	10	10	10	10	10	10
				日	15	16	17	18	19	20	21	22	23	24	25	26	27	28	29	30	1	2	3	4	5	6	7	8	9	10	11	12	13	14
九月	壬戌	九紫	日柱		丙午	丁未	戊申	己酉	庚戌	辛亥	壬子	癸丑	甲寅	乙卯	丙辰	丁巳	戊午	己未	庚申	辛酉	壬戌	癸亥	甲子	乙丑	丙寅	丁卯	戊辰	己巳	庚午	辛未	壬申	癸酉	甲戌	
			陽暦	月	10	10	10	10	10	10	10	10	10	10	10	10	10	10	10	10	10	11	11	11	11	11	11	11	11	11	11	11	11	
				日	15	16	17	18	19	20	21	22	23	24	25	26	27	28	29	30	31	1	2	3	4	5	6	7	8	9	10	11	12	
十月	癸亥	八白	日柱		乙亥	丙子	丁丑	戊寅	己卯	庚辰	辛巳	壬午	癸未	甲申	乙酉	丙戌	丁亥	戊子	己丑	庚寅	辛卯	壬辰	癸巳	甲午	乙未	丙申	丁酉	戊戌	己亥	庚子	辛丑	壬寅	癸卯	甲辰
			陽暦	月	11	11	11	11	11	11	11	11	11	11	11	11	11	11	11	11	11	11	12	12	12	12	12	12	12	12	12	12	12	12
				日	13	14	15	16	17	18	19	20	21	22	23	24	25	26	27	28	29	30	1	2	3	4	5	6	7	8	9	10	11	12
十一月	甲子	七赤	日柱		乙巳	丙午	丁未	戊申	己酉	庚戌	辛亥	壬子	癸丑	甲寅	乙卯	丙辰	丁巳	戊午	己未	庚申	辛酉	壬戌	癸亥	甲子	乙丑	丙寅	丁卯	戊辰	己巳	庚午	辛未	壬申	癸酉	
			陽暦	月	12	12	12	12	12	12	12	12	12	12	12	12	12	12	12	12	12	12	12	1	1	1	1	1	1	1	1	1	1	
				日	13	14	15	16	17	18	19	20	21	22	23	24	25	26	27	28	29	30	31	1	2	3	4	5	6	7	8	9	10	
十二月	乙丑	六白	日柱		甲戌	乙亥	丙子	丁丑	戊寅	己卯	庚辰	辛巳	壬午	癸未	甲申	乙酉	丙戌	丁亥	戊子	己丑	庚寅	辛卯	壬辰	癸巳	甲午	乙未	丙申	丁酉	戊戌	己亥	庚子	辛丑	壬寅	癸卯
			陽暦	月	1	1	1	1	1	1	1	1	1	1	1	1	1	1	1	1	1	1	1	1	1	2	2	2	2	2	2	2	2	2
				日	11	12	13	14	15	16	17	18	19	20	21	22	23	24	25	26	27	28	29	30	31	1	2	3	4	5	6	7	8	9

2024年【甲辰】

月別	月柱	紫白	農曆		初一	初二	初三	初四	初五	初六	初七	初八	初九	初十	十一	十二	十三	十四	十五	十六	十七	十八	十九	二十	廿一	廿二	廿三	廿四	廿五	廿六	廿七	廿八	廿九	三十
正月	丙寅	五黄	日柱		甲辰	乙巳	丙午	丁未	戊申	己酉	庚戌	辛亥	壬子	癸丑	甲寅	乙卯	丙辰	丁巳	戊午	己未	庚申	辛酉	壬戌	癸亥	甲子	乙丑	丙寅	丁卯	戊辰	己巳	庚午	辛未	壬申	
			陽暦	月	2	2	2	2	2	2	2	2	2	2	2	2	2	2	2	2	2	2	2	2	3	3	3	3	3	3	3	3	3	
				日	10	11	12	13	14	15	16	17	18	19	20	21	22	23	24	25	26	27	28	29	1	2	3	4	5	6	7	8	9	
二月	丁卯	四緑	日柱		癸酉	甲戌	乙亥	丙子	丁丑	戊寅	己卯	庚辰	辛巳	壬午	癸未	甲申	乙酉	丙戌	丁亥	戊子	己丑	庚寅	辛卯	壬辰	癸巳	甲午	乙未	丙申	丁酉	戊戌	己亥	庚子	辛丑	壬寅
			陽暦	月	3	3	3	3	3	3	3	3	3	3	3	3	3	3	3	3	3	3	3	3	3	3	4	4	4	4	4	4	4	4
				日	10	11	12	13	14	15	16	17	18	19	20	21	22	23	24	25	26	27	28	29	30	31	1	2	3	4	5	6	7	8
三月	戊辰	三碧	日柱		癸卯	甲辰	乙巳	丙午	丁未	戊申	己酉	庚戌	辛亥	壬子	癸丑	甲寅	乙卯	丙辰	丁巳	戊午	己未	庚申	辛酉	壬戌	癸亥	甲子	乙丑	丙寅	丁卯	戊辰	己巳	庚午	辛未	
			陽暦	月	4	4	4	4	4	4	4	4	4	4	4	4	4	4	4	4	4	4	4	4	4	4	5	5	5	5	5	5	5	
				日	9	10	11	12	13	14	15	16	17	18	19	20	21	22	23	24	25	26	27	28	29	30	1	2	3	4	5	6	7	
四月	己巳	二黒	日柱		壬申	癸酉	甲戌	乙亥	丙子	丁丑	戊寅	己卯	庚辰	辛巳	壬午	癸未	甲申	乙酉	丙戌	丁亥	戊子	己丑	庚寅	辛卯	壬辰	癸巳	甲午	乙未	丙申	丁酉	戊戌	己亥	庚子	
			陽暦	月	5	5	5	5	5	5	5	5	5	5	5	5	5	5	5	5	5	5	5	5	5	5	5	5	6	6	6	6	6	
				日	8	9	10	11	12	13	14	15	16	17	18	19	20	21	22	23	24	25	26	27	28	29	30	31	1	2	3	4	5	
五月	庚午	一白	日柱		辛丑	壬寅	癸卯	甲辰	乙巳	丙午	丁未	戊申	己酉	庚戌	辛亥	壬子	癸丑	甲寅	乙卯	丙辰	丁巳	戊午	己未	庚申	辛酉	壬戌	癸亥	甲子	乙丑	丙寅	丁卯	戊辰	己巳	庚午
			陽暦	月	6	6	6	6	6	6	6	6	6	6	6	6	6	6	6	6	6	6	6	6	6	6	6	6	6	7	7	7	7	7
				日	6	7	8	9	10	11	12	13	14	15	16	17	18	19	20	21	22	23	24	25	26	27	28	29	30	1	2	3	4	5
六月	辛未	九紫	日柱		辛未	壬申	癸酉	甲戌	乙亥	丙子	丁丑	戊寅	己卯	庚辰	辛巳	壬午	癸未	甲申	乙酉	丙戌	丁亥	戊子	己丑	庚寅	辛卯	壬辰	癸巳	甲午	乙未	丙申	丁酉	戊戌	己亥	
			陽暦	月	7	7	7	7	7	7	7	7	7	7	7	7	7	7	7	7	7	7	7	7	7	7	7	7	7	7	8	8	8	
				日	6	7	8	9	10	11	12	13	14	15	16	17	18	19	20	21	22	23	24	25	26	27	28	29	30	31	1	2	3	
七月	壬申	八白	日柱		庚子	辛丑	壬寅	癸卯	甲辰	乙巳	丙午	丁未	戊申	己酉	庚戌	辛亥	壬子	癸丑	甲寅	乙卯	丙辰	丁巳	戊午	己未	庚申	辛酉	壬戌	癸亥	甲子	乙丑	丙寅	丁卯	戊辰	己巳
			陽暦	月	8	8	8	8	8	8	8	8	8	8	8	8	8	8	8	8	8	8	8	8	8	8	8	8	8	8	8	8	9	9
				日	4	5	6	7	8	9	10	11	12	13	14	15	16	17	18	19	20	21	22	23	24	25	26	27	28	29	30	31	1	2
八月	癸酉	七赤	日柱		庚午	辛未	壬申	癸酉	甲戌	乙亥	丙子	丁丑	戊寅	己卯	庚辰	辛巳	壬午	癸未	甲申	乙酉	丙戌	丁亥	戊子	己丑	庚寅	辛卯	壬辰	癸巳	甲午	乙未	丙申	丁酉	戊戌	己亥
			陽暦	月	9	9	9	9	9	9	9	9	9	9	9	9	9	9	9	9	9	9	9	9	9	9	9	9	9	9	9	9	10	10
				日	3	4	5	6	7	8	9	10	11	12	13	14	15	16	17	18	19	20	21	22	23	24	25	26	27	28	29	30	1	2
九月	甲戌	六白	日柱		庚子	辛丑	壬寅	癸卯	甲辰	乙巳	丙午	丁未	戊申	己酉	庚戌	辛亥	壬子	癸丑	甲寅	乙卯	丙辰	丁巳	戊午	己未	庚申	辛酉	壬戌	癸亥	甲子	乙丑	丙寅	丁卯	戊辰	
			陽暦	月	10	10	10	10	10	10	10	10	10	10	10	10	10	10	10	10	10	10	10	10	10	10	10	10	10	10	10	10	10	
				日	3	4	5	6	7	8	9	10	11	12	13	14	15	16	17	18	19	20	21	22	23	24	25	26	27	28	29	30	31	
十月	乙亥	五黄	日柱		己巳	庚午	辛未	壬申	癸酉	甲戌	乙亥	丙子	丁丑	戊寅	己卯	庚辰	辛巳	壬午	癸未	甲申	乙酉	丙戌	丁亥	戊子	己丑	庚寅	辛卯	壬辰	癸巳	甲午	乙未	丙申	丁酉	戊戌
			陽暦	月	11	11	11	11	11	11	11	11	11	11	11	11	11	11	11	11	11	11	11	11	11	11	11	11	11	11	11	11	11	11
				日	1	2	3	4	5	6	7	8	9	10	11	12	13	14	15	16	17	18	19	20	21	22	23	24	25	26	27	28	29	30
十一月	丙子	四緑	日柱		己亥	庚子	辛丑	壬寅	癸卯	甲辰	乙巳	丙午	丁未	戊申	己酉	庚戌	辛亥	壬子	癸丑	甲寅	乙卯	丙辰	丁巳	戊午	己未	庚申	辛酉	壬戌	癸亥	甲子	乙丑	丙寅	丁卯	戊辰
			陽暦	月	12	12	12	12	12	12	12	12	12	12	12	12	12	12	12	12	12	12	12	12	12	12	12	12	12	12	12	12	12	12
				日	1	2	3	4	5	6	7	8	9	10	11	12	13	14	15	16	17	18	19	20	21	22	23	24	25	26	27	28	29	30
十二月	丁丑	三碧	日柱		己巳	庚午	辛未	壬申	癸酉	甲戌	乙亥	丙子	丁丑	戊寅	己卯	庚辰	辛巳	壬午	癸未	甲申	乙酉	丙戌	丁亥	戊子	己丑	庚寅	辛卯	壬辰	癸巳	甲午	乙未	丙申	丁酉	
			陽暦	月	12	1	1	1	1	1	1	1	1	1	1	1	1	1	1	1	1	1	1	1	1	1	1	1	1	1	1	1	1	
				日	31	1	2	3	4	5	6	7	8	9	10	11	12	13	14	15	16	17	18	19	20	21	22	23	24	25	26	27	28	

2025年【乙巳】

月別	月柱	紫白	農暦		初一	初二	初三	初四	初五	初六	初七	初八	初九	初十	十一	十二	十三	十四	十五	十六	十七	十八	十九	二十	廿一	廿二	廿三	廿四	廿五	廿六	廿七	廿八	廿九	三十
正月	戊寅	二黒	日柱		戊戌	己亥	庚子	辛丑	壬寅	癸卯	甲辰	乙巳	丙午	丁未	戊申	己酉	庚戌	辛亥	壬子	癸丑	甲寅	乙卯	丙辰	丁巳	戊午	己未	庚申	辛酉	壬戌	癸亥	甲子	乙丑	丙寅	丁卯
			陽暦	月	1	1	1	2	2	2	2	2	2	2	2	2	2	2	2	2	2	2	2	2	2	2	2	2	2	2	2	2	2	2
				日	29	30	31	1	2	3	4	5	6	7	8	9	10	11	12	13	14	15	16	17	18	19	20	21	22	23	24	25	26	27
二月	己卯	一白	日柱		戊辰	己巳	庚午	辛未	壬申	癸酉	甲戌	乙亥	丙子	丁丑	戊寅	己卯	庚辰	辛巳	壬午	癸未	甲申	乙酉	丙戌	丁亥	戊子	己丑	庚寅	辛卯	壬辰	癸巳	甲午	乙未	丙申	
			陽暦	月	2	3	3	3	3	3	3	3	3	3	3	3	3	3	3	3	3	3	3	3	3	3	3	3	3	3	3	3	3	
				日	28	1	2	3	4	5	6	7	8	9	10	11	12	13	14	15	16	17	18	19	20	21	22	23	24	25	26	27	28	
三月	庚辰	九紫	日柱		丁酉	戊戌	己亥	庚子	辛丑	壬寅	癸卯	甲辰	乙巳	丙午	丁未	戊申	己酉	庚戌	辛亥	壬子	癸丑	甲寅	乙卯	丙辰	丁巳	戊午	己未	庚申	辛酉	壬戌	癸亥	甲子	乙丑	丙寅
			陽暦	月	3	3	3	4	4	4	4	4	4	4	4	4	4	4	4	4	4	4	4	4	4	4	4	4	4	4	4	4	4	4
				日	29	30	31	1	2	3	4	5	6	7	8	9	10	11	12	13	14	15	16	17	18	19	20	21	22	23	24	25	26	27
四月	辛巳	八白	日柱		丁卯	戊辰	己巳	庚午	辛未	壬申	癸酉	甲戌	乙亥	丙子	丁丑	戊寅	己卯	庚辰	辛巳	壬午	癸未	甲申	乙酉	丙戌	丁亥	戊子	己丑	庚寅	辛卯	壬辰	癸巳	甲午	乙未	
			陽暦	月	4	4	4	5	5	5	5	5	5	5	5	5	5	5	5	5	5	5	5	5	5	5	5	5	5	5	5	5	5	
				日	28	29	30	1	2	3	4	5	6	7	8	9	10	11	12	13	14	15	16	17	18	19	20	21	22	23	24	25	26	
五月	壬午	七赤	日柱		丙申	丁酉	戊戌	己亥	庚子	辛丑	壬寅	癸卯	甲辰	乙巳	丙午	丁未	戊申	己酉	庚戌	辛亥	壬子	癸丑	甲寅	乙卯	丙辰	丁巳	戊午	己未	庚申	辛酉	壬戌	癸亥	甲子	
			陽暦	月	5	5	5	5	5	6	6	6	6	6	6	6	6	6	6	6	6	6	6	6	6	6	6	6	6	6	6	6	6	
				日	27	28	29	30	31	1	2	3	4	5	6	7	8	9	10	11	12	13	14	15	16	17	18	19	20	21	22	23	24	
六月	癸未	六白	日柱		乙丑	丙寅	丁卯	戊辰	己巳	庚午	辛未	壬申	癸酉	甲戌	乙亥	丙子	丁丑	戊寅	己卯	庚辰	辛巳	壬午	癸未	甲申	乙酉	丙戌	丁亥	戊子	己丑	庚寅	辛卯	壬辰	癸巳	甲午
			陽暦	月	6	6	6	6	6	6	7	7	7	7	7	7	7	7	7	7	7	7	7	7	7	7	7	7	7	7	7	7	7	7
				日	25	26	27	28	29	30	1	2	3	4	5	6	7	8	9	10	11	12	13	14	15	16	17	18	19	20	21	22	23	24
閏六月			日柱		乙未	丙申	丁酉	戊戌	己亥	庚子	辛丑	壬寅	癸卯	甲辰	乙巳	丙午	丁未	戊申	己酉	庚戌	辛亥	壬子	癸丑	甲寅	乙卯	丙辰	丁巳	戊午	己未	庚申	辛酉	壬戌	癸亥	
			陽暦	月	7	7	7	7	7	7	7	8	8	8	8	8	8	8	8	8	8	8	8	8	8	8	8	8	8	8	8	8	8	
				日	25	26	27	28	29	30	31	1	2	3	4	5	6	7	8	9	10	11	12	13	14	15	16	17	18	19	20	21	22	
七月	甲申	五黄	日柱		甲子	乙丑	丙寅	丁卯	戊辰	己巳	庚午	辛未	壬申	癸酉	甲戌	乙亥	丙子	丁丑	戊寅	己卯	庚辰	辛巳	壬午	癸未	甲申	乙酉	丙戌	丁亥	戊子	己丑	庚寅	辛卯	壬辰	癸巳
			陽暦	月	8	8	8	8	8	8	8	8	8	9	9	9	9	9	9	9	9	9	9	9	9	9	9	9	9	9	9	9	9	9
				日	23	24	25	26	27	28	29	30	31	1	2	3	4	5	6	7	8	9	10	11	12	13	14	15	16	17	18	19	20	21
八月	乙酉	四緑	日柱		甲午	乙未	丙申	丁酉	戊戌	己亥	庚子	辛丑	壬寅	癸卯	甲辰	乙巳	丙午	丁未	戊申	己酉	庚戌	辛亥	壬子	癸丑	甲寅	乙卯	丙辰	丁巳	戊午	己未	庚申	辛酉	壬戌	
			陽暦	月	9	9	9	9	9	9	9	9	9	10	10	10	10	10	10	10	10	10	10	10	10	10	10	10	10	10	10	10	10	
				日	22	23	24	25	26	27	28	29	30	1	2	3	4	5	6	7	8	9	10	11	12	13	14	15	16	17	18	19	20	
九月	丙戌	三碧	日柱		癸亥	甲子	乙丑	丙寅	丁卯	戊辰	己巳	庚午	辛未	壬申	癸酉	甲戌	乙亥	丙子	丁丑	戊寅	己卯	庚辰	辛巳	壬午	癸未	甲申	乙酉	丙戌	丁亥	戊子	己丑	庚寅	辛卯	壬辰
			陽暦	月	10	10	10	10	10	10	10	10	10	10	10	11	11	11	11	11	11	11	11	11	11	11	11	11	11	11	11	11	11	11
				日	21	22	23	24	25	26	27	28	29	30	31	1	2	3	4	5	6	7	8	9	10	11	12	13	14	15	16	17	18	19
十月	丁亥	二黒	日柱		癸巳	甲午	乙未	丙申	丁酉	戊戌	己亥	庚子	辛丑	壬寅	癸卯	甲辰	乙巳	丙午	丁未	戊申	己酉	庚戌	辛亥	壬子	癸丑	甲寅	乙卯	丙辰	丁巳	戊午	己未	庚申	辛酉	壬戌
			陽暦	月	11	11	11	11	11	11	11	11	11	11	11	12	12	12	12	12	12	12	12	12	12	12	12	12	12	12	12	12	12	12
				日	20	21	22	23	24	25	26	27	28	29	30	1	2	3	4	5	6	7	8	9	10	11	12	13	14	15	16	17	18	19
十一月	戊子	一白	日柱		癸亥	甲子	乙丑	丙寅	丁卯	戊辰	己巳	庚午	辛未	壬申	癸酉	甲戌	乙亥	丙子	丁丑	戊寅	己卯	庚辰	辛巳	壬午	癸未	甲申	乙酉	丙戌	丁亥	戊子	己丑	庚寅	辛卯	壬辰
			陽暦	月	12	12	12	12	12	12	12	12	12	12	12	12	1	1	1	1	1	1	1	1	1	1	1	1	1	1	1	1	1	1
				日	20	21	22	23	24	25	26	27	28	29	30	31	1	2	3	4	5	6	7	8	9	10	11	12	13	14	15	16	17	18
十二月	己丑	九紫	日柱		癸巳	甲午	乙未	丙申	丁酉	戊戌	己亥	庚子	辛丑	壬寅	癸卯	甲辰	乙巳	丙午	丁未	戊申	己酉	庚戌	辛亥	壬子	癸丑	甲寅	乙卯	丙辰	丁巳	戊午	己未	庚申	辛酉	
			陽暦	月	1	1	1	1	1	1	1	1	1	1	1	1	1	2	2	2	2	2	2	2	2	2	2	2	2	2	2	2	2	
				日	19	20	21	22	23	24	25	26	27	28	29	30	31	1	2	3	4	5	6	7	8	9	10	11	12	13	14	15	16	

2026年【丙午】

月別	月柱	紫白	農暦		初一	初二	初三	初四	初五	初六	初七	初八	初九	初十	十一	十二	十三	十四	十五	十六	十七	十八	十九	二十	廿一	廿二	廿三	廿四	廿五	廿六	廿七	廿八	廿九	三十
正月	庚寅	八白	日柱		壬戌	癸亥	甲子	乙丑	丙寅	丁卯	戊辰	己巳	庚午	辛未	壬申	癸酉	甲戌	乙亥	丙子	丁丑	戊寅	己卯	庚辰	辛巳	壬午	癸未	甲申	乙酉	丙戌	丁亥	戊子	己丑	庚寅	辛卯
			陽暦	月	2	2	2	2	2	2	2	2	2	2	2	2	3	3	3	3	3	3	3	3	3	3	3	3	3	3	3	3	3	3
				日	17	18	19	20	21	22	23	24	25	26	27	28	1	2	3	4	5	6	7	8	9	10	11	12	13	14	15	16	17	18
二月	辛卯	七赤	日柱		壬辰	癸巳	甲午	乙未	丙申	丁酉	戊戌	己亥	庚子	辛丑	壬寅	癸卯	甲辰	乙巳	丙午	丁未	戊申	己酉	庚戌	辛亥	壬子	癸丑	甲寅	乙卯	丙辰	丁巳	戊午	己未	庚申	
			陽暦	月	3	3	3	3	3	3	3	3	3	3	3	3	3	4	4	4	4	4	4	4	4	4	4	4	4	4	4	4	4	
				日	19	20	21	22	23	24	25	26	27	28	29	30	31	1	2	3	4	5	6	7	8	9	10	11	12	13	14	15	16	
三月	壬辰	六白	日柱		辛酉	壬戌	癸亥	甲子	乙丑	丙寅	丁卯	戊辰	己巳	庚午	辛未	壬申	癸酉	甲戌	乙亥	丙子	丁丑	戊寅	己卯	庚辰	辛巳	壬午	癸未	甲申	乙酉	丙戌	丁亥	戊子	己丑	庚寅
			陽暦	月	4	4	4	4	4	4	4	4	4	4	4	4	4	4	5	5	5	5	5	5	5	5	5	5	5	5	5	5	5	5
				日	17	18	19	20	21	22	23	24	25	26	27	28	29	30	1	2	3	4	5	6	7	8	9	10	11	12	13	14	15	16
四月	癸巳	五黃	日柱		辛卯	壬辰	癸巳	甲午	乙未	丙申	丁酉	戊戌	己亥	庚子	辛丑	壬寅	癸卯	甲辰	乙巳	丙午	丁未	戊申	己酉	庚戌	辛亥	壬子	癸丑	甲寅	乙卯	丙辰	丁巳	戊午	己未	
			陽暦	月	5	5	5	5	5	5	5	5	5	5	5	5	5	5	5	6	6	6	6	6	6	6	6	6	6	6	6	6	6	
				日	17	18	19	20	21	22	23	24	25	26	27	28	29	30	31	1	2	3	4	5	6	7	8	9	10	11	12	13	14	
五月	甲午	四緑	日柱		庚申	辛酉	壬戌	癸亥	甲子	乙丑	丙寅	丁卯	戊辰	己巳	庚午	辛未	壬申	癸酉	甲戌	乙亥	丙子	丁丑	戊寅	己卯	庚辰	辛巳	壬午	癸未	甲申	乙酉	丙戌	丁亥	戊子	
			陽暦	月	6	6	6	6	6	6	6	6	6	6	6	6	6	6	6	6	7	7	7	7	7	7	7	7	7	7	7	7	7	
				日	15	16	17	18	19	20	21	22	23	24	25	26	27	28	29	30	1	2	3	4	5	6	7	8	9	10	11	12	13	
六月	乙未	三碧	日柱		己丑	庚寅	辛卯	壬辰	癸巳	甲午	乙未	丙申	丁酉	戊戌	己亥	庚子	辛丑	壬寅	癸卯	甲辰	乙巳	丙午	丁未	戊申	己酉	庚戌	辛亥	壬子	癸丑	甲寅	乙卯	丙辰	丁巳	戊午
			陽暦	月	7	7	7	7	7	7	7	7	7	7	7	7	7	7	7	7	7	7	8	8	8	8	8	8	8	8	8	8	8	8
				日	14	15	16	17	18	19	20	21	22	23	24	25	26	27	28	29	30	31	1	2	3	4	5	6	7	8	9	10	11	12
七月	丙申	二黒	日柱		己未	庚申	辛酉	壬戌	癸亥	甲子	乙丑	丙寅	丁卯	戊辰	己巳	庚午	辛未	壬申	癸酉	甲戌	乙亥	丙子	丁丑	戊寅	己卯	庚辰	辛巳	壬午	癸未	甲申	乙酉	丙戌	丁亥	
			陽暦	月	8	8	8	8	8	8	8	8	8	8	8	8	8	8	8	8	8	8	8	9	9	9	9	9	9	9	9	9	9	
				日	13	14	15	16	17	18	19	20	21	22	23	24	25	26	27	28	29	30	31	1	2	3	4	5	6	7	8	9	10	
八月	丁酉	一白	日柱		戊子	己丑	庚寅	辛卯	壬辰	癸巳	甲午	乙未	丙申	丁酉	戊戌	己亥	庚子	辛丑	壬寅	癸卯	甲辰	乙巳	丙午	丁未	戊申	己酉	庚戌	辛亥	壬子	癸丑	甲寅	乙卯	丙辰	
			陽暦	月	9	9	9	9	9	9	9	9	9	9	9	9	9	9	9	9	9	9	9	9	10	10	10	10	10	10	10	10	10	
				日	11	12	13	14	15	16	17	18	19	20	21	22	23	24	25	26	27	28	29	30	1	2	3	4	5	6	7	8	9	
九月	戊戌	九紫	日柱		丁巳	戊午	己未	庚申	辛酉	壬戌	癸亥	甲子	乙丑	丙寅	丁卯	戊辰	己巳	庚午	辛未	壬申	癸酉	甲戌	乙亥	丙子	丁丑	戊寅	己卯	庚辰	辛巳	壬午	癸未	甲申	乙酉	丙戌
			陽暦	月	10	10	10	10	10	10	10	10	10	10	10	10	10	10	10	10	10	10	10	10	10	10	11	11	11	11	11	11	11	11
				日	10	11	12	13	14	15	16	17	18	19	20	21	22	23	24	25	26	27	28	29	30	31	1	2	3	4	5	6	7	8
十月	己亥	八白	日柱		丁亥	戊子	己丑	庚寅	辛卯	壬辰	癸巳	甲午	乙未	丙申	丁酉	戊戌	己亥	庚子	辛丑	壬寅	癸卯	甲辰	乙巳	丙午	丁未	戊申	己酉	庚戌	辛亥	壬子	癸丑	甲寅	乙卯	丙辰
			陽暦	月	11	11	11	11	11	11	11	11	11	11	11	11	11	11	11	11	11	11	11	11	11	11	12	12	12	12	12	12	12	12
				日	9	10	11	12	13	14	15	16	17	18	19	20	21	22	23	24	25	26	27	28	29	30	1	2	3	4	5	6	7	8
十一月	庚子	七赤	日柱		丁巳	戊午	己未	庚申	辛酉	壬戌	癸亥	甲子	乙丑	丙寅	丁卯	戊辰	己巳	庚午	辛未	壬申	癸酉	甲戌	乙亥	丙子	丁丑	戊寅	己卯	庚辰	辛巳	壬午	癸未	甲申	乙酉	丙戌
			陽暦	月	12	12	12	12	12	12	12	12	12	12	12	12	12	12	12	12	12	12	12	12	12	12	12	1	1	1	1	1	1	1
				日	9	10	11	12	13	14	15	16	17	18	19	20	21	22	23	24	25	26	27	28	29	30	31	1	2	3	4	5	6	7
十二月	辛丑	六白	日柱		丁亥	戊子	己丑	庚寅	辛卯	壬辰	癸巳	甲午	乙未	丙申	丁酉	戊戌	己亥	庚子	辛丑	壬寅	癸卯	甲辰	乙巳	丙午	丁未	戊申	己酉	庚戌	辛亥	壬子	癸丑	甲寅	乙卯	
			陽暦	月	1	1	1	1	1	1	1	1	1	1	1	1	1	1	1	1	1	1	1	1	1	1	1	1	2	2	2	2	2	
				日	8	9	10	11	12	13	14	15	16	17	18	19	20	21	22	23	24	25	26	27	28	29	30	31	1	2	3	4	5	

2027年【丁未】

月別	月柱	紫白	農暦		初一	初二	初三	初四	初五	初六	初七	初八	初九	初十	十一	十二	十三	十四	十五	十六	十七	十八	十九	二十	廿一	廿二	廿三	廿四	廿五	廿六	廿七	廿八	廿九	三十
正月	壬寅	五黄	日柱		丙辰	丁巳	戊午	己未	庚申	辛酉	壬戌	癸亥	甲子	乙丑	丙寅	丁卯	戊辰	己巳	庚午	辛未	壬申	癸酉	甲戌	乙亥	丙子	丁丑	戊寅	己卯	庚辰	辛巳	壬午	癸未	甲申	乙酉
			陽暦	月	2	2	2	2	2	2	2	2	2	2	2	2	2	2	2	2	2	2	2	2	2	2	2	3	3	3	3	3	3	3
				日	6	7	8	9	10	11	12	13	14	15	16	17	18	19	20	21	22	23	24	25	26	27	28	1	2	3	4	5	6	7
二月	癸卯	四緑	日柱		丙戌	丁亥	戊子	己丑	庚寅	辛卯	壬辰	癸巳	甲午	乙未	丙申	丁酉	戊戌	己亥	庚子	辛丑	壬寅	癸卯	甲辰	乙巳	丙午	丁未	戊申	己酉	庚戌	辛亥	壬子	癸丑	甲寅	乙卯
			陽暦	月	3	3	3	3	3	3	3	3	3	3	3	3	3	3	3	3	3	3	3	3	3	3	3	3	4	4	4	4	4	4
				日	8	9	10	11	12	13	14	15	16	17	18	19	20	21	22	23	24	25	26	27	28	29	30	31	1	2	3	4	5	6
三月	甲辰	三碧	日柱		丙辰	丁巳	戊午	己未	庚申	辛酉	壬戌	癸亥	甲子	乙丑	丙寅	丁卯	戊辰	己巳	庚午	辛未	壬申	癸酉	甲戌	乙亥	丙子	丁丑	戊寅	己卯	庚辰	辛巳	壬午	癸未	甲申	
			陽暦	月	4	4	4	4	4	4	4	4	4	4	4	4	4	4	4	4	4	4	4	4	4	4	4	4	5	5	5	5	5	
				日	7	8	9	10	11	12	13	14	15	16	17	18	19	20	21	22	23	24	25	26	27	28	29	30	1	2	3	4	5	
四月	乙巳	二黒	日柱		乙酉	丙戌	丁亥	戊子	己丑	庚寅	辛卯	壬辰	癸巳	甲午	乙未	丙申	丁酉	戊戌	己亥	庚子	辛丑	壬寅	癸卯	甲辰	乙巳	丙午	丁未	戊申	己酉	庚戌	辛亥	壬子	癸丑	甲寅
			陽暦	月	5	5	5	5	5	5	5	5	5	5	5	5	5	5	5	5	5	5	5	5	5	5	5	5	5	5	6	6	6	6
				日	6	7	8	9	10	11	12	13	14	15	16	17	18	19	20	21	22	23	24	25	26	27	28	29	30	31	1	2	3	4
五月	丙午	一白	日柱		乙卯	丙辰	丁巳	戊午	己未	庚申	辛酉	壬戌	癸亥	甲子	乙丑	丙寅	丁卯	戊辰	己巳	庚午	辛未	壬申	癸酉	甲戌	乙亥	丙子	丁丑	戊寅	己卯	庚辰	辛巳	壬午	癸未	
			陽暦	月	6	6	6	6	6	6	6	6	6	6	6	6	6	6	6	6	6	6	6	6	6	6	6	6	6	6	7	7	7	
				日	5	6	7	8	9	10	11	12	13	14	15	16	17	18	19	20	21	22	23	24	25	26	27	28	29	30	1	2	3	
六月	丁未	九紫	日柱		甲申	乙酉	丙戌	丁亥	戊子	己丑	庚寅	辛卯	壬辰	癸巳	甲午	乙未	丙申	丁酉	戊戌	己亥	庚子	辛丑	壬寅	癸卯	甲辰	乙巳	丙午	丁未	戊申	己酉	庚戌	辛亥	壬子	
			陽暦	月	7	7	7	7	7	7	7	7	7	7	7	7	7	7	7	7	7	7	7	7	7	7	7	7	7	7	7	7	8	
				日	4	5	6	7	8	9	10	11	12	13	14	15	16	17	18	19	20	21	22	23	24	25	26	27	28	29	30	31	1	
七月	戊申	八白	日柱		癸丑	甲寅	乙卯	丙辰	丁巳	戊午	己未	庚申	辛酉	壬戌	癸亥	甲子	乙丑	丙寅	丁卯	戊辰	己巳	庚午	辛未	壬申	癸酉	甲戌	乙亥	丙子	丁丑	戊寅	己卯	庚辰	辛巳	壬午
			陽暦	月	8	8	8	8	8	8	8	8	8	8	8	8	8	8	8	8	8	8	8	8	8	8	8	8	8	8	8	8	8	8
				日	2	3	4	5	6	7	8	9	10	11	12	13	14	15	16	17	18	19	20	21	22	23	24	25	26	27	28	29	30	31
八月	己酉	七赤	日柱		癸未	甲申	乙酉	丙戌	丁亥	戊子	己丑	庚寅	辛卯	壬辰	癸巳	甲午	乙未	丙申	丁酉	戊戌	己亥	庚子	辛丑	壬寅	癸卯	甲辰	乙巳	丙午	丁未	戊申	己酉	庚戌	辛亥	
			陽暦	月	9	9	9	9	9	9	9	9	9	9	9	9	9	9	9	9	9	9	9	9	9	9	9	9	9	9	9	9	9	
				日	1	2	3	4	5	6	7	8	9	10	11	12	13	14	15	16	17	18	19	20	21	22	23	24	25	26	27	28	29	
九月	庚戌	六白	日柱		壬子	癸丑	甲寅	乙卯	丙辰	丁巳	戊午	己未	庚申	辛酉	壬戌	癸亥	甲子	乙丑	丙寅	丁卯	戊辰	己巳	庚午	辛未	壬申	癸酉	甲戌	乙亥	丙子	丁丑	戊寅	己卯	庚辰	
			陽暦	月	9	10	10	10	10	10	10	10	10	10	10	10	10	10	10	10	10	10	10	10	10	10	10	10	10	10	10	10	10	
				日	30	1	2	3	4	5	6	7	8	9	10	11	12	13	14	15	16	17	18	19	20	21	22	23	24	25	26	27	28	
十月	辛亥	五黄	日柱		辛巳	壬午	癸未	甲申	乙酉	丙戌	丁亥	戊子	己丑	庚寅	辛卯	壬辰	癸巳	甲午	乙未	丙申	丁酉	戊戌	己亥	庚子	辛丑	壬寅	癸卯	甲辰	乙巳	丙午	丁未	戊申	己酉	庚戌
			陽暦	月	10	10	10	11	11	11	11	11	11	11	11	11	11	11	11	11	11	11	11	11	11	11	11	11	11	11	11	11	11	11
				日	29	30	31	1	2	3	4	5	6	7	8	9	10	11	12	13	14	15	16	17	18	19	20	21	22	23	24	25	26	27
十一月	壬子	四緑	日柱		辛亥	壬子	癸丑	甲寅	乙卯	丙辰	丁巳	戊午	己未	庚申	辛酉	壬戌	癸亥	甲子	乙丑	丙寅	丁卯	戊辰	己巳	庚午	辛未	壬申	癸酉	甲戌	乙亥	丙子	丁丑	戊寅	己卯	庚辰
			陽暦	月	11	11	11	12	12	12	12	12	12	12	12	12	12	12	12	12	12	12	12	12	12	12	12	12	12	12	12	12	12	12
				日	28	29	30	1	2	3	4	5	6	7	8	9	10	11	12	13	14	15	16	17	18	19	20	21	22	23	24	25	26	27
十二月	癸丑	三碧	日柱		辛巳	壬午	癸未	甲申	乙酉	丙戌	丁亥	戊子	己丑	庚寅	辛卯	壬辰	癸巳	甲午	乙未	丙申	丁酉	戊戌	己亥	庚子	辛丑	壬寅	癸卯	甲辰	乙巳	丙午	丁未	戊申	己酉	
			陽暦	月	12	12	12	12	1	1	1	1	1	1	1	1	1	1	1	1	1	1	1	1	1	1	1	1	1	1	1	1	1	
				日	28	29	30	31	1	2	3	4	5	6	7	8	9	10	11	12	13	14	15	16	17	18	19	20	21	22	23	24	25	

2028年【戊申】

月別	月柱	紫白	農暦		初一	初二	初三	初四	初五	初六	初七	初八	初九	初十	十一	十二	十三	十四	十五	十六	十七	十八	十九	二十	廿一	廿二	廿三	廿四	廿五	廿六	廿七	廿八	廿九	三十
正月	甲寅	二黒	日柱		庚戌	辛亥	壬子	癸丑	甲寅	乙卯	丙辰	丁巳	戊午	己未	庚申	辛酉	壬戌	癸亥	甲子	乙丑	丙寅	丁卯	戊辰	己巳	庚午	辛未	壬申	癸酉	甲戌	乙亥	丙子	丁丑	戊寅	己卯
			陽暦	月	1	1	1	1	1	1	1	2	2	2	2	2	2	2	2	2	2	2	2	2	2	2	2	2	2	2	2	2	2	2
				日	26	27	28	29	30	31	1	2	3	4	5	6	7	8	9	10	11	12	13	14	15	16	17	18	19	20	21	22	23	24
二月	乙卯	一白	日柱		庚辰	辛巳	壬午	癸未	甲申	乙酉	丙戌	丁亥	戊子	己丑	庚寅	辛卯	壬辰	癸巳	甲午	乙未	丙申	丁酉	戊戌	己亥	庚子	辛丑	壬寅	癸卯	甲辰	乙巳	丙午	丁未	戊申	己酉
			陽暦	月	2	2	2	2	2	3	3	3	3	3	3	3	3	3	3	3	3	3	3	3	3	3	3	3	3	3	3	3	3	3
				日	25	26	27	28	29	1	2	3	4	5	6	7	8	9	10	11	12	13	14	15	16	17	18	19	20	21	22	23	24	25
三月	丙辰	九紫	日柱		庚戌	辛亥	壬子	癸丑	甲寅	乙卯	丙辰	丁巳	戊午	己未	庚申	辛酉	壬戌	癸亥	甲子	乙丑	丙寅	丁卯	戊辰	己巳	庚午	辛未	壬申	癸酉	甲戌	乙亥	丙子	丁丑	戊寅	己卯
			陽暦	月	3	3	3	3	3	3	4	4	4	4	4	4	4	4	4	4	4	4	4	4	4	4	4	4	4	4	4	4	4	4
				日	26	27	28	29	30	31	1	2	3	4	5	6	7	8	9	10	11	12	13	14	15	16	17	18	19	20	21	22	23	24
四月	丁巳	八白	日柱		庚辰	辛巳	壬午	癸未	甲申	乙酉	丙戌	丁亥	戊子	己丑	庚寅	辛卯	壬辰	癸巳	甲午	乙未	丙申	丁酉	戊戌	己亥	庚子	辛丑	壬寅	癸卯	甲辰	乙巳	丙午	丁未	戊申	
			陽暦	月	4	4	4	4	4	4	5	5	5	5	5	5	5	5	5	5	5	5	5	5	5	5	5	5	5	5	5	5	5	
				日	25	26	27	28	29	30	1	2	3	4	5	6	7	8	9	10	11	12	13	14	15	16	17	18	19	20	21	22	23	
五月	戊午	七赤	日柱		己酉	庚戌	辛亥	壬子	癸丑	甲寅	乙卯	丙辰	丁巳	戊午	己未	庚申	辛酉	壬戌	癸亥	甲子	乙丑	丙寅	丁卯	戊辰	己巳	庚午	辛未	壬申	癸酉	甲戌	乙亥	丙子	丁丑	戊寅
			陽暦	月	5	5	5	5	5	5	5	5	6	6	6	6	6	6	6	6	6	6	6	6	6	6	6	6	6	6	6	6	6	6
				日	24	25	26	27	28	29	30	31	1	2	3	4	5	6	7	8	9	10	11	12	13	14	15	16	17	18	19	20	21	22
閏五月			日柱		己卯	庚辰	辛巳	壬午	癸未	甲申	乙酉	丙戌	丁亥	戊子	己丑	庚寅	辛卯	壬辰	癸巳	甲午	乙未	丙申	丁酉	戊戌	己亥	庚子	辛丑	壬寅	癸卯	甲辰	乙巳	丙午	丁未	
			陽暦	月	6	6	6	6	6	6	6	6	7	7	7	7	7	7	7	7	7	7	7	7	7	7	7	7	7	7	7	7	7	
				日	23	24	25	26	27	28	29	30	1	2	3	4	5	6	7	8	9	10	11	12	13	14	15	16	17	18	19	20	21	
六月	己未	六白	日柱		戊申	己酉	庚戌	辛亥	壬子	癸丑	甲寅	乙卯	丙辰	丁巳	戊午	己未	庚申	辛酉	壬戌	癸亥	甲子	乙丑	丙寅	丁卯	戊辰	己巳	庚午	辛未	壬申	癸酉	甲戌	乙亥	丙子	
			陽暦	月	7	7	7	7	7	7	7	7	7	7	8	8	8	8	8	8	8	8	8	8	8	8	8	8	8	8	8	8	8	
				日	22	23	24	25	26	27	28	29	30	31	1	2	3	4	5	6	7	8	9	10	11	12	13	14	15	16	17	18	19	
七月	庚申	五黄	日柱		丁丑	戊寅	己卯	庚辰	辛巳	壬午	癸未	甲申	乙酉	丙戌	丁亥	戊子	己丑	庚寅	辛卯	壬辰	癸巳	甲午	乙未	丙申	丁酉	戊戌	己亥	庚子	辛丑	壬寅	癸卯	甲辰	乙巳	丙午
			陽暦	月	8	8	8	8	8	8	8	8	8	8	8	8	9	9	9	9	9	9	9	9	9	9	9	9	9	9	9	9	9	9
				日	20	21	22	23	24	25	26	27	28	29	30	31	1	2	3	4	5	6	7	8	9	10	11	12	13	14	15	16	17	18
八月	辛酉	四緑	日柱		丁未	戊申	己酉	庚戌	辛亥	壬子	癸丑	甲寅	乙卯	丙辰	丁巳	戊午	己未	庚申	辛酉	壬戌	癸亥	甲子	乙丑	丙寅	丁卯	戊辰	己巳	庚午	辛未	壬申	癸酉	甲戌	乙亥	
			陽暦	月	9	9	9	9	9	9	9	9	9	9	9	9	10	10	10	10	10	10	10	10	10	10	10	10	10	10	10	10	10	
				日	19	20	21	22	23	24	25	26	27	28	29	30	1	2	3	4	5	6	7	8	9	10	11	12	13	14	15	16	17	
九月	壬戌	三碧	日柱		丙子	丁丑	戊寅	己卯	庚辰	辛巳	壬午	癸未	甲申	乙酉	丙戌	丁亥	戊子	己丑	庚寅	辛卯	壬辰	癸巳	甲午	乙未	丙申	丁酉	戊戌	己亥	庚子	辛丑	壬寅	癸卯	甲辰	
			陽暦	月	10	10	10	10	10	10	10	10	10	10	10	10	10	10	11	11	11	11	11	11	11	11	11	11	11	11	11	11	11	
				日	18	19	20	21	22	23	24	25	26	27	28	29	30	31	1	2	3	4	5	6	7	8	9	10	11	12	13	14	15	
十月	癸亥	二黒	日柱		乙巳	丙午	丁未	戊申	己酉	庚戌	辛亥	壬子	癸丑	甲寅	乙卯	丙辰	丁巳	戊午	己未	庚申	辛酉	壬戌	癸亥	甲子	乙丑	丙寅	丁卯	戊辰	己巳	庚午	辛未	壬申	癸酉	甲戌
			陽暦	月	11	11	11	11	11	11	11	11	11	11	11	11	11	11	11	12	12	12	12	12	12	12	12	12	12	12	12	12	12	12
				日	16	17	18	19	20	21	22	23	24	25	26	27	28	29	30	1	2	3	4	5	6	7	8	9	10	11	12	13	14	15
十一月	甲子	一白	日柱		乙亥	丙子	丁丑	戊寅	己卯	庚辰	辛巳	壬午	癸未	甲申	乙酉	丙戌	丁亥	戊子	己丑	庚寅	辛卯	壬辰	癸巳	甲午	乙未	丙申	丁酉	戊戌	己亥	庚子	辛丑	壬寅	癸卯	甲辰
			陽暦	月	12	12	12	12	12	12	12	12	12	12	12	12	12	12	12	12	1	1	1	1	1	1	1	1	1	1	1	1	1	1
				日	16	17	18	19	20	21	22	23	24	25	26	27	28	29	30	31	1	2	3	4	5	6	7	8	9	10	11	12	13	14
十二月	乙丑	九紫	日柱		乙巳	丙午	丁未	戊申	己酉	庚戌	辛亥	壬子	癸丑	甲寅	乙卯	丙辰	丁巳	戊午	己未	庚申	辛酉	壬戌	癸亥	甲子	乙丑	丙寅	丁卯	戊辰	己巳	庚午	辛未	壬申	癸酉	
			陽暦	月	1	1	1	1	1	1	1	1	1	1	1	1	1	1	1	1	1	2	2	2	2	2	2	2	2	2	2	2	2	
				日	15	16	17	18	19	20	21	22	23	24	25	26	27	28	29	30	31	1	2	3	4	5	6	7	8	9	10	11	12	

2029年【己酉】

月別	月柱	紫白	農暦		初一	初二	初三	初四	初五	初六	初七	初八	初九	初十	十一	十二	十三	十四	十五	十六	十七	十八	十九	二十	廿一	廿二	廿三	廿四	廿五	廿六	廿七	廿八	廿九	三十
正月	丙寅	八白	日柱		甲戌	乙亥	丙子	丁丑	戊寅	己卯	庚辰	辛巳	壬午	癸未	甲申	乙酉	丙戌	丁亥	戊子	己丑	庚寅	辛卯	壬辰	癸巳	甲午	乙未	丙申	丁酉	戊戌	己亥	庚子	辛丑	壬寅	癸卯
			陽暦	月	2	2	2	2	2	2	2	2	2	2	2	2	2	2	2	2	3	3	3	3	3	3	3	3	3	3	3	3	3	3
				日	13	14	15	16	17	18	19	20	21	22	23	24	25	26	27	28	1	2	3	4	5	6	7	8	9	10	11	12	13	14
二月	丁卯	七赤	日柱		甲辰	乙巳	丙午	丁未	戊申	己酉	庚戌	辛亥	壬子	癸丑	甲寅	乙卯	丙辰	丁巳	戊午	己未	庚申	辛酉	壬戌	癸亥	甲子	乙丑	丙寅	丁卯	戊辰	己巳	庚午	辛未	壬申	癸酉
			陽暦	月	3	3	3	3	3	3	3	3	3	3	3	3	3	3	3	3	3	4	4	4	4	4	4	4	4	4	4	4	4	4
				日	15	16	17	18	19	20	21	22	23	24	25	26	27	28	29	30	31	1	2	3	4	5	6	7	8	9	10	11	12	13
三月	戊辰	六白	日柱		甲戌	乙亥	丙子	丁丑	戊寅	己卯	庚辰	辛巳	壬午	癸未	甲申	乙酉	丙戌	丁亥	戊子	己丑	庚寅	辛卯	壬辰	癸巳	甲午	乙未	丙申	丁酉	戊戌	己亥	庚子	辛丑	壬寅	
			陽暦	月	4	4	4	4	4	4	4	4	4	4	4	4	4	4	4	4	4	5	5	5	5	5	5	5	5	5	5	5	5	
				日	14	15	16	17	18	19	20	21	22	23	24	25	26	27	28	29	30	1	2	3	4	5	6	7	8	9	10	11	12	
四月	己巳	五黄	日柱		癸卯	甲辰	乙巳	丙午	丁未	戊申	己酉	庚戌	辛亥	壬子	癸丑	甲寅	乙卯	丙辰	丁巳	戊午	己未	庚申	辛酉	壬戌	癸亥	甲子	乙丑	丙寅	丁卯	戊辰	己巳	庚午	辛未	壬申
			陽暦	月	5	5	5	5	5	5	5	5	5	5	5	5	5	5	5	5	5	5	5	6	6	6	6	6	6	6	6	6	6	6
				日	13	14	15	16	17	18	19	20	21	22	23	24	25	26	27	28	29	30	31	1	2	3	4	5	6	7	8	9	10	11
五月	庚午	四緑	日柱		癸酉	甲戌	乙亥	丙子	丁丑	戊寅	己卯	庚辰	辛巳	壬午	癸未	甲申	乙酉	丙戌	丁亥	戊子	己丑	庚寅	辛卯	壬辰	癸巳	甲午	乙未	丙申	丁酉	戊戌	己亥	庚子	辛丑	
			陽暦	月	6	6	6	6	6	6	6	6	6	6	6	6	6	6	6	6	6	6	6	7	7	7	7	7	7	7	7	7	7	
				日	12	13	14	15	16	17	18	19	20	21	22	23	24	25	26	27	28	29	30	1	2	3	4	5	6	7	8	9	10	
六月	辛未	三碧	日柱		壬寅	癸卯	甲辰	乙巳	丙午	丁未	戊申	己酉	庚戌	辛亥	壬子	癸丑	甲寅	乙卯	丙辰	丁巳	戊午	己未	庚申	辛酉	壬戌	癸亥	甲子	乙丑	丙寅	丁卯	戊辰	己巳	庚午	辛未
			陽暦	月	7	7	7	7	7	7	7	7	7	7	7	7	7	7	7	7	7	7	7	7	7	8	8	8	8	8	8	8	8	8
				日	11	12	13	14	15	16	17	18	19	20	21	22	23	24	25	26	27	28	29	30	31	1	2	3	4	5	6	7	8	9
七月	壬申	二黒	日柱		壬申	癸酉	甲戌	乙亥	丙子	丁丑	戊寅	己卯	庚辰	辛巳	壬午	癸未	甲申	乙酉	丙戌	丁亥	戊子	己丑	庚寅	辛卯	壬辰	癸巳	甲午	乙未	丙申	丁酉	戊戌	己亥	庚子	
			陽暦	月	8	8	8	8	8	8	8	8	8	8	8	8	8	8	8	8	8	8	8	8	8	8	9	9	9	9	9	9	9	
				日	10	11	12	13	14	15	16	17	18	19	20	21	22	23	24	25	26	27	28	29	30	31	1	2	3	4	5	6	7	
八月	癸酉	一白	日柱		辛丑	壬寅	癸卯	甲辰	乙巳	丙午	丁未	戊申	己酉	庚戌	辛亥	壬子	癸丑	甲寅	乙卯	丙辰	丁巳	戊午	己未	庚申	辛酉	壬戌	癸亥	甲子	乙丑	丙寅	丁卯	戊辰	己巳	庚午
			陽暦	月	9	9	9	9	9	9	9	9	9	9	9	9	9	9	9	9	9	9	9	9	9	9	9	10	10	10	10	10	10	10
				日	8	9	10	11	12	13	14	15	16	17	18	19	20	21	22	23	24	25	26	27	28	29	30	1	2	3	4	5	6	7
九月	甲戌	九紫	日柱		辛未	壬申	癸酉	甲戌	乙亥	丙子	丁丑	戊寅	己卯	庚辰	辛巳	壬午	癸未	甲申	乙酉	丙戌	丁亥	戊子	己丑	庚寅	辛卯	壬辰	癸巳	甲午	乙未	丙申	丁酉	戊戌	己亥	
			陽暦	月	10	10	10	10	10	10	10	10	10	10	10	10	10	10	10	10	10	10	10	10	10	10	10	10	11	11	11	11	11	
				日	8	9	10	11	12	13	14	15	16	17	18	19	20	21	22	23	24	25	26	27	28	29	30	31	1	2	3	4	5	
十月	乙亥	八白	日柱		庚子	辛丑	壬寅	癸卯	甲辰	乙巳	丙午	丁未	戊申	己酉	庚戌	辛亥	壬子	癸丑	甲寅	乙卯	丙辰	丁巳	戊午	己未	庚申	辛酉	壬戌	癸亥	甲子	乙丑	丙寅	丁卯	戊辰	
			陽暦	月	11	11	11	11	11	11	11	11	11	11	11	11	11	11	11	11	11	11	11	11	11	11	11	11	11	12	12	12	12	
				日	6	7	8	9	10	11	12	13	14	15	16	17	18	19	20	21	22	23	24	25	26	27	28	29	30	1	2	3	4	
十一月	丙子	七赤	日柱		己巳	庚午	辛未	壬申	癸酉	甲戌	乙亥	丙子	丁丑	戊寅	己卯	庚辰	辛巳	壬午	癸未	甲申	乙酉	丙戌	丁亥	戊子	己丑	庚寅	辛卯	壬辰	癸巳	甲午	乙未	丙申	丁酉	戊戌
			陽暦	月	12	12	12	12	12	12	12	12	12	12	12	12	12	12	12	12	12	12	12	12	12	12	12	12	12	12	12	1	1	1
				日	5	6	7	8	9	10	11	12	13	14	15	16	17	18	19	20	21	22	23	24	25	26	27	28	29	31	31	1	2	3
十二月	丁丑	六白	日柱		己亥	庚子	辛丑	壬寅	癸卯	甲辰	乙巳	丙午	丁未	戊申	己酉	庚戌	辛亥	壬子	癸丑	甲寅	乙卯	丙辰	丁巳	戊午	己未	庚申	辛酉	壬戌	癸亥	甲子	乙丑	丙寅	丁卯	戊辰
			陽暦	月	1	1	1	1	1	1	1	1	1	1	1	1	1	1	1	1	1	1	1	1	1	1	1	1	1	1	1	1	2	2
				日	4	5	6	7	8	9	10	11	12	13	14	15	16	17	18	19	20	21	22	23	24	25	26	27	28	29	30	31	1	2

2030年【庚戌】

月別	月柱	紫白	農暦	初一	初二	初三	初四	初五	初六	初七	初八	初九	初十	十一	十二	十三	十四	十五	十六	十七	十八	十九	二十	廿一	廿二	廿三	廿四	廿五	廿六	廿七	廿八	廿九	三十
正月	戊寅	五黄	日柱	己巳	庚午	辛未	壬申	癸酉	甲戌	乙亥	丙子	丁丑	戊寅	己卯	庚辰	辛巳	壬午	癸未	甲申	乙酉	丙戌	丁亥	戊子	己丑	庚寅	辛卯	壬辰	癸巳	甲午	乙未	丙申	丁酉	
			陽暦 月	2	2	2	2	2	2	2	2	2	2	2	2	2	2	2	2	2	2	2	2	2	2	2	2	2	2	3	3	3	
			陽暦 日	3	4	5	6	7	8	9	10	11	12	13	14	15	16	17	18	19	20	21	22	23	24	25	26	27	28	1	2	3	
二月	己卯	四緑	日柱	戊戌	己亥	庚子	辛丑	壬寅	癸卯	甲辰	乙巳	丙午	丁未	戊申	己酉	庚戌	辛亥	壬子	癸丑	甲寅	乙卯	丙辰	丁巳	戊午	己未	庚申	辛酉	壬戌	癸亥	甲子	乙丑	丙寅	丁卯
			陽暦 月	3	3	3	3	3	3	3	3	3	3	3	3	3	3	3	3	3	3	3	3	3	3	3	3	3	3	3	3	4	4
			陽暦 日	4	5	6	7	8	9	10	11	12	13	14	15	16	17	18	19	20	21	22	23	24	25	26	27	28	29	30	31	1	2
三月	庚辰	三碧	日柱	戊辰	己巳	庚午	辛未	壬申	癸酉	甲戌	乙亥	丙子	丁丑	戊寅	己卯	庚辰	辛巳	壬午	癸未	甲申	乙酉	丙戌	丁亥	戊子	己丑	庚寅	辛卯	壬辰	癸巳	甲午	乙未	丙申	
			陽暦 月	4	4	4	4	4	4	4	4	4	4	4	4	4	4	4	4	4	4	4	4	4	4	4	4	4	4	4	4	5	
			陽暦 日	3	4	5	6	7	8	9	10	11	12	13	14	15	16	17	18	19	20	21	22	23	24	25	26	27	28	29	30	1	
四月	辛巳	二黒	日柱	丁酉	戊戌	己亥	庚子	辛丑	壬寅	癸卯	甲辰	乙巳	丙午	丁未	戊申	己酉	庚戌	辛亥	壬子	癸丑	甲寅	乙卯	丙辰	丁巳	戊午	己未	庚申	辛酉	壬戌	癸亥	甲子	乙丑	丙寅
			陽暦 月	5	5	5	5	5	5	5	5	5	5	5	5	5	5	5	5	5	5	5	5	5	5	5	5	5	5	5	5	5	5
			陽暦 日	2	3	4	5	6	7	8	9	10	11	12	13	14	15	16	17	18	19	20	21	22	23	24	25	26	27	28	29	30	31
五月	壬午	一白	日柱	丁卯	戊辰	己巳	庚午	辛未	壬申	癸酉	甲戌	乙亥	丙子	丁丑	戊寅	己卯	庚辰	辛巳	壬午	癸未	甲申	乙酉	丙戌	丁亥	戊子	己丑	庚寅	辛卯	壬辰	癸巳	甲午	乙未	丙申
			陽暦 月	6	6	6	6	6	6	6	6	6	6	6	6	6	6	6	6	6	6	6	6	6	6	6	6	6	6	6	6	6	6
			陽暦 日	1	2	3	4	5	6	7	8	9	10	11	12	13	14	15	16	17	18	19	20	21	22	23	24	25	26	27	28	29	30
六月	癸未	九紫	日柱	丁酉	戊戌	己亥	庚子	辛丑	壬寅	癸卯	甲辰	乙巳	丙午	丁未	戊申	己酉	庚戌	辛亥	壬子	癸丑	甲寅	乙卯	丙辰	丁巳	戊午	己未	庚申	辛酉	壬戌	癸亥	甲子	乙丑	
			陽暦 月	7	7	7	7	7	7	7	7	7	7	7	7	7	7	7	7	7	7	7	7	7	7	7	7	7	7	7	7	7	
			陽暦 日	1	2	3	4	5	6	7	8	9	10	11	12	13	14	15	16	17	18	19	20	21	22	23	24	25	26	27	28	29	
七月	甲申	八白	日柱	丙寅	丁卯	戊辰	己巳	庚午	辛未	壬申	癸酉	甲戌	乙亥	丙子	丁丑	戊寅	己卯	庚辰	辛巳	壬午	癸未	甲申	乙酉	丙戌	丁亥	戊子	己丑	庚寅	辛卯	壬辰	癸巳	甲午	乙未
			陽暦 月	7	7	8	8	8	8	8	8	8	8	8	8	8	8	8	8	8	8	8	8	8	8	8	8	8	8	8	8	8	8
			陽暦 日	30	31	1	2	3	4	5	6	7	8	9	10	11	12	13	14	15	16	17	18	19	20	21	22	23	24	25	26	27	28
八月	乙酉	七赤	日柱	丙申	丁酉	戊戌	己亥	庚子	辛丑	壬寅	癸卯	甲辰	乙巳	丙午	丁未	戊申	己酉	庚戌	辛亥	壬子	癸丑	甲寅	乙卯	丙辰	丁巳	戊午	己未	庚申	辛酉	壬戌	癸亥	甲子	
			陽暦 月	8	8	8	9	9	9	9	9	9	9	9	9	9	9	9	9	9	9	9	9	9	9	9	9	9	9	9	9	9	
			陽暦 日	29	30	31	1	2	3	4	5	6	7	8	9	10	11	12	13	14	15	16	17	18	19	20	21	22	23	24	25	26	
九月	丙戌	六白	日柱	乙丑	丙寅	丁卯	戊辰	己巳	庚午	辛未	壬申	癸酉	甲戌	乙亥	丙子	丁丑	戊寅	己卯	庚辰	辛巳	壬午	癸未	甲申	乙酉	丙戌	丁亥	戊子	己丑	庚寅	辛卯	壬辰	癸巳	甲午
			陽暦 月	9	9	9	9	10	10	10	10	10	10	10	10	10	10	10	10	10	10	10	10	10	10	10	10	10	10	10	10	10	10
			陽暦 日	27	28	29	30	1	2	3	4	5	6	7	8	9	10	11	12	13	14	15	16	17	18	19	20	21	22	23	24	25	26
十月	丁亥	五黄	日柱	乙未	丙申	丁酉	戊戌	己亥	庚子	辛丑	壬寅	癸卯	甲辰	乙巳	丙午	丁未	戊申	己酉	庚戌	辛亥	壬子	癸丑	甲寅	乙卯	丙辰	丁巳	戊午	己未	庚申	辛酉	壬戌	癸亥	
			陽暦 月	10	10	10	10	10	11	11	11	11	11	11	11	11	11	11	11	11	11	11	11	11	11	11	11	11	11	11	11	11	
			陽暦 日	27	28	29	30	31	1	2	3	4	5	6	7	8	9	10	11	12	13	14	15	16	17	18	19	20	21	22	23	24	
十一月	戊子	四緑	日柱	甲子	乙丑	丙寅	丁卯	戊辰	己巳	庚午	辛未	壬申	癸酉	甲戌	乙亥	丙子	丁丑	戊寅	己卯	庚辰	辛巳	壬午	癸未	甲申	乙酉	丙戌	丁亥	戊子	己丑	庚寅	辛卯	壬辰	癸巳
			陽暦 月	11	11	11	11	11	11	12	12	12	12	12	12	12	12	12	12	12	12	12	12	12	12	12	12	12	12	12	12	12	12
			陽暦 日	25	26	27	28	29	30	1	2	3	4	5	6	7	8	9	10	11	12	13	14	15	16	17	18	19	20	21	22	23	24
十二月	己丑	三碧	日柱	甲午	乙未	丙申	丁酉	戊戌	己亥	庚子	辛丑	壬寅	癸卯	甲辰	乙巳	丙午	丁未	戊申	己酉	庚戌	辛亥	壬子	癸丑	甲寅	乙卯	丙辰	丁巳	戊午	己未	庚申	辛酉	壬戌	
			陽暦 月	12	12	12	12	12	12	12	1	1	1	1	1	1	1	1	1	1	1	1	1	1	1	1	1	1	1	1	1	1	
			陽暦 日	25	26	27	28	29	30	31	1	2	3	4	5	6	7	8	9	10	11	12	13	14	15	16	17	18	19	20	21	22	

2031年【辛亥】

月別	月柱	紫白	農暦		初一	初二	初三	初四	初五	初六	初七	初八	初九	初十	十一	十二	十三	十四	十五	十六	十七	十八	十九	二十	廿一	廿二	廿三	廿四	廿五	廿六	廿七	廿八	廿九	三十
正月	庚寅	二黒	日柱		癸亥	甲子	乙丑	丙寅	丁卯	戊辰	己巳	庚午	辛未	壬申	癸酉	甲戌	乙亥	丙子	丁丑	戊寅	己卯	庚辰	辛巳	壬午	癸未	甲申	乙酉	丙戌	丁亥	戊子	己丑	庚寅	辛卯	
			陽暦	月	1	1	1	1	1	1	1	1	1	2	2	2	2	2	2	2	2	2	2	2	2	2	2	2	2	2	2	2	2	
			陽暦	日	23	24	25	26	27	28	29	30	31	1	2	3	4	5	6	7	8	9	10	11	12	13	14	15	16	17	18	19	20	
二月	辛卯	一白	日柱		壬辰	癸巳	甲午	乙未	丙申	丁酉	戊戌	己亥	庚子	辛丑	壬寅	癸卯	甲辰	乙巳	丙午	丁未	戊申	己酉	庚戌	辛亥	壬子	癸丑	甲寅	乙卯	丙辰	丁巳	戊午	己未	庚申	辛酉
			陽暦	月	2	2	2	2	2	2	2	2	3	3	3	3	3	3	3	3	3	3	3	3	3	3	3	3	3	3	3	3	3	3
			陽暦	日	21	22	23	24	25	26	27	28	1	2	3	4	5	6	7	8	9	10	11	12	13	14	15	16	17	18	19	20	21	22
三月	壬辰	九紫	日柱		壬戌	癸亥	甲子	乙丑	丙寅	丁卯	戊辰	己巳	庚午	辛未	壬申	癸酉	甲戌	乙亥	丙子	丁丑	戊寅	己卯	庚辰	辛巳	壬午	癸未	甲申	乙酉	丙戌	丁亥	戊子	己丑	庚寅	辛卯
			陽暦	月	3	3	3	3	3	3	3	3	3	4	4	4	4	4	4	4	4	4	4	4	4	4	4	4	4	4	4	4	4	4
			陽暦	日	23	24	25	26	27	28	29	30	31	1	2	3	4	5	6	7	8	9	10	11	12	13	14	15	16	17	18	19	20	21
閏三月			日柱		壬辰	癸巳	甲午	乙未	丙申	丁酉	戊戌	己亥	庚子	辛丑	壬寅	癸卯	甲辰	乙巳	丙午	丁未	戊申	己酉	庚戌	辛亥	壬子	癸丑	甲寅	乙卯	丙辰	丁巳	戊午	己未	庚申	
			陽暦	月	4	4	4	4	4	4	4	4	5	5	5	5	5	5	5	5	5	5	5	5	5	5	5	5	5	5	5	5	5	
			陽暦	日	22	23	24	25	26	27	28	29	30	1	2	3	4	5	6	7	8	9	10	11	12	13	14	15	16	17	18	19	20	
四月	癸巳	八白	日柱		辛酉	壬戌	癸亥	甲子	乙丑	丙寅	丁卯	戊辰	己巳	庚午	辛未	壬申	癸酉	甲戌	乙亥	丙子	丁丑	戊寅	己卯	庚辰	辛巳	壬午	癸未	甲申	乙酉	丙戌	丁亥	戊子	己丑	庚寅
			陽暦	月	5	5	5	5	5	5	5	5	5	5	5	6	6	6	6	6	6	6	6	6	6	6	6	6	6	6	6	6	6	6
			陽暦	日	21	22	23	24	25	26	27	28	29	30	31	1	2	3	4	5	6	7	8	9	10	11	12	13	14	15	16	17	18	19
五月	甲午	七赤	日柱		辛卯	壬辰	癸巳	甲午	乙未	丙申	丁酉	戊戌	己亥	庚子	辛丑	壬寅	癸卯	甲辰	乙巳	丙午	丁未	戊申	己酉	庚戌	辛亥	壬子	癸丑	甲寅	乙卯	丙辰	丁巳	戊午	己未	
			陽暦	月	6	6	6	6	6	6	6	6	6	6	6	7	7	7	7	7	7	7	7	7	7	7	7	7	7	7	7	7	7	
			陽暦	日	20	21	22	23	24	25	26	27	28	29	30	1	2	3	4	5	6	7	8	9	10	11	12	13	14	15	16	17	18	
六月	乙未	六白	日柱		庚申	辛酉	壬戌	癸亥	甲子	乙丑	丙寅	丁卯	戊辰	己巳	庚午	辛未	壬申	癸酉	甲戌	乙亥	丙子	丁丑	戊寅	己卯	庚辰	辛巳	壬午	癸未	甲申	乙酉	丙戌	丁亥	戊子	己丑
			陽暦	月	7	7	7	7	7	7	7	7	7	7	7	7	7	8	8	8	8	8	8	8	8	8	8	8	8	8	8	8	8	8
			陽暦	日	19	20	21	22	23	24	25	26	27	28	29	30	31	1	2	3	4	5	6	7	8	9	10	11	12	13	14	15	16	17
七月	丙申	五黄	日柱		庚申	辛酉	壬戌	癸亥	甲子	乙丑	丙寅	丁卯	戊辰	己巳	庚午	辛未	壬申	癸酉	甲戌	乙亥	丙子	丁丑	戊寅	己卯	庚辰	辛巳	壬午	癸未	甲申	乙酉	丙戌	丁亥	戊子	己丑
			陽暦	月	8	8	8	8	8	8	8	8	8	8	8	8	8	8	9	9	9	9	9	9	9	9	9	9	9	9	9	9	9	9
			陽暦	日	18	19	20	21	22	23	24	25	26	27	28	29	30	31	1	2	3	4	5	6	7	8	9	10	11	12	13	14	15	16
八月	丁酉	四緑	日柱		庚申	辛酉	壬戌	癸亥	甲子	乙丑	丙寅	丁卯	戊辰	己巳	庚午	辛未	壬申	癸酉	甲戌	乙亥	丙子	丁丑	戊寅	己卯	庚辰	辛巳	壬午	癸未	甲申	乙酉	丙戌	丁亥	戊子	
			陽暦	月	9	9	9	9	9	9	9	9	9	9	9	9	9	9	10	10	10	10	10	10	10	10	10	10	10	10	10	10	10	
			陽暦	日	17	18	19	20	21	22	23	24	25	26	27	28	29	30	1	2	3	4	5	6	7	8	9	10	11	12	13	14	15	
九月	戊戌	三碧	日柱		己丑	庚寅	辛卯	壬辰	癸巳	甲午	乙未	丙申	丁酉	戊戌	己亥	庚子	辛丑	壬寅	癸卯	甲辰	乙巳	丙午	丁未	戊申	己酉	庚戌	辛亥	壬子	癸丑	甲寅	乙卯	丙辰	丁巳	戊午
			陽暦	月	10	10	10	10	10	10	10	10	10	10	10	10	10	10	10	10	11	11	11	11	11	11	11	11	11	11	11	11	11	11
			陽暦	日	16	17	18	19	20	21	22	23	24	25	26	27	28	29	30	31	1	2	3	4	5	6	7	8	9	10	11	12	13	14
十月	己亥	二黒	日柱		己未	庚申	辛酉	壬戌	癸亥	甲子	乙丑	丙寅	丁卯	戊辰	己巳	庚午	辛未	壬申	癸酉	甲戌	乙亥	丙子	丁丑	戊寅	己卯	庚辰	辛巳	壬午	癸未	甲申	乙酉	丙戌	丁亥	
			陽暦	月	11	11	11	11	11	11	11	11	11	11	11	11	11	11	11	11	12	12	12	12	12	12	12	12	12	12	12	12	12	
			陽暦	日	15	16	17	18	19	20	21	22	23	24	25	26	27	28	29	30	1	2	3	4	5	6	7	8	9	10	11	12	13	
十一月	庚子	一白	日柱		戊子	己丑	庚寅	辛卯	壬辰	癸巳	甲午	乙未	丙申	丁酉	戊戌	己亥	庚子	辛丑	壬寅	癸卯	甲辰	乙巳	丙午	丁未	戊申	己酉	庚戌	辛亥	壬子	癸丑	甲寅	乙卯	丙辰	丁巳
			陽暦	月	12	12	12	12	12	12	12	12	12	12	12	12	12	12	12	12	12	12	1	1	1	1	1	1	1	1	1	1	1	1
			陽暦	日	14	15	16	17	18	19	20	21	22	23	24	25	26	27	28	29	30	31	1	2	3	4	5	6	7	8	9	10	11	12
十二月	辛丑	九紫	日柱		戊午	己未	庚申	辛酉	壬戌	癸亥	甲子	乙丑	丙寅	丁卯	戊辰	己巳	庚午	辛未	壬申	癸酉	甲戌	乙亥	丙子	丁丑	戊寅	己卯	庚辰	辛巳	壬午	癸未	甲申	乙酉	丙戌	
			陽暦	月	1	1	1	1	1	1	1	1	1	1	1	1	1	1	1	1	1	1	1	2	2	2	2	2	2	2	2	2	2	
			陽暦	日	13	14	15	16	17	18	19	20	21	22	23	24	25	26	27	28	29	30	31	1	2	3	4	5	6	7	8	9	10	

2032年【壬子】

月別	月柱	紫白	農暦		初一	初二	初三	初四	初五	初六	初七	初八	初九	初十	十一	十二	十三	十四	十五	十六	十七	十八	十九	二十	廿一	廿二	廿三	廿四	廿五	廿六	廿七	廿八	廿九	三十
正月	壬寅	八白	日柱		丁亥	戊子	己丑	庚寅	辛卯	壬辰	癸巳	甲午	乙未	丙申	丁酉	戊戌	己亥	庚子	辛丑	壬寅	癸卯	甲辰	乙巳	丙午	丁未	戊申	己酉	庚戌	辛亥	壬子	癸丑	甲寅	乙卯	丙辰
			陽暦	月	2	2	2	2	2	2	2	2	2	2	2	2	2	2	2	2	2	2	2	3	3	3	3	3	3	3	3	3	3	3
			陽暦	日	11	12	13	14	15	16	17	18	19	20	21	22	23	24	25	26	27	28	29	1	2	3	4	5	6	7	8	9	10	11
二月	癸卯	七赤	日柱		丁巳	戊午	己未	庚申	辛酉	壬戌	癸亥	甲子	乙丑	丙寅	丁卯	戊辰	己巳	庚午	辛未	壬申	癸酉	甲戌	乙亥	丙子	丁丑	戊寅	己卯	庚辰	辛巳	壬午	癸未	甲申	乙酉	
			陽暦	月	3	3	3	3	3	3	3	3	3	3	3	3	3	3	3	3	3	3	3	3	4	4	4	4	4	4	4	4	4	
			陽暦	日	12	13	14	15	16	17	18	19	20	21	22	23	24	25	26	27	28	29	30	31	1	2	3	4	5	6	7	8	9	
三月	甲辰	六白	日柱		丙戌	丁亥	戊子	己丑	庚寅	辛卯	壬辰	癸巳	甲午	乙未	丙申	丁酉	戊戌	己亥	庚子	辛丑	壬寅	癸卯	甲辰	乙巳	丙午	丁未	戊申	己酉	庚戌	辛亥	壬子	癸丑	甲寅	
			陽暦	月	4	4	4	4	4	4	4	4	4	4	4	4	4	4	4	4	4	4	4	4	4	5	5	5	5	5	5	5	5	
			陽暦	日	10	11	12	13	14	15	16	17	18	19	20	21	22	23	24	25	26	27	28	29	30	1	2	3	4	5	6	7	8	
四月	乙巳	五黄	日柱		乙卯	丙辰	丁巳	戊午	己未	庚申	辛酉	壬戌	癸亥	甲子	乙丑	丙寅	丁卯	戊辰	己巳	庚午	辛未	壬申	癸酉	甲戌	乙亥	丙子	丁丑	戊寅	己卯	庚辰	辛巳	壬午	癸未	甲申
			陽暦	月	5	5	5	5	5	5	5	5	5	5	5	5	5	5	5	5	5	5	5	5	5	5	5	6	6	6	6	6	6	6
			陽暦	日	9	10	11	12	13	14	15	16	17	18	19	20	21	22	23	24	25	26	27	28	29	30	31	1	2	3	4	5	6	7
五月	丙午	四緑	日柱		乙酉	丙戌	丁亥	戊子	己丑	庚寅	辛卯	壬辰	癸巳	甲午	乙未	丙申	丁酉	戊戌	己亥	庚子	辛丑	壬寅	癸卯	甲辰	乙巳	丙午	丁未	戊申	己酉	庚戌	辛亥	壬子	癸丑	
			陽暦	月	6	6	6	6	6	6	6	6	6	6	6	6	6	6	6	6	6	6	6	6	6	6	6	7	7	7	7	7	7	
			陽暦	日	8	9	10	11	12	13	14	15	16	17	18	19	20	21	22	23	24	25	26	27	28	29	30	1	2	3	4	5	6	
六月	丁未	三碧	日柱		甲寅	乙卯	丙辰	丁巳	戊午	己未	庚申	辛酉	壬戌	癸亥	甲子	乙丑	丙寅	丁卯	戊辰	己巳	庚午	辛未	壬申	癸酉	甲戌	乙亥	丙子	丁丑	戊寅	己卯	庚辰	辛巳	壬午	癸未
			陽暦	月	7	7	7	7	7	7	7	7	7	7	7	7	7	7	7	7	7	7	7	7	7	7	7	7	7	8	8	8	8	8
			陽暦	日	7	8	9	10	11	12	13	14	15	16	17	18	19	20	21	22	23	24	25	26	27	28	29	30	31	1	2	3	4	5
七月	戊申	二黒	日柱		甲申	乙酉	丙戌	丁亥	戊子	己丑	庚寅	辛卯	壬辰	癸巳	甲午	乙未	丙申	丁酉	戊戌	己亥	庚子	辛丑	壬寅	癸卯	甲辰	乙巳	丙午	丁未	戊申	己酉	庚戌	辛亥	壬子	癸丑
			陽暦	月	8	8	8	8	8	8	8	8	8	8	8	8	8	8	8	8	8	8	8	8	8	8	8	8	8	8	9	9	9	9
			陽暦	日	6	7	8	9	10	11	12	13	14	15	16	17	18	19	20	21	22	23	24	25	26	27	28	29	30	31	1	2	3	4
八月	己酉	一白	日柱		甲寅	乙卯	丙辰	丁巳	戊午	己未	庚申	辛酉	壬戌	癸亥	甲子	乙丑	丙寅	丁卯	戊辰	己巳	庚午	辛未	壬申	癸酉	甲戌	乙亥	丙子	丁丑	戊寅	己卯	庚辰	辛巳	壬午	
			陽暦	月	9	9	9	9	9	9	9	9	9	9	9	9	9	9	9	9	9	9	9	9	9	9	9	9	9	9	10	10	10	
			陽暦	日	5	6	7	8	9	10	11	12	13	14	15	16	17	18	19	20	21	22	23	24	25	26	27	28	29	30	1	2	3	
九月	庚戌	九紫	日柱		癸未	甲申	乙酉	丙戌	丁亥	戊子	己丑	庚寅	辛卯	壬辰	癸巳	甲午	乙未	丙申	丁酉	戊戌	己亥	庚子	辛丑	壬寅	癸卯	甲辰	乙巳	丙午	丁未	戊申	己酉	庚戌	辛亥	壬子
			陽暦	月	10	10	10	10	10	10	10	10	10	10	10	10	10	10	10	10	10	10	10	10	10	10	10	10	10	10	10	10	11	11
			陽暦	日	4	5	6	7	8	9	10	11	12	13	14	15	16	17	18	19	20	21	22	23	24	25	26	27	28	29	30	31	1	2
十月	辛亥	八白	日柱		癸丑	甲寅	乙卯	丙辰	丁巳	戊午	己未	庚申	辛酉	壬戌	癸亥	甲子	乙丑	丙寅	丁卯	戊辰	己巳	庚午	辛未	壬申	癸酉	甲戌	乙亥	丙子	丁丑	戊寅	己卯	庚辰	辛巳	壬午
			陽暦	月	11	11	11	11	11	11	11	11	11	11	11	11	11	11	11	11	11	11	11	11	11	11	11	11	11	11	11	11	12	12
			陽暦	日	3	4	5	6	7	8	9	10	11	12	13	14	15	16	17	18	19	20	21	22	23	24	25	26	27	28	29	30	1	2
十一月	壬子	七赤	日柱		癸未	甲申	乙酉	丙戌	丁亥	戊子	己丑	庚寅	辛卯	壬辰	癸巳	甲午	乙未	丙申	丁酉	戊戌	己亥	庚子	辛丑	壬寅	癸卯	甲辰	乙巳	丙午	丁未	戊申	己酉	庚戌	辛亥	
			陽暦	月	12	12	12	12	12	12	12	12	12	12	12	12	12	12	12	12	12	12	12	12	12	12	12	12	12	12	12	12	12	
			陽暦	日	3	4	5	6	7	8	9	10	11	12	13	14	15	16	17	18	19	20	21	22	23	24	25	26	27	28	29	30	31	
十二月	癸丑	六白	日柱		壬子	癸丑	甲寅	乙卯	丙辰	丁巳	戊午	己未	庚申	辛酉	壬戌	癸亥	甲子	乙丑	丙寅	丁卯	戊辰	己巳	庚午	辛未	壬申	癸酉	甲戌	乙亥	丙子	丁丑	戊寅	己卯	庚辰	辛巳
			陽暦	月	1	1	1	1	1	1	1	1	1	1	1	1	1	1	1	1	1	1	1	1	1	1	1	1	1	1	1	1	1	1
			陽暦	日	1	2	3	4	5	6	7	8	9	10	11	12	13	14	15	16	17	18	19	20	21	22	23	24	25	26	27	28	29	30

2033年【癸丑】

月別	月柱	紫白	農暦		初一	初二	初三	初四	初五	初六	初七	初八	初九	初十	十一	十二	十三	十四	十五	十六	十七	十八	十九	二十	廿一	廿二	廿三	廿四	廿五	廿六	廿七	廿八	廿九	三十
正月	甲寅	五黄	日柱		壬午	癸未	甲申	乙酉	丙戌	丁亥	戊子	己丑	庚寅	辛卯	壬辰	癸巳	甲午	乙未	丙申	丁酉	戊戌	己亥	庚子	辛丑	壬寅	癸卯	甲辰	乙巳	丙午	丁未	戊申	己酉	庚戌	
			陽暦	月	1	2	2	2	2	2	2	2	2	2	2	2	2	2	2	2	2	2	2	2	2	2	2	2	2	2	2	2	2	
				日	31	1	2	3	4	5	6	7	8	9	10	11	12	13	14	15	16	17	18	19	20	21	22	23	24	25	26	27	28	
二月	乙卯	四緑	日柱		辛亥	壬子	癸丑	甲寅	乙卯	丙辰	丁巳	戊午	己未	庚申	辛酉	壬戌	癸亥	甲子	乙丑	丙寅	丁卯	戊辰	己巳	庚午	辛未	壬申	癸酉	甲戌	乙亥	丙子	丁丑	戊寅	己卯	庚辰
			陽暦	月	3	3	3	3	3	3	3	3	3	3	3	3	3	3	3	3	3	3	3	3	3	3	3	3	3	3	3	3	3	3
				日	1	2	3	4	5	6	7	8	9	10	11	12	13	14	15	16	17	18	19	20	21	22	23	24	25	26	27	28	29	30
三月	丙辰	三碧	日柱		辛巳	壬午	癸未	甲申	乙酉	丙戌	丁亥	戊子	己丑	庚寅	辛卯	壬辰	癸巳	甲午	乙未	丙申	丁酉	戊戌	己亥	庚子	辛丑	壬寅	癸卯	甲辰	乙巳	丙午	丁未	戊申	己酉	
			陽暦	月	3	4	4	4	4	4	4	4	4	4	4	4	4	4	4	4	4	4	4	4	4	4	4	4	4	4	4	4	4	
				日	31	1	2	3	4	5	6	7	8	9	10	11	12	13	14	15	16	17	18	19	20	21	22	23	24	25	26	27	28	
四月	丁巳	二黒	日柱		庚戌	辛亥	壬子	癸丑	甲寅	乙卯	丙辰	丁巳	戊午	己未	庚申	辛酉	壬戌	癸亥	甲子	乙丑	丙寅	丁卯	戊辰	己巳	庚午	辛未	壬申	癸酉	甲戌	乙亥	丙子	丁丑	戊寅	
			陽暦	月	4	4	5	5	5	5	5	5	5	5	5	5	5	5	5	5	5	5	5	5	5	5	5	5	5	5	5	5	5	
				日	29	30	1	2	3	4	5	6	7	8	9	10	11	12	13	14	15	16	17	18	19	20	21	22	23	24	25	26	27	
五月	戊午	一白	日柱		己卯	庚辰	辛巳	壬午	癸未	甲申	乙酉	丙戌	丁亥	戊子	己丑	庚寅	辛卯	壬辰	癸巳	甲午	乙未	丙申	丁酉	戊戌	己亥	庚子	辛丑	壬寅	癸卯	甲辰	乙巳	丙午	丁未	戊申
			陽暦	月	5	5	5	5	6	6	6	6	6	6	6	6	6	6	6	6	6	6	6	6	6	6	6	6	6	6	6	6	6	6
				日	28	29	30	31	1	2	3	4	5	6	7	8	9	10	11	12	13	14	15	16	17	18	19	20	21	22	23	24	25	26
六月	己未	九紫	日柱		己酉	庚戌	辛亥	壬子	癸丑	甲寅	乙卯	丙辰	丁巳	戊午	己未	庚申	辛酉	壬戌	癸亥	甲子	乙丑	丙寅	丁卯	戊辰	己巳	庚午	辛未	壬申	癸酉	甲戌	乙亥	丙子	丁丑	
			陽暦	月	6	6	6	6	7	7	7	7	7	7	7	7	7	7	7	7	7	7	7	7	7	7	7	7	7	7	7	7	7	
				日	27	28	29	30	1	2	3	4	5	6	7	8	9	10	11	12	13	14	15	16	17	18	19	20	21	22	23	24	25	
七月	庚申	八白	日柱		戊寅	己卯	庚辰	辛巳	壬午	癸未	甲申	乙酉	丙戌	丁亥	戊子	己丑	庚寅	辛卯	壬辰	癸巳	甲午	乙未	丙申	丁酉	戊戌	己亥	庚子	辛丑	壬寅	癸卯	甲辰	乙巳	丙午	丁未
			陽暦	月	7	7	7	7	7	7	8	8	8	8	8	8	8	8	8	8	8	8	8	8	8	8	8	8	8	8	8	8	8	8
				日	26	27	28	29	30	31	1	2	3	4	5	6	7	8	9	10	11	12	13	14	15	16	17	18	19	20	21	22	23	24
八月	辛酉	七赤	日柱		戊申	己酉	庚戌	辛亥	壬子	癸丑	甲寅	乙卯	丙辰	丁巳	戊午	己未	庚申	辛酉	壬戌	癸亥	甲子	乙丑	丙寅	丁卯	戊辰	己巳	庚午	辛未	壬申	癸酉	甲戌	乙亥	丙子	
			陽暦	月	8	8	8	8	8	8	8	9	9	9	9	9	9	9	9	9	9	9	9	9	9	9	9	9	9	9	9	9	9	
				日	25	26	27	28	29	30	31	1	2	3	4	5	6	7	8	9	10	11	12	13	14	15	16	17	18	19	20	21	22	
九月	壬戌	六白	日柱		丁丑	戊寅	己卯	庚辰	辛巳	壬午	癸未	甲申	乙酉	丙戌	丁亥	戊子	己丑	庚寅	辛卯	壬辰	癸巳	甲午	乙未	丙申	丁酉	戊戌	己亥	庚子	辛丑	壬寅	癸卯	甲辰	乙巳	丙午
			陽暦	月	9	9	9	9	9	9	9	9	10	10	10	10	10	10	10	10	10	10	10	10	10	10	10	10	10	10	10	10	10	10
				日	23	24	25	26	27	28	29	30	1	2	3	4	5	6	7	8	9	10	11	12	13	14	15	16	17	18	19	20	21	22
十月	癸亥	五黄	日柱		丁未	戊申	己酉	庚戌	辛亥	壬子	癸丑	甲寅	乙卯	丙辰	丁巳	戊午	己未	庚申	辛酉	壬戌	癸亥	甲子	乙丑	丙寅	丁卯	戊辰	己巳	庚午	辛未	壬申	癸酉	甲戌	乙亥	丙子
			陽暦	月	10	10	10	10	10	10	10	10	10	11	11	11	11	11	11	11	11	11	11	11	11	11	11	11	11	11	11	11	11	11
				日	23	24	25	26	27	28	29	30	31	1	2	3	4	5	6	7	8	9	10	11	12	13	14	15	16	17	18	19	20	21
十一月	甲子	四緑	日柱		丁丑	戊寅	己卯	庚辰	辛巳	壬午	癸未	甲申	乙酉	丙戌	丁亥	戊子	己丑	庚寅	辛卯	壬辰	癸巳	甲午	乙未	丙申	丁酉	戊戌	己亥	庚子	辛丑	壬寅	癸卯	甲辰	乙巳	丙午
			陽暦	月	11	11	11	11	11	11	11	11	11	12	12	12	12	12	12	12	12	12	12	12	12	12	12	12	12	12	12	12	12	12
				日	22	23	24	25	26	27	28	29	30	1	2	3	4	5	6	7	8	9	10	11	12	13	14	15	16	17	18	19	20	21
閏十一月			日柱		丁未	戊申	己酉	庚戌	辛亥	壬子	癸丑	甲寅	乙卯	丙辰	丁巳	戊午	己未	庚申	辛酉	壬戌	癸亥	甲子	乙丑	丙寅	丁卯	戊辰	己巳	庚午	辛未	壬申	癸酉	甲戌	乙亥	
			陽暦	月	12	12	12	12	12	12	12	12	12	12	1	1	1	1	1	1	1	1	1	1	1	1	1	1	1	1	1	1	1	
				日	22	23	24	25	26	27	28	29	30	31	1	2	3	4	5	6	7	8	9	10	11	12	13	14	15	16	17	18	19	
十二月	乙丑	三碧	日柱		丙子	丁丑	戊寅	己卯	庚辰	辛巳	壬午	癸未	甲申	乙酉	丙戌	丁亥	戊子	己丑	庚寅	辛卯	壬辰	癸巳	甲午	乙未	丙申	丁酉	戊戌	己亥	庚子	辛丑	壬寅	癸卯	甲辰	乙巳
			陽暦	月	1	1	1	1	1	1	1	1	1	1	1	1	2	2	2	2	2	2	2	2	2	2	2	2	2	2	2	2	2	2
				日	20	21	22	23	24	25	26	27	28	29	30	31	1	2	3	4	5	6	7	8	9	10	11	12	13	14	15	16	17	18

2034年【甲寅】

月別	月柱	紫白	農暦		初一	初二	初三	初四	初五	初六	初七	初八	初九	初十	十一	十二	十三	十四	十五	十六	十七	十八	十九	二十	廿一	廿二	廿三	廿四	廿五	廿六	廿七	廿八	廿九	三十
正月	丙寅	二黒	日柱		丙午	丁未	戊申	己酉	庚戌	辛亥	壬子	癸丑	甲寅	乙卯	丙辰	丁巳	戊午	己未	庚申	辛酉	壬戌	癸亥	甲子	乙丑	丙寅	丁卯	戊辰	己巳	庚午	辛未	壬申	癸酉	甲戌	
			陽暦	月	2	2	2	2	2	2	2	2	2	2	3	3	3	3	3	3	3	3	3	3	3	3	3	3	3	3	3	3	3	
				日	19	20	21	22	23	24	25	26	27	28	1	2	3	4	5	6	7	8	9	10	11	12	13	14	15	16	17	18	19	
二月	丁卯	一白	日柱		乙亥	丙子	丁丑	戊寅	己卯	庚辰	辛巳	壬午	癸未	甲申	乙酉	丙戌	丁亥	戊子	己丑	庚寅	辛卯	壬辰	癸巳	甲午	乙未	丙申	丁酉	戊戌	己亥	庚子	辛丑	壬寅	癸卯	甲辰
			陽暦	月	3	3	3	3	3	3	3	3	3	3	3	3	4	4	4	4	4	4	4	4	4	4	4	4	4	4	4	4	4	4
				日	20	21	22	23	24	25	26	27	28	29	30	31	1	2	3	4	5	6	7	8	9	10	11	12	13	14	15	16	17	18
三月	戊辰	九紫	日柱		乙巳	丙午	丁未	戊申	己酉	庚戌	辛亥	壬子	癸丑	甲寅	乙卯	丙辰	丁巳	戊午	己未	庚申	辛酉	壬戌	癸亥	甲子	乙丑	丙寅	丁卯	戊辰	己巳	庚午	辛未	壬申	癸酉	
			陽暦	月	4	4	4	4	4	4	4	4	4	4	4	4	5	5	5	5	5	5	5	5	5	5	5	5	5	5	5	5	5	
				日	19	20	21	22	23	24	25	26	27	28	29	30	1	2	3	4	5	6	7	8	9	10	11	12	13	14	15	16	17	
四月	己巳	八白	日柱		甲戌	乙亥	丙子	丁丑	戊寅	己卯	庚辰	辛巳	壬午	癸未	甲申	乙酉	丙戌	丁亥	戊子	己丑	庚寅	辛卯	壬辰	癸巳	甲午	乙未	丙申	丁酉	戊戌	己亥	庚子	辛丑	壬寅	
			陽暦	月	5	5	5	5	5	5	5	5	5	5	5	5	5	5	6	6	6	6	6	6	6	6	6	6	6	6	6	6	6	
				日	18	19	20	21	22	23	24	25	26	27	28	29	30	31	1	2	3	4	5	6	7	8	9	10	11	12	13	14	15	
五月	庚午	七赤	日柱		癸卯	甲辰	乙巳	丙午	丁未	戊申	己酉	庚戌	辛亥	壬子	癸丑	甲寅	乙卯	丙辰	丁巳	戊午	己未	庚申	辛酉	壬戌	癸亥	甲子	乙丑	丙寅	丁卯	戊辰	己巳	庚午	辛未	壬申
			陽暦	月	6	6	6	6	6	6	6	6	6	6	6	6	6	6	6	7	7	7	7	7	7	7	7	7	7	7	7	7	7	7
				日	16	17	18	19	20	21	22	23	24	25	26	27	28	29	30	1	2	3	4	5	6	7	8	9	10	11	12	13	14	15
六月	辛未	六白	日柱		癸酉	甲戌	乙亥	丙子	丁丑	戊寅	己卯	庚辰	辛巳	壬午	癸未	甲申	乙酉	丙戌	丁亥	戊子	己丑	庚寅	辛卯	壬辰	癸巳	甲午	乙未	丙申	丁酉	戊戌	己亥	庚子	辛丑	
			陽暦	月	7	7	7	7	7	7	7	7	7	7	7	7	7	7	7	7	8	8	8	8	8	8	8	8	8	8	8	8	8	
				日	16	17	18	19	20	21	22	23	24	25	26	27	28	29	30	31	1	2	3	4	5	6	7	8	9	10	11	12	13	
七月	壬申	五黄	日柱		壬寅	癸卯	甲辰	乙巳	丙午	丁未	戊申	己酉	庚戌	辛亥	壬子	癸丑	甲寅	乙卯	丙辰	丁巳	戊午	己未	庚申	辛酉	壬戌	癸亥	甲子	乙丑	丙寅	丁卯	戊辰	己巳	庚午	辛未
			陽暦	月	8	8	8	8	8	8	8	8	8	8	8	8	8	8	8	8	8	8	9	9	9	9	9	9	9	9	9	9	9	9
				日	14	15	16	17	18	19	20	21	22	23	24	25	26	27	28	29	30	31	1	2	3	4	5	6	7	8	9	10	11	12
八月	癸酉	四緑	日柱		壬申	癸酉	甲戌	乙亥	丙子	丁丑	戊寅	己卯	庚辰	辛巳	壬午	癸未	甲申	乙酉	丙戌	丁亥	戊子	己丑	庚寅	辛卯	壬辰	癸巳	甲午	乙未	丙申	丁酉	戊戌	己亥	庚子	
			陽暦	月	9	9	9	9	9	9	9	9	9	9	9	9	9	9	9	9	9	9	10	10	10	10	10	10	10	10	10	10	10	
				日	13	14	15	16	17	18	19	20	21	22	23	24	25	26	27	28	29	30	1	2	3	4	5	6	7	8	9	10	11	
九月	甲戌	三碧	日柱		辛丑	壬寅	癸卯	甲辰	乙巳	丙午	丁未	戊申	己酉	庚戌	辛亥	壬子	癸丑	甲寅	乙卯	丙辰	丁巳	戊午	己未	庚申	辛酉	壬戌	癸亥	甲子	乙丑	丙寅	丁卯	戊辰	己巳	庚午
			陽暦	月	10	10	10	10	10	10	10	10	10	10	10	10	10	10	10	10	10	10	10	10	11	11	11	11	11	11	11	11	11	11
				日	12	13	14	15	16	17	18	19	20	21	22	23	24	25	26	27	28	29	30	31	1	2	3	4	5	6	7	8	9	10
十月	乙亥	二黒	日柱		辛未	壬申	癸酉	甲戌	乙亥	丙子	丁丑	戊寅	己卯	庚辰	辛巳	壬午	癸未	甲申	乙酉	丙戌	丁亥	戊子	己丑	庚寅	辛卯	壬辰	癸巳	甲午	乙未	丙申	丁酉	戊戌	己亥	庚子
			陽暦	月	11	11	11	11	11	11	11	11	11	11	11	11	11	11	11	11	11	11	11	11	12	12	12	12	12	12	12	12	12	12
				日	11	12	13	14	15	16	17	18	19	20	21	22	23	24	25	26	27	28	29	30	1	2	3	4	5	6	7	8	9	10
十一月	丙子	一白	日柱		辛丑	壬寅	癸卯	甲辰	乙巳	丙午	丁未	戊申	己酉	庚戌	辛亥	壬子	癸丑	甲寅	乙卯	丙辰	丁巳	戊午	己未	庚申	辛酉	壬戌	癸亥	甲子	乙丑	丙寅	丁卯	戊辰	己巳	
			陽暦	月	12	12	12	12	12	12	12	12	12	12	12	12	12	12	12	12	12	12	12	12	12	1	1	1	1	1	1	1	1	
				日	11	12	13	14	15	16	17	18	19	20	21	22	23	24	25	26	27	28	29	30	31	1	2	3	4	5	6	7	8	
十二月	丁丑	九紫	日柱		庚午	辛未	壬申	癸酉	甲戌	乙亥	丙子	丁丑	戊寅	己卯	庚辰	辛巳	壬午	癸未	甲申	乙酉	丙戌	丁亥	戊子	己丑	庚寅	辛卯	壬辰	癸巳	甲午	乙未	丙申	丁酉	戊戌	己亥
			陽暦	月	1	1	1	1	1	1	1	1	1	1	1	1	1	1	1	1	1	1	1	1	1	1	1	2	2	2	2	2	2	2
				日	9	10	11	12	13	14	15	16	17	18	19	20	21	22	23	24	25	26	27	28	29	30	31	1	2	3	4	5	6	7

2035年【乙卯】

月別	月柱	紫白	農暦	初一	初二	初三	初四	初五	初六	初七	初八	初九	初十	十一	十二	十三	十四	十五	十六	十七	十八	十九	二十	廿一	廿二	廿三	廿四	廿五	廿六	廿七	廿八	廿九	三十
正月	戊寅	八白	日柱	庚子	辛丑	壬寅	癸卯	甲辰	乙巳	丙午	丁未	戊申	己酉	庚戌	辛亥	壬子	癸丑	甲寅	乙卯	丙辰	丁巳	戊午	己未	庚申	辛酉	壬戌	癸亥	甲子	乙丑	丙寅	丁卯	戊辰	己巳
			陽暦 月	2	2	2	2	2	2	2	2	2	2	2	2	2	2	2	2	2	2	2	2	2	3	3	3	3	3	3	3	3	3
			陽暦 日	8	9	10	11	12	13	14	15	16	17	18	19	20	21	22	23	24	25	26	27	28	1	2	3	4	5	6	7	8	9
二月	己卯	七赤	日柱	庚午	辛未	壬申	癸酉	甲戌	乙亥	丙子	丁丑	戊寅	己卯	庚辰	辛巳	壬午	癸未	甲申	乙酉	丙戌	丁亥	戊子	己丑	庚寅	辛卯	壬辰	癸巳	甲午	乙未	丙申	丁酉	戊戌	
			陽暦 月	3	3	3	3	3	3	3	3	3	3	3	3	3	3	3	3	3	3	3	3	3	3	4	4	4	4	4	4	4	
			陽暦 日	10	11	12	13	14	15	16	17	18	19	20	21	22	23	24	25	26	27	28	29	30	31	1	2	3	4	5	6	7	
三月	庚辰	六白	日柱	己亥	庚子	辛丑	壬寅	癸卯	甲辰	乙巳	丙午	丁未	戊申	己酉	庚戌	辛亥	壬子	癸丑	甲寅	乙卯	丙辰	丁巳	戊午	己未	庚申	辛酉	壬戌	癸亥	甲子	乙丑	丙寅	丁卯	戊辰
			陽暦 月	4	4	4	4	4	4	4	4	4	4	4	4	4	4	4	4	4	4	4	4	4	4	4	5	5	5	5	5	5	5
			陽暦 日	8	9	10	11	12	13	14	15	16	17	18	19	20	21	22	23	24	25	26	27	28	29	30	1	2	3	4	5	6	7
四月	辛巳	五黄	日柱	己巳	庚午	辛未	壬申	癸酉	甲戌	乙亥	丙子	丁丑	戊寅	己卯	庚辰	辛巳	壬午	癸未	甲申	乙酉	丙戌	丁亥	戊子	己丑	庚寅	辛卯	壬辰	癸巳	甲午	乙未	丙申	丁酉	
			陽暦 月	5	5	5	5	5	5	5	5	5	5	5	5	5	5	5	5	5	5	5	5	5	5	5	5	6	6	6	6	6	
			陽暦 日	8	9	10	11	12	13	14	15	16	17	18	19	20	21	22	23	24	25	26	27	28	29	30	31	1	2	3	4	5	
五月	壬午	四緑	日柱	戊戌	己亥	庚子	辛丑	壬寅	癸卯	甲辰	乙巳	丙午	丁未	戊申	己酉	庚戌	辛亥	壬子	癸丑	甲寅	乙卯	丙辰	丁巳	戊午	己未	庚申	辛酉	壬戌	癸亥	甲子	乙丑	丙寅	
			陽暦 月	6	6	6	6	6	6	6	6	6	6	6	6	6	6	6	6	6	6	6	6	6	6	6	6	6	7	7	7	7	
			陽暦 日	6	7	8	9	10	11	12	13	14	15	16	17	18	19	20	21	22	23	24	25	26	27	28	29	30	1	2	3	4	
六月	癸未	三碧	日柱	丁卯	戊辰	己巳	庚午	辛未	壬申	癸酉	甲戌	乙亥	丙子	丁丑	戊寅	己卯	庚辰	辛巳	壬午	癸未	甲申	乙酉	丙戌	丁亥	戊子	己丑	庚寅	辛卯	壬辰	癸巳	甲午	乙未	丙申
			陽暦 月	7	7	7	7	7	7	7	7	7	7	7	7	7	7	7	7	7	7	7	7	7	7	7	7	7	7	7	8	8	8
			陽暦 日	5	6	7	8	9	10	11	12	13	14	15	16	17	18	19	20	21	22	23	24	25	26	27	28	29	30	31	1	2	3
七月	甲申	二黒	日柱	丁酉	戊戌	己亥	庚子	辛丑	壬寅	癸卯	甲辰	乙巳	丙午	丁未	戊申	己酉	庚戌	辛亥	壬子	癸丑	甲寅	乙卯	丙辰	丁巳	戊午	己未	庚申	辛酉	壬戌	癸亥	甲子	乙丑	
			陽暦 月	8	8	8	8	8	8	8	8	8	8	8	8	8	8	8	8	8	8	8	8	8	8	8	8	8	8	8	8	9	
			陽暦 日	4	5	6	7	8	9	10	11	12	13	14	15	16	17	18	19	20	21	22	23	24	25	26	27	28	29	30	31	1	
八月	乙酉	一白	日柱	丙寅	丁卯	戊辰	己巳	庚午	辛未	壬申	癸酉	甲戌	乙亥	丙子	丁丑	戊寅	己卯	庚辰	辛巳	壬午	癸未	甲申	乙酉	丙戌	丁亥	戊子	己丑	庚寅	辛卯	壬辰	癸巳	甲午	
			陽暦 月	9	9	9	9	9	9	9	9	9	9	9	9	9	9	9	9	9	9	9	9	9	9	9	9	9	9	9	9	9	
			陽暦 日	2	3	4	5	6	7	8	9	10	11	12	13	14	15	16	17	18	19	20	21	22	23	24	25	26	27	28	29	30	
九月	丙戌	九紫	日柱	乙未	丙申	丁酉	戊戌	己亥	庚子	辛丑	壬寅	癸卯	甲辰	乙巳	丙午	丁未	戊申	己酉	庚戌	辛亥	壬子	癸丑	甲寅	乙卯	丙辰	丁巳	戊午	己未	庚申	辛酉	壬戌	癸亥	甲子
			陽暦 月	10	10	10	10	10	10	10	10	10	10	10	10	10	10	10	10	10	10	10	10	10	10	10	10	10	10	10	10	10	10
			陽暦 日	1	2	3	4	5	6	7	8	9	10	11	12	13	14	15	16	17	18	19	20	21	22	23	24	25	26	27	28	29	30
十月	丁亥	八白	日柱	乙丑	丙寅	丁卯	戊辰	己巳	庚午	辛未	壬申	癸酉	甲戌	乙亥	丙子	丁丑	戊寅	己卯	庚辰	辛巳	壬午	癸未	甲申	乙酉	丙戌	丁亥	戊子	己丑	庚寅	辛卯	壬辰	癸巳	甲午
			陽暦 月	10	11	11	11	11	11	11	11	11	11	11	11	11	11	11	11	11	11	11	11	11	11	11	11	11	11	11	11	11	11
			陽暦 日	31	1	2	3	4	5	6	7	8	9	10	11	12	13	14	15	16	17	18	19	20	21	22	23	24	25	26	27	28	29
十一月	戊子	七赤	日柱	乙未	丙申	丁酉	戊戌	己亥	庚子	辛丑	壬寅	癸卯	甲辰	乙巳	丙午	丁未	戊申	己酉	庚戌	辛亥	壬子	癸丑	甲寅	乙卯	丙辰	丁巳	戊午	己未	庚申	辛酉	壬戌	癸亥	
			陽暦 月	11	12	12	12	12	12	12	12	12	12	12	12	12	12	12	12	12	12	12	12	12	12	12	12	12	12	12	12	12	
			陽暦 日	30	1	2	3	4	5	6	7	8	9	10	11	12	13	14	15	16	17	18	19	20	21	22	23	24	25	26	27	28	
十二月	己丑	六白	日柱	甲子	乙丑	丙寅	丁卯	戊辰	己巳	庚午	辛未	壬申	癸酉	甲戌	乙亥	丙子	丁丑	戊寅	己卯	庚辰	辛巳	壬午	癸未	甲申	乙酉	丙戌	丁亥	戊子	己丑	庚寅	辛卯	壬辰	癸巳
			陽暦 月	12	12	12	1	1	1	1	1	1	1	1	1	1	1	1	1	1	1	1	1	1	1	1	1	1	1	1	1	1	1
			陽暦 日	29	30	31	1	2	3	4	5	6	7	8	9	10	11	12	13	14	15	16	17	18	19	20	21	22	23	24	25	26	27

2036年【丙辰】

月別	月柱	紫白	農暦		初一	初二	初三	初四	初五	初六	初七	初八	初九	初十	十一	十二	十三	十四	十五	十六	十七	十八	十九	二十	廿一	廿二	廿三	廿四	廿五	廿六	廿七	廿八	廿九	三十
正月	庚寅	五黄	日柱		甲午	乙未	丙申	丁酉	戊戌	己亥	庚子	辛丑	壬寅	癸卯	甲辰	乙巳	丙午	丁未	戊申	己酉	庚戌	辛亥	壬子	癸丑	甲寅	乙卯	丙辰	丁巳	戊午	己未	庚申	辛酉	壬戌	癸亥
			陽暦	月	1	1	1	1	2	2	2	2	2	2	2	2	2	2	2	2	2	2	2	2	2	2	2	2	2	2	2	2	2	2
				日	28	29	30	31	1	2	3	4	5	6	7	8	9	10	11	12	13	14	15	16	17	18	19	20	21	22	23	24	25	26
二月	辛卯	四緑	日柱		甲子	乙丑	丙寅	丁卯	戊辰	己巳	庚午	辛未	壬申	癸酉	甲戌	乙亥	丙子	丁丑	戊寅	己卯	庚辰	辛巳	壬午	癸未	甲申	乙酉	丙戌	丁亥	戊子	己丑	庚寅	辛卯	壬辰	癸巳
			陽暦	月	2	2	2	3	3	3	3	3	3	3	3	3	3	3	3	3	3	3	3	3	3	3	3	3	3	3	3	3	3	3
				日	27	28	29	1	2	3	4	5	6	7	8	9	10	11	12	13	14	15	16	17	18	19	20	21	22	23	24	25	26	27
三月	壬辰	三碧	日柱		甲午	乙未	丙申	丁酉	戊戌	己亥	庚子	辛丑	壬寅	癸卯	甲辰	乙巳	丙午	丁未	戊申	己酉	庚戌	辛亥	壬子	癸丑	甲寅	乙卯	丙辰	丁巳	戊午	己未	庚申	辛酉	壬戌	
			陽暦	月	3	3	3	3	4	4	4	4	4	4	4	4	4	4	4	4	4	4	4	4	4	4	4	4	4	4	4	4	4	
				日	28	29	30	31	1	2	3	4	5	6	7	8	9	10	11	12	13	14	15	16	17	18	19	20	21	22	23	24	25	
四月	癸巳	二黒	日柱		癸亥	甲子	乙丑	丙寅	丁卯	戊辰	己巳	庚午	辛未	壬申	癸酉	甲戌	乙亥	丙子	丁丑	戊寅	己卯	庚辰	辛巳	壬午	癸未	甲申	乙酉	丙戌	丁亥	戊子	己丑	庚寅	辛卯	壬辰
			陽暦	月	4	4	4	4	4	5	5	5	5	5	5	5	5	5	5	5	5	5	5	5	5	5	5	5	5	5	5	5	5	5
				日	26	27	28	29	30	1	2	3	4	5	6	7	8	9	10	11	12	13	14	15	16	17	18	19	20	21	22	23	24	25
五月	甲午	一白	日柱		癸巳	甲午	乙未	丙申	丁酉	戊戌	己亥	庚子	辛丑	壬寅	癸卯	甲辰	乙巳	丙午	丁未	戊申	己酉	庚戌	辛亥	壬子	癸丑	甲寅	乙卯	丙辰	丁巳	戊午	己未	庚申	辛酉	
			陽暦	月	5	5	5	5	5	5	6	6	6	6	6	6	6	6	6	6	6	6	6	6	6	6	6	6	6	6	6	6	6	
				日	26	27	28	29	30	31	1	2	3	4	5	6	7	8	9	10	11	12	13	14	15	16	17	18	19	20	21	22	23	
六月	乙未	九紫	日柱		壬戌	癸亥	甲子	乙丑	丙寅	丁卯	戊辰	己巳	庚午	辛未	壬申	癸酉	甲戌	乙亥	丙子	丁丑	戊寅	己卯	庚辰	辛巳	壬午	癸未	甲申	乙酉	丙戌	丁亥	戊子	己丑	庚寅	
			陽暦	月	6	6	6	6	6	6	6	7	7	7	7	7	7	7	7	7	7	7	7	7	7	7	7	7	7	7	7	7	7	
				日	24	25	26	27	28	29	30	1	2	3	4	5	6	7	8	9	10	11	12	13	14	15	16	17	18	19	20	21	22	
閏六月			日柱		辛卯	壬辰	癸巳	甲午	乙未	丙申	丁酉	戊戌	己亥	庚子	辛丑	壬寅	癸卯	甲辰	乙巳	丙午	丁未	戊申	己酉	庚戌	辛亥	壬子	癸丑	甲寅	乙卯	丙辰	丁巳	戊午	己未	庚申
			陽暦	月	7	7	7	7	7	7	7	7	7	8	8	8	8	8	8	8	8	8	8	8	8	8	8	8	8	8	8	8	8	8
				日	23	24	25	26	27	28	29	30	31	1	2	3	4	5	6	7	8	9	10	11	12	13	14	15	16	17	18	19	20	21
七月	丙申	八白	日柱		辛酉	壬戌	癸亥	甲子	乙丑	丙寅	丁卯	戊辰	己巳	庚午	辛未	壬申	癸酉	甲戌	乙亥	丙子	丁丑	戊寅	己卯	庚辰	辛巳	壬午	癸未	甲申	乙酉	丙戌	丁亥	戊子	己丑	
			陽暦	月	8	8	8	8	8	8	8	8	8	8	9	9	9	9	9	9	9	9	9	9	9	9	9	9	9	9	9	9	9	
				日	22	23	24	25	26	27	28	29	30	31	1	2	3	4	5	6	7	8	9	10	11	12	13	14	15	16	17	18	19	
八月	丁酉	七赤	日柱		庚寅	辛卯	壬辰	癸巳	甲午	乙未	丙申	丁酉	戊戌	己亥	庚子	辛丑	壬寅	癸卯	甲辰	乙巳	丙午	丁未	戊申	己酉	庚戌	辛亥	壬子	癸丑	甲寅	乙卯	丙辰	丁巳	戊午	
			陽暦	月	9	9	9	9	9	9	9	9	9	9	9	10	10	10	10	10	10	10	10	10	10	10	10	10	10	10	10	10	10	
				日	20	21	22	23	24	25	26	27	28	29	30	1	2	3	4	5	6	7	8	9	10	11	12	13	14	15	16	17	18	
九月	戊戌	六白	日柱		己未	庚申	辛酉	壬戌	癸亥	甲子	乙丑	丙寅	丁卯	戊辰	己巳	庚午	辛未	壬申	癸酉	甲戌	乙亥	丙子	丁丑	戊寅	己卯	庚辰	辛巳	壬午	癸未	甲申	乙酉	丙戌	丁亥	戊子
			陽暦	月	10	10	10	10	10	10	10	10	10	10	10	10	10	11	11	11	11	11	11	11	11	11	11	11	11	11	11	11	11	11
				日	19	20	21	22	23	24	25	26	27	28	29	30	31	1	2	3	4	5	6	7	8	9	10	11	12	13	14	15	16	17
十月	己亥	五黄	日柱		己丑	庚寅	辛卯	壬辰	癸巳	甲午	乙未	丙申	丁酉	戊戌	己亥	庚子	辛丑	壬寅	癸卯	甲辰	乙巳	丙午	丁未	戊申	己酉	庚戌	辛亥	壬子	癸丑	甲寅	乙卯	丙辰	丁巳	
			陽暦	月	11	11	11	11	11	11	11	11	11	11	11	11	11	12	12	12	12	12	12	12	12	12	12	12	12	12	12	12	12	
				日	18	19	20	21	22	23	24	25	26	27	28	29	30	1	2	3	4	5	6	7	8	9	10	11	12	13	14	15	16	
十一月	庚子	四緑	日柱		戊午	己未	庚申	辛酉	壬戌	癸亥	甲子	乙丑	丙寅	丁卯	戊辰	己巳	庚午	辛未	壬申	癸酉	甲戌	乙亥	丙子	丁丑	戊寅	己卯	庚辰	辛巳	壬午	癸未	甲申	乙酉	丙戌	丁亥
			陽暦	月	12	12	12	12	12	12	12	12	12	12	12	12	12	12	12	1	1	1	1	1	1	1	1	1	1	1	1	1	1	1
				日	17	18	19	20	21	22	23	24	25	26	27	28	29	30	31	1	2	3	4	5	6	7	8	9	10	11	12	13	14	15
十二月	辛丑	三碧	日柱		戊子	己丑	庚寅	辛卯	壬辰	癸巳	甲午	乙未	丙申	丁酉	戊戌	己亥	庚子	辛丑	壬寅	癸卯	甲辰	乙巳	丙午	丁未	戊申	己酉	庚戌	辛亥	壬子	癸丑	甲寅	乙卯	丙辰	丁巳
			陽暦	月	1	1	1	1	1	1	1	1	1	1	1	1	1	1	1	1	2	2	2	2	2	2	2	2	2	2	2	2	2	2
				日	16	17	18	19	20	21	22	23	24	25	26	27	28	29	30	31	1	2	3	4	5	6	7	8	9	10	11	12	13	14

2037年【丁巳】

月別	月柱	紫白	農暦		初一	初二	初三	初四	初五	初六	初七	初八	初九	初十	十一	十二	十三	十四	十五	十六	十七	十八	十九	二十	廿一	廿二	廿三	廿四	廿五	廿六	廿七	廿八	廿九	三十
正月	戊寅	二黒	日柱		戊午	己未	庚申	辛酉	壬戌	癸亥	甲子	乙丑	丙寅	丁卯	戊辰	己巳	庚午	辛未	壬申	癸酉	甲戌	乙亥	丙子	丁丑	戊寅	己卯	庚辰	辛巳	壬午	癸未	甲申	乙酉	丙戌	丁亥
			陽暦	月	2	2	2	2	2	2	2	2	2	2	2	2	2	2	3	3	3	3	3	3	3	3	3	3	3	3	3	3	3	3
				日	15	16	17	18	19	20	21	22	23	24	25	26	27	28	1	2	3	4	5	6	7	8	9	10	11	12	13	14	15	16
二月	己卯	一白	日柱		戊子	己丑	庚寅	辛卯	壬辰	癸巳	甲午	乙未	丙申	丁酉	戊戌	己亥	庚子	辛丑	壬寅	癸卯	甲辰	乙巳	丙午	丁未	戊申	己酉	庚戌	辛亥	壬子	癸丑	甲寅	乙卯	丙辰	丁巳
			陽暦	月	3	3	3	3	3	3	3	3	3	3	3	3	3	3	3	4	4	4	4	4	4	4	4	4	4	4	4	4	4	4
				日	17	18	19	20	21	22	23	24	25	26	27	28	29	30	31	1	2	3	4	5	6	7	8	9	10	11	12	13	14	15
三月	庚辰	九紫	日柱		戊午	己未	庚申	辛酉	壬戌	癸亥	甲子	乙丑	丙寅	丁卯	戊辰	己巳	庚午	辛未	壬申	癸酉	甲戌	乙亥	丙子	丁丑	戊寅	己卯	庚辰	辛巳	壬午	癸未	甲申	乙酉	丙戌	
			陽暦	月	4	4	4	4	4	4	4	4	4	4	4	4	4	4	4	5	5	5	5	5	5	5	5	5	5	5	5	5	5	
				日	16	17	18	19	20	21	22	23	24	25	26	27	28	29	30	1	2	3	4	5	6	7	8	9	10	11	12	13	14	
四月	辛巳	八白	日柱		丁亥	戊子	己丑	庚寅	辛卯	壬辰	癸巳	甲午	乙未	丙申	丁酉	戊戌	己亥	庚子	辛丑	壬寅	癸卯	甲辰	乙巳	丙午	丁未	戊申	己酉	庚戌	辛亥	壬子	癸丑	甲寅	乙卯	丙辰
			陽暦	月	5	5	5	5	5	5	5	5	5	5	5	5	5	5	5	5	5	6	6	6	6	6	6	6	6	6	6	6	6	6
				日	15	16	17	18	19	20	21	22	23	24	25	26	27	28	29	30	31	1	2	3	4	5	6	7	8	9	10	11	12	13
五月	壬午	七赤	日柱		丁巳	戊午	己未	庚申	辛酉	壬戌	癸亥	甲子	乙丑	丙寅	丁卯	戊辰	己巳	庚午	辛未	壬申	癸酉	甲戌	乙亥	丙子	丁丑	戊寅	己卯	庚辰	辛巳	壬午	癸未	甲申	乙酉	
			陽暦	月	6	6	6	6	6	6	6	6	6	6	6	6	6	6	6	6	6	7	7	7	7	7	7	7	7	7	7	7	7	
				日	14	15	16	17	18	19	20	21	22	23	24	25	26	27	28	29	30	1	2	3	4	5	6	7	8	9	10	11	12	
六月	癸未	六白	日柱		丙戌	丁亥	戊子	己丑	庚寅	辛卯	壬辰	癸巳	甲午	乙未	丙申	丁酉	戊戌	己亥	庚子	辛丑	壬寅	癸卯	甲辰	乙巳	丙午	丁未	戊申	己酉	庚戌	辛亥	壬子	癸丑	甲寅	
			陽暦	月	7	7	7	7	7	7	7	7	7	7	7	7	7	7	7	7	7	7	7	8	8	8	8	8	8	8	8	8	8	
				日	13	14	15	16	17	18	19	20	21	22	23	24	25	26	27	28	29	30	31	1	2	3	4	5	6	7	8	9	10	
七月	甲申	五黄	日柱		乙卯	丙辰	丁巳	戊午	己未	庚申	辛酉	壬戌	癸亥	甲子	乙丑	丙寅	丁卯	戊辰	己巳	庚午	辛未	壬申	癸酉	甲戌	乙亥	丙子	丁丑	戊寅	己卯	庚辰	辛巳	壬午	癸未	甲申
			陽暦	月	8	8	8	8	8	8	8	8	8	8	8	8	8	8	8	8	8	8	8	8	8	9	9	9	9	9	9	9	9	9
				日	11	12	13	14	15	16	17	18	19	20	21	22	23	24	25	26	27	28	29	30	31	1	2	3	4	5	6	7	8	9
八月	乙酉	四緑	日柱		乙酉	丙戌	丁亥	戊子	己丑	庚寅	辛卯	壬辰	癸巳	甲午	乙未	丙申	丁酉	戊戌	己亥	庚子	辛丑	壬寅	癸卯	甲辰	乙巳	丙午	丁未	戊申	己酉	庚戌	辛亥	壬子	癸丑	
			陽暦	月	9	9	9	9	9	9	9	9	9	9	9	9	9	9	9	9	9	9	9	9	9	10	10	10	10	10	10	10	10	
				日	10	11	12	13	14	15	16	17	18	19	20	21	22	23	24	25	26	27	28	29	30	1	2	3	4	5	6	7	8	
九月	丙戌	三碧	日柱		甲寅	乙卯	丙辰	丁巳	戊午	己未	庚申	辛酉	壬戌	癸亥	甲子	乙丑	丙寅	丁卯	戊辰	己巳	庚午	辛未	壬申	癸酉	甲戌	乙亥	丙子	丁丑	戊寅	己卯	庚辰	辛巳	壬午	
			陽暦	月	10	10	10	10	10	10	10	10	10	10	10	10	10	10	10	10	10	10	10	10	10	10	10	11	11	11	11	11	11	
				日	9	10	11	12	13	14	15	16	17	18	19	20	21	22	23	24	25	26	27	28	29	30	31	1	2	3	4	5	6	
十月	丁亥	二黒	日柱		癸未	甲申	乙酉	丙戌	丁亥	戊子	己丑	庚寅	辛卯	壬辰	癸巳	甲午	乙未	丙申	丁酉	戊戌	己亥	庚子	辛丑	壬寅	癸卯	甲辰	乙巳	丙午	丁未	戊申	己酉	庚戌	辛亥	壬子
			陽暦	月	11	11	11	11	11	11	11	11	11	11	11	11	11	11	11	11	11	11	11	11	11	11	11	11	12	12	12	12	12	12
				日	7	8	9	10	11	12	13	14	15	16	17	18	19	20	21	22	23	24	25	26	27	28	29	30	1	2	3	4	5	6
十一月	戊子	一白	日柱		癸丑	甲寅	乙卯	丙辰	丁巳	戊午	己未	庚申	辛酉	壬戌	癸亥	甲子	乙丑	丙寅	丁卯	戊辰	己巳	庚午	辛未	壬申	癸酉	甲戌	乙亥	丙子	丁丑	戊寅	己卯	庚辰	辛巳	
			陽暦	月	12	12	12	12	12	12	12	12	12	12	12	12	12	12	12	12	12	12	12	12	12	12	12	12	12	1	1	1	1	
				日	7	8	9	10	11	12	13	14	15	16	17	18	19	20	21	22	23	24	25	26	27	28	29	30	31	1	2	3	4	
十二月	己丑	九紫	日柱		壬午	癸未	甲申	乙酉	丙戌	丁亥	戊子	己丑	庚寅	辛卯	壬辰	癸巳	甲午	乙未	丙申	丁酉	戊戌	己亥	庚子	辛丑	壬寅	癸卯	甲辰	乙巳	丙午	丁未	戊申	己酉	庚戌	辛亥
			陽暦	月	1	1	1	1	1	1	1	1	1	1	1	1	1	1	1	1	1	1	1	1	1	1	1	1	1	1	1	2	2	2
				日	5	6	7	8	9	10	11	12	13	14	15	16	17	18	19	20	21	22	23	24	25	26	27	28	29	30	31	1	2	3

2038年【戊午】

月別	月柱	紫白	農暦	初一	初二	初三	初四	初五	初六	初七	初八	初九	初十	十一	十二	十三	十四	十五	十六	十七	十八	十九	二十	廿一	廿二	廿三	廿四	廿五	廿六	廿七	廿八	廿九	三十
正月	庚寅	八白	日柱	壬子	癸丑	甲寅	乙卯	丙辰	丁巳	戊午	己未	庚申	辛酉	壬戌	癸亥	甲子	乙丑	丙寅	丁卯	戊辰	己巳	庚午	辛未	壬申	癸酉	甲戌	乙亥	丙子	丁丑	戊寅	己卯	庚辰	辛巳
			陽暦 月	2	2	2	2	2	2	2	2	2	2	2	2	2	2	2	2	2	2	2	2	2	2	2	2	2	3	3	3	3	3
			陽暦 日	4	5	6	7	8	9	10	11	12	13	14	15	16	17	18	19	20	21	22	23	24	25	26	27	28	1	2	3	4	5
二月	辛卯	七赤	日柱	壬午	癸未	甲申	乙酉	丙戌	丁亥	戊子	己丑	庚寅	辛卯	壬辰	癸巳	甲午	乙未	丙申	丁酉	戊戌	己亥	庚子	辛丑	壬寅	癸卯	甲辰	乙巳	丙午	丁未	戊申	己酉	庚戌	辛亥
			陽暦 月	3	3	3	3	3	3	3	3	3	3	3	3	3	3	3	3	3	3	3	3	3	3	3	3	3	3	4	4	4	4
			陽暦 日	6	7	8	9	10	11	12	13	14	15	16	17	18	19	20	21	22	23	24	25	26	27	28	29	30	31	1	2	3	4
三月	壬辰	六白	日柱	壬子	癸丑	甲寅	乙卯	丙辰	丁巳	戊午	己未	庚申	辛酉	壬戌	癸亥	甲子	乙丑	丙寅	丁卯	戊辰	己巳	庚午	辛未	壬申	癸酉	甲戌	乙亥	丙子	丁丑	戊寅	己卯	庚辰	
			陽暦 月	4	4	4	4	4	4	4	4	4	4	4	4	4	4	4	4	4	4	4	4	4	4	4	4	4	4	5	5	5	
			陽暦 日	5	6	7	8	9	10	11	12	13	14	15	16	17	18	19	20	21	22	23	24	25	26	27	28	29	30	1	2	3	
四月	癸巳	五黄	日柱	辛巳	壬午	癸未	甲申	乙酉	丙戌	丁亥	戊子	己丑	庚寅	辛卯	壬辰	癸巳	甲午	乙未	丙申	丁酉	戊戌	己亥	庚子	辛丑	壬寅	癸卯	甲辰	乙巳	丙午	丁未	戊申	己酉	庚戌
			陽暦 月	5	5	5	5	5	5	5	5	5	5	5	5	5	5	5	5	5	5	5	5	5	5	5	5	5	5	5	5	6	6
			陽暦 日	4	5	6	7	8	9	10	11	12	13	14	15	16	17	18	19	20	21	22	23	24	25	26	27	28	29	30	31	1	2
五月	甲午	四緑	日柱	辛亥	壬子	癸丑	甲寅	乙卯	丙辰	丁巳	戊午	己未	庚申	辛酉	壬戌	癸亥	甲子	乙丑	丙寅	丁卯	戊辰	己巳	庚午	辛未	壬申	癸酉	甲戌	乙亥	丙子	丁丑	戊寅	己卯	
			陽暦 月	6	6	6	6	6	6	6	6	6	6	6	6	6	6	6	6	6	6	6	6	6	6	6	6	6	6	6	6	7	
			陽暦 日	3	4	5	6	7	8	9	10	11	12	13	14	15	16	17	18	19	20	21	22	23	24	25	26	27	28	29	30	1	
六月	乙未	三碧	日柱	庚辰	辛巳	壬午	癸未	甲申	乙酉	丙戌	丁亥	戊子	己丑	庚寅	辛卯	壬辰	癸巳	甲午	乙未	丙申	丁酉	戊戌	己亥	庚子	辛丑	壬寅	癸卯	甲辰	乙巳	丙午	丁未	戊申	己酉
			陽暦 月	7	7	7	7	7	7	7	7	7	7	7	7	7	7	7	7	7	7	7	7	7	7	7	7	7	7	7	7	7	7
			陽暦 日	2	3	4	5	6	7	8	9	10	11	12	13	14	15	16	17	18	19	20	21	22	23	24	25	26	27	28	29	30	31
七月	丙申	二黒	日柱	庚戌	辛亥	壬子	癸丑	甲寅	乙卯	丙辰	丁巳	戊午	己未	庚申	辛酉	壬戌	癸亥	甲子	乙丑	丙寅	丁卯	戊辰	己巳	庚午	辛未	壬申	癸酉	甲戌	乙亥	丙子	丁丑	戊寅	
			陽暦 月	8	8	8	8	8	8	8	8	8	8	8	8	8	8	8	8	8	8	8	8	8	8	8	8	8	8	8	8	8	
			陽暦 日	1	2	3	4	5	6	7	8	9	10	11	12	13	14	15	16	17	18	19	20	21	22	23	24	25	26	27	28	29	
八月	丁酉	一白	日柱	己卯	庚辰	辛巳	壬午	癸未	甲申	乙酉	丙戌	丁亥	戊子	己丑	庚寅	辛卯	壬辰	癸巳	甲午	乙未	丙申	丁酉	戊戌	己亥	庚子	辛丑	壬寅	癸卯	甲辰	乙巳	丙午	丁未	戊申
			陽暦 月	8	8	9	9	9	9	9	9	9	9	9	9	9	9	9	9	9	9	9	9	9	9	9	9	9	9	9	9	9	9
			陽暦 日	30	31	1	2	3	4	5	6	7	8	9	10	11	12	13	14	15	16	17	18	19	20	21	22	23	24	25	26	27	28
九月	戊戌	九紫	日柱	己酉	庚戌	辛亥	壬子	癸丑	甲寅	乙卯	丙辰	丁巳	戊午	己未	庚申	辛酉	壬戌	癸亥	甲子	乙丑	丙寅	丁卯	戊辰	己巳	庚午	辛未	壬申	癸酉	甲戌	乙亥	丙子	丁丑	
			陽暦 月	9	9	10	10	10	10	10	10	10	10	10	10	10	10	10	10	10	10	10	10	10	10	10	10	10	10	10	10	10	
			陽暦 日	29	30	1	2	3	4	5	6	7	8	9	10	11	12	13	14	15	16	17	18	19	20	21	22	23	24	25	26	27	
十月	己亥	八白	日柱	戊寅	己卯	庚辰	辛巳	壬午	癸未	甲申	乙酉	丙戌	丁亥	戊子	己丑	庚寅	辛卯	壬辰	癸巳	甲午	乙未	丙申	丁酉	戊戌	己亥	庚子	辛丑	壬寅	癸卯	甲辰	乙巳	丙午	
			陽暦 月	10	10	10	10	11	11	11	11	11	11	11	11	11	11	11	11	11	11	11	11	11	11	11	11	11	11	11	11	11	
			陽暦 日	28	29	30	31	1	2	3	4	5	6	7	8	9	10	11	12	13	14	15	16	17	18	19	20	21	22	23	24	25	
十一月	庚子	七赤	日柱	丁未	戊申	己酉	庚戌	辛亥	壬子	癸丑	甲寅	乙卯	丙辰	丁巳	戊午	己未	庚申	辛酉	壬戌	癸亥	甲子	乙丑	丙寅	丁卯	戊辰	己巳	庚午	辛未	壬申	癸酉	甲戌	乙亥	丙子
			陽暦 月	11	11	11	11	11	12	12	12	12	12	12	12	12	12	12	12	12	12	12	12	12	12	12	12	12	12	12	12	12	12
			陽暦 日	26	27	28	29	30	1	2	3	4	5	6	7	8	9	10	11	12	13	14	15	16	17	18	19	20	21	22	23	24	25
十二月	辛丑	六白	日柱	丁丑	戊寅	己卯	庚辰	辛巳	壬午	癸未	甲申	乙酉	丙戌	丁亥	戊子	己丑	庚寅	辛卯	壬辰	癸巳	甲午	乙未	丙申	丁酉	戊戌	己亥	庚子	辛丑	壬寅	癸卯	甲辰	乙巳	
			陽暦 月	12	12	12	12	12	12	1	1	1	1	1	1	1	1	1	1	1	1	1	1	1	1	1	1	1	1	1	1	1	
			陽暦 日	26	27	28	29	30	31	1	2	3	4	5	6	7	8	9	10	11	12	13	14	15	16	17	18	19	20	21	22	23	

2039年【己未】

月別	月柱	紫白	農暦	初一	初二	初三	初四	初五	初六	初七	初八	初九	初十	十一	十二	十三	十四	十五	十六	十七	十八	十九	二十	廿一	廿二	廿三	廿四	廿五	廿六	廿七	廿八	廿九	三十
正月	丙寅	五黃	日柱	丙午	丁未	戊申	己酉	庚戌	辛亥	壬子	癸丑	甲寅	乙卯	丙辰	丁巳	戊午	己未	庚申	辛酉	壬戌	癸亥	甲子	乙丑	丙寅	丁卯	戊辰	己巳	庚午	辛未	壬申	癸酉	甲戌	乙亥
			陽暦 月	1	1	1	1	1	1	1	1	2	2	2	2	2	2	2	2	2	2	2	2	2	2	2	2	2	2	2	2	2	2
			陽暦 日	24	25	26	27	28	29	30	31	1	2	3	4	5	6	7	8	9	10	11	12	13	14	15	16	17	18	19	20	21	22
二月	丁卯	四緑	日柱	丙子	丁丑	戊寅	己卯	庚辰	辛巳	壬午	癸未	甲申	乙酉	丙戌	丁亥	戊子	己丑	庚寅	辛卯	壬辰	癸巳	甲午	乙未	丙申	丁酉	戊戌	己亥	庚子	辛丑	壬寅	癸卯	甲辰	乙巳
			陽暦 月	2	2	2	2	2	2	3	3	3	3	3	3	3	3	3	3	3	3	3	3	3	3	3	3	3	3	3	3	3	3
			陽暦 日	23	24	25	26	27	28	1	2	3	4	5	6	7	8	9	10	11	12	13	14	15	16	17	18	19	20	21	22	23	24
三月	戊辰	三碧	日柱	丙午	丁未	戊申	己酉	庚戌	辛亥	壬子	癸丑	甲寅	乙卯	丙辰	丁巳	戊午	己未	庚申	辛酉	壬戌	癸亥	甲子	乙丑	丙寅	丁卯	戊辰	己巳	庚午	辛未	壬申	癸酉	甲戌	
			陽暦 月	3	3	3	3	3	3	3	4	4	4	4	4	4	4	4	4	4	4	4	4	4	4	4	4	4	4	4	4	4	
			陽暦 日	25	26	27	28	29	30	31	1	2	3	4	5	6	7	8	9	10	11	12	13	14	15	16	17	18	19	20	21	22	
四月	己巳	二黒	日柱	乙亥	丙子	丁丑	戊寅	己卯	庚辰	辛巳	壬午	癸未	甲申	乙酉	丙戌	丁亥	戊子	己丑	庚寅	辛卯	壬辰	癸巳	甲午	乙未	丙申	丁酉	戊戌	己亥	庚子	辛丑	壬寅	癸卯	甲辰
			陽暦 月	4	4	4	4	4	4	4	4	5	5	5	5	5	5	5	5	5	5	5	5	5	5	5	5	5	5	5	5	5	5
			陽暦 日	23	24	25	26	27	28	29	30	1	2	3	4	5	6	7	8	9	10	11	12	13	14	15	16	17	18	19	20	21	22
五月	庚午	一白	日柱	乙巳	丙午	丁未	戊申	己酉	庚戌	辛亥	壬子	癸丑	甲寅	乙卯	丙辰	丁巳	戊午	己未	庚申	辛酉	壬戌	癸亥	甲子	乙丑	丙寅	丁卯	戊辰	己巳	庚午	辛未	壬申	癸酉	甲戌
			陽暦 月	5	5	5	5	5	5	5	5	5	6	6	6	6	6	6	6	6	6	6	6	6	6	6	6	6	6	6	6	6	6
			陽暦 日	23	24	25	26	27	28	29	30	31	1	2	3	4	5	6	7	8	9	10	11	12	13	14	15	16	17	18	19	20	21
閏五月			日柱	乙亥	丙子	丁丑	戊寅	己卯	庚辰	辛巳	壬午	癸未	甲申	乙酉	丙戌	丁亥	戊子	己丑	庚寅	辛卯	壬辰	癸巳	甲午	乙未	丙申	丁酉	戊戌	己亥	庚子	辛丑	壬寅	癸卯	
			陽暦 月	6	6	6	6	6	6	6	6	6	7	7	7	7	7	7	7	7	7	7	7	7	7	7	7	7	7	7	7	7	
			陽暦 日	22	23	24	25	26	27	28	29	30	1	2	3	4	5	6	7	8	9	10	11	12	13	14	15	16	17	18	19	20	
六月	辛未	九紫	日柱	甲辰	乙巳	丙午	丁未	戊申	己酉	庚戌	辛亥	壬子	癸丑	甲寅	乙卯	丙辰	丁巳	戊午	己未	庚申	辛酉	壬戌	癸亥	甲子	乙丑	丙寅	丁卯	戊辰	己巳	庚午	辛未	壬申	癸酉
			陽暦 月	7	7	7	7	7	7	7	7	7	7	7	8	8	8	8	8	8	8	8	8	8	8	8	8	8	8	8	8	8	8
			陽暦 日	21	22	23	24	25	26	27	28	29	30	31	1	2	3	4	5	6	7	8	9	10	11	12	13	14	15	16	17	18	19
七月	壬申	八白	日柱	甲戌	乙亥	丙子	丁丑	戊寅	己卯	庚辰	辛巳	壬午	癸未	甲申	乙酉	丙戌	丁亥	戊子	己丑	庚寅	辛卯	壬辰	癸巳	甲午	乙未	丙申	丁酉	戊戌	己亥	庚子	辛丑	壬寅	
			陽暦 月	8	8	8	8	8	8	8	8	8	8	8	8	9	9	9	9	9	9	9	9	9	9	9	9	9	9	9	9	9	
			陽暦 日	20	21	22	23	24	25	26	27	28	29	30	31	1	2	3	4	5	6	7	8	9	10	11	12	13	14	15	16	17	
八月	癸酉	七赤	日柱	癸卯	甲辰	乙巳	丙午	丁未	戊申	己酉	庚戌	辛亥	壬子	癸丑	甲寅	乙卯	丙辰	丁巳	戊午	己未	庚申	辛酉	壬戌	癸亥	甲子	乙丑	丙寅	丁卯	戊辰	己巳	庚午	辛未	壬申
			陽暦 月	9	9	9	9	9	9	9	9	9	9	9	9	9	10	10	10	10	10	10	10	10	10	10	10	10	10	10	10	10	10
			陽暦 日	18	19	20	21	22	23	24	25	26	27	28	29	30	1	2	3	4	5	6	7	8	9	10	11	12	13	14	15	16	17
九月	甲戌	六白	日柱	癸酉	甲戌	乙亥	丙子	丁丑	戊寅	己卯	庚辰	辛巳	壬午	癸未	甲申	乙酉	丙戌	丁亥	戊子	己丑	庚寅	辛卯	壬辰	癸巳	甲午	乙未	丙申	丁酉	戊戌	己亥	庚子	辛丑	
			陽暦 月	10	10	10	10	10	10	10	10	10	10	10	10	10	10	11	11	11	11	11	11	11	11	11	11	11	11	11	11	11	
			陽暦 日	18	19	20	21	22	23	24	25	26	27	28	29	30	31	1	2	3	4	5	6	7	8	9	10	11	12	13	14	15	
十月	乙亥	五黃	日柱	壬寅	癸卯	甲辰	乙巳	丙午	丁未	戊申	己酉	庚戌	辛亥	壬子	癸丑	甲寅	乙卯	丙辰	丁巳	戊午	己未	庚申	辛酉	壬戌	癸亥	甲子	乙丑	丙寅	丁卯	戊辰	己巳	庚午	辛未
			陽暦 月	11	11	11	11	11	11	11	11	11	11	11	11	11	11	11	12	12	12	12	12	12	12	12	12	12	12	12	12	12	12
			陽暦 日	16	17	18	19	20	21	22	23	24	25	26	27	28	29	30	1	2	3	4	5	6	7	8	9	10	11	12	13	14	15
十一月	丙子	四緑	日柱	壬申	癸酉	甲戌	乙亥	丙子	丁丑	戊寅	己卯	庚辰	辛巳	壬午	癸未	甲申	乙酉	丙戌	丁亥	戊子	己丑	庚寅	辛卯	壬辰	癸巳	甲午	乙未	丙申	丁酉	戊戌	己亥	庚子	
			陽暦 月	12	12	12	12	12	12	12	12	12	12	12	12	12	12	12	12	1	1	1	1	1	1	1	1	1	1	1	1	1	
			陽暦 日	16	17	18	19	20	21	22	23	24	25	26	27	28	29	30	31	1	2	3	4	5	6	7	8	9	10	11	12	13	
十二月	丁丑	三碧	日柱	辛丑	壬寅	癸卯	甲辰	乙巳	丙午	丁未	戊申	己酉	庚戌	辛亥	壬子	癸丑	甲寅	乙卯	丙辰	丁巳	戊午	己未	庚申	辛酉	壬戌	癸亥	甲子	乙丑	丙寅	丁卯	戊辰	己巳	
			陽暦 月	1	1	1	1	1	1	1	1	1	1	1	1	1	1	1	1	1	1	2	2	2	2	2	2	2	2	2	2	2	
			陽暦 日	14	15	16	17	18	19	20	21	22	23	24	25	26	27	28	29	30	31	1	2	3	4	5	6	7	8	9	10	11	

2040年【庚申】

月別	月柱	紫白	農暦		初一	初二	初三	初四	初五	初六	初七	初八	初九	初十	十一	十二	十三	十四	十五	十六	十七	十八	十九	二十	廿一	廿二	廿三	廿四	廿五	廿六	廿七	廿八	廿九	三十
正月	戊寅	二黒	日柱		庚午	辛未	壬申	癸酉	甲戌	乙亥	丙子	丁丑	戊寅	己卯	庚辰	辛巳	壬午	癸未	甲申	乙酉	丙戌	丁亥	戊子	己丑	庚寅	辛卯	壬辰	癸巳	甲午	乙未	丙申	丁酉	戊戌	己亥
			陽暦	月	2	2	2	2	2	2	2	2	2	2	2	2	2	2	2	2	2	2	3	3	3	3	3	3	3	3	3	3	3	3
				日	12	13	14	15	16	17	18	19	20	21	22	23	24	25	26	27	28	29	1	2	3	4	5	6	7	8	9	10	11	12
二月	己卯	一白	日柱		庚子	辛丑	壬寅	癸卯	甲辰	乙巳	丙午	丁未	戊申	己酉	庚戌	辛亥	壬子	癸丑	甲寅	乙卯	丙辰	丁巳	戊午	己未	庚申	辛酉	壬戌	癸亥	甲子	乙丑	丙寅	丁卯	戊辰	
			陽暦	月	3	3	3	3	3	3	3	3	3	3	3	3	3	3	3	3	3	3	3	4	4	4	4	4	4	4	4	4	4	
				日	13	14	15	16	17	18	19	20	21	22	23	24	25	26	27	28	29	30	31	1	2	3	4	5	6	7	8	9	10	
三月	庚辰	九紫	日柱		己巳	庚午	辛未	壬申	癸酉	甲戌	乙亥	丙子	丁丑	戊寅	己卯	庚辰	辛巳	壬午	癸未	甲申	乙酉	丙戌	丁亥	戊子	己丑	庚寅	辛卯	壬辰	癸巳	甲午	乙未	丙申	丁酉	戊戌
			陽暦	月	4	4	4	4	4	4	4	4	4	4	4	4	4	4	4	4	4	4	4	4	5	5	5	5	5	5	5	5	5	5
				日	11	12	13	14	15	16	17	18	19	20	21	22	23	24	25	26	27	28	29	30	1	2	3	4	5	6	7	8	9	10
四月	辛巳	八白	日柱		己亥	庚子	辛丑	壬寅	癸卯	甲辰	乙巳	丙午	丁未	戊申	己酉	庚戌	辛亥	壬子	癸丑	甲寅	乙卯	丙辰	丁巳	戊午	己未	庚申	辛酉	壬戌	癸亥	甲子	乙丑	丙寅	丁卯	戊辰
			陽暦	月	5	5	5	5	5	5	5	5	5	5	5	5	5	5	5	5	5	5	5	5	5	6	6	6	6	6	6	6	6	6
				日	11	12	13	14	15	16	17	18	19	20	21	22	23	24	25	26	27	28	29	30	31	1	2	3	4	5	6	7	8	9
五月	壬午	七赤	日柱		己巳	庚午	辛未	壬申	癸酉	甲戌	乙亥	丙子	丁丑	戊寅	己卯	庚辰	辛巳	壬午	癸未	甲申	乙酉	丙戌	丁亥	戊子	己丑	庚寅	辛卯	壬辰	癸巳	甲午	乙未	丙申	丁酉	
			陽暦	月	6	6	6	6	6	6	6	6	6	6	6	6	6	6	6	6	6	6	6	6	6	7	7	7	7	7	7	7	7	
				日	10	11	12	13	14	15	16	17	18	19	20	21	22	23	24	25	26	27	28	29	30	1	2	3	4	5	6	7	8	
六月	癸未	六白	日柱		戊戌	己亥	庚子	辛丑	壬寅	癸卯	甲辰	乙巳	丙午	丁未	戊申	己酉	庚戌	辛亥	壬子	癸丑	甲寅	乙卯	丙辰	丁巳	戊午	己未	庚申	辛酉	壬戌	癸亥	甲子	乙丑	丙寅	丁卯
			陽暦	月	7	7	7	7	7	7	7	7	7	7	7	7	7	7	7	7	7	7	7	7	7	7	7	8	8	8	8	8	8	8
				日	9	10	11	12	13	14	15	16	17	18	19	20	21	22	23	24	25	26	27	28	29	30	31	1	2	3	4	5	6	7
七月	甲申	五黄	日柱		戊辰	己巳	庚午	辛未	壬申	癸酉	甲戌	乙亥	丙子	丁丑	戊寅	己卯	庚辰	辛巳	壬午	癸未	甲申	乙酉	丙戌	丁亥	戊子	己丑	庚寅	辛卯	壬辰	癸巳	甲午	乙未	丙申	
			陽暦	月	8	8	8	8	8	8	8	8	8	8	8	8	8	8	8	8	8	8	8	8	8	8	8	8	9	9	9	9	9	
				日	8	9	10	11	12	13	14	15	16	17	18	19	20	21	22	23	24	25	26	27	28	29	30	31	1	2	3	4	5	
八月	乙酉	四緑	日柱		丁酉	戊戌	己亥	庚子	辛丑	壬寅	癸卯	甲辰	乙巳	丙午	丁未	戊申	己酉	庚戌	辛亥	壬子	癸丑	甲寅	乙卯	丙辰	丁巳	戊午	己未	庚申	辛酉	壬戌	癸亥	甲子	乙丑	丙寅
			陽暦	月	9	9	9	9	9	9	9	9	9	9	9	9	9	9	9	9	9	9	9	9	9	9	9	9	9	10	10	10	10	10
				日	6	7	8	9	10	11	12	13	14	15	16	17	18	19	20	21	22	23	24	25	26	27	28	29	30	1	2	3	4	5
九月	丙戌	三碧	日柱		丁卯	戊辰	己巳	庚午	辛未	壬申	癸酉	甲戌	乙亥	丙子	丁丑	戊寅	己卯	庚辰	辛巳	壬午	癸未	甲申	乙酉	丙戌	丁亥	戊子	己丑	庚寅	辛卯	壬辰	癸巳	甲午	乙未	丙申
			陽暦	月	10	10	10	10	10	10	10	10	10	10	10	10	10	10	10	10	10	10	10	10	10	10	10	10	10	10	11	11	11	11
				日	6	7	8	9	10	11	12	13	14	15	16	17	18	19	20	21	22	23	24	25	26	27	28	29	30	31	1	2	3	4
十月	丁亥	二黒	日柱		丁酉	戊戌	己亥	庚子	辛丑	壬寅	癸卯	甲辰	乙巳	丙午	丁未	戊申	己酉	庚戌	辛亥	壬子	癸丑	甲寅	乙卯	丙辰	丁巳	戊午	己未	庚申	辛酉	壬戌	癸亥	甲子	乙丑	
			陽暦	月	11	11	11	11	11	11	11	11	11	11	11	11	11	11	11	11	11	11	11	11	11	11	11	11	11	11	12	12	12	
				日	5	6	7	8	9	10	11	12	13	14	15	16	17	18	19	20	21	22	23	24	25	26	27	28	29	30	1	2	3	
十一月	戊子	一白	日柱		丙寅	丁卯	戊辰	己巳	庚午	辛未	壬申	癸酉	甲戌	乙亥	丙子	丁丑	戊寅	己卯	庚辰	辛巳	壬午	癸未	甲申	乙酉	丙戌	丁亥	戊子	己丑	庚寅	辛卯	壬辰	癸巳	甲午	乙未
			陽暦	月	12	12	12	12	12	12	12	12	12	12	12	12	12	12	12	12	12	12	12	12	12	12	12	12	12	12	12	12	1	1
				日	4	5	6	7	8	9	10	11	12	13	14	15	16	17	18	19	20	21	22	23	24	25	26	27	28	29	30	31	1	2
十二月	己丑	九紫	日柱		丙申	丁酉	戊戌	己亥	庚子	辛丑	壬寅	癸卯	甲辰	乙巳	丙午	丁未	戊申	己酉	庚戌	辛亥	壬子	癸丑	甲寅	乙卯	丙辰	丁巳	戊午	己未	庚申	辛酉	壬戌	癸亥	甲子	
			陽暦	月	1	1	1	1	1	1	1	1	1	1	1	1	1	1	1	1	1	1	1	1	1	1	1	1	1	1	1	1	1	
				日	3	4	5	6	7	8	9	10	11	12	13	14	15	16	17	18	19	20	21	22	23	24	25	26	27	28	29	30	31	

2041年【辛酉】

月別	月柱	紫白	農暦	初一	初二	初三	初四	初五	初六	初七	初八	初九	初十	十一	十二	十三	十四	十五	十六	十七	十八	十九	二十	廿一	廿二	廿三	廿四	廿五	廿六	廿七	廿八	廿九	三十
正月	庚寅	八白	日柱	乙丑	丙寅	丁卯	戊辰	己巳	庚午	辛未	壬申	癸酉	甲戌	乙亥	丙子	丁丑	戊寅	己卯	庚辰	辛巳	壬午	癸未	甲申	乙酉	丙戌	丁亥	戊子	己丑	庚寅	辛卯	壬辰	癸巳	
			陽暦 月	2	2	2	2	2	2	2	2	2	2	2	2	2	2	2	2	2	2	2	2	2	2	2	2	2	2	2	2	3	
			陽暦 日	1	2	3	4	5	6	7	8	9	10	11	12	13	14	15	16	17	18	19	20	21	22	23	24	25	26	27	28	1	
二月	辛卯	七赤	日柱	甲午	乙未	丙申	丁酉	戊戌	己亥	庚子	辛丑	壬寅	癸卯	甲辰	乙巳	丙午	丁未	戊申	己酉	庚戌	辛亥	壬子	癸丑	甲寅	乙卯	丙辰	丁巳	戊午	己未	庚申	辛酉	壬戌	癸亥
			陽暦 月	3	3	3	3	3	3	3	3	3	3	3	3	3	3	3	3	3	3	3	3	3	3	3	3	3	3	3	3	3	3
			陽暦 日	2	3	4	5	6	7	8	9	10	11	12	13	14	15	16	17	18	19	20	21	22	23	24	25	26	27	28	29	30	31
三月	壬辰	六白	日柱	甲子	乙丑	丙寅	丁卯	戊辰	己巳	庚午	辛未	壬申	癸酉	甲戌	乙亥	丙子	丁丑	戊寅	己卯	庚辰	辛巳	壬午	癸未	甲申	乙酉	丙戌	丁亥	戊子	己丑	庚寅	辛卯	壬辰	
			陽暦 月	4	4	4	4	4	4	4	4	4	4	4	4	4	4	4	4	4	4	4	4	4	4	4	4	4	4	4	4	4	
			陽暦 日	1	2	3	4	5	6	7	8	9	10	11	12	13	14	15	16	17	18	19	20	21	22	23	24	25	26	27	28	29	
四月	癸巳	五黄	日柱	癸巳	甲午	乙未	丙申	丁酉	戊戌	己亥	庚子	辛丑	壬寅	癸卯	甲辰	乙巳	丙午	丁未	戊申	己酉	庚戌	辛亥	壬子	癸丑	甲寅	乙卯	丙辰	丁巳	戊午	己未	庚申	辛酉	壬戌
			陽暦 月	4	5	5	5	5	5	5	5	5	5	5	5	5	5	5	5	5	5	5	5	5	5	5	5	5	5	5	5	5	5
			陽暦 日	30	1	2	3	4	5	6	7	8	9	10	11	12	13	14	15	16	17	18	19	20	21	22	23	24	25	26	27	28	29
五月	甲午	四緑	日柱	癸亥	甲子	乙丑	丙寅	丁卯	戊辰	己巳	庚午	辛未	壬申	癸酉	甲戌	乙亥	丙子	丁丑	戊寅	己卯	庚辰	辛巳	壬午	癸未	甲申	乙酉	丙戌	丁亥	戊子	己丑	庚寅	辛卯	
			陽暦 月	5	5	6	6	6	6	6	6	6	6	6	6	6	6	6	6	6	6	6	6	6	6	6	6	6	6	6	6	6	
			陽暦 日	30	31	1	2	3	4	5	6	7	8	9	10	11	12	13	14	15	16	17	18	19	20	21	22	23	24	25	26	27	
六月	乙未	三碧	日柱	壬辰	癸巳	甲午	乙未	丙申	丁酉	戊戌	己亥	庚子	辛丑	壬寅	癸卯	甲辰	乙巳	丙午	丁未	戊申	己酉	庚戌	辛亥	壬子	癸丑	甲寅	乙卯	丙辰	丁巳	戊午	己未	庚申	辛酉
			陽暦 月	6	6	6	7	7	7	7	7	7	7	7	7	7	7	7	7	7	7	7	7	7	7	7	7	7	7	7	7	7	7
			陽暦 日	28	29	30	1	2	3	4	5	6	7	8	9	10	11	12	13	14	15	16	17	18	19	20	21	22	23	24	25	26	27
七月	丙申	二黒	日柱	壬戌	癸亥	甲子	乙丑	丙寅	丁卯	戊辰	己巳	庚午	辛未	壬申	癸酉	甲戌	乙亥	丙子	丁丑	戊寅	己卯	庚辰	辛巳	壬午	癸未	甲申	乙酉	丙戌	丁亥	戊子	己丑	庚寅	辛卯
			陽暦 月	7	7	7	7	8	8	8	8	8	8	8	8	8	8	8	8	8	8	8	8	8	8	8	8	8	8	8	8	8	8
			陽暦 日	28	29	30	31	1	2	3	4	5	6	7	8	9	10	11	12	13	14	15	16	17	18	19	20	21	22	23	24	25	26
八月	丁酉	一白	日柱	壬辰	癸巳	甲午	乙未	丙申	丁酉	戊戌	己亥	庚子	辛丑	壬寅	癸卯	甲辰	乙巳	丙午	丁未	戊申	己酉	庚戌	辛亥	壬子	癸丑	甲寅	乙卯	丙辰	丁巳	戊午	己未	庚申	
			陽暦 月	8	8	8	8	8	9	9	9	9	9	9	9	9	9	9	9	9	9	9	9	9	9	9	9	9	9	9	9	9	
			陽暦 日	27	28	29	30	31	1	2	3	4	5	6	7	8	9	10	11	12	13	14	15	16	17	18	19	20	21	22	23	24	
九月	戊戌	九紫	日柱	辛酉	壬戌	癸亥	甲子	乙丑	丙寅	丁卯	戊辰	己巳	庚午	辛未	壬申	癸酉	甲戌	乙亥	丙子	丁丑	戊寅	己卯	庚辰	辛巳	壬午	癸未	甲申	乙酉	丙戌	丁亥	戊子	己丑	庚寅
			陽暦 月	9	9	9	9	9	9	10	10	10	10	10	10	10	10	10	10	10	10	10	10	10	10	10	10	10	10	10	10	10	10
			陽暦 日	25	26	27	28	29	30	1	2	3	4	5	6	7	8	9	10	11	12	13	14	15	16	17	18	19	20	21	22	23	24
十月	己亥	八白	日柱	辛卯	壬辰	癸巳	甲午	乙未	丙申	丁酉	戊戌	己亥	庚子	辛丑	壬寅	癸卯	甲辰	乙巳	丙午	丁未	戊申	己酉	庚戌	辛亥	壬子	癸丑	甲寅	乙卯	丙辰	丁巳	戊午	己未	庚申
			陽暦 月	10	10	10	10	10	10	10	11	11	11	11	11	11	11	11	11	11	11	11	11	11	11	11	11	11	11	11	11	11	11
			陽暦 日	25	26	27	28	29	30	31	1	2	3	4	5	6	7	8	9	10	11	12	13	14	15	16	17	18	19	20	21	22	23
十一月	庚子	七赤	日柱	辛酉	壬戌	癸亥	甲子	乙丑	丙寅	丁卯	戊辰	己巳	庚午	辛未	壬申	癸酉	甲戌	乙亥	丙子	丁丑	戊寅	己卯	庚辰	辛巳	壬午	癸未	甲申	乙酉	丙戌	丁亥	戊子	己丑	
			陽暦 月	11	11	11	11	11	11	11	12	12	12	12	12	12	12	12	12	12	12	12	12	12	12	12	12	12	12	12	12	12	
			陽暦 日	24	25	26	27	28	29	30	1	2	3	4	5	6	7	8	9	10	11	12	13	14	15	16	17	18	19	20	21	22	
十二月	辛丑	六白	日柱	庚寅	辛卯	壬辰	癸巳	甲午	乙未	丙申	丁酉	戊戌	己亥	庚子	辛丑	壬寅	癸卯	甲辰	乙巳	丙午	丁未	戊申	己酉	庚戌	辛亥	壬子	癸丑	甲寅	乙卯	丙辰	丁巳	戊午	己未
			陽暦 月	12	12	12	12	12	12	12	12	12	1	1	1	1	1	1	1	1	1	1	1	1	1	1	1	1	1	1	1	1	1
			陽暦 日	23	24	25	26	27	28	29	30	31	1	2	3	4	5	6	7	8	9	10	11	12	13	14	15	16	17	18	19	20	21

2042年【壬戌】

月別	月柱	紫白	農暦		初一	初二	初三	初四	初五	初六	初七	初八	初九	初十	十一	十二	十三	十四	十五	十六	十七	十八	十九	二十	廿一	廿二	廿三	廿四	廿五	廿六	廿七	廿八	廿九	三十
正月	壬寅	五黄	日柱		庚申	辛酉	壬戌	癸亥	甲子	乙丑	丙寅	丁卯	戊辰	己巳	庚午	辛未	壬申	癸酉	甲戌	乙亥	丙子	丁丑	戊寅	己卯	庚辰	辛巳	壬午	癸未	甲申	乙酉	丙戌	丁亥	戊子	
			陽暦	月	1	1	1	1	1	1	1	1	1	1	2	2	2	2	2	2	2	2	2	2	2	2	2	2	2	2	2	2	2	
				日	22	23	24	25	26	27	28	29	30	31	1	2	3	4	5	6	7	8	9	10	11	12	13	14	15	16	17	18	19	
二月	癸卯	四緑	日柱		己丑	庚寅	辛卯	壬辰	癸巳	甲午	乙未	丙申	丁酉	戊戌	己亥	庚子	辛丑	壬寅	癸卯	甲辰	乙巳	丙午	丁未	戊申	己酉	庚戌	辛亥	壬子	癸丑	甲寅	乙卯	丙辰	丁巳	戊午
			陽暦	月	2	2	2	2	2	2	2	2	2	3	3	3	3	3	3	3	3	3	3	3	3	3	3	3	3	3	3	3	3	3
				日	20	21	22	23	24	25	26	27	28	1	2	3	4	5	6	7	8	9	10	11	12	13	14	15	16	17	18	19	20	21
閏二月			日柱		己未	庚申	辛酉	壬戌	癸亥	甲子	乙丑	丙寅	丁卯	戊辰	己巳	庚午	辛未	壬申	癸酉	甲戌	乙亥	丙子	丁丑	戊寅	己卯	庚辰	辛巳	壬午	癸未	甲申	乙酉	丙戌	丁亥	
			陽暦	月	3	3	3	3	3	3	3	3	3	3	4	4	4	4	4	4	4	4	4	4	4	4	4	4	4	4	4	4	4	
				日	22	23	24	25	26	27	28	29	30	31	1	2	3	4	5	6	7	8	9	10	11	12	13	14	15	16	17	18	19	
三月	甲辰	三碧	日柱		戊子	己丑	庚寅	辛卯	壬辰	癸巳	甲午	乙未	丙申	丁酉	戊戌	己亥	庚子	辛丑	壬寅	癸卯	甲辰	乙巳	丙午	丁未	戊申	己酉	庚戌	辛亥	壬子	癸丑	甲寅	乙卯	丙辰	
			陽暦	月	4	4	4	4	4	4	4	4	4	4	4	5	5	5	5	5	5	5	5	5	5	5	5	5	5	5	5	5	5	
				日	20	21	22	23	24	25	26	27	28	29	30	1	2	3	4	5	6	7	8	9	10	11	12	13	14	15	16	17	18	
四月	乙巳	二黒	日柱		丁巳	戊午	己未	庚申	辛酉	壬戌	癸亥	甲子	乙丑	丙寅	丁卯	戊辰	己巳	庚午	辛未	壬申	癸酉	甲戌	乙亥	丙子	丁丑	戊寅	己卯	庚辰	辛巳	壬午	癸未	甲申	乙酉	丙戌
			陽暦	月	5	5	5	5	5	5	5	5	5	5	5	5	5	6	6	6	6	6	6	6	6	6	6	6	6	6	6	6	6	6
				日	19	20	21	22	23	24	25	26	27	28	29	30	31	1	2	3	4	5	6	7	8	9	10	11	12	13	14	15	16	17
五月	丙午	一白	日柱		丁亥	戊子	己丑	庚寅	辛卯	壬辰	癸巳	甲午	乙未	丙申	丁酉	戊戌	己亥	庚子	辛丑	壬寅	癸卯	甲辰	乙巳	丙午	丁未	戊申	己酉	庚戌	辛亥	壬子	癸丑	甲寅	乙卯	
			陽暦	月	6	6	6	6	6	6	6	6	6	6	6	6	6	7	7	7	7	7	7	7	7	7	7	7	7	7	7	7	7	
				日	18	19	20	21	22	23	24	25	26	27	28	29	30	1	2	3	4	5	6	7	8	9	10	11	12	13	14	15	16	
六月	丁未	九紫	日柱		丙辰	丁巳	戊午	己未	庚申	辛酉	壬戌	癸亥	甲子	乙丑	丙寅	丁卯	戊辰	己巳	庚午	辛未	壬申	癸酉	甲戌	乙亥	丙子	丁丑	戊寅	己卯	庚辰	辛巳	壬午	癸未	甲申	乙酉
			陽暦	月	7	7	7	7	7	7	7	7	7	7	7	7	7	7	7	8	8	8	8	8	8	8	8	8	8	8	8	8	8	8
				日	17	18	19	20	21	22	23	24	25	26	27	28	29	30	31	1	2	3	4	5	6	7	8	9	10	11	12	13	14	15
七月	戊申	八白	日柱		丙戌	丁亥	戊子	己丑	庚寅	辛卯	壬辰	癸巳	甲午	乙未	丙申	丁酉	戊戌	己亥	庚子	辛丑	壬寅	癸卯	甲辰	乙巳	丙午	丁未	戊申	己酉	庚戌	辛亥	壬子	癸丑	甲寅	
			陽暦	月	8	8	8	8	8	8	8	8	8	8	8	8	8	8	8	8	9	9	9	9	9	9	9	9	9	9	9	9	9	
				日	16	17	18	19	20	21	22	23	24	25	26	27	28	29	30	31	1	2	3	4	5	6	7	8	9	10	11	12	13	
八月	己酉	七赤	日柱		乙卯	丙辰	丁巳	戊午	己未	庚申	辛酉	壬戌	癸亥	甲子	乙丑	丙寅	丁卯	戊辰	己巳	庚午	辛未	壬申	癸酉	甲戌	乙亥	丙子	丁丑	戊寅	己卯	庚辰	辛巳	壬午	癸未	甲申
			陽暦	月	9	9	9	9	9	9	9	9	9	9	9	9	9	9	9	9	9	10	10	10	10	10	10	10	10	10	10	10	10	10
				日	14	15	16	17	18	19	20	21	22	23	24	25	26	27	28	29	30	1	2	3	4	5	6	7	8	9	10	11	12	13
九月	庚戌	六白	日柱		乙酉	丙戌	丁亥	戊子	己丑	庚寅	辛卯	壬辰	癸巳	甲午	乙未	丙申	丁酉	戊戌	己亥	庚子	辛丑	壬寅	癸卯	甲辰	乙巳	丙午	丁未	戊申	己酉	庚戌	辛亥	壬子	癸丑	甲寅
			陽暦	月	10	10	10	10	10	10	10	10	10	10	10	10	10	10	10	10	10	10	11	11	11	11	11	11	11	11	11	11	11	11
				日	14	15	16	17	18	19	20	21	22	23	24	25	26	27	28	29	30	31	1	2	3	4	5	6	7	8	9	10	11	12
十月	辛亥	五黄	日柱		乙卯	丙辰	丁巳	戊午	己未	庚申	辛酉	壬戌	癸亥	甲子	乙丑	丙寅	丁卯	戊辰	己巳	庚午	辛未	壬申	癸酉	甲戌	乙亥	丙子	丁丑	戊寅	己卯	庚辰	辛巳	壬午	癸未	
			陽暦	月	11	11	11	11	11	11	11	11	11	11	11	11	11	11	11	11	11	11	12	12	12	12	12	12	12	12	12	12	12	
				日	13	14	15	16	17	18	19	20	21	22	23	24	25	26	27	28	29	30	1	2	3	4	5	6	7	8	9	10	11	
十一月	壬子	四緑	日柱		甲申	乙酉	丙戌	丁亥	戊子	己丑	庚寅	辛卯	壬辰	癸巳	甲午	乙未	丙申	丁酉	戊戌	己亥	庚子	辛丑	壬寅	癸卯	甲辰	乙巳	丙午	丁未	戊申	己酉	庚戌	辛亥	壬子	癸丑
			陽暦	月	12	12	12	12	12	12	12	12	12	12	12	12	12	12	12	12	12	12	12	12	1	1	1	1	1	1	1	1	1	1
				日	12	13	14	15	16	17	18	19	20	21	22	23	24	25	26	27	28	29	30	31	1	2	3	4	5	6	7	8	9	10
十二月	癸丑	三碧	日柱		甲寅	乙卯	丙辰	丁巳	戊午	己未	庚申	辛酉	壬戌	癸亥	甲子	乙丑	丙寅	丁卯	戊辰	己巳	庚午	辛未	壬申	癸酉	甲戌	乙亥	丙子	丁丑	戊寅	己卯	庚辰	辛巳	壬午	癸未
			陽暦	月	1	1	1	1	1	1	1	1	1	1	1	1	1	1	1	1	1	1	1	1	1	2	2	2	2	2	2	2	2	2
				日	11	12	13	14	15	16	17	18	19	20	21	22	23	24	25	26	27	28	29	30	31	1	2	3	4	5	6	7	8	9

2043年【癸亥】

月別	月柱	紫白	農暦		初一	初二	初三	初四	初五	初六	初七	初八	初九	初十	十一	十二	十三	十四	十五	十六	十七	十八	十九	二十	廿一	廿二	廿三	廿四	廿五	廿六	廿七	廿八	廿九	三十
正月	甲寅	二黒	日柱		甲申	乙酉	丙戌	丁亥	戊子	己丑	庚寅	辛卯	壬辰	癸巳	甲午	乙未	丙申	丁酉	戊戌	己亥	庚子	辛丑	壬寅	癸卯	甲辰	乙巳	丙午	丁未	戊申	己酉	庚戌	辛亥	壬子	
			陽暦	月	2	2	2	2	2	2	2	2	2	2	2	2	2	2	2	2	2	2	2	3	3	3	3	3	3	3	3	3	3	
				日	10	11	12	13	14	15	16	17	18	19	20	21	22	23	24	25	26	27	28	1	2	3	4	5	6	7	8	9	10	
二月	乙卯	一白	日柱		癸丑	甲寅	乙卯	丙辰	丁巳	戊午	己未	庚申	辛酉	壬戌	癸亥	甲子	乙丑	丙寅	丁卯	戊辰	己巳	庚午	辛未	壬申	癸酉	甲戌	乙亥	丙子	丁丑	戊寅	己卯	庚辰	辛巳	壬午
			陽暦	月	3	3	3	3	3	3	3	3	3	3	3	3	3	3	3	3	3	3	3	3	3	4	4	4	4	4	4	4	4	4
				日	11	12	13	14	15	16	17	18	19	20	21	22	23	24	25	26	27	28	29	30	31	1	2	3	4	5	6	7	8	9
三月	丙辰	九紫	日柱		癸未	甲申	乙酉	丙戌	丁亥	戊子	己丑	庚寅	辛卯	壬辰	癸巳	甲午	乙未	丙申	丁酉	戊戌	己亥	庚子	辛丑	壬寅	癸卯	甲辰	乙巳	丙午	丁未	戊申	己酉	庚戌	辛亥	
			陽暦	月	4	4	4	4	4	4	4	4	4	4	4	4	4	4	4	4	4	4	4	4	4	5	5	5	5	5	5	5	5	
				日	10	11	12	13	14	15	16	17	18	19	20	21	22	23	24	25	26	27	28	29	30	1	2	3	4	5	6	7	8	
四月	丁巳	八白	日柱		壬子	癸丑	甲寅	乙卯	丙辰	丁巳	戊午	己未	庚申	辛酉	壬戌	癸亥	甲子	乙丑	丙寅	丁卯	戊辰	己巳	庚午	辛未	壬申	癸酉	甲戌	乙亥	丙子	丁丑	戊寅	己卯	庚辰	
			陽暦	月	5	5	5	5	5	5	5	5	5	5	5	5	5	5	5	5	5	5	5	5	5	5	5	6	6	6	6	6	6	
				日	9	10	11	12	13	14	15	16	17	18	19	20	21	22	23	24	25	26	27	28	29	30	31	1	2	3	4	5	6	
五月	戊午	七赤	日柱		辛巳	壬午	癸未	甲申	乙酉	丙戌	丁亥	戊子	己丑	庚寅	辛卯	壬辰	癸巳	甲午	乙未	丙申	丁酉	戊戌	己亥	庚子	辛丑	壬寅	癸卯	甲辰	乙巳	丙午	丁未	戊申	己酉	庚戌
			陽暦	月	6	6	6	6	6	6	6	6	6	6	6	6	6	6	6	6	6	6	6	6	6	6	6	6	7	7	7	7	7	7
				日	7	8	9	10	11	12	13	14	15	16	17	18	19	20	21	22	23	24	25	26	27	28	29	30	1	2	3	4	5	6
六月	己未	六白	日柱		辛亥	壬子	癸丑	甲寅	乙卯	丙辰	丁巳	戊午	己未	庚申	辛酉	壬戌	癸亥	甲子	乙丑	丙寅	丁卯	戊辰	己巳	庚午	辛未	壬申	癸酉	甲戌	乙亥	丙子	丁丑	戊寅	己卯	
			陽暦	月	7	7	7	7	7	7	7	7	7	7	7	7	7	7	7	7	7	7	7	7	7	7	7	7	7	8	8	8	8	
				日	7	8	9	10	11	12	13	14	15	16	17	18	19	20	21	22	23	24	25	26	27	28	29	30	31	1	2	3	4	
七月	庚申	五黄	日柱		庚辰	辛巳	壬午	癸未	甲申	乙酉	丙戌	丁亥	戊子	己丑	庚寅	辛卯	壬辰	癸巳	甲午	乙未	丙申	丁酉	戊戌	己亥	庚子	辛丑	壬寅	癸卯	甲辰	乙巳	丙午	丁未	戊申	
			陽暦	月	8	8	8	8	8	8	8	8	8	8	8	8	8	8	8	8	8	8	8	8	8	8	8	8	8	8	8	9	9	
				日	5	6	7	8	9	10	11	12	13	14	15	16	17	18	19	20	21	22	23	24	25	26	27	28	29	30	31	1	2	
八月	辛酉	四緑	日柱		己酉	庚戌	辛亥	壬子	癸丑	甲寅	乙卯	丙辰	丁巳	戊午	己未	庚申	辛酉	壬戌	癸亥	甲子	乙丑	丙寅	丁卯	戊辰	己巳	庚午	辛未	壬申	癸酉	甲戌	乙亥	丙子	丁丑	戊寅
			陽暦	月	9	9	9	9	9	9	9	9	9	9	9	9	9	9	9	9	9	9	9	9	9	9	9	9	9	9	9	9	10	10
				日	3	4	5	6	7	8	9	10	11	12	13	14	15	16	17	18	19	20	21	22	23	24	25	26	27	28	29	30	1	2
九月	壬戌	三碧	日柱		己卯	庚辰	辛巳	壬午	癸未	甲申	乙酉	丙戌	丁亥	戊子	己丑	庚寅	辛卯	壬辰	癸巳	甲午	乙未	丙申	丁酉	戊戌	己亥	庚子	辛丑	壬寅	癸卯	甲辰	乙巳	丙午	丁未	戊申
			陽暦	月	10	10	10	10	10	10	10	10	10	10	10	10	10	10	10	10	10	10	10	10	10	10	10	10	10	10	10	10	10	11
				日	3	4	5	6	7	8	9	10	11	12	13	14	15	16	17	18	19	20	21	22	23	24	25	26	27	28	29	30	31	1
十月	癸亥	二黒	日柱		己酉	庚戌	辛亥	壬子	癸丑	甲寅	乙卯	丙辰	丁巳	戊午	己未	庚申	辛酉	壬戌	癸亥	甲子	乙丑	丙寅	丁卯	戊辰	己巳	庚午	辛未	壬申	癸酉	甲戌	乙亥	丙子	丁丑	
			陽暦	月	11	11	11	11	11	11	11	11	11	11	11	11	11	11	11	11	11	11	11	11	11	11	11	11	11	11	11	11	11	
				日	2	3	4	5	6	7	8	9	10	11	12	13	14	15	16	17	18	19	20	21	22	23	24	25	26	27	28	29	30	
十一月	甲子	一白	日柱		戊寅	己卯	庚辰	辛巳	壬午	癸未	甲申	乙酉	丙戌	丁亥	戊子	己丑	庚寅	辛卯	壬辰	癸巳	甲午	乙未	丙申	丁酉	戊戌	己亥	庚子	辛丑	壬寅	癸卯	甲辰	乙巳	丙午	丁未
			陽暦	月	12	12	12	12	12	12	12	12	12	12	12	12	12	12	12	12	12	12	12	12	12	12	12	12	12	12	12	12	12	12
				日	1	2	3	4	5	6	7	8	9	10	11	12	13	14	15	16	17	18	19	20	21	22	23	24	25	26	27	28	29	30
十二月	乙丑	九紫	日柱		戊申	己酉	庚戌	辛亥	壬子	癸丑	甲寅	乙卯	丙辰	丁巳	戊午	己未	庚申	辛酉	壬戌	癸亥	甲子	乙丑	丙寅	丁卯	戊辰	己巳	庚午	辛未	壬申	癸酉	甲戌	乙亥	丙子	丁丑
			陽暦	月	12	1	1	1	1	1	1	1	1	1	1	1	1	1	1	1	1	1	1	1	1	1	1	1	1	1	1	1	1	1
				日	31	1	2	3	4	5	6	7	8	9	10	11	12	13	14	15	16	17	18	19	20	21	22	23	24	25	26	27	28	29

2044年【甲子】

月別	月柱	紫白	農暦		初一	初二	初三	初四	初五	初六	初七	初八	初九	初十	十一	十二	十三	十四	十五	十六	十七	十八	十九	二十	廿一	廿二	廿三	廿四	廿五	廿六	廿七	廿八	廿九	三十
正月	丙寅	八白	日柱		戊寅	己卯	庚辰	辛巳	壬午	癸未	甲申	乙酉	丙戌	丁亥	戊子	己丑	庚寅	辛卯	壬辰	癸巳	甲午	乙未	丙申	丁酉	戊戌	己亥	庚子	辛丑	壬寅	癸卯	甲辰	乙巳	丙午	丁未
			陽暦	月	1	1	2	2	2	2	2	2	2	2	2	2	2	2	2	2	2	2	2	2	2	2	2	2	2	2	2	2	2	2
				日	30	31	1	2	3	4	5	6	7	8	9	10	11	12	13	14	15	16	17	18	19	20	21	22	23	24	25	26	27	28
二月	丁卯	七赤	日柱		戊申	己酉	庚戌	辛亥	壬子	癸丑	甲寅	乙卯	丙辰	丁巳	戊午	己未	庚申	辛酉	壬戌	癸亥	甲子	乙丑	丙寅	丁卯	戊辰	己巳	庚午	辛未	壬申	癸酉	甲戌	乙亥	丙子	
			陽暦	月	2	3	3	3	3	3	3	3	3	3	3	3	3	3	3	3	3	3	3	3	3	3	3	3	3	3	3	3	3	
				日	29	1	2	3	4	5	6	7	8	9	10	11	12	13	14	15	16	17	18	19	20	21	22	23	24	25	26	27	28	
三月	戊辰	六白	日柱		丁丑	戊寅	己卯	庚辰	辛巳	壬午	癸未	甲申	乙酉	丙戌	丁亥	戊子	己丑	庚寅	辛卯	壬辰	癸巳	甲午	乙未	丙申	丁酉	戊戌	己亥	庚子	辛丑	壬寅	癸卯	甲辰	乙巳	丙午
			陽暦	月	3	3	3	4	4	4	4	4	4	4	4	4	4	4	4	4	4	4	4	4	4	4	4	4	4	4	4	4	4	4
				日	29	30	31	1	2	3	4	5	6	7	8	9	10	11	12	13	14	15	16	17	18	19	20	21	22	23	24	25	26	27
四月	己巳	五黄	日柱		丁未	戊申	己酉	庚戌	辛亥	壬子	癸丑	甲寅	乙卯	丙辰	丁巳	戊午	己未	庚申	辛酉	壬戌	癸亥	甲子	乙丑	丙寅	丁卯	戊辰	己巳	庚午	辛未	壬申	癸酉	甲戌	乙亥	
			陽暦	月	4	4	4	5	5	5	5	5	5	5	5	5	5	5	5	5	5	5	5	5	5	5	5	5	5	5	5	5	5	
				日	28	29	30	1	2	3	4	5	6	7	8	9	10	11	12	13	14	15	16	17	18	19	20	21	22	23	24	25	26	
五月	庚午	四緑	日柱		丙子	丁丑	戊寅	己卯	庚辰	辛巳	壬午	癸未	甲申	乙酉	丙戌	丁亥	戊子	己丑	庚寅	辛卯	壬辰	癸巳	甲午	乙未	丙申	丁酉	戊戌	己亥	庚子	辛丑	壬寅	癸卯	甲辰	
			陽暦	月	5	5	5	5	5	6	6	6	6	6	6	6	6	6	6	6	6	6	6	6	6	6	6	6	6	6	6	6	6	
				日	27	28	29	30	31	1	2	3	4	5	6	7	8	9	10	11	12	13	14	15	16	17	18	19	20	21	22	23	24	
六月	辛未	三碧	日柱		乙巳	丙午	丁未	戊申	己酉	庚戌	辛亥	壬子	癸丑	甲寅	乙卯	丙辰	丁巳	戊午	己未	庚申	辛酉	壬戌	癸亥	甲子	乙丑	丙寅	丁卯	戊辰	己巳	庚午	辛未	壬申	癸酉	甲戌
			陽暦	月	6	6	6	6	6	6	7	7	7	7	7	7	7	7	7	7	7	7	7	7	7	7	7	7	7	7	7	7	7	7
				日	25	26	27	28	29	30	1	2	3	4	5	6	7	8	9	10	11	12	13	14	15	16	17	18	19	20	21	22	23	24
七月	壬申	二黒	日柱		乙亥	丙子	丁丑	戊寅	己卯	庚辰	辛巳	壬午	癸未	甲申	乙酉	丙戌	丁亥	戊子	己丑	庚寅	辛卯	壬辰	癸巳	甲午	乙未	丙申	丁酉	戊戌	己亥	庚子	辛丑	壬寅	癸卯	
			陽暦	月	7	7	7	7	7	7	7	8	8	8	8	8	8	8	8	8	8	8	8	8	8	8	8	8	8	8	8	8	8	
				日	25	26	27	28	29	30	31	1	2	3	4	5	6	7	8	9	10	11	12	13	14	15	16	17	18	19	20	21	22	
閏七月			日柱		甲辰	乙巳	丙午	丁未	戊申	己酉	庚戌	辛亥	壬子	癸丑	甲寅	乙卯	丙辰	丁巳	戊午	己未	庚申	辛酉	壬戌	癸亥	甲子	乙丑	丙寅	丁卯	戊辰	己巳	庚午	辛未	壬申	
			陽暦	月	8	8	8	8	8	8	8	8	8	9	9	9	9	9	9	9	9	9	9	9	9	9	9	9	9	9	9	9	9	
				日	23	24	25	26	27	28	29	30	31	1	2	3	4	5	6	7	8	9	10	11	12	13	14	15	16	17	18	19	20	
八月	癸酉	一白	日柱		癸酉	甲戌	乙亥	丙子	丁丑	戊寅	己卯	庚辰	辛巳	壬午	癸未	甲申	乙酉	丙戌	丁亥	戊子	己丑	庚寅	辛卯	壬辰	癸巳	甲午	乙未	丙申	丁酉	戊戌	己亥	庚子	辛丑	壬寅
			陽暦	月	9	9	9	9	9	9	9	9	9	9	10	10	10	10	10	10	10	10	10	10	10	10	10	10	10	10	10	10	10	10
				日	21	22	23	24	25	26	27	28	29	30	1	2	3	4	5	6	7	8	9	10	11	12	13	14	15	16	17	18	19	20
九月	甲戌	九紫	日柱		癸卯	甲辰	乙巳	丙午	丁未	戊申	己酉	庚戌	辛亥	壬子	癸丑	甲寅	乙卯	丙辰	丁巳	戊午	己未	庚申	辛酉	壬戌	癸亥	甲子	乙丑	丙寅	丁卯	戊辰	己巳	庚午	辛未	
			陽暦	月	10	10	10	10	10	10	10	10	10	10	10	11	11	11	11	11	11	11	11	11	11	11	11	11	11	11	11	11	11	
				日	21	22	23	24	25	26	27	28	29	30	31	1	2	3	4	5	6	7	8	9	10	11	12	13	14	15	16	17	18	
十月	乙亥	八白	日柱		壬申	癸酉	甲戌	乙亥	丙子	丁丑	戊寅	己卯	庚辰	辛巳	壬午	癸未	甲申	乙酉	丙戌	丁亥	戊子	己丑	庚寅	辛卯	壬辰	癸巳	甲午	乙未	丙申	丁酉	戊戌	己亥	庚子	辛丑
			陽暦	月	11	11	11	11	11	11	11	11	11	11	11	11	12	12	12	12	12	12	12	12	12	12	12	12	12	12	12	12	12	12
				日	19	20	21	22	23	24	25	26	27	28	29	30	1	2	3	4	5	6	7	8	9	10	11	12	13	14	15	16	17	18
十一月	丙子	七赤	日柱		壬寅	癸卯	甲辰	乙巳	丙午	丁未	戊申	己酉	庚戌	辛亥	壬子	癸丑	甲寅	乙卯	丙辰	丁巳	戊午	己未	庚申	辛酉	壬戌	癸亥	甲子	乙丑	丙寅	丁卯	戊辰	己巳	庚午	辛未
			陽暦	月	12	12	12	12	12	12	12	12	12	12	12	12	12	1	1	1	1	1	1	1	1	1	1	1	1	1	1	1	1	1
				日	19	20	21	22	23	24	25	26	27	28	29	30	31	1	2	3	4	5	6	7	8	9	10	11	12	13	14	15	16	17
十二月	丁丑	六白	日柱		壬申	癸酉	甲戌	乙亥	丙子	丁丑	戊寅	己卯	庚辰	辛巳	壬午	癸未	甲申	乙酉	丙戌	丁亥	戊子	己丑	庚寅	辛卯	壬辰	癸巳	甲午	乙未	丙申	丁酉	戊戌	己亥	庚子	辛丑
			陽暦	月	1	1	1	1	1	1	1	1	1	1	1	1	1	1	2	2	2	2	2	2	2	2	2	2	2	2	2	2	2	2
				日	18	19	20	21	22	23	24	25	26	27	28	29	30	31	1	2	3	4	5	6	7	8	9	10	11	12	13	14	15	16

2045年【乙丑】

月別	月柱	紫白	農暦		初一	初二	初三	初四	初五	初六	初七	初八	初九	初十	十一	十二	十三	十四	十五	十六	十七	十八	十九	二十	廿一	廿二	廿三	廿四	廿五	廿六	廿七	廿八	廿九	三十
正月	戊寅	五黄	日柱		壬寅	癸卯	甲辰	乙巳	丙午	丁未	戊申	己酉	庚戌	辛亥	壬子	癸丑	甲寅	乙卯	丙辰	丁巳	戊午	己未	庚申	辛酉	壬戌	癸亥	甲子	乙丑	丙寅	丁卯	戊辰	己巳	庚午	辛未
			陽暦	月	2	2	2	2	2	2	2	2	2	2	2	2	3	3	3	3	3	3	3	3	3	3	3	3	3	3	3	3	3	3
				日	17	18	19	20	21	22	23	24	25	26	27	28	1	2	3	4	5	6	7	8	9	10	11	12	13	14	15	16	17	18
二月	己卯	四緑	日柱		壬申	癸酉	甲戌	乙亥	丙子	丁丑	戊寅	己卯	庚辰	辛巳	壬午	癸未	甲申	乙酉	丙戌	丁亥	戊子	己丑	庚寅	辛卯	壬辰	癸巳	甲午	乙未	丙申	丁酉	戊戌	己亥	庚子	
			陽暦	月	3	3	3	3	3	3	3	3	3	3	3	3	3	4	4	4	4	4	4	4	4	4	4	4	4	4	4	4	4	
				日	19	20	21	22	23	24	25	26	27	28	29	30	31	1	2	3	4	5	6	7	8	9	10	11	12	13	14	15	16	
三月	庚辰	三碧	日柱		辛丑	壬寅	癸卯	甲辰	乙巳	丙午	丁未	戊申	己酉	庚戌	辛亥	壬子	癸丑	甲寅	乙卯	丙辰	丁巳	戊午	己未	庚申	辛酉	壬戌	癸亥	甲子	乙丑	丙寅	丁卯	戊辰	己巳	庚午
			陽暦	月	4	4	4	4	4	4	4	4	4	4	4	4	4	4	5	5	5	5	5	5	5	5	5	5	5	5	5	5	5	5
				日	17	18	19	20	21	22	23	24	25	26	27	28	29	30	1	2	3	4	5	6	7	8	9	10	11	12	13	14	15	16
四月	辛巳	二黒	日柱		辛未	壬申	癸酉	甲戌	乙亥	丙子	丁丑	戊寅	己卯	庚辰	辛巳	壬午	癸未	甲申	乙酉	丙戌	丁亥	戊子	己丑	庚寅	辛卯	壬辰	癸巳	甲午	乙未	丙申	丁酉	戊戌	己亥	
			陽暦	月	5	5	5	5	5	5	5	5	5	5	5	5	5	5	5	6	6	6	6	6	6	6	6	6	6	6	6	6	6	
				日	17	18	19	20	21	22	23	24	25	26	27	28	29	30	31	1	2	3	4	5	6	7	8	9	10	11	12	13	14	
五月	壬午	一白	日柱		庚子	辛丑	壬寅	癸卯	甲辰	乙巳	丙午	丁未	戊申	己酉	庚戌	辛亥	壬子	癸丑	甲寅	乙卯	丙辰	丁巳	戊午	己未	庚申	辛酉	壬戌	癸亥	甲子	乙丑	丙寅	丁卯	戊辰	
			陽暦	月	6	6	6	6	6	6	6	6	6	6	6	6	6	6	6	6	7	7	7	7	7	7	7	7	7	7	7	7	7	
				日	15	16	17	18	19	20	21	22	23	24	25	26	27	28	29	30	1	2	3	4	5	6	7	8	9	10	11	12	13	
六月	癸未	九紫	日柱		己巳	庚午	辛未	壬申	癸酉	甲戌	乙亥	丙子	丁丑	戊寅	己卯	庚辰	辛巳	壬午	癸未	甲申	乙酉	丙戌	丁亥	戊子	己丑	庚寅	辛卯	壬辰	癸巳	甲午	乙未	丙申	丁酉	戊戌
			陽暦	月	7	7	7	7	7	7	7	7	7	7	7	7	7	7	7	7	7	7	8	8	8	8	8	8	8	8	8	8	8	8
				日	14	15	16	17	18	19	20	21	22	23	24	25	26	27	28	29	30	31	1	2	3	4	5	6	7	8	9	10	11	12
七月	甲申	八白	日柱		己亥	庚子	辛丑	壬寅	癸卯	甲辰	乙巳	丙午	丁未	戊申	己酉	庚戌	辛亥	壬子	癸丑	甲寅	乙卯	丙辰	丁巳	戊午	己未	庚申	辛酉	壬戌	癸亥	甲子	乙丑	丙寅	丁卯	
			陽暦	月	8	8	8	8	8	8	8	8	8	8	8	8	8	8	8	8	8	8	8	9	9	9	9	9	9	9	9	9	9	
				日	13	14	15	16	17	18	19	20	21	22	23	24	25	26	27	28	29	30	31	1	2	3	4	5	6	7	8	9	10	
八月	乙酉	七赤	日柱		戊辰	己巳	庚午	辛未	壬申	癸酉	甲戌	乙亥	丙子	丁丑	戊寅	己卯	庚辰	辛巳	壬午	癸未	甲申	乙酉	丙戌	丁亥	戊子	己丑	庚寅	辛卯	壬辰	癸巳	甲午	乙未	丙申	
			陽暦	月	9	9	9	9	9	9	9	9	9	9	9	9	9	9	9	9	9	9	9	9	10	10	10	10	10	10	10	10	10	
				日	11	12	13	14	15	16	17	18	19	20	21	22	23	24	25	26	27	28	29	30	1	2	3	4	5	6	7	8	9	
九月	丙戌	六白	日柱		丁酉	戊戌	己亥	庚子	辛丑	壬寅	癸卯	甲辰	乙巳	丙午	丁未	戊申	己酉	庚戌	辛亥	壬子	癸丑	甲寅	乙卯	丙辰	丁巳	戊午	己未	庚申	辛酉	壬戌	癸亥	甲子	乙丑	丙寅
			陽暦	月	10	10	10	10	10	10	10	10	10	10	10	10	10	10	10	10	10	10	10	10	10	10	11	11	11	11	11	11	11	11
				日	10	11	12	13	14	15	16	17	18	19	20	21	22	23	24	25	26	27	28	29	30	31	1	2	3	4	5	6	7	8
十月	丁亥	五黄	日柱		丁卯	戊辰	己巳	庚午	辛未	壬申	癸酉	甲戌	乙亥	丙子	丁丑	戊寅	己卯	庚辰	辛巳	壬午	癸未	甲申	乙酉	丙戌	丁亥	戊子	己丑	庚寅	辛卯	壬辰	癸巳	甲午	乙未	
			陽暦	月	11	11	11	11	11	11	11	11	11	11	11	11	11	11	11	11	11	11	11	11	11	11	12	12	12	12	12	12	12	
				日	9	10	11	12	13	14	15	16	17	18	19	20	21	22	23	24	25	26	27	28	29	30	1	2	3	4	5	6	7	
十一月	戊子	四緑	日柱		丙申	丁酉	戊戌	己亥	庚子	辛丑	壬寅	癸卯	甲辰	乙巳	丙午	丁未	戊申	己酉	庚戌	辛亥	壬子	癸丑	甲寅	乙卯	丙辰	丁巳	戊午	己未	庚申	辛酉	壬戌	癸亥	甲子	乙丑
			陽暦	月	12	12	12	12	12	12	12	12	12	12	12	12	12	12	12	12	12	12	12	12	12	12	12	12	1	1	1	1	1	1
				日	8	9	10	11	12	13	14	15	16	17	18	19	20	21	22	23	24	25	26	27	28	29	30	31	1	2	3	4	5	6
十二月	己丑	三碧	日柱		丙寅	丁卯	戊辰	己巳	庚午	辛未	壬申	癸酉	甲戌	乙亥	丙子	丁丑	戊寅	己卯	庚辰	辛巳	壬午	癸未	甲申	乙酉	丙戌	丁亥	戊子	己丑	庚寅	辛卯	壬辰	癸巳	甲午	乙未
			陽暦	月	1	1	1	1	1	1	1	1	1	1	1	1	1	1	1	1	1	1	1	1	1	1	1	1	1	2	2	2	2	2
				日	7	8	9	10	11	12	13	14	15	16	17	18	19	20	21	22	23	24	25	26	27	28	29	30	31	1	2	3	4	5

2046年【丙寅】

月別	月柱	紫白	農暦		初一	初二	初三	初四	初五	初六	初七	初八	初九	初十	十一	十二	十三	十四	十五	十六	十七	十八	十九	二十	廿一	廿二	廿三	廿四	廿五	廿六	廿七	廿八	廿九	三十
正月	庚寅	二黒	日柱		丙申	丁酉	戊戌	己亥	庚子	辛丑	壬寅	癸卯	甲辰	乙巳	丙午	丁未	戊申	己酉	庚戌	辛亥	壬子	癸丑	甲寅	乙卯	丙辰	丁巳	戊午	己未	庚申	辛酉	壬戌	癸亥	甲子	乙丑
			陽暦	月	2	2	2	2	2	2	2	2	2	2	2	2	2	2	2	2	2	2	2	2	2	2	2	3	3	3	3	3	3	3
				日	6	7	8	9	10	11	12	13	14	15	16	17	18	19	20	21	22	23	24	25	26	27	28	1	2	3	4	5	6	7
二月	辛卯	一白	日柱		丙寅	丁卯	戊辰	己巳	庚午	辛未	壬申	癸酉	甲戌	乙亥	丙子	丁丑	戊寅	己卯	庚辰	辛巳	壬午	癸未	甲申	乙酉	丙戌	丁亥	戊子	己丑	庚寅	辛卯	壬辰	癸巳	甲午	
			陽暦	月	3	3	3	3	3	3	3	3	3	3	3	3	3	3	3	3	3	3	3	3	3	3	3	3	4	4	4	4	4	
				日	8	9	10	11	12	13	14	15	16	17	18	19	20	21	22	23	24	25	26	27	28	29	30	31	1	2	3	4	5	
三月	壬辰	九紫	日柱		乙未	丙申	丁酉	戊戌	己亥	庚子	辛丑	壬寅	癸卯	甲辰	乙巳	丙午	丁未	戊申	己酉	庚戌	辛亥	壬子	癸丑	甲寅	乙卯	丙辰	丁巳	戊午	己未	庚申	辛酉	壬戌	癸亥	甲子
			陽暦	月	4	4	4	4	4	4	4	4	4	4	4	4	4	4	4	4	4	4	4	4	4	4	4	4	4	5	5	5	5	5
				日	6	7	8	9	10	11	12	13	14	15	16	17	18	19	20	21	22	23	24	25	26	27	28	29	30	1	2	3	4	5
四月	癸巳	八白	日柱		乙丑	丙寅	丁卯	戊辰	己巳	庚午	辛未	壬申	癸酉	甲戌	乙亥	丙子	丁丑	戊寅	己卯	庚辰	辛巳	壬午	癸未	甲申	乙酉	丙戌	丁亥	戊子	己丑	庚寅	辛卯	壬辰	癸巳	
			陽暦	月	5	5	5	5	5	5	5	5	5	5	5	5	5	5	5	5	5	5	5	5	5	5	5	5	5	5	6	6	6	
				日	6	7	8	9	10	11	12	13	14	15	16	17	18	19	20	21	22	23	24	25	26	27	28	29	30	31	1	2	3	
五月	甲午	七赤	日柱		甲午	乙未	丙申	丁酉	戊戌	己亥	庚子	辛丑	壬寅	癸卯	甲辰	乙巳	丙午	丁未	戊申	己酉	庚戌	辛亥	壬子	癸丑	甲寅	乙卯	丙辰	丁巳	戊午	己未	庚申	辛酉	壬戌	癸亥
			陽暦	月	6	6	6	6	6	6	6	6	6	6	6	6	6	6	6	6	6	6	6	6	6	6	6	6	6	6	6	7	7	7
				日	4	5	6	7	8	9	10	11	12	13	14	15	16	17	18	19	20	21	22	23	24	25	26	27	28	29	30	1	2	3
六月	乙未	六白	日柱		甲子	乙丑	丙寅	丁卯	戊辰	己巳	庚午	辛未	壬申	癸酉	甲戌	乙亥	丙子	丁丑	戊寅	己卯	庚辰	辛巳	壬午	癸未	甲申	乙酉	丙戌	丁亥	戊子	己丑	庚寅	辛卯	壬辰	
			陽暦	月	7	7	7	7	7	7	7	7	7	7	7	7	7	7	7	7	7	7	7	7	7	7	7	7	7	7	7	7	8	
				日	4	5	6	7	8	9	10	11	12	13	14	15	16	17	18	19	20	21	22	23	24	25	26	27	28	29	30	31	1	
七月	丙申	五黄	日柱		癸巳	甲午	乙未	丙申	丁酉	戊戌	己亥	庚子	辛丑	壬寅	癸卯	甲辰	乙巳	丙午	丁未	戊申	己酉	庚戌	辛亥	壬子	癸丑	甲寅	乙卯	丙辰	丁巳	戊午	己未	庚申	辛酉	壬戌
			陽暦	月	8	8	8	8	8	8	8	8	8	8	8	8	8	8	8	8	8	8	8	8	8	8	8	8	8	8	8	8	8	8
				日	2	3	4	5	6	7	8	9	10	11	12	13	14	15	16	17	18	19	20	21	22	23	24	25	26	27	28	29	30	31
八月	丁酉	四緑	日柱		癸亥	甲子	乙丑	丙寅	丁卯	戊辰	己巳	庚午	辛未	壬申	癸酉	甲戌	乙亥	丙子	丁丑	戊寅	己卯	庚辰	辛巳	壬午	癸未	甲申	乙酉	丙戌	丁亥	戊子	己丑	庚寅	辛卯	
			陽暦	月	8	8	8	8	8	9	9	9	9	9	9	9	9	9	9	9	9	9	9	9	9	9	9	9	9	9	9	9	9	
				日	1	2	3	4	5	6	7	8	9	10	11	12	13	14	15	16	17	18	19	20	21	22	23	24	25	26	27	28	29	
九月	戊戌	三碧	日柱		壬辰	癸巳	甲午	乙未	丙申	丁酉	戊戌	己亥	庚子	辛丑	壬寅	癸卯	甲辰	乙巳	丙午	丁未	戊申	己酉	庚戌	辛亥	壬子	癸丑	甲寅	乙卯	丙辰	丁巳	戊午	己未	庚申	
			陽暦	月	9	10	10	10	10	10	10	10	10	10	10	10	10	10	10	10	10	10	10	10	10	10	10	10	10	10	10	10	10	
				日	30	1	2	3	4	5	6	7	8	9	10	11	12	13	14	15	16	17	18	19	20	21	22	23	24	25	26	27	28	
十月	己亥	二黒	日柱		辛酉	壬戌	癸亥	甲子	乙丑	丙寅	丁卯	戊辰	己巳	庚午	辛未	壬申	癸酉	甲戌	乙亥	丙子	丁丑	戊寅	己卯	庚辰	辛巳	壬午	癸未	甲申	乙酉	丙戌	丁亥	戊子	己丑	庚寅
			陽暦	月	10	10	10	11	11	11	11	11	11	11	11	11	11	11	11	11	11	11	11	11	11	11	11	11	11	11	11	11	11	11
				日	29	30	31	1	2	3	4	5	6	7	8	9	10	11	12	13	14	15	16	17	18	19	20	21	22	23	24	25	26	27
十一月	庚子	一白	日柱		辛卯	壬辰	癸巳	甲午	乙未	丙申	丁酉	戊戌	己亥	庚子	辛丑	壬寅	癸卯	甲辰	乙巳	丙午	丁未	戊申	己酉	庚戌	辛亥	壬子	癸丑	甲寅	乙卯	丙辰	丁巳	戊午	己未	
			陽暦	月	11	11	11	12	12	12	12	12	12	12	12	12	12	12	12	12	12	12	12	12	12	12	12	12	12	12	12	12	12	
				日	28	29	30	1	2	3	4	5	6	7	8	9	10	11	12	13	14	15	16	17	18	19	20	21	22	23	24	25	26	
十二月	辛丑	九紫	日柱		庚申	辛酉	壬戌	癸亥	甲子	乙丑	丙寅	丁卯	戊辰	己巳	庚午	辛未	壬申	癸酉	甲戌	乙亥	丙子	丁丑	戊寅	己卯	庚辰	辛巳	壬午	癸未	甲申	乙酉	丙戌	丁亥	戊子	己丑
			陽暦	月	12	12	12	12	12	1	1	1	1	1	1	1	1	1	1	1	1	1	1	1	1	1	1	1	1	1	1	1	1	1
				日	27	28	29	30	31	1	2	3	4	5	6	7	8	9	10	11	12	13	14	15	16	17	18	19	20	21	22	23	24	25

2047年【丁卯】

月別	月柱	紫白	農暦		初一	初二	初三	初四	初五	初六	初七	初八	初九	初十	十一	十二	十三	十四	十五	十六	十七	十八	十九	二十	廿一	廿二	廿三	廿四	廿五	廿六	廿七	廿八	廿九	三十
正月	壬寅	八白	日柱		庚寅	辛卯	壬辰	癸巳	甲午	乙未	丙申	丁酉	戊戌	己亥	庚子	辛丑	壬寅	癸卯	甲辰	乙巳	丙午	丁未	戊申	己酉	庚戌	辛亥	壬子	癸丑	甲寅	乙卯	丙辰	丁巳	戊午	己未
			陽暦	月	1	1	1	1	1	1	2	2	2	2	2	2	2	2	2	2	2	2	2	2	2	2	2	2	2	2	2	2	2	2
				日	26	27	28	29	30	31	1	2	3	4	5	6	7	8	9	10	11	12	13	14	15	16	17	18	19	20	21	22	23	24
二月	癸卯	七赤	日柱		庚申	辛酉	壬戌	癸亥	甲子	乙丑	丙寅	丁卯	戊辰	己巳	庚午	辛未	壬申	癸酉	甲戌	乙亥	丙子	丁丑	戊寅	己卯	庚辰	辛巳	壬午	癸未	甲申	乙酉	丙戌	丁亥	戊子	
			陽暦	月	2	2	2	2	3	3	3	3	3	3	3	3	3	3	3	3	3	3	3	3	3	3	3	3	3	3	3	3	3	
				日	25	26	27	28	1	2	3	4	5	6	7	8	9	10	11	12	13	14	15	16	17	18	19	20	21	22	23	24	25	
三月	甲辰	六白	日柱		己丑	庚寅	辛卯	壬辰	癸巳	甲午	乙未	丙申	丁酉	戊戌	己亥	庚子	辛丑	壬寅	癸卯	甲辰	乙巳	丙午	丁未	戊申	己酉	庚戌	辛亥	壬子	癸丑	甲寅	乙卯	丙辰	丁巳	戊午
			陽暦	月	3	3	3	3	3	3	4	4	4	4	4	4	4	4	4	4	4	4	4	4	4	4	4	4	4	4	4	4	4	4
				日	26	27	28	29	30	31	1	2	3	4	5	6	7	8	9	10	11	12	13	14	15	16	17	18	19	20	21	22	23	24
四月	乙巳	五黄	日柱		己未	庚申	辛酉	壬戌	癸亥	甲子	乙丑	丙寅	丁卯	戊辰	己巳	庚午	辛未	壬申	癸酉	甲戌	乙亥	丙子	丁丑	戊寅	己卯	庚辰	辛巳	壬午	癸未	甲申	乙酉	丙戌	丁亥	戊子
			陽暦	月	4	4	4	4	4	4	5	5	5	5	5	5	5	5	5	5	5	5	5	5	5	5	5	5	5	5	5	5	5	5
				日	25	26	27	28	29	30	1	2	3	4	5	6	7	8	9	10	11	12	13	14	15	16	17	18	19	20	21	22	23	24
五月	丙午	四緑	日柱		己丑	庚寅	辛卯	壬辰	癸巳	甲午	乙未	丙申	丁酉	戊戌	己亥	庚子	辛丑	壬寅	癸卯	甲辰	乙巳	丙午	丁未	戊申	己酉	庚戌	辛亥	壬子	癸丑	甲寅	乙卯	丙辰	丁巳	
			陽暦	月	5	5	5	5	5	5	5	6	6	6	6	6	6	6	6	6	6	6	6	6	6	6	6	6	6	6	6	6	6	
				日	25	26	27	28	29	30	31	1	2	3	4	5	6	7	8	9	10	11	12	13	14	15	16	17	18	19	20	21	22	
閏五月			日柱		戊午	己未	庚申	辛酉	壬戌	癸亥	甲子	乙丑	丙寅	丁卯	戊辰	己巳	庚午	辛未	壬申	癸酉	甲戌	乙亥	丙子	丁丑	戊寅	己卯	庚辰	辛巳	壬午	癸未	甲申	乙酉	丙戌	丁亥
			陽暦	月	6	6	6	6	6	6	6	6	7	7	7	7	7	7	7	7	7	7	7	7	7	7	7	7	7	7	7	7	7	7
				日	23	24	25	26	27	28	29	30	1	2	3	4	5	6	7	8	9	10	11	12	13	14	15	16	17	18	19	20	21	22
六月	丁未	三碧	日柱		戊子	己丑	庚寅	辛卯	壬辰	癸巳	甲午	乙未	丙申	丁酉	戊戌	己亥	庚子	辛丑	壬寅	癸卯	甲辰	乙巳	丙午	丁未	戊申	己酉	庚戌	辛亥	壬子	癸丑	甲寅	乙卯	丙辰	
			陽暦	月	7	7	7	7	7	7	7	7	7	8	8	8	8	8	8	8	8	8	8	8	8	8	8	8	8	8	8	8	8	
				日	23	24	25	26	27	28	29	30	31	1	2	3	4	5	6	7	8	9	10	11	12	13	14	15	16	17	18	19	20	
七月	戊申	二黒	日柱		丁巳	戊午	己未	庚申	辛酉	壬戌	癸亥	甲子	乙丑	丙寅	丁卯	戊辰	己巳	庚午	辛未	壬申	癸酉	甲戌	乙亥	丙子	丁丑	戊寅	己卯	庚辰	辛巳	壬午	癸未	甲申	乙酉	丙戌
			陽暦	月	8	8	8	8	8	8	8	8	8	8	8	9	9	9	9	9	9	9	9	9	9	9	9	9	9	9	9	9	9	9
				日	21	22	23	24	25	26	27	28	29	30	31	1	2	3	4	5	6	7	8	9	10	11	12	13	14	15	16	17	18	19
八月	己酉	一白	日柱		丁亥	戊子	己丑	庚寅	辛卯	壬辰	癸巳	甲午	乙未	丙申	丁酉	戊戌	己亥	庚子	辛丑	壬寅	癸卯	甲辰	乙巳	丙午	丁未	戊申	己酉	庚戌	辛亥	壬子	癸丑	甲寅	乙卯	
			陽暦	月	9	9	9	9	9	9	9	9	9	9	9	10	10	10	10	10	10	10	10	10	10	10	10	10	10	10	10	10	10	
				日	20	21	22	23	24	25	26	27	28	29	30	1	2	3	4	5	6	7	8	9	10	11	12	13	14	15	16	17	18	
九月	庚戌	九紫	日柱		丙辰	丁巳	戊午	己未	庚申	辛酉	壬戌	癸亥	甲子	乙丑	丙寅	丁卯	戊辰	己巳	庚午	辛未	壬申	癸酉	甲戌	乙亥	丙子	丁丑	戊寅	己卯	庚辰	辛巳	壬午	癸未	甲申	
			陽暦	月	10	10	10	10	10	10	10	10	10	10	10	10	10	11	11	11	11	11	11	11	11	11	11	11	11	11	11	11	11	
				日	19	20	21	22	23	24	25	26	27	28	29	30	31	1	2	3	4	5	6	7	8	9	10	11	12	13	14	15	16	
十月	辛亥	八白	日柱		乙酉	丙戌	丁亥	戊子	己丑	庚寅	辛卯	壬辰	癸巳	甲午	乙未	丙申	丁酉	戊戌	己亥	庚子	辛丑	壬寅	癸卯	甲辰	乙巳	丙午	丁未	戊申	己酉	庚戌	辛亥	壬子	癸丑	甲寅
			陽暦	月	11	11	11	11	11	11	11	11	11	11	11	11	11	11	12	12	12	12	12	12	12	12	12	12	12	12	12	12	12	12
				日	17	18	19	20	21	22	23	24	25	26	27	28	29	30	1	2	3	4	5	6	7	8	9	10	11	12	13	14	15	16
十一月	壬子	七赤	日柱		乙卯	丙辰	丁巳	戊午	己未	庚申	辛酉	壬戌	癸亥	甲子	乙丑	丙寅	丁卯	戊辰	己巳	庚午	辛未	壬申	癸酉	甲戌	乙亥	丙子	丁丑	戊寅	己卯	庚辰	辛巳	壬午	癸未	
			陽暦	月	12	12	12	12	12	12	12	12	12	12	12	12	12	12	12	1	1	1	1	1	1	1	1	1	1	1	1	1	1	
				日	17	18	19	20	21	22	23	24	25	26	27	28	29	30	31	1	2	3	4	5	6	7	8	9	10	11	12	13	14	
十二月	癸丑	六白	日柱		甲申	乙酉	丙戌	丁亥	戊子	己丑	庚寅	辛卯	壬辰	癸巳	甲午	乙未	丙申	丁酉	戊戌	己亥	庚子	辛丑	壬寅	癸卯	甲辰	乙巳	丙午	丁未	戊申	己酉	庚戌	辛亥	壬子	癸丑
			陽暦	月	1	1	1	1	1	1	1	1	1	1	1	1	1	1	1	1	1	2	2	2	2	2	2	2	2	2	2	2	2	2
				日	15	16	17	18	19	20	21	22	23	24	25	26	27	28	29	30	31	1	2	3	4	5	6	7	8	9	10	11	12	13

2048年【戊辰】

月別	月柱	紫白	農暦		初一	初二	初三	初四	初五	初六	初七	初八	初九	初十	十一	十二	十三	十四	十五	十六	十七	十八	十九	二十	廿一	廿二	廿三	廿四	廿五	廿六	廿七	廿八	廿九	三十
正月	甲寅	五黄	日柱		甲寅	乙卯	丙辰	丁巳	戊午	己未	庚申	辛酉	壬戌	癸亥	甲子	乙丑	丙寅	丁卯	戊辰	己巳	庚午	辛未	壬申	癸酉	甲戌	乙亥	丙子	丁丑	戊寅	己卯	庚辰	辛巳	壬午	
			陽暦	月	2	2	2	2	2	2	2	2	2	2	2	2	2	2	2	2	3	3	3	3	3	3	3	3	3	3	3	3	3	
				日	14	15	16	17	18	19	20	21	22	23	24	25	26	27	28	29	1	2	3	4	5	6	7	8	9	10	11	12	13	
二月	乙卯	四緑	日柱		癸未	甲申	乙酉	丙戌	丁亥	戊子	己丑	庚寅	辛卯	壬辰	癸巳	甲午	乙未	丙申	丁酉	戊戌	己亥	庚子	辛丑	壬寅	癸卯	甲辰	乙巳	丙午	丁未	戊申	己酉	庚戌	辛亥	壬子
			陽暦	月	3	3	3	3	3	3	3	3	3	3	3	3	3	3	3	3	3	3	4	4	4	4	4	4	4	4	4	4	4	4
				日	14	15	16	17	18	19	20	21	22	23	24	25	26	27	28	29	30	31	1	2	3	4	5	6	7	8	9	10	11	12
三月	丙辰	三碧	日柱		癸丑	甲寅	乙卯	丙辰	丁巳	戊午	己未	庚申	辛酉	壬戌	癸亥	甲子	乙丑	丙寅	丁卯	戊辰	己巳	庚午	辛未	壬申	癸酉	甲戌	乙亥	丙子	丁丑	戊寅	己卯	庚辰	辛巳	壬午
			陽暦	月	4	4	4	4	4	4	4	4	4	4	4	4	4	4	4	4	4	4	5	5	5	5	5	5	5	5	5	5	5	5
				日	13	14	15	16	17	18	19	20	21	22	23	24	25	26	27	28	29	30	1	2	3	4	5	6	7	8	9	10	11	12
四月	丁巳	二黒	日柱		癸未	甲申	乙酉	丙戌	丁亥	戊子	己丑	庚寅	辛卯	壬辰	癸巳	甲午	乙未	丙申	丁酉	戊戌	己亥	庚子	辛丑	壬寅	癸卯	甲辰	乙巳	丙午	丁未	戊申	己酉	庚戌	辛亥	
			陽暦	月	5	5	5	5	5	5	5	5	5	5	5	5	5	5	5	5	5	5	5	6	6	6	6	6	6	6	6	6	6	
				日	13	14	15	16	17	18	19	20	21	22	23	24	25	26	27	28	29	30	31	1	2	3	4	5	6	7	8	9	10	
五月	戊午	一白	日柱		壬子	癸丑	甲寅	乙卯	丙辰	丁巳	戊午	己未	庚申	辛酉	壬戌	癸亥	甲子	乙丑	丙寅	丁卯	戊辰	己巳	庚午	辛未	壬申	癸酉	甲戌	乙亥	丙子	丁丑	戊寅	己卯	庚辰	辛巳
			陽暦	月	6	6	6	6	6	6	6	6	6	6	6	6	6	6	6	6	6	6	6	6	7	7	7	7	7	7	7	7	7	7
				日	11	12	13	14	15	16	17	18	19	20	21	22	23	24	25	26	27	28	29	30	1	2	3	4	5	6	7	8	9	10
六月	己未	九紫	日柱		壬午	癸未	甲申	乙酉	丙戌	丁亥	戊子	己丑	庚寅	辛卯	壬辰	癸巳	甲午	乙未	丙申	丁酉	戊戌	己亥	庚子	辛丑	壬寅	癸卯	甲辰	乙巳	丙午	丁未	戊申	己酉	庚戌	辛亥
			陽暦	月	7	7	7	7	7	7	7	7	7	7	7	7	7	7	7	7	7	7	7	7	7	8	8	8	8	8	8	8	8	8
				日	11	12	13	14	15	16	17	18	19	20	21	22	23	24	25	26	27	28	29	30	31	1	2	3	4	5	6	7	8	9
七月	庚申	八白	日柱		壬子	癸丑	甲寅	乙卯	丙辰	丁巳	戊午	己未	庚申	辛酉	壬戌	癸亥	甲子	乙丑	丙寅	丁卯	戊辰	己巳	庚午	辛未	壬申	癸酉	甲戌	乙亥	丙子	丁丑	戊寅	己卯	庚辰	
			陽暦	月	8	8	8	8	8	8	8	8	8	8	8	8	8	8	8	8	8	8	8	8	8	8	9	9	9	9	9	9	9	
				日	10	11	12	13	14	15	16	17	18	19	20	21	22	23	24	25	26	27	28	29	30	31	1	2	3	4	5	6	7	
八月	辛酉	七赤	日柱		辛巳	壬午	癸未	甲申	乙酉	丙戌	丁亥	戊子	己丑	庚寅	辛卯	壬辰	癸巳	甲午	乙未	丙申	丁酉	戊戌	己亥	庚子	辛丑	壬寅	癸卯	甲辰	乙巳	丙午	丁未	戊申	己酉	庚戌
			陽暦	月	9	9	9	9	9	9	9	9	9	9	9	9	9	9	9	9	9	9	9	9	9	9	9	10	10	10	10	10	10	10
				日	8	9	10	11	12	13	14	15	16	17	18	19	20	21	22	23	24	25	26	27	28	29	30	1	2	3	4	5	6	7
九月	壬戌	六白	日柱		辛亥	壬子	癸丑	甲寅	乙卯	丙辰	丁巳	戊午	己未	庚申	辛酉	壬戌	癸亥	甲子	乙丑	丙寅	丁卯	戊辰	己巳	庚午	辛未	壬申	癸酉	甲戌	乙亥	丙子	丁丑	戊寅	己卯	
			陽暦	月	10	10	10	10	10	10	10	10	10	10	10	10	10	10	10	10	10	10	10	10	10	10	10	10	11	11	11	11	11	
				日	8	9	10	11	12	13	14	15	16	17	18	19	20	21	22	23	24	25	26	27	28	29	30	31	1	2	3	4	5	
十月	癸亥	五黄	日柱		庚辰	辛巳	壬午	癸未	甲申	乙酉	丙戌	丁亥	戊子	己丑	庚寅	辛卯	壬辰	癸巳	甲午	乙未	丙申	丁酉	戊戌	己亥	庚子	辛丑	壬寅	癸卯	甲辰	乙巳	丙午	丁未	戊申	
			陽暦	月	11	11	11	11	11	11	11	11	11	11	11	11	11	11	11	11	11	11	11	11	11	11	11	11	11	12	12	12	12	
				日	6	7	8	9	10	11	12	13	14	15	16	17	18	19	20	21	22	23	24	25	26	27	28	29	30	1	2	3	4	
十一月	甲子	四緑	日柱		己酉	庚戌	辛亥	壬子	癸丑	甲寅	乙卯	丙辰	丁巳	戊午	己未	庚申	辛酉	壬戌	癸亥	甲子	乙丑	丙寅	丁卯	戊辰	己巳	庚午	辛未	壬申	癸酉	甲戌	乙亥	丙子	丁丑	戊寅
			陽暦	月	12	12	12	12	12	12	12	12	12	12	12	12	12	12	12	12	12	12	12	12	12	12	12	12	12	12	12	1	1	1
				日	5	6	7	8	9	10	11	12	13	14	15	16	17	18	19	20	21	22	23	24	25	26	27	28	29	30	31	1	2	3
十二月	乙丑	三碧	日柱		己卯	庚辰	辛巳	壬午	癸未	甲申	乙酉	丙戌	丁亥	戊子	己丑	庚寅	辛卯	壬辰	癸巳	甲午	乙未	丙申	丁酉	戊戌	己亥	庚子	辛丑	壬寅	癸卯	甲辰	乙巳	丙午	丁未	
			陽暦	月	1	1	1	1	1	1	1	1	1	1	1	1	1	1	1	1	1	1	1	1	1	1	1	1	1	1	1	1	2	
				日	4	5	6	7	8	9	10	11	12	13	14	15	16	17	18	19	20	21	22	23	24	25	26	27	28	29	30	31	1	

2049年【己巳】

月別	月柱	紫白	農暦	初一	初二	初三	初四	初五	初六	初七	初八	初九	初十	十一	十二	十三	十四	十五	十六	十七	十八	十九	二十	廿一	廿二	廿三	廿四	廿五	廿六	廿七	廿八	廿九	三十
正月	丙寅	二黒	日柱	戊申	己酉	庚戌	辛亥	壬子	癸丑	甲寅	乙卯	丙辰	丁巳	戊午	己未	庚申	辛酉	壬戌	癸亥	甲子	乙丑	丙寅	丁卯	戊辰	己巳	庚午	辛未	壬申	癸酉	甲戌	乙亥	丙子	丁丑
			陽暦 月	2	2	2	2	2	2	2	2	2	2	2	2	2	2	2	2	2	2	2	2	2	2	2	2	2	2	2	3	3	3
			陽暦 日	2	3	4	5	6	7	8	9	10	11	12	13	14	15	16	17	18	19	20	21	22	23	24	25	26	27	28	1	2	3
二月	丁卯	一白	日柱	戊寅	己卯	庚辰	辛巳	壬午	癸未	甲申	乙酉	丙戌	丁亥	戊子	己丑	庚寅	辛卯	壬辰	癸巳	甲午	乙未	丙申	丁酉	戊戌	己亥	庚子	辛丑	壬寅	癸卯	甲辰	乙巳	丙午	
			陽暦 月	3	3	3	3	3	3	3	3	3	3	3	3	3	3	3	3	3	3	3	3	3	3	3	3	3	3	3	3	4	
			陽暦 日	4	5	6	7	8	9	10	11	12	13	14	15	16	17	18	19	20	21	22	23	24	25	26	27	28	29	30	31	1	
三月	戊辰	九紫	日柱	丁未	戊申	己酉	庚戌	辛亥	壬子	癸丑	甲寅	乙卯	丙辰	丁巳	戊午	己未	庚申	辛酉	壬戌	癸亥	甲子	乙丑	丙寅	丁卯	戊辰	己巳	庚午	辛未	壬申	癸酉	甲戌	乙亥	丙子
			陽暦 月	4	4	4	4	4	4	4	4	4	4	4	4	4	4	4	4	4	4	4	4	4	4	4	4	4	4	4	4	4	5
			陽暦 日	2	3	4	5	6	7	8	9	10	11	12	13	14	15	16	17	18	19	20	21	22	23	24	25	26	27	28	29	30	1
四月	己巳	八白	日柱	丁丑	戊寅	己卯	庚辰	辛巳	壬午	癸未	甲申	乙酉	丙戌	丁亥	戊子	己丑	庚寅	辛卯	壬辰	癸巳	甲午	乙未	丙申	丁酉	戊戌	己亥	庚子	辛丑	壬寅	癸卯	甲辰	乙巳	
			陽暦 月	5	5	5	5	5	5	5	5	5	5	5	5	5	5	5	5	5	5	5	5	5	5	5	5	5	5	5	5	5	
			陽暦 日	2	3	4	5	6	7	8	9	10	11	12	13	14	15	16	17	18	19	20	21	22	23	24	25	26	27	28	29	30	
五月	庚午	七赤	日柱	丙午	丁未	戊申	己酉	庚戌	辛亥	壬子	癸丑	甲寅	乙卯	丙辰	丁巳	戊午	己未	庚申	辛酉	壬戌	癸亥	甲子	乙丑	丙寅	丁卯	戊辰	己巳	庚午	辛未	壬申	癸酉	甲戌	乙亥
			陽暦 月	5	6	6	6	6	6	6	6	6	6	6	6	6	6	6	6	6	6	6	6	6	6	6	6	6	6	6	6	6	6
			陽暦 日	31	1	2	3	4	5	6	7	8	9	10	11	12	13	14	15	16	17	18	19	20	21	22	23	24	25	26	27	28	29
六月	辛未	六白	日柱	丙子	丁丑	戊寅	己卯	庚辰	辛巳	壬午	癸未	甲申	乙酉	丙戌	丁亥	戊子	己丑	庚寅	辛卯	壬辰	癸巳	甲午	乙未	丙申	丁酉	戊戌	己亥	庚子	辛丑	壬寅	癸卯	甲辰	乙巳
			陽暦 月	6	7	7	7	7	7	7	7	7	7	7	7	7	7	7	7	7	7	7	7	7	7	7	7	7	7	7	7	7	7
			陽暦 日	30	1	2	3	4	5	6	7	8	9	10	11	12	13	14	15	16	17	18	19	20	21	22	23	24	25	26	27	28	29
七月	壬申	五黄	日柱	丙午	丁未	戊申	己酉	庚戌	辛亥	壬子	癸丑	甲寅	乙卯	丙辰	丁巳	戊午	己未	庚申	辛酉	壬戌	癸亥	甲子	乙丑	丙寅	丁卯	戊辰	己巳	庚午	辛未	壬申	癸酉	甲戌	
			陽暦 月	7	7	8	8	8	8	8	8	8	8	8	8	8	8	8	8	8	8	8	8	8	8	8	8	8	8	8	8	8	
			陽暦 日	30	31	1	2	3	4	5	6	7	8	9	10	11	12	13	14	15	16	17	18	19	20	21	22	23	24	25	26	27	
八月	癸酉	四緑	日柱	乙亥	丙子	丁丑	戊寅	己卯	庚辰	辛巳	壬午	癸未	甲申	乙酉	丙戌	丁亥	戊子	己丑	庚寅	辛卯	壬辰	癸巳	甲午	乙未	丙申	丁酉	戊戌	己亥	庚子	辛丑	壬寅	癸卯	甲辰
			陽暦 月	8	8	8	8	9	9	9	9	9	9	9	9	9	9	9	9	9	9	9	9	9	9	9	9	9	9	9	9	9	9
			陽暦 日	28	29	30	31	1	2	3	4	5	6	7	8	9	10	11	12	13	14	15	16	17	18	19	20	21	22	23	24	25	26
九月	甲戌	三碧	日柱	乙巳	丙午	丁未	戊申	己酉	庚戌	辛亥	壬子	癸丑	甲寅	乙卯	丙辰	丁巳	戊午	己未	庚申	辛酉	壬戌	癸亥	甲子	乙丑	丙寅	丁卯	戊辰	己巳	庚午	辛未	壬申	癸酉	甲戌
			陽暦 月	9	9	9	9	10	10	10	10	10	10	10	10	10	10	10	10	10	10	10	10	10	10	10	10	10	10	10	10	10	10
			陽暦 日	27	28	29	30	1	2	3	4	5	6	7	8	9	10	11	12	13	14	15	16	17	18	19	20	21	22	23	24	25	26
十月	乙亥	二黒	日柱	乙亥	丙子	丁丑	戊寅	己卯	庚辰	辛巳	壬午	癸未	甲申	乙酉	丙戌	丁亥	戊子	己丑	庚寅	辛卯	壬辰	癸巳	甲午	乙未	丙申	丁酉	戊戌	己亥	庚子	辛丑	壬寅	癸卯	
			陽暦 月	10	10	10	10	10	11	11	11	11	11	11	11	11	11	11	11	11	11	11	11	11	11	11	11	11	11	11	11	11	
			陽暦 日	27	28	29	30	31	1	2	3	4	5	6	7	8	9	10	11	12	13	14	15	16	17	18	19	20	21	22	23	24	
十一月	丙子	一白	日柱	甲辰	乙巳	丙午	丁未	戊申	己酉	庚戌	辛亥	壬子	癸丑	甲寅	乙卯	丙辰	丁巳	戊午	己未	庚申	辛酉	壬戌	癸亥	甲子	乙丑	丙寅	丁卯	戊辰	己巳	庚午	辛未	壬申	癸酉
			陽暦 月	11	11	11	11	11	11	12	12	12	12	12	12	12	12	12	12	12	12	12	12	12	12	12	12	12	12	12	12	12	12
			陽暦 日	25	26	27	28	29	30	1	2	3	4	5	6	7	8	9	10	11	12	13	14	15	16	17	18	19	20	21	22	23	24
十二月	丁丑	九紫	日柱	甲戌	乙亥	丙子	丁丑	戊寅	己卯	庚辰	辛巳	壬午	癸未	甲申	乙酉	丙戌	丁亥	戊子	己丑	庚寅	辛卯	壬辰	癸巳	甲午	乙未	丙申	丁酉	戊戌	己亥	庚子	辛丑	壬寅	
			陽暦 月	12	12	12	12	12	12	12	1	1	1	1	1	1	1	1	1	1	1	1	1	1	1	1	1	1	1	1	1	1	
			陽暦 日	25	26	27	28	29	30	31	1	2	3	4	5	6	7	8	9	10	11	12	13	14	15	16	17	18	19	20	21	22	

2050年【庚午】

月別	月柱	紫白	農暦		初一	初二	初三	初四	初五	初六	初七	初八	初九	初十	十一	十二	十三	十四	十五	十六	十七	十八	十九	二十	廿一	廿二	廿三	廿四	廿五	廿六	廿七	廿八	廿九	三十
正月	戊寅	八白	日柱		癸卯	甲辰	乙巳	丙午	丁未	戊申	己酉	庚戌	辛亥	壬子	癸丑	甲寅	乙卯	丙辰	丁巳	戊午	己未	庚申	辛酉	壬戌	癸亥	甲子	乙丑	丙寅	丁卯	戊辰	己巳	庚午	辛未	
			陽暦	月	1	1	1	1	1	1	1	1	1	2	2	2	2	2	2	2	2	2	2	2	2	2	2	2	2	2	2	2	2	
				日	23	24	25	26	27	28	29	30	31	1	2	3	4	5	6	7	8	9	10	11	12	13	14	15	16	17	18	19	20	
二月	己卯	七赤	日柱		壬申	癸酉	甲戌	乙亥	丙子	丁丑	戊寅	己卯	庚辰	辛巳	壬午	癸未	甲申	乙酉	丙戌	丁亥	戊子	己丑	庚寅	辛卯	壬辰	癸巳	甲午	乙未	丙申	丁酉	戊戌	己亥	庚子	辛丑
			陽暦	月	2	2	2	2	2	2	2	2	3	3	3	3	3	3	3	3	3	3	3	3	3	3	3	3	3	3	3	3	3	3
				日	21	22	23	24	25	26	27	28	1	2	3	4	5	6	7	8	9	10	11	12	13	14	15	16	17	18	19	20	21	22
三月	庚辰	六白	日柱		壬寅	癸卯	甲辰	乙巳	丙午	丁未	戊申	己酉	庚戌	辛亥	壬子	癸丑	甲寅	乙卯	丙辰	丁巳	戊午	己未	庚申	辛酉	壬戌	癸亥	甲子	乙丑	丙寅	丁卯	戊辰	己巳	庚午	
			陽暦	月	3	3	3	3	3	3	3	3	3	4	4	4	4	4	4	4	4	4	4	4	4	4	4	4	4	4	4	4	4	
				日	23	24	25	26	27	28	29	30	31	1	2	3	4	5	6	7	8	9	10	11	12	13	14	15	16	17	18	19	20	
閏三月			日柱		辛未	壬申	癸酉	甲戌	乙亥	丙子	丁丑	戊寅	己卯	庚辰	辛巳	壬午	癸未	甲申	乙酉	丙戌	丁亥	戊子	己丑	庚寅	辛卯	壬辰	癸巳	甲午	乙未	丙申	丁酉	戊戌	己亥	庚子
			陽暦	月	4	4	4	4	4	4	4	4	4	4	5	5	5	5	5	5	5	5	5	5	5	5	5	5	5	5	5	5	5	5
				日	21	22	23	24	25	26	27	28	29	30	1	2	3	4	5	6	7	8	9	10	11	12	13	14	15	16	17	18	19	20
四月	辛巳	五黄	日柱		辛丑	壬寅	癸卯	甲辰	乙巳	丙午	丁未	戊申	己酉	庚戌	辛亥	壬子	癸丑	甲寅	乙卯	丙辰	丁巳	戊午	己未	庚申	辛酉	壬戌	癸亥	甲子	乙丑	丙寅	丁卯	戊辰	己巳	
			陽暦	月	5	5	5	5	5	5	5	5	5	5	5	6	6	6	6	6	6	6	6	6	6	6	6	6	6	6	6	6	6	
				日	21	22	23	24	25	26	27	28	29	30	31	1	2	3	4	5	6	7	8	9	10	11	12	13	14	15	16	17	18	
五月	壬午	四緑	日柱		庚午	辛未	壬申	癸酉	甲戌	乙亥	丙子	丁丑	戊寅	己卯	庚辰	辛巳	壬午	癸未	甲申	乙酉	丙戌	丁亥	戊子	己丑	庚寅	辛卯	壬辰	癸巳	甲午	乙未	丙申	丁酉	戊戌	己亥
			陽暦	月	6	6	6	6	6	6	6	6	6	6	6	6	7	7	7	7	7	7	7	7	7	7	7	7	7	7	7	7	7	7
				日	19	20	21	22	23	24	25	26	27	28	29	30	1	2	3	4	5	6	7	8	9	10	11	12	13	14	15	16	17	18
六月	癸未	三碧	日柱		庚子	辛丑	壬寅	癸卯	甲辰	乙巳	丙午	丁未	戊申	己酉	庚戌	辛亥	壬子	癸丑	甲寅	乙卯	丙辰	丁巳	戊午	己未	庚申	辛酉	壬戌	癸亥	甲子	乙丑	丙寅	丁卯	戊辰	
			陽暦	月	7	7	7	7	7	7	7	7	7	7	7	7	7	8	8	8	8	8	8	8	8	8	8	8	8	8	8	8	8	
				日	19	20	21	22	23	24	25	26	27	28	29	30	31	1	2	3	4	5	6	7	8	9	10	11	12	13	14	15	16	
七月	甲申	二黒	日柱		己巳	庚午	辛未	壬申	癸酉	甲戌	乙亥	丙子	丁丑	戊寅	己卯	庚辰	辛巳	壬午	癸未	甲申	乙酉	丙戌	丁亥	戊子	己丑	庚寅	辛卯	壬辰	癸巳	甲午	乙未	丙申	丁酉	戊戌
			陽暦	月	8	8	8	8	8	8	8	8	8	8	8	8	8	8	8	9	9	9	9	9	9	9	9	9	9	9	9	9	9	9
				日	17	18	19	20	21	22	23	24	25	26	27	28	29	30	31	1	2	3	4	5	6	7	8	9	10	11	12	13	14	15
八月	乙酉	一白	日柱		己亥	庚子	辛丑	壬寅	癸卯	甲辰	乙巳	丙午	丁未	戊申	己酉	庚戌	辛亥	壬子	癸丑	甲寅	乙卯	丙辰	丁巳	戊午	己未	庚申	辛酉	壬戌	癸亥	甲子	乙丑	丙寅	丁卯	戊辰
			陽暦	月	9	9	9	9	9	9	9	9	9	9	9	9	9	9	9	10	10	10	10	10	10	10	10	10	10	10	10	10	10	10
				日	16	17	18	19	20	21	22	23	24	25	26	27	28	29	30	1	2	3	4	5	6	7	8	9	10	11	12	13	14	15
九月	丙戌	九紫	日柱		己巳	庚午	辛未	壬申	癸酉	甲戌	乙亥	丙子	丁丑	戊寅	己卯	庚辰	辛巳	壬午	癸未	甲申	乙酉	丙戌	丁亥	戊子	己丑	庚寅	辛卯	壬辰	癸巳	甲午	乙未	丙申	丁酉	
			陽暦	月	10	10	10	10	10	10	10	10	10	10	10	10	10	10	10	10	11	11	11	11	11	11	11	11	11	11	11	11	11	
				日	16	17	18	19	20	21	22	23	24	25	26	27	28	29	30	31	1	2	3	4	5	6	7	8	9	10	11	12	13	
十月	丁亥	八白	日柱		戊戌	己亥	庚子	辛丑	壬寅	癸卯	甲辰	乙巳	丙午	丁未	戊申	己酉	庚戌	辛亥	壬子	癸丑	甲寅	乙卯	丙辰	丁巳	戊午	己未	庚申	辛酉	壬戌	癸亥	甲子	乙丑	丙寅	丁卯
			陽暦	月	11	11	11	11	11	11	11	11	11	11	11	11	11	11	11	11	11	12	12	12	12	12	12	12	12	12	12	12	12	12
				日	14	15	16	17	18	19	20	21	22	23	24	25	26	27	28	29	30	1	2	3	4	5	6	7	8	9	10	11	12	13
十一月	戊子	七赤	日柱		戊辰	己巳	庚午	辛未	壬申	癸酉	甲戌	乙亥	丙子	丁丑	戊寅	己卯	庚辰	辛巳	壬午	癸未	甲申	乙酉	丙戌	丁亥	戊子	己丑	庚寅	辛卯	壬辰	癸巳	甲午	乙未	丙申	丁酉
			陽暦	月	12	12	12	12	12	12	12	12	12	12	12	12	12	12	12	12	12	12	1	1	1	1	1	1	1	1	1	1	1	1
				日	14	15	16	17	18	19	20	21	22	23	24	25	26	27	28	29	30	31	1	2	3	4	5	6	7	8	9	10	11	12
十二月	己丑	六白	日柱		戊戌	己亥	庚子	辛丑	壬寅	癸卯	甲辰	乙巳	丙午	丁未	戊申	己酉	庚戌	辛亥	壬子	癸丑	甲寅	乙卯	丙辰	丁巳	戊午	己未	庚申	辛酉	壬戌	癸亥	甲子	乙丑	丙寅	
			陽暦	月	1	1	1	1	1	1	1	1	1	1	1	1	1	1	1	1	1	1	1	2	2	2	2	2	2	2	2	2	2	
				日	13	14	15	16	17	18	19	20	21	22	23	24	25	26	27	28	29	30	31	1	2	3	4	5	6	7	8	9	10	

2051年【辛未】

月別	月柱	紫白	農暦		初一	初二	初三	初四	初五	初六	初七	初八	初九	初十	十一	十二	十三	十四	十五	十六	十七	十八	十九	二十	廿一	廿二	廿三	廿四	廿五	廿六	廿七	廿八	廿九	三十
正月	庚寅	五黄	日柱		丁卯	戊辰	己巳	庚午	辛未	壬申	癸酉	甲戌	乙亥	丙子	丁丑	戊寅	己卯	庚辰	辛巳	壬午	癸未	甲申	乙酉	丙戌	丁亥	戊子	己丑	庚寅	辛卯	壬辰	癸巳	甲午	乙未	丙申
			陽暦	月	2	2	2	2	2	2	2	2	2	2	2	2	2	2	2	2	2	2	3	3	3	3	3	3	3	3	3	3	3	3
				日	11	12	13	14	15	16	17	18	19	20	21	22	23	24	25	26	27	28	1	2	3	4	5	6	7	8	9	10	11	12
二月	辛卯	四緑	日柱		丁酉	戊戌	己亥	庚子	辛丑	壬寅	癸卯	甲辰	乙巳	丙午	丁未	戊申	己酉	庚戌	辛亥	壬子	癸丑	甲寅	乙卯	丙辰	丁巳	戊午	己未	庚申	辛酉	壬戌	癸亥	甲子	乙丑	
			陽暦	月	3	3	3	3	3	3	3	3	3	3	3	3	3	3	3	3	3	3	3	4	4	4	4	4	4	4	4	4	4	
				日	13	14	15	16	17	18	19	20	21	22	23	24	25	26	27	28	29	30	31	1	2	3	4	5	6	7	8	9	10	
三月	壬辰	三碧	日柱		丙寅	丁卯	戊辰	己巳	庚午	辛未	壬申	癸酉	甲戌	乙亥	丙子	丁丑	戊寅	己卯	庚辰	辛巳	壬午	癸未	甲申	乙酉	丙戌	丁亥	戊子	己丑	庚寅	辛卯	壬辰	癸巳	甲午	
			陽暦	月	4	4	4	4	4	4	4	4	4	4	4	4	4	4	4	4	4	4	4	4	5	5	5	5	5	5	5	5	5	
				日	11	12	13	14	15	16	17	18	19	20	21	22	23	24	25	26	27	28	29	30	1	2	3	4	5	6	7	8	9	
四月	癸巳	二黒	日柱		乙未	丙申	丁酉	戊戌	己亥	庚子	辛丑	壬寅	癸卯	甲辰	乙巳	丙午	丁未	戊申	己酉	庚戌	辛亥	壬子	癸丑	甲寅	乙卯	丙辰	丁巳	戊午	己未	庚申	辛酉	壬戌	癸亥	甲子
			陽暦	月	5	5	5	5	5	5	5	5	5	5	5	5	5	5	5	5	5	5	5	5	5	5	6	6	6	6	6	6	6	6
				日	10	11	12	13	14	15	16	17	18	19	20	21	22	23	24	25	26	27	28	29	30	31	1	2	3	4	5	6	7	8
五月	甲午	一白	日柱		乙丑	丙寅	丁卯	戊辰	己巳	庚午	辛未	壬申	癸酉	甲戌	乙亥	丙子	丁丑	戊寅	己卯	庚辰	辛巳	壬午	癸未	甲申	乙酉	丙戌	丁亥	戊子	己丑	庚寅	辛卯	壬辰	癸巳	
			陽暦	月	6	6	6	6	6	6	6	6	6	6	6	6	6	6	6	6	6	6	6	6	6	6	7	7	7	7	7	7	7	
				日	9	10	11	12	13	14	15	16	17	18	19	20	21	22	23	24	25	26	27	28	29	30	1	2	3	4	5	6	7	
六月	乙未	九紫	日柱		甲午	乙未	丙申	丁酉	戊戌	己亥	庚子	辛丑	壬寅	癸卯	甲辰	乙巳	丙午	丁未	戊申	己酉	庚戌	辛亥	壬子	癸丑	甲寅	乙卯	丙辰	丁巳	戊午	己未	庚申	辛酉	壬戌	
			陽暦	月	7	7	7	7	7	7	7	7	7	7	7	7	7	7	7	7	7	7	7	7	7	7	7	7	8	8	8	8	8	
				日	8	9	10	11	12	13	14	15	16	17	18	19	20	21	22	23	24	25	26	27	28	29	30	31	1	2	3	4	5	
七月	丙申	八白	日柱		癸亥	甲子	乙丑	丙寅	丁卯	戊辰	己巳	庚午	辛未	壬申	癸酉	甲戌	乙亥	丙子	丁丑	戊寅	己卯	庚辰	辛巳	壬午	癸未	甲申	乙酉	丙戌	丁亥	戊子	己丑	庚寅	辛卯	壬辰
			陽暦	月	8	8	8	8	8	8	8	8	8	8	8	8	8	8	8	8	8	8	8	8	8	8	8	8	8	8	9	9	9	9
				日	6	7	8	9	10	11	12	13	14	15	16	17	18	19	20	21	22	23	24	25	26	27	28	29	30	31	1	2	3	4
八月	丁酉	七赤	日柱		癸巳	甲午	乙未	丙申	丁酉	戊戌	己亥	庚子	辛丑	壬寅	癸卯	甲辰	乙巳	丙午	丁未	戊申	己酉	庚戌	辛亥	壬子	癸丑	甲寅	乙卯	丙辰	丁巳	戊午	己未	庚申	辛酉	壬戌
			陽暦	月	9	9	9	9	9	9	9	9	9	9	9	9	9	9	9	9	9	9	9	9	9	9	9	9	9	9	10	10	10	10
				日	5	6	7	8	9	10	11	12	13	14	15	16	17	18	19	20	21	22	23	24	25	26	27	28	29	30	1	2	3	4
九月	戊戌	六白	日柱		癸亥	甲子	乙丑	丙寅	丁卯	戊辰	己巳	庚午	辛未	壬申	癸酉	甲戌	乙亥	丙子	丁丑	戊寅	己卯	庚辰	辛巳	壬午	癸未	甲申	乙酉	丙戌	丁亥	戊子	己丑	庚寅	辛卯	
			陽暦	月	10	10	10	10	10	10	10	10	10	10	10	10	10	10	10	10	10	10	10	10	10	10	10	10	10	10	10	11	11	
				日	5	6	7	8	9	10	11	12	13	14	15	16	17	18	19	20	21	22	23	24	25	26	27	28	29	30	31	1	2	
十月	己亥	五黄	日柱		壬辰	癸巳	甲午	乙未	丙申	丁酉	戊戌	己亥	庚子	辛丑	壬寅	癸卯	甲辰	乙巳	丙午	丁未	戊申	己酉	庚戌	辛亥	壬子	癸丑	甲寅	乙卯	丙辰	丁巳	戊午	己未	庚申	辛酉
			陽暦	月	11	11	11	11	11	11	11	11	11	11	11	11	11	11	11	11	11	11	11	11	11	11	11	11	11	11	11	11	12	12
				日	3	4	5	6	7	8	9	10	11	12	13	14	15	16	17	18	19	20	21	22	23	24	25	26	27	28	29	30	1	2
十一月	庚子	四緑	日柱		壬戌	癸亥	甲子	乙丑	丙寅	丁卯	戊辰	己巳	庚午	辛未	壬申	癸酉	甲戌	乙亥	丙子	丁丑	戊寅	己卯	庚辰	辛巳	壬午	癸未	甲申	乙酉	丙戌	丁亥	戊子	己丑	庚寅	辛卯
			陽暦	月	11	11	11	11	12	12	12	12	12	12	12	12	12	12	12	12	12	12	12	12	12	12	12	12	12	12	12	12	12	1
				日	3	4	5	6	7	8	9	10	11	12	13	14	15	16	17	18	19	20	21	22	23	24	25	26	27	28	29	30	31	1
十二月	辛丑	三碧	日柱		壬辰	癸巳	甲午	乙未	丙申	丁酉	戊戌	己亥	庚子	辛丑	壬寅	癸卯	甲辰	乙巳	丙午	丁未	戊申	己酉	庚戌	辛亥	壬子	癸丑	甲寅	乙卯	丙辰	丁巳	戊午	己未	庚申	辛酉
			陽暦	月	1	1	1	1	1	1	1	1	1	1	1	1	1	1	1	1	1	1	1	1	1	1	1	1	1	1	1	1	1	1
				日	2	3	4	5	6	7	8	9	10	11	12	13	14	15	16	17	18	19	20	21	22	23	24	25	26	27	28	29	30	31

2052年【壬申】

月別	月柱	紫白	農暦		初一	初二	初三	初四	初五	初六	初七	初八	初九	初十	十一	十二	十三	十四	十五	十六	十七	十八	十九	二十	廿一	廿二	廿三	廿四	廿五	廿六	廿七	廿八	廿九	三十
正月	壬寅	二黒	日柱		壬戌	癸亥	甲子	乙丑	丙寅	丁卯	戊辰	己巳	庚午	辛未	壬申	癸酉	甲戌	乙亥	丙子	丁丑	戊寅	己卯	庚辰	辛巳	壬午	癸未	甲申	乙酉	丙戌	丁亥	戊子	己丑	庚寅	
			陽暦	月	2	2	2	2	2	2	2	2	2	2	2	2	2	2	2	2	2	2	2	2	2	2	2	2	2	2	2	2	2	
				日	1	2	3	4	5	6	7	8	9	10	11	12	13	14	15	16	17	18	19	20	21	22	23	24	25	26	27	28	29	
二月	癸卯	一白	日柱		辛卯	壬辰	癸巳	甲午	乙未	丙申	丁酉	戊戌	己亥	庚子	辛丑	壬寅	癸卯	甲辰	乙巳	丙午	丁未	戊申	己酉	庚戌	辛亥	壬子	癸丑	甲寅	乙卯	丙辰	丁巳	戊午	己未	庚申
			陽暦	月	3	3	3	3	3	3	3	3	3	3	3	3	3	3	3	3	3	3	3	3	3	3	3	3	3	3	3	3	3	3
				日	1	2	3	4	5	6	7	8	9	10	11	12	13	14	15	16	17	18	19	20	21	22	23	24	25	26	27	28	29	30
三月	甲辰	九紫	日柱		辛酉	壬戌	癸亥	甲子	乙丑	丙寅	丁卯	戊辰	己巳	庚午	辛未	壬申	癸酉	甲戌	乙亥	丙子	丁丑	戊寅	己卯	庚辰	辛巳	壬午	癸未	甲申	乙酉	丙戌	丁亥	戊子	己丑	
			陽暦	月	3	4	4	4	4	4	4	4	4	4	4	4	4	4	4	4	4	4	4	4	4	4	4	4	4	4	4	4	4	
				日	31	1	2	3	4	5	6	7	8	9	10	11	12	13	14	15	16	17	18	19	20	21	22	23	24	25	26	27	28	
四月	乙巳	八白	日柱		庚寅	辛卯	壬辰	癸巳	甲午	乙未	丙申	丁酉	戊戌	己亥	庚子	辛丑	壬寅	癸卯	甲辰	乙巳	丙午	丁未	戊申	己酉	庚戌	辛亥	壬子	癸丑	甲寅	乙卯	丙辰	丁巳	戊午	
			陽暦	月	4	4	5	5	5	5	5	5	5	5	5	5	5	5	5	5	5	5	5	5	5	5	5	5	5	5	5	5	5	
				日	29	30	1	2	3	4	5	6	7	8	9	10	11	12	13	14	15	16	17	18	19	20	21	22	23	24	25	26	27	
五月	丙午	七赤	日柱		己未	庚申	辛酉	壬戌	癸亥	甲子	乙丑	丙寅	丁卯	戊辰	己巳	庚午	辛未	壬申	癸酉	甲戌	乙亥	丙子	丁丑	戊寅	己卯	庚辰	辛巳	壬午	癸未	甲申	乙酉	丙戌	丁亥	戊子
			陽暦	月	5	5	5	5	6	6	6	6	6	6	6	6	6	6	6	6	6	6	6	6	6	6	6	6	6	6	6	6	6	6
				日	28	29	30	31	1	2	3	4	5	6	7	8	9	10	11	12	13	14	15	16	17	18	19	20	21	22	23	24	25	26
六月	丁未	六白	日柱		己丑	庚寅	辛卯	壬辰	癸巳	甲午	乙未	丙申	丁酉	戊戌	己亥	庚子	辛丑	壬寅	癸卯	甲辰	乙巳	丙午	丁未	戊申	己酉	庚戌	辛亥	壬子	癸丑	甲寅	乙卯	丙辰	丁巳	
			陽暦	月	6	6	6	6	7	7	7	7	7	7	7	7	7	7	7	7	7	7	7	7	7	7	7	7	7	7	7	7	7	
				日	27	28	29	30	1	2	3	4	5	6	7	8	9	10	11	12	13	14	15	16	17	18	19	20	21	22	23	24	25	
七月	戊申	五黄	日柱		戊午	己未	庚申	辛酉	壬戌	癸亥	甲子	乙丑	丙寅	丁卯	戊辰	己巳	庚午	辛未	壬申	癸酉	甲戌	乙亥	丙子	丁丑	戊寅	己卯	庚辰	辛巳	壬午	癸未	甲申	乙酉	丙戌	
			陽暦	月	7	7	7	7	7	7	8	8	8	8	8	8	8	8	8	8	8	8	8	8	8	8	8	8	8	8	8	8	8	
				日	26	27	28	29	30	31	1	2	3	4	5	6	7	8	9	10	11	12	13	14	15	16	17	18	19	20	21	22	23	
八月	己酉	四緑	日柱		丁亥	戊子	己丑	庚寅	辛卯	壬辰	癸巳	甲午	乙未	丙申	丁酉	戊戌	己亥	庚子	辛丑	壬寅	癸卯	甲辰	乙巳	丙午	丁未	戊申	己酉	庚戌	辛亥	壬子	癸丑	甲寅	乙卯	丙辰
			陽暦	月	8	8	8	8	8	8	8	8	9	9	9	9	9	9	9	9	9	9	9	9	9	9	9	9	9	9	9	9	9	9
				日	24	25	26	27	28	29	30	31	1	2	3	4	5	6	7	8	9	10	11	12	13	14	15	16	17	18	19	20	21	22
閏八月			日柱		丁巳	戊午	己未	庚申	辛酉	壬戌	癸亥	甲子	乙丑	丙寅	丁卯	戊辰	己巳	庚午	辛未	壬申	癸酉	甲戌	乙亥	丙子	丁丑	戊寅	己卯	庚辰	辛巳	壬午	癸未	甲申	乙酉	
			陽暦	月	9	9	9	9	9	9	9	9	10	10	10	10	10	10	10	10	10	10	10	10	10	10	10	10	10	10	10	10	10	
				日	23	24	25	26	27	28	29	30	1	2	3	4	5	6	7	8	9	10	11	12	13	14	15	16	17	18	19	20	21	
九月	庚戌	三碧	日柱		丙戌	丁亥	戊子	己丑	庚寅	辛卯	壬辰	癸巳	甲午	乙未	丙申	丁酉	戊戌	己亥	庚子	辛丑	壬寅	癸卯	甲辰	乙巳	丙午	丁未	戊申	己酉	庚戌	辛亥	壬子	癸丑	甲寅	乙卯
			陽暦	月	10	10	10	10	10	10	10	10	10	10	11	11	11	11	11	11	11	11	11	11	11	11	11	11	11	11	11	11	11	11
				日	22	23	24	25	26	27	28	29	30	31	1	2	3	4	5	6	7	8	9	10	11	12	13	14	15	16	17	18	19	20
十月	辛亥	二黒	日柱		丙辰	丁巳	戊午	己未	庚申	辛酉	壬戌	癸亥	甲子	乙丑	丙寅	丁卯	戊辰	己巳	庚午	辛未	壬申	癸酉	甲戌	乙亥	丙子	丁丑	戊寅	己卯	庚辰	辛巳	壬午	癸未	甲申	乙酉
			陽暦	月	11	11	11	11	11	11	11	11	11	11	12	12	12	12	12	12	12	12	12	12	12	12	12	12	12	12	12	12	12	12
				日	21	22	23	24	25	26	27	28	29	30	1	2	3	4	5	6	7	8	9	10	11	12	13	14	15	16	17	18	19	20
十一月	壬子	一白	日柱		丙戌	丁亥	戊子	己丑	庚寅	辛卯	壬辰	癸巳	甲午	乙未	丙申	丁酉	戊戌	己亥	庚子	辛丑	壬寅	癸卯	甲辰	乙巳	丙午	丁未	戊申	己酉	庚戌	辛亥	壬子	癸丑	甲寅	乙卯
			陽暦	月	12	12	12	12	12	12	12	12	12	12	12	1	1	1	1	1	1	1	1	1	1	1	1	1	1	1	1	1	1	1
				日	21	22	23	24	25	26	27	28	29	30	31	1	2	3	4	5	6	7	8	9	10	11	12	13	14	15	16	17	18	19
十二月	癸丑	九紫	日柱		丙辰	丁巳	戊午	己未	庚申	辛酉	壬戌	癸亥	甲子	乙丑	丙寅	丁卯	戊辰	己巳	庚午	辛未	壬申	癸酉	甲戌	乙亥	丙子	丁丑	戊寅	己卯	庚辰	辛巳	壬午	癸未	甲申	乙酉
			陽暦	月	1	1	1	1	1	1	1	1	1	1	1	1	2	2	2	2	2	2	2	2	2	2	2	2	2	2	2	2	2	2
				日	20	21	22	23	24	25	26	27	28	29	30	31	1	2	3	4	5	6	7	8	9	10	11	12	13	14	15	16	17	18

2053年【癸酉】

月別	月柱	紫白	農暦		初一	初二	初三	初四	初五	初六	初七	初八	初九	初十	十一	十二	十三	十四	十五	十六	十七	十八	十九	二十	廿一	廿二	廿三	廿四	廿五	廿六	廿七	廿八	廿九	三十
正月	甲寅	八白	日柱		丙戌	丁亥	戊子	己丑	庚寅	辛卯	壬辰	癸巳	甲午	乙未	丙申	丁酉	戊戌	己亥	庚子	辛丑	壬寅	癸卯	甲辰	乙巳	丙午	丁未	戊申	己酉	庚戌	辛亥	壬子	癸丑	甲寅	
			陽暦	月	2	2	2	2	2	2	2	2	2	2	3	3	3	3	3	3	3	3	3	3	3	3	3	3	3	3	3	3	3	
				日	19	20	21	22	23	24	25	26	27	28	1	2	3	4	5	6	7	8	9	10	11	12	13	14	15	16	17	18	19	
二月	乙卯	七赤	日柱		乙卯	丙辰	丁巳	戊午	己未	庚申	辛酉	壬戌	癸亥	甲子	乙丑	丙寅	丁卯	戊辰	己巳	庚午	辛未	壬申	癸酉	甲戌	乙亥	丙子	丁丑	戊寅	己卯	庚辰	辛巳	壬午	癸未	甲申
			陽暦	月	3	3	3	3	3	3	3	3	3	3	3	3	4	4	4	4	4	4	4	4	4	4	4	4	4	4	4	4	4	4
				日	20	21	22	23	24	25	26	27	28	29	30	31	1	2	3	4	5	6	7	8	9	10	11	12	13	14	15	16	17	18
三月	丙辰	六白	日柱		乙酉	丙戌	丁亥	戊子	己丑	庚寅	辛卯	壬辰	癸巳	甲午	乙未	丙申	丁酉	戊戌	己亥	庚子	辛丑	壬寅	癸卯	甲辰	乙巳	丙午	丁未	戊申	己酉	庚戌	辛亥	壬子	癸丑	
			陽暦	月	4	4	4	4	4	4	4	4	4	4	4	4	5	5	5	5	5	5	5	5	5	5	5	5	5	5	5	5	5	
				日	19	20	21	22	23	24	25	26	27	28	29	30	1	2	3	4	5	6	7	8	9	10	11	12	13	14	15	16	17	
四月	丁巳	五黄	日柱		甲寅	乙卯	丙辰	丁巳	戊午	己未	庚申	辛酉	壬戌	癸亥	甲子	乙丑	丙寅	丁卯	戊辰	己巳	庚午	辛未	壬申	癸酉	甲戌	乙亥	丙子	丁丑	戊寅	己卯	庚辰	辛巳	壬午	
			陽暦	月	5	5	5	5	5	5	5	5	5	5	5	5	5	5	6	6	6	6	6	6	6	6	6	6	6	6	6	6	6	
				日	18	19	20	21	22	23	24	25	26	27	28	29	30	31	1	2	3	4	5	6	7	8	9	10	11	12	13	14	15	
五月	戊午	四緑	日柱		癸未	甲申	乙酉	丙戌	丁亥	戊子	己丑	庚寅	辛卯	壬辰	癸巳	甲午	乙未	丙申	丁酉	戊戌	己亥	庚子	辛丑	壬寅	癸卯	甲辰	乙巳	丙午	丁未	戊申	己酉	庚戌	辛亥	壬子
			陽暦	月	6	6	6	6	6	6	6	6	6	6	6	6	6	6	6	7	7	7	7	7	7	7	7	7	7	7	7	7	7	7
				日	16	17	18	19	20	21	22	23	24	25	26	27	28	29	30	1	2	3	4	5	6	7	8	9	10	11	12	13	14	15
六月	己未	三碧	日柱		癸丑	甲寅	乙卯	丙辰	丁巳	戊午	己未	庚申	辛酉	壬戌	癸亥	甲子	乙丑	丙寅	丁卯	戊辰	己巳	庚午	辛未	壬申	癸酉	甲戌	乙亥	丙子	丁丑	戊寅	己卯	庚辰	辛巳	
			陽暦	月	7	7	7	7	7	7	7	7	7	7	7	7	7	7	7	7	8	8	8	8	8	8	8	8	8	8	8	8	8	
				日	16	17	18	19	20	21	22	23	24	25	26	27	28	29	30	31	1	2	3	4	5	6	7	8	9	10	11	12	13	
七月	庚申	二黒	日柱		壬午	癸未	甲申	乙酉	丙戌	丁亥	戊子	己丑	庚寅	辛卯	壬辰	癸巳	甲午	乙未	丙申	丁酉	戊戌	己亥	庚子	辛丑	壬寅	癸卯	甲辰	乙巳	丙午	丁未	戊申	己酉	庚戌	
			陽暦	月	8	8	8	8	8	8	8	8	8	8	8	8	8	8	8	8	8	8	9	9	9	9	9	9	9	9	9	9	9	
				日	14	15	16	17	18	19	20	21	22	23	24	25	26	27	28	29	30	31	1	2	3	4	5	6	7	8	9	10	11	
八月	辛酉	一白	日柱		辛亥	壬子	癸丑	甲寅	乙卯	丙辰	丁巳	戊午	己未	庚申	辛酉	壬戌	癸亥	甲子	乙丑	丙寅	丁卯	戊辰	己巳	庚午	辛未	壬申	癸酉	甲戌	乙亥	丙子	丁丑	戊寅	己卯	庚辰
			陽暦	月	9	9	9	9	9	9	9	9	9	9	9	9	9	9	9	9	9	9	9	10	10	10	10	10	10	10	10	10	10	10
				日	12	13	14	15	16	17	18	19	20	21	22	23	24	25	26	27	28	29	30	1	2	3	4	5	6	7	8	9	10	11
九月	壬戌	九紫	日柱		辛巳	壬午	癸未	甲申	乙酉	丙戌	丁亥	戊子	己丑	庚寅	辛卯	壬辰	癸巳	甲午	乙未	丙申	丁酉	戊戌	己亥	庚子	辛丑	壬寅	癸卯	甲辰	乙巳	丙午	丁未	戊申	己酉	
			陽暦	月	10	10	10	10	10	10	10	10	10	10	10	10	10	10	10	10	10	10	10	10	11	11	11	11	11	11	11	11	11	
				日	12	13	14	15	16	17	18	19	20	21	22	23	24	25	26	27	28	29	30	31	1	2	3	4	5	6	7	8	9	
十月	癸亥	八白	日柱		庚戌	辛亥	壬子	癸丑	甲寅	乙卯	丙辰	丁巳	戊午	己未	庚申	辛酉	壬戌	癸亥	甲子	乙丑	丙寅	丁卯	戊辰	己巳	庚午	辛未	壬申	癸酉	甲戌	乙亥	丙子	丁丑	戊寅	己卯
			陽暦	月	11	11	11	11	11	11	11	11	11	11	11	11	11	11	11	11	11	11	11	11	11	12	12	12	12	12	12	12	12	12
				日	10	11	12	13	14	15	16	17	18	19	20	21	22	23	24	25	26	27	28	29	30	1	2	3	4	5	6	7	8	9
十一月	甲子	七赤	日柱		庚辰	辛巳	壬午	癸未	甲申	乙酉	丙戌	丁亥	戊子	己丑	庚寅	辛卯	壬辰	癸巳	甲午	乙未	丙申	丁酉	戊戌	己亥	庚子	辛丑	壬寅	癸卯	甲辰	乙巳	丙午	丁未	戊申	己酉
			陽暦	月	12	12	12	12	12	12	12	12	12	12	12	12	12	12	12	12	12	12	12	12	12	12	1	1	1	1	1	1	1	1
				日	10	11	12	13	14	15	16	17	18	19	20	21	22	23	24	25	26	27	28	29	30	31	1	2	3	4	5	6	7	8
十二月	乙丑	六白	日柱		庚戌	辛亥	壬子	癸丑	甲寅	乙卯	丙辰	丁巳	戊午	己未	庚申	辛酉	壬戌	癸亥	甲子	乙丑	丙寅	丁卯	戊辰	己巳	庚午	辛未	壬申	癸酉	甲戌	乙亥	丙子	丁丑	戊寅	己卯
			陽暦	月	1	1	1	1	1	1	1	1	1	1	1	1	1	1	1	1	1	1	1	1	1	1	1	2	2	2	2	2	2	2
				日	9	10	11	12	13	14	15	16	17	18	19	20	21	22	23	24	25	26	27	28	29	30	31	1	2	3	4	5	6	7

2054年【甲戌】

月別	月柱	紫白	農暦		初一	初二	初三	初四	初五	初六	初七	初八	初九	初十	十一	十二	十三	十四	十五	十六	十七	十八	十九	二十	廿一	廿二	廿三	廿四	廿五	廿六	廿七	廿八	廿九	三十
正月	丙寅	五黄	日柱		庚辰	辛巳	壬午	癸未	甲申	乙酉	丙戌	丁亥	戊子	己丑	庚寅	辛卯	壬辰	癸巳	甲午	乙未	丙申	丁酉	戊戌	己亥	庚子	辛丑	壬寅	癸卯	甲辰	乙巳	丙午	丁未	戊申	
			陽暦	月	2	2	2	2	2	2	2	2	2	2	2	2	2	2	2	2	2	2	2	2	2	3	3	3	3	3	3	3	3	
				日	8	9	10	11	12	13	14	15	16	17	18	19	20	21	22	23	24	25	26	27	28	1	2	3	4	5	6	7	8	
二月	丁卯	四緑	日柱		己酉	庚戌	辛亥	壬子	癸丑	甲寅	乙卯	丙辰	丁巳	戊午	己未	庚申	辛酉	壬戌	癸亥	甲子	乙丑	丙寅	丁卯	戊辰	己巳	庚午	辛未	壬申	癸酉	甲戌	乙亥	丙子	丁丑	戊寅
			陽暦	月	3	3	3	3	3	3	3	3	3	3	3	3	3	3	3	3	3	3	3	3	3	3	3	4	4	4	4	4	4	4
				日	9	10	11	12	13	14	15	16	17	18	19	20	21	22	23	24	25	26	27	28	29	30	31	1	2	3	4	5	6	7
三月	戊辰	三碧	日柱		己卯	庚辰	辛巳	壬午	癸未	甲申	乙酉	丙戌	丁亥	戊子	己丑	庚寅	辛卯	壬辰	癸巳	甲午	乙未	丙申	丁酉	戊戌	己亥	庚子	辛丑	壬寅	癸卯	甲辰	乙巳	丙午	丁未	戊申
			陽暦	月	4	4	4	4	4	4	4	4	4	4	4	4	4	4	4	4	4	4	4	4	4	4	4	5	5	5	5	5	5	5
				日	8	9	10	11	12	13	14	15	16	17	18	19	20	21	22	23	24	25	26	27	28	29	30	1	2	3	4	5	6	7
四月	己巳	二黒	日柱		己酉	庚戌	辛亥	壬子	癸丑	甲寅	乙卯	丙辰	丁巳	戊午	己未	庚申	辛酉	壬戌	癸亥	甲子	乙丑	丙寅	丁卯	戊辰	己巳	庚午	辛未	壬申	癸酉	甲戌	乙亥	丙子	丁丑	
			陽暦	月	5	5	5	5	5	5	5	5	5	5	5	5	5	5	5	5	5	5	5	5	5	5	5	5	6	6	6	6	6	
				日	8	9	10	11	12	13	14	15	16	17	18	19	20	21	22	23	24	25	26	27	28	29	30	31	1	2	3	4	5	
五月	庚午	一白	日柱		戊寅	己卯	庚辰	辛巳	壬午	癸未	甲申	乙酉	丙戌	丁亥	戊子	己丑	庚寅	辛卯	壬辰	癸巳	甲午	乙未	丙申	丁酉	戊戌	己亥	庚子	辛丑	壬寅	癸卯	甲辰	乙巳	丙午	
			陽暦	月	6	6	6	6	6	6	6	6	6	6	6	6	6	6	6	6	6	6	6	6	6	6	6	6	6	7	7	7	7	
				日	6	7	8	9	10	11	12	13	14	15	16	17	18	19	20	21	22	23	24	25	26	27	28	29	30	1	2	3	4	
六月	辛未	九紫	日柱		丁未	戊申	己酉	庚戌	辛亥	壬子	癸丑	甲寅	乙卯	丙辰	丁巳	戊午	己未	庚申	辛酉	壬戌	癸亥	甲子	乙丑	丙寅	丁卯	戊辰	己巳	庚午	辛未	壬申	癸酉	甲戌	乙亥	丙子
			陽暦	月	7	7	7	7	7	7	7	7	7	7	7	7	7	7	7	7	7	7	7	7	7	7	7	7	7	7	7	8	8	8
				日	5	6	7	8	9	10	11	12	13	14	15	16	17	18	19	20	21	22	23	24	25	26	27	28	29	30	31	1	2	3
七月	壬申	八白	日柱		丁丑	戊寅	己卯	庚辰	辛巳	壬午	癸未	甲申	乙酉	丙戌	丁亥	戊子	己丑	庚寅	辛卯	壬辰	癸巳	甲午	乙未	丙申	丁酉	戊戌	己亥	庚子	辛丑	壬寅	癸卯	甲辰	乙巳	
			陽暦	月	8	8	8	8	8	8	8	8	8	8	8	8	8	8	8	8	8	8	8	8	8	8	8	8	8	8	8	8	9	
				日	4	5	6	7	8	9	10	11	12	13	14	15	16	17	18	19	20	21	22	23	24	25	26	27	28	29	30	31	1	
八月	癸酉	七赤	日柱		丙午	丁未	戊申	己酉	庚戌	辛亥	壬子	癸丑	甲寅	乙卯	丙辰	丁巳	戊午	己未	庚申	辛酉	壬戌	癸亥	甲子	乙丑	丙寅	丁卯	戊辰	己巳	庚午	辛未	壬申	癸酉	甲戌	
			陽暦	月	9	9	9	9	9	9	9	9	9	9	9	9	9	9	9	9	9	9	9	9	9	9	9	9	9	9	9	9	9	
				日	2	3	4	5	6	7	8	9	10	11	12	13	14	15	16	17	18	19	20	21	22	23	24	25	26	27	28	29	30	
九月	甲戌	六白	日柱		乙亥	丙子	丁丑	戊寅	己卯	庚辰	辛巳	壬午	癸未	甲申	乙酉	丙戌	丁亥	戊子	己丑	庚寅	辛卯	壬辰	癸巳	甲午	乙未	丙申	丁酉	戊戌	己亥	庚子	辛丑	壬寅	癸卯	甲辰
			陽暦	月	10	10	10	10	10	10	10	10	10	10	10	10	10	10	10	10	10	10	10	10	10	10	10	10	10	10	10	10	10	10
				日	1	2	3	4	5	6	7	8	9	10	11	12	13	14	15	16	17	18	19	20	21	22	23	24	25	26	27	28	29	30
十月	乙亥	五黄	日柱		乙巳	丙午	丁未	戊申	己酉	庚戌	辛亥	壬子	癸丑	甲寅	乙卯	丙辰	丁巳	戊午	己未	庚申	辛酉	壬戌	癸亥	甲子	乙丑	丙寅	丁卯	戊辰	己巳	庚午	辛未	壬申	癸酉	
			陽暦	月	10	11	11	11	11	11	11	11	11	11	11	11	11	11	11	11	11	11	11	11	11	11	11	11	11	11	11	11	11	
				日	31	1	2	3	4	5	6	7	8	9	10	11	12	13	14	15	16	17	18	19	20	21	22	23	24	25	26	27	28	
十一月	丙子	四緑	日柱		甲戌	乙亥	丙子	丁丑	戊寅	己卯	庚辰	辛巳	壬午	癸未	甲申	乙酉	丙戌	丁亥	戊子	己丑	庚寅	辛卯	壬辰	癸巳	甲午	乙未	丙申	丁酉	戊戌	己亥	庚子	辛丑	壬寅	癸卯
			陽暦	月	11	11	12	12	12	12	12	12	12	12	12	12	12	12	12	12	12	12	12	12	12	12	12	12	12	12	12	12	12	12
				日	29	30	1	2	3	4	5	6	7	8	9	10	11	12	13	14	15	16	17	18	19	20	21	22	23	24	25	26	27	28
十二月	丁丑	三碧	日柱		甲辰	乙巳	丙午	丁未	戊申	己酉	庚戌	辛亥	壬子	癸丑	甲寅	乙卯	丙辰	丁巳	戊午	己未	庚申	辛酉	壬戌	癸亥	甲子	乙丑	丙寅	丁卯	戊辰	己巳	庚午	辛未	壬申	癸酉
			陽暦	月	12	12	12	1	1	1	1	1	1	1	1	1	1	1	1	1	1	1	1	1	1	1	1	1	1	1	1	1	1	1
				日	29	30	31	1	2	3	4	5	6	7	8	9	10	11	12	13	14	15	16	17	18	19	20	21	22	23	24	25	26	27

2055年【乙亥】

月別	月柱	紫白	農暦		初一	初二	初三	初四	初五	初六	初七	初八	初九	初十	十一	十二	十三	十四	十五	十六	十七	十八	十九	二十	廿一	廿二	廿三	廿四	廿五	廿六	廿七	廿八	廿九	三十
正月	戊寅	二黒	日柱		甲戌	乙亥	丙子	丁丑	戊寅	己卯	庚辰	辛巳	壬午	癸未	甲申	乙酉	丙戌	丁亥	戊子	己丑	庚寅	辛卯	壬辰	癸巳	甲午	乙未	丙申	丁酉	戊戌	己亥	庚子	辛丑	壬寅	
			陽暦	月	1	1	1	1	2	2	2	2	2	2	2	2	2	2	2	2	2	2	2	2	2	2	2	2	2	2	2	2	2	
				日	28	29	30	31	1	2	3	4	5	6	7	8	9	10	11	12	13	14	15	16	17	18	19	20	21	22	23	24	25	
二月	己卯	一白	日柱		癸卯	甲辰	乙巳	丙午	丁未	戊申	己酉	庚戌	辛亥	壬子	癸丑	甲寅	乙卯	丙辰	丁巳	戊午	己未	庚申	辛酉	壬戌	癸亥	甲子	乙丑	丙寅	丁卯	戊辰	己巳	庚午	辛未	壬申
			陽暦	月	2	2	2	3	3	3	3	3	3	3	3	3	3	3	3	3	3	3	3	3	3	3	3	3	3	3	3	3	3	3
				日	26	27	28	1	2	3	4	5	6	7	8	9	10	11	12	13	14	15	16	17	18	19	20	21	22	23	24	25	26	27
三月	庚辰	九紫	日柱		癸酉	甲戌	乙亥	丙子	丁丑	戊寅	己卯	庚辰	辛巳	壬午	癸未	甲申	乙酉	丙戌	丁亥	戊子	己丑	庚寅	辛卯	壬辰	癸巳	甲午	乙未	丙申	丁酉	戊戌	己亥	庚子	辛丑	壬寅
			陽暦	月	3	3	3	3	4	4	4	4	4	4	4	4	4	4	4	4	4	4	4	4	4	4	4	4	4	4	4	4	4	4
				日	28	29	30	31	1	2	3	4	5	6	7	8	9	10	11	12	13	14	15	16	17	18	19	20	21	22	23	24	25	26
四月	辛巳	八白	日柱		癸卯	甲辰	乙巳	丙午	丁未	戊申	己酉	庚戌	辛亥	壬子	癸丑	甲寅	乙卯	丙辰	丁巳	戊午	己未	庚申	辛酉	壬戌	癸亥	甲子	乙丑	丙寅	丁卯	戊辰	己巳	庚午	辛未	
			陽暦	月	4	4	4	4	5	5	5	5	5	5	5	5	5	5	5	5	5	5	5	5	5	5	5	5	5	5	5	5	5	
				日	27	28	29	30	1	2	3	4	5	6	7	8	9	10	11	12	13	14	15	16	17	18	19	20	21	22	23	24	25	
五月	壬午	七赤	日柱		壬申	癸酉	甲戌	乙亥	丙子	丁丑	戊寅	己卯	庚辰	辛巳	壬午	癸未	甲申	乙酉	丙戌	丁亥	戊子	己丑	庚寅	辛卯	壬辰	癸巳	甲午	乙未	丙申	丁酉	戊戌	己亥	庚子	辛丑
			陽暦	月	5	5	5	5	5	5	6	6	6	6	6	6	6	6	6	6	6	6	6	6	6	6	6	6	6	6	6	6	6	6
				日	26	27	28	29	30	31	1	2	3	4	5	6	7	8	9	10	11	12	13	14	15	16	17	18	19	20	21	22	23	24
六月	癸未	六白	日柱		壬寅	癸卯	甲辰	乙巳	丙午	丁未	戊申	己酉	庚戌	辛亥	壬子	癸丑	甲寅	乙卯	丙辰	丁巳	戊午	己未	庚申	辛酉	壬戌	癸亥	甲子	乙丑	丙寅	丁卯	戊辰	己巳	庚午	
			陽暦	月	6	6	6	6	6	6	7	7	7	7	7	7	7	7	7	7	7	7	7	7	7	7	7	7	7	7	7	7	7	
				日	25	26	27	28	29	30	1	2	3	4	5	6	7	8	9	10	11	12	13	14	15	16	17	18	19	20	21	22	23	
閏六月			日柱		辛未	壬申	癸酉	甲戌	乙亥	丙子	丁丑	戊寅	己卯	庚辰	辛巳	壬午	癸未	甲申	乙酉	丙戌	丁亥	戊子	己丑	庚寅	辛卯	壬辰	癸巳	甲午	乙未	丙申	丁酉	戊戌	己亥	庚子
			陽暦	月	7	7	7	7	7	7	7	7	8	8	8	8	8	8	8	8	8	8	8	8	8	8	8	8	8	8	8	8	8	8
				日	24	25	26	27	28	29	30	31	1	2	3	4	5	6	7	8	9	10	11	12	13	14	15	16	17	18	19	20	21	22
七月	甲申	五黄	日柱		辛丑	壬寅	癸卯	甲辰	乙巳	丙午	丁未	戊申	己酉	庚戌	辛亥	壬子	癸丑	甲寅	乙卯	丙辰	丁巳	戊午	己未	庚申	辛酉	壬戌	癸亥	甲子	乙丑	丙寅	丁卯	戊辰	己巳	
			陽暦	月	8	8	8	8	8	8	8	8	8	9	9	9	9	9	9	9	9	9	9	9	9	9	9	9	9	9	9	9	9	
				日	23	24	25	26	27	28	29	30	31	1	2	3	4	5	6	7	8	9	10	11	12	13	14	15	16	17	18	19	20	
八月	乙酉	四緑	日柱		庚午	辛未	壬申	癸酉	甲戌	乙亥	丙子	丁丑	戊寅	己卯	庚辰	辛巳	壬午	癸未	甲申	乙酉	丙戌	丁亥	戊子	己丑	庚寅	辛卯	壬辰	癸巳	甲午	乙未	丙申	丁酉	戊戌	
			陽暦	月	9	9	9	9	9	9	9	9	9	9	10	10	10	10	10	10	10	10	10	10	10	10	10	10	10	10	10	10	10	
				日	21	22	23	24	25	26	27	28	29	30	1	2	3	4	5	6	7	8	9	10	11	12	13	14	15	16	17	18	19	
九月	丙戌	三碧	日柱		己亥	庚子	辛丑	壬寅	癸卯	甲辰	乙巳	丙午	丁未	戊申	己酉	庚戌	辛亥	壬子	癸丑	甲寅	乙卯	丙辰	丁巳	戊午	己未	庚申	辛酉	壬戌	癸亥	甲子	乙丑	丙寅	丁卯	戊辰
			陽暦	月	10	10	10	10	10	10	10	10	10	10	10	10	11	11	11	11	11	11	11	11	11	11	11	11	11	11	11	11	11	11
				日	20	21	22	23	24	25	26	27	28	29	30	31	1	2	3	4	5	6	7	8	9	10	11	12	13	14	15	16	17	18
十月	丁亥	二黒	日柱		己巳	庚午	辛未	壬申	癸酉	甲戌	乙亥	丙子	丁丑	戊寅	己卯	庚辰	辛巳	壬午	癸未	甲申	乙酉	丙戌	丁亥	戊子	己丑	庚寅	辛卯	壬辰	癸巳	甲午	乙未	丙申	丁酉	
			陽暦	月	11	11	11	11	11	11	11	11	11	11	11	11	12	12	12	12	12	12	12	12	12	12	12	12	12	12	12	12	12	
				日	19	20	21	22	23	24	25	26	27	28	29	30	1	2	3	4	5	6	7	8	9	10	11	12	13	14	15	16	17	
十一月	戊子	一白	日柱		戊戌	己亥	庚子	辛丑	壬寅	癸卯	甲辰	乙巳	丙午	丁未	戊申	己酉	庚戌	辛亥	壬子	癸丑	甲寅	乙卯	丙辰	丁巳	戊午	己未	庚申	辛酉	壬戌	癸亥	甲子	乙丑	丙寅	丁卯
			陽暦	月	12	12	12	12	12	12	12	12	12	12	12	12	12	12	1	1	1	1	1	1	1	1	1	1	1	1	1	1	1	1
				日	18	19	20	21	22	23	24	25	26	27	28	29	30	31	1	2	3	4	5	6	7	8	9	10	11	12	13	14	15	16
十二月	己丑	九紫	日柱		戊辰	己巳	庚午	辛未	壬申	癸酉	甲戌	乙亥	丙子	丁丑	戊寅	己卯	庚辰	辛巳	壬午	癸未	甲申	乙酉	丙戌	丁亥	戊子	己丑	庚寅	辛卯	壬辰	癸巳	甲午	乙未	丙申	
			陽暦	月	1	1	1	1	1	1	1	1	1	1	1	1	1	1	1	2	2	2	2	2	2	2	2	2	2	2	2	2	2	
				日	17	18	19	20	21	22	23	24	25	26	27	28	29	30	31	1	2	3	4	5	6	7	8	9	10	11	12	13	14	

2056年【丙子】

月別	月柱	紫白	農暦		初一	初二	初三	初四	初五	初六	初七	初八	初九	初十	十一	十二	十三	十四	十五	十六	十七	十八	十九	二十	廿一	廿二	廿三	廿四	廿五	廿六	廿七	廿八	廿九	三十
正月	庚寅	八白	日柱		丁酉	戊戌	己亥	庚子	辛丑	壬寅	癸卯	甲辰	乙巳	丙午	丁未	戊申	己酉	庚戌	辛亥	壬子	癸丑	甲寅	乙卯	丙辰	丁巳	戊午	己未	庚申	辛酉	壬戌	癸亥	甲子	乙丑	丙寅
			陽暦	月	2	2	2	2	2	2	2	2	2	2	2	2	2	2	2	3	3	3	3	3	3	3	3	3	3	3	3	3	3	3
				日	15	16	17	18	19	20	21	22	23	24	25	26	27	28	29	1	2	3	4	5	6	7	8	9	10	11	12	13	14	15
二月	辛卯	七赤	日柱		丁卯	戊辰	己巳	庚午	辛未	壬申	癸酉	甲戌	乙亥	丙子	丁丑	戊寅	己卯	庚辰	辛巳	壬午	癸未	甲申	乙酉	丙戌	丁亥	戊子	己丑	庚寅	辛卯	壬辰	癸巳	甲午	乙未	丙申
			陽暦	月	3	3	3	3	3	3	3	3	3	3	3	3	3	3	3	3	4	4	4	4	4	4	4	4	4	4	4	4	4	4
				日	16	17	18	19	20	21	22	23	24	25	26	27	28	29	30	31	1	2	3	4	5	6	7	8	9	10	11	12	13	14
三月	壬辰	六白	日柱		丁酉	戊戌	己亥	庚子	辛丑	壬寅	癸卯	甲辰	乙巳	丙午	丁未	戊申	己酉	庚戌	辛亥	壬子	癸丑	甲寅	乙卯	丙辰	丁巳	戊午	己未	庚申	辛酉	壬戌	癸亥	甲子	乙丑	丙寅
			陽暦	月	4	4	4	4	4	4	4	4	4	4	4	4	4	4	4	4	5	5	5	5	5	5	5	5	5	5	5	5	5	5
				日	15	16	17	18	19	20	21	22	23	24	25	26	27	28	29	30	1	2	3	4	5	6	7	8	9	10	11	12	13	14
四月	癸巳	五黄	日柱		丁卯	戊辰	己巳	庚午	辛未	壬申	癸酉	甲戌	乙亥	丙子	丁丑	戊寅	己卯	庚辰	辛巳	壬午	癸未	甲申	乙酉	丙戌	丁亥	戊子	己丑	庚寅	辛卯	壬辰	癸巳	甲午	乙未	
			陽暦	月	5	5	5	5	5	5	5	5	5	5	5	5	5	5	5	5	5	6	6	6	6	6	6	6	6	6	6	6	6	
				日	15	16	17	18	19	20	21	22	23	24	25	26	27	28	29	30	31	1	2	3	4	5	6	7	8	9	10	11	12	
五月	甲午	四緑	日柱		丙申	丁酉	戊戌	己亥	庚子	辛丑	壬寅	癸卯	甲辰	乙巳	丙午	丁未	戊申	己酉	庚戌	辛亥	壬子	癸丑	甲寅	乙卯	丙辰	丁巳	戊午	己未	庚申	辛酉	壬戌	癸亥	甲子	乙丑
			陽暦	月	6	6	6	6	6	6	6	6	6	6	6	6	6	6	6	6	6	6	7	7	7	7	7	7	7	7	7	7	7	7
				日	13	14	15	16	17	18	19	20	21	22	23	24	25	26	27	28	29	30	1	2	3	4	5	6	7	8	9	10	11	12
六月	乙未	三碧	日柱		丙寅	丁卯	戊辰	己巳	庚午	辛未	壬申	癸酉	甲戌	乙亥	丙子	丁丑	戊寅	己卯	庚辰	辛巳	壬午	癸未	甲申	乙酉	丙戌	丁亥	戊子	己丑	庚寅	辛卯	壬辰	癸巳	甲午	
			陽暦	月	7	7	7	7	7	7	7	7	7	7	7	7	7	7	7	7	7	7	7	8	8	8	8	8	8	8	8	8	8	
				日	13	14	15	16	17	18	19	20	21	22	23	24	25	26	27	28	29	30	31	1	2	3	4	5	6	7	8	9	10	
七月	丙申	二黒	日柱		乙未	丙申	丁酉	戊戌	己亥	庚子	辛丑	壬寅	癸卯	甲辰	乙巳	丙午	丁未	戊申	己酉	庚戌	辛亥	壬子	癸丑	甲寅	乙卯	丙辰	丁巳	戊午	己未	庚申	辛酉	壬戌	癸亥	甲子
			陽暦	月	8	8	8	8	8	8	8	8	8	8	8	8	8	8	8	8	8	8	8	8	8	9	9	9	9	9	9	9	9	9
				日	11	12	13	14	15	16	17	18	19	20	21	22	23	24	25	26	27	28	29	30	31	1	2	3	4	5	6	7	8	9
八月	丁酉	一白	日柱		乙丑	丙寅	丁卯	戊辰	己巳	庚午	辛未	壬申	癸酉	甲戌	乙亥	丙子	丁丑	戊寅	己卯	庚辰	辛巳	壬午	癸未	甲申	乙酉	丙戌	丁亥	戊子	己丑	庚寅	辛卯	壬辰	癸巳	
			陽暦	月	9	9	9	9	9	9	9	9	9	9	9	9	9	9	9	9	9	9	9	9	9	10	10	10	10	10	10	10	10	
				日	10	11	12	13	14	15	16	17	18	19	20	21	22	23	24	25	26	27	28	29	30	1	2	3	4	5	6	7	8	
九月	戊戌	九紫	日柱		甲午	乙未	丙申	丁酉	戊戌	己亥	庚子	辛丑	壬寅	癸卯	甲辰	乙巳	丙午	丁未	戊申	己酉	庚戌	辛亥	壬子	癸丑	甲寅	乙卯	丙辰	丁巳	戊午	己未	庚申	辛酉	壬戌	
			陽暦	月	10	10	10	10	10	10	10	10	10	10	10	10	10	10	10	10	10	10	10	10	10	10	10	11	11	11	11	11	11	
				日	9	10	11	12	13	14	15	16	17	18	19	20	21	22	23	24	25	26	27	28	29	30	31	1	2	3	4	5	6	
十月	己亥	八白	日柱		癸亥	甲子	乙丑	丙寅	丁卯	戊辰	己巳	庚午	辛未	壬申	癸酉	甲戌	乙亥	丙子	丁丑	戊寅	己卯	庚辰	辛巳	壬午	癸未	甲申	乙酉	丙戌	丁亥	戊子	己丑	庚寅	辛卯	壬辰
			陽暦	月	11	11	11	11	11	11	11	11	11	11	11	11	11	11	11	11	11	11	11	11	11	11	11	11	12	12	12	12	12	12
				日	7	8	9	10	11	12	13	14	15	16	17	18	19	20	21	22	23	24	25	26	27	28	29	30	1	2	3	4	5	6
十一月	庚子	七赤	日柱		癸巳	甲午	乙未	丙申	丁酉	戊戌	己亥	庚子	辛丑	壬寅	癸卯	甲辰	乙巳	丙午	丁未	戊申	己酉	庚戌	辛亥	壬子	癸丑	甲寅	乙卯	丙辰	丁巳	戊午	己未	庚申	辛酉	
			陽暦	月	12	12	12	12	12	12	12	12	12	12	12	12	12	12	12	12	12	12	12	12	12	12	12	12	12	1	1	1	1	
				日	7	8	9	10	11	12	13	14	15	16	17	18	19	20	21	22	23	24	25	26	27	28	29	30	31	1	2	3	4	
十二月	辛丑	六白	日柱		壬戌	癸亥	甲子	乙丑	丙寅	丁卯	戊辰	己巳	庚午	辛未	壬申	癸酉	甲戌	乙亥	丙子	丁丑	戊寅	己卯	庚辰	辛巳	壬午	癸未	甲申	乙酉	丙戌	丁亥	戊子	己丑	庚寅	辛卯
			陽暦	月	1	1	1	1	1	1	1	1	1	1	1	1	1	1	1	1	1	1	1	1	1	1	1	1	1	1	1	2	2	2
				日	5	6	7	8	9	10	11	12	13	14	15	16	17	18	19	20	21	22	23	24	25	26	27	28	29	30	31	1	2	3

2057年【丁丑】

月別	月柱	紫白	農暦		初一	初二	初三	初四	初五	初六	初七	初八	初九	初十	十一	十二	十三	十四	十五	十六	十七	十八	十九	二十	廿一	廿二	廿三	廿四	廿五	廿六	廿七	廿八	廿九	三十
正月	壬寅	五黄	日柱		壬辰	癸巳	甲午	乙未	丙申	丁酉	戊戌	己亥	庚子	辛丑	壬寅	癸卯	甲辰	乙巳	丙午	丁未	戊申	己酉	庚戌	辛亥	壬子	癸丑	甲寅	乙卯	丙辰	丁巳	戊午	己未	庚申	
			陽暦	月	2	2	2	2	2	2	2	2	2	2	2	2	2	2	2	2	2	2	2	2	2	2	2	2	2	3	3	3	3	
				日	4	5	6	7	8	9	10	11	12	13	14	15	16	17	18	19	20	21	22	23	24	25	26	27	28	1	2	3	4	
二月	癸卯	四緑	日柱		辛酉	壬戌	癸亥	甲子	乙丑	丙寅	丁卯	戊辰	己巳	庚午	辛未	壬申	癸酉	甲戌	乙亥	丙子	丁丑	戊寅	己卯	庚辰	辛巳	壬午	癸未	甲申	乙酉	丙戌	丁亥	戊子	己丑	庚寅
			陽暦	月	3	3	3	3	3	3	3	3	3	3	3	3	3	3	3	3	3	3	3	3	3	3	3	3	3	3	3	4	4	4
				日	5	6	7	8	9	10	11	12	13	14	15	16	17	18	19	20	21	22	23	24	25	26	27	28	29	30	31	1	2	3
三月	甲辰	三碧	日柱		辛卯	壬辰	癸巳	甲午	乙未	丙申	丁酉	戊戌	己亥	庚子	辛丑	壬寅	癸卯	甲辰	乙巳	丙午	丁未	戊申	己酉	庚戌	辛亥	壬子	癸丑	甲寅	乙卯	丙辰	丁巳	戊午	己未	庚申
			陽暦	月	4	4	4	4	4	4	4	4	4	4	4	4	4	4	4	4	4	4	4	4	4	4	4	4	4	4	4	5	5	5
				日	4	5	6	7	8	9	10	11	12	13	14	15	16	17	18	19	20	21	22	23	24	25	26	27	28	29	30	1	2	3
四月	乙巳	二黒	日柱		辛酉	壬戌	癸亥	甲子	乙丑	丙寅	丁卯	戊辰	己巳	庚午	辛未	壬申	癸酉	甲戌	乙亥	丙子	丁丑	戊寅	己卯	庚辰	辛巳	壬午	癸未	甲申	乙酉	丙戌	丁亥	戊子	己丑	
			陽暦	月	5	5	5	5	5	5	5	5	5	5	5	5	5	5	5	5	5	5	5	5	5	5	5	5	5	5	5	5	6	
				日	4	5	6	7	8	9	10	11	12	13	14	15	16	17	18	19	20	21	22	23	24	25	26	27	28	29	30	31	1	
五月	丙午	一白	日柱		庚寅	辛卯	壬辰	癸巳	甲午	乙未	丙申	丁酉	戊戌	己亥	庚子	辛丑	壬寅	癸卯	甲辰	乙巳	丙午	丁未	戊申	己酉	庚戌	辛亥	壬子	癸丑	甲寅	乙卯	丙辰	丁巳	戊午	己未
			陽暦	月	6	6	6	6	6	6	6	6	6	6	6	6	6	6	6	6	6	6	6	6	6	6	6	6	6	6	6	6	6	7
				日	2	3	4	5	6	7	8	9	10	11	12	13	14	15	16	17	18	19	20	21	22	23	24	25	26	27	28	29	30	1
六月	丁未	九紫	日柱		庚申	辛酉	壬戌	癸亥	甲子	乙丑	丙寅	丁卯	戊辰	己巳	庚午	辛未	壬申	癸酉	甲戌	乙亥	丙子	丁丑	戊寅	己卯	庚辰	辛巳	壬午	癸未	甲申	乙酉	丙戌	丁亥	戊子	
			陽暦	月	7	7	7	7	7	7	7	7	7	7	7	7	7	7	7	7	7	7	7	7	7	7	7	7	7	7	7	7	7	
				日	2	3	4	5	6	7	8	9	10	11	12	13	14	15	16	17	18	19	20	21	22	23	24	25	26	27	28	29	30	
七月	戊申	八白	日柱		己丑	庚寅	辛卯	壬辰	癸巳	甲午	乙未	丙申	丁酉	戊戌	己亥	庚子	辛丑	壬寅	癸卯	甲辰	乙巳	丙午	丁未	戊申	己酉	庚戌	辛亥	壬子	癸丑	甲寅	乙卯	丙辰	丁巳	戊午
			陽暦	月	7	8	8	8	8	8	8	8	8	8	8	8	8	8	8	8	8	8	8	8	8	8	8	8	8	8	8	8	8	8
				日	31	1	2	3	4	5	6	7	8	9	10	11	12	13	14	15	16	17	18	19	20	21	22	23	24	25	26	27	28	29
八月	己酉	七赤	日柱		己未	庚申	辛酉	壬戌	癸亥	甲子	乙丑	丙寅	丁卯	戊辰	己巳	庚午	辛未	壬申	癸酉	甲戌	乙亥	丙子	丁丑	戊寅	己卯	庚辰	辛巳	壬午	癸未	甲申	乙酉	丙戌	丁亥	戊子
			陽暦	月	8	8	9	9	9	9	9	9	9	9	9	9	9	9	9	9	9	9	9	9	9	9	9	9	9	9	9	9	9	9
				日	30	31	1	2	3	4	5	6	7	8	9	10	11	12	13	14	15	16	17	18	19	20	21	22	23	24	25	26	27	28
九月	庚戌	六白	日柱		己丑	庚寅	辛卯	壬辰	癸巳	甲午	乙未	丙申	丁酉	戊戌	己亥	庚子	辛丑	壬寅	癸卯	甲辰	乙巳	丙午	丁未	戊申	己酉	庚戌	辛亥	壬子	癸丑	甲寅	乙卯	丙辰	丁巳	
			陽暦	月	9	9	10	10	10	10	10	10	10	10	10	10	10	10	10	10	10	10	10	10	10	10	10	10	10	10	10	10	10	
				日	29	30	1	2	3	4	5	6	7	8	9	10	11	12	13	14	15	16	17	18	19	20	21	22	23	24	25	26	27	
十月	辛亥	五黄	日柱		戊午	己未	庚申	辛酉	壬戌	癸亥	甲子	乙丑	丙寅	丁卯	戊辰	己巳	庚午	辛未	壬申	癸酉	甲戌	乙亥	丙子	丁丑	戊寅	己卯	庚辰	辛巳	壬午	癸未	甲申	乙酉	丙戌	
			陽暦	月	10	10	10	10	11	11	11	11	11	11	11	11	11	11	11	11	11	11	11	11	11	11	11	11	11	11	11	11	11	
				日	28	29	30	31	1	2	3	4	5	6	7	8	9	10	11	12	13	14	15	16	17	18	19	20	21	22	23	24	25	
十一月	壬子	四緑	日柱		丁亥	戊子	己丑	庚寅	辛卯	壬辰	癸巳	甲午	乙未	丙申	丁酉	戊戌	己亥	庚子	辛丑	壬寅	癸卯	甲辰	乙巳	丙午	丁未	戊申	己酉	庚戌	辛亥	壬子	癸丑	甲寅	乙卯	丙辰
			陽暦	月	11	11	11	11	11	12	12	12	12	12	12	12	12	12	12	12	12	12	12	12	12	12	12	12	12	12	12	12	12	12
				日	26	27	28	29	30	1	2	3	4	5	6	7	8	9	10	11	12	13	14	15	16	17	18	19	20	21	22	23	24	25
十二月	癸丑	三碧	日柱		丁巳	戊午	己未	庚申	辛酉	壬戌	癸亥	甲子	乙丑	丙寅	丁卯	戊辰	己巳	庚午	辛未	壬申	癸酉	甲戌	乙亥	丙子	丁丑	戊寅	己卯	庚辰	辛巳	壬午	癸未	甲申	乙酉	
			陽暦	月	12	12	12	12	12	12	1	1	1	1	1	1	1	1	1	1	1	1	1	1	1	1	1	1	1	1	1	1	1	
				日	26	27	28	29	30	31	1	2	3	4	5	6	7	8	9	10	11	12	13	14	15	16	17	18	19	20	21	22	23	

2058年【戊寅】

月別	月柱	紫白	農暦		初一	初二	初三	初四	初五	初六	初七	初八	初九	初十	十一	十二	十三	十四	十五	十六	十七	十八	十九	二十	廿一	廿二	廿三	廿四	廿五	廿六	廿七	廿八	廿九	三十
正月	甲寅	二黒	日柱		丙戌	丁亥	戊子	己丑	庚寅	辛卯	壬辰	癸巳	甲午	乙未	丙申	丁酉	戊戌	己亥	庚子	辛丑	壬寅	癸卯	甲辰	乙巳	丙午	丁未	戊申	己酉	庚戌	辛亥	壬子	癸丑	甲寅	乙卯
			陽暦	月	1	1	1	1	1	1	1	1	2	2	2	2	2	2	2	2	2	2	2	2	2	2	2	2	2	2	2	2	2	2
				日	24	25	26	27	28	29	30	31	1	2	3	4	5	6	7	8	9	10	11	12	13	14	15	16	17	18	19	20	21	22
二月	乙卯	一白	日柱		丙辰	丁巳	戊午	己未	庚申	辛酉	壬戌	癸亥	甲子	乙丑	丙寅	丁卯	戊辰	己巳	庚午	辛未	壬申	癸酉	甲戌	乙亥	丙子	丁丑	戊寅	己卯	庚辰	辛巳	壬午	癸未	甲申	
			陽暦	月	2	2	2	2	2	2	3	3	3	3	3	3	3	3	3	3	3	3	3	3	3	3	3	3	3	3	3	3	3	
				日	23	24	25	26	27	28	1	2	3	4	5	6	7	8	9	10	11	12	13	14	15	16	17	18	19	20	21	22	23	
三月	丙辰	九紫	日柱		乙酉	丙戌	丁亥	戊子	己丑	庚寅	辛卯	壬辰	癸巳	甲午	乙未	丙申	丁酉	戊戌	己亥	庚子	辛丑	壬寅	癸卯	甲辰	乙巳	丙午	丁未	戊申	己酉	庚戌	辛亥	壬子	癸丑	甲寅
			陽暦	月	3	3	3	3	3	3	3	3	4	4	4	4	4	4	4	4	4	4	4	4	4	4	4	4	4	4	4	4	4	4
				日	24	25	26	27	28	29	30	31	1	2	3	4	5	6	7	8	9	10	11	12	13	14	15	16	17	18	19	20	21	22
四月	丁巳	八白	日柱		乙卯	丙辰	丁巳	戊午	己未	庚申	辛酉	壬戌	癸亥	甲子	乙丑	丙寅	丁卯	戊辰	己巳	庚午	辛未	壬申	癸酉	甲戌	乙亥	丙子	丁丑	戊寅	己卯	庚辰	辛巳	壬午	癸未	
			陽暦	月	4	4	4	4	4	4	4	4	5	5	5	5	5	5	5	5	5	5	5	5	5	5	5	5	5	5	5	5	5	
				日	23	24	25	26	27	28	29	30	1	2	3	4	5	6	7	8	9	10	11	12	13	14	15	16	17	18	19	20	21	
閏四月			日柱		甲申	乙酉	丙戌	丁亥	戊子	己丑	庚寅	辛卯	壬辰	癸巳	甲午	乙未	丙申	丁酉	戊戌	己亥	庚子	辛丑	壬寅	癸卯	甲辰	乙巳	丙午	丁未	戊申	己酉	庚戌	辛亥	壬子	癸丑
			陽暦	月	5	5	5	5	5	5	5	5	5	5	6	6	6	6	6	6	6	6	6	6	6	6	6	6	6	6	6	6	6	6
				日	22	23	24	25	26	27	28	29	30	31	1	2	3	4	5	6	7	8	9	10	11	12	13	14	15	16	17	18	19	20
五月	戊午	七赤	日柱		甲寅	乙卯	丙辰	丁巳	戊午	己未	庚申	辛酉	壬戌	癸亥	甲子	乙丑	丙寅	丁卯	戊辰	己巳	庚午	辛未	壬申	癸酉	甲戌	乙亥	丙子	丁丑	戊寅	己卯	庚辰	辛巳	壬午	
			陽暦	月	6	6	6	6	6	6	6	6	6	6	7	7	7	7	7	7	7	7	7	7	7	7	7	7	7	7	7	7	7	
				日	21	22	23	24	25	26	27	28	29	30	1	2	3	4	5	6	7	8	9	10	11	12	13	14	15	16	17	18	19	
六月	己未	六白	日柱		癸未	甲申	乙酉	丙戌	丁亥	戊子	己丑	庚寅	辛卯	壬辰	癸巳	甲午	乙未	丙申	丁酉	戊戌	己亥	庚子	辛丑	壬寅	癸卯	甲辰	乙巳	丙午	丁未	戊申	己酉	庚戌	辛亥	壬子
			陽暦	月	7	7	7	7	7	7	7	7	7	7	7	7	8	8	8	8	8	8	8	8	8	8	8	8	8	8	8	8	8	8
				日	20	21	22	23	24	25	26	27	28	29	30	31	1	2	3	4	5	6	7	8	9	10	11	12	13	14	15	16	17	18
七月	庚申	五黄	日柱		癸丑	甲寅	乙卯	丙辰	丁巳	戊午	己未	庚申	辛酉	壬戌	癸亥	甲子	乙丑	丙寅	丁卯	戊辰	己巳	庚午	辛未	壬申	癸酉	甲戌	乙亥	丙子	丁丑	戊寅	己卯	庚辰	辛巳	壬午
			陽暦	月	8	8	8	8	8	8	8	8	8	8	8	8	8	9	9	9	9	9	9	9	9	9	9	9	9	9	9	9	9	9
				日	19	20	21	22	23	24	25	26	27	28	29	30	31	1	2	3	4	5	6	7	8	9	10	11	12	13	14	15	16	17
八月	辛酉	四緑	日柱		癸未	甲申	乙酉	丙戌	丁亥	戊子	己丑	庚寅	辛卯	壬辰	癸巳	甲午	乙未	丙申	丁酉	戊戌	己亥	庚子	辛丑	壬寅	癸卯	甲辰	乙巳	丙午	丁未	戊申	己酉	庚戌	辛亥	
			陽暦	月	9	9	9	9	9	9	9	9	9	9	9	9	9	10	10	10	10	10	10	10	10	10	10	10	10	10	10	10	10	
				日	18	19	20	21	22	23	24	25	26	27	28	29	30	1	2	3	4	5	6	7	8	9	10	11	12	13	14	15	16	
九月	壬戌	三碧	日柱		壬子	癸丑	甲寅	乙卯	丙辰	丁巳	戊午	己未	庚申	辛酉	壬戌	癸亥	甲子	乙丑	丙寅	丁卯	戊辰	己巳	庚午	辛未	壬申	癸酉	甲戌	乙亥	丙子	丁丑	戊寅	己卯	庚辰	辛巳
			陽暦	月	10	10	10	10	10	10	10	10	10	10	10	10	10	10	10	11	11	11	11	11	11	11	11	11	11	11	11	11	11	11
				日	17	18	19	20	21	22	23	24	25	26	27	28	29	30	31	1	2	3	4	5	6	7	8	9	10	11	12	13	14	15
十月	癸亥	二黒	日柱		壬午	癸未	甲申	乙酉	丙戌	丁亥	戊子	己丑	庚寅	辛卯	壬辰	癸巳	甲午	乙未	丙申	丁酉	戊戌	己亥	庚子	辛丑	壬寅	癸卯	甲辰	乙巳	丙午	丁未	戊申	己酉	庚戌	辛亥
			陽暦	月	11	11	11	11	11	11	11	11	11	11	11	11	11	11	11	12	12	12	12	12	12	12	12	12	12	12	12	12	12	12
				日	16	17	18	19	20	21	22	23	24	25	26	27	28	29	30	1	2	3	4	5	6	7	8	9	10	11	12	13	14	15
十一月	甲子	一白	日柱		壬子	癸丑	甲寅	乙卯	丙辰	丁巳	戊午	己未	庚申	辛酉	壬戌	癸亥	甲子	乙丑	丙寅	丁卯	戊辰	己巳	庚午	辛未	壬申	癸酉	甲戌	乙亥	丙子	丁丑	戊寅	己卯	庚辰	
			陽暦	月	12	12	12	12	12	12	12	12	12	12	12	12	12	12	12	12	1	1	1	1	1	1	1	1	1	1	1	1	1	
				日	16	17	18	19	20	21	22	23	24	25	26	27	28	29	30	31	1	2	3	4	5	6	7	8	9	10	11	12	13	
十二月	乙丑	九紫	日柱		辛巳	壬午	癸未	甲申	乙酉	丙戌	丁亥	戊子	己丑	庚寅	辛卯	壬辰	癸巳	甲午	乙未	丙申	丁酉	戊戌	己亥	庚子	辛丑	壬寅	癸卯	甲辰	乙巳	丙午	丁未	戊申	己酉	
			陽暦	月	1	1	1	1	1	1	1	1	1	1	1	1	1	1	1	1	1	1	2	2	2	2	2	2	2	2	2	2	2	
				日	14	15	16	17	18	19	20	21	22	23	24	25	26	27	28	29	30	31	1	2	3	4	5	6	7	8	9	10	11	

2059年【己卯】

月別	月柱	紫白	農暦		初一	初二	初三	初四	初五	初六	初七	初八	初九	初十	十一	十二	十三	十四	十五	十六	十七	十八	十九	二十	廿一	廿二	廿三	廿四	廿五	廿六	廿七	廿八	廿九	三十
正月	丙寅	八白	日柱		庚戌	辛亥	壬子	癸丑	甲寅	乙卯	丙辰	丁巳	戊午	己未	庚申	辛酉	壬戌	癸亥	甲子	乙丑	丙寅	丁卯	戊辰	己巳	庚午	辛未	壬申	癸酉	甲戌	乙亥	丙子	丁丑	戊寅	己卯
			陽暦	月	2	2	2	2	2	2	2	2	2	2	2	2	2	2	2	2	2	3	3	3	3	3	3	3	3	3	3	3	3	3
				日	12	13	14	15	16	17	18	19	20	21	22	23	24	25	26	27	28	1	2	3	4	5	6	7	8	9	10	11	12	13
二月	丁卯	七赤	日柱		庚辰	辛巳	壬午	癸未	甲申	乙酉	丙戌	丁亥	戊子	己丑	庚寅	辛卯	壬辰	癸巳	甲午	乙未	丙申	丁酉	戊戌	己亥	庚子	辛丑	壬寅	癸卯	甲辰	乙巳	丙午	丁未	戊申	
			陽暦	月	3	3	3	3	3	3	3	3	3	3	3	3	3	3	3	3	3	3	4	4	4	4	4	4	4	4	4	4	4	
				日	14	15	16	17	18	19	20	21	22	23	24	25	26	27	28	29	30	31	1	2	3	4	5	6	7	8	9	10	11	
三月	戊辰	六白	日柱		己酉	庚戌	辛亥	壬子	癸丑	甲寅	乙卯	丙辰	丁巳	戊午	己未	庚申	辛酉	壬戌	癸亥	甲子	乙丑	丙寅	丁卯	戊辰	己巳	庚午	辛未	壬申	癸酉	甲戌	乙亥	丙子	丁丑	戊寅
			陽暦	月	4	4	4	4	4	4	4	4	4	4	4	4	4	4	4	4	4	4	4	5	5	5	5	5	5	5	5	5	5	5
				日	12	13	14	15	16	17	18	19	20	21	22	23	24	25	26	27	28	29	30	1	2	3	4	5	6	7	8	9	10	11
四月	己巳	五黄	日柱		己卯	庚辰	辛巳	壬午	癸未	甲申	乙酉	丙戌	丁亥	戊子	己丑	庚寅	辛卯	壬辰	癸巳	甲午	乙未	丙申	丁酉	戊戌	己亥	庚子	辛丑	壬寅	癸卯	甲辰	乙巳	丙午	丁未	
			陽暦	月	5	5	5	5	5	5	5	5	5	5	5	5	5	5	5	5	5	5	5	5	6	6	6	6	6	6	6	6	6	
				日	12	13	14	15	16	17	18	19	20	21	22	23	24	25	26	27	28	29	30	31	1	2	3	4	5	6	7	8	9	
五月	庚午	四緑	日柱		戊申	己酉	庚戌	辛亥	壬子	癸丑	甲寅	乙卯	丙辰	丁巳	戊午	己未	庚申	辛酉	壬戌	癸亥	甲子	乙丑	丙寅	丁卯	戊辰	己巳	庚午	辛未	壬申	癸酉	甲戌	乙亥	丙子	丁丑
			陽暦	月	6	6	6	6	6	6	6	6	6	6	6	6	6	6	6	6	6	6	6	6	6	7	7	7	7	7	7	7	7	7
				日	10	11	12	13	14	15	16	17	18	19	20	21	22	23	24	25	26	27	28	29	30	1	2	3	4	5	6	7	8	9
六月	辛未	三碧	日柱		戊寅	己卯	庚辰	辛巳	壬午	癸未	甲申	乙酉	丙戌	丁亥	戊子	己丑	庚寅	辛卯	壬辰	癸巳	甲午	乙未	丙申	丁酉	戊戌	己亥	庚子	辛丑	壬寅	癸卯	甲辰	乙巳	丙午	
			陽暦	月	7	7	7	7	7	7	7	7	7	7	7	7	7	7	7	7	7	7	7	7	7	7	8	8	8	8	8	8	8	
				日	10	11	12	13	14	15	16	17	18	19	20	21	22	23	24	25	26	27	28	29	30	31	1	2	3	4	5	6	7	
七月	壬申	二黒	日柱		丁未	戊申	己酉	庚戌	辛亥	壬子	癸丑	甲寅	乙卯	丙辰	丁巳	戊午	己未	庚申	辛酉	壬戌	癸亥	甲子	乙丑	丙寅	丁卯	戊辰	己巳	庚午	辛未	壬申	癸酉	甲戌	乙亥	丙子
			陽暦	月	8	8	8	8	8	8	8	8	8	8	8	8	8	8	8	8	8	8	8	8	8	8	8	8	9	9	9	9	9	9
				日	8	9	10	11	12	13	14	15	16	17	18	19	20	21	22	23	24	25	26	27	28	29	30	31	1	2	3	4	5	6
八月	癸酉	一白	日柱		丁丑	戊寅	己卯	庚辰	辛巳	壬午	癸未	甲申	乙酉	丙戌	丁亥	戊子	己丑	庚寅	辛卯	壬辰	癸巳	甲午	乙未	丙申	丁酉	戊戌	己亥	庚子	辛丑	壬寅	癸卯	甲辰	乙巳	
			陽暦	月	9	9	9	9	9	9	9	9	9	9	9	9	9	9	9	9	9	9	9	9	9	9	9	9	10	10	10	10	10	
				日	7	8	9	10	11	12	13	14	15	16	17	18	19	20	21	22	23	24	25	26	27	28	29	30	1	2	3	4	5	
九月	甲戌	九紫	日柱		丙午	丁未	戊申	己酉	庚戌	辛亥	壬子	癸丑	甲寅	乙卯	丙辰	丁巳	戊午	己未	庚申	辛酉	壬戌	癸亥	甲子	乙丑	丙寅	丁卯	戊辰	己巳	庚午	辛未	壬申	癸酉	甲戌	乙亥
			陽暦	月	10	10	10	10	10	10	10	10	10	10	10	10	10	10	10	10	10	10	10	10	10	10	10	10	10	10	11	11	11	11
				日	6	7	8	9	10	11	12	13	14	15	16	17	18	19	20	21	22	23	24	25	26	27	28	29	30	31	1	2	3	4
十月	乙亥	八白	日柱		丙子	丁丑	戊寅	己卯	庚辰	辛巳	壬午	癸未	甲申	乙酉	丙戌	丁亥	戊子	己丑	庚寅	辛卯	壬辰	癸巳	甲午	乙未	丙申	丁酉	戊戌	己亥	庚子	辛丑	壬寅	癸卯	甲辰	乙巳
			陽暦	月	11	11	11	11	11	11	11	11	11	11	11	11	11	11	11	11	11	11	11	11	11	11	11	11	11	11	12	12	12	12
				日	5	6	7	8	9	10	11	12	13	14	15	16	17	18	19	20	21	22	23	24	25	26	27	28	29	30	1	2	3	4
十一月	丙子	七赤	日柱		丙午	丁未	戊申	己酉	庚戌	辛亥	壬子	癸丑	甲寅	乙卯	丙辰	丁巳	戊午	己未	庚申	辛酉	壬戌	癸亥	甲子	乙丑	丙寅	丁卯	戊辰	己巳	庚午	辛未	壬申	癸酉	甲戌	乙亥
			陽暦	月	12	12	12	12	12	12	12	12	12	12	12	12	12	12	12	12	12	12	12	12	12	12	12	12	12	12	12	1	1	1
				日	5	6	7	8	9	10	11	12	13	14	15	16	17	18	19	20	21	22	23	24	25	26	27	28	29	30	31	1	2	3
十二月	丁丑	六白	日柱		丙子	丁丑	戊寅	己卯	庚辰	辛巳	壬午	癸未	甲申	乙酉	丙戌	丁亥	戊子	己丑	庚寅	辛卯	壬辰	癸巳	甲午	乙未	丙申	丁酉	戊戌	己亥	庚子	辛丑	壬寅	癸卯	甲辰	
			陽暦	月	1	1	1	1	1	1	1	1	1	1	1	1	1	1	1	1	1	1	1	1	1	1	1	1	1	1	1	1	2	
				日	4	5	6	7	8	9	10	11	12	13	14	15	16	17	18	19	20	21	22	23	24	25	26	27	28	29	30	31	1	

2060年【庚辰】

月別	月柱	紫白	農暦		初一	初二	初三	初四	初五	初六	初七	初八	初九	初十	十一	十二	十三	十四	十五	十六	十七	十八	十九	二十	廿一	廿二	廿三	廿四	廿五	廿六	廿七	廿八	廿九	三十
正月	戊寅	五黄	日柱		乙巳	丙午	丁未	戊申	己酉	庚戌	辛亥	壬子	癸丑	甲寅	乙卯	丙辰	丁巳	戊午	己未	庚申	辛酉	壬戌	癸亥	甲子	乙丑	丙寅	丁卯	戊辰	己巳	庚午	辛未	壬申	癸酉	甲戌
			陽暦	月	2	2	2	2	2	2	2	2	2	2	2	2	2	2	2	2	2	2	2	2	2	2	2	2	2	2	2	2	3	3
				日	2	3	4	5	6	7	8	9	10	11	12	13	14	15	16	17	18	19	20	21	22	23	24	25	26	27	28	29	1	2
二月	己卯	四緑	日柱		乙亥	丙子	丁丑	戊寅	己卯	庚辰	辛巳	壬午	癸未	甲申	乙酉	丙戌	丁亥	戊子	己丑	庚寅	辛卯	壬辰	癸巳	甲午	乙未	丙申	丁酉	戊戌	己亥	庚子	辛丑	壬寅	癸卯	
			陽暦	月	3	3	3	3	3	3	3	3	3	3	3	3	3	3	3	3	3	3	3	3	3	3	3	3	3	3	3	3	3	
				日	3	4	5	6	7	8	9	10	11	12	13	14	15	16	17	18	19	20	21	22	23	24	25	26	27	28	29	30	31	
三月	庚辰	三碧	日柱		甲辰	乙巳	丙午	丁未	戊申	己酉	庚戌	辛亥	壬子	癸丑	甲寅	乙卯	丙辰	丁巳	戊午	己未	庚申	辛酉	壬戌	癸亥	甲子	乙丑	丙寅	丁卯	戊辰	己巳	庚午	辛未	壬申	
			陽暦	月	4	4	4	4	4	4	4	4	4	4	4	4	4	4	4	4	4	4	4	4	4	4	4	4	4	4	4	4	4	
				日	1	2	3	4	5	6	7	8	9	10	11	12	13	14	15	16	17	18	19	20	21	22	23	24	25	26	27	28	29	
四月	辛巳	二黒	日柱		癸酉	甲戌	乙亥	丙子	丁丑	戊寅	己卯	庚辰	辛巳	壬午	癸未	甲申	乙酉	丙戌	丁亥	戊子	己丑	庚寅	辛卯	壬辰	癸巳	甲午	乙未	丙申	丁酉	戊戌	己亥	庚子	辛丑	壬寅
			陽暦	月	4	5	5	5	5	5	5	5	5	5	5	5	5	5	5	5	5	5	5	5	5	5	5	5	5	5	5	5	5	5
				日	30	1	2	3	4	5	6	7	8	9	10	11	12	13	14	15	16	17	18	19	20	21	22	23	24	25	26	27	28	29
五月	壬午	一白	日柱		癸卯	甲辰	乙巳	丙午	丁未	戊申	己酉	庚戌	辛亥	壬子	癸丑	甲寅	乙卯	丙辰	丁巳	戊午	己未	庚申	辛酉	壬戌	癸亥	甲子	乙丑	丙寅	丁卯	戊辰	己巳	庚午	辛未	
			陽暦	月	5	5	6	6	6	6	6	6	6	6	6	6	6	6	6	6	6	6	6	6	6	6	6	6	6	6	6	6	6	
				日	30	31	1	2	3	4	5	6	7	8	9	10	11	12	13	14	15	16	17	18	19	20	21	22	23	24	25	26	27	
六月	癸未	九紫	日柱		壬申	癸酉	甲戌	乙亥	丙子	丁丑	戊寅	己卯	庚辰	辛巳	壬午	癸未	甲申	乙酉	丙戌	丁亥	戊子	己丑	庚寅	辛卯	壬辰	癸巳	甲午	乙未	丙申	丁酉	戊戌	己亥	庚子	
			陽暦	月	6	6	6	7	7	7	7	7	7	7	7	7	7	7	7	7	7	7	7	7	7	7	7	7	7	7	7	7	7	
				日	28	29	30	1	2	3	4	5	6	7	8	9	10	11	12	13	14	15	16	17	18	19	20	21	22	23	24	25	26	
七月	甲申	八白	日柱		辛丑	壬寅	癸卯	甲辰	乙巳	丙午	丁未	戊申	己酉	庚戌	辛亥	壬子	癸丑	甲寅	乙卯	丙辰	丁巳	戊午	己未	庚申	辛酉	壬戌	癸亥	甲子	乙丑	丙寅	丁卯	戊辰	己巳	庚午
			陽暦	月	7	7	7	7	7	8	8	8	8	8	8	8	8	8	8	8	8	8	8	8	8	8	8	8	8	8	8	8	8	8
				日	27	28	29	30	31	1	2	3	4	5	6	7	8	9	10	11	12	13	14	15	16	17	18	19	20	21	22	23	24	25
八月	乙酉	七赤	日柱		辛未	壬申	癸酉	甲戌	乙亥	丙子	丁丑	戊寅	己卯	庚辰	辛巳	壬午	癸未	甲申	乙酉	丙戌	丁亥	戊子	己丑	庚寅	辛卯	壬辰	癸巳	甲午	乙未	丙申	丁酉	戊戌	己亥	
			陽暦	月	8	8	8	8	8	8	9	9	9	9	9	9	9	9	9	9	9	9	9	9	9	9	9	9	9	9	9	9	9	
				日	26	27	28	29	30	31	1	2	3	4	5	6	7	8	9	10	11	12	13	14	15	16	17	18	19	20	21	22	23	
九月	丙戌	六白	日柱		庚子	辛丑	壬寅	癸卯	甲辰	乙巳	丙午	丁未	戊申	己酉	庚戌	辛亥	壬子	癸丑	甲寅	乙卯	丙辰	丁巳	戊午	己未	庚申	辛酉	壬戌	癸亥	甲子	乙丑	丙寅	丁卯	戊辰	己巳
			陽暦	月	9	9	9	9	9	9	9	10	10	10	10	10	10	10	10	10	10	10	10	10	10	10	10	10	10	10	10	10	10	10
				日	24	25	26	27	28	29	30	1	2	3	4	5	6	7	8	9	10	11	12	13	14	15	16	17	18	19	20	21	22	23
十月	丁亥	五黄	日柱		壬申	癸酉	甲戌	乙亥	丙子	丁丑	戊寅	己卯	庚辰	辛巳	壬午	癸未	甲申	乙酉	丙戌	丁亥	戊子	己丑	庚寅	辛卯	壬辰	癸巳	甲午	乙未	丙申	丁酉	戊戌	己亥	庚子	辛丑
			陽暦	月	10	10	10	10	10	10	10	10	11	11	11	11	11	11	11	11	11	11	11	11	11	11	11	11	11	11	11	11	11	11
				日	24	25	26	27	28	29	30	31	1	2	3	4	5	6	7	8	9	10	11	12	13	14	15	16	17	18	19	20	21	22
十一月	戊子	四緑	日柱		庚午	辛未	壬申	癸酉	甲戌	乙亥	丙子	丁丑	戊寅	己卯	庚辰	辛巳	壬午	癸未	甲申	乙酉	丙戌	丁亥	戊子	己丑	庚寅	辛卯	壬辰	癸巳	甲午	乙未	丙申	丁酉	戊戌	己亥
			陽暦	月	11	11	11	11	11	11	11	11	12	12	12	12	12	12	12	12	12	12	12	12	12	12	12	12	12	12	12	12	12	12
				日	23	24	25	26	27	28	29	30	1	2	3	4	5	6	7	8	9	10	11	12	13	14	15	16	17	18	19	20	21	22
十二月	己丑	三碧	日柱		庚午	辛未	壬申	癸酉	甲戌	乙亥	丙子	丁丑	戊寅	己卯	庚辰	辛巳	壬午	癸未	甲申	乙酉	丙戌	丁亥	戊子	己丑	庚寅	辛卯	壬辰	癸巳	甲午	乙未	丙申	丁酉	戊戌	
			陽暦	月	12	12	12	12	12	12	12	12	12	1	1	1	1	1	1	1	1	1	1	1	1	1	1	1	1	1	1	1	1	
				日	23	24	25	26	27	28	29	30	31	1	2	3	4	5	6	7	8	9	10	11	12	13	14	15	16	17	18	19	20	

時支表

午後11時～午前1時	子（ね）時
午前1時～午前3時	丑（うし）時
午前3時～午前5時	寅（とら）時
午前5時～午前7時	卯（う）時
午前7時～午前9時	辰（たつ）時
午前9時～午前11時	巳（み）時
午前11時～午後1時	午（うま）時
午後1時～午後3時	未（ひつじ）時
午後3時～午後5時	申（さる）時
午後5時～午後7時	酉（とり）時
午後7時～午後9時	戌（いぬ）時
午後9時～午後11時	亥（い）時

地方時差早見表

釧路／+38分	大津／+4分
札幌／+25分	津／+5分
函館／+23分	京都／+3分
青森／+23分	大阪／+2分
盛岡／+25分	奈良／+3分
秋田／+21分	和歌山／+1分
仙台／+24分	神戸／+1分
山形／+21分	明石／±0分
福島／+22分	鳥取／−3分
水戸／+22分	松江／−8分
宇都宮／+20分	岡山／−4分
前橋／+17分	広島／−10分
千葉／+21分	山口／−14分
大宮／+19分	高松／−4分
東京23区／+19分	徳島／−2分
八王子／+17分	高知／−6分
横浜／+19分	松山／−9分
新潟／+16分	福岡／−19分
長野／+13分	長崎／−19分
山梨／+15分	佐賀／−19分
静岡／+14分	大分／−13分
名古屋／+8分	宮崎／−14分
岐阜／+7分	熊本／−17分
富山／+9分	鹿児島／−18分
金沢／+6分	那覇／−29分
福井／+5分	

命宮・身宮算出表

生時＼旧暦生月	命身	1	2	3	4	5	6	7	8	9	10	11	12
子	命 身	寅	卯	辰	巳	午	未	申	酉	戌	亥	子	丑
丑	命	丑	寅	卯	辰	巳	午	未	申	酉	戌	亥	子
	身	卯	辰	巳	午	未	申	酉	戌	亥	子	丑	寅
寅	命	子	丑	寅	卯	辰	巳	午	未	申	酉	戌	亥
	身	辰	巳	午	未	申	酉	戌	亥	子	丑	寅	卯
卯	命	亥	子	丑	寅	卯	辰	巳	午	未	申	酉	戌
	身	巳	午	未	申	酉	戌	亥	子	丑	寅	卯	辰
辰	命	戌	亥	子	丑	寅	卯	辰	巳	午	未	申	酉
	身	午	未	申	酉	戌	亥	子	丑	寅	卯	辰	巳
巳	命	酉	戌	亥	子	丑	寅	卯	辰	巳	午	未	申
	身	未	申	酉	戌	亥	子	丑	寅	卯	辰	巳	午
午	命 身	申	酉	戌	亥	子	丑	寅	卯	辰	巳	午	未
未	命	未	申	酉	戌	亥	子	丑	寅	卯	辰	巳	午
	身	酉	戌	亥	子	丑	寅	卯	辰	巳	午	未	申
申	命	午	未	申	酉	戌	亥	子	丑	寅	卯	辰	巳
	身	戌	亥	子	丑	寅	卯	辰	巳	午	未	申	酉
酉	命	巳	午	未	申	酉	戌	亥	子	丑	寅	卯	辰
	身	亥	子	丑	寅	卯	辰	巳	午	未	申	酉	戌
戌	命	辰	巳	午	未	申	酉	戌	亥	子	丑	寅	卯
	身	子	丑	寅	卯	辰	巳	午	未	申	酉	戌	亥
亥	命	卯	辰	巳	午	未	申	酉	戌	亥	子	丑	寅
	身	丑	寅	卯	辰	巳	午	未	申	酉	戌	亥	子

十二宮配付表

めい 命宮 巳	ふぼ 父母宮 午	ふくとく 福徳宮 未	でんたく 田宅宮 申
けいてい 兄弟宮 辰			かんろく 官禄宮 酉
ふさい 夫妻宮 卯			ぬぼく 奴僕宮 戌
しじょ 子女宮 寅	ざいはく 財帛宮 丑	しつやく 疾厄宮 子	せんい 遷移宮 亥

十二宮十干配置表

生年干／十二宮	甲 己	乙 庚	丙 辛	丁 壬	戊 癸
寅	丙	戊	庚	壬	甲

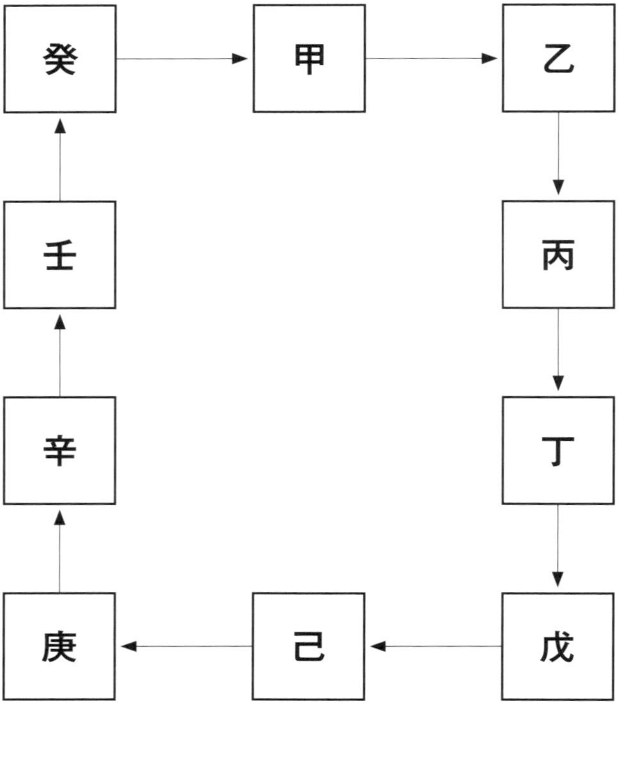

五行局算出表

命宮干／命宮支	甲乙	丙丁	戊己	庚辛	壬癸
子丑	金四局	水二局	火六局	土五局	木三局
寅卯	水二局	火六局	土五局	木三局	金四局
辰巳	火六局	土五局	木三局	金四局	水二局
午未	金四局	水二局	火六局	土五局	木三局
申酉	水二局	火六局	土五局	木三局	金四局
戌亥	火六局	土五局	木三局	金四局	水二局

紫微星算出表

旧暦生日＼五行局	木	火	土	金	水
1	辰	酉	午	亥	丑
2	丑	午	亥	辰	寅
3	寅	亥	辰	丑	寅
4	巳	辰	丑	寅	卯
5	寅	丑	寅	子	卯
6	卯	寅	未	巳	辰
7	午	戌	子	寅	辰
8	卯	未	巳	卯	巳
9	辰	子	寅	丑	巳
10	未	巳	卯	午	午
11	辰	寅	申	卯	午
12	巳	卯	丑	辰	未
13	申	亥	午	寅	未
14	巳	申	卯	未	申
15	午	丑	辰	辰	申
16	酉	午	酉	巳	酉
17	午	卯	寅	卯	酉
18	未	辰	未	申	戌
19	戌	子	辰	巳	戌
20	未	酉	巳	午	亥
21	申	寅	戌	辰	亥
22	亥	未	卯	酉	子
23	申	辰	申	午	子
24	酉	巳	巳	未	丑
25	子	丑	午	巳	丑
26	酉	戌	亥	戌	寅
27	戌	卯	辰	未	寅
28	丑	申	酉	申	卯
29	戌	巳	午	午	卯
30	亥	午	未	亥	辰

紫微星系主星算出表

紫微星	天機星	太陽星	武曲星	天同星	廉貞星	天府星
子	亥	酉	申	未	辰	辰
丑	子	戌	酉	申	巳	卯
寅	丑	亥	戌	酉	午	寅
卯	寅	子	亥	戌	未	丑
辰	卯	丑	子	亥	申	子
巳	辰	寅	丑	子	酉	亥
午	巳	卯	寅	丑	戌	戌
未	午	辰	卯	寅	亥	酉
申	未	巳	辰	卯	子	申
酉	申	午	巳	辰	丑	未
戌	酉	未	午	巳	寅	午
亥	戌	申	未	午	卯	巳

天府星系主星算出表

天府星	太陰星	貪狼星	巨門星	天相星	天梁星	七殺星	破軍星
子	丑	寅	卯	辰	巳	午	戌
丑	寅	卯	辰	巳	午	未	亥
寅	卯	辰	巳	午	未	申	子
卯	辰	巳	午	未	申	酉	丑
辰	巳	午	未	申	酉	戌	寅
巳	午	未	申	酉	戌	亥	卯
午	未	申	酉	戌	亥	子	辰
未	申	酉	戌	亥	子	丑	巳
申	酉	戌	亥	子	丑	寅	午
酉	戌	亥	子	丑	寅	卯	未
戌	亥	子	丑	寅	卯	辰	申
亥	子	丑	寅	卯	辰	巳	酉

月系星算出表

旧暦 生月＼星	天姚星	天刑星	左輔星	右弼星	陰煞星
1月	丑	酉	辰	戌	寅
2月	寅	戌	巳	酉	子
3月	卯	亥	午	申	戌
4月	辰	子	未	未	申
5月	巳	丑	申	午	午
6月	午	寅	酉	巳	辰
7月	未	卯	戌	辰	寅
8月	申	辰	亥	卯	子
9月	酉	巳	子	寅	戌
10月	戌	午	丑	丑	申
11月	亥	未	寅	子	午
12月	子	申	卯	亥	辰

年干系星算出表

生年干＼星	禄存星	擎羊星	陀羅星	天魁星	天鉞星	化禄星	化権星	化科星	化忌星
甲	寅	卯	丑	丑	未	廉貞星	破軍星	武曲星	太陽星
乙	卯	辰	寅	子	申	天機星	天梁星	紫微星	太陰星
丙	巳	午	辰	亥	酉	天同星	天機星	文昌星	廉貞星
丁	午	未	巳	亥	酉	太陰星	天同星	天機星	巨門星
戊	巳	午	辰	丑	未	貪狼星	太陰星	右弼星	天機星
己	午	未	巳	子	申	武曲星	貪狼星	天梁星	文曲星
庚	申	酉	未	丑	未	太陽星	武曲星	太陰星	天同星
辛	酉	戌	申	午	寅	巨門星	太陽星	文曲星	文昌星
壬	亥	子	戌	卯	巳	天梁星	紫微星	左輔星	武曲星
癸	子	丑	亥	卯	巳	破軍星	巨門星	太陰星	貪狼星

時系星算出表

生年支＼生時支					寅／午／戌		申／子／辰		巳／酉／丑		亥／卯／未	
	文昌星	文曲星	天空星	地劫星	火星	鈴星	火星	鈴星	火星	鈴星	火星	鈴星
子	戌	辰	亥	亥	丑	卯	寅	戌	卯	戌	酉	戌
丑	酉	巳	戌	子	寅	辰	卯	亥	辰	亥	戌	亥
寅	申	午	酉	丑	卯	巳	辰	子	巳	子	亥	子
卯	未	未	申	寅	辰	午	巳	丑	午	丑	子	丑
辰	午	申	未	卯	巳	未	午	寅	未	寅	丑	寅
巳	巳	酉	午	辰	午	申	未	卯	申	卯	寅	卯
午	辰	戌	巳	巳	未	酉	申	辰	酉	辰	卯	辰
未	卯	亥	辰	午	申	戌	酉	巳	戌	巳	辰	巳
申	寅	子	卯	未	酉	亥	戌	午	亥	午	巳	午
酉	丑	丑	寅	申	戌	子	亥	未	子	未	午	未
戌	子	寅	丑	酉	亥	丑	子	申	丑	申	未	申
亥	亥	卯	子	戌	子	寅	丑	酉	寅	酉	申	酉

年支系主星算出表

星／生年支	天馬星	紅鸞星	天喜星
子	寅	卯	酉
丑	亥	寅	申
寅	申	丑	未
卯	巳	子	午
辰	寅	亥	巳
巳	亥	戌	辰
午	申	酉	卯
未	巳	申	寅
申	寅	未	丑
酉	亥	午	子
戌	申	巳	亥
亥	巳	辰	戌

太陽星・太陰星光度表

星	区分	宮位
太陽星	力を発揮しやすい宮位	寅　卯　辰　巳　午　未
	力を発揮しにくい宮位	申　酉　戌　亥　子　丑
太陰星	力を発揮しやすい宮位	申　酉　戌　亥　子　丑
	力を発揮しにくい宮位	寅　卯　辰　巳　午　未

大限早見表

五行局	男女＼陰陽 ＼大限宮	命宮	兄弟宮	夫妻宮	子女宮	財帛宮	疾厄宮	遷移宮	奴僕宮	官禄宮	田宅宮	福徳宮	父母宮
水二局	陽男 陰女	2-11	112-121	102-111	92-101	82-91	72-81	62-71	52-61	42-51	32-41	22-31	12-21
	陰男 陽女	2-11	12-21	22-31	32-41	42-51	52-61	62-71	72-81	82-91	92-101	102-111	112-121
木三局	陽男 陰女	3-12	113-122	103-112	93-102	83-92	73-82	63-72	53-62	43-52	33-42	23-32	13-22
	陰男 陽女	3-12	13-22	23-32	33-42	43-52	53-62	63-72	73-82	83-92	93-102	103-112	113-122
金四局	陽男 陰女	4-13	114-123	104-113	94-103	84-93	74-83	64-73	54-63	44-53	34-43	24-33	14-23
	陰男 陽女	4-13	14-23	24-33	34-43	44-53	54-63	64-73	74-83	84-93	94-103	104-113	114-123
土五局	陽男 陰女	5-14	115-124	105-114	95-104	85-94	75-84	65-74	55-64	45-54	35-44	25-34	15-24
	陰男 陽女	5-14	15-24	25-34	35-44	45-54	55-64	65-74	75-84	85-94	95-104	105-114	115-124
火六局	陽男 陰女	6-15	116-125	106-115	96-105	86-95	76-85	66-75	56-65	46-55	36-45	26-35	16-25
	陰男 陽女	6-15	16-25	26-35	36-45	46-55	56-65	66-75	76-85	86-95	96-105	106-115	116-125

子年斗君早見表

生月／生時	1月	2月	3月	4月	5月	6月	7月	8月	9月	10月	11月	12月
子	子	亥	戌	酉	申	未	午	巳	辰	卯	寅	丑
丑	丑	子	亥	戌	酉	申	未	午	巳	辰	卯	寅
寅	寅	丑	子	亥	戌	酉	申	未	午	巳	辰	卯
卯	卯	寅	丑	子	亥	戌	酉	申	未	午	巳	辰
辰	辰	卯	寅	丑	子	亥	戌	酉	申	未	午	巳
巳	巳	辰	卯	寅	丑	子	亥	戌	酉	申	未	午
午	午	巳	辰	卯	寅	丑	子	亥	戌	酉	申	未
未	未	午	巳	辰	卯	寅	丑	子	亥	戌	酉	申
申	申	未	午	巳	辰	卯	寅	丑	子	亥	戌	酉
酉	酉	申	未	午	巳	辰	卯	寅	丑	子	亥	戌
戌	戌	酉	申	未	午	巳	辰	卯	寅	丑	子	亥
亥	亥	戌	酉	申	未	午	巳	辰	卯	寅	丑	子

甲級十四主星早見表

（算出する際の参考としてください）

天機星	紫微星		破軍星
巳	午	未	申
七殺星	紫微星:午宮		
辰			酉
太陽星 天梁星			廉貞星 天府星
卯			戌
武曲星 天相星	天同星 巨門星	貪狼星	太陰星
寅	丑	子	亥

	天機星	紫微星 破軍星	
巳	午	未	申
太陽星	紫微星:未宮		天府星
辰			酉
武曲星 七殺星			太陰星
卯			戌
天同星 天梁星	天相星	巨門星	廉貞星 貪狼星
寅	丑	子	亥

太陽星	破軍星	天機星	紫微星 天府星
巳	午	未	申
武曲星	紫微星:申宮		太陰星
辰			酉
天同星			貪狼星
卯			戌
七殺星	天梁星	廉貞星 天相星	巨門星
寅	丑	子	亥

武曲星 破軍星	太陽星	天府星	天機星 太陰星
巳	午	未	申
天同星	紫微星:酉宮		紫微星 貪狼星
辰			酉
			巨門星
卯			戌
	廉貞星 七殺星	天梁星	天相星
寅	丑	子	亥

天同星	武曲星 天府星	太陽星 太陰星	貪狼星
巳	午	未	申
破軍星	紫微星:戌宮		天機星 巨門星
辰			酉
			紫微星 天相星
卯			戌
廉貞星		七殺星	天梁星
寅	丑	子	亥

天府星	天同星 太陰星	武曲星 貪狼星	太陽星 巨門星
巳	午	未	申
	紫微星:亥宮		天相星
辰			酉
廉貞星 破軍星			天機星 天梁星
卯			戌
			紫微星 七殺星
寅	丑	子	亥

太陰星 巳	貪狼星 午	天同星 巨門星 未	武曲星 天相星 申
廉貞星 天府星 辰	紫微星:子宮		太陽星 天梁星 酉
卯			七殺星 戌
破軍星 寅	丑	紫微星 子	天機星 亥

廉貞星 貪狼星 巳	巨門星 午	天相星 未	天同星 天梁星 申
太陰星 辰	紫微星:丑宮		武曲星 七殺星 酉
天府星 卯			太陽星 戌
寅	紫微星 破軍星 丑	天機星 子	亥

巨門星 巳	廉貞星 天相星 午	天梁星 未	七殺星 申
貪狼星 辰	紫微星:寅宮		天同星 酉
太陰星 卯			武曲星 戌
紫微星 天府星 寅	天機星 丑	破軍星 子	太陽星 亥

天相星 巳	天梁星 午	廉貞星 七殺星 未	申
巨門星 辰	紫微星:卯宮		酉
紫微星 貪狼星 卯			天同星 戌
天機星 太陰星 寅	天府星 丑	太陽星 子	武曲星 破軍星 亥

天梁星 巳	七殺星 午	未	廉貞星 申
紫微星 天相星 辰	紫微星:辰宮		酉
天機星 巨門星 卯			破軍星 戌
貪狼星 寅	太陽星 太陰星 丑	武曲星 天府星 子	天同星 亥

紫微星 七殺星 巳	午	未	申
天機星 天梁星 辰	紫微星:巳宮		廉貞星 破軍星 酉
天相星 卯			戌
太陽星 巨門星 寅	武曲星 貪狼星 丑	天同星 太陰星 子	天府星 亥

参考文献

呉俊宏『斗数帰元』（紫微学院）
潘子漁『紫微斗数印證』（武陵）
『占いの世界』（アシェットコレクションズジャパン）
潘子漁『紫微斗数看人生』
「潘子漁先生講義ノート」（個人所有）
潘子漁『紫微斗数心得』（水牛図書出版）
潘子漁『紫微斗数看人生』（武陵出版）
潘子漁『紫微斗数印證』（武陵出版）
潘子漁『紫微斗数看四化二』
九千『九千飛星』（武陵出版）
東海林秀樹『最強の中国占星法』（ＰＨＰ）
鮑黎明『飛星紫微斗数闡秘』（東洋書院）

※左ページにあります紫微斗数命盤は、コピーをして使用してください。

紫微斗数命盤

巳　宮	午　宮	未　宮	申　宮
辰　宮			酉　宮
卯　宮			戌　宮
寅　宮	丑　宮	子　宮	亥　宮

名前：　　　　　　　　年齢（数え）：　　歳

生年月日：　　　**年　月　日**

出生時間：　　　**時　分**

出生地：　　　　　　時差：　　**分**

修正出生時間：　　**時　分**

生年干支：

旧暦月日：　**月　日**

生時支：

陰陽男女：

五行局：

子年斗君：

鑑定日：　　**年　月　日**

おわりに

さて、今回書かせていただいた飛星派の原稿は、三合派とやや趣が異なり、星の数は比較的少ない傾向です。三合派は、飛星や活盤（六度空間と私は習いました）はほとんど、活用しないようですが、その分、多くの星の象意、つまり意味合いを駆使します。

どちらかの流派もそれぞれ特徴があり、優劣を論じるべきではないと私は思っております。本書は私が若い時期に一時期手ほどきを受けた故潘子漁先生の紫微斗数が元となり、その後、さまざまな方と面会したり、その方々から資料を購入したり、いただいたりしてその後の私の紫微斗数の考え方に影響して現在に至っています。

私も来年で60歳を迎えますが、他の運命学も含めて最後まで研究し、データーを取っていかなければと思っているこの頃です。

ややもすれば、日々の生活に翻弄され怠惰になりがちな自分を、ときどきですが、これではいけないと自分を諌めています。

本書は、飛星派をベースとして書いていますが、お知らせしたいポイントはかなり書いたつもりです。途中書いた棋譜判断については、飛星派の中でも若干の違いがあるのはご了承願います。

自分でもこのようなことを書くとまた生意気を思われてしまいますが、三合派に比べて星の解説の文量は少なくなる傾向ですが、要点はニュアンスとしてお知らせしたつもりです。

ではどのように皆様が本書を活用して学んでいけばよいか、少し書いてみます。

①命宮を中心として星の雰囲気をとらえてください。
②命宮からの飛星化忌を使用し自己の人生上の弱点を把握してください。生年化忌、自化忌も見逃さないでください。
③重要宮の化忌の動きを見てください。
④疾厄については、ぜひ、八卦の病症の象意を深く類似本で研究して見てください。
⑤大限の星の吉凶条件と飛星化忌に留意してください。
⑥流年の星の吉凶条件と飛星化忌に留意してください。
⑦少し説明が簡略ですが、何か困ったことに遭遇したら、ぜひ、紫微斗数占機法の卜占にトライしてみてください。

本書発刊後には説話社さまのご許らいで、質疑応答や講習会も予定しています。
最後に乱雑な原稿におつき合いしてもらい、また本書を出版する機会を与えていただいた説話社の方々には本当に感謝いたします。

東海林秀樹

東海林秀樹
（しょうじ・ひでき）

昭和32年（1957年）東京生まれ。10代より、運命学の研究に入り、伊藤泰苑先生に手ほどきを受ける。斎藤擁道・富久純光・鮑黎明先生他、占い界の大御所に秘伝を伝授される。青年期より現在に至るまで、台湾を訪ね、貴重な資料を渉猟する。占い界の技術向上の為、中国占術の極意を綴った本を、多数出版。後輩の育成に務め現在に至る。著書に『決定版紫微斗数占星術奥義』（学研）、『最強の中国占星法』（PHP研究所）、『符呪奇門遁甲占法要義』（東洋書院）など。
「三毛猫占術学園」〈http://www.mikeneko-uranai.com〉

完全マスター 紫微斗数占い

発行日　2017年1月20日　初版発行
　　　　2024年4月27日　第4版発行

著　者　東海林秀樹

発行者　酒井文人

発行所　株式会社 説話社
　　　　〒169-8077　東京都新宿区西早稲田1-1-6
　　　　電話／03-3204-8288（販売）03-3204-5185（編集）
　　　　振替口座／00160-8-69378
　　　　URL http://www.setsuwasha.com/

デザイン　遠藤亜矢子

編集担当　高木利幸

印刷・製本　中央精版印刷株式会社

ISBN 978-4-906828-31-9　C 2011